AtV

TORSTEN KÖRNER, geboren 1965, studierte Germanistik und Theaterwissenschaft, Promotion mit einer Studie über Heinz Rühmann. Seit 1998 Arbeit als Fernsehkritiker. Er lebt in Berlin.

Publikationen u. a.: »Die Geschichte des Dritten Reiches, erzählt von Torsten Körner« (2000)

Zwischen seinem ersten Tonfilm *Die Drei von der Tankstelle* (1930) und seinem Auftritt als Taxifahrer in Wim Wenders' *In weiter Ferne, so nah!* (1993) lag ein langes Schauspielerleben voller Höhen und Tiefen, in dem es jedoch eine Konstante gab: Hinter nahezu allen Rollen, die Heinz Rühmann verkörperte, verbarg sich das Stereotyp des »kleinen Mannes«, das genügend Projektionsfläche bot, um ihn zu einem der beliebtesten deutschen Schauspieler überhaupt zu machen. Torsten Körner gelingt es, Rühmanns Biographie zu einer Parabel deutscher Geschichte werden zu lassen. So wird neben seiner Kindheit im Ruhrpott auch Rühmanns fast vergessene frühe Theaterkarriere in Breslau und Hannover sowie seine Haltung während der NS-Zeit thematisiert. War Rühmann ein bedenkenloser Karrierist, der seine Beliebtheit in den Dienst des Regimes stellte? Auf derartige Fragen findet Körner Antworten, die jenseits von rechthaberischen Spekulationen die schauspielerische Lebensleistung des großen Mimen beschreiben.

»Ein kluges, reiches, analytisches Buch, das die Balance hält zwischen der Hommage an den großen Künstler und der Wahrheit über einen unpolitischen Menschen, einen, dem sein Talent wichtiger ist als fast alles andere.« *Die Zeit*

Torsten Körner

Ein guter Freund

Heinz Rühmann

Biographie

Mit einem Vorwort
von Michael Verhoeven

Aufbau Taschenbuch Verlag

Diese Biographie entstand in Kooperation mit dem

FILM MUSEUM BERLIN
DEUTSCHE KINEMATHEK

Mit 53 Abbildungen

ISBN 3-7466-1925-4

1. Auflage 2003
Aufbau Taschenbuch Verlag GmbH, Berlin 2003

Umschlaggestaltung Torsten Lemme
unter Verwendung eines Fotos von ullstein bild
Druck Clausen & Bosse, Leck
Printed in Germany

www.aufbau-taschenbuch.de

Inhalt

Michael Verhoeven Vorwort 7

Erhofftes Wiedersehen 11

1902–1920 13
Prächtiger Knabe 13
Auf Mutters Schoß und Vaters Tresen 17
Katastrophen 26
Münchner sind famose Kerle 32
In ihm rumort Theater 37

1920–1930 50
Die halbe Portion 50
Tapferes Schneiderlein 61
Der Mustergatte tritt an 72
Über die Dörfer zum Glück 80
Begegnung mit dem Nebbich 85
Heinz und Maria 92
»Der Kleene verdient's Geld« 95
Zu neuen Ufern 100
Der Konsenskandidat 105
Der »kleine Mann« – ein Star 109
Provinzknirps auf Abwegen 117

1930–1939 122
Tonfilm-Tankwart gesucht 122
Die Drei von der Tankstelle 128
»Aufmunterungsmaschine in finsterster Zeit« 136
Freunde, Flieger, Kapriolen 147
Ein Mann will nach oben 156
In die Hände gespuckt 166
»Bitterer Tyrann« 175
»Staatspolitisch besonders wertvoll« 178
Kleiner Mann ganz groß 182
Ungeküßt soll er nicht schlafen gehn 185
»Von Judenliste streichen« 188
Lauter Lügen 194

1939–1945 ... 198
Hauptsache glücklich! ... 198
Inseln, Oasen und Parks ... 205
Jasager, Neinsager, Vielleichtsager ... 209
Gasmänner und Bruchpiloten ... 221
Bombenstimmung ... 229
Regie: Heinz Rühmann ... 233
Die Feuerzangenbowle ... 238
Einbahnstraße Untergang ... 253

1945–1960 ... 259
Zwischen den Fronten ... 259
Gastspieldirektion Heinz Rühmann ... 267
Gerüchte ... 273
Die Comedia ... 279
Kassengift und leise Töne ... 290
Keine Angst vor großen Tieren ... 295
Alles Theater ... 303
Der Hauptmann von Köpenick ... 307
Der behördlich anerkannte Idiot ... 315
Mitläuferballade ... 320

1960–1994 ... 328
Kleiner Mann – was nun? ... 328
Kein wilder Sechziger ... 331
Abschied vom Gestern ... 339
Glück gehabt ... 350
Anhänger der Stille ... 360
Ein guter Freund ... 369

Anhang
Abkürzungsverzeichnis ... 375
Anmerkungen ... 376
Zeittafel ... 408
Bühnenverzeichnis ... 411
Heinz Rühmann Filmographie ... 423
Auszeichnungen ... 458
Personenregister ... 460
Bildnachweis ... 477
Dank ... 478

Michael Verhoeven
Vorwort

Im allerersten Satz dieses Buches ist schon die Rede vom »kleinen Mann«. Ich kritisiere das nicht. Das Buch ist erkennbar um Differenzierung bemüht. Und um Auflösung der vielen Klischees, die es um Heinz Rühmann als Person und Kunstfigur gibt. Der »kleine Mann« ist das Klischee Nummer eins. Vermutlich beziehen Klischees ihre hartnäckige Beständigkeit aus einem wahren Kern. Rühmann hat, das wissen wir aus seinen Aufzeichnungen, mit diesem Kleinsein »gespielt«. Nach dem David-und-Goliath-Prinzip. Er hat sich auch schon mal kleiner gemacht, um größer zu erscheinen.

Aber »der kleine Mann« meint ja noch etwas anderes, wie jeder weiß. Den von nebenan, der nicht besser dran ist, als du und ich, den »kleinen Mann auf der Straße«, der nicht auf Rosen gebettet ist. Auch diese Typologie ist natürlich ein Klischee und in diesem Sinn genauso wahr.

Ein bekannter Kritiker hat Rühmann einmal »Rührmann« genannt, und das war nicht schmeichelhaft gemeint. Er meinte das Pathos, das gelegentlich in den Rühmann-Figuren steckt. Es deckt echte Menschlichkeit, um die es Rühmann ging, manchmal zu. Ich persönlich habe immer in seinen Filmen den frechen, manchmal unverschämten Rühmann mehr geschätzt als den von vornherein liebenswerten, weil gutherzigen.

Rühmann wurde und wird oft in die Nähe von Chaplin gebracht. Ein ganz falscher, aber interessanter Vergleich. Auch Rühmann hat wie Chaplin an der Idee einer wiedererkennbaren Kunstfigur gearbeitet. Aber es sollte immer eine andere Figur sein. Gerade die Vielfalt der Rühmann-Figuren ist für ihn als Schauspieler charakteristisch. Das Wiedererkennbare liegt in bestimmten Eigenschaften der Figuren und in ihm selbst als Interpret.

Charlie Chaplin hat an *einer einzigen* Kunstfigur gearbeitet, die schon in den ersten Versuchen deutlich zu erkennen ist. Das kommt möglicherweise daher, daß er vom Varieté kam, vom Zirkus, wo es keine Rollen gibt wie auf dem Sprechtheater, sondern tradierte

Archetypen wie den Clown, der arm ist, zumindest arm dran, der über alle Hindernisse stolpern, der sich in jeden Wassereimer setzen muß, immer wieder Ohrfeigen einsteckt – die er durch Händeklatschen selbst vertont. Rühmann kam aber vom Theater und wollte immer ein anderer sein, das sieht man an seinen vielen Masken.

Mich erstaunt das Erstaunen mancher Kritiker über Rühmanns späten Einstieg in das sogenannte Charakterfach, und natürlich wird Kortner als Entdecker von Rühmanns Bühnenqualitäten genannt. Kortner war immer ein Fordernder und Herausforderer, aber Rühmann hat das Theater nicht als späte Entwicklung wahrgenommen. Das sogenannte Charakterfach war für ihn allenfalls eine Rückkehr zu den Anfängen.

Rühmann und Chaplin haben Figuren geschaffen, die möglichst weit entfernt waren von ihrer eigenen Person. Das verbindet sie. Den Privatmann Charlie Chaplin hätte man auf der Straße nie erkannt, wäre er nicht in Illustrierten und Wochenschauen zu sehen gewesen. Sein »Charlie« war eine vollkommene Kunstfigur, kleiner und damit größer als das Leben. Die Silhouette dieses Charlie ist heute ein Symbol für Filmkunst in aller Welt. Leider auch ein Allerweltssymbol, das nichts mehr aussagt. Ein Souvenir.

Heinz Rühmann ist ein durch und durch deutscher Schauspieler. Aus seiner Herkunft und der genauen Beobachtung sehr deutscher Eigenschaften bezieht er seine Wirkung, im Guten wie im Bösen. Boshaft können sie beide sein, diese zu kurz gekommenen »Helden«, Rühmann als Kleinbürger, der auf seine Rechte pocht, Chaplin als Nicht-Bürger, der von vornherein keine Rechte hat und immer auf der Flucht vor der Polizei ist.

Beide Künstler haben versucht, der Abnutzung ihrer eigenen Erfindungen zu entrinnen, in dem sie auf Rollen auswichen, die man von ihnen nicht erwartete. Undenkbar, daß Rühmann einen Mörder gespielt hätte, dann schon eher den Kommissar Maigret, der einen Mörder jagt. Chaplin *hat* den Mörder gespielt. Aber das Publikum hat beiden diese Befreiungsversuche nicht gedankt.

Chaplin war ein sehr politischer Künstler, das hat ihn in Hollywood über Jahre diskriminiert. Rühmann war ein unpolitischer Künstler, das hat ihm verschiedentlich den vernichtenden Vorwurf des Opportunismus eingebracht. Diese Biographie nimmt es mit diesem Vorwurf sehr genau wie überhaupt mit der Darstellung der Jahre des Dritten Reiches.

Das unvorstellbar Grauenhafte des Dritten Reichs ist auch befördert worden durch einen allgemeinen Opportunismus bis hinein ins Unbewußte. Künstler, die das System nicht bekämpft haben, haben das System bestärkt. Auch mit den harmlosesten Komödien. Und auch, wenn sie glaubten, mit Harmlosigkeit dem System zu entgehen. Der Kalte Krieg hat dann auf beiden Seiten den Blick auf das, was wirklich war, ein zweites Mal verschoben.

Das eigentliche Terrain des Künstlers Rühmann war wohl die Anerkennung durch das Publikum, nein, sein Terrain war das Publikum selbst. In Heinz Rühmann kann man sein Publikum wieder erkennen. Er war der letzte große deutsche Star des 20. Jahrhunderts.

Seine eigene Biographie hat er »Das war's« genannt. Also: alles ist gesagt, alles ist getan.

Die vorliegende Biographie könnte auch heißen »So war's«. Aber das maßt sie sich nicht an. Denn wer weiß schon, wie es wirklich war.

im Juli 2001

Erhofftes Wiedersehen

Die ganze Erde bebte, die Welt geriet aus den Angeln, den kleinen Mann konnte das nicht erschüttern. Ein Freund, ein guter Freund, das ist das Beste, was es gibt auf der Welt. Er spitzte die Lippen, pfiff ein fröhliches Lied und wanderte frohgemut durch deutsche Räume und Zeiten. Unterdessen krachten die großen Banken zusammen, Selbstmörder stürzten sich von den Brücken ins eisige Wasser, man hungerte, drehte jeden Pfennig dreimal um und schlug sich auf den Straßen die Schädel ein. Was braucht es Geld, um glücklich zu sein? Es wird schon wieder besser! Die Republik von Weimar verendete, man jubelte dem großen Führer zu. Bald starrte das ganze Land vor Waffen, Männer und Frauen waren hart, tüchtig und flink. Das tausendjährige Reich saß fest in den Köpfen, Herzen und Kalendern. Der kleine Mann war heimgekehrt ins Glück, er blinzelte aufmunternd, zog weiter. Jahreszeiten kamen und gingen, Sonne, Wind, Regen und Schnee. Feldmarschall Hindenburg war gestorben, Kaiser Wilhelm lebte im Exil. Der Führer und sein Volk zogen in den Krieg, der kleine Mann zog über die Leinwände. An den Fronten wurde zerstört und getötet, mörderische Rekorde allenthalben. Bald jedoch schlugen große Männer zurück, und die Deutschen verloren den Weltkrieg mit Pauken und Trompeten. Der Führer war tot, die Städte lagen in Trümmern, der kleine Mann aber lachte. Das große Aufräumen begann: Man zerschnitt das kriegerische Land, zog neue Grenzen und teilte es in Ost und West. Ein großer Frost kam derweil über die Welt, Raketen schossen wie Pilze aus dem Boden, der Krieg war kalt. Im geteilten Deutschland wurde gemauert, man harkte, hegte, pflegte, wusch, meißelte, säte, goß Fundamente, verstrich Mörtel und schaufelte, unbewältigt blieb dennoch vieles. Eisen, Stahl und Beton blühten, Jahreszeiten kamen und gingen, Sonne, Wind, Schnee und Regen, Kalenderblätter verwelkten. Der kleine Mann schritt fröhlich aus und weiter, keine Angst vor großen Tieren. Stalin ging ins Grab, Kennedys Kopf wurde von einer Kugel zerschmettert, Adenauer starb, und Churchill war schon lange tot.

Und wenn auch die ganze Erde bebte, den kleinen Mann konnte das nicht erschüttern. Unterdessen wurde Martin Luther King ermordet, die Amerikaner landeten auf dem Mond, und Willy Brandt fiel in Warschau auf die Knie. Das große rote Reich zerfiel, die Mauern zwischen Ost und West zerbröckelten, und das einstmals so kriegerische Land durfte wieder zusammenwachsen. Der kleine Mann rieb sich die Augen, blinzelte vergnügt und lief und lief und lief. Ein Freund, ein guter Freund, das ist das beste, was es gibt auf der Welt. So lebt er fort, vergnügt bis an kein Ende.

1902–1920

Prächtiger Knabe

Heinrich Wilhelm Rühmann wurde am 7. März 1902 in der Kettwiger Straße 10/12 in Essen, Regierungsbezirk Düsseldorf, geboren. Einen Tag später konnten die Leser der »Rheinisch-Westfälischen Zeitung« dieses Ereignis zur Kenntnis nehmen: »Die Geburt eines prächtigen Knaben zeigen hocherfreut an Hermann Rühmann und Frau, geb. Stemme.«

Der »prächtige Knabe« wurde am 5. April evangelisch getauft und von allen bald nur noch »Heinzi« oder »Heinzelmann« gerufen. Heinz Rühmann war der zweite Sohn des Hoteliers Heinrich Fritz Hermann Rühmann, der am 28. Februar 1873 in Aukrug im Kreis Osterode/Harz geboren wurde. Dessen Frau Maria Charlotte Henriette Elise, genannt Margarethe, Stemme war am 15. September 1877 in Hannover zur Welt gekommen. Sie hatten am 27. Februar 1899 in Essen geheiratet, und am 20. Dezember 1899, zehn Monate später, wurde der erste Sohn Hermann Heinrich Rühmann geboren.

Niemand aus Heinz Rühmanns Familie hat einen ähnlichen Lebensweg eingeschlagen wie er, nirgendwo in der langen Ahnenreihe kündigen sich die Spuren seines besonderen Talents an. Wohin man auch blickt, hat man es mit bodenständigen Bürgern zu tun, kleinen Leuten, die über Jahrhunderte in die Fußstapfen ihrer Vorfahren traten, meist an Ort und Stelle blieben, nur im Fall einer Hochzeit oder wirtschaftlicher Not in die allernächsten Dörfer und Städte umzogen.

Die Vorfahren von Heinz Rühmann stammen aus den Dörfern Ohlum bei Peine und Pöhlde im niedersächsischen Landkreis Osterode. In Ohlum, das im Jahr 1022 erstmals nachweislich erwähnt wird, taucht der Name Rühmann bereits 1567 auf.[1] Jürgen Heinrich Rühmann, der Ururgroßvater von Heinz Rühmann, baute 1776 einen kleinen Hof in Ohlum. Noch heute findet sich im Giebel des Hofes eine der damals üblichen Holztafeln mit religiöser Inschrift: »Gott ist und bleibt der wundermann, der viel und wenig machen kann, drum wen dein thun will nirgend fort, so halte dich an gottes wort, Trau Gott und habe guten muth, er wird es machen alles gut.«

Jürgen Heinrich Rühmanns Sohn, Johann Balthasar Melchior Heinrich Rühmann, geboren am 25. Oktober 1799, zog dann nach Pöhlde, wo er am 4. Juni 1885 starb. Die Rühmanns waren Ackermänner, Handwerker, einige brachten es schließlich im 19. Jahrhundert als kleine Kaufleute oder Gastwirte zu bescheidenem Wohlstand. Auch Heinz Rühmanns Großvater war Gastwirt in Pöhlde, und Sohn Hermann wurde dort im väterlichen Gasthof geboren. Im Jahr 1885 mußte die Familie ihr Haus jedoch verkaufen, der Großvater von Heinz Rühmann zog schließlich mit seiner Familie nach Steterburg im Großherzogtum Braunschweig.

Hermann Rühmann erlernte hier den Beruf seines Vaters, allerdings war er unruhiger und ehrgeiziger als seine Vorfahren. Er wollte aufsteigen, Karriere machen, die kleinen, verrauchten Dorfgasthöfe mit ihren Stammkunden hinter sich lassen. Ihn trieb der Geist der Zeit, das euphorische Gründungsfieber, die nervöse Aufbruchstimmung der Wilhelminischen Ära. Kaiser Wilhelm II., der 1888 den Thron bestiegen und den Übervater der Epoche, Kanzler Otto von Bismarck, 1890 entlassen hatte, war ein Repräsentant dieser gesellschaftlichen Unruhe. Zwar belächelten ihn die Intellektuellen, die meisten Deutschen jedoch bewunderten ihn und eiferten ihm nach. Sein rastloses Reisen, seine theatralischen Auftritte, sein militärischer Machtwille und seine pompöse Hofhaltung wurden zum allgemeinen Vorbild. Der Glanz und der Reichtum des Hofes wurden – freilich mit bescheideneren Mitteln – bis in die kleinste bürgerliche Stube nachgeahmt, und die Männer orientierten sich am stramm-militärischen Gestus ihres Herrschers. Sie wollten die biedermeierliche Beschaulichkeit, die noch ihre Großväter und Väter gepflegt hatten, hinter sich lassen, sie wollten aufbrechen, Fuß fassen, hochkommen, glänzen, renommieren, sich verändern und wenn schon nicht die ganze Welt, so doch zumindest *ihr* Stück von der Welt erobern.

Auch Heinz Rühmanns Großvater mütterlicherseits war von diesem Ehrgeiz angesteckt. Heinrich Stemme wurde am 19. Dezember 1847 in Barsinghausen in der Nähe von Hannover geboren, wo seine Vorfahren seit Jahrhunderten ansässig waren und ihr Geld als Bäcker, Lehrer oder Bauern verdienten. Nach seiner Heirat mit Auguste Sahink trieb es ihn zunächst nach Hannover, wo er sich vom Kellner zum Schankwirt hocharbeitete. Dann zog er

1878 vorübergehend nach Minden und betrieb als Bahnhofsrestaurateur das dortige Bahnhofslokal. Laut Gewerbesteuer-Rolle beschäftigte er »1 Oberkellner, 3 Kellner und 2 Mamsellen«.[2] Nach einem halben Jahr gab er das Lokal jedoch wieder auf und kehrte für einige Jahre nach Hannover zurück. 1885 zog er nach Essen und pachtete an der wichtigsten Geschäftsstraße, der Kettwiger Straße, Ecke Akazienallee, ein Hotel, später kaufte er es. Heinrich Stemme muß es in der Zwischenzeit zu Geld gebracht haben, um eine Immobilie in dieser Lage erwerben zu können.

Die Geschichte der Stadt Essen, in der sich die Lebenswege von Heinz Rühmanns Eltern kreuzen sollten, verdeutlicht gut den grundlegenden gesellschaftlichen Wandel, den Deutschland nach der Reichsgründung von 1871 vollzog. Durch den allgemeinen wirtschaftlichen Aufschwung wandelte sich das Land vom Agrar- zum Industriestaat. Vor allem im Westen entstanden riesige Industrielandschaften und weiträumige Siedlungsgebiete, die die idyllischen Dörfer und Städtchen des Ruhrgebiets von den Landkarten verbannten. Noch um 1850 war Essen eine ruhige Kleinstadt mit 9000 Einwohnern gewesen, fünfzig Jahre später waren es bereits 295000, womit die Einwohnerzahl um ein Dreiunddreißigfaches gestiegen war. Dieses Wachstum, das in mit dem Aufstieg der Firma Krupp zum größten deutschen Industrieunternehmen zusammenhing, zog Arbeitsuchende und Aufstiegswillige geradezu magisch an.

Auch Hermann Rühmann war dem Ruf der inzwischen größten Stadt des Ruhrgebiets gefolgt. Er trat als Oberkellner in das Hotel seines zukünftigen Schwiegervaters ein. Das Hotel Stemme war ein solides bürgerliches Etablissement. Es lag wenige hundert Meter vom Hauptbahnhof entfernt, der Verkehr war hier sehr belebt, Pferdefuhrwerke zogen rasselnd auf dem Kopfsteinpflaster vorbei, Straßenbahnen fuhren direkt am Hotel entlang, die ersten Automobile bahnten sich vielbestaunt und langsam ihren Weg durch die vielköpfige Menge der Passsanten. Vom Bahnhof her strömten die Reisenden in die Innenstadt, die, auf der Suche nach einem Quartier, gleich am Eingang der Kettwiger Straße auf das Hotel Lindenhof und das Hotel Stemme trafen.

Hier arbeitete sich Hermann Rühmann hoch, eiferte seinem Chef nach und fand Gefallen an dessen Tochter Margarethe, die im Familienbetrieb mitarbeitete. Die Bildungschancen für Frauen in der Wilhelminischen Gesellschaft waren gering, man erwartete von ihnen Heirat, Mutterschaft und Haushaltsführung. Höhere Schulen für Mädchen gab es nicht, in Preußen wurden Frauen erst 1896 zur Reifeprüfung zugelassen, und von den Wahlen blieben sie noch bis 1919 ausgeschlossen. Margarethe Rühmanns Weg war also vorgezeichnet, und der Bewerber schien eine gute Partie zu sein. Wie sein Schwiegervater mußte er es zu Kapital gebracht haben, denn 1897 kaufte er den Hotelbetrieb von Heinrich Stemme und war fortan Geschäftsführer und Chef. Somit konnte er Margarethe Stemme zumindest den gleichen Lebensstandard garantieren wie ihr Vater, der trotz des Verkaufs weiterhin eine maßgebliche Rolle im familieneigenen Hotelbetrieb gespielt haben dürfte.

In den Erinnerungen Heinz Rühmanns[3] taucht sein Vater allenfalls als schemenhafte Gestalt auf. Er wird als trinkfreudiger Wirt geschildert, der mit seinen Stammgästen und Freunden die Nächte durchzechte, großspurig auftrat, mitunter den Mund recht voll nahm, aber dennoch ein unsicherer Mensch blieb. Auf den wenigen erhaltenen Fotos sieht man einen Mann, der zumeist etwas mißmutig in die Kamera blickt, der Mode der Zeit folgend mit englischem Bowlerhut, steifem Kragen, säuberlich gebundener Krawatte. Sein Schnurrbart ist nach Kaiser-Wilhelm-Manier an den Enden aufgezwirbelt. Im Gegensatz zu seiner Frau, die zwei Köpfe kleiner ist als er, steht er etwas verloren im Familienbild, während sich die Kinder an die Mutter schmiegen.

Als Heinz Rühmann am 7. März 1902 in einem Zimmer im ersten Stock des Hotels Stemme geboren wurde, war dies für Hermann Rühmann ein willkommener Anlaß zu feiern. Die Stimmung wurde in der Nacht so ausgelassen, daß die angetrunkenen Männer die Säulen des Speisesaals immer wieder hinauf- und hinunterkletterten und dabei den wohlgeratenen Nachwuchs lautstark hochleben ließen. Derweil lag die erschöpfte Mutter im Bett und fand wegen des Lärms keinen Schlaf.

Vielleicht feierte der junge Vater aber auch einen guten Geschäftsabschluß und seinen Abschied von Essen. Denn etwa einen Monat vor der Geburt des zweiten Sohnes Heinz hatte der Vater das Hotel verkauft und war entschlossen, in das unweit von Essen gelegene Städtchen Wanne umzuziehen, um die dortige Bahnhofsgastwirtschaft zu übernehmen, die angeblich eine wahre Goldgrube sein sollte. In den Akten des Stadtarchivs Essen zum Hotelbetrieb Stemme ist ein anonymer Brief überliefert, der den Geschäftsmann Hermann Rühmann ein wenig charakterisiert und auf jeden Fall wie ein Menetekel über seiner weiteren Laufbahn steht.

In dem Brief vom 13. Februar 1902, der unterschrieben ist mit »ein rechtlich Denkender«, heißt es: »Sehr geehrter Herr Oberbürgermeister, jedenfalls haben Sie schon in Erfahrung gebracht, daß Hotel Stemme (He. Rühmann) jetzt wieder zum Preis von 540000 Mark verkauft ist. Es ist doch im Grunde genommen ein wirkliches Schwindelgeschäft, wenn ein derart altes Gebäude für solch horrenden Preis verkauft wird, selbst wenn das Geschäft gut sein soll, so ist es doch nicht möglich, daß die Käufer, welche noch Stempel, Umschreibung und Provisionsgebühren ca. 16000 Mark zu zahlen haben, zahlungsfähig sind. Das Ende wird sein, die Geschäftsleute, die mit solcher Firma arbeiten, müssen lange auf Zahlungen warten, die endlich dann später ganz aufhören, der Schluß ist Pleite. Daß durch solche Wirtschaftsverkäufe ungesunde Geschäfte geschaffen werden, ist unausbleiblich und werden Sie daher dringend gebeten, verehrter Oberbürgermeister Ihre Zustimmung res. Consessionsübertragung zu verweigern.«[4]

Hermann Rühmann ließ also in Essen nicht nur Freunde zurück. Einige Essener Kaufleute betrachteten ihn ganz offensichtlich als unsoliden, windigen Geschäftsmann, dem nicht zu trauen war. Doch vorerst schien das Glück noch auf seiner Seite zu sein. Wenige Monate nach dem Verkauf des Hotels zog die Familie Rühmann nach Wanne. Dort wird Heinz Rühmann aufwachsen und die ersten elf Jahre seines Lebens verbringen.

Auf Mutters Schoß und Vaters Tresen

Die große revolutionäre Kraft des 19. Jahrhunderts war der Eisenbahnbau. Das neue Verkehrsmittel veränderte die Gesellschaft und den Alltag der Menschen rasant. Mit dem sich vergrößernden Schienennetz entstand eine vielfach verflochtene Wirtschafts- und Handelszone. Die getrennten regionalen Märkte wuchsen zu einem nationalen Großwirtschaftsraum zusammen, noch bevor Deutschland politisch geeint war. Zulieferindustrien wie der Kohlebergbau, Maschinenbau und die Eisenerzeugung erhielten bedeutende Wachstumsimpulse. Die Transportleistung der Bahn stieg im Personen- und Güterverkehr ständig an, und auch die fahrplanmäßige Geschwindigkeit erhöhte sich beträchtlich: Im Jahr 1850 durften erst 50 km/h gefahren werden, um 1900 waren es 100 km/h. Inzwischen war auch das Streckennetz von knapp 6000 km im Jahr 1850 auf rund 52000 km im Jahr 1900 angewachsen. Durch die Bahnlinien entstanden neue Zentren, während andere Orte an Bedeutung verloren. Das Raum- und Zeitgefühl der Menschen veränderte sich durch die neuen Geschwindigkeitserfahrungen und die so gewonnene Mobilität.

Diese Entwicklungen veränderten auch das beschauliche Städtchen Wanne. Im Laufe weniger Jahrzehnte entwickelte sich die Gemeinde am Flüßchen Emscher zu einem Eisenbahnknotenpunkt im Ruhrgebiet, dessen Gesicht sich in dieser Zeit ebenfalls radikal wandelte. Überall schossen die Fördertürme der Zechen empor, rauchende Schlote und Schornsteine, wohin man sah. Eisen-, Stahl- und Kohleindustrien prägten jetzt das Bild, die Städte, Dörfer und Siedlungen wuchsen ununterscheidbar ineinander, die idyllische Landschaft der Region zwischen Rhein und Ruhr verschwand unwiderbringlich.

Vom industriellen Wachstum, das immer mehr Arbeiter ins Ruhrgebiet, nach Wanne, Herne, Bochum oder Gelsenkirchen lockte, wollte auch Hermann Rühmann profitieren. Im Frühjahr 1902 pachtete er das Bahnhofsrestaurant in Wanne. Der alte Bahnhof war ein schmuckloser Zweckbau, ganz aus Holz und langgestreckt, an dessen einem Ende sich die Gaststätte befand. In seiner Autobiographie hat Heinz Rühmann geschildert, daß die Familie auch im Bahnhof gewohnt habe.[5] Eine Zweitwohnung besaß die Familie offensichtlich in der Bahnhofstraße 28, der Hauptgeschäftsstraße des Ortes, in der Hermann Rühmann laut Stadtadreßbuch gemeldet war.[6] Wahrscheinlich nutzte die Familie diese Wohnung bisweilen als Ausweichquartier, denn die Wohnräume im Bahnhof waren klein, und Tag und Nacht zogen die schnaufenden und zischenden Dampflokomotiven vorbei. Nicht weniger als zehn wichtige Linien mündeten in den Bahnhof von Wanne ein: »Allein 20 Schnellzüge passieren ihn jetzt täglich, außerdem 150 Personen-, über 30 Eilgut- und Viehzüge, 340 Güterzüge und ca. 20 Anschlußzüge zur Bedienung der angeschlossenen Zechen.«[7]

Diese hohe Verkehrsfrequenz verschaffte dem Bahnhofsrestaurateur Rühmann zu jeder Tageszeit neue Gäste: Arbeiter, durchreisende Geschäftsleute, Eisenbahnpersonal. Die Schilderung eines Heimatforschers aus dem Jahr 1903 zeigt, wie sehr der Bahnhof als Sinnbild einer Epoche empfunden wurde, die durch neue Verkehrsströme und Mobilität gekennzeichnet war: »Eine solche, an der Weltlinie liegende Station sieht Leute aus allerlei Volk, das unter dem Himmel ist. Da verkehren Reisende vom ganzen Kontinent, aus allen Zonen und Weltteilen. Der angelsächsische Vetter und der heißblütige Nachbar im Westen, der Yankee und der schwarze Sohn Afrikas, Asiaten und Polynesier. Auch die auf der Höhe der Menschheit wandelnden, gekrönten Häupter, wie fürstliche und prinzliche Personen passieren die Station.«[8]

Auch Durchreisende, deren Züge nur kurz in Wanne hielten, wurden bedient: »Mein Vater hatte Papiertüten erfunden, in denen belegte Brötchen eingepackt waren und außen der Aufdruck: *Gute Reise wünscht Hermann Rühmann, Bahnhofsrestaurant Wanne.* Diese Tüten wurden zusammen mit Getränken von Kellnern auf Tabletts den Zug entlang getragen, die dabei riefen: ›Belegte Brötchen, Limonade gefällig?‹ Ein Riesengeschäft.«[9] Einträglich waren auch die Imbiß-Automaten, die der findige Gastwirt zwischen den Wartesälen der ersten und der zweiten sowie der dritten und vierten Klasse aufgestellt hatte.

Bei all dieser Geschäftigkeit hatte Hermann Rühmann wenig Zeit für seine Kinder. Als Heinz Rühmann zweieinhalb Jahre alt war, wurde am 15. Oktober 1904 seine Schwester Ilse geboren. Jetzt zog sich die Mutter etwas aus dem Geschäftsbetrieb zurück und kümmerte sich – unterstützt von Kindermädchen und Zugehfrauen – um die nunmehr drei Kinder. Wie fast alle Jungen jener Zeit wurde Heinz Rühmann in den ersten Lebensjahren noch in Mädchenkleider gesteckt. Mit Samtkleidchen, weißem Kragen und langen Haaren sahen die Jungen den Mädchen zum Verwechseln ähnlich, bis die Haare kurzgeschnitten wurden und sie die allseits beliebten Matrosenanzüge anziehen mußten. Wer etwas auf sich hielt, demonstrierte mit der Marinemode seinen Stolz auf die Kaiserliche Flotte. Blau trug man alltags, am Sonntag weiß. Für aufstiegsorientierte Familien wie die Rühmanns war es selbstverständlich, daß die Kinder teure Bleyle-Anzüge und Blusen tragen mußten, die man in Wanne bei Otto Honcamp in der Bahnhofstraße kaufte.

Sobald die Rühmann-Kinder älter waren, durften sie unter Aufsicht in dem kümmerlichen Bahnhofsgarten herumtoben oder beim Vater am Tresen stehen und die Gäste anstaunen. Hier verfolgte Heinz Rühmann das erste Schauspiel seines Lebens, dessen Hauptdarsteller der hochgewachsene Vater selbst war.

Es fällt nicht schwer, sich das Bahnhofsrestaurant als Bühne vorzustellen, zumal, wenn man sich den kindlichen Blickwinkel von Heinz Rühmann zu eigen macht. Vor seinen Augen agierte der Vater wie ein Schauspieler, der ganz verschiedene Gesichter zeigte und Haltungen einnahm, um den unterschiedlichen Ansprüchen seiner Gäste gerecht zu werden. Wenn das Kind dem Vater in die Küche folgte, konnte es geschehen, daß es ihn mit strenger Miene lautstarke Anweisungen erteilen hörte. Hier steuerte und dirigierte der Wirt im Hintergrund, er trieb die Kellner an, mahnte die Küchenmamsellen zur Eile, er kanzelte den einen Lieferanten ab, während er einem anderen mit ausgesuchter Freundlichkeit begegnete. Ganz anders trat der Vater am Tresen und im Speisesaal auf. Mit verschränkten Armen hörte er den Erzählungen seiner Stammgäste zu, nickte beflissen, seufzte anteilnehmend, oder er schlug, einhellige Entrüstung ausdrückend, mit der flachen Hand auf den Tresen. Fremden wurde natürlich nicht mit der gleichen eingespielten Intimität begegnet, sondern mit je nach ihrem Äußeren fein abgestufter Freundlichkeit. Ein aufstrebender, ehrgeiziger und standesbewußter Gastwirt wie Rühmann achtete genau darauf, mit wem er es zu tun hatte. Als Wirt war er gegenüber jedem Gast zu Höflichkeit und Zuvorkommenheit verpflichtet, doch natürlich war der Apotheker anders zu behandeln als der Krämer, der Bürgermeister anders als der Schreiber, der Durchreisende anders als der Stammgast, der Militär anders als ein Zivilist, der Schuldirekor anders als der Pedell. In Rühmanns Memoiren gewinnt der Vater vor allem in diesem öffentlichen Raum Gestalt. Hier scheint er einen stärkeren Eindruck auf ihn hinterlassen zu haben als in der Familie, die er ganz offensichtlich vernachlässigte.

Der Vater war es auch, der ihn in das hineinstieß, was Rühmann später als eine Art Urszene seiner Karriere schildert: »Vater lebte für seine Gäste, vor allem aber für die zahlreichen Stammtischfreunde, die allesamt fröhliche Zecher gewesen sein müssen. Vor diesen Gästen gab ich als Kind von vielleicht fünf Jahren meinen ersten ›öffentlichen‹ Auftritt. Um seine Freunde zu amüsieren, holte mich mein Vater eines Abends aus dem Bett. Ich mußte ein Gedicht rezitieren. Mutter protestierte vergeblich. Stolz wie alle Väter, stellt er mich im wehenden Nachthemd auf einen Stuhl mitten im Gästezimmer. Er strahlte über das ganze Gesicht, als seine Gäste und Freunde mir für meine Vortragskunst lauten Beifall zollten.«[10] Diese Szene soll der Vater wegen ihres großen Erfolges häufig wiederholt haben, sehr zum Leidwesen seiner Frau, die um die Gesundheit ihres Sohnes fürchtete. Auf diese Weise lernte Heinz Rühmann früh, sich Aufmerksamkeit zu erspielen, für seine Darstellungen belacht und beklatscht zu werden. Scheu oder Angst scheint er dabei von Anfang an nicht gekannt zu haben.

Bei einer anderen Gelegenheit riß ihn der Vater wieder einmal aus dem Schlaf, trug ihn ins Wohnzimmer und stemmte ihn mit einer Hand in die Höhe, während die angetrunkenen Gäste ihn erwartungsvoll anstarrten: »Statt zu weinen, legte ich, schlaftrunken wie ich war, die rechten Finger an die Schläfe und rief: ›Ich begrüße Tante Karoline!‹ Wörtlich. Dabei gab es gar keine Tante Karoline in unserer Familie. Alles lachte, nur meine Mutter nicht.«[11]

Wie alle Kinder ahmte der kleine Rühmann Verhaltensformen und Gesten der Erwachsenen nach. Und daß dieser Spiel- und Nachahmungstrieb von Eltern und Verwandten gelobt und durch Beifall honoriert wurde, ist auch nicht ungewöhnlich. Bei Heinz Rühmann muß sich diese Erfahrung jedoch festgesetzt, wiederholt und bewährt haben. In den späteren Schul- und Jugendjahren werden ihm sein Spieltrieb, sein Nachahmungstalent helfen, sich anzupassen und allgemeine Sympathie zu erlangen. Überliefert sind diese theatralischen Kinderszenen auch von der Haushälterin der Familie Rühmann, Wilhelmine Mertens, die viele Jahre später einem Journalisten berichtete, wie der Vierjährige in der Wirtschaft auf einen Stuhl stieg und die Gäste mit Liedern oder Gedichten unterhielt.[12]

1908 wurde Heinz Rühmann mit sechs Jahren in eine kirchliche Volksschule in Wanne eingeschult. Später wechselte er auf das Realgymnasium im benachbarten Eickel und wurde dort in die Sexta aufgenommen.[13] Das Statussymbol aller Gymnasiasten war die Schülermütze, die jedes Jahr ein neues Band erhielt, um die Klassenstufe zu kennzeichnen. Das damalige Erziehungsideal war vor allem auf die Vermittlung eines möglichst breiten Allgemeinwissens an historischen Daten und Fakten ausgerichtet. Für das Schulgeld, das die Eltern zahlten, erwarteten sie, daß ihre Kinder möglichst viel Unterrichtsstoff in den Köpfen nach Hause trugen: »Lückenlose Geschichtskenntnisse mit den Jahreszahlen aller Schlachten und Regierungszeiten der Herrscher, tote und lebende Fremdsprachen und Geographie bedeuteten die Wissensausstattung fürs Leben.«[14]

Neben diesen fachlichen Qualifikationen wurde seit den neunziger Jahren die vaterländische und nationale Erziehung der Schüler verstärkt, vor allem durch den Geschichtsunterricht. Daß ein Lateinlehrer voller Überzeugung an die Tafel schrieb: »Dulce et decorum est pro patria mori«, war nur ein Zeichen von vielen, das von der zunehmenden Militarisierung der Gesellschaft Zeugnis ablegte. So lautete das Aufsatzthema am Realgymnasium Eickel für die Reifeprüfung Ostern 1912: »Der Krieg kann auch heilsam sein, nachgewiesen an der deutschen Geschichte«[15]. Je länger der letzte Krieg mit Frankreich zurücklag, desto mehr wurde öffentlich marschiert und paradiert, um die Erinnerung an die glanzvollen Siege wachzuhalten. Für die Jugend, auch in Wanne, organisierte man Kriegsspiele, bei denen berühmte Schlachten nachgestellt und militärische Grundbegriffe eingeübt wurden. Die Uniform war das beste Stück des Mannes, und wer nicht gedient hatte war ein armer Tropf. Der Spruch »Der höchste Gott im deutschen Land, das ist und bleibt der Leutenant« war in den meisten Fällen ganz ernst gemeint. Heinz Rühmann bekam von seinem Vater zur Anerkennung für seine schulischen Leistungen nicht nur ein Fahrrad, sondern auch eine komplette Kinderuniform geschenkt. An nationalen Festtagen wie dem Tag von Sedan stand der Schüler Rühmann dann mit Helm und Säbel vor der ganzen Schule und deklamierte feierlich ein langes Gedicht auf den Kaiser.

Einem Außenseiter, der in Rühmanns Karriere noch eine große Rolle spielen sollte, gelang es, dieser Gesellschaft, in der alles Soldatische verehrt und Militärs unbedingter Gehorsam entgegengebracht wurde, einen Streich zu spielen. Am 16. Oktober 1906 verwandelte sich der mehrfach vorbestrafte Schuster Wilhelm Voigt mit Hilfe einer staubigen Uniform, die er bei einem Trödler billig erstanden hatte, in einen preußischen Hauptmann. Da er im Gefängnis militärische Begriffe und Regeln auswendig gelernt hatte, brachte er eine Handvoll Soldaten unter sein Kommando und führte sie nach Köpenick. Dort besetzte er das Rathaus und verhaftete den Bürgermeister. Dann ließ er sich die Stadtkasse aushändigen und verschwand mit der Beute. Das »Berliner Tageblatt« kommentierte: »Vor der Uniform liegen alle auf dem Bauch, die sogenannte Gesellschaft, die Behörden vom Minister bis zum letzten Nachtwächter, das Bürgertum und die Masse des Volkes auch.«[16] Und der sozialdemokratische »Vorwärts« schrieb: »Die Welt lacht. Über die deutschen Grenzen hinaus, über den englischen Kanal und den atlantischen Ozean dringt ein schrilles Hohngelächter. Die Welt lacht auf Kosten des preußischen Junkerstaates. Die Achtung, die deutsche Wissenschaft, deutsche Industrie sich im Auslande erworben haben, erstickt in einem spöttischen Gelächter.«[17]

Derart kritische Meinungen teilten jedoch nur wenige Lehrer, und selbst wenn man über diese Köpenickiade schmunzelnd den Kopf schüttelte, ließ man doch nicht von der stramm patriotischen Erziehung ab. In Gefahr gebracht sahen viele Pädagogen der Zeit ihre Bemühungen dagegen durch eine andere große Macht des 20. Jahrhunderts: das Kino. Auch in Wanne gab es ein viel besuchtes kinematographisches Theater, das Kurzfilme mit Klavierbegleitung zeigte. Für den 27. bis 29. Mai 1911 kündigte das Wanner Biotophon-Theater von Peter Köffer zum Beispiel folgendes Programm an: »*Jagd zu Pferde in den Revieren S. M. des Zaren* (Interessante Naturaufnahmen), *Die Hutnadel* (Komische Szene), ein Edison-Drama mit dem Titel *Der eifersüchtige Bildhauer*, *Der weibliche Sheriff* (ein tragikomisches Ereignis aus dem Westen Amerikas), *Aufopfernde Liebe* und *Ein strammer Junge ist angekommen.*«[18]

Der Bühnenautor Sigmund Graff – er sollte später Mitarbeiter des Propagandaministeriums werden – schilderte den Besuch in einem dieser frühen Kinematographen: »Die Schüler des Progymnasiums hatten rote Mützen. Wir trugen sie stolz, hüteten uns jedoch, sie bei verbotenen oder nur in Begleitung von Erwachsenen gestatteten Unternehmungen aufzusetzen, wie beispielsweise beim Besuch des Kinos. Das einzige Kino der Stadt bestand aus einem kahlen Raum mit Stühlen. Man hielt es für eine mehr oder minder anrüchige Sache, zu der die gute Gesellschaft nur heimlich hinging. Wenn es zwischen den Akten für einige Minuten hell wurde, beugten sich die Damen der Gesellschaft möglichst weit vor, um nicht erkannt zu werden. Sehr wichtig war der Klavierspieler, der je nach den vorbeihuschenden Motiven vom munteren Tralala zum schicksalsschweren Pathos oder zur zärtlichen Stimmungsmalerei übergehen mußte. Das Zelluloidband riß noch häufig, was zur Freude der Liebespärchen eine längere rabenschwarze Finsternis zur Folge hatte.«[19]

Unter der Überschrift »Die Jugend in Wanne und Kinematographen« warnte ein besorgter Autor im Sommer 1911 in der Wanner Zeitung vor den verderbliches Einflüssen des neuen Mediums:

»All die treue, mühevolle Arbeit, die brave Eltern, Lehrer und Pfarrer an der Jugend getan haben im Sinne der Veredlung und der Bereicherung, kann durch wenige Vorstellungen vernichtet werden: die Phantasie wird vergiftet, das Urteil verwirrt, das freie Empfinden abgestumpft, minderwertige Triebe geweckt. Und diese ekelhafte Massenvergiftung unseres deutschen Volkes lassen wir uns gefallen? Traurig, daß die Polizei uns nicht schützt.«[20] Die letzten Sätze waren besonders gegen die französischen Firmen Pathé und Gaumont gerichtet, die den europäischen Markt zusammen mit Hollywood und der italienischen Filmstadt Cinecittà beherrschten. Erst 1917 wurde in Deutschland mit der Ufa ein vergleichbares Filmimperium begründet, und dreizehn weitere Jahre sollte es dauern, bis die Ufa den jungen Schauspieler Rühmann zum Star machte.

Weitaus stärker als vom Kino war Rühmann aber damals von einer anderen Sensation des jungen Jahrhunderts fasziniert, die die Menschen weltweit in ihren Bann schlug und die er sein Leben lang lieben sollte: die Fliegerei. Als die ersten Luftschiffe des Grafen Zeppelin langsam, mit tiefem Brummen über Deutschland hinwegzogen, war die Begeisterung groß. Der uralte Menschheitstraum vom Fliegen hatte sich erfüllt, gebannt sah man zu, wie die zigarrenförmigen Kolosse durch die Luft schwebten, riesig, unheimlich, staunenswert. Fast überall entlang der Flugstrecke bekamen die Schulkinder frei, als Graf Zeppelin 1909 sein Luftschiff LZ 5 von Friedrichshafen nach Köln überführte.[21] Auch in der Nähe von Wanne war ein ähnliches Luftschiff stationiert, das Parseval-Luftschiff P. L. 12 Charlotte, das der Major Professor von Parseval gebaut hatte. Am 20. Juni 1911 landete es auf einer Freifläche zwischen Wanne und Herten, die Bevölkerung lief neugierig zusammen, und schon war die Idee geboren, hier einen Flugplatz zu gründen. In Anwesenheit der Erbprinzessin Charlotte von Sachsen-Meiningen wurde der Flugplatz Wanne-Herten an Pfingsten 1912 eingeweiht.

Groß war das Aufsehen im Sommer 1911 auch, als eine Berliner Zeitung den »B.Z. Preis der Lüfte« auslobte und ein »Deutscher Rundflug« veranstaltet wurde. Über Wochen hinweg berichtete die »Wanner Zeitung« über die Veranstaltung, und immer wieder wurden neue Berechnungen aufgestellt, wann die tollkühnen Flieger denn endlich über Wanne zu sehen sein würden. Zu denen, die am 2. Juli 1911 in den Himmel starrten, gehörte ganz sicher der flugbegeisterte Heinz Rühmann. Wie groß damals die Begeisterung für die Luftfahrt war, macht ein Augenzeugenbericht der »Wanner Zeitung« sehr anschaulich: »Die Bevölkerung unserer Gemeinde wurde gestern in den Abendstunden gegen 8–9 Uhr durch das Erscheinen zweier Flieger aus ihrem Treiben sehr angenehm aufgerüttelt. Plötzlich bemerkte man gegen 8 Uhr 20 in der Richtung von Bismarck her einen schwarzen Punkt am Himmel, der sich bald verstärkte. Der erste Flieger von Köln nahte. Es war Herr Dr. Wittenstein in seinem Zweidecker, der nach einer Zwischenlandung in Hamborn seine Reise fortsetzte und unseren Ort überflog. Majestätisch flog der Formann-Zweidecker über unseren Ort in einer Höhe von 200 M mit einer Geschwindigkeit von 80–90 Kilometern. Das Surren der Propeller machte die Bewohner aufmerksam. Das Luftfahrzeug glitt trotz des heftigen Windes und der starken Böen sicher und ruhig dahin und entschwand bald den Augen der aufgescheuchten Bevölkerung, die den Fliegern überall ein lautes Hurrah zuriefen.«[22]

Vater Hermann Rühmann, der immer an den neuesten Sensationen interessiert war, unternahm zum stolzen Preis von drei Mark eine Rundfahrt mit dem Parseval-Luftschiff. Und auch Sohn Heinz Rühmann war an diesem Wunderwerk der Technik brennend interessiert. In seinem Kinderzimmer, das er sich mit Bruder Hermann teilte, baute er die ersten Flugzeuge nach, sammelte Zubehör wie Peddigrohr, Propeller, Gummibänder und Räder für die Fahrgestelle. Er verehrte die Piloten mit ihren unförmigen Lederhelmen und die ölverschmierten Monteure wie Helden und schwänzte auch einmal die Schule, um den ganzen Tag auf dem Flughafen verbringen und die Flugzeuge aus allernächster Nähe ansehen zu können.

Als ihn ein Pilot generös auf einen der Flugsitze hob, war der Schüler Rühmann endgültig mit dem »Flugfimmel« infiziert: »Unser Zimmer glich bald einer regelrechten Ausstellung von Flugzeugmodellen, die ich nach Vorlagen bastelte. Lehrer und Nachbarn verurteilten kopfschüttelnd meinen Spleen. Was für andere Klassenkameraden das Sammeln von Schmetterlingen oder Briefmarken bedeutete, war für mich die Welt der Technik.«[23]

Finanziell muß es der Familie in diesen Jahren gut gegangen sein. Im Sommer wurden Ferien an der Nordsee gemacht, so etwa 1903 auf Borkum, oder die Familie fuhr zur Kur nach Bad Kissingen,

Bad Salzuflen oder nach Bad Wildungen. Manchmal trat Margarethe Rühmann diese Reisen auch ohne ihren Mann an, nur mit den Kindern und ihrer besten Freundin Tilly Korn, die sie noch aus Essener Tagen kannte. Ein Klavier wurde angeschafft, auf dem Margarethe Rühmann gern spielte. Doch die guten Jahre in Wanne waren bald vorbei, denn dem geschäftigen Bahnhofsgastwirt Rühmann bot sich 1912 die große Chance seines Lebens. Aber nicht in Wanne, sondern in Essen, wohin die Familie Ende des Jahres 1912 zurückkehrte.

Katastrophen

Große Geschäfte sollten es werden, und viel Geld sollte fließen, als der kleine Wanner Bahnhofsrestaurateur zum international angesehenen Hotelier aufsteigen wollte. Das waren die Träume von Hermann Rühmann im Frühjahr 1913. Bereits im September 1908 hatte er zusammen mit seinem Schwiegervater Heinrich Stemme, der Quisisana Automatenfabrik GmbH, der Likörfabrik Weithoff, der Dortmunder Aktien Brauerei sowie einigen anderen Gesellschaftern die Firma »Hotel Restaurant Stemme GmbH« gegründet. Das Stammkapital betrug 150000 Mark, und Hermann Rühmann leistete mit 30000 Mark die höchste Einlage. Sein Schwiegervater Heinrich Stemme war mit 25000 Mark beteiligt, hielt jedoch wohl bei diesem Geschäft die Fäden in der Hand. Ziel des Unternehmens war »die Errichtung und der Betrieb von automatischen Verkaufsständen für Waren und Erzeugnisse aller Art, insbesondere die Errichtung und der spätere Betrieb von Automaten-Restaurants.«[24]

Inzwischen hatte Heinrich Stemme das Hotel an der Kettwiger Straße, das Hermann Rühmann 1902 so vorteilhaft an einen Hotelier verkauft hatte, wieder zurückerworben und dort begonnen, ein solches Automatenrestaurant zu errichten.[25] Doch die Geschäfte der Gesellschaft hatten nach drei Jahren noch keinen Gewinn abgeworfen, weil man zunächst die Kredite tilgen mußte. Damit war an die Errichtung von weiteren Filialen vorerst nicht zu denken. Heinrich Stemme sah sich ganz im Gegenteil dazu gezwungen, sein Hotel mitsamt dem Grundstück an die Stadt zu verkaufen, um die Hypotheken, die er bei der Leipziger Hypothekenbank in Höhe von 275000 Mark bereits aufgenommem hatte, liquidieren zu können. Doch durch diesen Schritt kamen alsbald weitere Kosten auf die Stemme GmbH zu, denn die Essener Baupolizei verlangte die Verlegung der Küche aus dem Keller ins Erdgeschoß, was eine enorme finanzielle Investition für alle Gesellschafter bedeutete.

Obwohl Hermann Rühmann als Hauptgesellschafter jetzt unter Druck geriet, wollte er von seinem Hoteliertraum nicht ablassen. Die Chance schien tatsächlich einmalig zu sein: In Essen entstand in prominenter Lage der Handelshof, ein Riesenbau, wie ihn die Stadt bis dahin noch nicht gesehen hatte, mit Hotel- und Bürokomplex, ein protziges Zeugnis der wachsenden wirtschaftlichen Kraft der Kommune.[26] Ein Motor dieser Wirtschaftsentwicklung war die Expansion der Firma Krupp, die 1911 hundert Jahre alt geworden war. Vor allem die militärische Aufrüstung des Kaiserreiches ließ die Krupp-Belegschaft enorm ansteigen. In Essen war man stolz darauf, Heimat der »größten Waffenschmiede der Welt« zu sein. Handel und Wirtschaft waren allgemein im Aufschwung, und die Stadt wollte sich ein neues, repräsentatives Gesicht geben. So entstand 1912 Essens bis dahin größtes Kaufhaus mit einer Fläche von 10000 Quadratmetern. Weitere Großbauvorhaben waren das neue Polizeipräsidium, eine Reihe von Großbanken, neue Schulen, Krankenhäuser und Kirchen. Eine der größten Synagogen Deutschlands wurde am 25. September 1913 in Essen eingeweiht, ein mächtiger Kuppelbau, der 1400 Menschen Platz bot. Der von 1906 bis 1918 amtierende Oberbürgermeister der Stadt, Wilhelm Holle, scheute kein Risiko und förderte städtische Bauvorhaben, wo er nur konnte.

Was Essen zu diesem Zeitpunkt noch fehlte, war ein repräsentatives Hotel, das ein angemessenes Pendant zum neuerrichteten Hauptbahnhof bildete. Dieses Gegenstück sollte mit dem Handelshof 1912 entstehen. Als der Komplex schließlich am Anfang des Jahres 1913 fertiggestellt war, staunten die Essener nicht schlecht: »Und selbst denen unter den Essenern, die mit ihrer Erinnerung nur dreißig oder vierzig Jahre zurückgreifen können, ist es wie ein Traum, wenn sie an dem Heute die Entwicklung messen, die die ländliche Mittelstadt Essen in diesem Zeitraum genommen hat. Man kann an Gebäuden von der Größe und der Ausdehnung des ›Handelshofes‹ nicht vorübergehen, ohne daß einem derartige Gedanken über den Weg laufen.«[27] Der Handelshof war in der Tat monumental: Er enthielt ein Hotel, zwei Restaurants, ein Café, eine Konditorei, ein Kino, diverse Läden, Dutzende von Büros. Es gab insgesamt 350 verfügbare Räume, die nutzbare Fläche aller Geschosse betrug zusammen 15000 Quadratmeter. Auch für den heutigen Betrachter sind die Ausmaße des Komplexes noch beeindruckend. Die Türme des Gebäudes haben eine Höhe von 45 Metern, die Länge der Straßenfronten beträgt etwa 200 Meter. Die Gesamtkosten des Unternehmens beliefen sich damals auf 5600000 Mark.[28]

Alle Aufstiegssehnsüchte Hermann Rühmanns sollten sich mit diesem gigantischen »Geschäftspalast« verwirklichen. Er pachtete von der Essener Grundbesitz-Gesellschaft den gesamten Hotelkomplex, zu dem außerdem ein Weinsalon, ein Bierrestaurant, ein Café und ein Spatenbräukeller gehörten, in dem sich der Besucher »beim Verkauf von Münchener Spezialitäten aus eigener Metzgerei unwillkürlich nach Bayerns Hauptstadt versetzt« fühlen sollte. Bei der Einrichtung der Räume kleckerte Rühmann nicht, er klotzte. Typisch für den schrillen Größenwahn der Wilhelminischen Gesellschaft war das ausufernde Selbstlob, das sich Hermann Rühmann in der Werbebroschüre des Handelshofes auf den Leib schreiben ließ: »Die moderne großzügige Schaffenskraft spiegelt sich nicht allein in dem mächtigen Aufbau wieder, sondern läßt erkennen, daß auch auf die innere Einrichtung des Hotel- und Wirtschaftsbetriebes gebührend Wert gelegt ist, und daß die Besitzer in der Wahl des Pächters jenen Scharfblick zeigten, der nur wenigen Großstadtunternehmungen eigen ist. Schon das ganze Arrangement und die raffinierte Ausstattung des Hotels rechtfertigt den Ruf, welcher Herrn Rühmann als internationalem Hotel-Fachmann vorangeht. Das luxuriöse, trotzdem aber vornehm-gediegene Vestibül des Hoteleingangs, von wo aus ein elektrischer Aufzug die Verbindung mit den einzelnen Hoteletagen herstellt, heimelt jeden von der Reise ermüdeten Gast an. Die einzelnen Hotelzimmer sind mit kaltem und warmfließendem Wasser, Normaluhr, Telephon, Dampfheizung und elektrischem Licht versehen. Auch fehlen natürlich elegant und komfortabel eingerichtete Bäder nicht.«[29] Mit diesem Auftritt wollte sich Hermann Rühmann an die Spitze der Ruhrgebiets-Gastronomie katapultieren. Endlich sollte der Schwiegervater Stemme, der dem Können des Schwiegersohnes nie ganz über den Weg getraut hatte, übertrumpft werden.

Die Familie Rühmann zog in den fünften Stock des Gebäudes, von wo aus man ganz Essen überblicken konnte. Sehr lange lebte Heinz Rühmann hier allerdings nicht, nur knapp ein Jahr war er in den weitläufigen Gängen des Handelshofes zu Hause. Dennoch hätte ihn die hoch gelegene Wohnung der Eltern eines Tages fast das Leben gekostet. Noch immer war er von dem Wunsch beseelt, selbst einmal fliegen zu können. Zu diesem Zweck präparierten die Brüder einen Sonnenschirm, den sie aus einem der väterlichen Restaurants entwendet hatten. Mit diesem Fallschirm wollte Heinz dann aus dem fünften Stock abspringen und sanft zu Boden schweben. Bruder Hermann postierte sich in der Kettwiger Straße, um das Startsignal zu geben, sobald die Straße frei sei. Derweil stieg Heinz auf eine Kiste, um abzuspringen. Zum Glück hatte ein Anwohner von der gegenüberliegenden Straßenseite die Vorbereitungen beobachtet und rief nun herüber, der Junge solle sofort mit diesem Unsinn aufhören. Die Passanten blickten nach oben, das Aufsehen war groß und allgemein.

Die Nachricht von diesem Flugversuch drang auch bis ins Humboldt-Gymnasium an der Steeler Straße, das Heinz Rühmann besuchte, und seine Lehrer ermahnten ihn eindringlich, sich ungefährlicheren Beschäftigungen zu widmen, etwa der Erledigung der Hausaufgaben. Allerdings wurde sein Schulbesuch dort jäh unterbrochen, als sich die Ehe der Eltern aufzulösen begann. Dem Vater war als Pächter des Hotels Handelshof kein Glück beschieden. Er hatte sich übernommen, und die Einnahmen reichten wohl nicht einmal dazu aus, die laufenden Unkosten zu decken, geschweige denn, die beträchtlichen Kredite zurückzuzahlen. Ende des Jahres 1913 war er finanziell am Ende. Am 10. Dezember 1913 schrieb er an den Oberbürgermeister: »Hierdurch teile ich Ihnen mit, daß ich heute mein Geschäft verkauft habe und der gesamte Wirtschaftsbetrieb an Herrn Otto Blau aus Bad Nauheim übergeht.«[30]

Der Bankrott des Vaters dürfte das Seine dazu beigetragen haben, die Ehe der Rühmanns zu zerrütten. Immer häufiger kam es in diesen Monaten zwischen den Eltern zum Streit. Eines Nachts erlebten die Kinder, wie sich die Mutter in ihrem Zimmer einschloß und ihr Mann weinend an der Tür rüttelte und seine Frau beschwor, doch endlich zu öffnen. Doch Margarethe Rühmann gab nicht nach. Sie hatte ihn immer wegen seiner Leichtfertigkeit und Sorglosigkeit gewarnt, hatte ihn angefleht, das Geld beisammenzuhalten, doch jetzt war die Pleite perfekt. Die schöne Zukunft schien verspielt, wenig blieb zu retten.

Um den Kindern die dauernden Auseinandersetzungen zu ersparen, wurden sie für ein Jahr in ein Schülerheim nach Lennep geschickt. Diese Kleinstadt im Bergischen Land liegt etwa dreißig Kilometer von Essen entfernt und hatte damals knapp 10000 Einwohner. Der zwölfjährige Heinz und sein Bruder Hermann besuchten das dortige Realgymnasium. Die Schülerlisten vermerken den Eintritt der Brüder für den 22. April 1914 und ihren Austritt zu Ostern 1915. Es muß ein dunkles Jahr für die Kinder gewesen sein. Heinz Rühmann hatte Heimweh, er sehnte sich nach den Eltern und weinte viel. In der Schule erhielt er seine erste Ohrfeige, und trotz des Bruders fühlte er sich allein gelassen. Er kapselte sich ab, baute sich eine kleine Welt, ein Terra-Aquarium, in dem er sich einige Fische, Frösche und eine kleine Schildkröte hielt. Er beobachtete die Tiere stundenlang und zog sich so von den anderen Schülern zurück.[31]

Als die Kinder ein Jahr später nach Essen zurückkehrten, lebten die Eltern bereits nicht mehr zusammen. Ob Heinz Rühmann seinen Vater überhaupt noch einmal gesehen hat, ist ungewiß. Die Ehe von Hermann und Margarethe Rühmann wurde am 17. März 1915 vom Landgericht Essen rechtskräftig geschieden.[32] Die Mutter zog mit den Kindern in die Brunnenstraße 74, Hermann Rühmann hatte sich ein Zimmer in der Stadt genommen. Damit verlieren sich die Spuren des Vaters. Sein letzter eingetragener Wohnsitz findet sich für 1914 im Essener Stadtadreßbuch, wo noch der Handelshof als Adresse angegeben ist. Doch diese Angabe dürfte bereits bei der Veröffentlichung des Adreßbuches nicht mehr gestimmt haben. Sicher ist nur, daß Hermann Rühmann Mitte 1915 nach Berlin fuhr.[33] Suchte er dort Zuflucht bei Verwandten? Wollte er der Schande, die ihm sein finanzieller Ruin in Essen gebracht hatte, entgehen? War er auf der Flucht vor seinen Gläubigern, oder wollte er noch einmal ganz von vorn beginnen? Diese Fragen bleiben offen. Er muß in diesen letzten Lebensmonaten ein einsamer Mann gewesen sein. Wahrscheinlich in der zweiten Jahreshälfte 1915 nahm er sich in Berlin das Leben. Die genaueren Todesumstände sind bis heute unbekannt.

Nach dem Tod ihres Mannes blieb Margarethe Rühmann mit den Kindern noch zwei Jahre in Essen. Was von dieser Zeit bleibt, sind einige Erinnerungen des jungen Rühmann. Spuren von Trauer- oder Verlustgefühlen sind in ihnen nicht zu erkennen.[34] Auch später äußerte er sich nie ausführlich über diesen Punkt seines Lebens. Der hochgewachsene Vater hatte ihm Respekt eingeflößt, ihm für seine jugendlichen Missetaten hin und wieder eine Tracht

Prügel versetzt, aber ein ödipales Drama war daraus nicht entstanden. Offenbar war der Junge bei Hermann Rühmanns Tod noch viel zu jung, um echte Gefühle der Rebellion entwickelt zu haben. Der Vater blieb nur eine Episode in seinem Leben, sein Verlust hinterließ keine Leerstelle. Orientierung und Geborgenheit gab ihm die Mutter, die stark, diszipliniert und wohl auch stolz war. Nicht zuletzt um das Schulgeld für ihre Kinder weiterzahlen zu können, nahm sie wieder eine Arbeit, vermutlich als Köchin, auf.

Die verbleibenden zwei Jahre in Essen besuchte Heinz Rühmann wieder das Humboldt-Gymnasium. Und seine dortige Schulklasse wurde ihm alsbald ein willkommenes Publikum, das sich von seinen Darbietungen höchst amüsiert unterhalten ließ. Jahre später erzählte der Schauspieler immer wieder, welchen Erfolg er mit der Nachahmung seiner Lehrer gehabt hätte. Vor allem sein Mathematiklehrer Professor Kabath sei häufig Opfer dieser parodistischen Attentate geworden. Auf einem erhaltenen Klassenfoto sieht dieser Kabath wie ein Despot aus, ein Mann in den späten Fünfzigern, hager, mit einem kleinen spitzen Bauch und einem kompliziert gekämmtem Gebilde aus Schnauz- und Kinnbart. Das Bild des deutschen Gymnasiallehrers dieser Epoche ist vielfach nur als Witzblattfigur überliefert. Ein Pensionsalter für Lehrer gab es damals nicht, die Lehrerschaft war deshalb überaltert und tief geprägt von den obrigkeitsstaatlichen Leitbildern des 19. Jahrhunderts. Auf die Schüler wirkten diese Männer wie unnahbare Fossilien im schwarzen Gehrock mit Kneifer oder – wenn sich ein Lehrer eleganter zeigen wollte – mit Monokel.

Die Szene, die Rühmann in diesem Zusammenhang immer wieder geschildert hat, erinnert an seine berühmte Parodie in der *Feuerzangenbowle*, wenn er Professor Crey (Erich Ponto) nachahmt. Als Kabath ihn einmal mit der Aufsicht über die Klasse beauftragte weil er zum Direktor gerufen wurde, benutzte er die Abwesenheit des Lehrers, um ihn in Gestik, Mimik und Sprache nachzuahmen. Die Klasse brüllte vor Lachen, als Rühmann an der Tafel stand und mit hoher Stimme Aufgaben diktierte. Plötzlich verstummte der Lärm. Ohne daß er es bemerkt hatte, war der Lehrer ins Klassenzimmer und hatte sich das Schauspiel, das auf seine Kosten ging, angesehen.

Die Atmosphäre am Vorabend des Ersten Weltkriegs war aggressiv und vergiftet. Was den Deutschen fehlte, war eine gemeinsame Geschichte, ein inneres Band verpflichtender Werte, die zu verteidigen man bereit gewesen wäre. Der einzige gemeinsame Nenner, den die Reichsgründung mit sich gebracht hatte, war ein äußerer und innerer Militarismus. Das Reich war mit »Blut und Eisen« aus dem Boden gestampft worden, und diese fragwürdige Identität lebte fort. Man war stolz auf das Militär und die militärischen Triumphe der Vergangenheit. Alte Feindbilder, vor allem die gegen den »Erzfeind« Frankreich gerichteten, wurden gepflegt. Und noch etwas verband die Deutschen: das Gefühl, ja die tief sitzende Angst, von den europäischen Nachbarn umstellt und bedroht zu sein. Als man sich im August 1914 mit solcher Begeisterung in den Krieg stürzte, schienen alle Probleme wie weggeblasen, ein kollektiver Rausch, der in dem glückseligen Ruf eines jungen Leutnants gipfelte: »Krieg ist wie Weihnachten!«[35], erfaßte die meisten Deutschen.

Am Abend des 1. August 1914 wurde wie im ganzen Land auch vor dem Essener Rathaus unter lautem Jubel der Bevölkerung die Mobilmachung verkündet. Der Erste Weltkrieg hatte begonnen. Der zwölfjährige Rühmann erlebte den nationalen Rausch hautnah. Die ganze Oberprima seiner Schule meldete sich freiwillig zum Kriegsdienst, und die Namen der Schüler, die »für das Vaterland gefallen« waren, konnte man bald in den Essener Zeitungen lesen. Die Essener Jugendwehr, in der auch Heinz und sein Bruder Hermann Dienst taten, übte mit lautem Gebrüll Angriff und Attacke, man gewöhnte die Jugendlichen an Marschtritt, Befehl und Gehorsam.

Doch obwohl Wilhelm II. am 4. August ausgerufen hatte: »Ich kenne keine Parteien mehr, ich kenne nur noch Deutsche«, wurde bald klar, daß das Kriegspathos die Zerrissenheit des Landes nur für kurze Zeit übertüncht hatte. 8,5 Millionen tote Soldaten und 21 Millionen Verwundete sollte dieser mit Maschinengewehren, Giftgas, Panzern, Handgranaten, Flammenwerfern, Kampfflugzeugen, weitreichenden Geschützen enorm technisierte Krieg fordern.

Die anfängliche Kriegsbegeisterung, während der die Kruppianer noch über ihre »Dicke Bertha« jubelten, schwand vor allem in der Arbeiterhochburg Essen sehr schnell. Das berüchtigte Krupp-Geschütz mit einer Reichweite von vierzehn Kilometern und einem Geschoßgewicht von 930 Kilogramm brachte die Festung

Lüttich zum Einsturz. Der Stolz wich einer bitteren Enttäuschung, als sich die Versorgungslage in Essen dramatisch zu verschlechtern begann. Kriegsküchen des Roten Kreuzes und der Kirchen versuchten, die Not zu lindern, viele Lebensmittel wurden nur noch auf Bezugskarten abgegeben. Auf einigen Zechen und auch bei Krupp kam es zu Hungerstreiks, Krankheiten wie die Ruhrepidemie brachen aus, und im sogenannten »Steckrübenwinter« 1917 spitzte sich die Lage dramatisch zu.

Von diesen Kriegsfolgen waren auch die Rühmanns wie alle Essener sehr viel stärker betroffen als von der Bombardierung der Stadt am 24. September 1916, die keine großen Schäden anrichtete. Margarethe Rühmann entschloß sich, zu ihrer Freundin Tilly Korn nach München zu ziehen, wo die Wohnungs- und Lebensmittelsituation besser als in Essen sein sollte. Nach dem katastrophalen Winter 1917 wartete Margarethe Rühmann noch den Schuljahreswechsel ab, dann zog die Familie nach München. Ab 23. April 1917 war sie bei Tilly Korn in der Schlotthauerstraße 5 im dritten Stock gemeldet. Einige Monate später wurde dort eine Wohnung im vierten Stock frei, die Margarethe Rühmann zusammen mit ihren drei Kindern bezog.

Obgleich sich die Lebensumstände der vaterlosen Familie Rühmann in München 1917 etwas verbesserten, war die Not – anders, als man gehofft hatte – hier kaum geringer als in Essen. Mit der Wohnung hatten die Rühmanns Glück gehabt, denn der Wohnungsmangel in der bayerischen Landeshauptstadt verschärfte sich in den Kriegsjahren dramatisch: »Der Anblick von Familien, die auf der Suche nach einer Unterkunft durch die Stadt streiften, wurde so alltäglich, daß ein Münchner Volkssänger eine Moritat über eine geplagte Hausfrau verfaßte, die kreuz und quer durch die Stadt schlurft, ohne für ihre Familie je eine Bleibe zu finden. Die Wohnungsnot war natürlich ein Segen für die Vermieter, die für zwei Zimmer im Rückgebäude damals stolze 40 Mark verlangen konnten.«[36]

Noch schlimmer als die Wohnungsknappheit war jedoch die katastrophale Lebensmittelversorgung: »Lebensmittel wurden nicht nur rationiert, die Rationen wurden zudem laufend herabgesetzt. Schon 1916 gab es in München nur noch 125 Gramm Butter pro Woche. Auch Zucker, Seife und Kleidung waren nun rationiert. Um Energie zu sparen, wurde die Sommerzeit eingeführt. Das Färben von Ostereiern war verboten, und es gab nur noch Dünnbier. Als Wildbret bot der Markt Fleisch von Eichkätzchen, Kaninchen und Dachsen. Es gab keine Semmeln mehr. Gleichzeitig mußte Bayern als Bundesland mit agrarischer Überschußproduktion Getreide an das Reich abführen.«[37] Im Frühjahr 1917 verschärfte sich die Situation, es fehlte an Fleisch und Milch, es kam zu ersten Streiks, die Kriegsmüdigkeit wuchs. Vor den Bäckereien und Metzgereien bildeten sich lange Schlangen, wer es sich leisten konnte, kaufte auf dem Schwarzmarkt oder klapperte die Bauernhöfe in der Umgebung Münchens ab. Margarethe Rühmann mußte die vierköpfige Familie mit ihrer schmalen Witwenrente über die Runden bringen. Außerdem verdiente sie sich etwas Geld, indem sie Zimmer untervermietete. Das Schulgeld für die Kinder war ihr ermäßigt worden, und bald nach dem Umzug begannen die Geschwister von Heinz Rühmann mit der Berufsausbildung, so daß auch sie über ein wenig Geld verfügten.

Die Schlotthauerstraße lag in der Münchner Au, die seit 1808 eine eigenständige Stadt gewesen war. Die Au hatte einen schlechten Ruf, war lange Zeit ein überfülltes, schmutziges Armeleuteviertel, in dem Arbeiter, kleine Handwerker und verarmte Kleinbürger wohnten. Auch viele Unterstützungsbedürftige und Bettler fristeten hier ein kümmerliches Dasein. Als die Vorstadt schließlich 1854 eingemeindet wurde, lebten hier rund 10000 Menschen. Über dem Viertel lag immer ein leichter Malzgeruch, der von den großen Bierbrauereien herüberwehte.

Zur Schule ging Heinz Rühmann in die Kreis-Oberrealschule Maria Theresia am Regerplatz, den er zu Fuß bequem erreichen konnte. Für seine Anpassungsfähigkeit spricht, daß er sich an der neuen Schule sofort eingewöhnte. Immerhin war er ein Preuße in Bayern, und gerade während des Krieges verschärften sich in Bayern die antipreußischen Gefühle. Man machte den »preußischen Größenwahn« für den blutigen Krieg verantwortlich und sah in Wilhelm II. und seinen Generälen die wahren Schuldigen an dem Desaster. Da muß es überraschen, daß ein »Saupreiß« wie Rühmann gleich zum Klassen- und dann sogar zum Schulsprecher, der im Elternbeirat saß, gewählt wurde. Nur der erste Schultag endete mit einem Fiasko: »Als ich das erste Mal in diese Schule ging, trug ich einen Bleyle-Matrosenanzug, den ich sonst nur sonntags anziehen durfte. Meine Mutter wollte es so. Sie konnte nicht ahnen, was sie damit anrichtete: solche Anzüge waren in Bayern unbekannt. Alles stand im Schulhof um mich herum und schüttelte sich aus vor Lachen.«[38] Unter diesem Spott litt der junge Schüler aber keinesfalls lange, das Mißgeschick war bald vergessen. Er war rührig, fleißig, ohne jedoch ein Streber zu sein. Der Umzug in die fremde Stadt und der soziale Abstieg durch den Bankrott des Vaters hatten auf seine offene und unverstellte Art, auf andere zuzugehen, offenbar keinen Einfluß.

Als Rühmann bei einem Ausflug in die Stadt König Ludwig III. sah, der in einer Equipage mit seinen Adjutanten spazierenfuhr, muß dies ein sensationeller Eindruck für ihn gewesen sein. Bisher hatte er lediglich die Industrielandschaft des Ruhrgebiets mit ihren Zechen, Schloten, Kohlenhalden und Arbeitervierteln kennengelernt. Und nun glänzte vor ihm eine Stadt, die damals als die heiterste und schönste in Deutschland galt. Die Einheimischen im »Isar-Athen« waren stolz auf ihre Geselligkeit, ihre Gemütlichkeit und ihre Toleranz, und noch stolzer waren sie auf ihre Biergärten und das frisch gezapfte Bier, das angeblich alle Stände miteinander versöhnte.

München war – ganz im Gegensatz zum protestantischen Essen – eine theatralische, verspielte Stadt, deren Bild maßgeblich durch die Baulust König Ludwigs I. und seines Sohnes Maximilian II. geprägt worden war. Angeregt durch italienische und griechische Vorbilder, hatte Ludwig I. vor allem durch Leo von Klenze prächtige Boulevards, monumentale Museumsbauten, wie die Glyptothek oder die Alte Pinakothek, errichten lassen. Neben zahlreichen Kirchen entstanden auch aufsehenerregende Denkmäler wie das Bavaria-Standbild oder der Obelisk am Karolinenplatz, der an die 30000 bayerischen Soldaten erinnern sollte, die während Napoleons Rußlandfeldzug 1812 ums Leben gekommen waren. Maximilian II. hatte die Bautätigkeit des Vaters fortgesetzt und weitere Boulevards und prunkvolle Bauten in Auftrag gegeben. So wurden während seiner Regierungszeit das Neue Rathaus im neugotischen Stil und der Gärtnerplatz samt anliegendem Theater im Stil der italienischen Neurenaissance gebaut.

Es ist einem Zufall zu verdanken, daß sich einige Jugendbriefe Rühmanns erhalten haben, die über seinen Alltag in diesen Jahren Auskunft geben. Sie sind vor allem deshalb von Bedeutung, da in den letzten Tagen des Zweiten Weltkriegs Rühmanns Berliner Haus Am Kleinen Wannsee 15 ausbrannte, weshalb aus der Zeit vor 1945 kaum persönliche Dokumente und Zeugnisse im Nachlaß überliefert sind. Die Jugendbriefe von 1917 und 1918 blieben zumindest auszugsweise erhalten, weil sie 1935 im »Essener Anzeiger« abgedruckt wurden. In diesem Jahr, Rühmann war längst ein Star, besuchte er seine alte Heimatstadt Essen und traf mit einigen früheren Schulfreunden zusammen, unter anderen mit Alfred Hampel, an den er nach seinem Umzug nach München häufig geschrieben hatte. Mit Rühmanns Einwilligung stellte Hampel der Zeitung einige dieser Briefe zur Verfügung, die unter der Überschrift »Heinz Rühmann. Mein Jugendfreund und Klassenkamerad« veröffentlicht wurden.

Einen breiten Raum nehmen in dieser Korrespondenz naturgemäß die Erlebnisse in der Schule ein. Im Frühjahr 1917 schreibt der fünfzehnjährige Rühmann an Hampel: »Ich habe hier in München sehr nette Lehrer und es geht bei uns in der Klasse viel gemütlicher her, als in Norddeutschland. Wenn der Lehrer bei uns ruft: ›Saubub dreckiger oder Brillenschlang' geschwollene!‹ so macht das gar nichts aus. Nur ich muß immer furchtbar lachen.«[39] Aus dem Juli 1917 stammt die folgende Passage: »Herzlichen Dank für Deine Karte und die Grüße der Klassenkameraden. Ich habe bereits seit dem 14. Juli schon Ferien bis 1. Oktober. Mein Zeugnis war gut, 5 mal sehr gut und 5 mal gut. Das beste der Klasse. Nun wird es wohl nächste Woche nach Erling zum Ammer-See gehen. Da helfe ich in der Land- und Forstwirtschaft. Heute nachmittag ist die große Jacobi-Dult (riesige Kirmes). Da saufen sich die Münchner alle einen ordentlichen Rausch an, wie immer!! Überhaupt sind die Münchner ganz famose Kerle, so gemütlich und freundlich, da kommt ein Essener gar nicht gegen an. Auch ich habe schon mein gut Teil bayrisch gelernt. Es ist gar nicht so gefährlich, wie es sich anhört.«[40]

Einige Wochen später schrieb er vom Ammersee: »Jetzt sitze ich hier auf dem Privatgut des Königs (Leutstetten) und bin ein tüchtiger Forstarbeiter geworden. Wir müssen tüchtig arbeiten, bekommen aber auch im Tag 2,50 Mark. Arbeit ist von 6 bis 11 Uhr und von 12,30 bis 5,30. Zehn Stunden und freie Verpflegung.« Im März 1918, Rühmann war inzwischen 16 Jahre alt, der Krieg ging in seine letzte Phase, und die Schüler wurden wegen des Arbeitskräftemangels in der Landwirtschaft eingesetzt, meldete er nach Essen: »Auch wir sollen zur Landwirtschaft heraus. Geprüft und untersucht wird aber erst nach den Osterferien. Wahrscheinlich komme ich, wie im vorigen Jahre, als Führer einer Gruppe heraus. – 10 bis 20 Schüler. Bin jetzt auch dem Jungsturm beigetreten. Das Regiment besteht aus 48 Kompagnien (!) je 70 Mann. Jede Kompagnie hat einen Leutnant als Führer (aber einen ›richtigen‹). Dienstags und Freitags ist abends von 6,45 bis 8,30 in der Kaserne Übung. Samstags scharfschießen mit Modell 98 (nach Scheibe 150 m), Sonntags Felddienstübungen, wo militärische Aufgaben gelöst werden. Das ist was anderes wie die Essener Jugendwehr!«[41]

Im ersten Jahr nach dem Umzug nach München begann sich der Schüler Heinz Rühmann allmählich abzusondern. Er wurde ein Einzelgänger, ohne deshalb jedoch ein Außenseiter zu sein. In der Schule war er durchaus beliebt, ein Spaßvogel auch hier. Beim landwirtschaftlichen Einsatz der Jugendlichen gab er in seiner Gruppe den Ton an, unter Schüchternheit litt er offensichtlich nicht. Dennoch zog es ihn jetzt fast immer allein hinaus, wenn er die bayerische Bergwelt erkundete. Er schrieb im Dezember 1918 an Alfred Hampel: »Von meiner Mutter habe ich auch schon die Erlaubnis erhalten, im Sommer wieder in die Alpen zu dürfen. Dann wage ich mich schon an die 2000er heran, denn vergangenen Sommer habe ich in den nicht sehr hohen Tegernseer und Schlierseer-Bergen (1600 bis 1900 m) sehr viel gelernt an Klettern und Gratübergängen.«[42] Das Kind aus dem Ruhrpott begann die Natur zu entdecken, bei seinen romantischen Touren stiegen Sehnsüchte und Wünsche in ihm auf, die Pubertät begann Traumbilder zu spinnen. Bei den Bergtouren füllte er Seite um Seite seines Tagebuchs. Pläne wurden entworfen und verabschiedet, Wege und Möglichkeiten schienen auf. Es war gleichsam eine Initiationsphase für den jungen Rühmann. Seine Persönlichkeit begann sich zu verändern, Rollen wurden erprobt, die Phantasie schlug lichte Schneisen in die Zukunft.

In ihm rumort Theater

In ihren Lebenserinnerungen schildern Schauspieler zumeist den schicksalhaften Moment, in dem sich ihr künstlerischer Weg als magische Vision vor ihnen aufgetan hat, sie von der Vorstellung eines Lebens für die Kunst *gepackt, ergriffen, gerührt, verführt* oder *gewaltsam angezogen* wurden. Beispielhaft in diesem Sinne ist die Schilderung von Gustav Knuth: »Eines Tages nun wollte Else mit einer Freundin die Oper ›Troubador‹ besuchen. Die

Freundin sagte in letzter Minute ab, und so hatte meine Schwester plötzlich die zweite Karte übrig. ›Zieh deinen Sonntagsanzug an‹, sagte sie zu mir, ›du kannst mit mir ins Theater gehen!‹ Damit war mein Schicksal entschieden. So unglaublich das wirklich klingt, aber es war wirklich so: Als ich meinen Fuß zum erstenmal über die Schwelle eines Theaters setzte, packte es mich und ließ mich nie wieder los. Ich war dieser zauberhaften, geheimnisvollen Welt mit Haut und Haaren verfallen.«[43]

Heinz Rühmann hat – entsprechend seinem Charakter, dem aufwendige Selbststilisierungen fremd waren, – seinen Weg zum Theater sehr viel nüchterner beschrieben. Warum er sich im Frühjahr 1919 plötzlich vom Theater angezogen fühlte, blieb ihm selbst unerklärlich; anders als viele seiner Kollegen hat er diese Leerstelle nicht nachträglich mit mystifizierenden Überhöhungen gefüllt.

Im Frühjahr 1919 hatte er die Schule gewechselt, da man an der Kreis-Oberrealschule am Regerplatz kein Abitur ablegen konnte. Fortan ging der siebzehnjährige Primaner auf die Luitpold-Oberrealschule an der Alexandrastraße, ohne jedoch dort an seine bisher guten Schulleistungen anknüpfen zu können. Vielmehr fiel er stark ab und verfolgte den Unterricht nur noch lustlos: »Daran war keine Primanerliebe schuld, sondern in mir rumorte das Theater. Mit einem Mal. Wodurch? Wieso? Warum? – Ich weiß es nicht. Außer Märchenvorstellungen hatte ich keine Theatererlebnisse. Aber ich konnte an nichts anderes mehr denken. Es war wie ein Zwang.«[44]

Was rumorte in dem jungen Rühmann? Welche Bilder oder Erlebnisse lenkten ihn? War es das Vorbild des ehrgeizigen Vaters? Klang ihm der Applaus der Gäste des Wanner Bahnhofrestaurants noch im Ohr? Hatten bereits die Klassenkameraden mit ihrem Gelächter über seine Lehrerparodien den Beifall des Publikums vorweggenommen? Oder trug möglicherweise ein Erlebnis in der Münchner Au die Schuld an seiner plötzlich erwachenden Theaterbegeisterung?

Die Au war von jeher berühmt für ihre volkstümliche Theaterkultur, die fest zum Alltag ihrer Bewohner gehörte. Karl Valentin, der hier geboren und aufgewachsen war, erhielt in der Au seine ersten Prägungen. In seiner Biographie des tragischen Clowns und Grotesk-Komikers Valentin hat Michael Schulte die Entwicklung dieser besonderen Stadtteilkultur beschrieben: »Die Auer liebten geradezu mit fanatischer Hingabe das Theater, und zwar ihr eigenes, sozusagen hausgemachtes Theater. Das war ihr kollektives Hobby. Die Ursprünge liegen in Krippenspielen, die nicht öffentlich, sondern in Privatwohnungen aufgeführt wurden. Man traf sich nach Feierabend, um mit verteilten Rollen und in Form von gereimten, im bayerischen Dialekt abgefaßten Wechselgesängen die Herbergssuche der Heiligen Familie darzustellen. Waren hier noch Darsteller und Publikum weitgehend identisch, so änderte sich das rasch, als die Marionettentheater aufkamen, die ein derart massenhaftes Publikum anzogen, daß die Inhaber der Wirtshäuser das Ausbleiben trinkfester Gäste beklagten. Allmählich wurde das Marionettentheater durch ›das Spiel mit lebendigen Personen‹ verdrängt. Gespielt wurde vor allem im Winter, und die Ensembles bestanden zu einem großen Teil aus Maurergesellen, die in den kalten Monaten arbeitslos waren und sich mit ihrer Schauspielkunst ein paar Kreutzer verdienten.«[45] Vielleicht hatte Rühmann einer der vielen Theatergesellschaften in der Au bei den Proben zugesehen und mitfiebernd den Tag der Premiere erwartet?

Was auch immer ihn angetrieben haben mag, es waren nicht die großen Vorbilder und Stars, die ihn in ihren Bann zogen. Er war weder in Essen noch in München ins Theater oder ins Kino gegangen, hatte nicht auf der Galerie oder im Rang auf den billigsten Plätzen seine Helden aus der Ferne angebetet. Niemals hätte er wie etwa Max Reinhardt behaupten können: »Ich bin auf der vierten Galerie geboren.«[46] Als der Siebzehnjährige 1919 einem Theaterverein kunstliebender Bürger beitrat, der rührselige Stücke in einem Saal der Augustenstraße aufzuführen pflegte, und anfing, Reclamhefte mit sich herumzutragen und Heldenrollen auswendig zu lernen, hatte er bis dahin keine Berührung mit der Münchner Theaterwelt oder einer anderen künstlerischen Szene der Stadt gehabt. Die kulturelle Atmosphäre der bayerischen Landeshauptstadt hatte sich nach dem Krieg und der Revolution verändert. Daß München einige Jahre zuvor neben Berlin und Wien zeitweilig eine Kapitale der Moderne gewesen war, Künstler aus ganz Europa angezogen hatte, spielte für den theaterbegeisterten Anfänger nicht nur keine Rolle, es war ihm ganz und gar unbekannt.

Allerdings waren es auch nicht die Münchner Theater gewesen, die der Stadt den Ruf verschafft hatten, ein Zentrum der Moderne zu sein. Dieses Image hatte sich München hauptsächlich durch einen Stadtteil erworben, der in der ansonsten eher provinziellen

Landeshauptstadt eine exotische Insel geblieben war: Schwabing. Nach Ansicht der meisten Münchner lebten hier die »Schlawiner«, zugereiste Künstler mit verlotterter Phantasie, verbummelte Studenten und zügellose Intellektuelle, die allesamt faul, verdorben und spinnert waren. Für solche Klischees wiederum revanchierten sich die »Schlawiner«, indem sie die »typischen« Münchner spöttisch karikierten, mal mehr, mal weniger grob.

Wohl glanzvollstes Vorbild dieser Art der feinen Stichelei waren die Bücher des ebenfalls zugezogenen Thomas Mann, der in seinem ersten Roman *Buddenbrooks* (1901) die Figur des Hopfenhändlers Alois Permaneder als urtypischen Münchner auftreten läßt. Permaneder liebt die Gemütlichkeit, Schweinshaxen, die beschauliche Ruhe und vor allem das Bier, dessen täglicher Genuß seine Physiognomie geprägt hat: »Die Wangen waren außerordentlich dick, fett, aufgetrieben und gleichsam hinaufgeschoben zu den Augen, die sie zu zwei ganz schmalen, hellblauen Ritzen zusammenpreßten und in deren Winkeln sie Fältchen bildeten. Dies gab dem solcherart verquollenen Gesicht einen Mischausdruck von Ergrimmtheit und biederer, unbeholfener, rührender Gutmütigkeit.«[47]

Sicherlich hätte man diesen Stammgast der großen Bierkeller nicht in den typischen Schwabinger Künstlerkneipen getroffen. Im Café Stefanie, auch Café Größenwahn genannt, entwarfen ärmlich gekleidete Literaten und magenkranke Philosophen turmhohe, schwankende Ideengebäude. Man stritt mit religiöser Inbrunst um Positionen, gab dabei keinen Millimeter nach und bat hernach den Kellner kleinlaut um Kredit. Ein anderer Ort heroischer Geisteskämpfe, die mit viel Alkohol angefeuert wurden, war das Lokal »Simplicissimus«, in dem Joachim Ringelnatz seine humoristischen Gedichte vortrug. Es war 1903 von Kathi Kobus in der Türkenstraße eröffnet und nach der satirischen Zeitschrift »Simplicissimus« benannt worden, die 1896 erstmals erschienen war. Vor allem die Zeichner Th. Th. Heine, Bruno Paul und Olaf Gulbransson sowie die Schriftsteller Ludwig Thoma und Frank Wedekind, verliehen dem »Simplicissimus« sein Profil und machten ihn überaus erfolgreich. Der Verleger Albert Langen beschrieb den gesellschaftskritischen Anspruch seiner Zeitschrift so: »Wir bekämpfen den übertriebenen deutschen Chauvinismus, den maßlosen Militarismus, den Spießbürger, unseren geheimen Feind, die preußischen Konservativen und das protestantische

Muckertum.«[48] Für dieses Engagement wanderten Heine und Wedekind ins Gefängnis, als der »Simplicissimus« 1898 die Palästina-Reise Wilhelms II. verspottete. Allerdings führte der Majestätsbeleidigungsprozeß, der unerhörtes Aufsehen erregte, auch dazu, daß die Auflage des »Simpl« von 20000 Exemplaren auf fast 100000 stieg.

Mit der Zensur hatte sich auch das Kabarett »Die Elf Scharfrichter« (1901–1903) herumzuschlagen, das von Redakteuren des »Simpl« gegründet worden war und zu einem der bekanntesten Kabaretts jener Zeit aufstieg. Einer der elf Scharfrichter war der junge Otto Falckenberg, der Rühmann später an die Münchner Kammerspiele engagieren sollte. Trotz der bayerischen Zensur, dem erzkonservativen Einfluß der Kirche, deren verlängerter Arm die Zentrumspartei war, trotz der vielfach reaktionären und antisemitischen Presse der Landeshauptstadt versammelten sich in München fortschrittliche Verleger, Schriftsteller, Musiker, Maler und Theaterleute, prallten die Gegensätze aufeinander: Die aus dem Lübecker Großbürgertum stammenden Gebrüder Heinrich und Thomas Mann hatten sich hier niedergelassen, und ein beseelter Revolutionär wie Erich Mühsam träumte gemeinsam mit Gustav Landauer und Oskar Maria Graf vom Aufstand des Proletariats. Der Dichter Stefan George versammelte einen Kreis von ergebenen Jüngern um sich, mit dem er kultische Feste feierte und antike Rituale wiederbelebte, während die »Königin von Schwabing«, die unangepaßte Franziska zu Reventlow, erotisch freizügig lebte und die sexuelle Freiheit der Frau forderte.

Als der Münchner Kunstgeschmack noch ganz von Malerfürsten alter Schule wie Franz Lenbach und Arnold Böcklin beherrscht wurde, trafen hier im letzten Vorkriegsjahrzehnt unbekannte Außenseiter wie Paul Klee, Wassily Kandinsky, Franz Marc oder August Macke zusammen, die auf damals skandalöse Weise mit Form und Farbe experimentierten. Diese Gruppe, die der Malerei des Expressionimus und der Abstraktion entscheidende Anstöße gab, veröffentlichte 1912 eines der wichtigsten künstlerischen Manifeste des 20. Jahrhunderts: den »Blauen Reiter«.

So viel avantgardistischen Geist hatten die Münchner Theater nicht zu bieten, zumal sie besonders streng von der Zensur kontrolliert wurden. Die große Zeit der Münchner Kammerspiele begann erst nach 1918, und noch wurde das offizielle Theaterleben vor allem durch das Hoftheater bestimmt, das unter der Intendanz von Ernst von Possart (1895–1905) moderne Tendenzen wie den Naturalismus möglichst zurückdrängte. Die spannenden, wagemutigen Aufführungen fanden zumeist in Hinterzimmern, kleinen Sälen und Künstlercafés unter Ausschluß der breiten Öffentlichkeit statt. Frank Wedekind war der meistverfolgte Autor der Epoche, und Autoren wie August Strindberg, Henrik Ibsen oder Gerhart Hauptmann konnten fast ausschließlich durch eigens gegründete Theatervereine aufgeführt werden. Unterdessen hatte sich in München auch der Privatgelehrte Oswald Spengler niedergelassen und begann die Arbeit an einem dickleibigen, pessimistischen Buch, das viele Zeitgenossen später mit Begeisterung lesen sollten: *Der Untergang des Abendlandes.* 1913 war auch ein anderer junger Mann nach München gekommen, um sich am Rande Schwabings anzusiedeln. Auch er fühlte sich als Künstler und entwarf politische und ästhetische Wolkenkuckucksheime zum künftigen Gebrauch: Adolf Hitler. Doch all diese Namen waren für den jungen Rühmann 1919 noch Schall und Rauch. Seine Entwicklung als Schauspieler führte ihn erst einmal tief zurück ins 19. Jahrhundert.

In einer Zeitung war Rühmann auf die Annonce eines Theatervereins aufmerksam geworden, der Mitspieler suchte. Das Stück, das aufgeführt werden sollte, war eins der meistgespielten Rührstücke überhaupt: *Der Müller und sein Kind* von Ernst Raupach. Für den heutigen Geschmack birgt dieses hochdramatische Werk jede Menge unfreiwillige Komik, weil in ihm unablässig pathetische Gefühlsorkane brausen und sich die Figuren in aufdringliche Posen werfen und die Dialoge empfindsam ausrufen, anstatt sie einfach zu sprechen.

Raupach, ein unermüdlicher Vielschreiber, der 117 Dramen verfaßte, stand noch ganz unter dem Einfluß der Empfindsamkeit des 18. Jahrhunderts. Seine gefühligen Dramen, die damals kaum jemand ohne gezücktes Taschentuch ansehen konnte, nehmen mit ihrer Dramaturgie bereits die Seifenopern des Fernsehzeitalters vorweg. In *Der Müller und sein Kind* jagt der geizige Müller Reinhold seinen Burschen Konrad fort, als er merkt, daß dieser seine Tochter Marie liebt und von ihr wiedergeliebt wird. Das Volksschauspiel endet mit dem Tod des Müllers, der vor Schreck über das Auftauchen des tot geglaubten Konrad stirbt, während Marie an gebrochenem Herzen zu Grunde geht und in den Armen Konrads ihren letzten Seufzer tut. Rühmanns Rolle war spektakulär, denn in einer mitternächtlich schaurigen Friedhofsszene hatte er einen Geist zu spielen: »Ich nahm mein langes Nachthemd, von dem ich vorher die rote Mäanderborte abgetrennt hatte, und erschien auf der Bühne. Die Zuschauer packte ein ehrlicher Grusel, und für das erfolgreiche Debüt wurden mir nachher kräftig die Hände geschüttelt.«[49] Voller Stolz fuhr er noch im Kostüm und weiß geschminkt nach Hause, um sich so seiner Mutter zu präsentieren. Jetzt stand sein Entschluß fest: Er wollte Schauspieler werden.

Seine Mutter legte ihm keine großen Hindernisse in den Weg. Als sie merkte, daß er sich von seinem einmal gefaßten Plan nicht abbringen ließ, unterstützte sie ihn, wo es nur ging. Da Rühmann nur sechs Monate Schauspielunterricht hatte und er bereits im Frühjahr 1920 sein erstes Engagement in Breslau antrat, müssen sich diese Ereignisse im Spätherbst 1919 zugetragen haben.

Der Unterprimaner Rühmann ging ohne Abitur von der Schule ab und machte sich auf die Suche nach einem Schauspiellehrer. Einen guten Ruf hatte der langjährige Hoftheaterschauspieler und Regisseur Friedrich Basil. Basil war zumindest künstlerisch auf der Seite der Moderne und tat sich bei der Aufführung neuer Stücke in zahlreichen Münchner Dramatischen Vereinen hervor. Im großen Ballettsaal des ehemaligen Hoftheaters durfte Rühmann ihm vorsprechen. Er hatte die Rolle des witzigen Küchenjungen Leon aus Franz Grillparzers *Weh dem, der lügt*, den Anfangsmonolog aus Goethes *Faust* und Mortimers Liebeserklärung an Maria Stuart ausgewählt. Mit aller Leidenschaft, die ihm zur Verfügung stand, trug er die Texte vor, fehlerhaft betonend, laut aufbrausend, auf Effekte bedacht. Basil bedankte sich kurz und erklärte ohne weitere Umschweife, daß er schon fünf Schüler habe und leider keinen zusätzlichen mehr annehmen könne.

Enttäuscht verließ der junge Mann das Theater. »Die nächsten Tage waren schlimm. Sicher auch für meine Mutter und meine Geschwister. Ich war mit mir und der Welt zerstritten. Schließlich vertraute ich mich einer jungen Frau aus der Nachbarschaft an, von der ich wußte, daß sie beim Ballett war und Basil kannte. Sie erreichte, daß ich ein zweites Mal vorsprechen durfte. Diesmal auf der Probebühne.«[50] Vielleicht hat Basil diese Hartnäckigkeit gefallen, vielleicht sah er auch beim zweiten Vorsprechen tatsächlich das Talent des jungen Rühmann aufblitzen, auf jeden Fall nahm er ihn diesmal an.

Vorerst zweimal wöchentlich unterrichtete er Rühmann in den grundlegenden Techniken wie Stimmbildung, Atmung, Artikulation, Gestik und Mimik, ehe die ersten Rollen einstudiert wurden. Mit einem Korken im Mund stellte sich der junge Schauspieleleve an ein Isar-Wehr und versuchte, den brausenden Fluß an Lautstärke zu überbieten. Er hatte gelesen, daß Josef Kainz, der größte Schauspieler seiner Zeit, es ebenso gemacht habe, und Kainz war für ihn das Maß aller Dinge. Ein Foto, das Kainz als Hamlet zeigte, hing über Rühmanns Bett. Die ersten Rollen, die er mit seinem Lehrer einstudierte, waren wiederum der Leon aus Grillparzers *Weh dem, der lügt* und der Junker Bleichenwang aus Shakespeares *Was ihr wollt.* Vielleicht hatte Basil das komödiantische Potential seines Schülers bereits erkannt, denn beide Rollen sind ausgesprochen komisch angelegt. Eigentlich konnte man ihn vorerst auch nur mit solchen Rollen betrauen: Der knapp achtzehnjährige Rühmann wirkte noch recht kindlich, er war mit kaum 1,65 Metern recht klein, und mit der spitz nach vorne springenden Nase und dem pausbäckigen Gesicht machte er einen lustigen Eindruck. So sahen weder feurige Liebhaber noch weltläufige Bonvivants oder gar angriffslustige Helden aus.

An dieser Stelle muß eine Episode erwähnt werden, die in der Rühmann-Literatur immer wieder eine Rolle gespielt hat. Friedrich Basil soll nämlich noch einen anderen berühmten Schauspielschüler gehabt haben: Adolf Hitler. Handelt es sich dabei um mehr als eine bloße Vermutung? Auf jeden Fall fällt eine historische Parallele zwischen dem Aufstieg des NSDAP-Führers und dem bekanntesten Schauspieler des Dritten Reiches auf. Für beide wurden die Krisen der Weimarer Republik zum Resonanzboden und Ausgangspunkt ihrer Karriere. Beide waren rezeptive Genies, die ihr Charisma und ihre Wirkungsmacht im fortwährenden kommunikativen Austausch mit einem Massenpublikum gewannen. Joachim Fest hat über das rhetorische Talent Hitlers festgestellt, er wirke bei seinen Auftritten als »Mundstück abertausender Gefühle der Überwältigung, der Angst, des Hasses, die gleichzeitig integriere und in politische Dynamik verwandle«.[51] Auch Rühmann verstand es, die Gefühle seines Publikums in sein Spiel zu integrieren und zu übersetzen. Sicher gehört dies zu den Geheimnissen seines späteren Erfolges.

Haben sich aber die Biographien Rühmanns und Hitlers tatsächlich im Schauspielstudio des Friedrich Basil gekreuzt? Rühmann selbst ging in seinen Erinnerungen nur beiläufig darauf ein: »Friedrich Basil [...] verkörperte noch den Hoftheaterstil mit rollendem Zungen-R. Bei ihm nahm auch der Schriftsteller Frank Wedekind Schauspielunterricht, und später hörte ich, er habe Adolf Hitler in Gestik unterwiesen. Zuzutrauen wäre es beiden.«[52] Rühmann spricht hier also nicht aus eigenem Erleben und nennt auch keine Quelle. Damit bleibt es an dieser Stelle beim Ondit, dessen Ursprung man nicht weiter zurückverfolgen kann. Interessant ist immerhin, daß Rühmann seinem Lehrer diesen Kontakt zutraut, was als Hinweis auf Basils politische Orientierung verstanden werden kann.

Etwas aufschlußreicher liest sich der Sachverhalt bei dem Verfasser einer ersten umfangreichen Rühmann-Biographie, Hans Hellmut Kirst: »Basil hatte, wie Mitarbeiter Bert Brechts herausfinden konnten, noch einen ganz anderen Meisterschüler gehabt – einen gewissen Adolf Hitler!«[53] Andere Rühmann-Biographen wie Gregor Ball[54] verließen sich auf diese Information, und so verfestigte sich die Vermutung in der Literatur über den Schauspieler allmählich zum scheinbar zweifelsfreien Fakt. Es hätte jedoch ein Blick in einige der angesehenen Hitler-Biographien genügt, um die so entstandene Gewißheit zu erschüttern. Keiner der bedeutenden Biographen von Helmut Heiber[55] über Joachim Fest[56], Ian Kershaw[57] bis zu hin Claudia Schmölders[58] geht auf den angeblichen Schauspielunterricht des Agitators ein.

So bleibt als einziger Anhaltspunkt der Hinweis von Kirst auf die »Mitarbeiter Bert Brechts« und ihre Recherchen. Im Werk von Bertolt Brecht taucht der Name Basil nur an zwei Stellen auf: Zuerst in einem 1939/1940 im Exil geschriebenen Dialog mit dem Titel *Über die Theatralik des Faschismus*[59]. In diesem Dialog versuchen zwei Intellektuelle, die »Theatralik im Auftreten der Faschisten«[60] und den inszenatorischen Stil ihrer Politik zu analysieren. Dabei kommen sie auch auf Hitlers Schauspielunterricht zu sprechen: »Ein Schauspieler hat mir vor Jahren erzählt, daß Hitler sogar bei dem Hofschauspieler Basil in München Stunden genommen hat, nicht nur in der Sprechtechnik, sondern auch im Benehmen. Er lernte z. B. den Bühnenschritt, das Schreiten der Helden, bei dem man das Knie durchdrückt und die Sohle ganz aufsetzt, um den Gang majestätisch zu machen.«[61] Ein zweites Mal wird Basil in dem kurz darauf entstandenen Stück *Der aufhaltsame Aufstieg des Arturo Ui* genannt. Hier verarbeitete Brecht die in dem Dialog analysierte Begegnung zwischen Hitler und Basil szenisch. Der Gangsterboß Ui läßt sich durch einen alten, heruntergekommenen Schauspieler »im Auftreten« und in »Aussprache« unterrichten.[62]

Brecht hatte in diesem Fall wahrscheinlich keine Mitarbeiter mit der Recherche beauftragt, sondern sich auf zwei fremde Quellen gestützt. In seiner Nachlaßbibliothek findet sich die frühe Hitler-Biographie von Rudolf Olden *Hitler*, die bereits 1935 in Amsterdam erschienen war. Viele Stellen in Brechts Exemplar sind mit Bleifstift angestrichen, u. a. auch die folgende: »Es wird oft erwähnt, daß der angehende Volkstribun Unterricht in der Redekunst nahm bei einem Hofschauspieler und Regisseur, dem Possartschüler Basil.«[63] Auch Olden, der 1933 nach Prag emigrierte, verläßt sich demnach bei diesem Detail auf mündliche Überlieferungen. Eine zweite Quelle für Brecht könnten seine Gespräche mit Lion Feuchtwanger und dessen 1930 erschienener Roman *Erfolg* gewesen sein. In diesem Roman über »drei Jahre Geschichte einer Provinz«, der Anfang der zwanziger Jahre in München spielt, tritt der völkische Agitator Rupert Kutzner auf, dessen Vorbild unschwer als Hitler zu identifizieren ist. Brecht war einer der ersten, der den Roman gelesen hatte, schon deshalb, weil Feuchtwanger auch ihn darin nicht ohne Spott porträtiert hatte.[64]

Feuchtwanger hatte tatsächlich seine Sekretärin Lola Sernau damit beauftragt, die historischen Hintergründe für das Romanprojekt zu erforschen. Möglicherweise geht also das Gerücht um Hitlers Schauspielunterricht auch auf ihre Nachforschungen zurück. Warum es aufgekommen sein und welche Funktion es gehabt haben könnte, wird deutlich, wenn man die betreffende Episode in *Erfolg* liest: »Und Rupert Kutzner schmetterte seine Rede weiter. Rauch und Hitze fochten ihn nicht an. Seine Lunge hielt durch. […] Bei jeder seiner Reden mußte Konrad Stolzing zugegen sein, der Hofschauspieler. […] Ein glücklicher Stern hatte den Staatsmann Kutzner und den Künstler Stolzing zusammengeführt. […] Konrad Stolzing widmete sich seinem großen Schüler mit Hingebung. Lehrte ihn, wie man durch ein menschenvolles Lokal geht, unbewegten Gesichts, unbefangen, unberührt von den tausend Blicken, wie man würdig schreitet, mit den Zehen zuerst, nicht mit der Ferse auftretend. Brachte ihm bei, wie man mit dem Atem haushält, wie man durch das Rollen des Buchstaben R die Aussprache deutlich macht. […] Der Alte mit dem Römerkopf saß in jedem Vortrag des Führers, kontrollierte Atemführung, Aussprache des R, kontrollierte Schreiten, Trinken, Sprechen des Führers, ob es Schönheit und Würde habe. Er fand an seinem Schüler nichts auszusetzen. Der Schauspieler war der Mann gewesen, der zwischengerufen hatte, wie denn die Wahrhaft Deutschen ihre Gegner erledigen würden. Er hatte die Antwort mit Kutzner studiert, die wirkungsvolle Pause, das nachdenkliche Lächeln.«[65]

Feuchtwangers Blick »hinter die Kulissen« dieses Auftritts zielte darauf ab, Hitlers Charisma und seine rhetorischen Erfolge als Inszenierungen und Tricks zu entlarven. Kutzner wird als eifriger Schüler dargestellt, dessen gestischer und mimischer Ausdruck bis ins Detail einstudiert ist und vor allem daraus seine Überzeugungskraft gewinnt. Dieses Erklärungsmuster, das Hitlers rhetorische Triumphe wesentlich auf angelernte Schauspieltechniken zurückführte, war in den zwanziger Jahren weit verbreitet. Auch die nüchtern registrierenden Beobachter der Münchner Polizei zogen diesen Vergleich. Über Hitlers Auftritt im Zirkus Krone am 9. März 1927 heißt es: »Wenn der Beifall ihn unterbricht, streckt er theatralisch die Hände aus. Das Nein, das im späteren Fluß der Rede oft vorkommt, mutet schauspielerisch an, ist auch gewollt betont.«[66] Und da die NSDAP ihren Führer überdies wie einen Star inszenierte, drängte sich der Gedanke, daß er einen Schauspiellehrer hatte, geradezu auf. So brachte sein »Leibfotograf« Heinrich Hoffmann neben zahllosen, sehr genau kalkulierten Hitler-Porträts auch ein Daumenkino heraus, das ein bewegliches Bild von Hitler als Redner lieferte. Noch während Lion Feuchtwanger an *Erfolg* schrieb, erschien 1927 eine berühmte sechsteilige Postkartenserie, die Hitler als ausdrucksstarken Demagogen zeigte. In diesen expressiven Posen finden sich Anklänge an die gestische Bühnensprache des 19. Jahrhunderts ebenso wie an das Körperpathos der Stummfilmdarsteller. In ihrer Künstlichkeit wirken sie ebenso antrainiert wie kopiert, lediglich ihre fanatische Ausprägung scheint Hitlers ganz eigenes Signum zu sein.[67] Der Regisseur Berthold Viertel hat auf den filmischen Charakter der Aufnahmen hingewiesen: »Nein, der Demagoge ist hier nicht auf frischer Tat ertappt worden. Vielleicht ist es ein Greuelmärchen, das ich hiermit verbreite: aber diese Bilder sind gestellt, jedes ist einzeln beleuchtet. Sie sind wie die stills der Filmschauspieler, die in den Schaukästen der Theater das Publikum zur Kasse locken sollen, sie stellen das Verbrechen wieder her, nachdem es bereits begangen ist«.[68]

Natürlich war die Vorstellung für Rühmann-Biographen reizvoll: Während sich Rühmann als Schauspieler immer weiter vom Vorbild seines Lehrers entfernte, ging Hitler noch einmal bei Basil in die Schule und orientierte sich an einer historisch längst überholten Spielweise.[69] Rühmann berichtete in seinen Memoiren, daß ihm Hitler einmal wortwörtlich erklärte habe, »in einer schweren Stunde, mitten im entscheidenden Kampf um die Macht«, hätte er als Zuschauer in den Kammerspielen durch ihn und Maria Bard »erlösende Kraft« gefunden.[70] Daß der passionierte Theaterbesucher Hitler den in München sehr bekannten Basil ebenfalls auf der Bühne erlebt oder eine seiner Inszenierungen am Staatstheater gesehen hat, ist demnach wahrscheinlich. Gibt es aber darüber hinaus Hinweise auf politische Berührungspunkte zwischen ihnen?

Über Friedrich Basil existieren nur wenige Zeugnisse, die darüber Auskunft geben könnten. Basil, der mit bürgerlichem Namen eigentlich Friedrich Meyer hieß, stammte aus Frankfurt an der Oder. Seine Personalakte des Bayerischen Staatstheaters enthält Hinweise, daß er Kontakt zur völkischen Bewegung hatte. In einem Schreiben der Generaldirektion des Staatstheaters an das Staatsministerium für Unterricht und Kultus heißt es: »Der Regisseur Fritz Basil hat für die Zeit vom 1. bis 5. April 1924 um Urlaub eingereicht, um vaterländische Vorträge im Rheinland zu halten. Bei dieser Gelegenheit wurde Basil am 2. April 1924 von der feindlichen Besatzungsmacht verhaftet und durch das französische Militärgericht in Bonn zu dreieinhalb Monaten Gefängnis verurteilt und bis 15. Juli im besetzten Gebiet festgehalten.«[71]

Am 16. Juli 1924 wurde Basil im Münchner Hauptbahnhof ein triumphaler Empfang bereitet. Kollegen des Staatstheaters, Abordnungen des Frontkämpferbundes Stahlhelm, Burschenschaften, zahlreiche vaterländische Vereine und auch die völkische Offiziersvereinigung waren gekommen, um den Heimkehrer zu feiern. Man trug ihn auf den Schultern durch die Bahnhofshalle und chauffierte ihn zum Hofbräuhaus, wo ein »vaterländisches Konzert« für ihn veranstaltet wurde. Man feierte Basil als nationalen Widerstandskämpfer gegen die französische Besatzung, und der Schauspieler bedankte sich mit einer antifranzösischen Rede: »›Wir können ja‹, fuhr er fort, ›noch nicht zum Racheschwert greifen, davon sind wir noch weit entfernt; aber bis dahin, bis es soweit ist, wollen wir einen Haß gegen das ruchloseste Volk der Erde in unseren Herzen aufspeichern, einen Haß, der grünen und wachsen soll wie die deutsche Eiche, und in diesem Haß wollen und müssen wir einig werden!‹«[72] In den folgenden Wochen kam es immer wieder zu »vaterländischen« Kundgebungen für Basil, an denen auch völkische Gruppen beteiligt waren.[73] Hitler saß zu diesem Zeitpunkt zwar in Landsberg in Festungshaft, dennoch dürften ihm die Feiern um Basil nicht verborgen geblieben sein. Wenn er also tatsächlich Schauspielunterricht oder Sprecherziehung genommen haben sollte, ist es nicht unmöglich, daß Basil sein Lehrer war. Festzuhalten bleibt jedoch, daß dies nicht zweifelsfrei nachzuweisen ist.

1920–1933

Die halbe Portion

Eines Tages, es war Mitte März 1920, platzte ein etwas abenteuerlich aussehender Herr in die Proben, sah dem monologisierenden Rühmann ein Weile zu, ehe Basil, der erst jetzt den Fremden bemerkte, den Schüler unterbrach, um sich mit dem Eindringling zu beschäftigen. Es handelte sich um Richard Gorter, den Direktor der Vereinigten Theater in Breslau, der nach neuen Kräften für sein Ensemble suchte. Die Vereinigten Theater bestanden aus dem Lobe- und dem Thalia-Theater, zwei privatwirtschaftlich geführten Bühnen, die lange Zeit durchaus einen guten Ruf gehabt hatten. Jetzt waren sie, zumindest vom künstlerischen Anspruch her, etwas abgewirtschaftet, baufällig und infolge des Krieges selten ausgelastet. Gorter kam schnell zur Sache: Ihm habe gefallen, was er da soeben gesehen habe, er brauche solche Talente, kurz und gut, der junge Herr solle einen Vertrag bekommen mit 80 Mark Monatsgage. Zunächst weigerte sich Basil, verwies auf das Alter seines Schützlings, erklärte die Ausbildung nach gerade einmal sechs Monaten für noch nicht beendet, gab aber schließlich nach, als Richard Gorter mit großer Geste ausrief: »Ich werde wie ein Vater zu ihm sein!«[1]

Vermutlich war der junge Rühmann der glücklichste Mensch der Welt. Sein Traum, Schauspieler zu werden, hatte sich schneller, als er erwarten konnte, erfüllt. Aus der Garderobe seines Vaters schneiderte die Mutter verschiedene Anzüge, denn laut Vertrag war jeder Schauspieler dazu verpflichtet, eine komplette Garderobe mitzubringen: Straßenanzug, Abendanzug, verschiedene Schuhe, Mäntel, Hut, Zylinder, Socken und Handschuhe. Bis zum Beginn der Sommerspielzeit blieben noch einige Wochen, die Rühmann mit eifrigem Rollenstudium verbrachte, um sein Repertoire zu erweitern.

Doch die gute Stimmung wurde jäh durch eine Katastrophe unterbrochen: Plötzlich war seine linke Gesichtshälfte gelähmt. Rühmanns Bruder Hermann hatte dessen verzerrtes Gesicht eines Morgens bemerkt und ihn geneckt: »Laß doch einmal dieses Grimassieren!« Doch zum Scherzen war Heinz Rühmann keineswegs zumute. Der hinzugezogene Hausarzt stellte eine Lähmung des Fazialisnervs infolge einer Erkältung fest und wagte über die Dauer der Erkrankung keine Prognose abzugeben. Es könne Wochen, aber auch Monate dauern. Der eben noch so hoffnungsfrohe angehende Debütant war am Boden zerstört. Die linke Gesichtshälfte war entstellt, er besaß keine Kontrolle über die Muskeln, nicht einmal pfeifen konnte er.

Auch in dem damals von allen jungen Münchner Schauspielschülern gelesenen »Lehrgang des Schauspielers«, den der berühmte Münchner Schauspieler und Intendant Ernst von Possart geschrieben hatte, fand der Kranke keinen Trost. Dort heißt es über einen derart gehandicapten Schauspieler lapidar: »Ein Gesicht, das durch irgend welchen Unglücksfall derartig beschädigt wird, daß weder Schminkkunst noch Perücke es wieder normal erscheinen lassen können, beendigt seine Karriere ebenso schnell, wie der Verlust der Stimme und des Gedächtnisses.«[2] Trotz dieser düsteren Aussichten wollte Rühmann unbedingt sein erstes Engagement antreten und verließ München im April 1920 in Richtung Breslau.

Doch als der achtzehnjährige Heinz Rühmann am Hauptbahnhof in Breslau ankam, fühlte er sich nicht wohl in seiner Haut. Während der 23stündigen Fahrt in den unbequemen Abteilen der dritten Klasse hatte er Zeit genug gehabt, sich Sorgen um seinen Karrierebeginn zu machen. Seine linke Gesichtshälfte war noch immer gelähmt und starr, die Gesichtsmuskeln gehorchten ihm nicht. Für jeden erfahrenen Schauspieler wäre der Verlust seiner mimischen Ausdrucksmittel eine Katastrophe. Noch schlimmer mußte dies jedoch einen Anfänger wie Rühmann treffen, der sich unbändig auf sein erstes Bühnenengagement gefreut hatte. Die Euphorie über den Vertragsabschluß war verflogen, alle Spiel- und Probierlust gehemmt und der Wunsch, sich schnell einen Namen zu machen, einstweilen vergessen. So stand der junge Mann verloren in den rußigen Hallen des riesigen Bahnhofs und fürchtete das Wiedersehen mit dem Direktor der Vereinigten Bühnen von Breslau Richard Gorter.

Die Szene, die am Beginn von Rühmanns Karriere steht, trägt selbst Züge einer Filmstory, beinahe wirkt sie effektvoll komponiert: »Die erste Unterredung mit dem bestürzten Direktor Gorter endete damit, daß er mich krank schreiben ließ. Einen derart entstellten Schauspieler konnte er nicht auf die Bühne lassen. Am liebsten hätte er mir wohl geraten, sofort eine Fahrkarte nach München zurück zu lösen! Ein Schauspieler kam ins Direktorzimmer. Gorter machte uns miteinander bekannt: ›Das ist Herr Rühmann aus München – er sollte unter Ihrer Spielleitung den Bleichenwang spielen. Das geht nun nicht!‹ Der Regisseur und Schauspieler – es war Walter Franck – sagte nur lakonisch: ›Mit diesem Gesicht kann er überhaupt nicht spielen!‹«[3]

Nachdem ihn der Theaterarzt Dr. Ledermann krank geschrieben hatte, bezog Rühmann zunächst einmal ein kleines Zimmer zur Untermiete in der Feldstraße 50 bei der Kaufmannswitwe Barow, das er von dem Schauspieler und Regisseur Franz Sondinger übernommen hatte. In der Feldstraße, die ganz in der Nähe des Lobe-Theaters und des Ohlauer Stadtgrabens lag, wohnte eine Reihe von Kollegen des Ensembles der Vereinigten Theater. Da er aus Scham zuerst kaum die Wohnung verließ und an Proben einstweilen nicht zu denken war, versuchte Rühmann, Sprechübungen zu machen und sein Rollenrepertoire zu erweitern. Mit diesem Training lenkte er sich von der Trostlosigkeit seines Quartiers ab, denn das Zimmer war zwar billig, aber eben deshalb auch spärlich möbliert und verwanzt. Sein geringes Honorar zwang ihn, seinen Hunger mit trockenen Brötchen zu stillen und den Kohleofen im Winter unbeheizt zu lassen.

Als Margarethe Rühmann ihren Sohn einmal in Breslau besuchte, war sie über die Ärmlichkeit seiner Behausung bestürzt: »Sie sah mich auf der Bühne und fand alles gut, was ich machte, nur über mein Zimmer war sie entsetzt. Eines Tages fragte sie, warum denn immer ein Eimer Wasser auf der Fensterbank stünde? Ich erklärte ihr, daß ich ihn in die Sonne gestellt hätte, um später warmes Wasser zum Strümpfewaschen zu haben. Da weinte sie.«[4] Diese Geschichte hat Rühmann später immer wieder erzählt. Sie illustriert die tiefe Verbundenheit zwischen Mutter und Sohn, aber auch die Genugtuung des Stars, den wenig glanzvollen Beginn seiner Karriere so weit hinter sich gelassen zu haben.

Die einst mächtige Handelsstadt Breslau lag nach dem Ende des Ersten Weltkriegs wirtschaftlich am Boden und bildete unter den deutschen Großstädten in vielfacher Hinsicht das Schlußlicht. Durch die kriegsbedingten Gebietsverluste fielen angestammte Industriegebiete in Oberschlesien weg, Absatzmärkte fehlten, und wegen des dramatischen Rückgangs der Handelsschiffahrt auf der Oder war die Verbindung mit Mittel- und Norddeutschland wesentlich beeinträchtigt. Über 130000 Flüchtlinge aus dem umkämpften Oberschlesien und der Provinz Posen drängten in die Stadt und verschlimmerten die Wohnungsnot. Keine andere deutsche Stadt wies eine so hohe Bevölkerungsdichte auf, 67% aller Wohnungen bestanden nur aus ein oder zwei Räumen, es existierten 3000 Kellerwohnungen.[5] Trotz dieser Nöte blieb Breslau äußerlich eine sehr beeindruckende Stadt, die durch Backsteingotik und glanzvolle Barockbauten geprägt war. Das mächtige gotische Rathaus am Ring beherrschte die Innenstadt. Überall war der frühere Reichtum im Stadtbild zu sehen.

Der Schriftsteller Max Herrmann-Neiße, der von 1905 bis 1908 in Breslau studierte, hob das »Mittelalterlich-Dämonische«, das »Unfaßbare und Zweideutige« der Oder-Stadt hervor, die auch im 20. Jahrhundert, ähnlich wie Prag, noch immer voller »Geheimniswinkel« steckte. Auch er hatte als junger Student keinen Pfennig in der Tasche, und seine Beschreibung vermittelt die Atmosphäre der Stadt, wie auch Rühmann sie wahrgenommen haben könnte: »Nachmittags fährt man manchmal mit dem Dampfer nach Wilhelmshafen oder Masselwitz oder geht sonntags zum Konzert in den Zoologischen Garten. Abends schlendere ich die Bierpromenade am Stadtgraben entlang, alle Gärten sind damals noch voll, aus jedem tönt eine andere Musik, draußen defiliert ein regelrechter Korso von Zaungästen [...]. Gelegentlich ging man auch nachts ins ›Moulin rouge‹, das damals mondäne Ballokal Breslaus. Auch im Kabarett ›Imperial‹ am Ohlauer Stadtgraben hatte ich bald eine Gratisdauerkarte, denn das besuchte ich fast allabendlich [...] Noch später hockte ich in den Nachtcafés ›Kainz‹ und ›Royal‹, im Volksmunde Café Räudel geheißen, mit allerlei abenteuerlichem Volk zusammen, den Boxern, die im Zeltgarten auftraten, dem Löwen von Valencia und dem Schrecken von Armenien, die aber hier sehr schüchtern waren, mit verkrachten Studenten, Sonderlingen, Käuzen, und am Morgen kehrte man im Vorbeigehen noch einmal in der ›Kornblume‹ ein.«[6]

Unter der Leitung des Breslauer Theaterzaren Dr. Theodor Loewe von 1897 bis 1913 hatten sich die Breslauer Bühnen einen vorzüglichen Ruf erarbeitet. Sie galten als Sprungbrett für viele Talente auf dem Weg in die Theaterhauptstadt Berlin. Die legendäre Agnes Sorma spielte am Lobe- und am Thalia-Theater, ehe sie in Berlin und dann in ganz Europa Triumphe feierte. Die großen Berliner Tageszeitungen berichteten regelmäßig von Premieren und

Uraufführungen aus Breslau, bei denen die prominentesten Darsteller jener Zeit gastierten: Eleonore Duse, Agnes Sorma, Adalbert Matkowsky, Erika Wedekind und Adele Sandrock. Alfred Kerr, der maßgebliche Berliner Theaterkritiker der zwanziger Jahre, war in Breslau geboren und aufgewachsen.

Das am 21. September 1870 eröffnete Thalia-Theater an der Schwertstraße war die »Nebenbühne« der Vereinigten Theater. Der zweigeschossige schmucklose Bau hatte im Inneren den Charakter des ehemaligen Zirkusbaues bewahrt. Zwar faßte das Theater 1350 Zuschauer, hatte aber nur eine kleine Bühne, die weder einen Schnürboden noch Ober- und Unterbühnenmaschinerie besaß. Der Komfort in den Publikumsräumen war ebenso gering wie die Eintrittspreise. Volkstümliche Stoffe, Komödien, Schwänke und Singspiele bestimmten das Programm.

Gegen das schlichte Thalia-Theater stach das neobarocke Lobe-Theater an der Lessingstraße schon äußerlich durch seine prunkvolle Fassade ab. Es war 1869 erbaut worden, verfügte über 1096 Sitzplätze und eine hübsche Gartenanlage. Es lag im Osten der Stadt, näher zum Zentrum, und war umgeben von repräsentativen Gründerzeitbauten. Das Theaterinnere war fast ausschließlich aus Holz gebaut. Das Parkett quietschte allerdings bereits vernehmlich, der Bühnenapparat war unmodern, und die Gäste froren im Winter wegen der unzulänglichen Heizung. Hier fanden die großen Klassiker- und Erstaufführungen statt, hier gastierten die Stars und Virtuosen wie Paul Wegener, Tilla Durieux, Friedrich Kayßler, Albert Bassermann, Max Pallenberg, Hermine Körner.

Loewes Nachfolger an den Vereinigten Theatern wurden Hans Meyer und Emil Birron, die jedoch nach Ausbruch des Krieges rasch resignierten und die Leitung 1915 an Richard Gorter abgaben. Unter ihrer, aber auch unter Gorters späterer Ägide müssen die Breslauer Bühnen Kredit verspielt haben. Im August 1921 schrieb der Theaterkritiker der »Breslauer Theater-Woche« mit Blick auf die zurückliegenden Jahre: »Bochum, Königsberg, Nürnberg, von größeren Städten ganz zu schweigen, hatten Ansehen und Ruf. Für Breslau hatte die deutsche Kritik ein Achselzucken. Reiste der Kritiker gen Osten auf Entdeckungsfahrt, so mußte immer wieder der Füllfederhalter in Breslau die Tasche hüten. Einige Schauspieler fielen auf, kämpften aber vergebens gegen die Statisterie rings.«[7]

Gorter hatte von Anfang an mit vielen Problemen zu kämpfen. Ein geordneter Theaterfundus existierte nicht, die technische Ausrüstung der veralteten Bühnen war dürftig, die sanitären Anlagen für Schauspieler und Publikum katastrophal und die allgemeine Versorgungslage kriegsbedingt sehr schwierig. Viele männliche Mitglieder des Ensembles wurden kurzfristig in den Kriegseinsatz abberufen und fielen damit längere Zeit aus oder kehrten nie mehr zurück. Um mehr Publikum zu gewinnen, verlängerte man die Spielzeit von siebeneinhalb auf neun, dann auf zehn Monate, ehe man dazu überging, ganzjährig zu spielen.

In einem Programmheft zur Spielzeit 1919/1920 blickte Direktor Gorter auf die Schwierigkeiten zurück: »Oftmals nachgesuchte Subventions-Erhöhung wurde stets von der Stadt glatt abgelehnt, und es blieb dem Privatunternehmer überlassen, mit seinem Personal von 150 Familien durchzukommen so gut es eben ging, in Konkurrenz stehend mit dem hoch subventionierten Opernhaus und der stets ausverkauften Operette. Die kleine städtische Subvention, die aufgezehrt wurde durch die hohen Abgaben an die Stadt in Gestalt der Lustbarkeitssteuer, Gebühren für Licht, Wasser, Gas, Feuerwehr usw., die trotz wiederholter Gesuche ständig beträchtlich erhöht wurden, reichte kaum für die würdige Ausstattung eines klassischen Werkes und zur Ausbalanzierung des Defizits der zu unerhört niedrigen Preisen zu veranstaltenden Schülervorstellungen.«[8]

Rühmanns erstes Engagement war also überschattet von der finanziellen Misere der Vereinigten Theater, ihrer künstlerischen Krise und dem Abtritt des Intendanten Gorter. In einer Theaterkritik fand er erstmals am 10. Juni Beachtung. Am 8., 9. und 10. Juni stand Rühmann jeweils um halb acht Uhr abends auf der Bühne des Thalia-Theaters, das seinen Zuschauern einen neu einstudierten Ludwig-Thoma-Abend bot. Zur Aufführung kamen die drei Thoma-Einakter *Brautschau, Gelähmte Schwingen* und *Erster Klasse*, die Spielleitung hatte Direktor Gorter selbst übernommen. Der Rezensent der »Breslauer Zeitung« schrieb über den Anfänger: »Von den übrigen Mitwirkenden sind noch zu nennen [...] – als neue Kräfte – Heinz Rühmann, der als heiratsbedürftiger Bauersohn wohl noch etwas urwüchsiger und als junger Flitterwöchner in ›Erster Klasse‹ etwas ausgewachsener hätte wirken können. [...] Die vergnügten Zuschauer ließen es am Beifall nicht fehlen.«[9]

Kein Wunder, daß der Kritiker bei dem jungen Darsteller Urwüchsigkeit und Ausgewachsenheit vermißte. Noch Jahre später, während seiner Zeit an den Münchner Kammerspielen, wirkte Rühmann auf der Bühne oft wie ein Gymnasiast, der nur zufällig in eine Versammlung von Erwachsenen hineingeraten ist. Das einzig erhaltene Foto aus der Breslauer Zeit zeigt einen Achtzehnjährigen, der angestrengt versucht, älter auszusehen, dabei jedoch den jungenhaften, fast noch kindlichen Ausdruck nicht verbergen kann. Auch die älteren Kollegen betrachteten ihn damals offensichtlich als »halbe Portion«. Wenn man sich im sogenannten Konversationszimmer, einem Aufenthaltsraum gleich neben der Bühne, zotige Witze erzählte, schickte man ihn hinaus auf den Gang. Selbst in Rühmanns Memoiren, geschrieben rund sechzig Jahre später, klingt etwas von der damals erlittenen Kränkung an. »Bei vielen Kollegen galt ich als arrogant und war nicht beliebt. Dabei war ich einfach nur schüchtern. So schüchtern, daß ich mich nicht vorzustellen getraute.«[10]

Obwohl die Direktion die Gagen der Schauspieler angehoben hatte und für Doppelvorstellungen und weihnachtliche Märchenaufführungen Extrahonorare zahlte, mußte Rühmann immer Schulden machen, um bis zum Monatsende über die Runden zu kommen. Zusätzlich zu seiner Gage von 80 Mark erhielt er von einer Jugendfreundin seiner Mutter[11] vierzig Mark Zuschuß. Seine Tage verliefen gleichförmig: Vormittags studierte man neue Stücke ein, Abonnementvorstellungen standen häufig nachmittags auf dem Programm, und abends ab halb acht wurde gespielt, meistens bis zehn Uhr. Der junge Schauspieler verbrachte die Tage in diesem Rhythmus von morgens bis abends im Theater, zumal er zwischen den zwei Bühnen hin und her pendelte. »Ich mußte mit der Straßenbahn oder, wenn es eilig war, mit einem Kraftwagen hin- und herfahren, um in dem einen Haus am Anfang des Stückes und im anderen im letzten Akt anzutreten. Ein Jüngelchen saß da in Maske und Ritterkostüm in der Elektrischen und blickte stolz um sich.«[12] Da Rühmann selten tragende Rollen spielte, schrieb ihm der Besetzungsplan diesen fliegenden Wechsel vom Lobe- zum Thalia-Theater regelmäßig vor.

Doch immerhin bekam Heinz Rühmann auch die Chance, neben den berühmten Schauspielern, die von Zeit zu Zeit in Breslau gastierten, aufzutreten. Als Paul Wegener, der »deutsche Mongole« und Protagonist an Max Reinhardts Deutschem Theater, im Februar 1921 mit Hermann Sudermanns Drama *Die Raschhoffs* und Shakespeares Tragödie *Othello* am Lobe-Theater gastierte, spielte Rühmann an seiner Seite. Wegener wurde gefeiert: »Der Eindruck war so außerordentlich, daß die tosende Begeisterung der Zuschauer sich nicht nur der Hände, sondern auch – nach studentischer Sitte – der Füße als Werkzeug bediente.«[13]

Rühmann jedoch mußte die schlechtesten Kritiken während seiner Breslauer Zeit einstecken. Eine von ihnen schließt mit dem niederschmetternden Satz: »Daß Heinz Rühmann den einfältigen Rodrigo zu einem kompletten Trottel machte, hätte der sonst so einsichtige Spielleiter nicht dulden sollen.«[14] Mit fast ebensolcher Empörung ist ein anderes Urteil formuliert: »Daß Herr Rühmann den von keiner Intelligenz beschwerten Rodrigo zum Idioten stempelte, war unverzeihlich.«[15] Der Regisseur der Inszenierung hieß Walter Franck. Man kann nur spekulieren, ob Rühmann den Rodrigo eigenmächtig überzeichnete, ob Franck ihn die Rolle ganz bewußt so anlegen ließ oder ob nicht vielmehr die kindlich-naiven Züge des Darstellers die schon bei Shakespeare angelegte Tumbheit des Rodrigo nochmals steigerten.

Für die letzte Lesart spricht, daß Rühmann in Breslau immer dann heftig kritisiert wurde, wenn er männliche, erwachsene Charaktere oder heldisch-athletische Typen zu spielen hatte. Seiner Darstellung war dann offenbar ein zu auffälliger Zwang zur Verstellung anzumerken, der unversehens ins unfreiwillig Komische kippen konnte. In solchen Rollen mußte der junge Rühmann regelrecht gegen seinen wenig virilen Körper und seine weiche Physiognomie anspielen. Die Kritiker reagierten jedoch auf diese Bemühungen spöttisch. Als im Thalia-Theater das bayerische Volksstück *Jägerblut* aufgeführt wurde, erhielten alle männlichen Darsteller ein Lob, nur Rühmann nicht: »Von den Herren seien genannt Herr Veit als frisch charakterisierender Förster, Herr Halpern als richtigen Dialekt sprechender Hias und Herr Rühmann als unglaublich unbeholfener Förstersohn, in dem auch keine Spur Jägerblut steckte.«[16]

Rühmanns »unmännliche« Jungenhaftigkeit qualifizierte ihn offensichtlich auch für eine ungewöhnliche Besetzungspraxis, mit der die Vereinigten Theater ihre dünne Personaldecke aufzubessern suchten. Er übernahm von Fall zu Fall kleinere Nebenrollen, die eigentlich mit Frauen besetzt wurden. Dabei handelte es sich keinesfalls um absichtsvoll travestierte Rollen oder um den Auftritt von Zwitter- oder geschlechtslosen Fabelwesen, sondern um wirkliche Notlösungen. So vermerkte im Dezember 1920 der Theaterzettel zu Karl Schönherrs *Glaube und Heimat* im Thalia-Theater unter der Rubrik »Damen« auch den Namen Rühmanns. Er steht, in Klammern gesetzt, hinter Vally von Küstenfeld, deren Einsatz entweder ungewiß war oder die sich aus Termingründen in der Darstellung der Rolle mit ihrem männlichen Kollegen abwechselte. Auch ein umgekehrtes Beispiel gibt es: Am 27. und 29. August wurde Frank Wedekinds *Die Büchse der Pandora* gespielt. Rühmanns Name findet sich – ohne Nennung der Rolle – auf dem Theaterzettel, doch in Klammern hinzugefügt liest man als Ersatz Ite Sulzers, die eine der jüngeren Frauen des Ensembles war.

In vielen Besprechungen wird er, obwohl er nachweislich bei den Inszenierungen mitgewirkt hat, nicht erwähnt. Da seine Rollen aber oft sehr klein waren, ist das nicht verwunderlich, vielmehr war dies gängige Praxis der Rezensenten. In anderen Kritiken wird er als Nebendarsteller beiläufig erwähnt, meist nur mit einem Nebensatz oder innerhalb einer abschließenden Aufzählung. So heißt es etwa in einer Kritik zu Sudermanns *Das Blumenboot* abschließend etwas lakonisch: »Außer diesen trugen noch […] Heinz Rühmann zum Gelingen der Vorstellung bei.«[17] Und über eine Aufführung zu Schillers *Wallensteins Lager* und *Die Piccolomini* liest man: »Aus der Heerschaar ragten hervor […] Heinz Rühmanns frischer Rekrut.«[18]

Zustimmung und Anerkennung von Publikum und Kritik erntete Rühmann immer dann, wenn die Rolle starke Übertreibungen, auffällige Masken und Verkleidungen erlaubte. So erhielt er viel Lob für seine Auftritte in den traditionellen vorweihnachtlichen Märchenvorstellungen. Im Dezember 1920 spielte Rühmann vor vierhundert Kindern im Thalia-Theater in einer *Rotkäppchen*-Aufführung. Man bescheinigte ihm, daß er »als feister, endlose Sprichwörterreihen zitierender Nachbar für eine reichliche Dosis Humor«[19] gesorgt habe.

Immerhin traute Direktor Gorter seinem jüngsten Ensemblemitglied zunehmend auch tragende Rollen zu. In Karl Schönherrs Drama *Kindertragödie*, in dem die »Halberwachsenheit die Grundbedingung für die Voraussetzungen und die Entwicklung des Dramas«[20] ist, überzeugte er die Kritik: »Am nächsten kommt Herr Rühmann seiner Aufgabe. Er könnte sich sogar völlig mit ihr decken, wenn er sein dunkles Organ mit helleren, trotzigen Knabenlauten durchleuchten würde. Jedenfalls hat er die echte Jugend, und er gibt überdies mit unauffälligem Geschick der traurigen Figur des armen Franzl die jäh zuckende Unstetheit des Epileptikers als Entschuldigung mit auf den Weg.«[21]

Betrachtet man solche Einschätzungen, kann man keineswegs von einem völligen Mißerfolg Rühmanns in Breslau sprechen. Berühmte Kollegen wie Hans Albers, Heinrich George, Emil Jannings, Werner Krauß, Theo Lingen oder Hans Moser spielten jahrelang an Provinztheatern oder zogen mit kleinsten Wanderbühnen durchs Land, ehe sie in der Theatermetropole Berlin den Durchbruch schafften. Auch Erich Ponto, den Rühmann später in vielen Interviews als prägendes Vorbild bezeichnete, absolvierte diverse Stationen in der Provinz, ehe er sich schließlich längerfristig an das Dresdner Theater band.

Im Rückblick neigte Rühmann dazu, sein Jahr in Breslau dunkler und glückloser darzustellen, als es tatsächlich gewesen ist: »Was immer ich spielte – Erfolg hatte ich wenig. Eigentlich gar keinen.«[22] Seinen Abschied von den Vereinigten Theatern nach nur einem Jahr Vertragsdauer dramatisierte er auf jeden Fall. »Ein Jahr war ich in Breslau, da wechselte die Direktion. Richard Gorter ging, Paul Barnay wurde Direktor. Er übernahm nicht nur das Theater, sondern auch das gesamte Ensemble. Mit einer Ausnahme. Und die war ich. Als einziger wurde ich nicht wieder engagiert. Wegen mangelnder Begabung.«[23] Diese Darstellung ist falsch. Schon im Juni 1920, also kurz nach Rühmanns Ankunft, hatte sich der Besitzer der Vereinigten Theater, Dr. Theodor Loewe, mit Paul Barnay, dem erfolgreichen Direktor des Kattowitzer Stadttheaters, über ein zehnjähriges Pachtverhältnis für das Lobe- und das Thalia-Theater geeinigt.[24]

Die Ära Gorter ging also unwiderruflich zu Ende, und der ehrgeizige Barnay hatte schon im Vorfeld angekündigt, Mitglieder seines Kattowitzer Ensembles mitzubringen. Die untalentierte Ausnahme war Rühmann also nicht, als sein Vertrag nicht verlängert wurde. Ein Großteil des alten Ensembles fand unter Barnay keine Beschäftigung mehr. Am 25. Februar 1921 berichteten die »Breslauer Neuesten Nachrichten« über Barnays neues Schauspielensemble. Demzufolge wurden nur neun Mitglieder des bestehenden Ensembles weiterverpflichtet, während 29 Neuzugänge aus der ganzen Republik präsentiert wurden.[25] Es ist äußerst fraglich, ob sich Barnay überhaupt die Mühe gemacht hat, den jungen Rühmann näher in Augenschein zu nehmen.

Es war also vielmehr der Erneuerungs- und Aufbruchswille des neuen Direktors, dem Rühmann – neben vielen anderen – zum Opfer fiel. Der Neffe des berühmten Theatermannes Ludwig Barnay wollte die Stagnationszeit der Vereinigten Theater beenden, denn die Direktion Gorter hatte die beiden Häuser zwar erfolgreich über die Kriegsjahre gebracht, ihnen aber bei der regionalen und überregionalen Kritik einen verheerenden Ansehensverlust beschert. Mit Paul Rilla, dem einflußreichen Feuilletonredakteur der »Breslauer Neuesten Nachrichten«, und anderen Kritikern lieferte sich Gorter unfruchtbare Privatfehden und bisweilen lautstarke Auseinandersetzungen.[26] Direktor Gorter war ein Polterer, der große Posen und Auftritte liebte, jedoch wenig diplomatisches Geschick bewies, wenn er mit den städtischen Behörden über Zuschüsse, Gebühren und Hilfen verhandeln mußte.

Rühmanns Hang zur anekdotischen Verdüsterung und Dramatisierung seiner Anfänge ist deshalb wohl eher als verbreitetes Erzählmuster, wie es auch in unzähligen anderen Schauspielermemoiren zu finden ist, zu verstehen. Er litt in dieser Zeit wahrscheinlich vor allem an sich selbst. Durch die anfängliche Lähmung des Gesichtsmuskels war er verunsichert, auch seine geringe Körpergröße machte ihm zu schaffen, weil die erhofften Heldenrollen eine andere Statur erforderten. Seine jungenhaften, noch kindlichen Züge kollidierten mit dem Anspruch vieler Rollenprofile, und auch abseits der Bühne wurde er als Mann noch nicht ernst genommen. So beschreibt Rühmann in seiner Autobiographie, wie er sich in Breslau privat sehr exzentrisch ausstaffierte, um aufzufallen. Er trug einen karierten Anzug, lila Socken, lila Band am Strohhut und einen kleinen Spazierstock. Man kann sich die »halbe Portion« gut vorstellen, die da über die Breslauer Flaniermeile, die prachtvolle Schweidnitzer Straße, spazierte und sich am Typ des lebenserfahrenen und abgeklärten Bonvivants versuchte.

Sein Drang, sich Geltung und Ruhm zu verschaffen, hatte einstweilen auf dem Theater und im Leben keine Form gefunden. Er suchte, wußte jedoch nicht genau, was, und hatte noch keine eigenen, individuellen Mittel entwickelt. Die fehlende Lebenserfahrung lieh er sich, er kopierte Bilder, Posen und Gesten, mit denen er sein ach so glattes Jungengesicht zu überspielen suchte. Doch weder im Leben noch auf der Bühne nutzen ihm diese Verkleidungen und Maskeraden. Er steckte fest in ihnen, sie behinderten ihn, noch war er sich als Schauspieler völlig unbekannt.

Für jeden Schauspieler, der ein neues Engagement antreten sollte, war der Blick in das »Deutsche Bühnen-Jahrbuch«, ein theatergeschichtliches Jahr- und Adressenbuch, das alle Bühnenangehörigen mit den für sie wichtigsten Informationen versorgte, selbstverständlich. Hier fand man die Namen zukünftiger Kollegen und Regisseure, die anstehenden Gastspiele der Stars und geplante Inszenierungen. Nachdem ihm das Hannoveraner Residenztheater im Frühjahr 1921 telegrafisch einen Jahresvertrag als jugendlicher Liebhaber und Naturbursche mit 120 Mark Monatsgage angeboten hatte, blätterte Rühmann ungeduldig darin, bis er die richtige Stelle gefunden hatte: »Die Theatergeschichte Hannovers ist reich an berühmten Namen; ursprünglich nur italienische und französische Opernvorstellungen besitzend (Händel, Hofkapellmeister 1710), fand im Jahre 1730 die erste deutsche Schauspielvorstellung statt. Von 1763 hatte Konrad Ackermann hier Direktion. Iffland wurde in Hannover geboren und machte als Schüler des Lyzeums in Hannover seine ersten theatralischen Versuche.«[27] Die Schlagworte klangen wie Versprechen.

Das 1850 erbaute Residenztheater an der Marktstraße wurde von Ewald Schindler und Friedrich Walkhoff geleitet. Es hatte 1250 Plätze und war eine der drei ständigen privaten Schauspielbühnen, die seit 1911 in scharfer Konkurrenz zum Königlichen Hoftheater standen. Das Deutsche Theater und die Schauburg waren die beiden anderen maßgeblichen Privattheater. Diese Häuser, fast immer dem finanziellen Kollaps nahe, waren ästhetische Gemischtwarenläden, die fast alles spielten, wenn eine vage Aussicht auf Gewinn bestand. Sie setzten auf derbe Schwänke, seichte Operetten, auf Klassiker ebenso wie auf flache Komödien. Trotz ihres programmatisch begrenzten Ehrgeizes öffneten sie sich – natürlich aus wirtschaftlichem Kalkül – den naturalistischen Stücken viel eher als das Hoftheater. Auch nach der Revolution 1918, die aus dem Königlichen Hoftheater das Städtische Opern- und Schauspielhaus machte und die Zensur abschaffte, waren sie die ersten, die expressionistische Stücke auf den Spielplan setzten.[28] Das Residenztheater spielte Frank Wedekinds skandalumwitterte Stücke *Erdgeist* und *Die Büchse der Pandora*, im Deutschen Theater gab es *Frühlings Erwachen, Tod und Teufel* und *Der Marquis von Keith* zu sehen. »Walter Hasenclevers ›Sohn‹, das 1916 mit Ernst Deutsch in der Titelrolle im Dresdner Albert-Theater vor geladenen Gästen uraufgeführt worden war (die Zensur hatte die öffentliche Aufführung verboten), wurde zwei Jahre später, am 23. April 1918, ebenfalls in einer noch geschlossenen Aufführung im Deutschen Theater gezeigt. Und ein weiteres Jahr später, am 31. Januar 1919, war es dann im Residenztheater auch öffentlich zu besichtigen.«[29]

Anders als in Breslau hatte Rühmann in Hannover keine Schwierigkeiten, sich in das Ensemble einzupassen. »In Hannover fühlte ich mich gleich wohl; ich hatte ein nettes, freundliches Zimmer gefunden, von dem aus ich zu Fuß zum Theater gehen konnte, in dem eine kameradschaftliche Atmosphäre herrschte. Mit mir waren Theo Lingen, der sich damals noch Theodor nannte, und Rudolf Platte engagiert; beide ebenfalls Anfänger, mit denen mich bald ein freundschaftliches Verhältnis verband.«[30] Platte und Lingen sollten später häufig Rühmanns Partner in diversen Filmkomödien werden, doch 1921 hatte noch keiner der drei ein Filmatelier von innen gesehen. Zunächst galt es, sich auf der Bühne durchzusetzen. Die erste größere Rolle, die Rühmann in Hannover spielen durfte, war die des Leander in Franz Grillparzers Trauerspiel *Des Meeres und der Liebe Wellen*, mit dem Hilde Knoth ein Gastspiel gab.

Hero (Hilde Knoth), die Priesterin der Aphrodite, und Leander, ein melancholischer Jüngling, verlieben sich ineinander. Doch die Machenschaften des Oberpriesters und Oheims von Hero verhindern, daß die Liebenden glücklich zueinanderfinden. Leander ertrinkt bei dem nächtlichen Versuch, eine trennende Meerenge zu durchschwimmen. Am nächsten Morgen sinkt Hero bei seinem Anblick an der Bahre tot zu Boden.

Die Mehrzahl der Kritiken war zustimmend: »Heinz Rühmann gab den Leander und erfreute nicht nur durch seine knabenhafte Erscheinung, sondern auch durch sein wohlklingendes Organ und jugendliches Feuer, das von ihm noch manche schöne Gabe erhoffen läßt. Eine kleine Befangenheit zum Beginn der Vorstellung hatte er schnell überwunden, und größere Freiheit der Bewegungen wird sich sicher bald einstellen.«[31] Ganz ähnlich urteilte der Rezensent des »Hannoverschen Anzeigers«: »Hinter knabenhafter Herbe und gestrafftem Trotz schlug die erste heiße Flamme auf. Braun, frisch und gesund wie dieser Leander war, glaubte man ihm schon den Weg durch das weite Meer. Den Mut, die Tollkühnheit. Und wenn ihn die Liebe vor die Geliebte auf die Knie zwang, so lag etwas rührend Sprödes und Gewinnendes darin.«[32]

Doch nicht alle Hannoveraner Kritiker konnten sich Rühmann in dieser hochdramatischen und pathetischen Rolle vorstellen. Der Berichterstatter des »Hannoverschen Kuriers« etwa war dazu außerstande: »Leider versagte uns Heinz Rühmann – schon in seinem Äußeren nicht recht geeignet – einen Leander in den ersten Szenen so gut wie gänzlich. Und der blöde Pennäler der ersten Szenen blieb dann in der Erinnerung zu sehr haften, die guten Momente im dritten und vierten Akt kamen nicht dagegen auf, und Heros Liebe erschien irgendwie unbegreiflich.«[33]

Positive wie negative Kritiken wiesen auf die »knabenhafte Erscheinung« und die »knabenhafte Herbe« des Darstellers hin, trotzdem Rühmann angestrengt versuchte, den »Knaben« hinter sich zu lassen und das Urteil, er sei nicht männlich genug, durch »gestrafften Trotz« vergessen zu machen. Abermals attestierte man Rühmann, daß ihm einfach die Statur des Helden und die männliche Anziehungskraft fehle, daß sein jungenhaftes, naives Gesicht dem Rollenprofil völlig zuwiderlaufe. Viele Jahre später blickte Rühmann selbst mit Humor auf seinen Auftritt als Leander zurück. Statt gerührt über die Tragik der Liebesgeschichte zu weinen, hätten sich die Zuschauer vor Lachen gebogen, als sich der Darsteller des Leander mit dem rotierenden Roßhaarbusch seines Helmes herumschlug, während er einen dramatischen Monolog in den Zuschauerraum schmetterte. »Die Menschen im Theater, Zuschauer wie Kollegen, wischten sich die Tränen aus den Augen. An diesem Abend wurde nicht der ›jgdl. Held‹ geboren, sondern der ›jgdl. Komiker‹.«[34]

Diese Anekdote trifft zwar die Konsequenz dieses Abends, nämlich den baldigen Wechsel des Rollenfachs, sie milderte aber das radikalere Urteil des Kritikers, der das Wesen von Rühmanns Körper und Körperlichkeit erfaßt hatte. Der Möchtegernheld war einfach zu klein und zu proper, um große Männer markieren zu können. Er wirkte tapsig, rührend, unbeholfen, ein Kerl wie Hans Albers, Fritz Kampers oder Gustav Knuth war er nicht. Das hochfliegende Pathos der Heldenrollen machte er zuschanden, die Last dramatischer Monologe mußte er wie ein Gewichtheber stemmen, und nicht selten brach er unter dieser Last zusammen.

Wie ein roter Faden zieht sich diese Einschätzung durch das folgende Jahr. Überall dort, wo Rühmann gestandene Mannsbilder abliefern sollte, sah der kritische Blick den unbeleckten Pennäler. Der junge Schauspieler Rühmann mußte einfach scheitern, als ihm in Melchior Lengyels Stück *Die Tänzerin* Lola entgegentrat, »eine Frau, die leidet. Qualvoll tantalisch leidet mit Armen ausgestreckt nach Liebe, wirklicher, endgültiger Liebe, in deren blaues Land gebettet sie endlich alle Ruhelosigkeit in sich vergäße«[35]. Dieses romantisch überhöhte Liebesverlangen hätte vermutlich auch gestandene Liebhaberdarsteller wie Horst Caspar oder Wolfgang Liebeneiner überfordert. Ein unerfahrener Schüler konnte da erst recht nicht bestehen: »Rühmann (Laszlo) gab sein Bestes und wirkte doch, weil er an falscher Stelle stand, wie ein halbwüchsigwunderlicher Primaner und niemals wie der naturfrische junge Mensch, der seine Lola hätte beglücken können.«[36]

Im Rückblick ist es leicht, über die vermeintliche Fehlbesetzung amüsiert den Kopf zu schütteln. Schon der verwegen und exotisch klingende Name Laszlo paßte so gar nicht zu dem Rühmann-Bild, das seine Filme später erzeugen werden und in denen er dann meist treudeutsch Peter, Hans oder Otto heißen wird. Doch noch wußten weder die Direktoren, die Regisseure noch das Publikum, wie sie ihn einordnen sollten. Daß er kein jugendlicher Liebhaber und erster Held war, zeichnete sich ab. Den wirklichen Naturburschen, den Intriganten und Chevalier nahm man ihm ebenfalls nicht ab. Daß er ein Komiker sein könnte, war noch allenfalls eine vage Aussicht.

Zustimmung und Lob erhielt Rühmann vor allem dann, wenn er Rollen übernahm, die seinem Alter angemessen waren, Geschichten von jungen Männern, die sich von ihrer Jugend und ihren Vätern befreien wollen, Adoleszenzkrisen und Seelenkämpfe durchleiden müssen. Er versuchte, den Schüler abzustreifen; der Reifeprozeß vom Jungen zum Mann wurde für Rühmann ein Kampf mit sich selbst auf offener Bühne, gleichsam eine sich von Akt zu Akt vollziehende Häutung. In Bruno Franks *Das Weib auf dem Tiere* scheint ihm dieser Prozeß zum Teil gelungen zu sein: »Rühmann, der den jungen Arnold gab, setzte zu schülerhaft ein, wuchs aber dann.«[37] Weitgehend überzeugend gestaltete Rühmann diese Gratwanderung offenbar ebenfalls in Hermann Sudermanns *Die Schmetterlingsschlacht*. Das Stück hatte im Juli 1921 unter der Regie von Karl W. Burg in Hannover Premiere: »Die schwierige Rolle seines Sohnes Max, der sich von einem Waschlappen zu einem Mann entwickeln möchte, war in der Maske des Herrn Rühmann sehr gut wiedergegeben, wenn sein Spiel auch vielleicht etwas schärfer hätte herausgearbeitet sein können.«[38]

In der Komödie *Mit der Liebe spielen* mußte er sich zunächst sogar noch jünger machen, ehe er wieder reifen durfte. Er spielte hier einen siebzehnjährigen Jüngling, der »über die Stufen des gefährlichen Alters auf die Höhe der Mannhaftigkeit«[39] hinaufgehoben wird. »Der Robert des Heinz Rühmann hielt sich vortrefflich in der Mitte zwischen Knabe und Mann. In der Geste hätte er kindlich zurückhaltender sein können.«[40] Auch der Kritiker Frank Thieß, der dem jungen Schauspieler zunächst skeptisch gegenüberstand, zeigte sich diesmal angetan: »Heinz Rühmann als siebzehnjähriger Robert übertraf meine Erwartungen. Einige beträchtlich kitschige Situationen zerschnitt er mit einem echten Ton scheubewegter Jünglingshaftigkeit. Kleinere Unarten (z. B. ein übertriebenes Augenaufreißen) dürften sich noch beseitigen lassen.«[41]

Abseits der Bühne hatte der neunzehnjährige Rühmann in diesem Jahr eine Art private Reifepüfung zu bestehen. Am Bühnenausgang lernte er, nach einer Vorstellung, ein Mädchen kennen: »Sie ging noch in die Schule. Im Stadtpark radelten wir zusammen, sprachen dummes, verliebtes Zeug, und ab und zu wurde ich von der Mutter zum Kaffee eingeladen, wenn der Vater nicht da war. Ich glaube, wir haben uns nicht einmal geküßt, aber wir waren glücklich, wenn wir zusammen waren, und dachten nicht einmal an die Dinge, die heute selbstverständlich geworden sind. Primanerliebe, meine erste!«[42] Es ist aufschlußreich, daß sich Rühmanns Selbstwahrnehmung, die sich in dem Ausdruck »Primanerliebe« verdichtet, mit dem Bild deckt, daß sich damals Publikum und Kritik von ihm machten. Noch schlug ihm diese Authentizität zum Nachteil aus, weil er noch keinen persönlichen Stil und kein individuelles Image besaß, das er damit beglaubigen, bekräftigen und ausbauen konnte.

Doch das Jahr in Hannover bot ihm reichlich Gelegenheit, andere theatralische Ausdrucksweisen kennenzulernen und auszuprobieren. Die Direktoren Schindler und Walkhoff setzten ihn jetzt häufiger und in unterschiedlicheren Rollen ein als noch Richard Gorter in Breslau. Außerdem konnte sich Rühmann mit jungen, ehrgeizigen und eigenwilligen Kollegen wie Theo Lingen, Rudolf Platte oder Willy Maertens messen, die wie er um stilistische Orientierung bemüht waren. In Theo Lingens Erinnerung an seine Zeit am Residenztheater Hannover wird die Qualität dieser Schulung ganz deutlich: »In diesem Jahr lernte ich mehr als in vielen anderen Jahren meiner Tätigkeit. Das Repertoire dieses ›Residenztheaters‹ umfaßte so ungefähr alle Spielarten der Theaterliteratur. Wir spielten ›Faust‹ (ich darin den Valentin). Wir spielten ›Kabale und Liebe‹. Fast alle Monate war ein Berliner Gast in diesem Theater. Auch hier gastierte Bassermann. Es gastierte Ernst Deutsch und Albert Steinrück in ›Vater‹ von Strindberg. Und unvergeßlich ist mir ein Gastspiel von Irene Triesch als Rebecca in ›Rosmersholm‹ von Ibsen. Außerdem hatten wir eine sehr tüchtige, sehr ambitionierte Direktion. Direktor Ewald Schindler war selbst Schauspieler. Er trat in unserem Standardstück, das jede Woche einmal gegeben wurde, in ›Alt Heidelberg‹, als Erbprinz Karl Heinz an. Der andere Direktor war Dr. Walkhoff. Heute würde man ihn einen Avantgardisten nennen. Und soweit sich das ›Residenztheater‹, ein Theater ohne jeden Zuschuß, das leisten konnte, war er's auch. Er spielte zum erstenmal in Deutschland den ›Sommernachtstraum‹ in einer neuen Übersetzung und mit einer neuen Musik.«[43]

Von diesem »avantgardistischen« Mut profitierte auch Heinz Rühmann: »Ich spielte den Puck im ›Sommernachtstraum‹, der damals nur von Naiven und jugendlichen Charakterdarstellerinnen gespielt wurde. Ich soll einer der ersten männlichen Pucks gewesen sein.«[44] Die Kritik stimmte diesem Experiment im Juni 1921 jedenfalls begeistert zu: »Aus den Darstellern hoben sich besonders hervor Heinz Rühmanns prachtvoll lebendiger Puck und der famos charakterisierende Zettel Maertens. Das Zuschauerhaus war dicht gefüllt, amüsierte sich glänzend und spendete endlosen Beifall.«[45] Daß Rühmann in Hannover mit einer Rolle betraut wurde, die sonst fast ausschließlich Frauen vorbehalten blieb, bestätigt noch einmal die kindliche Weichheit und offene Jungenhaftigkeit seiner Züge, die durch die Inszenierung ins Feminine oder Geschlechtslose verwandelt werden konnte.

Mutig und geschäftstüchtig waren die Direktoren Schindler und Walkhoff im September 1921, als sie das Skandalstück der Epoche schlechthin auf den Spielplan setzen: Arthur Schnitzlers *Reigen.* Der 34jährige Schnitzler hatte das Stück bereits im Winter 1896/97 geschrieben, dennoch war es erst am 23. Dezember 1920 in Berlin an Max Reinhardts Kleinem Schauspielhaus uraufgeführt worden. Obwohl vom Berliner Landgericht ein Aufführungsverbot wegen »Unzüchtigkeit des Textes« erlassen worden war, das sechs Wochen Haft bei Zuwiderhandlung androhte, entschlossen sich der Leiter des Theaters, Maximilian Sladek und die Schauspielerin Gertrud Eysoldt, das Stück wie geplant aufzuführen. Nach der Uraufführung, die ohne größere Zwischenfälle über die Bühne ging, setzte ein langwieriger Prozeß ein, der erst im Herbst 1921 mit einem Freispruch durch das Berliner Landgericht endete.

Unterdessen hatten in Wien und anderen Städten weitere *Reigen*-Aufführungen stattgefunden, und überall hatte es Demonstrationen und Proteste gegeben. In Wien war eine regelrechte Theaterschlacht entbrannt, bei der einige Beteiligte nur knapp mit dem Leben davonkamen. Sechshundert Demonstranten hatten sich am 16. Februar 1921 vor den Kammerspielen des deutschen Volkstheaters in der Rotenturmstraße eingefunden, Stinkbomben wurden geworfen, eine Gruppe militanter Gegner stürmte den Saal, es kam zu einer Schlägerei, und das Theater wurde völlig demoliert. Um die »öffentliche Ruhe und Sicherheit« zu gewährleisten, wurde die Aufführung am nächsten Tag verboten und erst am 7. März 1922 unter Polizeischutz wieder aufgenommen. Schnitzler mußte sich in der Öffentlichkeit denunziatorische Angriffe gefallen lassen; vor allem antisemitischer Haß war gegen ihn geschürt worden. Er untersagte deshalb selbst 1922 weitere Aufführungen, und das Stück konnte erst 1982 wieder gespielt werden. Vor diesem Hintergrund war die Entscheidung der Hannoveraner Theaterdirektoren, eine *Reigen*-Aufführung zu wagen, ein wirkliches Abenteuer.

Woran entzündeten sich die zeitgenössischen Proteste? Warum liefen brave Bürger, die stolz auf ihren tugendhaften und gesetzestreuen Lebenswandel waren, Amok? Welchen geistigen Sprengstoff enthielt der *Reigen*? Schnitzlers Stück war ein kühler und pointierter Angriff auf die herrschende Moral der Zeit, der die bürgerliche Ehe als bloße Schimäre entlarvte. Die Hüter der Moral in den Bürokratien des Staates, in den Schulen, den Kirchen und den gesellschaftlichen Organisationen fühlten sich vor allem deshalb herausgefordert, weil der *Reigen* kein plumpes Thesenstück war, dessen Kritik man leicht hätte widerlegen können. Vielmehr sezierte Schnitzler mit großer formaler Strenge die Gesellschaft und demonstrierte, daß der sexuelle Trieb der große Menschen- und Weltbeherrscher ist.

Zehn Personen treten im *Reigen* auf, und sie bilden – in wechselnden Konstellationen – zehnmal ein Paar. Namenlos, sind sie jeweils Stellvertreter einer Schicht, gesichtslose Typen, deren Identität auf das große Ganze zielt: die Dirne, der Soldat, das Stubenmädchen, der junge Herr, die junge Frau, der Ehegatte, das süße Mädel, der Dichter, die Schauspielerin, der Graf. Diese Personen begegnen sich, reden miteinander, verführen sich, ganz ohne große Kunst und Worte. Fast mechanisch laufen diese Manöver der Liebe ab, kein Geschrei, kein Drama. Man legt sich zueinander, kopuliert, man trennt sich, findet jemand anderen. Im Stücktext hat Schnitzler das Verstummen der Protagonisten und den sexuellen Akt durch eine Reihe von Gedankenstrichen gekennzeichnet.

Das Ungeheuerliche des endlosen Treibens bestand auch darin, daß die ganze moralische Begrifflichkeit des bürgerlichen Dramas seit Lessings *Emilia Galotti* auf den Abfallhaufen der Geschichte geworfen wurde. Liebe, Treue, Ehre, Sittlichkeit und Tugend hatten hier ausgespielt. Schnitzlers Protagonisten waren weit davon entfernt, einen dieser Begriffe zu verteidigen, schon gar nicht bis zum Tode. Jedes Gefühl war unter seinem gleichsam pathologischen Blick verdampft. Gegen dieses Desillusionierungsstück kämpften vor allem diejenigen verbittert an, die ihre Identität, ihre Moral und ihre religiösen Überzeugungen ganz mit diesem dichten Netz an Werten und Tugenden verknüpft hatten und nun befürchteten, daß dieser Kanon gesetzloser Beliebigkeit weichen müßte.

Zunächst sah es so aus, als ob der *Reigen* in Hannover wegen der massiven Proteste nicht gespielt werden könnte. Eigentlich sollte die Premiere am 11. September 1921 in einer Matineevorstellung stattfinden, doch der Polizeipräsident verbot die Aufführung kurzfristig. Bereits einen Tag später wurde das Verbot zurückgezogen. Die Direktion des Residenztheaters hatte erfolgreich protestiert und die Polizei darauf hingewiesen, daß man das Stück keinesfalls öffentlich zeige. Man behalf sich mit einem Trick: Jugendlichen war der Zutritt verboten, und jeder erwachsene Besucher mußte eine Erklärung unterschreiben, daß er gegen den Inhalt der Szenen keine Einwendungen erhebe und die Aufführung nicht störe.

Am 1. Oktober 1921 übergaben 37 Vereine, Verbände und Ausschüsse dem stellvertretenden Polizeipräsidenten einen Antrag, die Aufführung von Schnitzlers *Reigen* zu verbieten. Dabei handelte es sich vor allem um katholische und evangelische Vereine und gewerkschaftliche Organisationen. Dieses Ersuchen wurde aber im Hinblick auf »die Lage der gesetzlichen Bestimmungen« abgelehnt. Über die Inszenierung selbst findet man in den Hannoveraner Zeitungen nur wenige Kritiken, da sich die meisten zunächst weigerten, von der Aufführung überhaupt Kenntnis zu nehmen oder, wie etwa der »Hannoversche Kurier«, Inserate, die auf die Vorstellung hinwiesen, abzudrucken. So erklärte die Schriftleitung des »Hannoverschen Anzeigers«: »Wir müssen feststellen, daß wir absichtlich über die Aufführung von Schnitzlers ›Reigen‹ überhaupt keine Besprechung gebracht haben. Wir verurteilen diese Aufführung unter allen Umständen. Wir waren aber der Ansicht, daß, sofern nicht eine direkte Handhabe gegeben ist, die Aufführung zu verbieten, die Breittretung dieser Angelegenheit in der Öffentlichkeit nur die Neugier erregt und in unorientierten Kreisen leicht das Gegenteil von demjenigen bewirken kann, was beabsichtigt ist.«[46]

Diejenigen Zeitungen, die dennoch berichteten, lehnten Stück und Aufführung zumeist ab, ohne näher auf die Inszenierung einzugehen. Im Vordergrund stand die moralische Empörung. Der Kritiker Frank Thieß schrieb angewidert: »Spielt man den ›Reigen‹ so, wie ihn jeder sich im Residenztheater einladende Gast anstaunen kann, wird die Bühne zum Bordell, dem geduldigen Zuschauer schlägt eine Luft entgegen, bei der er sich nicht selten die Nase zuhält. Er sieht mit Schrecken einen unsittlichen Pfuhl sich öffnen, in dem von der Prostitution bis zum Ehebruch alle Modifikationen des gemeinen Beieinanders zweier Menschen abgewandelt werden.«[47]

Immerhin wissen wir, daß Rühmann den jungen Herrn spielte, Rudolf Platte den Soldaten und Willy Maertens den Grafen. Diese Informationen sind der Erinnerung einer der damaligen Mitwirkenden zu verdanken. 1982 berichtete die inzwischen 80jährige Schauspielerin Hertha Leonhardt, die 1921 die Dirne gespielt hatte, in einem Interview über die Aufführung und deren Begleitumstände.[48] Die Gewerkschaften hatten zu Protesten aufgerufen, der Kassenraum des Theaters in der Marktstraße wurde belagert. Im Saal selbst sicherte die Schutzpolizei Ruhe und Ordnung, und nach der Aufführung schlichen sich die Schauspieler durch den Hinterausgang aus dem Theater. Doch alle Prosteste und Aktionen der »Front der anständigen Leute«[49] konnten nicht verhindern, daß der *Reigen* bis weit in den November hinein gespielt wurde.

Heinz Rühmann selbst erwähnte diese Ereignisse und den *Reigen* in seinen Erinnerungen mit keinem Wort. Umso besser entsann sich Rudolf Platte an die Vorgänge: »Auch in Hannover wurde heftig protestiert, doch die Premiere verlief noch ohne Krach. Aber eine Gruppe Jugendlicher einigte sich darauf: ›Wir verhauen einfach die Schauspieler.‹ Und tatsächlich: Vor dem Bühnenausgang standen aufgebrachte junge Leute. Anfangs trauten wir uns nicht raus. Kurze Beratung, ob wir die Polizei anrufen sollten, aber Heinz, der kleinste von uns, sagte: ›Quatsch, ich gehe!‹ Darauf Lingen und ich: ›Gut, wir gehen mit.‹ Kaum waren wir rausgekommen, wurden wir schon umringt, festgehalten und gestoßen. Die Leute brüllten: ›Ihr Schweine! Ihr fühlt euch wohl nur im Schweinestall wohl!‹ Aber Heinz schrie zurück: ›Was wollt ihr denn von uns?Wir sind doch hier nur die Kulissenschieber!‹ Wir kriegten noch ein paar Tritte ab, kamen dann aber durch.«[50]

Wie schon zuvor in Breslau wurde Rühmann auch in Hannover in Märchenspielen für Kinder eingesetzt. Das Residenztheater brachte in einer Bearbeitung von Heinrich Römer das Märchen der Gebrüder Grimm vom *Tapferen Schneiderlein* auf die Bühne. Und vielleicht kündigte sich bei dieser Gelegenheit, im Oktober 1921, das erste Mal eine Figur an, die später zum Inbegriff aller Rühmann-Rollen werden würde – gewiß, es war nur eine Ahnung, ein Umriß dieser Figur, die Rühmann zeit seines Lebens nicht wieder abstreifen konnte und die schließlich zum Synonym für seine Person wurde: Der »kleine Mann« betrat in Gestalt des tapferen Schneiderleins die Bühne. »Die Aufführung im Residenztheater bietet Gelegenheit, heitere Kleinbürgerlicherkeit, schaurige Wald-Groteske und märchenhafte Hofpracht zu gestalten. Die gemütliche Schneiderstube und der schaurige nächtliche Hochwald sind wohlgelungen. Das tapfere Schneiderlein selbst hatte in Heinz Rühmann einen lustigen Vertreter gefunden, der sich mit seinem leichten, fröhlichen Spiel, das doch niemals ins Derbkomische ausartete, schnell in die Kinderherzen hineingespielt; er wird gewiß in diesen immer und immer dann wieder lebendig werden, wenn die Mutter vom tapferen Schneiderlein erzählt.«[51]

In dieser Beschreibung tauchen Wahrnehmungsmuster auf, die Rühmanns künftigen »kleinen Männern« wie angegossen passen. Die »heitere Kleinbürgerlichkeit«, das »leichte, fröhliche Spiel« wird man ihm und seinen Figuren immer wieder nachsagen. Auch der Schneiderberuf (*Kleider machen Leute*, 1940) und die »gemütliche Schneiderstube« (*Schneider Wibbel*, 1956) sollten in Rühmanns Filmlaufbahn noch eine Rolle spielen. Wichtiger aber ist die Essenz des Märchens, die Tatsache, daß hier einem, der zunächst alle Attribute der Schwäche und Benachteiligung (Armut, kleine Statur) mitbringt, dennoch und zwar aufgrund seiner geistigen Tugenden (Klugheit, List) zum Glück verholfen wird. Dieser Märchenglanz, die Gewißheit, daß alles immer gut ausgeht und der »kleine Mann« den Mächtigen nie unterliegt, ist Fundament und Botschaft vieler Rühmann-Filme. Der Optimismus des Schneiderleins, seine listige und freche Gewitztheit, wird künftig die meisten seiner »kleinen Männer« in Filmen auszeichnen. Auch sie sind zeitweilig Hochstapler, treten großsprecherisch auf und versuchen, ihre bescheidene Existenz etwas aufzupolieren. Königstöchter sind ihnen zum Happy-End dann zwar nicht vergönnt, aber die Herzen ihrer patenten, kleinen Frauen glänzen wie reines Gold.

Natürlich konnte keines der Kinder, die Heinz Rühmann an diesem Nachmittag im Oktober 1921 als tapferes Schneiderlein auf der Bühne sahen, ahnen, daß dieser Schauspieler sie als Star des deutschen Kinos ihr Leben lang begleiten würde. Doch vielleicht ließ eben die Ergriffenheit seines damaligen Publikums den jungen Schauspieler spüren, welchen Weg er zu gehen hatte: »Der Dank der kleinen Zuschauer leuchtete ebenso aus ihren Augen, wie er sich in hellem Beifall äußerte. Wie sehr auch die kleine Schar von diesem Märchenspiel gefesselt wurde, das bewies die musterhafte Ruhe, in der sie sich drei gute Stunden lang – ein wenig reichlich! – verhielt.«[52]

Am 16. Mai 1922 öffnete sich im Residenztheater zu Hannover zum allerletzten Mal der Vorhang, allerdings wußte das noch niemand. Lediglich die Winterspielzeit sollte programmgemäß mit Friedrich Hebbels *Maria Magdalena* beendet werden. Zu diesem Zeitpunkt hatte Heinz Rühmann schon seinen Urlaub angetreten, da er in den letzten beiden Inszenierungen nicht eingesetzt wurde, und war zu seiner Mutter nach München gefahren. Deshalb dürfte ihm auch die Spielzeitbilanz des »Hannoverschen Kuriers« entgangen sein, die sich unversehens zum Nekrolog auf das Privattheater wandelte: »Wenn wir rückschauend das Gewollte und Erreichte dieser Bühne gegenüberstellen, so sind ihr gerade aus den im Realistischen verwurzelten Schößen des weiten dramatischen

Feldes die edelsten Früchte gereift. Gerhart Hauptmanns ›Biberpelz‹ und ›Ratten‹, Gorkis ›Nachtasyl‹ schufen tiefe und bleibende Eindrücke. Der leichte Konversationston, wie das klassische Ethos und das historische Großgemälde vermochten sich nicht recht einzubürgern, wenn auch die Aufführungen von Shakespeares ›Richard III‹ z. B. eine schöne Erinnerung bedeutet. Jedenfalls hat die Bühne bewiesen, daß sie eine wertvolle Ergänzung des hiesigen Theaterlebens nach der Seite des kleineren neuzeitlichen Spieles hin zu geben wohl berufen ist.«[53]

Doch das Residenztheater bekam keine Chance mehr, das Theaterleben Hannovers zu ergänzen und zu bereichern. Im Mai und Juli 1922 begann die in Deutschland nach dem Krieg schon lange anhaltende Inflation zu galoppieren. Über Nacht wurde das Theater der Direktoren Schindler und Walkhoff ein Opfer dieses Prozesses, es schloß seine Pforten und wurde in eine einträglichere Garage umgewandelt. Der »Hannoversche Kurier« schaute wehmutsvoll zurück: »In dem Hause, das ein Bischof von Lübeck, Johann Scheele, ein Sohn der Stadt, der es später bis zum Sekretär Kaiser Sigismunds auf dem Konzil zu Basel gebracht hat, anno 1419 erbaute, und das nach langem Bürgerdienst anno 1852 unversehens eine Stätte weltlicher Kunstübung geworden ist, – in diesem Hause werden vielleicht bald schon Automobile und Motorräder einquartiert werden. Aber es wird noch lange unser Residenztheater heißen.«[54]

Der Mustergatte tritt an

»Wir versaufen unser' Oma ihr klein' Häuschen, ihr klein' Häuschen. Wir versaufen unser' Oma ihr klein' Häuschen, und die erste und die zweite Hypothek.« Dieser populäre Schlager von Robert Steidl kündigte das Katastrophenjahr 1923 an, in dem sich die politischen und wirtschaftlichen Krisen der Republik auf kaum vorstellbare Weise zuspitzen sollten: Millionen von Menschen verloren durch die Inflation ihr Vermögen, andere, vor allem Großindustrielle, nutzten die Gelegenheit, um durch Spekulationsgeschäfte riesige Gewinne einzustreichen. In dieser Endzeitstimmung – die Menschen waren wie von Fieber und Schwindel erfaßt, schwankend zwischen Depression und Euphorie, zwischen Gewinn und Verlust, zwischen gesellschaftlichem Abstieg oder Höhenflug –

stand der jetzt zwanzigjährige Rühmann ganz plötzlich ohne Engagement da.

Er verbrachte den Sommer 1922 in München und machte sich auf die Suche nach einer neuen Anstellung. Er war nun etwas selbstbewußter, hatte er doch in Hannover häufiger gute Kritiken bekommen und war von seinen Kollegen respektiert worden. Die »halbe Portion«, die er in Breslau noch gewesen war, schien er hinter sich gelassen zu haben, ohne jedoch – das wünschte er sich – schon ein Mann oder Kraftkerl zu sein. Der junge Mann suchte noch eine Form, eine Statur, im Leben und auf der Bühne. Die Minderwertigkeitsgefühle, die ihm seine geringe Größe bereitete, bekämpfte er mit Einlagen in den Schuhen und einer aufgesetzten Stutzermiene. Auf den ersten Blick mochte er blasiert und geckenhaft wirken, tatsächlich war er schüchtern geblieben.

Im August 1922 fand er schließlich ein neues Engagement und unterzeichnete einen Vertrag am Bremer Schauspielhaus bei den Direktoren Eduard Ichon und Johannes Wiegand. Laut Meldekarte verließ Rühmann München am 3. August. Drei Wochen später, am 23. August, sah ihn das Bremer Publikum das erste Mal auf der Bühne in dem Lustspiel *Mein Freund Teddy*. Das Echo der Bremer Kritik war durchaus wohlwollend. Die »Bremer Nachrichten« lobten uneingeschränkt: »In der Rolle des Malers François stellt sich Heinz Rühmann, Lindemanns Nachfolger, vor. Trotz nicht allzu vieler Gelegenheit machte sich der Darsteller vorteilhaft bemerkbar, so daß man hoffen darf, daß das Schauspielhaus auch in ihm eine wertvolle Kraft gewonnen hat.«[55]

Man fing an, Rühmann als den fröhlichen Knirps neben starken, männlichen Charakteren wahrzunehmen. In einer Kritik der »Bremer Zeitung« wird deutlich, in welchem Verhältnis Rühmann zum männlichen Hauptdarsteller, dem Bonvivant Richard Knorr, stand: »Auch sein kleiner, frecher Freund, der Kunstmaler, fand in einem neuen Mitgliede des Hauses, Heinz Rühmann, einen bühnengewandten, lustigen Darsteller.«[56] Er, der kleine, lustige Junge, wird zum treuen Helfer und Freund der lebenslustigen Abenteurer und Weltenbummler. Diesen Part, den er in seiner Filmkarriere neben Willy Fritsch, Hans Albers und Adolf Wohlbrück noch oft spielen sollte, übernahm Rühmann auch privat. Fast alle Männer, denen er in den zwanziger und dreißiger Jahren begegnete und die er später als seine Freunde bezeichnete, imponierten ihm durch den Habitus des Bonvivant oder des Abenteurers, so etwa der Lebemann Carl Günther, sein Kollege an den Münchner Kammerspielen, oder Ernst Udet, der hochdekorierte Jagdflieger des Ersten Weltkriegs und virtuose Kunstflugweltmeister. Mit beiden verband Rühmann eine jahrelange Freundschaft.

Trotz des ermutigenden Beginns wurde Rühmann in Bremen nicht glücklich. An die Direktoren erinnerte er sich nur mit Geringschätzung: »Die Herren Wiegand und Ichon, der eine klein und dick, der andere lang und dünn, genannt die ›Stettiner Sänger‹, standen dem Theater mehr vor als daß sie es leiteten. Ich kam mir in dem steifen Milieu wie ein Darstellungsbeamter vor. Keine Fröhlichkeit, kein Lachen, dafür Strafzettel und Gagenkürzungen wegen meiner Extempores.«[57]

Rühmann war ungeduldig. Er wollte Aufmerkamkeit und unmittelbare Wirkung erzielen, indem er immer wieder improvisierend aus der Rolle fiel und so das Interesse des Publikums auf sich zu lenken suchte. Ein Nebendarsteller, der plötzlich aus dem Stegreif spielte, konnte alle Blicke auf sich ziehen und die Hauptdarsteller ausstechen, vorausgesetzt, er war geschickt genug, witzige Anspielungen, passende Bemerkungen und unvermutete Schlagwörter wirkungsvoll zu plazieren. Einem Star gestand man solche Spielereien von Zeit zu Zeit durchaus zu, ein Anfänger jedoch konnte sich durch solche Mätzchen schnell unbeliebt machen.

Zeitweilig soll Rühmann aber auch aus anderen Gründen aus der Rolle gefallen sein. Er trank manchmal mehr, als ihm bekam, sei es weil ihn Kollegen dazu ermunterten, sei es weil man mit Schnaps und Bier das Hungergefühl betäuben konnte. Nicht selten bot man den Schauspielern in dieser Zeit statt Geld Kohlen und Kartoffeln als Bezahlung an, weil die Inflation die Gagen rasch entwertete. Das Beste an Bremen, erinnerte sich Rühmann, sei sein möbliertes Zimmer gewesen. Er wohnte in der Fehrfeldstraße 52, im Steintorviertel. Es war eine bürgerliche Umgebung, hier wohnten vor allem Handwerksmeister, Beamte, Lehrer und Kaufleute. Die Lebensmittel waren knapp und teuer im Winter 1922, und der hungrige Untermieter Rühmann durfte sonntags bei seinen Vermieterinnen zu Mittag essen. Die ledigen Schwestern Hindrichson, beide um die sechzig, Zigarre rauchend und kulturbeflissen, ließen sich von ihrem Untermieter über das Schauspielhaus und dessen neueste Inszenierungen berichten, ehe sie ihn um punkt zwölf zu Tisch baten.

Aus diesem Jahr stammt auch der einzige erhaltene Brief von

Rühmanns Mutter. Sie schrieb ihm im Winter 1922: »Ich wünsche dir viel Glück für deine neue Stellung in Bremen. Leider liegt diese Stadt weit weg von München, sonst würde ich dich besuchen. Hast du genug Wäsche? Wer sorgt für dich? Achte auf dein Äußeres, das so wichtig ist, wenn man Schauspieler ist. Viele tun es nicht. Geh auch regelmäßig zum Haarschneider und denk an deine Gesundheit. Wenn du etwas brauchst, dann mußt du es mir schreiben. Uns geht es gut, was wir auch von dir annehmen. Deine Mutter.« An den Rand hatte Margarethe Rühmann geschrieben: »Es ist jetzt eine schlimme Zeit, es ist Inflation, kommst du zurecht? Sei sparsam, hier in München ist es sehr unruhig. Mach's gut.«[58]

Dieses Dokument illustriert nicht nur die enge Beziehung zwischen Mutter und Sohn, sondern verrät zugleich einiges über bestimmte Denkweisen und Wahrnehmungsmuster der Familie Rühmann, die durchaus exemplarisch für diese gesellschaftliche Schicht sind. Von diesem Standpunkt aus waren die »Zeiten« entweder »schlimm« oder sie waren »gut«. Es war die Zeit selbst, die aus den Fugen war, nicht der Staat, die Gesellschaft oder die Politik. Margarethe Rühmann hat diesen Blickwinkel an ihren Sohn weitergegeben. Es ist – das läßt sich aus allen Äußerungen und Interviews des späteren Stars schließen – auch immer die Haltung Rühmanns gewesen, und seine Filmfiguren schienen das Leben ganz genauso zu betrachten. Im Vordergrund dieser Haltung stand immer die Sorge um sich selbst, der Wunsch, heil und unbeschadet durch die Zeiten zu kommen. Die Geschichte rollte über die Menschen hinweg, alles, was man tun konnte, war zuzusehen, daß man nicht erdrückt wurde. Was außerhalb dieser Privatwelt lag, wurde als fatum, als gottgebenes Schicksal, in das man sich zu schicken hatte, verstanden. Inflation oder die Schießereien auf den Straßen waren ebenso unangenehm und unvermeidlich wie ein Sturm oder ein Gewitter. Das eigene Handeln war nicht von großen Idealen, Ideen oder Programmen bestimmt, sondern paßte sich pragmatisch und wendig dem Alltag an, diente der Selbsterhaltung beziehungsweise dem Schutz der engsten Familienangehörigen. Man wollte durchs Leben kommen, ohne jemandem etwas zuleide zu tun oder selbst Leid zu erfahren.

Als Rühmann zum Schauspieler wurde, mußte er dieses Lebensmodell kaum ändern. Das Theater war ihm jetzt zur Familie geworden, die Bühne seine Welt und die Theatergeschichte Familienbuch und Ahnentafel. Was in der großen Welt geschah, war nur wichtig, wenn es die eigene Existenz unmittelbar betraf. »Große Männer« ließen sich so gut wie nie in dieser kleinen Welt blicken, und wenn sie es doch taten, wurde davon nicht viel Aufhebens gemacht.

So findet sich in Rühmanns Erinnerungen an Bremen auch kein Wort über den damaligen Reichspräsidenten Friedrich Ebert, obwohl der junge Schauspieler ihn aus allernächster Nähe erlebt haben muß. Das Bremer Schauspielhaus beging am 3. September 1922 den sechzigsten Geburtstag von Gerhart Hauptmann. Als man ihn mit einer »Morgenfeier« ehrte, war nicht nur der Dichter selbst, sondern auch Friedrich Ebert anwesend, der zur Eröffnung der Niederdeutschen Woche nach Bremen gekommen war. Am Abend spielte man dann Hauptmanns Lustspiel *Die Jungfern vom Bischofsberg*, und Rühmann war mit der Rolle des Otto betraut, einem »jugendlichen Springinsfeld und angehenden Bildhauer«[59]. Gerhart Hauptmann wurde bejubelt und frenetisch beklatscht, schließlich trat er vor den Vorhang und bedankte sich bei der Leitung des Hauses und allen Darstellern. Zwei Tage später stand Hauptmanns Tragödie *Fuhrmann Henschel* auf dem Programm. »Wie die Aufführung der ›Jungfern vom Bischofsberg‹ war ›Fuhrmann Henschel‹ ein Muster von einheitlicher Schauspielkunst. Die Geschlossenheit im Aufbau des Bühnenbildes, das Zusammenspiel war ein ästhetischer Genuß, den selbst kleine Ausfälle, wie sie das Spiel Helmuth Rudolphs und Heinz Rühmanns mit sich brachten, im ganzen nicht stören konnten.«[60]

Daß Rühmann die Begegnung mit Hauptmann nicht einmal beiläufig erwähnt, ist kaum so erstaunlich, wenn man der Kritik an seinem »naturalistischen« Spiel im *Fuhrmann Henschel* auf den Grund geht. Das naturalistische Drama stellte in der Wilhelminischen Gesellschaft Ende des 19. Jahrhunderts eine Sensation und ein Skandalon zugleich dar: Der Anspruch, »das wirkliche Leben« unverfälscht und ohne Überhöhung auf die Bühne zu bringen, war in Anbetracht des damaligen Verständnisses vom traditionellen Theater eine mutige und folgenreiche Provokation. Plötzlich waren die Außenseiter der Gesellschaft zu Protagonisten geworden: Asoziale, Huren, streikende Arbeiter, verarmte Bauern, hungernde Familien und Krüppel bevölkerten die Bühnen und verdrängten das bis dahin übliche dramatische Personal, das überwiegend aus Adligen oder tugendhaften Bürgern bestand. Die Bühnenräume sollten realistische Ansichten des Alltags zeigen. Gerhart Hauptmanns Milieustudien *Vor Sonnenaufgang* (1898 uraufgeführt) und *Die Weber* (1893 uraufgeführt) mußten gegen große Widerstände auf den Bühnen durchgesetzt werden.

Doch als der überragende Repräsentant des deutschen Naturalismus in Bremen seinen 60. Geburtstag feierte, waren er selbst, seine Stücke und der damit verbundene Anspruch schon Theatergeschichte. Das expressionistische Theater, das mit pathetisch-ekstatischer Sprache und symbolischen Bühnenräumen auf die Suche nach dem »neuen Menschen« gegangen war, hatte sich gegen den Naturalismus durchgesetzt. Die Stücke von Reinhard Sorge, Walter Hasenclever, Ernst Toller oder Reinhard Goering hatten die Bühnen der Provinz und der Hauptstadt erobert. Doch weder der Naturalismus noch der 1922 ebenfalls schon abklingende Expressionismus hatten Heinz Rühmann sonderlich beeinflußt. Die Ismen dieser Zeit waren an ihm nicht haftengeblieben.

Rudolf Platte etwa, Rühmanns Kollege in Hannover, der – wie dieser – immer ein Darsteller des »kleinen Mannes« gewesen ist, blieb dem naturalistischen Stil ein Leben lang treu. Seine Darstellung des *Hauptmanns von Köpenick* war 1960 wesentlich unversöhnlicher und härter als die Interpretation von Rühmann 1956. »Der Spiegel« schrieb zu Plattes Auffassung dieser Rolle: »Sein Pferdegesicht mit den großen Kinderaugen spiegelt nicht nur die maßlose Enttäuschung des Ausgestoßenen wider, Platte zeigt auch den revolutionären Zorn des Depravierten her.«[61]

Rühmann, weit entfernt von revolutionärem Zorn, war niemals ein Spezialist für den realistischen oder expressionistischen Stil und hatte in dieser Hinsicht auch keine Erfolge auf dem Theater vorzuweisen. Im Gegenteil – er gewann seinen individuellen Ausdruck gerade dadurch, daß er mit diesen Programmen nichts anzufangen wußte. Oder anders gesagt: Er hatte kein Talent zum gequälten Aufschrei oder zum hymnischen Ausruf, er war weder ein Darsteller sozialer Kälte noch ein Vertreter des expressiven Überschwangs. Er wartete noch auf Stücke und Rollen, die zu ihm paßten.

Aus den damaligen Kritiken und Rühmanns späteren Selbstdarstellungen wird klar, daß für ihn zunächst die unmittelbare Wirkung seines Spiels im Vordergrund stand. Er wollte gefallen, ankommen, Eindruck machen, und 1922 bedeutete das nichts anderes für ihn, als das Publikum zum Lachen zu bringen. Zu Beginn seiner Karriere hatte er gehofft, es zu erschüttern, aufzuwühlen oder zu ängstigen; doch das konnte er nicht, solche Wirkungen lagen nicht im Bereich seiner Darstellungskunst. Immer deutlicher zeichnete sich sein Weg als zukünftiger Komiker ab: Er mußte, um Erfolg zu haben, das Publikum zunächst kitzeln, amüsieren, Gelächter provozieren.

Am 14. Oktober 1922 – es war ein Sonnabend, die Vorstellung begann um halb acht – hatte Rühmann die Rolle gefunden, die eine Maßanfertigung für seine Bedürfnisse und Eigenheiten zu sein schien, eine Rolle fürs Leben: »Das verehrte Publikum, ob Männlein oder Weiblein, kicherte, lachte, wieherte, brüllte vor Vergnügen, und zwar vom Anfang bis zum guten Ende.«[62] Ein anderer Kritiker schilderte ebenfalls die Reaktion der Bremer Zuschauer: »Das Publikum sprang mit beiden Füßen in den bunten Trubel hinein, wirbelte und schleifte lustig mit herum, anspruchslos, sorgenvergessen, schwankvergnügt, wie es die heitere Stunde erforderte. Übermut ist die Parole, Triumph der leichten Muse, Sieg war auf der ganzen Linie.«[63]

Was für ein Stück wurde hier gegeben? Heinz Rühmann spielte zum ersten Mal den Mustergatten im gleichnamigen Stück von Avery Hopwood. Diese Rolle sollte ihn in den nächsten dreißig Jahren nicht mehr loslassen: Er feierte als Mustergatte Billy Bartlett Triumphe an den Münchner Kammerspielen, er eroberte mit dem Stück Berlin, er spielte es in den dreißiger Jahren mit eigenem Ensemble in ganz Deuschland, er drehte 1937 einen überaus erfolgreichen *Mustergatten*-Film, fuhr 1945 mit seinem Paradestück durch die Sowjetische Besatzungszone, als ihm die westlichen Alliierten das Arbeiten noch verboten hatten, und ließ Billy Bartlett schließlich 1947 in der Trümmerstadt Berlin am Kurfürstendamm auferstehen. Doch dieser lange, verschlungene Weg lag im Herbst 1922 noch in weiter Ferne, und zunächst fieberte der zwanzigjährige Rühmann nur dem Echo der Premiere entgegen.

»Dieser Schwank ist eins von jenen Stücken, bei denen die Kritik lediglich die Aufgabe hat, festzustellen, daß der einzige Zweck, den der Abend verfolgen soll, mit allen zur Verfügung stehenden Mitteln, aber desto größerer Treffsicherheit erreicht wurde: Einige Stunden zu bereiten, in denen jede ernsthafte Überlegung aufhört und man ganz im Bann der lustigen Idee steht, die auf der Bühne ihr Wesen treibt. Im ›Mustergatten‹ wird dieser Zweck mit kaum noch zu überbietendem Humor erreicht. Margaret hat einen Mustergatten, der nicht raucht, nicht trinkt, nicht ausgeht, keine andere Frau ansieht, aber auch keine Eifersucht kennt. Billy fällt aus allen Wolken, als seine Frau ihm dennoch ihre Unzufriedenheit vorwirft, und er zieht seinen Freund Jack zu Rate, um Margarets Liebe wiederzugewinnen. Mit Blanche, dessen niedlicher kleiner Frau, täuscht er nun der eigenen Gattin den Lebemann vor, zu dem er aber so wenig Talent entwickelt, daß das Experiment gründlich mißglückt. Wie dies geschieht, kann und soll nicht verraten werden, es genüge die Feststellung, daß das Theater zu bersten drohte, so dröhnten die Lachsalven durch das Haus. In der größten Harmlosigkeit, ja Naivität, kommt es zu den pikantesten Situationen, bis sich natürlich der ganze Spuk zur Zufriedenheit aller Beteiligten auflöst. Heinz Rühmann war der bedauernswerte Mustergatte, in welcher Haut er sich zwar nicht recht wohlzufühlen schien, dennoch aber der Angelpunkt stärkster Heiterkeitsausbrüche war.«[64]

Der Mustergatte bot Rühmann mit dem Billy Bartlett eine Figur an, die seinem jugendlich-naiven Charme entgegenkam, die die Unschuld und geradezu rührende Ahnungslosigkeit, die seine Physiognomie dem Publikum suggerierte, nun zur äußersten Wirksamkeit steigerte. Außerdem entfaltete das Stück den Charakter des braven Sünders, den er in wechselnden Gestalten und Abstufungen ein Leben lang verkörpern sollte. So konnte der knabenhaft wirkende Schauspieler die komischen Strategien und Mittel des Schwanks pointiert umsetzen: Den nur mineralwassertrinkenden Mustergatten, der angestrengt versucht, ein wüster Lebemann zu sein, nahm man ihm nur zu gern ab. Auch die lange Trunkenheitsszene, in deren Verlauf der Mustergatte versucht, die Freundin seines besten Freundes zum Schein zu kompromittieren, fand in Rühmann einen maßgeschneiderten Darsteller, weil man ihm glaubte, daß er sonst nur Milch und Wasser zu sich zu nehmen pflegte. Und schließlich überzeugte er als erotischer Analphabet, dessen Verführungskünste unendlich tölpelhaft und unausgebildet waren. Ein Kritiker spielte sogar darauf an, daß Rühmann fast zu jung und unschuldig ausgesehen habe: »Heinz Rühmanns Mustergatte, das arme Schäfchen, war wirklich ein Mustergatte. Wäre die Maske um eine Spur älter gewesen – aber warum, das Diminutivum klingt auch angenehmer als das erwachsene Wort und Marianne Bergers weibliches Gegenstück paßte ja so vorzüglich zu ihm!«[65]

Die Figur des Mustergatten enthielt also eine ganze Reihe von Facetten, die Rühmann kultivieren und differenzieren konnte: den braven Sünder, den Naiven, den Möchtegern-Lebemann, den erotischen Analphabeten und den Betrunkenen. Doch damit war das Potential des Stoffes noch nicht erschöpft: Der Mustergatte ist auch ein trockener Pedant, der versucht, locker zu sein, ein Spießer, der versucht, unspießig zu sein, und ein Bürokrat, der seinen Bürokratismus abstreifen möchte. Ob Rühmann diese Seite des Stückes 1922 schon ausgespielt hat, läßt sich aus den vorhandenen Kritiken nicht erschließen. Auf jeden Fall wird die Verwandlung des muffigen Pedanten in einen liebenswerteren und großzügigeren Menschen eines der großen Themen seiner Karriere werden.

Für das Bremer Schauspielhaus war *Der Mustergatte* die erfolgreichste Aufführung der Spielzeit 1922/23. Allein im Oktober wurde das Stück 17mal gespielt. Am 14. Dezember stand *Der Mustergatte*, »der große Lacherfolg«, wie es in der Bremer Presse hieß, bereits zum 24. Mal auf dem Programm des Schauspielhauses.[66]

Trotz dieses großen Erfolges verließ Rühmann Bremen im Dezember. Man kündigte dem erfolgreichen Mustergatten den Vertrag, nachdem dieser durch einige Eskapaden den Spielbetrieb gestört hatte: »Ich habe mir Dinge geleistet, deren Tragweite mir damals nicht bewußt war: Bei einer ›Wilhelm Tell‹-Aufführung für Schüler, in der ich den jugendlichen Helden Ulrich von Rudenz spielte, ließ ich ganze Textstellen aus, verkürzte so die Aufführung und brachte die Kollegen, deren Stichworte durcheinandergerieten, fürchterlich ins Schwimmen. Das war das Ende meines Engagements in Bremen. Wo fährt der Sohn hin, wenn er nichts mehr hat und nicht weiß, wohin? Nach Hause zu seiner Mutter.«[67]

Über die Dörfer zum Glück

Den Rauswurf in Bremen hatte Rühmann selbst provoziert. Er war unpünktlich, hatte Kollegen durch sein übertriebenes Stegreifspiel durcheinandergebracht und war schließlich betrunken zu einer Vorstellung erschienen. In den drei kurzen Monaten in der Hansestadt hatte er keine Freunde gefunden. Er fühlte sich nach dem überaus beschäftigungsreichen Jahr in Hannover zurückgesetzt, unausgelastet, sein übermächtiger Geltungsdrang blieb unbefriedigt. Kaum angekommen, war er auch schon wieder weg.

Es war nicht zuletzt die sich verschärfende Inflation mit ihren ruinösen Folgen gewesen, die Rühmann in Bremen so unzufrieden gemacht hatte. Die Gagen verfielen rasch oder konnten gar nicht ausgezahlt werden, die Lebensmittel wurden knapp und unerschwinglich für einen gering verdienenden Schauspieler. »Der Hunger geht um in Deutschland, Professoren beweisen, daß Kleie denselben Nährwert habe wie Mehl, sacharingesüßte Marmelade bekömmlicher sei als Butter, Kartoffelkraut den Nerven zuträglicher und so gut schmecke wie Tabak. Die Lehren der Professoren dringen nicht bis zum Magen, der antwortet dem Unsinn auf seine Weise, die Menschen verfallen, erkranken, verzweifeln.«[68] Diese Schilderung Ernst Tollers trifft die Atmosphäre der frühen zwanziger Jahre. Die Republik erschien den meisten Deutschen wie ein Tollhaus, in dem alle Gewißheiten und Orientierungsmöglichkeiten außer Kraft gesetzt waren.

Viele Menschen blickten nun sehnsuchtsvoll auf das Kaiserreich zurück, das sich im nachhinein zu einer Zeit mit festem gesellschaftlichem Ordnungsrahmen verklärte. Man fühlte sich durch die Geschichte überrumpelt, aus der Lebensbahn geworfen, als sei man aus ruhigem Schlaf gerissen und zu einer Achterbahnfahrt mit ungewissem Ausgang gezwungen. Politische und wirtschaftliche Schocks wechselten einander ab, untergruben das Vertrauen der Menschen in die Demokratie und ihre Kraft, die Krisen zu bewältigen. Auf den Straßen tobte ein blutiger Bürgerkrieg, politische Morde ereigneten sich fast täglich. Der frühere Reichsfinanzminister Matthias Erzberger wurde 1921 von haßerfüllten Nationalisten ebenso brutal umgebracht wie ein Jahr später Außenminister Walther Rathenau. Zynische und skeptische Haltungen griffen um sich, man übte sich in einem wendigen, haltlosen Pragmatismus, schenkte niemandem und nichts mehr Glauben und sehnte dennoch inbrünstig ein tragfähiges Wertesystem herbei.

Für Rühmanns Karriere und seinen schauspielerischen Stil war diese kollektive Krisenerfahrung von außerordentlicher Bedeutung. Wer dem eigenen Leben kein Vergnügen abgewinnen konnte, suchte es bald im Theater, im Varieté, im Zirkus, im Kino, in der Literatur, überall dort, wo die Unternehmer und Verkäufer der Unterhaltung optimistische und amüsante Ablenkung vom tristen Alltag boten. Die Branchen der Unterhaltungsindustrie suchten Typen und Akteure, die die Menschen anzogen, ihnen Mut, Fröhlichkeit und Stärke liehen. Die Zeit verlangte nach Antidepressiva aus dem Reich der Phantasie.

Doch der als chaotisch empfundene Alltag der jungen Republik hatte nicht nur den Bedarf nach sorgenfreiem Amüsement nachhaltig geweckt, sondern auch eine weitverbreitete Mentalität hervorgebracht, die Rühmanns Ausdruck und Wirkung als Schauspieler maßgeblich beeinflussen sollte. Millionen Deutsche waren ernüchtert. Der verlorene Krieg, der bittere Versailler Vertrag und die Inflation hatten die Deutschen desillusioniert. Man sah zu, daß man die eigenen vier Wände sicherte und sich eine funktionstüchtige Privatwelt zurechtzimmerte, die man selbst regieren konnte, die überschaubar blieb. Das Mißtrauen gegen die Politik der Parlamente, Ausschüsse und Kabinette verfestigte sich. Und dieses massenhafte Verlangen suchte einen repräsentativen Ausdruck, ein Idol. Der junge Mann jedoch, der die Krisen in diesem Sinne schon bald stellvertretend meistern sollte, kämpfte einstweilen selbst noch um eine Anstellung und sein tägliches Brot.

Nachdem Heinz Rühmann im Dezember 1922 wieder zu seiner Mutter in sein altes Münchner Jugendzimmer in der Schlotthauerstraße gezogen war, bemühte er sich wie viele andere namenlose Schauspieler in dieser Zeit um ein neues Engagement. Er las die einschlägigen Stellenanzeigen in »Der Neue Weg«, der amtlichen Zeitung der Genossenschaft deutscher Bühnenangehöriger, er sprach bei Theateragenturen vor und ließ sich beim Arbeitsamt registrieren. Im Januar 1923 bewarb er sich am Münchner Staatstheater, wo er sich am 23. Januar im Büro des Generalintendanten Zeiss vorstellte – allerdings ohne Erfolg.[69] Im April bewarb er sich erneut, nachdem er von einer frei werdenden Stelle gehörte hatte. Sein im Bayerischen Staatsarchiv erhaltenes Bewerbungsschreiben vom 5. April 1923 gehört zu den wenigen persönlichen Dokumenten, die sich aus dieser Zeit erhalten haben:

»Sehr geehrter Herr Generalintendant, wie ich höre, bleibt Herr Karlweis nicht, daher erlaube ich mir, Ihnen mein Gesuch einzureichen und bitte Sie ergebenst, mich Ihnen vorstellen zu dürfen. Vor einigen Jahren war ich Schüler bei Herrn Basil und dann als Anfänger in Breslau schon in erster Position tätig; kam über Leipzig nach Hannover, und spielte den Sommer vorigen Jahres am hiesigen Schauspielhaus, mußte aber den Vertrag mit dem Bremer Schauspielhaus innehalten, den ich aber nach einem Vierteljahr wegen pekuniärer Existenzunmöglichkeit löste! Den Winter filmte ich, gastierte auswärts und gehe im Juni ans Intime Theater Nürnberg, vorerst vier Wochen! Durch den Tod Herrn Geheimrat Frankfurters verlor ich Beziehungen zu Dresden und Frankfurt, mit denen ich bereits in Fühlung war! Wie Sie, sehr geehrter Herr Generalintendant, aus beiliegendem Repertoireauszug ersehen, spiele ich vor allem Naturburschen, jdl. Komiker und jdl. Bonvivants. Von Sonntag bis Freitag nächster Woche verreise ich und bitte Sie frdl. mir zwecks pers. Vorstellung Ihre geschätzte Ansicht zukommen zu lassen! Mit vorzüglicher Hochachtung Heinz Rühmann.«[70]

Es ist verständlich, daß der Anfänger in dieser Situation etwas dick aufträgt. Die Auswärtsgastspiele und die Filmarbeit lassen sich nicht belegen, ebensowenig das Engagement in Leipzig, vielleicht hatte sich Rühmann hier ebenfalls erfolglos vorgestellt. Erstaunlich ist auch, daß er behauptet, durch den prominenten Theateragenten Eugen Frankfurter vertreten worden zu sein. Wie und wann war der »Geheime Kommissionsrat Frankfurter, der sagenumwobene Vertreter aller Großen des deutschen Theaters und der internationalen Oper«[71], auf den völlig unbekannten Rühmann aufmerksam geworden? Auf jeden Fall hatte Rühmann auch mit seiner zweiten Bewerbung am Staatstheater keinen Erfolg: Sein Gesuch wird am 20. April 1923 endgültig abgelehnt.

Schließlich lud ihn das Braunschweiger Staatstheater zu einem Gastspiel auf Probe ein, da dort die Position eines jugendlichen Komikers neu zu besetzen war: »Ich gastierte dort als ›Mittelbach‹ in dem Stück ›Der Herr Senator‹ a. G. a. A. Als Gast auf Anstellung. Standen die vier Buchstaben im Programm hinter einem Namen, wußten die Zuschauer, daß dieser Schauspieler engagiert werden würde, wenn er gefiel. [...] Auf der Verständigungsprobe gab ich furchtbar an, erklärte meine Stellungen und Gänge, obgleich ich die Rolle noch nie gespielt, sondern nur den Text gelernt hatte, um ihn in mein Rollenrepertoire aufnehmen zu können. Mit mir gastierte noch ein Kollege aus Berlin in der Bonvivant-Rolle. Wir fanden natürlich alles um uns herum tiefste Provinz und betranken uns nachmittags in einer Bar. Abends sehr angeheitert ins Theater, ebenso auf die Bühne, und als das Publikum anfing, über mich zu lachen, lachte ich mit. Das steigerte sich so, daß ich nur noch für die Menschen im Parkett da war und mehr an der Rampe stand und ins Publikum lachte, als mit meinen Kollegen zu spielen.«[72]

Selbstverständlich hatte sich Rühmann durch diese Disziplinlosigkeit jeder Chance auf eine feste Anstellung beraubt. Kurz und kühl fertigte man ihn im Direktionszimmer ab und wünschte ihm einen guten Tag.[73] Auf der Rückfahrt nach München machte er einen Zwischenstopp in Düsseldorf. Doch auch das Vorsprechen bei Louise Dumont und Gustav Lindemann, dem berühmten Direktorenpaar des Düsseldorfer Schauspielhauses, blieb erfolglos, zumal das Schauspielhaus selbst um seine Existenz kämpfte und zwischen 1922 und 1924 aus finanziellen Gründen geschlossen blieb. Doch vielleicht war Rühmanns Besuch bei Dumont und Lindemann nicht völlig umsonst gewesen. Es ist denkbar, daß sie ihm die Empfehlung mit auf den Weg gaben, sich an Ernst Leopold Stahl zu wenden, einen ihrer ehemaligen Mitarbeiter, der inzwischen Erster Dramaturg an der Bayerischen Landesbühne geworden war.

Die Bayerische Landesbühne war 1921 vom Bayerischen Kulturministerium und zahlreichen Städten und Gemeinden gegründet worden und sollte als mobile Spielgruppe Bayern bereisen, um »kulturell-wertvolles« Theater in die Provinz zu tragen. Ziel dieses Unternehmens war es, eine Alternative zum »Schmierentheater« der vielen kleinen Wanderbühnen zu bieten. Man war mit großem Elan gestartet und risikierte 1923 trotz der Inflation eine Ausweitung des Spielbetriebs. So gab es zwei Spielgruppen, die in München und in Augsburg stationiert waren. Ihren Hauptsitz hatte die Landesbühne jedoch im Münchner Prinzregententheater, und hier fanden in der Spielzeit 1923/24 auch meist die Proben statt. Otto Kustermann, der eine der Spielgruppen leitete und hier auch als Regisseur und Schauspieler arbeitete, verpflichtete Rühmann als Gast für zwei Inszenierungen im Sommer 1923. In Emil Götts Lustspiel *Der Schwarzkünstler* sollte er den fahrenden Schüler Robert spielen und in Shakespeares *Was ihr wollt* den Junker Bleichenwang.

Meist fuhr die Truppe mit der Bahn, einschließlich Gepäck, Bühnenbildern und Kostümen, von Stadt zu Stadt. Spielorte waren u. a. Bad Aibling, Amberg, Burgau, Cham, Kaufbeuren, Landshut, Memmingen, Nördlingen, Traunstein und Bad Wörishofen. Im Frühjahr und Sommer 1923 lebte Rühmann also aus dem Koffer, übernachtete in kleinen Hotels, ständig die Bühne wechselnd, jeden zweiten oder dritten Abend spielte man vor einem anderen Publikum. Nach den Vorstellungen war das Ensemble oft zu Gast bei kunstliebenden Bürgern oder wohlhabenden Bauern, und nicht selten steckte man auf dem Land den klammen und schlechtbezahlten Schauspielern Lebensmittel zu, die in der Stadt inzwischen knapp und sehr teuer geworden waren.

Doch Rühmanns Zeit als herumziehender Schauspieler der Bayerischen Landesbühne endete bald. Für die kommende Spielzeit 1923/1924 wurde er an das Münchner Schauspielhaus verpflichtet.

Begegnung mit dem Nebbich

Die Krisen der jungen Weimarer Republik weckten in der Bevölkerung Sehnsüchte und Wünsche, auf die Politik und Unterhaltung im kommenden Jahrzehnt unterschiedliche Antworten fanden. Als Rühmann im Spätsommer 1923 ans Münchner Schauspielhaus unter der Direktion von Hermine Körner engagiert wurde, wuchsen die politischen und wirtschaftlichen Spannungen. Wegen ausstehender Reparationszahlungen hatten die Franzosen das Rheinland besetzt, die Politik der Reichsregierung, dagegen passiven Widerstand zu leisten, war gescheitert, das Land bankrott, es gab Straßenkämpfe, die Arbeitslosenzahlen stiegen. Angst und Unsicherheit breiteten sich aus, die Inflation raste. Im August 1923 entsprachen einem Dollar genau 4620455 Mark, im September waren es 98 860 000 Mark, im Oktober 25 260 280 000 Mark und im November unvorstellbare 4 200 000 000 000 Mark. In den Bierkellern Münchens wuchs die Unzufriedenheit und die Gewißheit, daß ein Putsch nun unmittelbar bevorstehe.

Wie Heinz Rühmann den 9. November 1923 in München verbrachte, ob er wie viele andere Neugierige an der Residenzstraße stand und zusah, wie Hitlers »Marsch auf Berlin« schon vor der Feldherrnhalle im Kugelhagel der Polizei endete, ist nicht überliefert. Ganz sicher jedoch ließ ihn dieses Spektakel nicht unberührt. So versäumten die Theaterkritiker des »Völkischen Beobachters«, der 1923 noch ausschließlich in Bayern erschien, keine Gelegenheit, jüdische Schauspieler, Autoren oder Regisseure zu beleidigen, zu verspotten und ihre Entfernung vom Theater zu fordern. Daß die politischen Ereignisse natürlich auch die Situation in den Theatern veränderten und die Atmosphäre prägten, zeigt ein an sich unbedeutender Zwischenfall im November 1923, den Rühmann unmittelbar miterlebte. Am 15. November hatte Schillers Drama *Maria Stuart* im Münchner Schauspielhaus Premiere. Die Titelrolle wurde von Tilly Wedekind gespielt, ihre

Rivalin Elisabeth von der Prinzipalin Hermine Körner selbst. Dem Neuling Rühmann war dagegen nur eine unbedeutende Nebenrolle zugeteilt worden, und so verbrachte er vermutlich die meiste Zeit hinter den Kulissen und wartete auf seinen Einsatz. »Plötzlich – es ist gerade Szenenwechsel – erhebt sich in den hinteren Parkettreihen ein junger Mann und bittet mit markiger Stimme um Ruhe und Gehör. Allgemeines lähmendes Entsetzen! Was wird er sagen? Wird er angesichts der streitenden Königinnen von England und Schottland Hitler verteidigen oder Kahrs Partei ergreifen? Wird er ein Kolleg improvisieren und Schiller auf die Zeit anwenden? Wird er vielleicht stehenden Fußes die Entfernung aller Nichtarier aus dem Parkett und von der Bühne fordern? Teufel, Teufel, fängt schon wieder ein Putsch an und soll es ausgerechnet diesmal mitten im Schauspielhaus losgehen? Alles schwitzt mehr oder weniger vaterländisch und schielt nach den Logenschließern, die doch gewiß im Einverständnis gewesen, die harmlos dreinblickenden Heimtücker! (Hat sich schon irgendwo das beliebte Beruhigungsmaschinengewehr demaskiert?) – Aber ach! Der junge Mann mit der markigen, mit der schneidenden Führerstimme ist lediglich erbost über die Zuspätkommer, Lärmmacher und Huster, er gibt in knappen Hiebsätzen der Meinung Ausdruck, daß die Huster nach Hause, nicht ins Theater gehören! Aahh! Alles atmet erleichtert, atmet beglückt, atmet entquält auf, und die Spannung ergießt sich in freudiges, in mehr und mehr vergnügtes Durcheinandermurmeln. Wir sind gerettet, Arier und Nichtarier, Huster und Nichthuster, Räusperer, Schneuzer, Raschler und Konsorten!«[74] Dieser Bericht zeigt anschaulich, wie angespannt die Situation in München war und wie sehr sich das Publikum wünschte, zumindest im Theater Entspannung und Unterhaltung zu finden.

Mit seiner Verpflichtung an das Schauspielhaus in der Maximilianstraße ging für Rühmann ein Traum in Erfüllung. »Man bot mir einen festen Vertrag an. Einen Vertrag am Schauspielhaus! Ich glaubte, alles erreicht zu haben, was das Leben einem Schauspieler bieten kann!«[75] Hermine Körner, eine der größten Schauspielerinnen ihrer Zeit, die häufig auf eine Stufe mit der legendären Eleonora Duse gestellt wurde und eine der ersten Frauen in Deutschland überhaupt war, die sich auch als Regisseurin durchsetzen konnten, führte das Münchner Schauspielhaus seit März 1919.[76] Dieses Haus hatte Wedekind und Strindberg durchgesetzt und galt als modernes Gegenstück zum konservativeren Staatstheater. Hermine Körner brachte während ihrer Direktion viele bemerkenswerte Uraufführungen heraus; sie mußte aber wegen der finanziellen Notsituation immer häufiger harmlose Lustspiele und Amüsierstücke anbieten, um das unterfinanzierte Theater zu retten. Ihr ganzes Kapital von 350000 Mark, das der gefeierte Star durch Tourneen verdient hatte, steckte sie in das angeschlagene Privattheater – und verlor es. Die Inflation machte den privat geführten Bühnen besonders zu schaffen. Das Schauspielhaus reagierte mit Massenentlassungen, von denen der gerade engagierte Rühmann jedoch verschont blieb.

Trotzdem war er vermutlich ein neugieriger Zuhörer, als die Genossenschaft deutscher Bühnenangehöriger zu einer Versammlung ins Schauspielhaus lud, um eben diese Entlassungen am Schauspielhaus zu diskutieren. Unter der Überschrift »Das Theaterelend in München« berichtete die »München-Augsburger-Abendzeitung« über das Treffen: »Herr Hunkele vom Münchner Theater führte aus, daß die Angestellten bei den Privattheatern seit Wochen und Monaten nur noch von Kartoffeln leben und viele schon die letzte Hose haben versetzen müssen.«[77] Die Minimalgage für Schauspieler war inzwischen auf 5,1 Billionen Mark pro Tag gestiegen. Die Cleverness seiner Schwester, so Rühmann, habe die Familie in dieser Not über die Runden gebracht: »Es war Hoch-Inflation, und meine Schwester, die in einer Bank arbeitete, spekulierte höchst geschickt für uns alle. Mit *einem* Dollar. Von Tag zu Tag tauschte sie ihn in andere Währungen, bis Lebensmittel daraus wurden und diese wieder zu Geld, und schließlich hatten wir wieder einen Dollar.«[78]

Für Hermine Körner bedeutete die wirtschaftliche Entwicklung, daß sie ambitionierte literarische Stücke vernachlässigen und Unterhaltungsstücke auf die Bühne bringen mußte. Für die leichtlebigere, vergänglichere Ware war Rühmann jedoch der geeignete Mann. Die Krise wurde sein Elixier, weil er in ihr seine komischen Potentiale ausloten und einen besonderen Stil herausarbeiten konnte. In den Spielzeiten 1923/1924 und 1924/1925 spielte er zwar auch einige ernste, bisweilen sogar tragische Rollen, durch sie lernte er aber gerade jene Momente der Rührung, Melancholie und Sentimentalität zu gestalten, die seinen komischen Figuren später zu einer Tiefe und Eindringlichkeit verhelfen werden, die sie vom bloßen Klamauk unterscheiden.

Die erste tragende Rolle, die ihm Hermine Körner anvertraute, war für Rühmann äußerst ungewöhnlich: Er spielte in Max Dreyers Schauspiel *Die Siebzehnjährigen* unter der Regie von Curt Elwenspoek einen Selbstmörder. Hanns Braun, der aufmerksamste und in bezug auf Rühmann sicherlich hellsichtigste Münchner Theaterkritiker jener Jahre, erkannte bereits hier sein besonderes Rührungstalent und warnte vor dessen Ausbeutung: »Herr Rühmann spielt die unwiderstehliche Rolle des jungen Kadetten, der in eine gleichaltrige (siebzehnjährige) Tante verliebt ist und der nicht darüber hinwegkommt, daß ebendiese Tante seinen von ihm heilig verehrten Vater heillos begehrt; an den Stufen des Pavillons, wohin sich die beiden verabredet hatten, begeht der Junge Selbstmord; der Vater erliegt, da er's erfährt, seinem Augenübel und erblindet völlig. Herr Rühmann spielte den Jungen frisch und nett, frisch verlegen und nett verliebt, er bringt für diese Rollen eine gewisse natürliche Gschamigkeit mit, die allerdings nahe daran ist, gschamige Manier zu werden – er war, als Repräsentant eines keuschen und feurigen Herzens, der rechte Held des Abends.«[79]

Braun entdeckte hier bereits ein Erfolgsmuster, das Rühmann im *Mustergatten* vorweggenommen hatte und als Filmstar über Jahrzehnte hinweg kultivieren wird: die Rolle des schüchternen und braven Liebhabers, dessen »keusches Herz« und gestammelte Liebeserklärungen den Frauen die Augen öffnen und sie zur Initiative veranlassen.

Im Dezember 1923 hatte Rühmann in *Robert und Bertram*, einer Posse von Gustav Raeder, eine unbedeutende Nebenrolle gespielt und war dabei den Kritikern auch nicht weiter aufgefallen. Bemerkenswert ist diese Inszenierung nur, weil ein damaliger Kritiker treffend die Funktion dieser Art von Unterhaltungstheater beschrieb: »Was bleibt übrig, als zu bekennen, daß man die Gelegenheit, den trüben Sinn der Zeit durch den blühenden Unsinn zu überwinden, gerne ergriff!«[80]

Das Katastrophenjahr 1923 ging zu Ende, und in den nächsten Monaten wich der »trübe Sinn der Zeit« zunehmend einer optimistischeren Stimmung. Die Einführung der Rentenmark hatte die Währung stabilisiert, der Putschist Hitler wartete in der Festung Landsberg auf seinen Prozeß, der Ruhrkampf war beendet, und unter dem neuen Reichskanzler und späteren Außenminister Gustav Stresemann fingen die innen- und außenpolitischen Verhältnisse an, sich zu normalisieren. Der permanente Ausnahmezustand war bis auf weiteres beendet, und man begann, sich in den vermeintlich stabilen Jahren der Republik nach besten Kräften einzurichten. Die Löhne stiegen wieder, die Gesundheitsfürsorge war gegenüber der Vorkriegszeit enorm verbessert, es wurde weniger gestreikt, und die Kriminalitätsrate sank.

Auch für Heinz Rühmann begann nun beruflich ein entspannterer und erfolgreicher Lebensabschnitt. Erstmals konnte er sich an einem Theater auf ein längeres Engagement einstellen. Da das Ensemble während der Inflation stark geschrumpft war, kam er häufig zum Einsatz, zunächst jedoch meist in größeren oder kleineren Nebenrollen. Neu war für Rühmann, daß er in seinem Vertrag als »jugendlicher Komiker, Naturbursche und Bonvivant« bezeichnet wurde und nicht mehr als »jugendlicher Held und Liebhaber«. Langsam, aber kontinuierlich entwickelte er sein Profil. Er fing an, sich den Zuschauern und Kritikern mit seinen Mitteln und seinem Äußeren einzuprägen. In den nächsten zwei Jahren gelang ihm am Schauspielhaus zwar noch nicht der Durchbruch zum Star, aber er wurde zu einer festen Größe, zu einem vielversprechenden Talent, zu einem unentbehrlichen Mitglied des Ensembles. In den Kritiken des ersten Jahres wird er meist kurz erwähnt und schon hier mit Begriffen charakterisiert, die ihn dann ein Leben lang begleiten werden. Man sieht ihn als »netten sympathischen ›Jung‹ Heinz Rühmann«[81], als »smarten Bengel«[82] und schätzt seine »stille und doch eindrucksvoll herzliche Art«[83]. Daß Rühmann inzwischen Sicherheit gewonnen und einen eigenen Stil erarbeitet hatte, belegt auch sein gelungener Auftritt in einem Gastspiel von Paul Wegener, an dessen Seite Rühmann 1921 in Breslau wegen seines »aufdringlichen Spiels« bei den Kritikern ganz und gar durchgefallen war. Jetzt konnte er sich an der Seite des Stars in Gerhart Hauptmanns *Kollege Crampton* behaupten, ohne wie einst durch zittrige Unsicherheit oder großspuriges Chargieren aus der Rolle zu fallen. »Heinz Rühmann war so klar, sicher, einfach, fast möchte man sagen ›nett‹, daß nichts zu wünschen übrig blieb. Ich nenne ihn besonders, weil er für alle anderen als Vertreter wohltuender Zurückhaltung und frischen Spiels gelten kann.«[84] Nach einem Jahr am Schauspielhaus war Rühmann vom Rand in das Zentrum des Ensembles gerückt. Er war verläßlich geworden, fast schon eine »sichere Bank«.

Wie sehr sich sein Status in dieser Zeit verändert hat, zeigt Hermine Körners Wahl im Oktober 1924, als sie für Carl Sternheims satirische Komödie *Der Nebbich* einen Hauptdarsteller suchte, der an ihrer Seite die Titelrolle übernehmen sollte. Sternheim wollte mit diesem 1922 geschriebenen Stück den »durchschnittlichen Spießer« charakterisieren, sein Beharrungsvermögen, seine Unveränderlichkeit. Die berühmte Kammersängerin Rita Marchetti verliebt sich Knall auf Fall in diesen kleinen Spießer namens Fritz Tritz. Der Mehrheitssozialist Meyer, sein Freund, kennzeichnet ihn so: »Tritz ist Begriff der Zeit. Wir halten im fünften Jahr der Republik, der Revolution, meine Herren, die anfangs, das gebt ihr zu, mit Liebknecht und Eisner munter genug ging. Tritz hat das Chaos gebremst, das Ganze triftig zum Stillstand gerichtet. Revolution aus!«[85] Tritz ist ein historischer Bremsklotz, der sich in seiner kleinen Welt mit Bier, Zwiebeln, Gasthaus und Sofa eingerichtet hat und gar keine Veränderungen wünscht. Doch die verliebte Kammersängerin verschleppt ihn aus diesem Milieu, bedrängt ihn unablässig mit erotischen Wünschen, führt ihn in die Welt der Großen ein und richtet ihn wie einen gelehrigen Hund ab. Seine Karriere ist schnell gemacht: Tritz kann indischer Generalkonsul, Chefredakteur oder Generaldirektor einer Filmgesellschaft werden. Aber der seelisch und physisch überstrapazierte Tritz will nur seine geraubte Ruhe wiederfinden und kehrt in die idyllische Kleinbürgerwelt zurück.

Allen Münchner Kritikern fiel Rühmanns besondere Leistung auf, erstmals lobten sie ihn übereinstimmend und gehen ausführlich auf seine Darstellung ein. Er wurde – und das war eine große Auszeichnung – an der Seite Hermine Körners gleichberechtigt wahrgenommen. Der Kritiker der sozialdemokratischen »Münchner Post« nannte ihn sogar noch vor der berühmten Virtuosin: »Heinz Rühmann hatte Gelegenheit, seine wirklich liebenswürdige feinkomische Begabung einmal an die Durchführung einer erheblichen Rolle zu setzen. Es wäre schwer gewesen, bei dieser übrigens nicht nur lustigen, sondern auch psychologisch durchgefühlten Gestaltung ernst zu bleiben. Der kaum übersetzbare Nebbich ward wirklich zum Greifen klar.«[86] Hanns Braun stellte fest: »Als kleiner Nebbich, Fritz Tritz, war Herr Rühmann vorzüglich an seinem Platz, er hat die richtigen Schwung-Bewegungen, die kalte Schnauze, die kleine Sentimentalität und das Grinsen in den Augenwinkeln.«[87] Dieses »Grinsen in den Augenwinkeln« sollte zu einer Spezialität Rühmanns werden. Scheinbar verbrüderte er sich auf diese Art mit dem Publikum und machte es zu einem treuen Gefährten seiner Abenteuer. Dieses stille, nach innen gerichtete Lachen war wie ein Dialog mit den Zuschauern, die sich so gemeinsam mit ihrem Liebling über seine Widersacher oder über eine delikate Angelegenheit verständigen konnten. Das stille Grinsen schien auszudrücken: »Den Kerl steck ich doch in die Tasche!«, während er tatsächlich sagte: »Jawohl, Herr Generaldirektor!« Diese unaufwendige, wortlose, aber doch wirkungsvolle Kommunikation mit dem Publikum hatte der Theaterkritiker schon präzise erfaßt.

Wirklich erstaunlich ist die Begegnung des aufstrebenden Schauspielers mit der satirischen Figur des Nebbich aber nicht wegen des einmal errungenen Erfolges und des großen Beifalls. Vielmehr ist es der Instinkt Hermine Körners, der auch heute noch verblüffen muß. Mit dem Nebbich vertraute sie dem Neuling in ihrem Ensemble eine Rolle und eine Figur an, die im Grunde genommen dessen ganze Karriere bestimmen sollte. Sternheims Nebbich ist der prototypische »kleine Mann« des 20. Jahrhunderts, und es ist wiederum Rühmann, der später in diese Rolle schlüpfen wird, um durch sie zum größten »kleinen Mann« des deutschen Films zu avancieren. Selbstverständlich konnte Hermine Körner diese Karriere nicht absehen, aber sie muß das komische Potential und die Publikumswirkung ihrer Nachwuchskraft in diesem Moment sehr genau eingeschätzt haben. Der Witz ergab sich aus Rühmanns Bühnenpräsenz: Er stand ganz unverbraucht, frisch, munter und patent auf den Brettern, er konnte sanfte Blödigkeit und naive Nettigkeit unangestrengt verkörpern und erzielte damit großen Effekt. Damit war er der ideale, weil passive Spielball der umtriebigen, triebhaften Kammersängerin Rita Marchetti, die aus dem Bürschchen einen großen Mann machen will. Das ehrgeizlose Männlein, das dem erotischen Ansturm der sexuell wie gesellschaftlich erfahrenen Frau nicht standhält, fand in Rühmanns »gschamiger« keuscher Erscheinung seine genaue Entsprechung. Die willensstarke kapriziöse Diva Marchetti, die ihrem ahnungslosen Helden mit akademischen Worten sein Wesen erklärt, war wiederum eine Paraderolle für Hermine Körner.

Heinz Rühmann verkörpert hier eine Figur, die in ihren Umschreibungen »Repräsentant«, »vollkommenster Ausdruck des heutigen Deutschen« und »die ganz große Marke« bereits sein ganzes zukünftiges Image umfaßte. Rita bezeichnet ihn als »mittleren Ausdruck der Zeit« und vergleicht ihn mit den »großen Männern«:

»Sieh dir die Männer um uns doch an! So einen Wissenschaftler, Künstler, Politiker. Was sind sie als ein Praliné, das man lutscht und fort ist es! Du bist ein Kiesel, den man nicht fortbeißt.«[88]

Tatsächlich sollte Rühmann als Repräsentant des »kleinen Mannes« jener Kiesel werden, den das Jahrhundert trotz aller Katastrophen und Umwälzungen nicht fortbeißen konnte. Sein Talent, diese Figur glaubhaft darzustellen und den Zuschauer mit ihr zu versöhnen, selbst wenn sie unsympathische oder abstoßende Züge trug, zeichnete sich ebenfalls an diesem Abend schon ab. Der Kritiker der »Münchner Neuesten Nachrichten« erkannte diese Fähigkeit: »Heinz Rühmann gab dem Nebbich, diesem nichtigen, politisch-erotischen Subjekt als Grundzug eine liebenswürdige Einfältigkeit, die ihn aus einer Witzblattfigur fast zum Menschen machte.«[89]

Heinz und Maria

Seine stetige Entwicklung verdankte Rühmann in dieser Phase vor allem auch seiner Frau Maria Bernheim. Er hatte sie im Sommer 1923 kennengelernt. Etwa ein Jahr später heirateten sie am 9. August 1924 ohne große Feier auf dem Standesamt I am Münchner Petersbergerl.

Wahrscheinlich begegneten sich die beiden im Prinzregententheater. In einem Zeitungsbericht aus dem Jahr 1932 findet sich eine Schilderung dieses Treffens, die jedoch ihrer anekdotischen Abrundung wegen zumindest mit Vorsicht zu genießen ist: »Maria saß einmal bei einer Probe der Bayerischen Landesbühne im Zuschauerraum – und sah einen ›Bleichenwang‹, über den sie sich totlachte. Als sie wieder bei Atem war, sagte sie: ›Aus dem wird noch einmal etwas!‹ Er war so halb schüchtern und halb frech, halb schmollend und halb draufgängerisch, halb gerissen und dennoch etwas dumm –: das ging ihr ans Zwerchfell und auch – ans Herz. Heinz und Maria heirateten.«[90] Noch lakonischer berichtete Rühmann selbst, wie es zur Heirat mit Maria Bernheim kam. Er hatte sie nie gesehen, kannte sie angeblich nur vom Hörensagen und schloß dennoch mit einem Kollegen eine Wette ab, »wer als Erster bei der Unbekannten Erfolg haben würde. Um wieviel wir gewettet haben, weiß ich nicht mehr, auf alle Fälle gewann ich die Wette. Und auch die Frau. Am Abend des Hochzeitstages hatte ich Premiere.«[91]

Maria Bernheim war am 2. Dezember 1897 als erstes Kind des

Rechtsanwalts Doktor Benedikt Bernheim und seiner Frau Rosa Bernheim, geborene Oettinger, in München zur Welt gekommen.[92] Geheiratet hatten ihre Eltern am 11. Februar 1897, beide waren »israelitischer Religion«, wie es in der Heiratsurkunde heißt. Maria Bernheims Vater, der am 14. März 1862 in Laupheim bei Ulm geboren wurde, war leidenschaftlich am Theater interessiert und hatte seine Tochter wahrscheinlich früh mit der Welt des Theaters bekannt gemacht. Er ließ sich kaum eine Münchner Premiere entgehen und schrieb Theaterkritiken für die angesehene »Frankfurter Zeitung«, aus der nach 1945 die »Frankfurter Allgemeine Zeitung« hervorging. Benedikt Bernheim, der den Titel eines Justizrates führte, war vor Gericht ein hitziger Mann, der als Parteianwalt für die bayerische SPD und als Syndikus für die sozialdemokratische Zeitung »Münchner Post«, die bayerische Eisenbahnergewerkschaft und die Münchner Straßenbahnergewerkschaft arbeitete.[93]

Maria Bernheim besuchte vier Jahre die Volksschule, absolvierte sechs Institutsklassen und ging anschließend auf die Städtische Frauenschule in München. Nach ihrer Schulzeit entschloß sie sich, Schauspielerin zu werden, und nahm Unterricht bei Albert Steinrück und Ferdinand von Alten. Albert Steinrück, ein vierschrötiger, bulliger Mann, hatte in München eine ganze Schauspielergeneration geprägt. Er war seit 1908 Regisseur und Hauptdarsteller am Münchner Hoftheater und galt als Charakterspieler, der einen realistischen Stil vertrat. Nach ihrer Ausbildung ging Maria Bernheim als Anfängerin nach Landshut und dann an das Stadttheater ins schlesische Hirschberg. Im Januar 1919 wurde sie vom Münchner Staatstheater verpflichtet, wo sie überwiegend Liebhaberinnen- und Charakterrollen übernahm. Doch sie wurde hier nicht glücklich und nur selten nach ihrem Wunsch eingesetzt. Am 16. September 1920 schrieb sie einen Protestbrief an den Generalintendanten Karl Zeiss: »Sehr geehrter Herr Geheimrat, seit Januar 1919 Mitglied des Nationaltheaters, hat mir die bisherige Leitung noch nicht ein einziges Mal Gelegenheit gegeben, eine nennenswerte Rolle in einer Erstaufführung oder Neueinstudierung zu spielen, obwohl ich mich bei Herrn Intendanten Schwanneke und bei Herrn Schauspieldirektor Steinrück wiederholt darum bemüht habe. Ich wurde auf Grund eines Probesprechens (Judith, Traumerzählung) engagiert und zwar waren der frühere Intendant, wie der Schauspieldirektor und die Regisseure voll des Lobes, so daß ich erwarten durfte, geeignete Beschäftigung zu finden. Ich bin zur Bühne gegangen, nicht um schlecht und recht mein Brot zu finden, sondern weil ich dem Drange zur Kunst gefolgt bin. Ob meine Begabung dazu stark genug ist, haben die berufenen Beurteiler zu entscheiden und ich glaube nicht unbescheiden zu sein, wenn ich bitte, mir nach nahzu zweijährigem Engagement Gelegenheit zu geben, diese Beurteilung zu finden. Es ist dies umso notwendiger, als ich, wenn meines Bleibens hier nicht sein sollte, ohne auch nur eine einzige Besprechung schwer Zuversicht habe ein Engagement an einem guten Theater zu finden, denn jeder Bühnenleiter wird mich mit scheelen Augen ansehen, wenn ich nach so langer Tätigkeit am Münchner Nationaltheater nicht ein einziges Urteil in der Presse vorweisen kann.«[94]

Es ist ein sehr klarer, selbstbewußter Ton, der in diesem kämpferischen Brief von Maria Bernheim anklingt. Allerdings war ihre energische Bitte vergeblich, denn Zeiss lehnte es ab, ihren Vertrag zu verlängern, und empfahl ihr, die Ausbildung »auswärts« fortzusetzen. Nach zwei Jahren am Staatstheater wechselte sie in der Spielzeit 1921/22 nach Stuttgart, kehrte aber schon nach einem Jahr nach München zurück, um ein Engagement bei der Bayerischen Landesbühne anzutreten. Hier lernte sie im Sommer 1923 den 21jährigen Heinz Rühmann kennen.

Maria Bernheim war vier Jahre älter als Rühmann, mit ihren dunklen, gelockten Haaren, großen braunen Augen und vollen Lippen sehr attraktiv. Beinahe einen Kopf größer als er, wirkte sie körperlich robust. Sie war selbstbewußt und hatte eine feste, anziehende Stimme. Ihr ruhiges und doch sehr fröhliches, immer optimistisches Auftreten muß den damals noch suchenden, unsicheren Rühmann beeindruckt haben. Von dieser lebenserfahrenen jungen Frau konnte er etwas lernen. Vielleicht erinnerte ihn ihr Wesen auch an seine Mutter Margarethe, die allerdings von der Wahl ihres Sohnes zunächst nicht begeistert gewesen sein soll.[95]

Einige Tage nach der Hochzeit bezogen Heinz und Maria Rühmann eine Wohnung in der Ismaninger Straße 102 in Schwabing, die sich das Paar dank eines Vorschusses des Schauspielhauses leisten konnte. Maria Bernheim, die immer noch unter ihrem Künstlernamen Herbot auftrat, war ein Jahr nach Rühmann ans Schauspielhaus engagiert worden, übernahm aber nur von Fall zu Fall kleinere Rollen. In den Kritiken findet man ihren Namen kaum, und mit Rühmann stand sie auch nur sehr selten gemeinsam auf der Bühne. Im Herbst 1924 mußte sie überdies mit dem Tod ihres Vaters fertig werden, der am 18. September 1924 im Alter von 61

Jahren gestorben war. Über ihre Rolle in diesen Jahren schrieb Rühmann: »Maria hat mir in den folgenden Jahren schauspielerisch viel geholfen. Sie selbst gab das Theaterspielen bald auf und wurde mein ›Privatregisseur‹ beim Rollenstudium. Adolf Wohlbrück hatte wahrscheinlich recht mit der Vermutung: ›Sie war zu gescheit für eine Schauspielerin; ihr Geist stand ihr im Wege.‹«[96]

Rühmann stand sein Geist nicht im Wege. Er neigte 1924 noch nicht dazu, seine Arbeit grundsätzlich kritisch zu hinterfragen oder eine Rolle intellektuell auszuarbeiten. Er reagierte vielmehr instinktiv und körperlich, er kostete die Pointen aus, warf sich um der Wirkung willen dem Publikum entgegen und trieb den Witz bestimmter Szenen und Dialoge zielsicher und genüßlich hervor. Er zerbrach sich nicht den Kopf über bestimmte Stile, Vorbilder und Moden, und er machte sich erst recht keine Gedanken, ob das, was er machte, in irgendeiner Weise Kunst sei und auf der ästhetischen Höhe der Zeit. Vielleicht fühlte er, daß es gerade diese Unbekümmerheit war, die ihm zu einem authentischen Ausdruck verhalf, ausgesprochen hätte er diesen Gedanken nicht. Er war ohnehin sein Leben lang kein Mann großer Worte. Maria Bernheim jedoch hatte das ungeheure Wirkungstalent ihres Mannes offensichtlich begriffen und war darauf bedacht, seine ungestümen, oft undiszipliniert eingesetzten Mittel zu mildern. Die »wohltuende Zurückhaltung«[97], die ein Kritiker 1924 an Rühmann entdeckt hatte, war sicher auch ihr Verdienst.

»Der Kleene verdient's Geld«

Nach zwei erfolgreichen Jahren am Münchner Schauspielhaus wechselte Rühmann mit Beginn der Spielzeit 1925/26 an die Kammerspiele in der Schwabinger Augustenstraße. Hermine Körner hatte sich am 1. März 1925 vom Schauspielhaus verabschiedet, um nach Dresden zu gehen. Der finanzielle Zusammenbruch ihres Hauses zeichnete sich bereits ab, als Heinz Rühmann im Frühjahr 1925 von Julius Gellner, einem der stellvertretenden Direktoren der Münchner Kammerspiele, zu einer Unterredung gebeten wurde. Gellner, ein unentbehrlicher Diplomat hinter den Kulissen, empfing ihn und eröffnete ihm, man sei auf ihn aufmerksam geworden und wolle ihn engagieren.

Die Kammerspiele sollten für Rühmann das Sprungbrett nach

Berlin werden. In den Spielzeiten 1925/1926 und 1926/1927 machte er da weiter, wo er am Schauspielhaus aufgehört hatte. Er wurde überwiegend in Lustspielen, Possen, Schwänken und Komödien eingesetzt. Oft triumphierte er über die Stücke und Stoffe, die von der Kritik wegen ihrer »Nichtigkeit« abgelehnt wurden. Es war die Krise, die für Rühmann zum Elixier wurde, denn alle Theater hatten mit einem Schwund und einer Umschichtung ihres Publikums zu kämpfen. Die angestammte bildungsbürgerliche Klientel, vielfach durch die Inflation verarmt, blieb zunehmend aus und wurde von einem neureichen und amüsierwilligen Publikum abgelöst. »Gerade das Stammpublikum, die Schwabinger Bohème, Studenten, freischaffende Künstler und Intellektuelle, ermangelten des Geldes.«[98] Für Otto Falckenberg, den Direktor der Kammerspiele, bedeutete die finanzielle Misere, daß er an seinem ambitionierten Spielplan Abstriche machen mußte.

Neben dem Schauspielhaus waren die Kammerspiele die zweite Münchner Bühne, die das moderne Theater förderte. So hatte Falckenberg 1917 den Dramatikern des Expressionismus einen ganzen Zyklus gewidmet, er hatte 1922 mit *Trommeln in der Nacht* als erster ein Stück von Bertolt Brecht inszeniert und dem jungen Dramatiker 1924 die Gelegenheit gegeben, sein Stück *Leben Eduards des Zweiten von England* in eigener Regie herauszubringen. Diese Inszenierung, die Brecht in enger Zusammenarbeit mit Lion Feuchtwanger entwickelt hatte, ging auch deshalb in die Theatergeschichte ein, weil Brecht hier erstmals seine Vorstellung vom epischen Theater in Ansätzen erprobte.

Um neues Publikum in die Kammerspiele zu locken, hatte Falckenberg auch Karl Valentin verpflichtet. Bis dahin waren Valentin und seine Partnerin Liesl Karlstadt mit ihren grotesken Sketchen und Monologen in kleinen Kabaretts, Volksbühnen oder Bierkellern aufgetreten. An den Kammerspielen spielten sie ab 1922 in sogenannten Nachtvorstellungen, nach der Abendvorstellung. Auch Rühmann sah ihn oft: »An seinen Abenden schminkte ich mich schnell ab, setzte mich in die Proszeniumsloge und starrte gebannt auf dieses dünne Gestell von einem Mann, der nicht wußte, wohin mit seinen Gliedern. Arme und Beine zu lang, aber sie vermochten mitzureden, wenn er in seinen schier endlosen Erklärungen steckenblieb.«[99]

Falckenberg scheint den neuverpflichteten Rühmann zunächst wenig beachtet zu haben. »Wir mochten uns«, erinnerte sich Rühmann, »aber es bestand eine merkwürdige Distanz zwischen uns; er ließ mich mehr oder weniger laufen.«[100] In den Inszenierungen seines Direktors wurde Rühmann selten eingesetzt. Seine Regisseure waren vor allem Rudolf Hoch, selbst ein populärer Komiker, Richard Révy, Hans Schweikart und Robert Forster-Larrinaga, mit dem er sich auch anfreundete. Vermutlich war der jugendliche Nachwuchskomiker für Falckenberg eine Art patente Allzweckwaffe im Kampf gegen leere Kassen. Schon im Schauspielhaus hatte der »smarte Bengel« angefangen, ein eigenes Publikum anzuziehen. Für das gehobene Unterhaltungstheater, das Falckenberg verstärkt anbieten mußte, war er eine der besten Kräfte der Stadt, und er erfüllte schon bald die Erwartungen, die man in ihn gesetzt hatte. Er glänzte in Georg Kaisers Komödie *Der mutige Seefahrer*, in Louis Verneuils Lustspiel *Kopf oder Schrift* und in Carl Zuckmayers *Der fröhliche Weinberg*.

Im Mai 1926 trat er in einem Lustspiel auf, das die Kritiker nicht befriedigte, aber das Publikum anzog. In den »Münchner Neuesten Nachrichten« hieß es über Gustav Rickelts Stück *Der Glückspilz*: »Je trauriger die wirkliche Welt wird, desto lustiger wird die Scheinwelt der Bühne. Lustiger? Oder nicht viel mehr banaler, flacher?«[101] Doch trotz der Schelte für das »flache« Stück erhielt Rühmann vom selben Kritiker eine herausragende Beurteilung: »Rühmann ist der heiterste, beweglichste, treuherzigste jugendliche Komiker, der es, wie man sagt, faustdick hinter den Ohren hat. Niemals läppisch sprudelnd von Laune, wahrhaft fröhlich und innerlich frei erscheinend, eine zukunftsreiche Begabung.«[102] Und ein anderer attestierte ihm: »Herr Rühmann bewährte sich als Schnellsprecher, Turner und Arrangeur der ganzen Komödie. Mit unvergleichlicher Leichtigkeit voltigierte er über juristische und dingliche Schwierigkeiten wie Stühle, Bettstellen und alte Tanten.«[103]

Wie wertvoll Falckenbergs neuer Mann inzwischen geworden war, zeigte sich auch, als das Münchner Schauspielhaus 1926 in Konkurs ging und von den Kammerspielen übernommen wurde. Der neue Theatername lautete von nun an »Kammerspiele im Schauspielhaus«, und die Kammerspiele verlagerten ihren Spielbetrieb 1926/1927 zunehmend in das größere und technisch modernere Haus an der Maximilianstraße. Zwar war durch die Pleite des Schauspielhauses ein unmittelbarer Konkurrent weggefallen, aber nun galt es, überaus verschiedene Publikumsschichten zu befriedigen. »Der Spielplan hatte ebenso das alte wie das neue

Publikum, das intellektuelle Schwabinger der Augustenstraße sowie das saturierte, bürgerliche der Maximilianstraße zu berücksichtigen. Englische und französische Unterhaltungsstücke, die Coward, Hopwood, Picard und Verneuil, mit denen man sich in der Augustenstraße bereits des Nachts eingelassen hatte, waren nun auch am Abend nicht zu vermeiden.«[104]

In dieser Situation wird Rühmann zum »Konsenskandidaten«, zum Liebling ganz verschiedener Menschen und Ansprüche, er wird einer, auf den sich alle einigen und einlassen können, einer, der alle zufriedenstellt und durch seine Komik entspannt. Und dazu eigneten sich die leichtgewichtigen Unterhaltungsstücke ganz besonders. Sie verlangten nämlich nicht, daß man sich ihrem Stil anpaßte, vielmehr wollten sie durch den Stil des Schauspielers zu bühnenwirksamem Leben erweckt werden. Diesen gestalterischen Freiraum nutzte Rühmann, indem er das komische Potential dieser Stücke herauskitzelte und ihnen gleichzeitig eine überraschende Tiefe verlieh, da er ihre Routine und Mechanik durch seine Individualität und Frische vergessen machte.

Dabei war Rühmann in der Wahl seiner Mittel nicht zimperlich; seine Scherze und Improvisationen waren oft volkstümlich, handfest und derb. An diese »Streiche« erinnerte sich noch der Achtzigjährige mit dem Stolz eines Schülers. So berichtet er in seinen Memoiren von Dackel Lumpi, den er während einer Vorstellung von *Charley's Tante* mitspielen ließ, bis dieser, müde von einer längeren Verfolgungsjagd, eine Pause einlegte, in aller Ruhe mit abgespreiztem Bein den Souffleurkasten markierte und dafür Szenenapplaus erhielt. Ebenso gern dachte Rühmann an einen anderen Ulk in diesem Stück zurück. Als der in Frauenkleider gehüllte Student die falsche Tante spielt und eine Zigarre raucht, »erster Lacher«, erscheint plötzlich die echte Tante, und das qualmende Attribut der Männlichkeit muß unter dem Rock verschwinden. »Ich verstecke die Zigarre, die Tante schnuppert: ›Hier riecht's aber komisch?‹ – Zweiter Lacher. Ich schnuppere auch, bestätige: ›Stimmt, waren Sie das?‹ – Dritter Lacher.«[105] Solche Scherze wird man kaum subtil nennen können, aber sie kamen an.

Ausgelassen gab sich Rühmann in dieser Zeit auch privat. Er genoß seine wachsende Popularität in München, ging nach den Vorstellungen in Kneipen wie das »Kosttor« oder ins Weinhaus »Knecht« und wankte nicht selten sturzbetrunken nach Hause.

Nachdem Rühmann mit dem Lustspiel *Lockvögel* ein äußerst erfolgreiches Debüt an den Berliner Kammerspielen absolviert hatte, an das sich ein Aufritt in dem Schwank *Theo macht alles* am Wiener Theater in der Josefstadt anschloß, kehrte er Anfang Juli 1927 nach München zurück, und Publikum, Direktion und Kritiker waren froh, daß einer ihrer wichtigsten Protagonisten wieder da war.[106] Seinen Status als Star in München hatte er durch das Engagement in Berlin noch steigern können. Er wurde als »der beste jugendliche komische Liebhaber in München«[107] bezeichnet, man behauptete von einer Rolle, diese sei »ein echter Heinz Rühmann«[108], man nahm ihn also schon als Markenartikel wahr, und das Publikum feierte ihn frenetisch: »Und dann Heinz Rühmann! Immer der Alte. Aber auch immer der gleiche. Der junge Mann von heute. Semper idem. Er wurde auf offener Bühne stürmisch begrüßt.«[109]

So beliebt er beim Publikum war, so unentbehrlich war er als Kassenmagnet geworden. Zusammen mit seiner Partnerin Maria Bard bildete er ein zugkräftiges komisches Paar, das vor allem in französischen Gesellschaftsstücken zusammenfand. Kurt Horwitz, der sich auf pathologische Charaktere und Schurken spezialisiert hatte und von Brecht als bester Mackie-Messer-Darsteller überhaupt geschätzt wurde, meinte dazu lakonisch: »Falckenberg macht in Kunst, der Kleene verdient's Geld!«[110]

Den Auftrag »Kasse machen« erhielt Rühmann auch im Sommer 1927, als er abermals mit der Rolle des Billy Bartlett in *Der Mustergatte* betraut wurde. Wie selbst- und auch machtbewußt die »halbe Portion« inzwischen geworden war, zeigte sich bald bei den Proben. Da Rühmann das Stück schon in Bremen gespielt hatte und er inzwischen eine lokale Größe war, stritt er sich mit dem Regisseur Richard Révy besserwisserisch um jedes Detail. Er fühlte sich als heimlicher Regisseur und gab die Rolle nach einem heftigen Probenkrach zurück. Insgeheim wußte er jedoch genau, daß man nur halbherzig nach einem Ersatz suchen und ihn schließlich bitten würde, die Rolle wieder zu übernehmen.

In den folgenden Monaten, als *Der Mustergatte* zu einem Triumph seines komischen Talents wurde, wuchs die Gewißheit in ihm, unentbehrlich zu sein, und bestärkte ihn, auch weiterhin auf seine bewährten Mittel, den untrüglichen Instinkt für das Komische und seinen Kontakt zum Publikum, zu vertrauen. Das Parkett war für ihn zum Resonanzraum seines Spiels geworden, dessen Reaktionen er provozierte, genoß und auskundschaftete. So beauftragte er einmal einen jungen Kollegen, während einer Aufführung des *Mustergatten* die Lacher zu zählen, allerdings »nur die großen, die durchs ganze Hause gingen. Er kam auf 350.«[111]

Tatsächlich war das Publikum am 24. Juli 1927 in den Kammerspielen im Schauspielhaus außer sich. Wieder war es vor allem Hanns Braun, der den besonderen Punkt in Rühmanns Karriere entdeckte und ungewöhnlich ausführlich beschrieb. Seine Kritik wird zum analytischen Charakterporträt und Entwicklungsbild des Schauspielers: »Heinz Rühmann, unser jugendlicher Komiker, hat am Sonntag, wo er zum erstenmal den ›Mustergatten‹ im gleichnamigen amerikanischen Schwank von A. Hopwood im Schauspielhaus darstellte, eine bedeutsame Linie überschritten und eine neue Position bezogen. [...] Rühmann ist jetzt da angelangt, wo der große Komiker beginnt. Ich sage nicht, daß er ein großer Komiker schon ist, aber an diesem Abend, wo er seine Originalität nicht einfach geradezu ausbieten und ans Gelächter versteigern, sondern sie in einen Charakter erst einsenken und daraus wieder hervortreiben mußte, an diesem Abend zeigte er zum erstenmal deutlich jene Fähigkeit, durch Komik zu erschüttern, im Lachen den Ernst, im Ernst das Gelächter aufzurühren und so im Paradox des Tragikomischen die Welt zu spiegeln. [...] Heinz Rühmann gehört – glücklicherweise für ihn – nicht zu jenen Darstellern, die das Körpergefühl dieser Welt-Verkehrtheit, die uns Tränen der Heiterkeit entlockt, mit Tränen der Melancholie und des Lebensüberdrusses zu büßen haben; seine Natur ist zu heiter und zu geradlinig für solche Komplexe; Bonhommie, eine leichte, innere Rundlichkeit, eine pfiffige Reservatio schützt ihn vor Abgründen. Aber was man in diesem Augenblick sagen darf ist: daß es mit Heinz Rühmann ernst wird. Bei einem Komiker bedeutet das mehr als bei jedem anderen Darsteller.«[112] Das war die längste, genaueste und beste Kritik, die Rühmann bis dahin in seinem Leben erhalten hatte.[113]

Zu neuen Ufern

»Diese Stadt fraß Talente und menschliche Energien mit beispiellosem Heißhunger, um sie ebenso rasch zu verdauen, kleinzumahlen und wieder auszuspucken.«[114] Wer in den zwanziger Jahren eine Theaterkariere machen wollte, mußte nach Berlin. Die einzige Metropole Deutschlands war ein Kampf- und Tummelplatz der Talente, der großen Schauspielheroen, der konkurrierenden Theater und vor allem der Kritiker. Hier konnten nicht nur die Schauspieler Stars werden, sondern auch die Rezensenten. Rivalen wie der leidenschaftliche Alfred Kerr und der sachliche Herbert Jhering beherrschten die Szene, zu ihnen gesellten sich etwa Kurt Tucholsky, Monty Jacobs, Alfred Polgar, Kurt Pinthus, Arthur Eloesser, Siegfried Jacobsohn, Felix Hollaender oder Paul Fechter. Im Jahr 1927 gab es ziemlich genau 100 Tageszeitungen; viele leisteten sich ihre eigenen Kritiker, und jeder aufstrebende Schauspieler hatte sich diesem kritischen Rudel und dem nicht weniger aufmerksam prüfenden Publikum zu stellen. Über die mitunter bis zur Boshaftigkeit unerbittlichen Berliner Theatergänger hatte sich schon Theodor Fontane mokiert: »Sehen Sie, in der ganzen Welt geht der Mensch ins Theater, um seine Freude daran zu haben. Nur der Berliner geht ins Theater, um diese Freude nicht zu haben, und diese Nichtfreude ist seine einzige Freude.«[115] Und weil die große, gefräßige Theaterstadt Berlin ständig auf der Suche nach neuen Talenten war, blieb Rühmanns wachsender Münchner Ruhm nicht unbemerkt.

Der größte Theaterzauberer und Talenteförderer der Weimarer Republik war Max Reinhardt. Obwohl ein scheuer, fast gehemmter Mensch, dem das öffentliche Sprechen schwerfiel, war er als Regisseur ein geradezu raffinierter Verschwender. In den Mittelpunkt seiner bildmächtigen Inszenierungen stellte er immer die Schauspieler. Dabei war ihm fast jedes Mittel willkommen, um die Illusion des Spiels zu steigern. Ihm gehörten 1927 in Berlin das Deutsche Theater, die Kammerspiele und die Komödie am Kurfürstendamm. Auch die Reinhardt-Bühnen, die von 1924 bis 1929 von Robert Klein geleitet wurden, suchten zugkräftige Schauspieler für Unterhaltungsstücke. Klein war es auch, der Anfang 1927 nach München fuhr, um mit Rühmann über ein Engagement zu verhandeln. »Dr. Robert Klein bot mir einen Vertrag an, den ich aber nicht unterschrieb. Der Vertrag selbst war durchaus akzeptabel, aber mich störte die geschäftsmäßige Art der Verhandlung. Herrn Dr. Klein ging es offenbar darum, einen Schauspieler einzukaufen, über künstlerische Möglichkeiten und über meine Antrittsrolle hatte er sich noch gar keine Gedanken gemacht. Dr. Klein reiste wütend ab.«[116] Der Vertrag kam etwas später dennoch zustande. Man engagierte Rühmann zunächst für eine

Abendgage von siebzig Mark und vereinbarte seinen Premierenauftritt für den April 1927.

Am 12. April 1927 stellte sich Heinz Rühmann mit dem Lustspiel *Lockvögel* in Max Reinhardts Kammerspielen das erste Mal dem Hauptstadtpublikum vor. Doch keiner der berühmt-berüchtigten Kritiker saß im Parkett. Die Inszenierung, unter der Regie von Robert Forster-Larrinaga, war hektisch einstudiert, kaum fertig geworden, und die Direktion bat die Kritiker erst zwei Tage nach der Premiere hinzu. Herbert Jhering fragte im »Berliner Börsen-Courier« tadelnd: »Was wagte man erst zwei Tage später der Kritik zu zeigen? Einen harmlos flachen und fröhlichen Schwank aus Amerika. [...] Lockvögel sind die Studenten, die sich drei Frauen mieten, um ihre Männer zurückzulocken.«[117] Einen dieser Studenten spielte Heinz Rühmann, neben Hans Brausewetter, einem der Favoriten der Berliner. Trotz der Schelte für das Stück erhielt Rühmann von Jhering das größte Lob: »Am lustigsten der neue Heinz Rühmann: ein blonder Kommis, klein, unschuldig, sanft, blöd. Ein Typus. Eine Erscheinung. Man lacht. Über private Eigenschaften oder über Gestaltung?«[118] Selbst Alfred Kerr war hier ausnahmsweise der Meinung seines Rivalen, auch er hob Rühmann freundlich hervor, wenn auch sehr viel beiläufiger. Erstaunlicherweise waren sich an diesem Abend alle Berliner Kritiker einig: Rühmann kam an. Man bemerkte, daß er »mit trockenster Selbstverständlichkeit und Dummdreistigkeit alle Herzen gewinnt«[119], man beschrieb ihn als »klein, trocken, wie der Lehrling aus dem Barbierladen anzusehen, behende im Mutterwitz«[120], und er hinterließ Eindruck »mit seinem bittersauern Lächeln, in seiner Knirpsigkeit, die um ihre Existenz bangt«[121].

Lockvögel wurde in den nächsten Wochen en suite gespielt, und gleichzeitig probte Rühmann vormittags für die nächste Premiere: Georg Kaisers Lustspiel *Papiermühle*. Am 27. Mai lieferte er den Berlinern in den Kammerspielen die zweite Talentprobe. Der sachliche Herbert Jhering war begeistert, ja für seine Verhältnisse geradezu überschwenglich: »Einen frechen Provinzknirps mit Pariser Tick spielte Heinz Rühmann. Umwerfend wie in den ›Lockvögeln‹; und diesmal bestimmt ohne Zufallskomik. Jeder Satz, jede Pause, jede Bewegung saß. Eine köstliche Präzisionsleistung. Nur manchmal hat man für Sekunden das Gefühl, daß die Provinzjungens, die er darstellt, noch Reste von Provinzroutine abzustreifen haben.«[122] Wiederum waren alle Berliner Kritiker von ihm angetan, auch wenn sie manchmal seinen Namen noch falsch schrieben: »Hier hatte Hans Rühmann Gelegenheit, sich clownisch, freilich mehr berlinisch als französisch, herauszuspielen. Ein Kommis-Kobold. Ein Treffer.«[123]

Nach diesem Erfolg war klar, daß Rühmann seine Theaterkarriere in der Hauptstadt fortsetzen würde. Im Zeitraum von 1927 bis 1931 pendelte der Schauspieler zwischen den Städten. Hätte er nicht große Vorschüsse an den Münchner Kammerspielen abarbeiten müssen und hätte ihn der listige Direktor Adolf Kaufmann nicht mit immer neuen Vertragsfinessen gebunden, wäre er vermutlich schon früher ganz nach Berlin übersiedelt.

Als er im April 1928, ein Jahr nach seinem Berliner Debüt, wieder am Deutschen Theater auftauchte, ulkte der Kritiker Monty Jacobs, er hoffe, daß der »Logierbesuch aus München«[124] den Reinhardt-Bühnen diesmal länger erhalten bleibe. Doch obwohl der »Logiergast« für seinen Auftritt als Fotograf Alphons Seidenschmus in Carl Sternheims Komödie *Die Kassette* glänzende Kritiken erhielt, konnte er vertragsgemäß erneut nur einige Wochen in Berlin spielen, bis er im September 1928 unter der Regie von Heinz Hilpert eine Rolle in George Bernard Shaws Komödie *Eltern und Kinder* übernahm. Zwar war dies keine Hauptrolle, dennoch fiel sein besonderes Talent positiv auf.

Rühmann konnte sich vom Rand dieser und anderer Inszenierungen in das Zentrum der Aufmerksamkeit spielen, da seine Begabung vor allem in der Verkörperung eines authentischen Typus wahrgenommen wurde. Man sah in ihm nicht nur ein Talent unter vielen, sondern fand durch ihn eine zeitgenössische Mentalität und Haltung stellvertretend ausgedrückt. Willy Haas lobte ihn als »zwerchfellerschütternde Sprechmaschine, zwerchfellerschütternden Klugscheißer«[125], Ludwig Sternaux sah in ihm ein »wahnsinnig lächerliches Stücklein Mensch«[126], und Monty Jacobs beschrieb ihn als das »armselige kleine Kaninchen«[127].

Durch diese und andere Charakterisierungen wird deutlich, daß Rühmann ganz verschiedene Eindrücke und Empfindungen erzeugen konnte. Er rührte an, er war amüsant, er stieß ab, er weckte Mitgefühl, man lachte oder schüttelte den Kopf über ihn. Immer wirkte er dabei wahrhaftig, lebendig, menschlich tief. Er drückte den Chargen, die er spielte, seinen individuellen Stempel auf und machte aus diesen oft sterilen Figuren lebendige Charaktere. *Eltern und Kinder* wurde ein großer Erfolg. Man spielte en suite, fünfundsiebzigmal. Neben Rühmann standen in dieser Inszenierung nicht nur spätere Filmpartner wie Oskar Sima und Otto Wallburg auf der Bühne, sondern auch das »Girl vom Kurfürstendamm«, Marlene Dietrich, die kaum zwei Jahre später mit *Der blaue Engel* zum Weltstar avancierte und unmittelbar darauf nach Hollywood ging.

Während Rühmann mit ihr Abend für Abend auf der Bühne der Komödie am Kurfürstendamm stand, erreichte ihn eine traurige Nachricht aus München: »Am Morgen der Premiere kam ein Telegramm von meiner Schwester: unsere Mutter war gestorben. Ich wollte sofort nach München, aber eine Umbesetzung war so kurzfristig nicht möglich. Ich mußte spielen. Ich spielte wie abwesend, sprach sehr leise, fast monoton.«[128]

Hier muß sich Rühmann irren. Die Premiere von *Eltern und Kinder* fand am 12. September 1928 statt. Seine Mutter starb jedoch, so verzeichnet es ihre Sterbeurkunde, erst zwei Monate später, am 3. November 1928, nachmittags gegen 15 Uhr. Margarethe Rühmann, die gerade 51 Jahre alt geworden war, starb in der Wurzerstr. 15, ganz in der Nähe der Münchner Kammerspiele. Sie war schon seit Jahren krank gewesen, litt an Nierenkrebs, und vielleicht war sie auch von der Au ins Zentrum gezogen, um näher am Arbeitsplatz ihres Sohnes zu wohnen. So konnte sie, wenn es ihre angegriffene Gesundheit zuließ, bequemer zu den Premieren kommen, und sie war umgekehrt für den vielbeschäftigten Sohn tagsüber besser zu erreichen. »Meine Mutter hat mich noch in verschiedenen Rollen auf der Bühne gesehen. Ich erinnere mich an ›Charley's Tante‹ in München, Otto Falckenberg fragte sie am Schluß, wie ihr's gefallen hätte, und sie sagte: ›Mein Sohn kopiert mich.‹ Es war aber kein Kopieren, ich konnte gar nicht anders, ich war einfach sie, vor allem in Frauenkleidern. [...] Sie war im Geiste oft neben mir, wenn ich auf der Bühne stand; sie blieb auch später bei mir und führte mich, nur war ich damals noch zu jung, um es zu begreifen.«[129] Um die Formalitäten der Beerdigung und die Familiengrabstelle auf dem Waldfriedhof in Sendling kümmerten sich Ilse und Hermann Rühmann. Margarethe Rühmann wurde drei Tage nach ihrem Tod, am 6. November 1928, beigesetzt.

Auch im folgenden Jahr pendelte Rühmann wieder zwischen München und Berlin. Allerdings blieb der »Provinzknirps« immer länger in der Hauptstadt. Die erste Jahreshälfte 1929 arbeitete er überwiegend in Berlin, in der zweiten Hälfte des Jahres kehrte er für eine Reihe von Neuinszenierungen wieder an die Kammerspiele in München zurück. Dort wagte Otto Falckenberg im November 1929 ein Experiment mit dem Publikumsliebling, das in mehrfacher Hinsicht bemerkenswert ist: Es zeigt deutlich, wie festgelegt Rühmanns Rollenprofil bereits war, welche Zuschauererwartungen sich mit seinem Auftreten verbanden und wie die Direktion dieses Image nutzen wollte. Nicht zuletzt läßt sich hier jedoch auch festmachen, wie unheilvoll sich das politische und kulturelle Klima in München seit 1919 entwickelt hatte.

Die haßerfüllten Aktivitäten der Nationalsozialisten richteten sich vor allem auch gegen die Theaterszene. Obwohl die Zensur abgeschafft war, erreichten die Nazis häufig die Absetzung von Stücken, die ihnen mißfielen. Dazu bildeten sie eine desaströse Allianz mit den konservativen und reaktionären Kräften in Polizeiapparat, der Kirche und der Bayerischen Volkspartei (BVP). Es kam zu einer langen Reihe von Ausschreitungen und Repressionen: Antisemitische Parolen grölende SA-Horden hatten 1925 das Haus von Lion Feuchtwanger belagert und ihn mit Steinen beworfen, sobald er sich auf der Straße zeigte. Gegen avantgardistische Stücke gingen die Nazis mit Stinkbomben oder im Theater ausgesetzten Ratten vor. Unter diesen Angriffen hatten immer häufiger jüdische Künstler zu leiden: »Eine nationalsozialistische Kampagne gegen die Auftritte von Tilla Durieux, eine jüdische Schauspielerin aus Berlin, hatte nicht zuletzt deshalb Erfolg, weil einige Theaterbesucher auf Anraten des konservativen Blattes ›Bayerischer Kurier‹ im Foyer Nachttöpfe ausgossen.«[130]

Die Theaterkritiker des »Völkischen Beobachters« hatten es sich zur Hauptaufgabe gemacht, jüdische Regisseure, Schauspieler und Bühnenbildner der Münchner Bühnen zu denunzieren. Der Autor Ludwig Fulda, in dessen Schwank *Die Durchgängerin* Rühmann im November 1926 die Hauptrolle spielte, wird vom Rezensenten des »Völkischen Beobachters« angegriffen, indem dieser sich als Schuhwarenhändler Jakob Silbermann ausgibt und ein klischiertes Jiddisch karikiert: »Gefreit hat mich auch das jiddische Milie. Zwar steh'n auf dem Theaterzettel lauter christliche Namen, aber ä jiddischer Literat kann halt nix anders schreiben als jiddisch. Das liegt ihm eben im Blut: Recht hat er g'habt, der Heinz Rühmann, daß er nix abg'nommen hat den Hut, als er nachgestiegen ist der Tochter von dem Oberregierungsrat bis in den Salon. Wenn wir, Jüden, nix abnehmen den Hut in der Synagoge, so erst recht nix in der Wohnung von ä Gojim.«[131]

Im November 1926 hatte es nochmals ein großes Aufbäumen der Künstlerschaft gegen die reaktionäre Kulturzerstörung gegeben. Unter der Führung von Thomas und Heinrich Mann protestierte das liberale München in der Tonhalle gegen den »dauernden Ruf der Unwirtlichkeit« und gegen den zunehmenden Antisemitismus: »Leider ist es beinahe an dem, daß, wer in Deutschland Spuren von Gescheitheit an den Tag legt, sogleich für einen Juden gehalten wird und damit denn also erledigt ist.«[132] Dieser Protest verhallte jedoch wirkungslos.

Ende November 1929 sollte das neue Stück des Wiener Schriftstellers Ferdinand Bruckner *Die Verbrecher* an den Münchner Kammerspielen herausgebracht werden. Hinter dem Pseudonym Bruckner verbarg sich der Direktor des Berliner Renaissance-Theaters, Theodor Tagger, dessen Schauspiel *Krankheit der Jugend* 1926 eine umstrittene Theatersensation dargestellt hatte. Man durfte erwarten, daß sein neues Stück *Verbrecher* im reaktionären München nicht problemlos über die Bühne gehen würde. Dazu kam es jedoch erst gar nicht, weil die Münchner Polizeidirektion kurz vor der Premiere die Aufführung verbot. Die Begründung lautete, daß das Stück ein »unwahres Zerrbild der Strafrechtspflege« zeige und »das Vertrauen zur Rechtspflege erschüttern müsse«.[133] Bruckner »stellt in einem naturalistischen Bilderbogen – die Szene als Mietshausdurchschnitt – eine Anzahl von Verbrechern dar. Die einen werden von der Justiz erfaßt. Andere wieder nicht. Von denen, die das Gericht verurteilt, wird einer fälschlicherweise zum Tode verurteilt – durch den Meineid eines Zeugen. Ein anderer wird (vermutlich) fälschlicherweise freigesprochen – dank des Meineids eines Zeugen. Wieder ein anderer (eine Kindsmörderin) wird zu streng verurteilt«.[134]

Eine der Figuren, von der man annehmen konnte, daß ihre Darstellung die Behörden besonders provozieren würde, besetzte man mit Heinz Rühmann. Falckenberg setzte auf sein Versöhnungspotential, auf sein Talent, auch für zweifelhafte, kritikwürdige

Charaktere Mitgefühl wecken zu können. Insofern war diese Besetzung nicht nur ästhetisch ungewöhnlich, sondern zum Teil auch politisch motiviert. Rühmann als »Konsenskandidat« im *Verbrecher*-Aufgebot.

Nach dem Gutachten eines Ordinarius für Theaterwissenschaft der Münchner Universität, der darauf hinwies, daß der Eindruck einer Inszenierung ein anderer sein könne als der des Buches, kam zumindest eine geschlossene Aufführung vor »den maßgebenden Stellen« zustande. Die Zensoren saßen also im Parkett, als sich am 28. November 1929 der Vorhang hob und den Blick auf den Querschnitt einer Mietskaserne freigab. »Das Kammerspiel-Experiment mit Heinz Rühmann als homosexuellem Erpresser Gottfried gelingt zwar nicht ganz, verhindert aber jedenfalls auch die kleinste Peinlichkeit der Rolle. Eine tendenzlosere, allein von dramaturgischen und psychologischen Gesichtspunkten bestimmte und darin vollkommene Aufführung war nicht möglich. Doch alles ist vergebens. Die Gäste der geschlossenen Vorstellung – und die ganze noch verbliebene geistige Prominenz Münchens war geladen – bekunden durch ungewöhnlichen Beifall ihre Dankbarkeit und Sympathie für die Kammerspiele. Justizminister und Polizeipräsident können diesen Beifall persönlich als ebenso kräftiges Mißfallen entgegennehmen. Gleichwohl – vielleicht gerade darum – bleibt es beim Verbot.«[135]

Im Kern steckte in dieser Inszenierung und Besetzungspraxis schon ein ästhetisches Überlebensprogramm für das Dritte Reich. Mit dieser Politik »tendenzloser«, reiner Kunst, die letztlich einer Selbstzensur gleichkam, versuchten zum Beispiel Gustaf Gründgens und Heinz Hilpert, ihre Theater möglichst unbelastet und wenig kontaminiert durch das als »Vergiftungszeit« empfundene Dritte Reich zu steuern.

Während Rühmann von Erfolg zu Erfolg eilte, seine Mittel präzisierte, sein Image aufbaute, die roten in schwarze Zahlen umschrieb und zwischen den Städten pendelte, während das Publikum sich seinen Rühmann modellierte und er seine Zuschauer kitzelte, bahnten sich in der Weimarer Republik schon die großen Krisen an, die – so zerstörerisch sie auch sonst sein mochten – zum Treibstoff seiner weiteren Karriere wurden. Im Gefolge der Weltwirtschaftskrise, die im Oktober 1929 durch die Kursstürze an der New Yorker Börse ausgelöst wurde, offenbarte sich die trügerische Stabilität der Republik. Die Zahl der Arbeitslosen stieg.

Im Mai hatte es in Berlin wieder Straßenschlachten zwischen Kommunisten und der Polizei gegeben, und jeder Tag brachte nun neue politisch motivierte Gewalttaten. Statt Argumente tauschte man Kugeln aus. Im selben Jahr starb mit Außenminister Gustav Stresemann einer der entschiedensten Verteidiger der Republik, und im März 1930 zerbrach die Große Koalition unter Führung von Reichskanzler Hermann Müller (SPD). Das neue Kabinett unter Heinrich Brüning regierte fortan mit Notverordnungen, ohne die Massen, ohne das Parlament, lediglich gestützt durch den Reichspräsidenten und den Artikel 48 der Verfassung. Unter diesem »Regime der Notverordungen« schwanden die Kräfte der Demokratie und der bürgerlichen Parteien zusehends, während die NSDAP dramatisch an Stimmen zulegte. Bei den Reichstagswahlen am 14. September 1930 erzielte sie 18,3 Prozent der Stimmen, wurde damit zweitstärkste Partei hinter der SPD und steigerte ihre Mandate im Reichstag von 12 auf 107.

Diesem Alltag standen die Traumwelten gegenüber, die die Konzerne der Freizeitindustrie für die Massen produzieren ließen, allen voran die Universum Film AG (Ufa). Unter ihrem Herrn Alfred Hugenberg, dem einflußreichen Medienpolitiker und fleißigen Totengräber der Republik, bot die Ufa ein reiches Angebot jener »Traumnahrung« (Hans Richter), mit der sich die desillusionierten Menschen gerne über Alltagssorgen und reale Nöte hinwegtrösteten. Insofern war der kommende Ufa-Star Heinz Rühmann nicht nur ein Kind der Krise, sondern auch ein Produkt jener Massenkultur, die sich in den zwanziger Jahren herausformte. Der Film war zum wichtigsten Vehikel dieser Kultur geworden, die die sozialen Grenzen und gesellschaftlichen Unterschiede einebnete. Die Massenmedien kümmerten sich nicht um arm oder reich, Stadt oder Land, gebildet oder ungebildet, katholisch oder protestantisch, proletarisch oder bürgerlich. Fast alle Unterhaltungsprodukte dieser Industrie suchten den Konsens, das hieß in diesem Fall: die größtmögliche Anzahl von Konsumenten. Es war nur noch eine Frage der Zeit, bis Rühmann und seine Begabung als »Konsenskandidat«, die er bereits auf der Bühne unter Beweis gestellt hatte, von der großen Traumfabrik in Babelsberg entdeckt wurde.

Zwischen 1927 und 1930, zwischen München und Berlin, hatte er schon für diese Rolle des massentauglichen Lieblings geprobt. Auch deshalb ist sein Pendeln zwischen beiden Städten interessant. Er wußte hier wie dort zu überzeugen, er versöhnte die Extreme. In München, das die Berliner Zeitschrift »Das Tagebuch« die »dümmste Stadt Deutschlands«[136] nannte und das als Hochburg der Rechten galt, war er genauso beliebt wie in Berlin, der Hauptstadt der Republikaner. Tiefgreifende Gegensätze wie Provinz und Metropole, Tradition und Modernität ignorierte er und imponierte dem linken Theaterkritiker Herbert Jhering ebenso wie den nationalsozialistischen Rezensenten des »Völkischen Beobachters«. Während die Repräsentanten der politischen Mitte im Reichstag ihre Bedeutung zunehmend an die extremen Kräfte verloren, eroberten die Ufa-Stars als imaginäre Stellvertreter der Mitte im Kino die Leinwand. Rühmann, der Sternheimsche Nebbich, der »mittlere Ausdruck der Zeit«, der »Kiesel, den man nicht fortbeißt«, war 1930 ein Theaterstar, der bereits alle Qualitäten des kommenden Kinostars auf sich vereinigte.

Der »kleine Mann« – ein Star

Die Begegnung des 22jährigen Heinz Rühmann mit Carl Sternheims Fritz Tritz, dem prototypischen »kleinen Mann«, stand früh wie ein Motto über seiner Karriere. Doch wer ist der »kleine Mann«, und woher stammt er? Kein anderer Begriff taucht in Porträts, Essays und Büchern über Heinz Rühmann häufiger auf als dieser. Er war der »anständige kleine Mann«[137], der »kleine Mann in Krieg und Frieden«[138], sein »Herz schlug für den kleinen Mann«[139], und schließlich hatte er dem »kleinen Mann ein Denkmal gesetzt«[140]. Im Lauf der Jahrzehnte wurde der »kleine Mann« zum Synonym für den Star Rühmann, und niemand, der seinen Erfolg und seine Beliebtheit erklären wollte, konnte diesen zentralen Begriff außeracht lassen. Eine materialreiche Studie über den Star Heinz Rühmann stellte mit Blick auf eine Vielzahl von Rühmann-Biographien fest: Der »kleine Mann« ist die »stärkste und durchgängigste Charakterisierung des Images Heinz Rühmanns«.[141] Und auch dem kollektiven Gedächtnis der Deutschen prägte sich der Star vor allem als »kleiner Mann« ein. Der Essayist Michael Schwarze hat dieses Erinnerungsbild so festgehalten: »Rühmann hat feine Pinkel und arrogante Schnösel gespielt, die erst das Drehbuch lehrte, daß Hochmut vor dem Fall kommt, doch alle diese Rollen sind in der Erinnerung wie weggewischt. Die Figur, deren wir uns entsinnen, ist der schüchterne, kleine Mann, der selbst dann, wenn er anderen Arges zufügt, dies mit einem befreienden Augenzwinkern tut.«[142]

Wie wohl kein anderer Schauspieler gehört Heinz Rühmann zum kollektiven Erinnerungsschatz der Deutschen im 20. Jahrhundert. Er ist ihr Star und Liebling, offensichtlich ein Repräsentant deutscher Mentalität, Haltungen und Sehnsüchte. Welchen Anteil hat sein Talent daran, dem »kleinen Mann« ein bestimmtes Gesicht und eine Gestalt zu geben? Und was meint man eigentlich, wenn man vom »kleinen Mann« spricht? Gibt es eine sprachgeschichtliche Herkunft oder politische Prägung dieses Begriffs, die etwas mit den Figuren Heinz Rühmanns zu tun hat? Gibt es eine Vorgeschichte des »kleinen Mannes«, auf die sich Rühmanns Karriere stützt und die die Identität seiner »kleinen Männer« erklärt?

Sehr viel älter als der »kleine Mann« ist die Bezeichnung »kleine Leute«, die bereits für das 16. Jahrhundert belegt ist. In Sebastian Francks Sprichwörtersammlung von 1541 finden sich die Sprichwörter »klein leut haben grosze herzen«, »kleiner leut halben ist nie kein schlacht verlorn worden« und »klein leut zürnen bald«.[143] Auch der »kleinhans« im Gegensatz zum »groszhans« bezeichnete bereits im 16. Jahrhundert »kleine Leute«, ohne daß damit ein spöttischer Unterton oder ein abfälliges Urteil verbunden gewesen wäre. Zunächst einmal war nichts anderes gemeint als der Stand oder der Rang der »kleinen« und der »groszen Hansen«.

Der »kleine Mann« selbst findet sich dem Wörterbuch der Gebrüder Grimm zufolge erstmals in Goethes 1774 geschriebener Farce *Das Jahrmarktsfest zu Plundersweilern*, einem schwankhaften Spiel, das Goethe unter dem Eindruck der volkstümlichen Dichtungen von Hans Sachs geschrieben hatte. Im Prolog stellt Goethe den »kleinen Mann« auf die Bühne des großen Welttheaters: »So ist die Eitelkeit der Welt! / Ist keines Reich so fest gestellt, / Ist keine Erdenmacht so groß, / Fühlt alles doch sein Endeloos. / Drum treibt's ein jeder wie er kann; / Ein kleiner Mann ist auch ein Mann. / Der Hoh' stolziert, der Kleine lacht, / So hat's ein jeder wohl gemacht.«[144] Hier ist der »kleine Mann« ein Akteur im großen Welttheater, einer, der sich nach seinem Vermögen behauptet (»der Kleine lacht«), der neben »Papst und Kaiser und Klerikei« seinen Platz gefunden hat und mit allen »groszen Leuten« das »Endeloos« teilt. Aus der Perspektive der Sterblichkeit aller Menschen und der Vergänglichkeit jeder »Erdenmacht« bezog dieser »kleine Mann« seinen Umriß und seine Selbstgewißheit. Untergründig war diese Figur und das dazu gehörende Weltbild bereits geprägt vom Geist des Sturm und Drang, der gegen eine »unnatürliche« Gesellschaftsordnung und überkommene Ständeschranken revoltierte.

Einen ganz anderen Platz in der Welt räumte ein anonymer Autor seinem »kleinen Mann« rund siebzig Jahre später ein. Sein Gedicht in 115 Strophen *Ein kleiner Mann ist auch ein Mann* (1842), das sich unmittelbar auf Goethes *Jahrmarktsfest zu Plundersweilern* bezog, verarbeitete eine Reihe von historischen Prozessen zwischen 1774 und 1842: »Geld! ist die Losung; Politik / und Industrie, weltlich's Geschick, / die Mittel jenes zu erlangen, / mit Ehren-Orden zu behangen / die stolze Brust. – Nur wer dies kann, / das scheint der wahre Ehrenmann!«[145] Das Fazit dieses »kleinen Mannes«, der offensichtlich weder in der Politik noch in der Industrie erfolgreich war, fällt letztlich so aus: »Ich zog aufs Land, pflanzt meinen Kohl; / Erst ward mir's schwül, doch später wohl. / Wie segn' ich jetzt mein Selbstbelauschen! / Führwar ich möcht' nicht wieder tauschen, / um aller Kronen Glanz und Gold / scheint zwar mein Lämpchen klein, doch hold.«[146]

Das war das Credo eines biedermeierlichen Bürgers, der vor den großen Umwälzungen der Zeit in Politik, Technik, Wirtschaft, Industrie, Religion und den Wissenschaften in die Idylle seines Gartens floh und sein Glück im stillen Winkel fand. In dieser Stimme lag noch kein revolutionäres Aufbegehren gegen die Unfreiheit der Restaurations- und Reaktionsepoche, gegen Zensur und staatliche Unterdrückung. Aus diesem Gedicht eines »kleinen Mannes« sprach vielmehr der deutsche Michel, ein Sinnbild der Epoche zwischen 1815 und 1848, der sich damit abgefunden hatte, daß man ihm eine freiheitlichere Verfassung und politische Mitbestimmung vorenthielt. Er war kein Barrikadenkämpfer von 1830, kein Revolutionär von 1848, sondern ein resignierter Kohlzüchter, der sich im »Selbstbelauschen« übte und sich mit dem politischen Status quo abgefunden hatte. Dieser deutsche Michel mit seinem Hang zu Behaglichkeit, Sentimentalität und Skurrilität, mit seiner Überlebenstaktik des Einigelns und Flüchtens kann als Vorfahr von Heinz Rühmanns »kleinen Männern« betrachtet werden.

Doch damit war die Entwicklungsgeschichte des Begriffs noch nicht an ihr Ende gekommen. In einer Untersuchung über die Rede von den »kleinen Leuten« belegte der Linguist Joachim Stave den »kleinen Mann« mit dem Synonym »der arme Mann«.[147] Beide Begriffe stehen, so Stave, für den sich im 19. Jahrhundert ausbildenden vierten Stand in Deutschland, der zunehmend an politischer Bedeutung gewann. Dabei geriet der »arme Mann« in den Schnittpunkt rivalisierender politischer Diskurse und Ideologien. In der Mitte des 19. Jahrhunderts wurde das Schlagwort vom »armen Mann« sozialistisch geprägt und dann im marxistischen Vokabular zum »Proletarier« gewandelt. Dagegen behielt die bürgerliche Politik den Begriff »armer« oder «kleiner Mann« bei, um mit ihm rührselige Agitation zu betreiben.

Für Erich Kästner war der »kleine Mann« bereits ein Opfer der Politik geworden und ein Opportunist, der alles mit sich geschehen läßt. Er schrieb 1931 *Das Lied vom Kleinen Mann*, das in der »Weltbühne« veröffentlicht wurde: »Er stört nicht gern. Er wird regiert / und so vom andern angeschmiert, / daß der sich selber wundert. / Und wenn wer seine Peitsche zückt, / dann ruft der kleine Mann gebückt: / ›Nicht fünfzig, sondern hundert!‹«[148] Einen ganz anderen Akzent setzte dagegen 1932 Hans Fallada mit seinem Roman *Kleiner Mann – was nun?*, dessen Titel vor dem Hintergrund von sechs Millionen Arbeitslosen zur vielbenutzten Redensart wurde. Im Gegensatz zu Erich Kästner, der den »kleinen Mann« von außen sezierte, fühlte sich Hans Fallada empathisch in seinen Protagonisten Johannes Pinneberg ein und zeigte ihn als desillusionierten Angestellten, der um sein Überleben kämpft: »Ach, er ist einer von Millionen, Minister halten Reden an ihn, ermahnen ihn, Entbehrungen auf sich zu nehmen, Opfer zu bringen, deutsch zu fühlen, sein Geld auf die Sparkasse zu tragen und die staatserhaltende Partei zu wählen. Er tut es, und er tut es nicht, je nachdem, aber er glaubt denen nichts. Gar nichts. Im tiefsten Innern sitzt es, die wollen alle was von mir, für mich wollen sie doch nichts.«[149]

Heinz Rühmanns Karriere als Tonfilmstar begann 1930, also in einer Phase, da der »kleine Mann« mehr als je zuvor umworben, gefürchtet, beschrieben, erklärt und benötigt wurde. Er war ein zukünftiger »Volkgenosse«, ein erwünschter Demokrat, ein klassenbewußter Proletarier, ein Spießbürger, ein Kleinbürger oder ein Untertan. All diese Zuschreibungen umkreisen den »kleinen Mann«, aber sie fassen ihn nicht, denn tatsächlich gibt es den »kleinen Mann« nicht. Es gibt Angestellte, Arbeiter, Beamte,

Handwerker, kleine Kaufleute, das sind Bezeichnungen, die man im Lebenslauf festhält oder in die Steuererklärung schreibt. »Kleine Männer« und »kleine Leute« aber existieren nur in dem Augenblick, wenn andere von ihnen sprechen oder wenn sich selbst jemand als »kleiner Mann« fühlt oder sich im Gespräch so bezeichnet. Der »kleine Mann« ist also ein äußerst dehnbarer Begriff, ein Stereotyp, in dem bestimmte Bilder, Empfindungen, Mentalitäten, historische Erfahrungen und Verhaltensweisen verdichtet, vereinheitlicht und zum Ausdruck gebracht werden.

Daß die Figur des »kleinen Mannes« gerade in der Weimarer Republik auflebte und weite Verbreitung fand, hatte vor allem drei Gründe: Im Zeitalter der parlamentarischen Demokratie war der »kleine Mann« ein potentieller Wähler mit Stimmrecht geworden, um dessen Gunst kämpfen mußte, wer die politische Macht erobern wollte. Und da sich die Weimarer Republik in einer Art Dauerwahlkampf befand, wurden die »kleinen Leute« unablässig beschworen, die »richtige« Entscheidung zu treffen.

Ebenso hartnäckig wurde der »kleine Mann« in der sich ausbildenden Konsumgesellschaft der zwanziger Jahre als potentieller Konsument entdeckt und angesprochen. Eine Vielzahl von neuen Produkten, Dienstleistungen und Erfindungen richtete sich ausdrücklich an diejenigen Schichten, die über nur geringe Einkommen verfügten, zusammen aber eine große Kaufkraft besaßen. In der Werbung wurde der »kleine Mann« zu einer legendären Durchschnittsgestalt, deren Wünsche erforscht und gestillt werden sollten.

Neben den potentiellen Wähler und Konsumenten trat aber noch eine dritte Gestalt, die den »kleinen Mann« verkörperte und seine Funktion am deutlichsten macht: Der »kleine Mann« als mögliches Opfer. In weiten Bevölkerungsschichten wurde die moderne Gesellschaft als zerrissen, unübersichtlich und bedrohlich empfunden. Die beruflichen Aufstiegschancen wuchsen ebenso wie die Risiken, abzustürzen und das erreichte Niveau nicht halten zu können. Alte Identitäten, die sich auf eine weitgehend unveränderliche Sozialstruktur gegründet hatten, waren brüchig und ungewiß geworden. Diese latenten Krisengefühle konnten im Mythos des »kleinen Mannes« aufgegriffen, integriert und bewältigt werden. Der »kleine Mann« durfte sich als Stehaufmännchen bewähren, Ängste bannen und die Unübersichtlichkeit der modernen Gesellschaft in ein schlichteres Weltbild übersetzen.

In der demokratischen Massenkultur der Weimarer Republik wurde der »kleine Mann« in den Medien, vor allem im Kino, zum Helden des Alltags und zum Verteidiger der Normalität gemacht. Hier hatte er die Gelegenheit, sich gegen die politischen und wirtschaftlichen Extreme der Zeit zu behaupten. Die weitverbreitete Sehnsucht, ihn siegen zu sehen, und das wirtschaftliche Kalkül der Filmindustrie, diesem Bedürfnis zu entsprechen, bereiteten der Karriere Rühmanns den Boden. Bei dieser Suche nach dem Star-Typus des »kleinen Mannes« begegneten sich die Vorstellungen des Publikums und die Interessen der Produzenten insofern, als man gleich weit davon entfernt war, sich das Bild des »kleinen Mannes« so zu wünschen und zu entwerfen, wie es Erich Kästner in seinem *Lied vom Kleinen Mann* getan hatte: als masochistischen Opportunisten und Hauptverantwortlichen für die politische Krise der Weimarer Republik. Rühmanns »kleine Männer« agierten dagegen von Anfang an als wendige Krisenmanager und vitale Anpassungsakrobaten. Diese Alltagshelden hatten keinen Bizeps, aber sie lächelten. Ihre offen eingestandene Hilflosigkeit macht sie zu zeitgemäßen »Helden«, die das Publikum als modern und glaubwürdig empfand. Als »fleischgewordene Schüchternheit«[150], »verkörperter Minderwertigkeitskomplex«[151] oder als »kleiner, unscheinbarer Mann mit dem Mädchengesicht«[152] wurden sie zu Beginn der dreißiger Jahre zu Stellvertretern kollektiver Befindlichkeiten. Die »Ohnmacht des Kleinbürgertums und die Krise der traditionellen Männlichkeit«[153] lähmten diese Figuren nicht und ließen sie nicht neurotisch werden, sondern bescherten ihnen neue Aufgaben. Ihre Schwächen durften sie als Stärken zeigen und ihre Niederlagen in Siege verwandeln.

Rühmann konnte nur deshalb eine »Ikone des Deutschen«[154] und »eine der großen integrierenden Figuren der deutschen Kulturgeschichte werden«[155], weil sein Image als Filmstar auf dem volkstümlichen Mythos des »kleinen Mannes« aufbaute. Diese Verbindung zwischen Image und Mythos, die den »kleinen Mann« als Startypus langlebiger machte als viele andere Leitbilder (etwa den Bohemien, den Gentleman, den Vamp, den Dandy oder den Gigolo), zwang Rühmann aber auch zu einer Kontinuität der Rollen, die er später selbst als einengend und monoton empfand. Die Stärke seines »kleinen Mannes« bestand aber gerade darin, durchzuhalten, zu überstehen, unverwüstlich zu sein, immer wiederzukehren und für das Publikum erkennbar zu bleiben. Nur so wurde das Pathos verständlich, mit dem Rühmann in *Briefträger Müller* (1953) auftrumpfend ausrief: »Ich habe 24 Dienstjahre. Habe ich vielleicht nichts erreicht? Ich bin lebenslänglich angestellt, ich überdauere jede Regierung, jede Revolution!« Das konnte zugleich als Ausruf des Stars verstanden werden, der als Repräsentant des »kleinen Mannes« genausolange im Einsatz war und bis dahin in der Tat jede Regierung überstanden hatte. Dieser Briefträger sprach deshalb auch nicht zufällig vom »goldenen Herz« der »kleinen Leute«, das ihr eigentliches Kapital darstelle, sondern knüpfte damit inbrünstig an das Sprichwort aus dem 16. Jahrhundert an: »klein leut haben grosze herzen«.

Warum wurde ausgerechnet Heinz Rühmann zu dem »kleinen Mann« der deutschen Film- und Kulturgeschichte schlechthin? Welche Eigenschaften brachte er mit, um diesen Mythos im 20. Jahrhundert so erfolgreich zu verkörpern? War es seine Herkunft aus Wanne-Eickel, der Stätte sprichwörtlichen deutschen Biedersinns? Hatte ihm das Milieu seiner Vorfahren bestimmte Verhaltensweisen, gestische und mimische Ausdrucksformen mitgegeben? Oder prädisponierten ihn seine kleine Statur und seine pausbäckige, jungenhafte Physiognomie für die Rolle des »kleinen Mannes«? Sicher spielte die Durchschnittlichkeit seines Äußeren eine Rolle. Er wirkte wie »der nette Junge von nebenan«, ein unauffälliger Kleinbürger, nicht aggressiv oder subversiv, kein Anflug extremer Gefühle oder Leidenschaften. So sah kein Verlierer aus, kein Sieger, sondern ein Mann der Mitte, der kein Geheimnis in sich trug. Seine ganze Erscheinung weckte ein Reihe von Assoziationen, die das Bild vom »kleinen Mann« provozierten.

Diese Wahrnehmung wurde durch seine Darstellungstechniken noch verstärkt. Die ganze Palette der Unterwürfigkeit konnte er in Körperbewegung und -ausdruck umsetzen: das ängstliche Zusammenzucken, der flinke Gehorsam, verlegenes Händereiben, wortloses Hüsteln, das zaghafte Vordrücken des Kopfes, die hängenden Schultern des Schuldbewußten, die unentschlossen auf dem Boden kratzenden Füße. Ebensosehr verstand er sich aber darauf, Signale der Aufsässigkeit zu setzen: Er gab knappe, patzige Antworten, er konnte forsch auftreten, sich sehr wendig im Raum bewegen, sein Kinn herausfordernd nach vorne schieben, die Hände in die Hüften stemmen, sich aufplustern, einen Wutausbruch andeuten. Unterwürfigkeit und Aufsässigkeit mischten in dem besonderen Rühmann-

Ton, der sich gegenüber Autoritäten in einer beleidigten Sachlichkeit, einer hingeworfenen Wurschtigkeit ausdrückte. Floskeln wie »Bitte schön!« oder »Na also!« wurden – mit einem geringschätzigen und barschen Unterton – pointiert angebracht, ganz trocken hervorgestoßen. Das war der Ton eines Zukurzgekommenen, der schon nichts mehr erwartete, aber gerade deshalb auch nicht zu beeindrucken und zu erschüttern war.

In seiner Autobiographie hat Heinz Rühmann erzählt, wie er eines Tages, ganz unabsichtlich, die Wirkung dieses so unbeteiligt klingenden Sprechens entdeckte. Im April 1922 hatte er im Residenztheater Hannover in dem französischen Stück *Die fremde Frau* von Alexandre Bisson einen Kellner zu spielen, der nur einen kurzen Auftritt während einer Gerichtsverhandlung hat. Rühmann war beleidigt, daß man ihm diese bescheidene Rolle zugewiesen hatte, während alle Aufmerksamkeit des Publikums auf den Star-Gast Melitta Leithner vom Dresdner Staatstheater gerichtet war. Rühmann brabbelte seine Antworten an den Richter »lust- und teilnahmslos«[156] herunter und erhielt für diesen Auftritt erstmals in seiner noch jungen Karriere Szenenapplaus. Dieser nölige Tonfall, dieses herausfordernde Quengeln erregte Aufmerksamkeit. Klang nicht so der »kleine Mann«? Herausfordernd und doch kuschend, resignativ und doch aufmüpfig?

Diese Wechsel zwischen Devotion und Renitenz, zwischen Bescheidenheit und Prahlerei, zwischen Pflichterfüllung und Ungehorsam verliehen seinem Image als »kleinem Mann« ein dialektisches, treibendes Moment. Dieses Pendeln zwischen den Haltungen war wie ein Motor, der diesen »kleinen Mann« durch die Geschichte trug und es ihm erlaubte, sich an verschiedene Gesellschaftssysteme anzupassen. Welche Angebote dieses Image dem Publikum machte und warum es jahrzehntelang attraktiv blieb, hat der Filmwissenschaftler Stephen Lowry folgendermaßen begründet: »Die Ambivalenz zwischen dem kleinen Mann und den Macht- und Größenphantasien, die in ihm steckten, erklärt vielleicht einen Teil seines Erfolges. Die eine Seite bietet Gelegenheit, sich mit dem Star zu identifizieren, der mit seinen Schwächen, Unsicherheiten und kleinen Unvollkommenheiten den Zuschauern ähnelt. Die andere Seite bietet Möglichkeiten für die Projektion von Wünschen nach Souveränität, Macht und einer festen Identität. Als der ›Kleine‹, der sich durchsetzt und sogar die ›Großen‹ bezwingt, ist er auf seine Art ein Erfolgstyp. Dabei verkörpert er auch den Typus des Mitläufers, der vielleicht nicht mit allem einverstanden ist, sich eine freche Bemerkung erlaubt, aber doch mitmacht und sich in seiner Nische im Machtgefüge gemütlich einrichtet.«[157]

Die Suche nach der »Nische im Machtgefüge« war die große, fortdauernde Aufgabe von Rühmanns »kleinen Männern« im 20. Jahrhundert, die damit auch den biedermeierlichen Idyllikern des vorangegangen Jahrhunderts ähnelten. Solange diese Nischen durch politische, kulturelle oder wirtschaftliche Umwälzungen bedroht und gefährdet waren, solange erging der »Auftrag« des Publikums an den Filmstar, sie zumindest auf der Leinwand zu retten. Er wurde gleichsam zum Delegierten der Zuschauer, der dem Mythos des »kleinen Mannes« immer wieder Ausdruck und Bild verleihen mußte. In den erfundenen Geschichten seiner Filme war er als Stellvertreter damit beschäftigt, gesellschaftliche Spannungen und Konflikte aufzunehmen, zu verarbeiten und imaginäre Lösungsmodelle anzubieten. Im Parlament der Wünsche, dem Kino, war Heinz Rühmann dabei das Sprachrohr des deutschen Publikums, das sich mit ihm identifizierte und kollektive Gefühle auf ihn projizierte.

Provinzknirps auf Abwegen

»Heinz Rühmann: ›Kann man in seiner freien Zeit mehr für Tempo sorgen als ich? Wenn ich nicht auf der Bühne stehe, sitze ich in meinem Auto. Ich bin leidenschaftlicher Autosportler.‹ Der Fremde: ›Was, Sie besitzen ein Auto? So jung und schon ein Auto? Ich meine im Verhältnis zu den in diesem Alter üblichen Gagen. Natürlich, berühmt genug sind Sie ja. Das Fahrzeug, das der Mensch fährt, steht ja in direktem Verhältnis zu seinem Ruhm.‹ Heinz Rühmann: ›Sagen Sie das nicht! Mein Auto ist keine Folge meines angeblichen Ruhms, es ist ein Zufallsbesitz, der nichts mit meinen künstlerischen Fähigkeiten zu tun hat. Es ist nicht das Ergebnis eines Gagenüberflusses. Meinen Peugeot-Viersitzer 6/30 PS, 4 Zylinder, hätte ich nicht, wenn ich nicht vorher ein minderes dreirädriges Auto zu verkaufen gehabt hätte. Dieses hätte ich nicht gehabt, wenn ich nicht vorher ein Motorrad besessen hätte, das ich in der bayerischen Ausweisungszeit einem ausgetriebenen Ausländer hatte abnehmen können für eine in der Inflationszeit erspekulierte Hypotheken- und Wechselbank-Aktie.‹«[158]

Dieses literarisch gestaltete Interview erschien im Februar 1928 unmittelbar nach der Premiere von *Charley's Tante* in den »Münchner Neuesten Nachrichten«. Rühmann war jetzt ein Star, ein Liebling des Publikums, eine Attraktion. Die Öffentlichkeit fing an, den privaten Menschen Rühmann hinter dem Schauspieler und seinen Rollen zu suchen, sein Star-Image begann sich zu entwickeln. An der Theaterkasse wurden handsignierte Fotos von ihm verkauft, die Zeitungen brachten ausführliche Interviews und Porträts.

Das Interview in den »Münchner Neuesten Nachrichten« machte die Öffentlichkeit zum ersten Mal mit einer Leidenschaft des Schauspielers bekannt, die ihn ein Leben lang begleiten sollte: seine Begeisterung für Technik, Motoren, Motorräder, Autos und endlich – für Flugzeuge. Als er 1929 wieder für einige Monate in Berlin war, lud ihn der bekannte Motor- und Segelflieger Wolf Hirth zu einem Flug über die Stadt ein. Man saß in einer Klemm 25, einer zweisitzigen, offenen Maschine, der Pilot steuerte hinten, der mitfliegende Gast nahm vorn Platz. Dieser Rundflug über Berlin weckte all die Kindheitssehnsüchte und Träume vom Fliegen, die sich Rühmann seit seinen ersten Begegnungen mit der Luftfahrt in Wanne bewahrt hatte. Die Möglichkeit, diese Sehnsüchte jetzt zu erfüllen, war in greifbare Nähe gerückt.

Es ist wahrscheinlich kein Zufall, daß Rühmann gerade an diesem Punkt seiner Karriere von seinem Jungfernflug so ergriffen wurde: Er entdeckte das Fliegen als staunenswerte Möglichkeit, abzuheben, alles hinter sich zu lassen, Alltag abzustreifen, dem wachsenden Druck zu entfliehen und, vor allem, allein und für sich zu sein. Denn so sehr er es damals schätzte, das Publikum zum Lachen zu bringen, so sehr er den Beifall genoß – das sprichwörtliche Bad in der Menge war seine Sache nicht. Applaus nahm er gerne aus sicherer Entfernung entgegen, handgreifliche, zudringliche Begeisterung war und blieb ihm lästig. In diesem Sinn war Rühmann keinesfalls so volkstümlich wie etwa Hans Albers, der keinen Körperkontakt scheute, der von kollektivem Händeschütteln, Schulterklopfen und atemraubendem Gedränge regelrecht vitalisiert wurde. Als »kleiner Mann« schlechthin war Rühmann für das Publikum zwar immer »einer von uns«. Er duldete diese Vereinnahmung jedoch nicht, wenn sie auf sein Privatleben überzugreifen drohte.

Es ist bezeichnend, daß er seine Lebenserinnerungen nicht mit prägenden Theater- oder Kinoerlebnissen beginnt, sondern mit der

Schilderung seiner ersten Flugstunden. Sein Traum vom Fliegen war älter als der Traum vom Theater. Folgerichtig macht er die Leser in seinen Erinnerungen zunächst mit seinem ersten Fluglehrer bekannt, bevor er berühmte Kollegen oder Regisseure auftreten läßt. Nach der Initialzündung 1929 in Berlin meldete er sich im späten Herbst 1929 beim Münchner Leichtflugzeug-Club zu einem Lehrgang an. Sein Fluglehrer durfte sich nach der Verleihung des »Max Joseph-Ordens« Ritter von Schleich nennen. Schleich war wie der von Rühmann verehrte Flieger Ernst Udet ein bekannter Jagdflieger des Ersten Weltkriegs gewesen. Die Rüstungsbeschränkungen des Versailler Vertrages machten hochdekorierte Offiziere wie ihn arbeitslos, und so hielten sie sich als zivile Fluglehrer über Wasser oder traten als artistische Kunstflieger und Veteranen bei Flugschauen auf. Auch sie, zumindest die bekannteren unter ihnen, waren Stars, Stars fürs Vaterland. Die Zahl ihrer Feindabschüsse war Teil ihrer Legende, auch sie verkauften Starpostkarten, auf die sie ihre Autogramme für die Bewunderer schrieben.

Rühmann, der im Film fast ausnahmslos sensible, »unsoldatische« Männer verkörperte, scheint vom Männerbild des Fliegers fasziniert gewesen zu sein. Der Flieger war ein Abenteurer, waghalsig, aber nicht kopflos, militärisch-nüchtern, dennoch begeisterungsfähig, knapp in der Diktion, vital, todesverachtend. Das war zumindest das populäre Bild des Jagdfliegers in den zwanziger und dreißiger Jahren. Zu einem dieser Starflieger stieg Rühmann also in die Maschine. »Im Nu waren die Formalitäten erledigt, nachmittags zum Fliegerarzt und am nächsten Tag zum Flugplatz Oberwiesenfeld, dem heutigen Olympia-Gelände. Bei grimmiger Kälte wurde ›geschult‹. In einer offenen Klemm. Ich war achtundzwanzig Jahre und glücklich. Um pünktlich zu den Proben ins Theater zu kommen, mußten meine Flugstunden immer früh am Morgen sein.«[159] Nach einigen Monaten Schulung absolvierte der eifrige Schüler seinen ersten Alleinflug über dem Flugplatz von Schleißheim.[160] Und schon im Sommer 1931 startete er mit seiner Frau Maria in seinem Klemm-Sportflugzeug einen sechswöchigen Ferienflug durch Frankreich und Italien.[161]

Von diesem Augenblick an war die Fliegerei Rühmanns größte und lebenslange Leidenschaft, die er in jeder freien Minute verfolgte. Bald gehörten die Bilder und Anekdoten vom »fliegenden Schauspieler« unverzichtbar zum Rühmann-Image, und kaum ein

Porträt kam ohne Fliegergeschichte aus. Selbst beruflich nutzte er jede Gelegenheit, um fliegen zu können. Zu den Premieren seiner Filme kam er, wann immer es ging, mit der eigenen Maschine, und auch bei Theatergastspielen pflegte er häufig, getrennt vom übrigen Ensemble, mit dem Flugzeug anzureisen.

Als er 1935 eine längere Gastspielreise mit *Der Mustergatte* unternahm und abschließend in Wien Station machte, gab er der Zeitung »Neue Freie Presse« ein Interview: »Jetzt habe ich eine achtwöchige Tournee durch Deutschland und die Tschechoslowakei mit eigenem Ensemble hinter mir. Die Mitglieder fuhren in zwei Autos, ich im selbstgesteuerten Sportflugzeug. Der Komiker Karl Platen, der mich am Wege nach Mannheim über den Autos fliegen sah, bemerkte dazu: ›Unser Direktor kontrolliert aus der Luft, ob wir unterwegs nicht für eigene Rechnung ein kleines Zwischengastspiel veranstalten.‹«[162]

Keiner hat Rühmanns Potential zu diesem Zeitpunkt besser erkannt als Hanns Braun, dessen diagnostische Fähigkeiten in diesem Fall selbst die Weitsicht Jherings oder die Witterung Kerrs übertrafen. Er stellte in der »Münchner Zeitung« fest: »Dieser Junge repräsentiert die neue Generation, die, wenn der Sport recht behält, eine Jungensgeneration bleiben wird bis an Methusalems Ende: ihn umwittert das neue Parfüm Naphta; ein Deutchen schnaubt ihm im Stall, ein Motorrad zumindest gehorcht seinem Schenkeldruck. Doch unter der sportlich smarten Schicht von Sachlichkeit kommt etwas hervor, was ewig ist: der selige Lausbub. Heinz Rühmann ist Max-Moritz in einer Person, wenn auch in Plusfours oder Oxford bags. Ausschließlich in dieser Kostümierung kann man heute die Hühner an die Leine legen und was zum Programm leichter Liebes- und sonstiger Hochstapeleien in den Amüsier- und Nervenstrapazierstücken gehört. Wie Chaplin, der einen Napoleon spielen möchte, wie die meisten Komiker, hat auch Rühmann die Sehnsucht nach ernsten, ja tragischen Rollen. Die stille Ehrbarkeit seiner Gesten, die so unwiderstehlich zum Lachen reizt, wenn er sie einem Windhund leiht – sie möchte unmittelbar sprechen und gelten. Er, der ernstnimmt wie nur Komiker es können, möchte ebenso: ernstgenommen werden. Dennoch wird er am unnachahmlichsten und seinem Künstlerschicksal am gehorsamsten sein, wenn er mit seinem gehobenen Finger das Unwesentliche deutet, wenn er mit präziser Nettigkeit Gemeinplätze ins Gespräch knüpft, als wären es Delikatessen des Geistes, kurzum, wenn er, ein wandelndes kleines Ausrufezeichen, das Unwichtige wichtig macht.«[163]

Mit dem »neuen Parfüm Naphta« ist Benzingeruch gemeint, das »Deutchen« meint ein kleines Auto, und daß Rühmann nicht nur ein begeisterter Autofahrer, sondern auch ein leidenschaftlicher Motorradfahrer war. Diese Assoziationen standen nicht nur für die beliebigen Hobbys eines Prominenten, sondern sie standen für Rühmanns spezifisches Star-Image, das immer durch eine gewisse Ambivalenz der Eigenschaften gekennzeichnet sein sollte. Er konnte der »smarte Bengel der Sachlichkeit« sein und dennoch den »ewig seligen Lausbub« geben. Er war modern und zugleich unmodern, er paßte sich immer an und blieb sich dabei immer gleich.

1930–1939

Tonfilm-Tankwart gesucht

»Im Universum am Kurfürstendamm wurde gestern ein Film der British International Pictures in zwei Fassungen vorgeführt. Einmal stumm, einmal sprechend. Das Publikum bekam Stimmzettel in die Hand und sollte entscheiden. Der Film heißt ›Erpressung‹; nach dem Schauspiel ›Blackmail‹ von Charles Bennet. Manuskriptverfasser und Regisseur ist Alfred Hitchcock. Eine ziemlich lederne Kriminalsache. Aber das Publikum applaudiert bei der stummen Fassung und verhält sich beim Sprechfilm kühl. Nach dem Abstimmungsresultat sind 1124 Zettel abgegeben worden. 439 waren für den Sprechfilm, 685 gegen den Sprechfilm. Der stumme Film hat wieder einmal gesiegt.«[1]

Diese Reportage Herbert Jherings aus dem Jahr 1929 illustriert anschaulich den konfliktreichen Übergang vom Stummfilm zum Tonfilm. Die Ufa, das größte deutsche Filmunternehmen, hatte gegenüber der Entwicklung des Tonfilms zunächst kein sonderliches Interesse gezeigt. Während Fritz Lang im Juli 1925 mit den *Metropolis*-Dreharbeiten alle Studiokapazitäten beanspruchte, experimentierten in Babelsberg auch einige Techniker mit Tonaufnahmen. Man hatte sie in einen häßlichen Schuppen abgeschoben, niemand kümmerte sich um sie.[2] Erst als Hollywood mit seiner rasanten Tonfilmentwicklung die Ufa abzuhängen drohte und den Weltmarkt mit Tonfilmen wie *The Jazz Singer* zu erobern begann, änderte die Ufa ihre Haltung 1928 rasch und gründlich. In Rekordzeit wurden in Babelsberg tonfilmtaugliche Studios gebaut, fast fensterlose Gebäude mit massiven, schallschluckenden Außenmauern.

Nachdem die Ufa am 16. Dezember 1929 im Berliner Ufa-Palast am Zoo ihren ersten langen Tonfilm *Melodie des Herzens* präsentiert hatte, entbrannte ein »Kampf um den Tonfilm«. So euphorisch das neue Medium einerseits begrüßt wurde, so erbittert bekämpften es seine Gegner. Es gab »Demonstrationen für den stummen Film«, in den Filmzeitschriften wurde von einer weitverbreiteten Tonfilmfeindlichkeit berichtet, und selbst Tonfilmfreunde blickten skeptisch in die Zukunft. Die Verunsicherung unter den Schauspielern war groß und allgemein, das vorherrschende Gesprächsthema lautete: Ist meine Stimme »mikrofontauglich«? Die Ufa veranstaltete Tontests mit Stars wie Lilian Harvey oder Willy Fritsch, die Angst durchzufallen war gewaltig. Deutsche Superstars wie Emil Jannings und Conrad Veidt, die auch in Hollywood Erfolg hatten, mußten Amerika jetzt verlassen, weil sie die Sprache nicht richtig beherrschten. Große Karrieren endeten jäh, manche tödlich: Einige Stummfilmstars nahmen sich aus Verzweiflung das Leben.

Große Bedenken gegen die Einführung des Tonfilms hatten die Kinobesitzer, vor allem aus wirtschaftlichen Gründen. Denn alle Lichtspielpaläste und Kintopps mußten erst auf tonfilmtaugliche Apparaturen umgerüstet und baulich verändert werden. Diese Investitionen konnten viele Kinobesitzer kaum aufbringen, da die allgemeine Wirtschaftskrise auch an den Kinokassen spürbar wurde. Der gesamte Umrüstungsprozeß wurde erst 1935 abgeschlossen und hatte bis dahin insgesamt 50 Millionen Mark gekostet. Erbitterte Gegner fand der Tonfilm auch in vielen Kinomusikern, denen jetzt die Arbeitslosigkeit drohte. »Besonders die großen Stummfilme hatten einen Aufschwung für Musiker und Komponisten gebracht. Die großen Häuser besaßen vor der Leinwand Orchestergräben und beschäftigten viele Musiker, oder aber sie hatten teure Kinoorgeln einbauen lassen, die nicht nur Musik machten, sondern auch die nötigen Laute – vom Vogelgezwitscher über Gewitter, Feuerwehr und Zuggeräusche bis zu jeder Art von Klingeln und Glocken – imitieren konnten.«[3] Selbst die internationale Artistenloge protestierte gegen den Tonfilm, da vielen Artisten, die bis dahin im Vorprogramm das Publikum unterhalten hatten, jetzt Auftrittsmöglichkeiten entzogen wurden. Auf Flugblättern wurde behauptet: »Der Tonfilm verdirbt Gehör und Augen«, oder: »Der Tonfilm wirkt nervenzerrüttend.«

Die Kritik am Tonfilm war jedoch nicht nur wirtschaftlich begründet. Ganz abgesehen davon, daß die Tonwiedergabe in den ungenügend ausgestatteten Kinos anfangs oft so miserabel war, daß die Zuschauer protestierten, fürchteten viele Filmkritiker um das ästhetische Niveau, das der Stummfilm erlangt hatte. Die neuen Tonfilmkameras waren äußerst schwer und unbeweglich, die einmal erreichte Mobilität der Kamera konnte deshalb nicht beibehalten werden, und viele frühe Tonfilme wirkten ein wenig wie abgefilmtes Theater. Eine Reihe von Tonfilmkritikern beklagte zudem die Banalität der Dialoge und den Verlust des »Filmrhythmus«, da sich der Schnitt jetzt dem Dialog anzupassen hatte. Welche Unsicherheit der Übergang zum Tonfilm auch in den Filmstudios auslöste, erlebte Géza von Cziffra 1929 bei den Dreharbeiten zu *Das Land ohne Frauen*, einem Film, der stumm begonnen, dann aber als Tonfilm fortgesetzt wurde: »Die ersten Mikrophone waren unempfindlich, die Schauspieler mußten brüllen, selbst bei einer Liebesszene. Manche schrien begeistert los, manche weigerten sich, den Mund aufzumachen. So entstand ein merkwürdiges Misch-Masch, teils stumm, teils tönend. Teilweise Originalton, teilweise nachsynchronisiert. Am besten und echtesten wirkte das Brüllen eines Kamels.«[4] Letztlich war der Siegeszug des Tonfilms jedoch unaufhaltsam, und Willy Haas, der realistische Kritiker des »Film-Kuriers«, beschied allen Zweiflern kurz und bündig: »Die sogenannte ›Front gegen den Tonfilm‹ ist der übliche Literatenunsinn.«[5]

Der Beginn der Tonfilmära markiert den entscheidenden Wendepunkt in Rühmanns Karriere. Der Stummfilm, mit dem Rühmann in seinem allerersten Filmengagement für *Das deutsche Mutterherz* schon 1926 Erfahrung gemacht hatte, hatte nichts mit seinem Talent und er nichts mit der Ästhetik des Stummfilms anfangen können.[6] Seine Rolle in diesem melodramatischen Weltkriegsdrama verdankte Heinz Rühmann seinem Schwager Otto Bernheim, dem jüngeren Bruder seiner Frau, der Rühmann auch in späteren Jahren als Agent vertrat.[7] Durch seine Ausbildung zum Filmkaufmann konnte Otto Bernheim seinem Schwager den Kontakt vermitteln, und so wurde Rühmann im Frühjahr 1926 für zehn Drehtage à 50 Mark engagiert. Da die Lichttechnik noch nicht ausreichend entwickelt war, um mit Kunstlicht arbeiten zu können, drehte man in gläsernen, lichtdurchfluteten Ateliers bei Tageslicht. Jede Sonnenphase mußte ausgenutzt werden, war der Himmel bedeckt, wurden die Dreharbeiten zwangsläufig unterbrochen.

Das Ergebnis dieser Bemühungen ist verschollen, geblieben sind nur einige Szenenfotos und die Inhaltsangabe des »Illustrierten Film-Kuriers«[8]. Rühmann, der eben noch auf der Bühne als komödiantischer »Schnellsprecher und Turner« reüssiert hatte, verkörperte in diesem hochdramatischen, patriotischen Tränenepos einen mißratenen Sohn (Oskar), der in seiner Firma Geld unterschlägt und fliehen muß. Nach Ausbruch des Ersten Weltkriegs glaubt die patriotische Mutter, ihr Sohn würde nun ebenfalls dem Vaterland dienen, dieser jedoch will sich auf die Seite der Feinde schlagen. Nur mit knapper Not kann die Mutter den Verrat verhindern, wird dabei jedoch von einem Wachtposten erschossen. »Am Sterbelager der Witwe Erdmann knien die Kinder, die ihr noch verblieben sind. Darunter ziehen Feldgraue vorbei. Sie singen das Deutschlandlied ›Deutsche Frauen, deutsche Treue!‹. Die Sterbende hört es, sie öffnet die Augen und horcht. Ein müdes Lächeln gleitet über ihre Züge. Dann macht der Arzt ein Zeichen. Laut weinen die Kinder auf – ein deutsches Mutterherz hat aufgehört zu schlagen.[9] Der Film kam im Juli 1926 in die Kinos und lief unter dem Titel *Das deutsche Mutterherz*. Auch die anderen Verleihtitel deuten die politische Tendenz des Streifens an: *Die für die Heimat bluten* oder *Das Hohelied der Mutterliebe*.

Wie sehr das Kino damals Menschen beeindrucken konnte, die noch keine Erfahrungen mit dem neuen Medium hatten, zeigt die Reaktion von Rühmanns Mutter. Voller Stolz hatte sie der Sohn in ein Münchner Vorortkino gebeten, um sich ihr auf der Leinwand zu präsentieren. Doch die Brutalität der von ihrem Sohn verkörperten Figur schockierte Margarethe Rühmann so sehr, daß sie nahe daran war zu glauben, er hätte wirklich ein Verbrechen begangen. »Sie erlitt nach einer fast überstandenen Krankheit einen sehr ernsten Rückfall. Traurig endete dieser Tag, auf den ich mich so gefreut hatte.«[10] Hätte sie hinter die Kulissen dieser Filmproduktion sehen können, wäre ihr der Zusammenbruch sicher erspart geblieben. Die Hauptdarstellerin Margarete Kupfer etwa, die am Theater fast immer als komische Alte auftrat, pflegte bei dem im Atelier angestellten Klavierspieler Weihnachtslieder zu bestellen, um ihren Tränenfluß anzuregen.

Ob Rühmann in den frühen zwanziger Jahren überhaupt schon ins Kino gegangen ist, läßt sich nicht mit Bestimmtheit sagen. Nirgendwo finden sich Belege dafür, daß er die Meisterwerke der deutschen oder internationalen Kinematographie in Breslau, Hannover, Bremen oder München gesehen hat. Kannte er *Das Kabinett des Dr. Caligari*, Fritz Langs *Nibelungen*, Charles Chaplins *The Kid*, Buster Keatons *The Three Ages* oder *The Navigator*, die Monumentalfilme von David Wark Griffith?

Seine ersten eigenen Versuche, sich in diesem Medium zu etablieren, waren jedenfalls mehr als kläglich ausgefallen. Das sollte sich jedoch mit dem aufkommenden Tonfilm ändern. Dort wurden frische Talente gebraucht, die sich den Erfordernissen der neuen Aufnahmetechniken und der veränderten Dramaturgie und Szenenauflösung anpassen konnten. Allzu raumfüllende Gesten, bedeutungsschwere Schritte und Gänge, überdeutliche Grimassen und Emotionsausbrüche, wie sie noch das Stummfilmzeitalter geprägt hatten, waren als Stilmittel überholt und unerwünscht. »Der Tonfilm ist ein genauer Kontrolleur. Er gibt deutlich wieder, aber er kritisiert auch. Sentimentalität, Gefühlssacharin. [...] Viele Talente werden abschwimmen müssen.«[11]

Der Ausfall dieser Talente und die Erfordernisse des Tonfilms öffneten Rühmann in Babelsberg die Türen. Er war nicht sentimental, er war der »sachliche Bengel«, jenes »wandelnde kleine Ausrufezeichen« mit dem trockenem Ton, das man jetzt brauchte. Im Frühjahr 1930 war vor allem Erich Pommer, der einflußreichste Produktionsleiter der Ufa, auf der Suche nach so einem unverbrauchten Talent. Seine Produktionsgruppe hatte innerhalb der Ufa die Tonfilmproduktion forciert, und mit Tonfilm-Operetten wie *Melodie des Herzens* (1929) und *Liebling der Götter* (1930) waren Pommer echte Kassenschlager gelungen. Diese melodramatischen Kostüm- und Starfilme waren alles andere als modern und alltagsnah. Die neue Pommer-Produktion jedoch sollte ein bißchen, wenn auch nicht zu sehr, nach Benzin riechen, Gegenwart zeigen, und die Protagonisten sollten nicht im Frack oder in Uniform, sondern im sachlich-nüchternen Overall eines Tankwarts antreten. Noch trug das Projekt den vorläufigen Arbeitstitel »Drei Herzen und ein Schlag«, in die Filmgeschichte ist der »verspielte Tagtraum aus dem Material des Alltagslebens«[12] aber unter dem Titel *Die Drei von der Tankstelle* eingegangen. Im Mai 1930 war das Zapfsäulentrio noch unvollständig, der dritte Mann fehlte. Curt Bois, dem die Ufa die Rolle zuvor angeboten hatte, fand den Stoff »zu dumm« und gab Pommer einen Korb.[13] Zum Glück für Rühmann.

Rühmann erinnerte sich, daß er Erich Pommer oder einem seiner Mitarbeiter in der Revue *Wie werde ich reich und glücklich* aufgefallen und danach zum Vorstellungsgespräch gebeten worden sei. Doch die Revue von Mischa Spoliansky hatte erst Mitte Juni in der Komödie am Kurfürstendamm Premiere, und die Dreharbeiten für *Die Drei von der Tankstelle* starteten bereits am 17. Juni. Die Ufa-Mitarbeiter müssen ihn also schon in einer früheren Inszenierung bemerkt haben. Pommer, ein untersetzter Mann mit dichtem, gewelltem Haar, empfing Rühmann in seinem Büro, das er durch leidenschaftliches Rauchen von Mentholzigaretten unablässig mit Nikotinwolken parfümierte. Da Rühmann mit seinem Leichtmotorrad, Marke Evans, zum Vorstellungsgespräch gefahren war, trat er Pommer recht lässig entgegen: In Motorrad-Knickerbockern, einem Schal, die Mütze noch in der Hand. Daß dieser smarte, sportliche Auftritt Pommer im Hinblick auf seinen Film gefiel, kann man sich leicht vorstellen, jedenfalls bestellte er den Kandidaten zu Probeaufnahmen.

Zu diesem Termin nahm Rühmann seinen Freund Wolfgang Keppler mit, um mit ihm gemeinsam eine Szene aus einer französischen Salonkomödie vorzuspielen. Beide hatten sich »in Schale« geworfen, Lackschuhe, Abendanzüge, Handschuhe, Monokel, Zigarettenspitze, so verkörperten sie elegante Bonvivants, die mit Dialogwitz und mondänem Flair bestechen wollten. Wilhelm Thiele, den Regisseur des Films, ließ dieser Theaterauftritt kalt: »Schön und gut auf der Bühne bei Herrn Reinhardt – aber wir sind hier beim Film, Herr Rühmann.« Erich Pommer war nach Sichtung der Muster ebenfalls enttäuscht. Diesen traditionellen Typus mit angestaubtem Bühnenwitz suchte er nicht. Trotzdem gab er Rühmann – damals ungewöhnlich genug – eine zweite Chance: »Das ist nicht der junge Mann, der bei mir im Büro war! Die Probeaufnahmen werden wiederholt, diesmal soll er sich so anziehen wie vor einigen Tagen bei mir im Büro!«[14]

Bei der zweiten Probeaufnahme in Babelsberg war auch Pommer anwesend. Diesmal spielte Rühmann allein, wieder mit Knickerbockern und Mütze. Instinktiv wählte er eine Rolle, die sein Talent als Schlemihl und Lausbub unterstrich, ein Rolle, die ihn, wie die des »kleinen Mannes« auch, sein Leben lang begleiten sollte: Er improvisierte einen naßforschen Schüler, der zunächst großmäulig seinem Lehrer entgegentritt, sich dann verheddert, unsicher wird und schließlich verlegen und frech zugleich in seine Schulbank zurückrutscht und mit entwaffnender Einfältigkeit den Lehrer mit treuherzigem Augenaufschlag anschaut. Mit dieser Mischung aus Aufsässigkeit und Devotion, Schläue und Tölpelhaftigkeit war Rühmann authentischer als in der Rolle des Salonlöwen. Jetzt war Pommer überzeugt, den richtigen Mann gefunden zu haben. Er machte Rühmann mit dem Ufa-Generaldirektor Ludwig Klitzsch und dem Ufa-Produktionschef Ernst Hugo Corell bekannt und stellte ihm die baldige Vertragsunterzeichnung in Aussicht.

Zu den zweiten Probeaufnahmen hatte der Anfänger einen erfahrenen Filmschauspieler mitgebracht, mit dem er sich bei Max Reinhardt auch privat angefreundet hatte: Julius Falkenstein. Der Kollege, der sich wie wenige Schauspieler der damaligen Zeit als echter Filmschauspieler verstand, war eine auffällige Erscheinung, im Film und im gesellschaftlichen Leben Berlins. Polierte Glatze und Monokel waren seine Markenzeichen, und noch den beiläufigsten Nebenrollen drückte er einen unverwechselbaren Stempel auf. Ihn fragte Rühmann um Rat, als er einige Tage Zeit hatte, über seine Gagenhöhe nachzudenken. Der Routinier empfahl, als Anfänger könne er 5000 Mark von der Ufa fordern, man sei nicht knauserig. Rühmann träumte jedoch davon, ein eigenes Flugzeug zu besitzen. Das Filmabenteuer bedeutete für den beim Stummfilm durchgefallenen Theaterstar einstweilen nicht Ruhm, sondern willkommene Geldvermehrung. Und so forderte er von Pommer nicht fünftausend, sondern siebentausend Mark, um sich seinen Traum erfüllen zu können. Die Gage wurde anstandslos bewilligt, und Rühmann raste mit dem Motorrad durch die Stadt, um seine Frau Maria mit der freudigen Nachricht zu überraschen. Zur Feier des Tages aß man abends im bekannten Feinschmeckerlokal Horcher in der Martin-Luther-Straße.

Die Drei von der Tankstelle

Bislang hatte Rühmann die berühmte »Berliner Luft« nur gastweise geschnuppert, jetzt sorgte nicht zuletzt sein Ufa-Engagement dafür, daß er sich ganz auf die temporeiche Metropole, den »verrückt gewordenen Steinbaukasten«[15], einließ. Mit seiner Frau Maria zog er in die Salzbrunner Straße 38, eine ruhige, baumbestandene Seitenstraße, die vom Hohenzollerndamm abzweigt und ganz in der Nähe der vornehmen Wohnstraßen des Grunewalds liegt. Von hier aus kam er mit dem Motorrad schnell ins südwestlich von Berlin gelegene Babelsberg, wo die Ufa-Studios, unbehelligt vom Tempo und Lärm des Zentrums, abseits im Grünen lagen. Die Vormittage und frühen Nachmittage verbrachte er in den Ateliers, ehe er sich spätnachmittags durch das Gewühl der Stadt Richtung Osten kämpfte, um abends in Reinhardts Komödie, im Theater am Schiffbauerdamm oder im Theater in der Stresemannstraße aufzutreten.

Nach den Vorstellungen begab man sich jedoch keinesfalls nach Hause, man wollte die Anspannung des Tages lockern, sich amüsieren und sich zeigen. Berlin bot dazu unendlich viele Gelegenheiten. Gerade in den legendären zwanziger Jahren bestimmte das Nachtleben den Takt der Metropole. Die Sperrstunde wurde 1921 in Berlin auf ein Uhr hinausgeschoben und 1926 nochmals bis um drei Uhr nachts verlängert. Die äußerst vitalen Amüsierviertel der zwanziger und frühen dreißiger Jahre lagen am Kurfürstendamm, entlang der »Linden« und am Alexanderplatz. Um den Kurfürstendamm, der durch die prächtigen Uraufführungskinos wie Marmorhaus, Gloria-Palast, Ufa-Palast am Zoo oder Tauentzien-Palast geprägt war, hatten sich unzählige schummrige Bars, russische Teestuben, Nachtlokale, Weinstuben, Ballhäuser und zahlreiche Kabaretts angesiedelt. Etwa 40 Kabaretts gab es in der Hauptstadt, darunter das Schall und Rauch, eine Gründung von Max Reinhardt, und seit 1924 das Kabarett der Komiker, kurz Kadeko genannt, das von Kurt Robitschek, Paul Morgan, Max Adalbert und Max Hansen gegründet worden war. Im neuen Kadeko am Lehniner Platz, das Erich Mendelsohn 1928 im Stil eines nüchternen Warenhauses gebaut hatte, gastierten unter anderen die Comedian Harmonists, berühmte Diseusen wie Trude Hesterberg und Claire Waldoff sangen ihre frechen erotischen Songs, Karl Valentin gab seinen Grotesk-Humor, Werner Finck politisch anspielungsreiche Witze zum besten, und populäre Conférenciers wie Willi Schaeffers oder Kurt Robitschek sorgten für ausgelassene Stimmung. Rühmann, der schon in München ganz gern mal über die Stränge geschlagen hatte, war in dieser hektischen Zeit gewiß kein Kind von Traurigkeit.

Die politische Atmosphäre wurde indessen frostig, die »kalte Diktatur« der Notverordnungen begann, und die Sehnsucht der Menschen nach starken Männern wuchs. Die Zahl der Arbeitslosen war von 1,8 Millionen im Januar 1929 auf 2,8 Millionen im Januar 1930 gestiegen, alle Zeichen standen auf Depression. Von diesen Entwicklungen entfernte sich Rühmann mit seinem Eintritt in die Babelsberger Studiowelt immer mehr. Als Theaterstar hatte er noch stärkere Berührung mit seinem Publikum und dessen Alltag gehabt. Je vielbeschäftiger er jedoch wurde, desto mehr agierte er in den exklusiven Innenwelten des Filmbetriebs und verlor den Kontakt zum »normalen« Leben. Eine leichtlebige, lockere Zeit brach an, in der Rühmann, wie viele andere in diesen Jahren, das Leben kräftig auskosten wollte.

Mehr und mehr entfernte er sich jetzt auch von Maria, die ihren Beruf als Schauspielerin längst aufgegeben hatte und sich zusammen mit ihrem Bruder Otto Bernheim um die Probenarbeit und das Management ihres Mannes kümmerte. Während Rühmann häufiger die Nächte »weiß« machte, also erst gar nicht zu Bett ging oder spätnachts nach Hause kam, blieb sie daheim oder kümmerte sich um ihre Mutter, die sie regelmäßig in München besuchte. Die Beziehung der Eheleute nahm immer geschäftlichere Formen an, und durch seine zeitraubenden Engagements sah man sich ohnehin seltener. Fast jede Minute seiner knappen Freizeit verbrachte Rühmann zudem auf dem Flugplatz in Staaken, wo eine Leihmaschine für ihn bereitstand, mit der er Flüge über Berlin und Brandenburg unternahm. So versank er zusehends in einem Strudel von aufreibender Arbeit und grellem Nachtleben.

Die schon damals legendäre Filmstadt Babelsberg, in der Rühmann nun langsam anfing, sich zu Hause zu fühlen, hatte Anfang der dreißiger Jahre bereits einige radikale Metamorphosen hinter sich. Seit hier im Februar 1912 das erste Mal die Klappe für einen Film, *Der Totentanz* mit Asta Nielsen, gefallen war, hatte Babelsberg nicht aufgehört, sich auszudehnen, immer modernere Studiokomplexe entstanden. Schon in den zwanziger Jahren erkundeten Reporter wie Walter Muschg, Willy Haas, Siegfried Kracauer und Alfred Polgar den sagenhaften Ort Babelsberg für eine zunehmend interessierte Öffentlichkeit.

Das Filmgelände glich einem infernalischen Tohuwabohu von Räumen, Zeiten und Stilen. Troja, Athen, Rom, Paris, London und New York wurden bei Bedarf aus dem Boden gestampft, antike Tempel und gotische Kathedralen schossen empor, während man nebenan einen Wolkenkratzer zum Einsturz brachte. Überall wuchsen Vergangenheit und Zukunft ineinander. Pappmaché, Gips, Glas, Blech, Holz, Farbe und Stoff gaben den künstlichen Räumen ihre vergängliche Form und Gestalt. Tricktechniker animierten Fabelwesen, Drachen, Monster und Riesenschlangen, Tierpfleger fütterten die realen Tiere im hauseigenen Ufa-Zoo.

Nach dem Bau des raumgreifenden Tonkreuzes 1929 erschien dieses Chaos von Schein, Trug und Illusion gebändigter, viele Dreharbeiten fanden jetzt innerhalb der Hallen statt, das Gelände war übersichtlicher und klarer gegliedert als zuvor. Dennoch blieb Babelsberg ein riesenhafter, verwirrender Kosmos, in dessen Ateliers, Garderoben, Schnitt-, Abhör- und Vorführräumen, Büros, Kantinen und Kulissen man sich völlig von der Außenwelt abschotten konnte. Im Sommer 1930 wurde Rühmann selbst ein Akteur dieser legendären Welt.

Die Dreharbeiten zu *Die Drei von der Tankstelle* begannen in den Ufa-Ateliers am 17. Juni und dauerten bis zum 31. Juli 1930.[16] Obwohl die nächsten Wochen anstrengend wurden und Rühmann ein Anfänger im Tonfilmgeschäft war, hatte er keine Anlaufschwierigkeiten. Um die Tanz- und Gesangsnummern bewältigen zu können, erhielt er Unterricht, auch spezielle Gymnastikübungen gehörten zum täglichen Pensum. Verschiedene Außenaufnahmen wurden unweit der Ateliers an einer Landstraße gemacht, und im gerade erst fertiggestellten Gewerkschaftshaus in der Alten Jakobstraße in Kreuzberg drehte der Stab einige Büro- und Hofszenen.

Für die großen Stars dieser ersten gelungenen Operettenparodie der Ufa, Lilian Harvey und Willy Fritsch, war Rühmann noch kein ernsthafter Rivale. Harvey und Fritsch, die schon zuvor zwei Stumm- und einen Tonfilm als Liebespaar bestritten hatten, standen gerade am Beginn des ganz großen Star-Rummels. Sie waren das Ufa-Traumpaar, das die Klatschspalten mit immer neuen Geschichten füllte und die Kassen klingeln ließ. Der absolute Star dieser Produktion aber war der durchtrainierte 38-Kilo-Floh Lilian Harvey. (Sie fühlte sich schon mit 39 Kilo übergewichtig und erbrach dann heimlich, um abzunehmen.) Neben ihrem Pensum nahm sich Rühmanns Leistung in den nächsten Wochen beinahe bescheiden aus. Denn schließlich mußte er »nur« die Dreharbeiten der deutschen Fassung meistern, während die Harvey auch die Hauptrolle in der parallel gedrehten französischen Fassung *Le chemin du paradis* übernahm. Das Herstellen von verschiedenen Sprachversionen war 1930 noch gängige Praxis: Um das Exporthandicap des Tonfilms gegenüber dem weltmarkttauglichen Stummfilm wettzumachen – die Synchronisation war noch kaum gebräuchlich –, wurden bis Mitte 1931 etwa ein Drittel der deutschen Tonfilme gleichzeitig in fremdsprachigen Versionen gedreht. In denselben Dekorationen, mit kaum veränderten Requisiten und Kostümen, drehte man nacheinander Szene für Szene in deutsch, englisch und französisch.

Es war eine Zeit des Übergangs, und am Set wurden alle – Kameramänner, Regisseure, Tonmeister und Beleuchter, die Atelierarbeiter ebenso wie die Schauspieler – zu Entdeckungsreisenden in Sachen Film. Die Tonfilmkameras produzierten noch laute Eigengeräusche, und so steckte man sie in hölzerne, schallschluckende

Boxen mit einer Glasscheibe, durch die das Objektiv filmen konnte. »Wir waren alle mit Begeisterung bei der Sache und bejubelten in den Mustervorführungen jeden Ton, jedes Geräusch. Papierrascheln, Geklirr beim Löffelrühren in einer Tasse, Wassertropfen. Ich erinnere mich, wie entzückt wir waren, als eine Tür quietschte. Dann ölte sie ein eifriger Atelierarbeiter, und nun ging sie lautlos auf und zu. Längere Drehunterbrechung. Zwei Mann arbeiteten angestrengt so lange, bis die Tür wieder quietschte.«[17]

Mindestens einmal am Tag schaute Produzent Pommer vorbei, aufmerksam beobachtend und kontrollierend. Sobald es ihm nötig erschien, griff er korrigierend ein. Franz Planer, der Kameramann, hatte sich offensichtlich in Olga Tschechowa, die eine Nebenrolle spielte, verliebt und fotografierte sie mit auffallender Hingabe, sehr zum Nachteil des eigentlichen Stars Lilian Harvey. Nach Vorführung der Muster handelte Pommer umgehend: »Sie scheinen vergessen zu haben, daß Frau Harvey der Star des Films ist und nicht die andere Dame; die Szene wird noch einmal gedreht!«[18] Gerade diese Ufa-Produktion zeigte Pommers Talent: Er bündelte Kräfte und begriff den Film immer als Werk eines Kollektivs. Jeder sollte sein Bestes abliefern, und das Beste war gerade gut genug, um ein gutes Produkt herzustellen. Er hatte Spezialisten engagiert, um das erstarrte Operettengenre in Bewegung zu bringen und dem immer noch steifen Tonfilm auf die Sprünge zu helfen. Werner Richard Heymann war als Komponist engagiert worden, Robert Gilbert lieferte die Liedtexte, und die Comedian Harmonists höchstselbst traten als Interpreten auf. Die Schlager des Films wurden sofort zu hartnäckigen Ohrwürmern. *Ein Freund, ein guter Freund* oder *Liebling, mein Herz läßt dich grüßen!* verschafften dem Film enorme Popularität.

Den Zusammenhang zwischen Krise und Amüsement hatte kaum jemand besser begriffen als Pommer. In dieser entbehrungsreichen Zeit suchte man Ventile, die Ufa und er boten sie an. Ein Kritiker drückte diesen Zusammenhang nach der Premiere des Films bildhaft aus: »Um 7 und 9 Uhr rasen Chefs und Angestellte ins Kino, um für zwei Stunden ihren Kummer zu vergessen. Der Film wird als eine Art Radiergummi für Sorgenfalten benutzt.«[19] Auch das Uraufführungsdatum von *Die Drei von der Tankstelle* macht den Zusammenhang zwischen Politik und Unterhaltung augenfällig: Die bejubelte Uraufführung fand am 15. September 1930 im Berliner Gloria-Palast statt. Einen Tag zuvor hatten die

Nationalsozialisten einenTriumph errungen und bei der Reichstagswahl sensationelle Gewinne erzielt. Der »große Mann« Hitler eroberte die politische Bühne genau in dem Augenblick, in dem auch der Filmstar Heinz Rühmann, der kommende »kleine Mann«, erstmals von einem Millionenpublikum wahrgenommen wurde.

Die Drei von der Tankstelle wurden zum erfolgreichsten Film der Saison 1930/1931 und spielten 4,3 Millionen Reichsmark ein. Rühmann war mit einem Schlag zum Star geworden. Als nach der Premierenaufführung im Gloria-Palast das Licht wieder anging und sich der Vorhang vor der Leinwand schloß, blätterten die Zuschauer neugierig in ihren Programmheften. Die Harvey, Willy Fritsch, die Tschechowa kannte man in Berlin, aber wie hieß der lustige Knirps mit dem weinerlichen Tonfall und der spiegelnden Brille? Als sich dieser »Knirps« verbeugte, brandete Beifall auf, man rief seinen Namen, erst vereinzelt, dann viele: »Rühmann, Rühmann!«

Sieht man sich *Die Drei von der Tankstelle* heute an, nach über siebzig Jahren, kann man die Begeisterung des Publikums über den Film und Rühmanns Leistung sehr gut nachvollziehen. Es ist vor allem seine übermütige, ausgelassene und mutwillige Albernheit, die die dünne Handlung trägt. Im Mittelpunkt des Films stehen drei junge Männer und ihre Hymne: »Ein Freund, ein guter Freund, das ist das Beste, was es gibt auf der Welt! Ein Freund bleibt immer Freund, und wenn die ganz Welt zusammenfällt! Drum sei auch nicht betrübt, wenn dein Schatz dich nicht mehr liebt! Ein Freund, ein guter Freund, das ist der größte Schatz, den's gibt!« So singt sich der krisenfeste Männerbund durchs Leben. Von einer Vergnügungsreise zurückgekehrt, erfahren sie von ihrem wirtschaftlichen Bankrott. Ein Gerichtsvollzieher (Felix Bressart) verteilt die Pfändungszettel im ganzen Haus, schon räumen die Handwerker alles leer. Das geschieht mit Schwung, ein Sofa fliegt tricktechnisch animiert durch die Luft, die Handwerker schwingen die Beine wie die Tiller-Girls, und die Freunde nehmens leicht. Mit einem Sprung durchs Fenster retten sie sich in ihren letzten Besitz: das große Auto. Hier hat der Film Tempo, der schnelle Schnitt macht dem sonst so trägen Genre Beine: Willy (Willy Fritsch), Kurt (Oskar Karlweis) und Hans (Heinz Rühmann) verkaufen ihre Limousine und eröffnen eine Tankstelle. Sie arbeiten im Dreischichtbetrieb, wobei sie mehr in der Hängematte liegen als an der Zapfsäule stehen.

Dann hält eines Tages Lilian Coßmann (Lilian Harvey) an der Tankstelle und verdreht den Dreien den Kopf. Das Happy-End ist eine Frage der Zeit. Es gibt ein bißchen Streit, ein paar Rivalitäten um die Dame, aber längst ist klar, daß Willy seine Lilian in die Arme schließen wird. Und auch die harte, häßliche Arbeit wird wie ein Gespenst vertrieben. Durch Lilians Vater werden die drei Müßiggänger zu Direktoren einer neugegründeten Tankstellen AG berufen. Der Film schließt mit einem großen Finale: Willy gibt sich widerspenstig, sein verletzter Stolz läßt ihn zögern, aber als Konsul Coßmann liebenswürdig droht und Dampf macht, fügt er sich lachend in die Heirat mit seiner Lilian. Jetzt werfen die Männer ihre Beine noch ausgelassener als die Frauen, ein großer Chor, eine raumfüllende Choreographie, dann fällt der Vorhang – und Ende.

Die eingängigen Schlager, die immer wieder aufgegriffen, variiert, mit vielfachen Bedeutungs- und Atmosphärenwechseln aufgeladen werden, rhythmisieren und diktieren den Schnitt, die Dialoge und die Auflösung der Szenen. Nach dem Motto »die Lage ist hoffnunglos, aber nicht ernst« wird noch das größte Unglück weggetanzt und veralbert. Die üblichen Portionen an Nostalgie, Melancholie und Sentimentalität der konventionellen Filmoperetten dieser Jahre machen einer heiteren Sachlichkeit Platz. Die Figuren agieren künstlich, wie an Fäden gezogen, aber es schadet ihnen nicht, sie sind quicklebendig, vital, strotzen vor Optimismus. Der Film greift Alltagsprobleme wie Arbeitslosigkeit, Pfändung und Bankrott durchaus auf, spielt aber damit so unbekümmert, daß die Realität bloß als ein böser, kaum ernst zu nehmender Spuk erscheint.

Rühmanns Rolle in diesem Tankstellen-Quartett und Freundes-Trio liegt auf der Hand: Er ist der lustigste, er sorgt für das meiste Gelächter, Liebe ist nicht sein Geschäft. Im Männerbund ist er neben dem unangefochtenen Liebhaber Fritsch und dem eleganten Tänzer Karlweis der fast noch pubertäre Primaner. Wenn seine Freunde boxen, gibt er den Schiedsrichter oder springt vor Schreck hinter die Tür. Bei Lilian hat er nicht die leiseste Chance, ebensowenig wie Karlweis, dem der Zuschauer aber zumindest die theoretische Möglichkeit zur Eroberung der Dame einräumen kann. Fritsch tituliert seine Freunde als »Lausejungen«, »Affen«, »Narren« und »Charakterathleten«. Tatsächlich sind sie biegsamer als er, machen alles mit, schwanken, ohne Stolz und männliche Haltung. Dabei kommt Karlweis die Aufgabe zu, Rühmann zum Allerkleinsten, zum Bengel herabzustufen: Er schimpft ihn »halbe Portion«, »lächerlicher Zwerg« und »Insektenknabe, lästiger«. Rühmann wirkt durch die kreisrunde spiegelnde Hornbrille, die spitz vorspringende Nase und seine überdeutlichen Grimassen fast wie eine Comic-Figur.

Auffällig ist auch hier schon seine Stimme, sie zeigt sein ganzes Tonfilmtalent und wirkt wie eine Antwort auf die übertriebenen Gesten und Mienen des Stummfilms: Rühmann spricht noch nicht so eingeschliffen, monoton und bewußt ausdruckslos, wie er es später tun wird. Dennoch ist sein Stimmorgan als zukünftiges Markenzeichen schon ganz präsent. Er spricht noch offener, »weiter«, legt größere Betonungen hinein. Charakteristisch ist mitunter schon das nölige Quäken, die trockene Nüchternheit und die jungenhafte Begeisterung. Auf jeden Fall ist diese Stimme sehr tonfilmtauglich, sie ist modern, unbeschwert von Sentimentalität und Pathos. Vor allem wenn Rühmann singt, klingt er natürlich, weil er keinen Ton richtig trifft und weil sein Gesang überhaupt wie eine unbeholfene Parodie auf alle feurigen Liebesarien und geschmetterten Treueschwüre wirkt. Mit dieser Stimme ist kein Staat, kein Nibelungen-Untergang und kein Drama zu machen. Format hat sie trotzdem, weil sie prägnant ist, weil sie anrühren kann und Mitgefühl weckt. Das ist keine Star-, sondern eine Menschenstimme.

Publikum und Kritik sind gleichermaßen von dem neuen Ufa-Schlager aus dem Hause Pommer begeistert. Der Kritiker des »Berliner Tageblatts« stellte fest: »Das Publikum befand sich in einem wahren Vergnügungsrausch.«[20] Man entdeckte »neue Ideen«, »einen neuen Filmtyp«, »herrliche Ansätze«, »neue Hoffnung für die Tonfilmoperette«, »eine Tonfilmoperette, zu der man ja sagen kann«. Auch Rühmann attestierte man großes Talent und Wirksamkeit. Er wurde als »ganz große Neuerwerbung für den Tonfilm«[21] und als »sehr ulkig« und »erstklassig« hervorgehoben. Selbst die nationalsozialistische Zeitung »Der Angriff« verzichtete darauf, die an der Produktion beteiligten Juden wie sonst üblich zu schmähen: »Endlich einmal ein paar Menschentypen, an denen man seine Freude hat, die vor nichts Bange haben, die das Leben meistern.«[22] Nur der strenge Herbert Jhering war mit Rühmann nicht ganz zufrieden, auch wenn er die Schuld dafür eher beim schwachen Drehbuch suchte: »Heinz Rühmann, dem in diesem Film ein großer Ruf vorausging, hatte einen zu schwachen

Text, um seine wirkliche Tonfilmbegabung unter Beweis stellen zu können.«[23] Mit dieser Meinung stand der Kritiker des »Börsen-Couriers« jedoch allein auf weiter Flur. Da das Publikum von Rühmann begeistert war, war es die Ufa auch. Vor allem Pommer erkannte sein Potential als Publikumsliebling und Kassenmagnet für das neue Kino, als Star mit eigenem Stil.

»Aufmunterungsmaschine in finsterster Zeit«

Mit Alfred Hugenberg stand seit 1927 ein zutiefst demokratiefeindlicher Mann an der Spitze der Ufa. Unter seinem Vorsitz war die Deutschnationale Volkspartei (DNVP) weit nach rechts gerückt und hatte 1931 die Harzburger Front, ein reaktionäres Bündnis mit NSDAP und Stahlhelm, gebildet. Was die Republik von ihm erwarten durfte, hatte er 1928 auf dem Parteitag der DNVP mit markigen Worten verkündet: »Es wird einmal der Tag kommen, wo dieses Volk sich aufrafft, um all diesen Plunder von sich zu schütteln, der durch das heutige System auch über uns geworfen wird. Wir müssen uns frei machen von diesem System der Ausschüsse, der Kommissionen, der Verzehrung aller Kräfte in Rede und Gegenrede.«[24] Trotz dieses antidemokratischen Pathos' war Hugenberg ein kühler Sanierer und Medienpolitiker. Er hatte die marode Ufa wirtschaftlich gerettet und zielstrebig in einen erzkonservativen Konzern unter deutschnationaler Führung verwandelt. Bei seinen politischen Auftritten gab er sich gern ein entschlossenes Kampfgesicht, das gehörte zum Geschäft. Es gehörte aber ebenso zu seinem Geschäft, dem Publikum alternative Gesichter zu den freudlosen Masken des politischen Tageskampfes anzubieten. In den letzten Jahren der Republik hatten sich die Gesichter verändert. »Die Extremisten beider Seiten bildeten ihren eigenen, körperlichen Typ heraus, man konnte sie physiognomisch erkennen.«[25] Harry Graf Keßler notierte: »Papen hat seine erste Rede gehalten. Die Zeitungen bringen seine Photographie (das ›8-Uhr-Blatt‹ unter dem Titel ›Der neue Kanzler-Typ‹): er sieht aus wie ein verbiesterter Ziegenbock, der ›Haltung‹ anzunehmen versucht.«[26] Auch wenn sich der politische Druck von Aufsichtsrat und Direktion auf die Ufa-Produktionsgruppen 1931/1932 erhöhte, war das Bedürfnis des Publikums nach Zerstreuung weitaus größer als der Wunsch nach nationaler Bildung und vaterländischer Propaganda. Selbst wenn die Ufa-Direktion es also gewollt hätte, kaufmännisches Kalkül sprach dagegen, nur nationale Preußenfilme mit Otto Gebühr als *Fridericus Rex* in die Kinos zu bringen.

Während sich die Physiognomien auf den Straßen und politischen Bühnen verfinsterten, wuchs im Kino der Bedarf an unbeschwerten Gesichtern. Rühmanns kindlich-rundes, pausbäckiges Gesicht entsprach in seiner glatten Sorglosigkeit ziemlich genau dem aktuellen Anforderungsprofil. Welche Aufgabe in den nächsten Jahren auf ihn zukam, macht ein Vergleich mit seinem weiblichen Pendant deutlich. Auch Dolly Haas war von Max Reinhardt für die Berliner Bühnen entdeckt und zusammen mit Rühmann für die Revue *Wie werde ich reich und glücklich* verpflichtet worden. Sie war die »kleine Frau« für die »kleinen Leute«, auch sie pausbäckig, eine energische, quicklebendige Sorgenvertreiberin. Ihre Filme heißen z. B. *Die kleine Schwindlerin* (1933) oder *Kleines Mädel, großes Glück* (1933). Es ist deshalb kaum verwunderlich, daß sie und Rühmann in *Der brave Sünder* (1931) und *Es wird schon wieder besser* (1932) als Liebespaar besetzt wurden. Was Karsten Witte über Dolly Haas geschrieben hat, läßt sich mit voller Berechtigung auch auf Rühmann münzen: »Sie hat keinen sozialen Grund. Sie ist überall zuhause. Sie ist ein erfundenes Geschöpf. Man hat ihren Typus am Reißbrett der Sozialtherapie erfunden. Sie ist die Aufmunterungsmaschine in der finstersten Zeit der Weimarer Republik. Sie ist lustig. Man möchte ihr eher glauben als der Wirklichkeit.«[27]

Die Drei von der Tankstelle waren kaum abgedreht und noch nicht einmal in den Kinos, da stand die »Aufmunterungsmaschine« Rühmann schon wieder im Ufa-Atelier in Babelsberg vor der Kamera. Die neue Produktion unter der Regie von Hanns Schwarz trug den Arbeitstitel »Meine Frau? – Ihre Frau?« und wurde vom 25. August bis zum 7. Oktober 1930 gedreht, eine französische Fassung entstand zeitgleich. Die deutsche Uraufführung fand wenige Monate später am 16. Dezember im Berliner Gloria-Palast statt, inzwischen hatte der Film allerdings den schlichteren Titel *Einbrecher* erhalten. Wieder war Erich Pommer der Produzent, der erneut auf die Rezeptur der Tonfilmoperette mit Staraufgebot setzte. Lilian Harvey und Willy Fritsch standen im Mittelpunkt des Films, neben ihnen agierten so prominente Darsteller wie Ralph Arthur Roberts, Oskar Sima und Paul Henckels. Für die Lied-

Kompositionen hatte Pommer Friedrich Hollaender gewonnen, der zusammen mit Robert Liebmann auch die Liedtexte verfaßte.

Es ist verblüffend, mit welcher Sicherheit sich Rühmann in dieses Star-Ensemble einfügt und wie sehr er, obwohl er nicht der zentrale Held und Liebhaber des Films ist, durch seine Darstellung größte Aufmerksamkeit beansprucht. Die Handlung des Films ist läppisch, aber Friedrich Hollaenders mitreißende Schlager und Rühmanns wirkungssicheres Spiel helfen über manche Holprigkeit hinweg. Selbst wenn das zeitgenössische Publikum nur darauf wartete, daß Willy seine Lilian, »das süßeste Mädel der Welt«, endlich in die Arme schließt, wirken die Szenen zwischen Lilian Harvey und Rühmann auf den heutigen Zuschauer moderner, da sie parodistisch und selbstironisch angelegt sind. Wie in *Die Drei von der Tankstelle* buhlen auch hier drei Männer um die Gunst einer Frau, nur die Figuren sind andere. Dumontier (Ralph Arthur Roberts) ist ein ältlicher Puppenfabrikant, dem klar ist, daß er seine vitale junge Frau Renée (Lilian Harvey) freigeben muß. Deshalb duldet er in seinem Haus auch den jungen Sérigny (Heinz Rühmann), einen jungen, eleganten Gecken, der aber nur ein Spielball der romantischen Frau ist, die von einem »richtigen« Mann schwärmt. Ihr männliches Idealbild wird durch ein lebensgroßes Porträt im Salon des Hauses veranschaulicht, auf dem ein finster dreinblickender Torero mit entbößtem, übertrieben muskulösem Oberkörper zu sehen ist. In einer langen Tanz- und Gesangszene versucht Sérigny, den Torero nachzuahmen, wodurch Rühmann die Chance bekommt, eine hinreißende Parodie hypertropher Männlichkeit abzuliefern. Selbstverständlich hat Sérigny mit dieser Lachnummer keinen Erfolg bei Renée, desto größer ist aber das Mitgefühl des Publikums, das den linkischen Liebhaber bedauern und zugleich über ihn lachen kann.

In der »Deutschen Tageszeitung« hieß es: »Darstellerisch schießt dabei Heinz Rühmann den Vogel ab, der einen Liebhabertolpatsch von unwiderstehlicher Komik gibt.«[28] In vielen Kritiken fand Rühmann mehr Beachtung als Fritsch, in der »Vossischen Zeitung« attestierte man ihm sogar eine mitunter schon zu große Routine: »Rühmann ließ uns ein paarmal lachen, dafür sind wir ihm dankbar, obwohl ich finde, daß seine Unsicherheit bereits eine Nuance zu sicher gespielt ist.«[29]

Während die Dreharbeiten zu *Einbrecher* noch auf Hochtouren liefen, bemühte sich die Ufa, einen längerfristigen Vertrag mit dem

Jung-Star abzuschließen. Für die ersten beiden Ufa-Filme hatte man ihm Einzelverträge angeboten, nun sollte er dauerhafter gebunden werden. Bei den Verhandlungen mit Verleihchef Wilhelm Meydam und Produktionschef Ernst Hugo Corell ließ sich Rühmann durch seinen Schwager Otto Bernheim vertreten. Am 5. September 1930 wurde auf einer Ufa-Vorstandssitzung über den Vorgang beraten. Zum Tagesordnungpunkt neun heißt es im Ufa-Vorstandsprotokoll unter der Überschrift »Karl Heinz Rühmann«: »Es besteht die Möglichkeit, diesen Schauspieler für ein Jahr fest für die Ufa zu verpflichten mit der Maßgabe, daß er während 26 Wochen des Jahres nach seiner Wahl berechtigt ist, im Sprechtheater aufzutreten. In der übrigen Zeit würde Herr Rühmann ausschließlich der Ufa zur Verfügung stehen, und zwar zu folgenden Bedingungen: Ufa garantiert Herrn Rühmann ein Jahreseinkommen von mindestens M 55 000 mit dem Recht, ihn dafür in einem Großfilm 8 Wochen gegen ein Honorar v. M 25 000 und in zwei Spielfilmen je 4 Wochen gegen ein Honorar von je M 15 000 zu beschäftigen. Ufa hat auch das Recht, Herrn Rühmann z. B. in drei Großfilmen zu je 8 Wochen gegen ein Honorar von je M 25 000, insgesamt also M 75 000 zu beschäftigen oder die 26 Wochen sonst nach ihrer Wahl mit entsprechender Honorierung aufzuteilen. Die Versammlung hat Bedenken, wegen der Theaterverpflichtungen des Herrn Rühmann in Schwierigkeiten bezüglich der Disposition seiner Filmtätigkeit zu kommen. Herr Meydam wird daher mit Herrn Rühmann zunächst dahin verhandeln, dass er bestimmte Bindungen hinsichtlich der Zeit seiner Filmtätigkeit eingeht. Alsdann soll Beschluss gefasst werden.«[30] Der Beschluß ließ nicht lange auf sich warten. Vier Tage später kamen die Ufa-Direktoren erneut zusammen und lehnten den ins Auge gefaßten Jahresvertrag ab.[31] Das Protokoll hält an dieser Stelle keinerlei Begründung für die ablehnende Haltung fest, aber die zuvor geäußerten Bedenken gegen die Theaterverpflichtungen dürften sicher ein Hauptgrund gewesen sein.

Rühmann wollte sich also keinesfalls ganz und gar dem Film verschreiben. Zwar lockten ihn die hohen Gagen, aber die Bühne war seine eigentliche Heimat. Daß er sich dafür die Hälfte des Jahres frei halten wollte, machte ihn für die Ufa zum unsicheren Kantonisten. Trotzdem blieb er ein begehrter Partner, und für die nächsten Projekte engagierte man ihn, wie gehabt, mit Einzelverträgen. Über das Nichtzustandekommen eines längerfristigen Abschlusses mußte Rühmann jedoch nicht besorgt sein. Nach dem Sensationserfolg seines ersten Tonfilms war er in der Filmbranche begehrt, er konnte seine jeweiligen Verhandlungspartner mit dem Hinweis auf andere Angebote unter Druck setzen. Diese gestärkte Position zeigte sich auch bei seinen nächsten Verhandlungen mit der Ufa. Am 30. September wurde vom Vorstand folgender Beschluß gefaßt, der die nächste Erich-Pommer-Produktion *Der Mann, der seinen Mörder sucht* betraf: »Der Vertrag vom 17. ds. Mts. mit dem Schauspieler Rühmann, wonach er gegen ein Pauschalhonorar von 15000 RM verpflichtet ist, wird genehmigt, obwohl die Kalkulation des Films noch nicht vorliegt, da er sonst ein anderes Engagement eingegangen wäre.«[32]

Innerhalb weniger Monate hatte Rühmann seine Gage verdoppeln können und sich vom Co-Star zum zentralen Protagonisten eines Films entwickelt. Denn Erich Pommer traute ihm jetzt sogar zu, einen Film tragen zu können, und stellte ihn in den Mittelpunkt seiner nächsten Produktion. Im Vorspann dieses Films steht Rühmanns Name sogar vor dem Filmtitel, ein sicheres Zeichen für seinen rasanten Popularitätszuwachs und Aufstieg in der Star-Hierarchie der Ufa, denn die alleinige Nennung vor dem Titel stellte den Star über das Produkt und wurde nur Spitzenstars gewährt.

Wie kein anderer deutscher Produzent dieser Zeit verstand sich Pommer darauf, avantgardistischen Mut mit kommerziellem Gespür zu verbinden. Für *Der Mann, der seinen Mörder sucht* engagierte er deshalb Robert Siodmak als Regisseur, der mit *Menschen am Sonntag* (1929/1930) einen ganz neuen Realismus in den deutschen Film gebracht hatte. Für das Drehbuch waren u. a. auch Curt Siodmak und Billie Wilder verpflichtet worden, die ebenfalls zu dem jungen Team des Überraschungserfolges *Menschen am Sonntag* gehört hatten. Wilder, der seinen Vornamen mit »ie« schrieb, ehe er in Hollywood Karriere machte, hatte sich wenige Jahre zuvor noch als Eintänzer im Hotel Eden über Wasser halten müssen, ehe er schließlich über den Journalismus zum Film kam.« Das hieß auf gut Deutsch, mehr oder weniger betagte Damen über das Parkett zu schleifen, die ihm nach ›getaner Arbeit‹ heimlich ein paar Scheine zusteckten.«[33]

Für die Kriminalfilmgroteske, die Pommer jetzt nach amerikanischem Vorbild drehen wollte, schienen ihm diese ambitionierten und experimentierfreudigen jungen Leute die richtige Wahl zu sein. Die Fachzeitschrift »Der Film« kommentierte: »Pommer hat die Jungen gegen die seit Jahren geübte Schablonearbeit der Industrie-Skribenten eingesetzt. Also wieder einmal eine herrliche Rebellion gegen das Hergebrachte.«[34] Auch Friedrich Hollaender war als Komponist wieder mit von der Partie. Pommer kannte die Harold-Lloyd-Filme *The Kid Brother* (1927) und *Speedy* (1928), rasante Kriminalkomödien, die sich bis zur Groteske steigern, und von Tempo und aberwitzigen Verfolgungsjagden leben. Diese Filme lassen sich unschwer als Vorbilder für *Der Mann, der seinen Mörder sucht* erkennen. Auch Rühmann wurde dem Äußeren des amerikanischen Stars Harald Lloyd angepaßt und sah ihm mit dicker Hornbrille und streng zurückgekämmten Haaren recht ähnlich.

Die Story des Films basierte auf einem Bühnenstück von Ernst Neubach, der sich freizügig aus einem Roman von Jules Verne bedient hatte,[35] und war für damalige Verhältnisse ganz ungewöhnlich makaber. Hans Herfort, ein verzweifelter junger Mann, will sich umbringen, nur fehlt ihm dazu der Mut. Da kommt ihm ein Einbrecher gerade recht, mit dem er einen Vertrag über seinen eigenen Mord abschließt. Bis zum nächsten Tag um zwölf Uhr mittags soll der Auftrag ausgeführt werden. Doch als sich Hans noch in derselben Nacht verliebt, wünscht er nichts sehnlicher, als die unselige Abmachung rückgängig zu machen. Eine turbulente Jagd durch das Berliner Unterweltmilieu beginnt, und Siodmak nutzte dabei die Chance, eine Reihe dokumentarischer Stadtansichten in die Handlung zu montieren. Gedreht wurde wieder in Babelsberg, und ab Anfang November 1930 war Rühmann für fünf Wochen ununterbrochen im Studio.

Es gibt kaum einen anderen Film in Rühmanns Karriere, in dem er so weit von seinem typischen Image entfernt ist und seine charakteristischen Mittel so sparsam einsetzt. In diesem Stadium war er noch offen für Experimente, noch nicht durch sein späteres Image eingeengt. Er spricht mit voller, ungewöhnlich tiefer, nicht heruntergepreßter oder jungenhaft aufgehellter Stimme. All seine üblichen Masken zwischen Einfalt und Verschmitztheit kommen hier kaum zum Einsatz.

Das krisengeschüttelte Publikum der Weimarer Republik konnte mit diesem bizarren Humor nichts anfangen, ein Kassenschlager wurde die Kriminalgroteske nicht. Die Kritiker allerdings waren von Film und Hauptdarsteller einhellig begeistert. »Zugeschnitten ist das Ganze freilich auf Heinz Rühmann, der nicht nur wegen seiner Brille Harold Lloyd ähnlich sieht. Rühmann spielt reizend, seine Frechheit ist noch netter als seine Schüchternheit: das ist wenigstens ein junger Mann von 1931. Ein Typ, den man sonst im deutschen Film kaum zu sehen bekommt.«[36] Lob auch von Herbert Jhering: »Heinz Rühmann, der im Tonfilm nahe daran war, sich an zappelige Operettennuancen zu verlieren, ist hier von einer reizenden Ruhe, von einem köstlichen Phlegma. Das ist seine Natur! Herrlich!«[37]

Anfang des Jahres 1931 war man an den Münchner Kammerspielen froh, Rühmann noch einmal für einige Gastspiele als Publikumsliebling zurückzubekommen. Mit großem Erfolg spielte er hier in *Wie werde ich reich und glücklich* und *Ein Strich geht durchs Zimmer*. Beide Stücke hatte Rühmann schon in Berlin gespielt, so entfiel für ihn ein langer Probenprozeß. In München mußte man sich nun nach dem Terminkalender und den Stückvorschlägen des Publikumslieblings richten, denn seine Zeit war knapp. Während er im Februar und März noch mit zwei Komödien am Münchner Volkstheater gastierte, war in Berlin schon über sein nächstes Engagement entschieden worden.

Am 21. Februar hatte die Ufa beschlossen, Rühmann in einem Projekt an der Seite von Hans Albers einzusetzen. Der Film sollte den Titel *Bomben auf Monte Carlo* tragen, und Rühmanns Gage wurde auf 20000 Reichsmark festgesetzt, womit ihm eine erneute Gagensteigerung gelungen war.[38] Mit *Die Drei von der Tankstelle* und *Einbrecher* hatte er bewiesen, daß er sich neben den ganz großen Stars nicht nur behaupten konnte, sondern sogar vorteilhaft von ihnen abstach. Dasselbe erwartete man jetzt von seinem Talent in Hinsicht auf Albers, denn der hatte mit der Einführung des Tonfilms einen noch rasanteren und größeren Durchbruch als Rühmann erzielt. Dies läßt sich natürlich an den Gagen ablesen. Für *Bomben auf Monte Carlo* forderte Albers von der Ufa 75000 Reichsmark – und bekam sie bewilligt.[39]

Der Film wurde von Mitte April bis Anfang Juli 1931 gedreht, und es war dem Budget eines sogenannten »Großfilms« durchaus angemessen, daß die Aufnahmen nicht nur im Studio, sondern auch in Monte Carlo stattfanden. Während der Dreharbeiten lernte Rühmann in Albers einen Star kennen, dessen Naturell seinem eigenen völlig entgegengesetzt war. Wenn Rühmann in diesen Jahren privat auch gern trank, ausgelassen feierte und nachts durch die Bars zog, war er im Studio doch ein disziplinierter Arbeiter, streng darauf bedacht, keine Fehler zu machen, Text und Rolle möglichst präzise zu beherrschen. Offen geführte, lautstarke Konflikte mit Regisseuren scheute er.

Ganz anders Albers, der blonde Hans, der Hoppla-hier-komm-ich!-Typ, der keinem Streit aus dem Weg ging, der unbestrittene König des Ateliers, der sein Revier mit Zähnen und Klauen verteidigte. »Otto-Otto«, wie er sich selbst gern und oft nannte, hatte einen derben, zotigen Humor, auf den er regelrecht stolz war. Rühmann dagegen, der auf der Bühne zwar ebenfalls derb und anzüglich sein konnte, blieb privat auf dieser Ebene eher gehemmt und machte handfestere Witze nur dann, wenn er sich im kleinen Kreis sicher fühlte. Für Albers dagegen konnte der Kreis gar nicht groß genug sein, wo er ging und stand, spielte die Musik. In seiner Autobiographie erinnert sich Rühmann an ihn mit einem gewissen spöttischen Unterton, er nennt ihn mehrfach »mein großer Kollege« und berichtet vor allem von Albers' Faulheit und dessen Abneigung, Rollentexte auswendig zu lernen. Lieber las er seinen Text von schwarzen Schiefertafeln, den sogenannten »Negern«, ab.

Wie wenig Albers Rücksicht auf die Dispositionen des Drehplans nahm, zeigt ein Vorfall, der sich während der Dreharbeiten in Monte Carlo ereignete: »Das Drehbuch verlangte, daß mein großer Kollege und ich aus einer Barkasse an Land sprangen und frohgemut schlendernd eine hohe Treppe zum Kai hinaufgingen, im Takt zu Werner Richard Heymanns Melodie: ›Das ist die Liebe der Matrosen …‹ Herr Heymann war zu diesem Zwecke extra aus Berlin angereist, um ein paar Takte vorzupfeifen; es war ja ein Großfilm! Wir fanden die Probe schon sehr schön, aber Herr Schwarz meinte: ›Machen Sie das noch einmal, meine Herren, und ohne diese Operettenbewegungen!‹ Große Pause. Dann sagte der blonde Hans zu mir: ›Haben Sie das gehört, Herr Kollege, Operettenbewegungen!‹ Dann zu unserem Regisseur: ›Also, ich will das aber nicht gehört haben, Herr Spielleiter. Für heute ist Schluß. Spielen Sie Ihre Operette alleene!‹ Fort waren wir. Wir gingen, so geschminkt und kostümiert wie wir waren, zuerst ins Café gegenüber vom Casino. Dann betraten wir stolz in unserer weißen Offiziersuniform den Roulettesaal, wo ich mit großer Geste einen Hundert-Franc-Chip auf eine Zahl warf.«[40]

Die Szene ist symptomatisch für Rühmanns Verhältnis zu Albers bei ihrer ersten Zusammenarbeit: Er läßt sich mitreißen, der

»kleine Mann« wird zum Mitläufer des »großen Mannes«, die Aktion geht von Albers aus, der Rühmann wiederholt als den »Kollegen von der Sommerbühne« tituliert. Dieses Kräfteverhältnis spiegelt sich auch im Film selbst wieder, in dem Albers den selbstherrlichen Kapitän eines Kriegsschiffes darstellt. Im Kasino verspielt er die gesamte Schiffskasse und droht dann, die Stadt zu beschießen, wenn ihm das Geld nicht zurückgezahlt wird. Rühmann, sein erster Unteroffizier, ist das Männlein an der Seite des Kerls mit dem Raubvogelgesicht, wird von ihm herumgestoßen, zärtlich geknufft, in die Seite geboxt, mitgezogen, die Treppe hinauf – oder in die Arme einer Frau. Kommerziell war *Bomben auf Monte Carlo*, der auch – allerdings ohne Rühmann – als französische und englische Version gedreht wurde, ein großer Erfolg. Rühmann konnte zufrieden sein: Er war an der Seite von Albers nicht untergegangen. Er stand dem Star nicht im Weg, sondern stützte dessen Spiel durch seine Kindlichkeit, die Albers' Kraft und Männlichkeit unterstrich. Rühmann hatte prächtig funktioniert, das schätzte die Ufa.

In vielen Kritiken hingegen wurde er neben Albers nur kurz oder gar nicht erwähnt. Die Rezension der »Deutschen Allgemeinen Wochenzeitung« steht für viele: »Heinz Rühmanns groteske Begabung, die sich schon ohnehin in diesem brutalen Sujet nicht recht entfalten kann, bleibt im Hintergrund.«[41] Und in der katholischen Zentrumszeitung »Germania« hieß es: »Heinz Rühmann bleibt als Wachoffizier Schmidt nicht mehr zu tun, als fröhlich durch die Szene zu gehen.«[42]

Obwohl Rühmann von Albers in diesem Film noch an den Rand der Aufmerksamkeit gedrängt wurde, war er für viele Kritiker und für das Publikum schon nach drei Filmen und einem Jahr bei der Ufa unentbehrlich geworden. Es schien, als ob er immer schon da gewesen war, er wirkte vertraut, wie ein alter Freund, blitzschnell hatte man sich an ihn gewöhnt. Manche Kritiker warnten sogar vor seinem immer gleichen Ausdruck, so als ob er den schon in Dutzenden Filmen abgeliefert hätte. Tatsächlich hat er bisher erst drei Tonfilme gedreht. Als er in seinem vierten Tonfilm *Meine Frau, die Hochstaplerin* an der Seite von Käthe von Nagy einen kleinen Bankbeamten spielte, forderte ein Kritiker nachdrücklich, daß der Tonfilm Regisseure brauche, »die den, gewiß wieder reizenden, Schüchternheits- und Verträumtheitshumor Heinz Rühmanns vor Wiederholungen bewahren und vor neue Aufgaben stellen.«[43] Dabei hatte Rühmann gerade mit diesem Film die Rolle seines Lebens gefunden: Er gab den tröstlichen kleinen Mann, der alle Krisen meistert und dadurch zur Wunschfigur einer Zeit wird, die das Unglück zumindest in Kinoträumen bewältigt sehen möchte. Ein Kritiker kommentierte: »Auch Heinz Rühmann, dem die leicht vertrottelte Rolle des kleinen Mannes sehr liegt, leistet sein Bestes. Seine Resignation und sein ergebenes Achselzucken ist Ausdruck der Haltung so vieler Menschen unserer mit Notverordnungen und Bankkrisen gesegneten Zeit.«[44]

Das große Thema, das Rühmanns Filme der Jahre 1931 und 1932 durchzieht und die Motive bestimmt, ist Geld. Nach vier Ufa-Filmen wechselte Rühmann zu kleineren Filmgesellschaften und drehte eine Reihe von Krisenkomödien, in denen sein Aufmunterungstalent gefragt war. Im schlimmsten Krisenjahr 1932 lauteten die Titel seiner Filme *Man braucht kein Geld* und *Es wird schon wieder besser*. Die amtliche Arbeitslosenstatistik wies im Juni 1932 5,6 Millionen Arbeitslose aus, die Laubenkolonien rund um Berlin und andere große Städte wurden zu Arbeitslosensiedlungen, da die Stellungslosen normale Mieten nicht mehr bezahlen konnten. Die Zahl der Obdachlosen stieg rapide, und auch der Hunger quälte immer mehr Menschen in Deutschland. »Schon im Juli 1931 hatte der Arzt und Ernährungswissenschaftler Helmut Lehmann in einem Aufsatz für die Zeitschrift ›Die Tat‹ die Feststellung getroffen, Deutschland erlebe zur Zeit ›eine verschleierte Hungersnot größten Ausmaßes mit den Gefahren der schwersten Folgen für Leib und Seele. Wir sehen eine drohende Gefährdung der nächsten Generation. Wir haben in breitesten Schichten unseres Volkes – wohl in ganz Deutschland – das Existenzminimum schon um die Hälfte unterschritten.‹ Grießsuppe, Pellkartoffeln, Bohnensalat – so oder ähnlich sah die typische Hauptmahlzeit aus, die die Familie eines Erwerbslosen zu sich nahm. Wenn es einmal Fleisch gab, war es meist Kuh- oder Pferdefleisch.«[45]

Ein anderes Schockmoment hatte sich im Juli 1931 tief ins Bewußtsein der Deutschen gegraben. Bedeutende Privatbanken waren zusammengebrochen, andere konnten in letzter Minute nur durch Eingriffe des Staates vor dem Kollaps gerettet werden. Vor den Sparkassen und Banken bildeten sich lange Menschenschlangen, jeder wollte seine Ersparnisse retten, das Vertrauen in die Banken war auf dem Nullpunkt. In vielen Komödien dieser Jahre wird deshalb das Thema Geld zum Motor der Geschichte. Das Geld selbst wird zum Akteur, zum dramaturgischen Mittelpunkt, der alle Figurenbeziehungen regiert. Ständig wird nachgewiesen, daß man auch ohne Geld leben kann, dennoch jagen ihm alle hinterher. Betrug und Schwindel helfen oft, es sich zu verschaffen, in der größten Not reicht schon die, sei es auch noch so geringe, Aussicht auf Geld, um Pleite und Zusammenbruch zu verhindern. Über *Man braucht kein Geld* schrieb Herbert Jhering: »Gierig aber wurde jeder Satz aufgenommen, verstanden, belacht, beklatscht, der auch nur in der losesten Beziehung zur Gegenwart stand, zu Bankzusammenbrüchen und aufgetriebenen Transaktionen. Selbst bei einem so harmlosen Anlaß merkt man, daß das Geld als Filmthema heute eine ganz andere Rolle spielt, als es in Hunderten von Filmen der Fall war. Heinz Rühmann ist der Bankangestellte Schmidt, der alles fingert. Ebenso treuherzig wie frech, ebenso brav wie pfiffig, ebenso bieder wie gerissen. Köstlich.«[46]

Genau diese Ambivalenz seines Ausdrucks war Rühmanns größtes Kapital in jenen Jahren. Er verkörperte die Krise und ihre Überwindung zugleich, er stand für Zusammenbruch und Aufstieg, er war weinerlich und vital, bieder und gerissen, schlug allen ein Schnippchen, stellte sich aber selbst dabei ein Bein, er kam zu Schaden, immer aber auch zu Geld und Glück. Er behauptete sich neben den ganz großen Stars, so in *Der brave Sünder* (1931) an der Seite des berühmten Komikers Max Pallenberg, und er triumphierte über dünne Stoffe, so in *Der Stolz der 3. Kompagnie* (1932) und *Strich durch die Rechnung* (1932). In vielen Kritiken wird beschrieben, wie das Publikum sein Erscheinen oder eine besonders gelungene Szene mit ihm während des laufenden Films beklatschte. »Heinz Rühmann, dessen prominenter Nasenerker augenblicklich Gold bedeutet und dessen gutmütige Na-wennschon-Stimme an und für sich schon hundertprozentigen Erfolg verbürgt, gab den Ingenieur. Sobald er nur erscheint, traurige Augen macht, zögernd die Pointen aus der Tasche seines Gemüts klaubt, freut sich das Publikum.«[47]

Er war zum Publikumsliebling geworden, weil mit ihm der Betrug an der trüben Gegenwart am besten zu machen war. Einen Pfiffikus wie ihn gab die Realität nicht her, dennoch war er wahr. Sein märchenhafter Optimismus war ungedeckt und bloßer Schein, trotzdem wirkte seine gute Laune nicht nur wie ein Produkt der Filmindustrie. Er war der Mann für die kleinen Leute, der Kumpel von nebenan. Die Übereinstimmung von Rolle und Person, die die Glaubwürdigkeit eines Stars ausmacht, mußte bei ihm nicht durch

Imagekorrekturen oder Propagandakampagnen mühsam erzwungen werden. Er wirkte natürlich und normal. Dieses Image war eine echte Goldgrube, und die Firmen rissen sich darum, es gewinnbringend anlegen zu können.

Im Januar 1932 schloß Rühmann einen Jahresvertrag mit der Ufa ab, der ihm die höchsten Gagen seiner Karriere einbrachte. Rühmann hatte bislang gern mit kleineren Firmen zusammengearbeitet, weil sie ihm größere Unabhängigkeit und terminliche Flexibilität garantierten, aber im Krisenjahr 1932 war ein Jahresvertrag mit der Ufa kaum auszuschlagen. Viele kleinere Firmen waren durch die Folgen der Weltwirtschaftskrise und die teure Umstellung auf den Tonfilm wirtschaftlich ruiniert worden, und 1932 erwischte es sogar große Firmen der Branche, etwa die Emelka, bei der Rühmann seinen ersten Stummfilm gedreht hatte. Am 5. Januar 1932 hielt das Protokoll der Ufa-Vorstandssitzung fest: »Herr Rühmann verpflichtet sich, auf die Dauer eines Jahres, beginnend mit dem ersten April 1932 ausschließlich für die Ufa tätig zu sein und in dieser Zeit in sechs Filmen mitzuwirken. In zwei von diesen Filmen ist ihm die Hauptrolle zu übertragen. Es ist Herrn Rühmann gestattet, innerhalb des Vertragsjahres während 5 hintereinander liegender Wochen Theatertätigkeiten bei den Kammerspielen, München, auszuüben. Herr Rühmann erhält für seine Tätigkeit im Vertragsjahre 110 000 RM, zahlbar in 12 Monatsraten am Schlusse eines jeden Kalendermonats.«[48] Bis April 1933 hatte Rühmann jetzt zumindest ausgesorgt. Seine Aussichten waren glänzend. Die Republik beerdigte sich derweil selbst.

Freunde, Flieger, Kapriolen

Am 22. Februar 1932 verkündete der Berliner Gauleiter der NSDAP, Joseph Goebbels: »Hitler wird unser Reichspräsident!« Hindenburgs siebenjährige Amtszeit lief am 25. April aus, und der Nationalsozialist Adolf Hitler, Ernst Thälmann für die KPD sowie der Kandidat der antidemokratischen Rechten, Theodor Duesterberg, wollten ihn beerben. Der greise Feldmarschall Hindenburg schien das letzte Bollwerk der Republik gegen Hitler zu sein, und so wurde er auch von der SPD unterstützt, die ihn als kleineres Übel betrachtete. Da der erste Wahlgang keine Entscheidung gebracht hatte, wurde ein zweiter Wahlgang notwendig, der am

10. April stattfinden sollte. Ein überaus erbitterter Kampf um die Wählerstimmen setzte ein. Die Nationalsozialisten mobilisierten alle Kräfte und organisierten den bis dahin modernsten und perfektesten aller Wahlkämpfe. »Hitler über Deutschland« lautete ihr Motto. Mit dem Flugzeug eilte der Herausforderer von Ort zu Ort, zwischen dem 4. und 9. April sprach er zu Hunderttausenden. Hitler schien überall zu sein.

Dieses Ringen um die Macht ließ auch Rühmann nicht kalt. Er fürchtete die Nationalsozialisten und sympathisierte mit den demokratischen Kräften. So wird auch er zum Wahlkämpfer. Er steigt am Flugplatz Tempelhof in sein Traumflugzeug, die offene Klemm 25, und läßt sich Stapel von Flugblättern einladen, die die Menschen aufrufen, Hindenburg zu wählen. »Wenn du Hindenburg deine Stimme gibst, so wählst du Würde, Weisheit, Tradition, Überparteilichkeit, Verantwortungsbewußtsein, Einigkeit und Recht und Freiheit«, ist dort zu lesen. Am Rollfeld stehen Rühmanns Frau Maria und sein Schwager Otto Bernheim und winken ihm zu. »Rühmann über Berlin«, ruft ihm Otto zu, Heinz lacht zurück, dann startet er Richtung Neukölln und Wedding. Denn dort, über den umkämpften Arbeiterbezirken, will er die Flugblätter abwerfen. Es ist früh am Morgen, kalt, kaum Wind, klare Sicht, Fliegerwetter. Die Kinder gehen zur Schule, als ihnen die Zettel vor die Füße segeln.

Die Episode klingt gut erfunden, vermutlich ist sie es auch, Rühmann selbst hat sie nie erzählt. Als er sich im Februar 1946 vor einem deutschen Entnazifizierungsausschuß verantworten mußte, rief Walter Franck, sein Kollege und Regisseur aus Breslauer Tagen, in der Rechtsabteilung der Kammer der Kulturschaffenden an und gab diese Geschichte zu Protokoll, um Rühmann politisch zu entlasten.[49] Selbst wenn Rühmann diesen Propagandaflug für Hindenburg 1932 tatsächlich unternommen haben sollte, hätte für ihn die fliegerische Aktion vermutlich deutlich stärker im Vordergrund gestanden als das politische Engagement. Die Wahlerfolge der NSDAP kümmerten ihn in diesen Jahren kaum. Nur die Sorgen seiner Frau Maria, die sich vor dem aggressiven Antisemitismus der Nationalsozialisten fürchtete, den sie und Hunderttausende anderer Juden in Deutschland immer stärker zu spüren bekamen, zwangen ihn überhaupt dazu, ab und zu ein flüchtiges Wort darüber zu verlieren. Diese Teilnahmslosigkeit verletzte Maria. Für Rühmann gab es indessen keinen Grund, sich zu fürchten.

Seine beruflichen Aussichten waren bestens, und er gehörte nicht zu denen, die die Drohungen der Nationalsozialisten auf sich beziehen mußten: Er war kein Jude, kein Sympathisant der Kommunisten wie Heinrich George, er hatte keinen Aufruf gegen die Völkischen unterschrieben, er war niemals Darsteller im politischen Agitationstheater eines Erwin Piscator gewesen, hatte nie in einem Film gespielt, den die SA mit Stinkbomben, weißen Mäusen oder Sprechchören boykottiert hatte. Er repräsentierte nichts, was den Haß der extremen Rechten auf sich zog. Politisch war er ein unbeschriebenes Blatt und wollte es bleiben.

Nach 1945 hat sich Rühmann zu seinem Verhalten in diesen Jahren nur selten geäußert. Wenn er es doch tat, verbarg oder beschönigte er seine damalige Haltung nicht: »Maria hatte als Jüdin mehr Grund als ich, besorgt zu sein. Sie hat schon sehr früh, zurzeit, da wir uns kennenlernten (Hitlers Wirken in München hatte sie sehr erschreckt), die Gefahr erkannt, die aus dieser ›Bewegung‹ kommen mußte. Ich habe damals mit rasch hingeworfenen Worten die Gefahr bagatellisiert. Nicht nur, um sie zu beruhigen, sondern, weil es meine Überzeugung war, daß dieser Spuk rasch verfliegen werde. Ich war Schauspieler, sonst nichts. Ich war erfolgreich.«[50] Der Rühmann-Biograph Hans Hellmut Kirst brachte die bevorzugten Leidenschaften des Schauspielers in der Endphase der Republik auf die griffige Formel: »Er wollte nichts als filmen, fliegen und mit Freunden leben!«[51]

Tatsächlich sammelte Rühmann in diesen Jahren Freunde, und nicht selten waren es jüdische Kollegen, die in der Filmbranche sehr viel mehr Erfahrung besaßen. Julius Falkenstein etwa, der erfahrene Kollege, der ihn väterlich beriet, aber schon im Dezember 1933 an einer Gehirnhautentzündung starb. Oder Otto Wallburg, ein begnadeter Komiker, der wie er durch den Tonfilm Karriere gemacht hatte und seit 1931 fest bei der Ufa unter Vertrag stand. In seinen Filmen spielte er, der füllige Koloß, gemütliche Dicke oder cholerische Walrösser, dabei verhaspelte er sich oft während des Sprechens, die Berliner nannten ihn deshalb zärtlich den ›Blubberer‹. Rühmann drehte mit ihm *Bomben auf Monte Carlo* und *Strich durch die Rechnung*, sie sahen sich fast jeden Abend. Häufig war Rühmann auch Gast in Wallburgs hochherrschaftlicher Wohnung am Lietzenseeufer, oder – dieses Privileg genossen nur die besten Freunde – er besuchte ihn mit Maria in der Abgeschiedenheit seines Landhauses.[52]

Bei Wallburg traf Rühmann auch Kurt Gerron, mit dem er ebenfalls häufig zusammenarbeitete. *Die Drei von der Tankstelle*, *Einbrecher* oder *Bomben auf Monte Carlo* waren die gemeinsamen Filme. In *Meine Frau, die Hochstaplerin* und *Es wird schon wieder besser* war Gerron sein Regisseur. Rühmann schilderte die Zusammenarbeit: »Regie führte Kurt Gerron, der gewichtige, großartige Darsteller des Polizeichefs Tiger Brown in der ›Dreigroschenoper‹. Er war nach gut gespielten Szenen immer sehr gerührt, zog das Taschentuch, weil er Tränen in den Augen hatte, und dann küßte er einen in einer langen Umarmung! Ich kleiner Mensch verschwand dann ganz unter seinem Jackett; mein Kopf ruhte an seiner Brust. Er war ein großer, starker Mann mit einem Kindergesicht. Er wußte damals, 1932, noch nicht oder wollte es nicht wissen, wie ernst die Situation politisch war. Sonst hätte er sicher nicht so oft nach seinem ›Stoßtrupp‹, seiner ›Leibstandarte‹ gerufen, wenn er die Aufnahmeleitung meinte. Wenn er fragte: ›Wo ist denn meine kleine SA?‹, wurde krampfhaft gelächelt. Einige Gesichter blieben undurchsichtig ernst.«[53] Auch der Kontakt zu den alten Münchner Freunden Carl Günther und Wolfgang Keppler bestand weiter, zumal beide zeitweilig in Berlin lebten und arbeiteten.

Eine neue, zumindest für Rühmann sehr bedeutende Freundschaft entwickelte sich 1932 zu Ernst Udet, den der Schauspieler lange nur aus der Ferne bewundert hatte. Schon in München war Ernst Udet für Heinz Rühmann eine Legende gewesen. Ihn umgab die Aura des erfolgreichen Jagdfliegers, der im Ersten Weltkrieg 62 Feindabschüsse verzeichnen konnte. Der Oberleutnant und Führer der Jagdstaffel 4 im Geschwader Richthofen, dessen Kommandeur Hermann Göring war, wurde dafür mit dem Eisernen Kreuz und dem Orden Pour le mérite ausgezeichnet. Nach 1918 arbeitete er in München als Schau- und Verkehrsflieger. Ab 1925 zog er mit spektakulären Flugschauen durch ganz Deutschland. Seiner halsbrecherischen Flugakrobatik – Loopings, Rollings, Steilkurven, Sturz- und Rückenflüge oder Ziellandungen mit abgestelltem Motor – sahen mitunter Hunderttausende zu.

Rühmann hatte in München solche Flugtage besucht, wann immer es ging. Noch aufsehenerregender aber waren Udets Kapriolen abseits des Flugfeldes, die sich in München schnell herumsprachen. Aus purem Übermut unterflog er die Isarbrücken oder flog zwischen den Doppeltürmen der Ludwigskirche und der Frauenkirche in München hindurch. Er war ein Spieler, ein üppiger Verschwender, ein Globetrotter und Kosmopolit, der mit seinen ehemaligen Kriegsgegnern korrespondierte und Freundschaften schloß, ein Frauenschwarm, der von seinen Fans belagert wurde, und ein starker Trinker. »Sah er ein Auto mit Panne am Straßenrand stehen, konnte es vorkommen, daß er im Tiefflug niederging, um für die Insassen eine Kognakflasche abzuwerfen. Über Häuser von Freunden brauste er im Tiefflug hinweg, und fand sich eine nahe gelegene Wiese, landete er, um ihnen einen Blitzbesuch abzustatten.«[54] Rühmann hatte den Flieger auch als Kinostar erlebt. In den zwei Bergfilmen von Arnold Fanck, *Die weiße Hölle vom Piz Palü* (1929) und *Stürme über dem Montblanc* (1930), beide mit Leni Riefenstahl, war Udet der Retter, der Held der Technik, der die chaotische Natur durch sein Können bezwingt.

Rühmann lernte Udet entweder am Silvesterabend 1931 oder während des Faschings 1932 in München kennen. In beiden von ihm überlieferten Versionen ist das Regina-Hotel Schauplatz ihrer Begegnung. Rühmann sah Udet im Saal, faßte Mut und steuerte seinen Tisch an. Der Flieger, umgeben von schönen Frauen, hatte schon reichlich getrunken, ein großes Hallo und Willkommen setzte ein, als sich Rühmann ganz förmlich vorstellte. Man war sich sympathisch, Fliegergeschichten machten die Runde, die ganze Nacht wurde gezecht. In ausgelassener Stimmung verabredete man sich für den Mittag des nächsten Tages auf dem Oberwiesenfeld, wo die Maschinen der beiden Männer standen. Udet gab den Flugplan aus: »Wir besuchen erst eine Freundin von mir, die am Englischen Garten wohnt; zwei bis drei Ehrenrunden, aber nicht zu tief, sonst fallen ihr die Tassen vom Tisch! Dann zurück, machen überm Platz etwas Kunstflug, du fliegst mir jede Figur nach, nur am Schluß, wenn ich durch die Halle fliege, kannste draußen bleiben, wir treffen uns in der Kantine. Servus, Kleiner!«[55] Udet prahlte keineswegs, die geöffnete Halle durchflog er gern und oft, das Personal warf sich dann vorsichtshalber zu Boden. Rühmann folgte dem Fliegeras und stieg später mit zitternden Knien aus der Maschine. Ein Monteur warnte ihn vor dem bodenlosen Leichtsinn: »Wenn Sie so weitermachen, fallen Sie auf den Pinsel.«

Für Udet war Rühmann nur der »Kleine«, ein Freund oder Bekannter unter vielen. Er verkehrte mit Schriftstellern, Schauspielern und Sportlern, und seine Wohnung in der Pommerschen Straße 4, die keine fünf Autominuten von Rühmanns Wohnung entfernt lag, war ein beliebter Treffpunkt der Berliner Prominenz. Fast jeder der Freunde fuhr einmal mit ihm in seinem Dodge nach Tempelhof, um dort in den berühmten roten Flamingo zu steigen und einen Rundflug über Berlin zu machen. Udet war Rühmanns Gesellschaft angenehm, aber an angenehmer Gesellschaft mangelte es ihm ohnehin nie. Der Schauspieler dagegen verehrte den neuen Freund, folgte ihm bei allen Späßen und unterwarf sich bedingungslos den Ritualen des ausgelassenen Bohemelebens. In Udets Wohnung, die mit kuriosen Trophäen vollgestopft war – schon im Flur begrüßten ausgestopfte Nashorn- und Leopardenköpfe und Geweihe den Besucher –, trafen sich regelmäßig prominente Gäste wie Max Schmeling, Carl Zuckmayer, die Fliegerin Elly Beinhorn, Joachim Ringelnatz oder der Rennfahrer Rudolf Carraciola. Schießwettbewerbe wurden veranstaltet, wobei sich Udet als Kunstschütze hervortat, der seinen Freunden Zigaretten aus dem Mund schoß oder sein Ziel rückwärts schießend durch einen Spiegel anvisierte. Höhepunkt seiner Darbietungen war ein Fakirtrick, bei dem er sich eine Krawattennadel durch die Lippe stach.

Rühmann stand ganz im Bann dieses Mannes, der ein so ganz anderes Männlichkeitsideal verkörperte als er. Wie sehr er an ihm hing, zeigte sich an der Einrichtung seines Fliegerzimmers in der Salzbrunner Straße 38, das er nach dem Vorbild der »Propellerbar«, in der Udet seine Gäste empfing, einrichtete. In der »Filmwelt« erschien im November 1933 eine ausführliche Reportage über Rühmanns Zuhause. Es sind typische Posen: Der Star nimmt ein Buch aus dem Regal, im Lehnstuhl genehmigt er sich ein Gläschen, er liegt lesend auf dem Bett, sitzt sinnend am Schreibtisch oder greift beim Frühstück zum Brötchen. So lebt der Star privat, suggerieren die Bilder, ein bescheidener Junge. Wirklich erstaunlich ist das Bild, das Rühmann in seinem Fliegerzimmer zeigt. Hier wirkt er ganz bei sich selbst, versunken hält er ein Flugzeugmodell in der Hand, man spürt, diese Sache ist ihm ernst. »An der Wand des Fliegerzimmers hängen eine Menge Photos, die Rühmann und Udet bei ihren Flügen und in ihrem Fliegerdreß zeigen. In dem Fliegerzimmer hängt ein Modell des Klemmflugzeugs, das Rühmann zuerst flog, und auch eine Nachbildung seiner jetzigen ›Motte‹. Daneben stehen auf Regalen und Tischchen Modelle aller möglichen Flugzeugtypen, und über der Tür hängt der erste Propeller der Rühmannschen Klemm-Maschine. Aus dem Propellerflügel ist ein Stück herausgebrochen. Wer hier eine Sensation erwartet, wird wieder enttäuscht. Bei Heinz Rühmann gibt es keine Sensationen. Der zerbrochene Flügel rührt nicht von einem Sturz her, sondern von dem ungeschickten Anwerfen des Propellers. Rühmanns Schwager, ein blutiger Laie auf dem Gebiet der Fliegerei, wußte nicht, daß die ausgehöhlte scharfe Seite eines Propellers so hauchdünn ist, daß sie keinen festen Zugriff verträgt.«[56] Es ist das Zimmer eines Jungen, in dem Bilder seiner Helden an der Wand hängen, und sein Held in diesen Jahren war der beliebteste Flieger Deutschlands: Ernst Udet.

Das publicityträchtige Image des fliegenden Schauspielers war im November 1933 in der Öffentlichkeit schon fest mit Rühmanns Person verbunden. Nach den ersten Filmerfolgen hatte er sich in Böblingen eine zweisitzige Klemm 25 mit Salmsonmotor bestellt, die die bekannte Testfliegerin Elly Beinhorn im Sommer 1931 direkt vom Werk nach Berlin-Staaken überführte. Im Februar 1932 geriet er mit der Klemm erstmals in die Schlagzeilen. Auf dem Rückflug von Rosenheim nach München mußte er wegen einer Nebelwand auf einer Wiese notlanden. Ein wahrer Volksauflauf war die Folge, ganz Eglharting umringte die Klemm, alle wollten den Filmstar sehen und fotografieren.[57]

Rühmanns zweite Maschine war exklusiver. Den Tip für dieses Modell hatte ihm Udet gegeben, der sich das gleiche einige Wochen zuvor gekauft hatte. Von der de Havilland D. H. 60 Moth gab es zu diesem Zeitpunkt nur wenige Exemplare in Deutschland, und Rühmann erwarb die Maschine mit dem Kennzeichen D-1612 von dem Automobilindustriellen Fritz von Opel im Mai 1932. Sie hatte einen 75-PS-Motor und wurde unter Fliegern kurz und zärtlich »Motte« genannt.

Ab etwa 1932 erschienen die ersten Stories über den Flieger Heinz Rühmann. Es gehörte zur Machart der meisten Star-Reportagen, daß sie Intimität und Nähe zum Star vorspiegelten, tatsächlich aber in ihrer Floskelhaftigkeit wenig aussagekräftig waren. Dennoch läßt sich gerade in den frühen Berichten über Rühmann sein privater Ernst und eine gewisse Unzugänglichkeit entdecken. Er war kein Charmeur, sondern stand Journalisten eher pflichtbewußt Rede und Antwort. Er inszenierte sich nicht selbst, sondern wurde von anderen inszeniert. Manchmal merkt man den Porträts die Mühe an, mit der die Autoren ihn zum Star stilisiert haben, mitunter läßt sich sogar unverhohlene Enttäuschung über seine unauffällige Erscheinung aus den Texten herauslesen.

Im Januar 1932 charakterisierte die »Filmwelt« den fliegenden Schauspieler so: »Über seine Fliegerei befragt, wird Rühmann, der doch in seinen Filmgestalten seinen Humor unter Beweis gestellt hat, todernst. Er sagt, daß er immer wütend sei, wenn seine Fliegerei gewissermaßen anekdotisch aufgemacht werde. Es liege ihm völlig fern, als Flieger für sich Reklame zu machen. Ja, Propaganda für die edle Fliegerei, die liege ihm sehr am Herzen. Er erzählt, wie Kollegen, Freunde und Bekannte den Kopf geschüttelt hätten, als es durchsickerte, daß er sich dem Flugsport zugewandt habe. Ein schweres Auto mit Kompressor, ja das würden sie begriffen haben, aber Fliegen, und zwar richtig als Sport und nicht nur mal so gelegentlich, nein, das ging ihnen dann doch gegen den Strich. Man denkt sich dabei, daß dem Flieger Rühmann die ja noch immer nicht alltägliche Privatfliegerei deshalb so wenig Komplikationen verursacht, weil hier ein frischer Mensch am Werk ist, der entschlossen und ohne falsche Romantischtuerei eben keine Komplexe sieht.«[58] Es ist unverkennbar, daß der Reporter ein bißchen mehr persönliche Romantik des Stars durchaus geschätzt hätte. Ebenso klar tritt Rühmanns Befürchtung zutage, in der Öffentlichkeit als spleeniger Amateurflieger abgetan zu werden. Er wollte als Sportler ernst genommen werden, das Fliegen war für ihn nicht bloß die Marotte eines Stars. Vor allem wollte er von dem Mann als Flieger anerkannt werden, den er in seinem Fliegerzimmer verehrte.

Sein Luftheld Udet war aber nicht nur ein herausragender Flieger, sondern auch ein talentierter Selbstdarsteller, der sich in den Medien routiniert zu inszenieren verstand. In einem Werbefilm, *Fünf Minuten mit Udet* (1929), pries er die Vorzüge der Naßrasur mit Rotbartklingen, er veröffentlichte Karikaturen seiner Abenteuer, und von Dreharbeiten berichtete er exlusiv für eine Ullstein-Zeitung. Seit 1930 kümmerte sich die Udet-Flugfilm-Verwertungs GmbH um die Vermarktung seiner Filmaktivitäten. Die Idee, zusammen mit Rühmann einen Fliegerfilm zu drehen, lag also nahe. Im April 1932 verabredeten sich die beiden neuen Freunde mit Ernst Hugo Correll und trugen ihm ihren Plan vor. Sie boten der Ufa einen komischen »Groteskfilm« an, in dem sie die Hauptrollen übernehmen wollten. Das Projekt erhielt den vorläufigen Titel »Vagabunden der Luft«. Am 19. April trug Correll den Stoff auf der Ufa-Vorstandsitzung vor,[59] und am 13. Mai 1932 wurde das Engagement Udets genehmigt. Mit der Herstellung des Films sollte bereits im Februar 1933 begonnen werden, die Gage für Udet wurde auf 25 000 RM festgesetzt.[60]

Während Rühmann und Udet intensiv ihren Fliegerfilm vorbereiteten, wurden andernorts Vorkehrungen getroffen, Hitler zur Macht zu verhelfen. Am 4. Januar 1933 trafen Hitler und Franz von Papen in Köln zusammen, um über die Ablösung des amtierenden Reichskanzlers Kurt von Schleicher zu beraten. Man wollte Hitler eine erneute Chance bei Hindenburg anbahnen, der dem Machtanspruch des »böhmischen Gefreiten« bislang ablehnend gegenüberstand. Nach dem Treffen waren die Aussichten gut. Goebbels vertraute seinem Tagebuch an: »Hitler berichtet mir. Papen scharf gegen Schleicher, will ihn stürzen und ganz beseitigen. Hat noch das Ohr des Alten. Wohnt auch bei ihm. Arrangement für uns vorbereitet. Entweder die Kanzlerschaft oder Ministerien der Macht. Wehr und Innen. Das läßt sich hören.«[61]

Der Fliegerfilm machte ebenfalls Fortschritte. Am 6. Januar 1933 stimmte die Ufa dem Ankauf eines Flugzeugs der Klemm-Werke zu einem Preis von 12 550 RM zu.[62] Im Verlauf des Januar geriet das Projekt jedoch plötzlich ins Stocken. Auf der Ufa-Vorstandssitzung am 25. Januar 1933 wurde eine ablehnende Haltung deutlich: »Herr Correll bittet um endgültige Entscheidung, ob dieser Film, dessen Drehbuch den einzelnen Herren des Vorstandes vorgelegen hat, hergestellt werden soll. Das Drehbuch findet nicht ungeteilten Beifall im Vorstand, insbesondere äußert Herr Meydam vom Vertriebsstandpunkt Bedenken darüber, ob die mit M 311 000 veranschlagten Herstellungskosten des Films wieder einzubringen sein werden.«[63] Nur Correll kämpfte an diesem Tag um den Film. Er verwies auf die Dramaturgische Abteilung, die für die Herstellung plädierte, und er gab zu bedenken, daß man schon 58 000 RM für die Vorbereitungen ausgegeben habe.

Die Ufa-Vorstände trafen noch ihre kühlen kaufmännischen Entscheidungen, da wurde in der Wilhelmstraße Weltgeschichte geschrieben. Am Vormittag des 30. Januar wurde Hitler zum Reichskanzler ernannt. Am selben Abend zogen Hitlers braune Bataillone an der Reichskanzlei vorbei durchs Brandenburger Tor. Rühmann stand zur gleichen Zeit auf der Bühne des Theaters in der Stresemannstraße und trat in dem Lustspiel *Terzett* von Ludwig Lenz auf.

Die Geschäfte der Ufa liefen auch am Tag nach der Machtergreifung der Nazis weiter wie bisher. Man traf wie immer zur

Vorstandssitzung zusammen. Nachdem man beschlossen hatte, Geheimrat Dr. Hugenberg zu seiner Ernennung zum Reichsminister für Ernährung und Wirtschaft telegrafisch zu gratulieren, fuhr man fort, die Tagesordungspunkte abzuhaken. Zu Punkt 3 wurde über »Vagabunden der Luft« kurz und bündig festgestellt: »Der Vorstand beschließt, diesen Film nicht herzustellen.«[64] Vermutlich hat diese Nachricht Rühmann weit mehr getroffen als Hitlers Triumph. Er ließ sich die Entscheidung von Correll erklären, verstehen und akzeptieren wollte er sie nicht. Es war das erste Mal, daß er wirklich um einen Stoff kämpfte, weil dieser Film ganz und gar sein Film werden sollte. Er sprach mit Correll, er versuchte, an den ablehnenden Meydam heranzukommen und telefonierte mit verschiedenen Ufa-Abteilungen, um Widerstände aufzuweichen. Vergeblich.

Eine Art Überbleibsel ihres gemeinsam geplanten Fliegerfilms dürfte die fliegerische Clownsnummer sein, die Ernst Udet im Frühjahr 1933 zum ersten Mal beim Berliner Osterflugtag vorführte. Mit langem Bart, Zylinderhut und steifem Gehrock spielte er Professor Canaros aus Vaduzien, den weltbekannten Theoretiker des Fliegens und Verfasser des Buches »Lerne Fliegen in zwei Stunden«. Zwar weiß der Professor alles über das Fliegen, wirklich geflogen ist er aber nie. Dennoch wagt er den Alleinflug. Udet simulierte Pannen und Beinah-Abstürze, Sanitäter, Feuerwehr und Rettungswagen stehen schon bereit, das große Theoriebuch geht über Bord, und schließlich legt der Professor eine holprige Landung hin. Die Canaros-Nummer wurde äußerst populär. Selbst der berühmte Clown Grock gratulierte Udet: »Wenn Sie nicht Flieger geworden wären, wären Sie das geworden, was ich bin.«[65] Dafür war es zu spät. Udet ging einen anderen Weg bis ans Ende: Mit Wirkung vom 1. Mai 1933 wurde er Mitglied der NSDAP, Mitgliedsnummer 2.010.976. Der Hasardeur begann seine Karriere im Dritten Reich. Bevor er sich am 17. November 1941 eine Kugel in den Kopf jagte, sollte er es weit gebracht haben.

Ein Mann will nach oben

Rühmanns Jahresvertrag mit der Ufa lief noch, da stand bereits fest, daß er ab 1. April 1933 wieder eigene Wege gehen würde. Am 30. Dezember 1932 hatte der Ufa-Vorstand unter Vorsitz von

Ludwig Klitzsch beschlossen, daß man die in seinem Vertrag eingeräumte Option zur Verlängerung nicht ausüben wolle.[66] Die Gründe für diesen Beschluß hält das Protokoll nicht fest, sicher aber ist, daß die ablehnende Haltung keinesfalls einseitig gewesen ist. Rühmann war von der Ufa enttäuscht, nicht nur weil man den Fliegerfilm, den er sich in den Kopf gesetzt hatte, dort nicht machen wollte. Konflikte hatte es bisher vor allem dann gegeben, wenn Rühmann seine Gastspieltätigkeit an den Münchner Kammerspielen länger ausübte als vertraglich vorgesehen. Der Vertrag mit der Ufa hatte ihn auf die Mitwirkung in sechs Filmen verpflichtet, tatsächlich wurde er jedoch im Vertragszeitraum vom 1. April 1932 bis zum 1. April 1933 nur in drei Filmen beschäftigt.

Noch im Februar 1933 gab es Meinungsverschiedenheiten zwischen ihm und der Ufa darüber, ob er wegen seiner Beurlaubung für die Kammerspiele der Ufa über den 1. April hinaus zur Verfügung stehen sollte. Ein Schiedsgericht wurde eingesetzt, um den Streit zu schlichten.[67] Was ihm bei der Ufa nicht paßte, war der riesenhafte Apparat, dem man ausgeliefert und an den man gebunden war. Aus Rühmanns Sicht vernachlässigte man sein Talent. Er war zwar ein Star, aber doch nur einer von den vielen Ufa-Stars der Mittelklasse. Mit Superstars wie Hans Albers, Willy Fritsch oder Lilian Harvey konnte er noch nicht konkurrieren. Dennoch wollte er bei der Stoffauswahl ein größeres Mitspracherecht besitzen, und vor allem wartete er auf die Rolle, die ihm endgültig den Durchbruch verschaffen sollte. Von den Dramaturgen der Ufa fühlte er sich dabei übersehen. Sein Schwager Otto Bernheim war deshalb ständig in seinem Auftrag auf der Suche nach Drehbüchern und geeigneten Theaterstücken, die ihn in den Mittelpunkt stellen sollten. Seit 1927 arbeitete Bernheim als Sekretär, Manager und Tourneeleiter für Heinz Rühmann. Er vertrat außerdem die Schauspielerin Ehmi Bessel, Rühmanns Freund Otto Wallburg und die Regisseurin Leontine Sagan, die mit *Mädchen in Uniform* 1931 einen großen Erfolg hatte. Otto Bernheim bearbeitete oder übersetzte Stücke für seinen Schwager und schrieb fast immer an den Drehbüchern seiner Filme mit.

Heinz Rühmanns Ehrgeiz war enorm, und die Zustimmung der Kritiker bestärkte seinen Wunsch, aus dem Schatten der ganz großen Stars herauszutreten. Eine derart demütigende Erfahrung, wie er sie bei den Dreharbeiten zu *Ich und die Kaiserin* erlebte, sollte sich möglichst nicht wiederholen. Dies war der letzte Film, den sein Entdecker Erich Pommer für die Ufa produzierte, ehe er im Mai 1933 aus Deutschland emigrieren mußte. Gedreht wurde in den Ufa-Ateliers in Babelsberg. Eigentlich hätte Rühmann mit seinem Part in diesem Film zufrieden sein können. Friedrich Hollaender führte erstmals Regie, seine Partner waren Lilian Harvey und Conrad Veidt, einer der größten Stars des Stummfilms überhaupt. Dessen Ruf als Darsteller dämonischer Verbrecherfiguren und unwiderstehlicher Liebhaber war legendär, und so bedeutete das Happy-End des Films zweifellos einen Aufstieg für Rühmann: Diesmal sollte *ihm* die Harvey zufallen, diesmal sollte er einmal *nicht* von Willy Fritsch ausgestochen werden, diesmal würde *er* den Superstar im Schlußbild in die Arme schließen.

Doch bevor es dazu kommen konnte, erwachten der Ehrgeiz der Harvey und ihre Erinnerung an den populären Liebhaberhelden Veidt. Die im Drehbuch vorgesehene Verheiratung mit Rühmann empfand sie offenbar als dramaturgische Mesalliance. Hollaender berichtete über ihre Reaktion: »Das Drehbuch, das unsere gute Lilian nie bis zu Ende gelesen hatte, besiegelte gerade dort mit aller Entschiedenheit das, sozial gesehen, einzig richtige Happy-End: die kleine Friseuse kriegt den reizenden Rühmann, der selbst nur ein kleiner Kapellmeister ist. Dieser Schluß war richtig frisiert und gut dirigiert. Abblenden! – Denken Sie! Denn was tut meine Lilian, als wir eines Tages unvermeidlich zu der Schluß-Szene kommen? Sie traut ihren Ohren nicht, und als wir ihr das Drehbuch als Corpus delicti hinhalten, traut sie ihren Augen nicht. ›Was?? Ich krieg' den Rühmann? – Der ist ja noch ein ganz junger Schauspieler! Mit dem kann eine Harvey plänkeln, aber den heiratet sie doch nicht! *Ich* bin der Star – ich muß doch selbstverständlich den Star kriegen […] Wer ist der Star? Der Zuschauer, oder ich? Abbrechen! Sofort die Aufnahmen abbrechen!‹ Ich fühlte den Boden des Ateliers unter mir wanken. Wo ist Pommer? Wo ist unser Produzent?? ›Pommer wird dir auch nicht helfen! Ich mach' den ganzen Film nicht, wenn ich den Veidt nicht kriege!‹«[68] Nach Hollaenders Darstellung wurde der Streit nach langer, lautstarker Diskussion erst von Ernst Hugo Correll entschieden: Die Harvey bekam ihren Veidt, Rühmann ging leer aus.

Unmittelbar nach der Premiere des Films am 22. Februar 1933 verließ Friedrich Hollaender Berlin und emigrierte über Paris nach Hollywood. Auch Conrad Veidt ging wenig später ins Exil. Fritz Kortner, Rühmanns Regisseur bei *Der brave Sünder*, kehrte von einer Auslandstournee nicht nach Deutschland zurück. Der große Exodus deutscher Schauspieler und Schauspielerinnen hatte begonnen. Viele Kollegen, mit denen Rühmann eng zusammengearbeitet hatte, gehörten dazu. Am 29. März 1933 beschloß die Ufa, die Verträge mit ihren jüdischen Mitarbeitern zu lösen. Zu ihnen gehörte Franz Schulz, der die Drehbücher zu *Die Drei von der Tankstelle* und *Bomben auf Monte Carlo* mitverfaßt hatte. Werner Richard Heymann, der Leiter des Ufa-Orchesters und Komponist des Schlagers *Ein Freund, ein guter Freund*, emigrierte ebenso wie Robert Liebmann, der an den Drehbüchern zu *Einbrecher* und *Ich und die Kaiserin* mitgearbeitet hatte. Immer mehr Kollegen und Freunde aus Rühmanns engem Arbeitsumfeld waren gezwungen, Deutschland zu verlassen. Über seine Freunde Otto Wallburg und Julius Falkenstein wurde im Protokoll der Ufa-Vorstandssitzung vom 29. März vermerkt: »Da gegen ihre Persönlichkeiten bei den Regierungsparteien keine Bedenken bestehen, steht ihrer Weiterverwendung nichts entgegen, jedoch soll vermieden werden, ihnen tragende Rollen zu geben.«[69]

Sollte man gehen oder bleiben? Sollte man darauf hoffen, daß die Hitler-Regierung ebenso zerbrechen würde wie die vielen Regierungen vor ihr? Sollte man versuchen, sich mit den Verhältnissen zu arrangieren, oder sich erst einmal aus allem heraushalten? Sollte man vorsichtshalber Geld ins Ausland transferieren? Oder sollte man abwarten, sich nicht hysterisch machen lassen? Solche Fragen wurden zwischen Heinz und Maria Rühmann diskutiert, gleichwohl lief der Alltag weiter. Rühmann gehörte zu denen, die sich nicht »verrückt machen« lassen wollten. Die Sorgen seiner Frau tat er häufig kurz ab, er verschanzte sich hinter Terminen, er beruhigte sie flüchtig und versuchte seinen Arbeitsalltag so normal wie möglich zu gestalten. Er war nicht der starke Mann, der die Initiative für Maria ergriff. Er wollte warten, weitermachen, er wollte nach oben, es würde bestimmt bald wieder besser. Kein Zweifel, er hatte keine Sympathien für die Nazi-Regierung, aber auch die Regierungen zuvor waren ihm ziemlich gleichgültig gewesen. Er war Schauspieler, nichts anderes. Daß er seine Karriere im Ausland nicht würde bruchlos fortsetzen können, war ihm klar. Er sprach weder englisch noch französisch und war in den fremdsprachigen Versionen seiner Filme deshalb auch nie eingesetzt worden. Den Antisemitismus der Nationalsozialisten fand er furchtbar und dumm, aber den kannte man doch schon aus München, alles halb so wild. Die werden sich schnell ausgetobt haben, in der Regierung werden ihnen die Flausen bald vergehen. So könnte Rühmann gedacht haben.

Es ist möglich, daß Maria Rühmann einige dieser Ansichten teilte oder sie sich zu eigen machte, um sich selbst zu beruhigen. Sie hing an ihrer Heimat, sie sorgte sich um ihre Mutter, die noch immer in München lebte, und auch ihr Bruder wollte zunächst im Lande bleiben und für den Schwager weiterarbeiten. Nach allem, was man über die Ehe von Heinz und Maria Rühmann in diesen Monaten und Jahren weiß, war es nicht in erster Linie die politische Situation, die sie entfremdete. Maria scheint vor allem von Rühmanns unkritischer Stoffwahl, seinem ästhetischen Opportunismus abgestoßen gewesen zu sein. 1969 bekannte Rühmann: »Ich war oft unkritisch in der Wahl meiner Stoffe. Diese Unbedenklichkeit führte auch – bei allem Verständnis, das Maria mir und meiner Arbeit entgegenbrachte – zu ernsten Konflikten in unserer Ehe. Sie meinte, nicht zu Unrecht, ich sei ein Opfer meiner Eitelkeit geworden. Auch ein Opfer der mächtigen Ufa und anderer Filmgesellschaften, die mich als ›Zugpferd‹ betrachteten, weil ein Rühmann-Film garantiert ein Geschäft war. Bittere Wahrheiten, die ich damals in den Wind schlug.«[70]

Bevor er zum Filmstar wurde, hatte seine Frau deutlich mehr Einfluß auf seine Entscheidungen gehabt. Sie hatte ihre Karriere, als er noch Anfänger war, nicht zuletzt für ihn aufgegeben und quasi als seine Privatregisseurin gearbeitet. Die lebenserfahrene Frau beriet ihn und sensibilisierte ihn für seine Talente. Das Filmgeschäft kannte sie jedoch nicht. Nach und nach verlor sie deshalb ihre Möglichkeiten, mitzusprechen und mitzugestalten. Diese Rolle übernahm ab 1930 immer stärker ihr Bruder Otto, der als gelernter Filmkaufmann Erfahrungen in der Branche besaß.

Wäre Rühmann in diesen Tagen nicht mit den Sorgen seiner Frau und seiner jüdischen Freunde konfrontiert gewesen, hätte er die Nachricht, Hitler sei Kanzler geworden, wohl bloß mit einem Achselzucken quittiert. In den letzten Jahren der Republik war es ihm materiell immer besser gegangen, auch wenn sich die wirtschaftliche Situation der Bevölkerung verschlechtert hatte. Insofern hatte er keinen Grund, von einem Regierungswechsel Verbesserungen für sich selbst zu erwarten. Was ihn in den ersten Monaten des Jahres 1933 umtrieb, war die Frage, wie es mit seiner Karierre weitergehen würde und was die Filmindustrie von den Nationalsozialisten zu erwarten hätte. Die brutale Einschüchterungspolitik der ersten Monate schien jedenfalls nichts Gutes zu verheißen. Nachdem Hitler den Reichstag hatte auflösen lassen und Neuwahlen für den 5. März angesetzt waren, fegte eine Gewalt- und Propagandawelle über das Land. Während die SA mit äußerster Brutalität die politischen Gegner verfolgte, entfesselte Goebbels einen ebenso brachialen und aufwendigen Wahlkampf. Nach dem Reichstagsbrand am 27. Februar wurde der Terror nochmals gesteigert. Vor diesem Hintergrund war das Ergebnis der Wahl fast eine Überraschung: Die Nationalsozialisten verfehlten mit 43,9 Prozent die absolute Mehrheit. Doch der Prozeß der Machtergreifung und Gleichschaltung setzte nun erst richtig ein. Zehntausende sogenannte »Schutzhäftlinge« wurden in Gefängnisse und SA-Keller verschleppt, und am 22. März wurde bei Dachau das erste Konzentrationslager eröffnet, was Himmler mit einigem Stolz auf einer Pressekonferenz bekanntgab.

Diese Politik verunsicherte auch die Filmbranche. In den Ateliers tauchten die ersten Nationalsozialisten auf, und viele Produktionsfirmen versuchten, dem Willen der neuen Regierung entgegenzukommen, auch wenn man noch nicht genau wußte, was eigentlich verlangt wurde. Endlich ein Signal: Der am 13. März von Hindenburg vereidigte Reichsminister für Volksaufklärung und Propaganda, Joseph Goebbels, lud die Prominenz der Filmschaffenden am 28. März in das Berliner Hotel Kaiserhof ein. Seine Rede war mit Spannung erwartet worden, denn man wollte jetzt konkrete Aussagen und Richtlinien, mit denen man arbeiten konnte. Alle waren gekommen, die Ufa-Bosse, die Produzenten, viele Stars. Von Augenzeugen wie dem Regisseur Arthur Maria Rabenalt[71] oder dem Autor Curt Riess[72] wird Rühmanns Anwesenheit nicht erwähnt. Doch selbst wenn er nicht im Kaiserhof gewesen sein sollte, dürften ihm Bekannte die Botschaft des Ministers schnell mitgeteilt haben.

Goebbels war zunächst bemüht, allgemeine Befürchtungen zu zerstreuen, er gab sich charmant und warb um die Filmprominenz. »Glauben Sie nicht, daß wir uns dazu berufen fühlen, Ihnen das Leben sauer zu machen. Die jungen Männer, die jetzt in der Regierung sitzen, sind den deutschen Filmkünstlern im Herzen zugetan.«[73] Er versicherte, daß die Kunst frei sei und frei bleiben solle, allerdings müsse sie an bestimmte politisch-weltanschauliche Normen gebunden bleiben. Auf gröbere antisemitische Ausfälle verzichtete der Minister. Er verblüffte seine Zuhörer sogar, als er einige Meisterwerke der Filmkunst zu Vorbildern erklärte, von denen bekannt war, daß sie von jüdischen Künstlern mitgestaltet worden waren. Goebbels hob besonders Eisensteins *Panzerkreuzer Potemkin* hervor: »Wer weltanschaulich nicht fest ist, könnte durch diesen Film zum Bolschewisten werden.«[74] Außerdem nannte er den amerikanischen Film *Anna Karenina* mit Greta Garbo, Fritz Langs *Nibelungen* und *Der Rebell* mit Luis Trenker. Vor allem eine Passage beruhigte die Produzenten: »Das Schaffen des kleinsten Amüsements, des Tagesbedarfs für die Langeweile und die Trübsal zu produzieren, wollen wir ebenfalls nicht unterdrücken. Man soll nicht von früh bis spät in Gesinnung machen.«[75] Diese Sätze richteten sich vor allem an diejenigen »Konjunkturritter«, die ihre Produktion allzu eifrig auf Propagandafilme umstellen wollten. Viele Filmkünstler waren von Goebbels' Auftritt beruhigt. Sie hörten heraus, was sie hören wollten, manches blendeten sie aus oder drängten es in den Hintergrund.

Mit dieser Beschränkung der eigenen Wahrnehmung ließ sich weitermachen, und auch Rühmann ging diesen Weg in den nächsten Monaten. Er war ein Spezialist für »das Schaffen des kleinen Amüsements«, und er war 1933 gefragter als jemals zuvor. Zwischen dem 30. Januar 1933 und dem Ende des Jahres kamen fünf Filme mit ihm in die Kinos, die Mehrzahl von ihnen war erst nach dem 30. Januar abgedreht worden. Nach Friedrich Hollaenders *Ich und die Kaiserin* hatte *Lachende Erben* Premiere, ein Film von Max Ophüls, der kurz nach der Premiere ebenfalls emigrierte, dann folgten *Heimkehr ins Glück, Drei blaue Jungs, ein blondes Mädel* und *Es gibt nur eine Liebe*. Keiner dieser Unterhaltungsfilme ist wirklich bemerkenswert, sie sehen den trivialen Komödien, die vor dem 30. Januar 1933 gedreht wurden, zum Verwechseln ähnlich.

Und obwohl Rühmann in diesen Filmen nur einmal die unumstrittene Starrolle innehatte und sich diesen Anspruch ansonsten mit Paul Hörbiger, Luise Ullrich, Fritz Kampers oder Louis Graveure teilen mußte, spielte er sich in diesem Jahr weiter nach vorn. Die Kritiker wagten zu diesem Zeitpunkt noch, einen Film zu verreißen, noch war das sogenannte Kunstkritikverbot nicht Gesetz, und so läßt sich gut beobachten, wie Rühmann zumeist über die Stoffe und seine Kollegen triumphierte. Über *Drei blaue Jungs, ein blondes Mädel*, eine für die Zeit typische Militärklamotte, bemerkte die Goebbels-Zeitung »Der Angriff«: »Für wirkliche Unterhaltung sorgt einzig und allein Heinz Rühmann, der mit seinen drolligen Einfällen und als bemitleidenswerter ewiger Pechvogel das Publikum für sich gewinnt.«[76] Im »Berliner Tageblatt« wurde es noch schärfer zum Ausdruck gebracht: »Dieser Film heißt in Wirklichkeit ›Heini Jäger‹ alias Heinz Rühmann. Er allein rettet das hilflos verpfuschte Manuskript und hilft dem Film weiter, wo dem überbeschäftigten Regisseur Carl Boese die Einfälle fehlen.«[77]

Dieses Wahrnehmungsmuster findet sich in den meisten Kritiken des Jahres 1933. Rühmann wird gefeiert, er wird als »großer Komiker« und »echter Humorist« beschrieben, der die Herzen der Zuschauer mit seiner »netten Menschlichkeit« und »frischlebendigen Art« zu erwärmen weiß. So avancierte Heinz Rühmann zum »Erwärmungsspezialisten« in einer Zeit, in der sich die meisten Deutschen in den neuen Verhältnissen einrichten. Der Boykott jüdischer Geschäfte, Arzt- und Anwaltspraxen am 1. April 1933 warf noch einmal ein grelles Schlaglicht auf die Gewaltbereitschaft der Nationalsozialisten, dann jedoch schien sich vieles zu normalisieren.

»In den nächsten Wochen zeigten die Ereignisse eine Tendenz, sich wieder in die Sphäre der Zeitungsberichte zurückzuziehen. Gewiß, der Terror ging weiter, die Feste und Aufmärsche gingen weiter, aber nicht mehr ganz im tempo furioso des März. Die Konzentrationslager waren nun eben eine Institution geworden, und man war eingeladen, sich daran zu gewöhnen und seine Zunge zu hüten. Die ›Gleichschaltung‹, also die Besetzung aller Behörden, Lokalverwaltungen, großen Geschäfte, Verbands- und Vereinsvorstände mit Nazis, ging weiter, aber jetzt systematisch und auf fast pedantisch-ordentliche Weise, mit Gesetzen und Verordnungen, nicht mehr so sehr mit wilden und unberechenbaren ›Einzelaktionen‹. Die Revolution nahm eine Beamtenmiene an.«[78] So beschrieb Sebastian Haffner den bürokratisch-stillen und effektiven Prozeß der Gleichschaltung.

Der Beamtenmiene der neuen Macht begegneten jetzt auch die Filmkünstler immer häufiger, denn Goebbels beeilte sich, einen staatlichen Lenkungs- und Kontrollapparat für die Filmindustrie aufzubauen. Am 14. Juli 1933 trat das »Gesetz über die Errichtung einer vorläufigen Filmkammer« der Reichsfilmkammer (RFK) in Kraft, womit die Mitgliedschaft aller Schaupieler in der RFK Pflicht wurde. Alle Schauspieler, soweit sie zugelassen waren, wurden dabei von der Reichsfachschaft Film (RFF) erfaßt, die ein Teil der RFK war. Die RFK wiederum gehörte zur Reichskulturkammer (RKK), die direkt dem Reichsministerium für Volksaufklärung und Propaganda (RMVP) unterstand. Der oberste Dienstherr aller Filmschaffenden war letztlich Goebbels, der sich noch um entlegenste Details persönlich kümmerte. Die Aufnahme in die RFK war ein unspektakulärer Verwaltungsvorgang. Ein Formular wurde zugeschickt, man wurde aufgefordert, es auszufüllen und zurückzuschicken. Das Ziel war die kontrollierte Aufnahme erwünschter Mitglieder in die RFK, die gleichzeitig den Ausschluß unerwünschter Mitglieder darstellte. Natürlich waren Juden unerwünscht, auch wenn die Aufnahmebedingungen diesen Punkt nicht erwähnten.

Rühmann ließ sich Zeit. Den Aufnahmeantrag zur Reichsfachschaft Film füllte er am 3. Oktober 1933 aus, seine Mitgliedskarte trägt die Nummer 1357.[79] Sein Antrag ging am 7. Oktober bei der RFF ein, und am 17. Oktober wurde die Karte ausgestellt. Damit war Rühmann in die RFF aufgenommen, und seiner Weiterbeschäftigung stand nichts mehr im Wege. Die Beitrittserklärung, die Rühmann am 5. Oktober 1933 abgab, verlangte vom Ausfüllenden, daß er folgende Erklärung unterschrieb: »Ich bestätige ausdrücklich, daß ich arischer Abstammung bin. Weder ich selbst noch meine Eltern sind jüdischer oder sonstiger fremdrassiger Abstammung.« Mit dieser Erklärung wird deutlich, daß die erzwungene Mitgliedschaft in der RFK praktisch ein Berufsverbot für jüdische Schauspieler bedeutete. Auf dem Aufnahmeantrag trug Rühmann in die Spalte »Rassische Abstammung und Religion der Ehefrau« ein: »seit 1917 keiner Religions-Gemeinschaft angehörig«. Für sich selbst gab er »protestantisch« an und »seit 1927 keiner Religions-Gemeinschaft angehörig«.

Der Aufnahmeantrag für die RFF enthielt auch diverse Fragen zur politischen Betätigung oder Organisation der Antragsteller. So wurde u. a. gefragt: »Welcher politischen Partei gehörten Sie nach 1918 an?« »Welcher Gewerkschaft gehörten Sie an?« oder: »Waren Sie Mitglied des roten Frontkämpferbundes?« All diese Fragen verneinte Rühmann, nur in der Spalte, die nach der Mitgliedschaft in der Nationalsozialistischen Betriebszellen-Organisation (NSBO) fragt, trug er »Mitglied des Kampfbundes« ein. Gerade dieser Eintrag sollte 1946 beim deutschen Entnazifizierungsausschuß starken Diskussionsbedarf auslösen. Rühmann wird diese

Mitgliedschaft später bestreiten und aussagen, er habe die Angabe nur gemacht, um seine jüdische Ehefrau zu schützen. Doch selbst wenn er Mitglied im Kampfbund für deutsche Kultur geworden sein sollte – und bereits 1946 ließ sich das nicht mehr eindeutig klären –, ändert das nichts an seiner Argumentation, die glaubwürdig ist, aber auch noch ein anderes Motiv enthalten haben könnte.

Nicht nur der Gedanke an den Schutz seiner Frau, sondern auch der an die eigene Karriere dürfte ihm an dieser Stelle die Hand geführt haben. Der Kampfbund für deutsche Kultur (KfdK), der 1928 von Alfred Rosenberg gegründet worden war, stellte eine formal selbständige, auch für Nichtparteimitglieder gedachte Organisation dar, die nationalsozialistische und rassistische Kulturpolitik betrieb. Vor dem 30. Januar 1933 hatte der Kampfbund nur etwa 6000 Mitglieder, dann aber stieg die Zahl der Mitglieder mächtig an. Auch viele Theater- und Filmleute liefen jetzt dem Kampfbund zu, weil die KfdK-Mitgliedschaft als kleineres Übel gegenüber der NSDAP-Mitgliedschaft galt oder weil man es wegen der Mitgliedersperre nach dem 1. Mai 1933 nicht mehr geschafft hatte, in die NSDAP aufgenommen zu werden.[80] Viele Künstler betrachteten die Mitgliedschaft in einer NS-Organisation als karrieresichernde Maßnahme und Rückversicherung für alle Fälle. Rühmanns tatsächlicher oder nur behaupteter Eintritt in den Kampfbund war in jedem Fall taktischer Natur. Mit Begeisterung oder Überzeugung für die Politik der neuen Regierung hatte dieser Schritt nichts zu tun, es ging um Besitzstandswahrung, um familiäre und berufliche Absicherung.

Die Beziehung zwischen Heinz und Maria Rühmann war Ende des Jahres 1933 schon stark zerrüttet. Wenn sie der Öffentlichkeit noch das Bild einer glücklichen Ehe vorspiegelten, war das zu dieser Zeit lediglich professionelle Routine. Die Reportage in der »Filmwelt« im November 1933 war wahrscheinlich ihr letzter gemeinsamer Auftritt in der Öffentlichkeit. Danach verschwand Maria aus den Porträts über das Privatleben des prominenten Schauspielers, die Themen Liebe, Ehe oder Heirat wurden von nun an vermieden und ausgespart. Noch aber war ihre jüdische Herkunft vielen nationalsozialistischen Kulturbehörden vermutlich unbekannt, andernfalls wäre ihre so ausführliche Erwähnung in der Homestory von 1933 über ihren Mann unterblieben. Dort heißt es: »In München lernte der Künstler die dortige Schauspielerin Maria

Herbot kennen, mit der ihn sogleich dieselbe künstlerische Zielsetzung und das gleiche Streben nach höchster künstlerischer Reife verband. Maria Herbot wurde seine Frau. Sie kam mit ihm nach Berlin, als Reinhardt ihn seinerzeit in die Reichshauptstadt holte, spielte von dann ab aber kein Theater mehr, sondern wurde in immer stärkerem Maße die treue Beraterin ihres Mannes. Heute erledigt sie alle geschäftlichen und formalen Angelegenheiten für ihn, ist die Herrin des wunderschön eingerichteten Hauses bei den vielen gemütlichen und geselligen Abenden im Hause Rühmann. Man muß wissen, daß das Künstlerehepaar Rühmann sehr zurückgezogen lebt und nur selten ausgeht, dafür aber ein gastfreies Haus hat und den kleinen Freundeskreis fast täglich bei sich zu Besuch hat.«[81] Als dieses geschönte Porträt der angeblich idealen Künstlerehe erschien, waren Heinz und Maria Rühmann neun Jahre verheiratet, doch die glückliche Zeit ihrer Ehe war vorbei. Ihre Trennung begann.

In die Hände gespuckt …

In den Jahren 1934 bis 1936 war Heinz Rühmanns Leben mit Arbeit vollgestopft. Längere Ferien oder Drehpausen gab es in diesem Zeitraum kaum für ihn. Wenn er nicht gerade in Berlin oder Wien drehte, unternahm er Gastspieltourneen mit seiner eigenen kleinen Truppe und mit Stücken, die ganz auf ihn zugeschnitten waren, etwa *Der Mustergatte* von Avery Hopwood oder *Ihr erster Mann* von Gustav von Moser. Mitglieder dieses Gastspielensembles waren zeitweilig Hans Reimann, Hans Albin, Carl Günther, Karl Platen, Axel von Ambesser, Alexa von Porembsky, Karl Bischoff und Rühmanns Frau Maria. Sein Schwager Otto Bernheim organisierte die Reisen und kümmerte sich um die geschäftliche Abwicklung. Daneben trat Rühmann auch noch bei Otto Falckenberg an den Münchner Kammerspielen auf, oder er spielte bei Heinz Hilpert am Deutschen Theater in Berlin. Hier war er nach wie vor zu Hause, aber er pendelte häufig zwischen München, Berlin und Wien hin und her, von vielen Abstechern in die Provinz zu Theaterauftritten oder als Premierengast bei den Uraufführungen seiner Filme einmal ganz abgesehen.

Wann immer es das Wetter und sein Terminplan zuließen, flog er mit der eigenen Maschine zu den jeweiligen Auftrittsorten. Anekdoten vom fliegenden Schauspieler Rühmann waren in diesen Jahren weit verbreitet: »Als er einmal in einer rheinischen Stadt einer Premiere beiwohnen sollte, hatte der Besitzer des Kinos ausgiebig Propaganda für den berühmten Gast gemacht, und eine riesige Menschenmenge hatte sich am Bahnhof versammelt, um ihn bei seiner Ankunft zu begrüßen. Daß er inzwischen mit seinem eigenen Flugzeug bereits gelandet war, wußte kein Mensch. Nur mit Mühe konnte er sich seinen Weg zu dem dem Bahnhof gegenüberliegenden Hotel bahnen, und als er einen der Wartenden fragte, was denn hier los sei, erklärte ihm dieser, man erwarte den berühmten Schauspieler Heinz Rühmann aus Berlin, der aber mit dem erwarteten Zuge nicht gekommen sei. ›Ja-Ja‹, meinte er dann lakonisch, ›diese Berliner, und Schauspieler ist er auch noch, da braucht man sich gar nicht zu wundern.‹«[82]

Daß Heinz Rühmann seine Karriere am Theater begonnen hatte und in München und Berlin schon ein Theaterstar war, ehe er seinen ersten Tonfilm drehte, war dem breiten Kinopublikum zu diesem Zeitpunkt kaum mehr bekannt. Er wurde als Filmstar verehrt und geliebt. Ein Star-Porträt aus dem Jahr 1934 zeigt jedoch, daß Rühmann sich selbst nach wie vor als Theaterschauspieler verstand und auch so gesehen werden wollte: »Es geschieht zuweilen, daß der erfolgreiche Komiker der Münchner Kammerspiele auf einer dieser Tourneen durch Deutschland, an denen sein Herz hängt, in eine Stadt kommt, einen Abend vor vollem Haus spielt und dann am Morgen im Stadtblatt liest: ›Erfolgreich versucht der Filmschauspieler Heinz Rühmann den Sprung auf die Theaterbühne.‹ Dann ist Heinz Rühmann ganz böse, so böse, wie man mit seinem Gesicht nur sein kann. Rühmann kommt vom Theater, er hängt am Theater, und wenn der Film ihm auch vor den siebzig Millionen unseres Volkes den Namen gemacht hat, er ist immer noch, auch heute, Theaterschauspieler.«[83] Ein Grund dafür, daß er den Kontakt zur Bühne nie abreißen ließ, war sicherlich seine Lust am Spiel, die Sehnsucht nach der unmittelbaren Berührung mit dem Publikum und die Möglichkeit, es für sich zu begeistern. Er war und blieb – so hat er sich einmal selbst bezeichnet – ein alter Zirkusgaul, der den Beifall und die Bravorufe brauchte, der es genoß, die Vorhänge zu zählen und sich an der Rampe zu verbeugen.

Vielleicht aber gibt es auch einen anderen Grund für Rühmanns rastloses Arbeiten zwischen 1934 und 1936: Er wollte sich betäuben, sich ablenken von seine Ehe mit einer Jüdin, die er jetzt mehr und mehr als Belastung für sich empfand. Er liebte Maria nicht mehr, war ihr aber dankbar. Er fühlte sich ihr verpflichtet und hatte dennoch Angst, daß diese Ehe seine Karriere zerstören könnte. Wer wußte, was geschehen würde? Er nahm deshalb jedes Engagement dankbar an, solange man ihn noch arbeiten ließ. Der Druck auf seine Frau und ihn wurde größer. Seine Beitrittserklärung zur Reichsfachschaft Film wurde am 13. April 1934 für ungültig erklärt, was ein Arbeitsverbot bedeutet hätte, wenn ihm nicht eine Sondererlaubnis durch das Propagandaministerium erteilt worden wäre.[84] Seine Mitgliedschaft ruhte zwar einstweilen, trotzdem konnte er ungehindert weiterarbeiten. Tatsächlich gibt es in Rühmanns Karriere kein anderes Jahr, in dem er häufiger im Kino zu sehen war als 1934, als sechs Filme mit ihm in die Kinos kamen.

Während jedoch der Filmstar immer unentbehrlicher wurde, geriet Rühmann privat zunehmend in Schwierigkeiten. Am 8. März 1934 sprach ihn das Amtsgericht Berlin wegen Devisenvergehen schuldig und verurteilte ihn zu einer Geldstrafe von 13 500 Reichsmark. Offensichtlich hatte Rühmann in den Jahren 1931/1932 seinem in Österreich lebenden Steuerberater Hans Janssen regelmäßig »inländische Zahlungsmittel« angewiesen, ohne die dafür erforderliche Devisengenehmigung zu besitzen. Im Spätherbst 1938 wurde dieses Urteil des Amtsgerichts noch einmal zum Gegenstand einer Untersuchung der Reichsfilmkammer, als in der Branche Gerüchte aufkamen, Rühmann wolle auswandern.[85]

Im Juli 1934 reiste Maria Rühmann nach Wien, wo sie sich mit ihrem Mann treffen wollte, der dort gerade für die Atlantis-Film seinen neuen Film *Frasquita* unter der Regie von Carl Lamac vorbereitete. Damit ihr die »einmalige gebührenfreie Einreise« gewährt wurde, schrieb die RFF an den Polizeipräsidenten von Berlin: »Frau Mary Rühmann, die Gattin unseres Mitgliedes des Schauspielers Heinz Rühmann, muß in einer dringenden geschäftlichen Angelegenheit zu ihrem Gatten, der zur Zeit in Wien filmt, reisen. Es handelt sich um die Gründung einer neuen Filmproduktionsfirma in Deutschland, durch welche viele deutsche Filmschaffende Beschäftigung finden. Unsererseits bestehen gegen eine Ausreise der Frau Rühmann keine Bedenken.«[86]

Sehr wahrscheinlich war dieser Grund für ihre Ausreise nach Österreich nur vorgeschoben. Maria Rühmann fühlte sich in Deutschland immer unsicherer und wollte zumindest vorübergehend das Land verlassen. Auch sie pendelte in diesen Jahren zwischen Berlin, München und Wien hin und her, allerdings aus ganz anderen Gründen als ihr Mann. Der zunehmende Antisemitismus ließ sie unruhiger und vorsichtiger werden. Wenn sie in deutschen Hotels übernachtete, schrieb sie sich unter ihrem Künstlernamen Herbot oder unter einem anderen falschen Namen ins Gästebuch ein, aus Angst davor, als Jüdin entdeckt zu werden. Es ist kaum anzunehmen, daß Maria gemeinsam mit ihrem Mann 1935 eine Produktionsgesellschaft gründen wollte, wie sie im Juli 1934 gegenüber der RFF angab. Rühmann scheint sich zwar ernsthaft mit diesem Gedanken befaßt zu haben, aber seiner Frau wäre die Beteiligung an einem solchen Unternehmen unmöglich gewesen, da ihr die dazu notwendige Aufnahme in die RFF als Jüdin verweigert worden wäre.[87] Bei ihrem Ausreisegesuch an die RFF dürfte die Tarnung dieser Reise als berufliche Fahrt eine stärkere Rolle gespielt haben. Ihre Ausreise sollte nicht den Charakter einer Flucht, sondern den einer geschäftlich notwendigen Unternehmung erhalten.

Gegen die vorgeschobenen Pläne spricht auch, daß die Hoffnung auf eine gemeinsame Zukunft mit ihrem Mann bereits verloren war. Beide lebten 1934 schon voneinander getrennt, und Heinz Rühmann scheint in dieser Zeit eine Liebesbeziehung zu einer sehr viel jüngeren Frau unterhalten zu haben. Aus der Korrespondenz Erich Kästners mit seiner Mutter geht hervor, daß Rühmann in wahrscheinlich mehr als freundschaftlicher Beziehung zu Herti Kirchner gestanden haben muß. Die damals kaum zwanzigjährige Schauspielerin, deren erster Film *Kampf um Blond* am 2. Januar 1933 uraufgeführt wurde, war bis zu ihrem Tod 1939 auch die Geliebte des Schriftstellers Kästner. Neben ihrer Arbeit als Schauspielerin und Kabarettistin hatte sie ab 1937 auch als Kinderbuchautorin Erfolg. Erich Kästner schrieb am 27. Juli 1934 an seine Mutter: »Das Telegramm war von Herti. Weil Dresden ausfiel auf ihrer Tournee, wollte sie wissen, ob sie nach Berlin kommen sollte. Oder mit Rühmann paar Tage an die Nordsee fahren. Ich hab ihr zur Nordsee geraten. Hoffentlich folgt sie gut.«[88]

Herti Kirchner gehörte in diesen Monaten zu Rühmanns Gastspieltruppe, mit der er den *Mustergatten* aufführte. Die Tournee führte am 29. und 30. September 1934 auch nach Bremen, wo die Vorstellungen, wie überall, innerhalb kürzester Zeit ausverkauft waren. Nach der vermutlich kurzen Affäre zwischen Herti Kirchner und Heinz Rühmann bestand zumindest ein freundschaftlicher Kontakt zwischen den beiden bis zu Kirchners frühem Tod 1939.

Im Frühjahr 1939 war sie seine Partnerin in der Terra-Komödie *Der Florentiner Hut*, und nur wenige Monate zuvor war sie die Hauptdarstellerin in einer anderen Terra-Produktion. Daß sie dort zu diesem Zeitpunkt viel beschäftigt war, ging nicht zuletzt auf Rühmanns Betreiben zurück, der seit 1938 in einem festen Vertragsverhältnis mit der Terra stand.

Die Folgen der Gleichschaltung der Filmindustrie bekam im Sommer 1934 auch Rühmanns Schwager Otto Bernheim zu spüren. Am 19. Juli 1934 hatte der Präsident der Reichsfilmkammer die Anweisung erlassen, daß »Filmschaffende nicht mit Vermittlern in Beziehung treten dürfen und wo solche Beziehungen bestehen, dieselben unverzüglich abzubrechen sind«. Am 30. Juli 1934 schrieb die Reichfachschaft Film an ihr Mitglied Rühmann und machte ihn aus gegebenem Anlaß auf diese Anweisung aufmerksam: »Von dem Verband der Filmindustriellen e. V. wird uns mitgeteilt, daß Sie sich bei dem Abschluß von Engagements der Tätigkeit eines Herrn Otto Bernheim bedienen.«[89] Rühmann solle diese Beziehung sofort abbrechen, andernfalls drohe ihm der Ausschluß aus der Reichsfachschaft Film und damit auch aus der Reichskulturkammer. Einige Tage darauf erwiderte Rühmann diesen Brief und bemühte sich um Schadensbegrenzung: »Herr Otto Bernheim hat für mich keine Verträge getätigt, sondern hat lediglich in meiner Abwesenheit von Berlin als mein Verwandter meine persönlichsten Interessen vertreten. Da ich dieses Jahr in einem festen Engagementsabschluß bei der Cicero-Film GmbH stehe, und im nächsten Jahr selbständig als Gesellschafter einer Filmfirma arbeite, erübrigen sich wohl Ihre Besorgnisse in puncto eines Managers. Ich bitte Sie, Herrn Bernheim von der Managerliste zu streichen.«[90] Zuvor hatte sich schon sein Schwager an den Verband der Filmindustriellen gewandt und bestritten, daß er der Manager Rühmanns sei: »Ich bin von Beruf Bühnenschriftsteller. Ich habe lediglich für den mit mir verwandten Schauspieler Rühmann Generalvollmacht und führe seine Geschäfte, insbesondere, wenn er außerhalb von Berlin ist.«[91] Nach diesem »Warnschuß« der RFF trat Otto Bernheim bei Vertragsverhandlungen künftig in den Hintergrund und kümmerte sich verstärkt um die Theatertourneen seines Schwagers.

Seine Rolle bei Vertragsverhandlungen übernahm seit dem Sommer 1934 immer stärker Siegfried (Fred) Pinkus. Auch Pinkus war Jude und deshalb angreifbar, hielt sich aber bei Verhandlungen meistens diskret im Hintergrund. Er und Rühmann hatten sich durch die Schauspielerin Eliza La Porta kennengelernt, die Rühmann bereits aus seiner Stummfilmarbeit kannte. Sie und Fred Pinkus hatten am 1. März 1933 in Berlin geheiratet, zu einem Zeitpunkt, als Pinkus für die Allianz- und Stuttgarter Verein Versicherungs A. G. arbeitete. Von 1934 bis 1936 war er Geschäftsstellenleiter der Allianz, mußte den Posten aber 1936 verlassen. Nunmehr übernahm er eine Generalvertretung der Versicherung, allerdings auf eigene Rechnung. Doch auch diese Form der Zusammenarbeit wurde ihm von der Allianz gekündigt. In einem Schreiben der Filialdirektion Berlin vom 23. September 1938 heißt es: »Wir trennten uns in gegenseitigem Einvernehmen unter dem 1. 1. 1938 von Herrn Pinkus, da eine Beschäftigung von Nichtariern nicht mehr erwünscht war.«[92] Seit 1936 war Pinkus vor allem als Geschäftsführer für Heinz Rühmann und Lilian Harvey tätig. Neben dieser beruflichen Verbindung war das Ehepaar Pinkus aber auch eng mit Rühmann befreundet, man traf sich häufig bei Pinkus in der Roscherstraße 7.

Romolo La Porta, Eliza La Portas Sohn aus erster Ehe, erinnert sich, daß Rühmann seine Mutter einmal eingeladen hatte, in seiner Maschine mitzufliegen. Sie nahm die Einladung dankbar und neugierig an, da sie noch nie in ihrem Leben geflogen war. Rühmann ließ es sich nicht nehmen, seinen Gast kräftig durchzuschütteln, was der Freundschaft zu Eliza La Porta zwar keinen Abbruch tat, aber doch dazu führte, daß sie sich schwor, nie wieder in ihrem Leben ein Flugzeug zu besteigen. Einen Schwur, den sie bis an ihr Lebensende gehalten hat.[93]

Im nationalsozialistischen Sprachgebrauch wurde die Ehe zwischen Rühmann und seiner Frau als »Mischehe« bezeichnet, Maria Bernheim galt als »Volljüdin«, und in antisemitischen Hetzblättern wie »Der Stürmer« oder »Das schwarze Korps« wurden »Rassenschande«, »Blutschande« oder »jüdische Versippung« ständig angeprangert. Der Antisemitismus durchsetzte die Gesellschaft mehr und mehr, die Hoffnungen vieler Juden und Gegner des Regimes, die Nazis würden sich ohnehin bald selbst zerfleischen, hatten getrogen. Hitler hatte die Röhmaffäre am 30. Juni 1934 genutzt, um innerparteiliche Gegner brutal ermorden zu lassen. Unmittelbar nach dem Tod des Reichspräsidenten von Hindenburg hatte er dessen Macht an sich gerissen und sich zum Oberbefehlshaber der Streitkräfte ernennen lassen. Am 2. August 1934 legten sämtliche

Offiziere und Mannschaften der Reichswehr einen Treueeid auf Hitler ab. »Heute ist Hitler ganz Deutschland«, verkündete eine Zeitungsschlagzeile am 4. August 1934.[94] Hitler beauftragte die talentierte Schauspielerin und Regisseurin Leni Riefenstahl damit, ein Dokument dieses Sieges herzustellen. Riefenstahl durfte, ausgestattet mit allen Vollmachten und Mitteln, 1934 auf dem Nürnberger Reichsparteitag drehen und inszenieren. Sie formte aus der Massenveranstaltung eine raffiniert die Sinne betäubende Einmann-Show. Der effektvolle Hitler-Verherrlichungsstreifen *Triumph des Willens* kam im Sommer 1935 in die Kinos.

Der Triumph Hitlers war vor allem auch das Ergebnis eines Verhaltensmusters, das Ian Kershaw in seiner Hitler-Biographie detailliert beschrieben hat. Viele Deutsche, kleine Parteifunktionäre ebenso wie die Reichswehr, auch viele Institutionen arbeiteten dem Führer entgegen, ohne daß sie dazu einen Befehl abgewartet hätten. Man bemühte sich, den Willen des Führers zu erahnen, man ergriff Initiative, machte Druck oder fädelte Gesetze ein, um Hitlers vermutete Ziele zu treffen.[95]

Auch die Angriffe gegen Rühmann und seine Frau zeigen, daß es in der Regel lokale Parteibehörden waren, die die Initiative ergriffen. Da Rühmann mit einer Sondergenehmigung der Reichsfilmkammer arbeiten konnte, blieben Filmangebote weiterhin nicht aus. Der Druck, sich von Maria scheiden zu lassen, ging nicht in erster Linie von der Reichsfachschaft Film oder der Reichskulturkammer aus. Diese Behörden nahmen den Druck auf, der von der Basis und anderen NS-Organisationen ausging, und gaben ihn weiter. Dieser Mechanismus ist auch in anderen Fällen zu beobachten, Rühmann war durchaus keine Ausnahme: »Eine Liste des RMVP führt 22 Darsteller mit (im nationalsozialistischen Verständnis) jüdischen Ehepartnern auf, denen es per Sondererlaubnis gestattet ist, in der RFF zu verbleiben. Paul Henckels etwa ist ›selbst Halbjude und mit einer Volljüdin verheiratet‹ und auch die Ehefrauen von Leo Slezak, Otto Wernicke und Eduard von Winterstein stammen aus jüdischen Familien.«[96] Auch der prominenteste deutsche Schauspieler in diesen Jahren, Hans Albers, war von den antisemitischen Aktionen betroffen. Seit dem Sommer 1933 erhielt die RFF regelmäßig empörte Hinweise oder Anfragen, die Albers' Beziehung zu Hansi Burg betrafen. Obwohl es 1933 nach geltendem nationalsozialistischem Recht noch nicht illegal war, mit einer Jüdin verheiratet zu sein, und obwohl Albers und Hansi Burg zu diesem Zeitpunkt ohne Trauschein miteinander lebten, hielt das die Eiferer keineswegs ab, ihn zu denunzieren.

Der gleiche Haß machte sich auch im Falle von Heinz Rühmann bemerkbar. In »Das Schwarze Korps«, der Propagandazeitung der SS, erschien am 28. August 1935 folgende Meldung: »Heinz Rühmann und Albert Lieven sind mit Jüdinnen verheiratet. Ist es nun ein Mangel an Taktgefühl oder Klugheit, wenn sich einer dieser Künstler bei nationalsozialistischen Veranstaltungen ein bißchen gar zu auffällig in den Vordergrund drängt?«[97] Bezog sich die Anspielung auf Rühmann oder auf Lieven? Diese Drohung war typisch für eine Hetzzeitung wie »Das Schwarze Korps«, die in der gleichen Ausgabe auf die Frage eines Lesers, ob Hans Moser Jude sei, antwortete: »Sie werden lachen: Hans Moser ist Arier. Den Geburtsschein seiner Frau allerdings haben wir noch nicht zur Einsicht vorliegen gehabt.«[98]

Solche Denunziationen blieben nicht ohne Folgen. Andernorts bezog man sich auf sie und handelte danach. Für den Oktober 1935 hatte die NS-Kulturgemeinde Remscheid ein Theatergastspiel mit Heinz Rühmann geplant, als man am 8. Oktober Post vom Kulturpolitischen Archiv der NS-Kulturgemeinde aus Berlin erhielt. In dem Schreiben hieß es: »In den Mitteilungen Ihres Ortsverbandes finden wir für den 4. 10. 1935 eine Sonderveranstaltung angekündigt, die ein Gastspiel Heinz Rühmanns bringt. Rühmann ist einer unwidersprochen gebliebenen Meldung des ›Schwarzen Korps‹ zufolge mit einer Jüdin verheiratet und daher für die NS-Kulturgemeinde nicht tragbar.«[99] Dieser Brief wurde vor dem Hintergrund der Nürnberger Gesetze geschrieben, die am 15. September 1935 auf dem »Reichsparteitag der Freiheit« bekanntgegeben worden waren. Das sogenannte »Blutschutzgesetz« stellte dabei Eheschließungen zwischen Juden und »Deutschblütigen« unter Strafe.

Zu diesem Zeitpunkt befand sich Rühmann wie so oft auf einer Gastspieltournee durch Österreich und Deutschland. In Hamburg waren die Vorstellungen von *Der Mustergatte* und *Ihr erster Mann* vierzehn Tage hindurch ausverkauft gewesen, jetzt gastierte er in Bremen, wo er vom 13. bis zum 15. September 1935 auftrat. Die »Bremer Nachrichten« urteilten am 15. September: »Selten ist wohl so viel und ausgiebig gelacht worden, hat die Heiterkeit so epidemisch um sich gegriffen, wie unter dem Einfluß dieses Schauspielers, dessen trockener Humor in seiner Beharrlichkeit und scheinbaren Naivität etwas Überwältigendes hat.«[100]

Noch in derselben Nacht hatte die Nachricht vom Erlaß der Rassegesetze Oldenburg erreicht, wo Rühmann am 16. September auftreten sollte. Am Nachmittag des 16. September war das kleine Ensemble in Bremen schon zum Aufbruch bereit, als Rühmann im Hotel am Telefon verlangt wurde. Es meldete sich der Oldenburger Intendant Dr. Roennecke und sagte das Gastspiel in letzter Minute ab. Was war geschehen? Am Vormittag hatte der Oberbürgermeister Besuch bekommen: Parteigenosse Raddau von der Deutschen Arbeitsfront und der Landgerichtsrat Pg. Thomssen hatten ihn gewarnt, daß es am Abend durch die SA, die SS und die Arbeitsfront zu Störungen des Rühmann-Gastspiels kommen würde. Die Männer seien erregt über Rühmanns Ehe mit einer Jüdin, und schon am Vortag war ein Theaterplakat mit einem Zettel überklebt worden: »Ist mit einer Jüdin verheiratet.«

Nach dieser Vorwarnung setzte sich der Oberbürgermeister sofort mit dem Intendanten in Verbindung. Dessen Antwort gibt ein gutes Bild von der Unübersichtlichkeit nationalsozialistischer Kulturpolitik. Roennecke persönlich wußte nichts von Rühmanns Ehe mit einer Jüdin. »Rühmann spiele mit Zulassung der Reichstheaterkammer ständig am Deutschen Theater zu Berlin, das unmittelbar dem Propagandaministerium als Reichstheater unterstellt ist, und an anderen Theatern. Er habe nach seiner Angabe vor etwa vier Wochen in München vor dem Führer gespielt. Dr. Roennecke erhielt auf Anfrage bei der Reichstheaterkammer (Abteilungsleiter Leutheiser) die Nachricht, daß das Gastspiel Rühmann zugelassen sei. Aus einer Unterredung mit Leutheiser gewann er aber den Eindruck, daß das Propagandaministerium eine Entscheidung nicht getroffen habe, und daß die Aufrechterhaltung des Gastspiels bei Gefahr von Zwischenfällen kaum gebilligt werden würde.«[101] Obwohl die eigentlich zuständige Reichstheaterkammer das Gastspiel genehmigt hatte und es von der oldenburgischen NS-Kulturgemeinde organisiert worden war, wurde Rühmanns Auftritt durch die Aktionen der lokalen SA und SS verhindert. Noch am 12. September hatte die »Oldenburger Staatszeitung«, das amtliche Organ der Oldenburger Staatsregierung, das Gastspiel verheißungsvoll angekündigt: »Über Heinz Rühmann lacht man ohne Reue!«[102] SA und SS sahen das offenbar anders.

Die meisten Filme, die Rühmann zwischen 1934 und 1936 drehte, verließen sich blindlings auf das Talent ihres Hauptdarstellers. In der Mehrzahl kamen dabei flüchtig entworfene und lieblos abgedrehte Komödien heraus. Zwar füllten sie durchaus die Kassen und amüsierten das Publikum, die Kritiker konnten jedoch mit dieser Qualität nicht überzeugt werden. Immer wieder muß sich Rühmann als »rettender Engel«[103] zeigen, der die »Schablonen« der Drehbücher durch seine »erfrischende Erscheinung«[104] besiegt: »Gute Darstellung, aus der Rühmann, befreit von den Fesseln der Schablone, hervorragte.«[105] Allerdings kam es auch vor, daß er den Kampf verlor. Über den Film *Wer wagt – gewinnt!* (1935)[106] schrieb der Kritiker Sven Schacht verdrossen: »Heinz Rühmann spielt die Hauptrolle. Er soll doch einmal Rollen wie den Detektiv in ›Die Finanzen des Großherzogs‹ gespielt haben. Wie lange ist das her? ›Die Schauspieler sind nicht anwesend‹, rief eine Stimme aus dem Vorführraum am Schluß dieses Films. ›Bravo!‹ rief eine Stimme, und wir glauben, es war die Stimme des Publikums.«[107]

Unter Beschuß geriet Rühmann aber auch, weil *Wer wagt – gewinnt!* politischen Unmut hervorrief. Die größte Massenorganisation des Dritten Reiches, die Deutsche Arbeitsfront (DAF), die Reichsleiter Robert Ley führte, forderte in ihrem »Informationsdienst« das Verbot des Filmes, weil er sich der »Verzeichnung der Persönlichkeit des kleinen Angestellten«[108] schuldig mache. Der »Film-Kurier« griff die Kritik auf und verlangte Besinnung: »Heinz Rühmann gilt in Stadt und Land als ein famoser Kerl, warum geizt er beim Film so mit seinem Talent? Wir wiederholen es: er ist ein Monotonfilmschauspieler geworden. Wir bedauern es, daß er nicht mehr Gelegenheit nimmt, sich filmisch zu nuancieren und zu beweisen, was er kann. Warum ist er gegenüber seinen Drehbüchern nicht viel kritischer, warum muß es denn immer eine ›tragende‹ Rolle sein?«[109] Derart harsche Kritik und persönliche Appelle an Rühmann blieben jedoch die Ausnahme, zumeist erntete er gerade dort Lob, wo die Filme Tadel fanden.

Seine komischen Mittel aber, die sich in diesen Filmen meistens bewährt und ihm zu immer größerer Beliebtheit verholfen hatten, schlugen dann zum Nachteil aus, wenn etwas Neues von ihm gefordert wurde. Sein Mißerfolg in der Titelrolle des Molière-

Stückes *George Dandin* im März 1935 am Deutschen Theater in Berlin läßt klar erkennen, wie sehr ihn der Film vereinnahmt hatte, und wie schwierig es für ihn war, dem verfestigten Image zu entkommen. Herbert Jhering hat sein Scheitern in dieser Inszenierung unter der Regie von Heinz Hilpert sehr genau analysiert: »Als Heinz Rühmann, im dritten Akt auf dem Balkon seines Hauses stehend, plötzlich sagte: ›Ich küsse ihre Hand, Madame‹, war das Eis gebrochen. Griff er unvermittelt nach diesen Worten, weil er die etwas zögernde Stimmung des Hauses merkte, standen sie schon im Text dieser Bearbeitung, gleichviel, erst von diesem Satz an erwärmte sich das Publikum. Mit einem Male reagierten die Zuschauer auf den beliebten Schauspieler, mit einem Male glaubten sie, ihn wieder zu erkennen. Ein lehrreiches Beispiel. Popularität ist ein bitterer Tyrann. Sie hindert die Entwicklung eines Künstlers und wirft ihn immer wieder auf Nuancen zurück, die ihn berühmt und beliebt gemacht haben. Der charmante Darsteller schüchterner Rollen, der drollige Verlegenheitskomiker, der reizendste Narr der deutschen Bühne, dessen Wirkung immer in der Verwirrung zu liegen schien, mit der er seinen Text sprach, der improvisierende Situationskomiker sollte hier plötzlich Molières ›George Dandin‹ geben, den geprügelten und betrogenen Bauern, den Revolutionär der kommenden Zeit, eine klassische Rolle mit festgelegtem Text. Diese Aufgabe machte Rühmann unsicher. Zuerst einmal der Rolle gegenüber. Er hatte soviel Respekt vor Molière, daß er fast sein Schauspielertum vergaß. Er sprach beinahe feierlich, auf einem Ton, ohne Lichter. Dieser Dandin stand nicht vor einer Revolution. Er hatte keine zeitgeschichtlichen Hintergründe. Dieser Dandin war ein Komiker, der aus taktvollem Respekt vor einem klassischen Dichter seine Nuancen wegließ, aber er vergaß, etwas anderes an deren Stelle zu setzen. So entstand die zweite Unsicherheit. Als Rühmann merkte, daß das Publikum nicht mitging, versuchte er im letzten Moment, seine Possennuancen zu erreichen, einige erwischte er noch, andere rutschten ihm aus.«[110]

Die Ablehnung der Berliner Kritik war tatsächlich fast einhellig. Rühmann hatte keinen Zugang zu der Rolle gefunden, weil sie einen anderen Typus forderte, als er verkörpern konnte. Daß der Dandin kein pfiffiger Schlemihl war, wie Rühmann ihn so oft verkörpert hatte, hatten Hilpert und er verstanden, aber die Alternative blieben sie schuldig. Sie mußten sie schuldig bleiben, weil Rühmann einen so hoffnungslosen und betrogenen Menschen wie den

Dandin nicht spielen konnte, besser, nicht *mehr* spielen konnte. Von den gebrochenen Charakteren, die er schon vor seiner Filmkarriere selten genug dargestellt hatte, etwa den homosexuellen Erpresser Gottfried in Ferdinand Bruckners *Die Verbrecher*, war er weit entfernt.[111] Den patenten Aufmunterungskerlchen, die er in Serie spielte, waren tiefe Abgründe und Seelenqualen unbekannt. Die Erfahrung, daß sich Popularität auch zu einem »bitteren Tyrannen« auswachsen kann, erlebte er hier das erste Mal mit solcher Schärfe. »Nachdem ich alle Verrisse gelesen hatte, schlich ich am Abend wie ein geprügelter Hund in den Musentempel in der Schumannstraße und wollte mir Trost bei meinem Spielleiter holen. Ich fragte ihn naiv, ob er denn heute Abend bei der zweiten Vorstellung nicht einiges ändern könne? Hilpert polterte los: ›Du bist wohl verrückt geworden! Spielen wir für die Zeitungen oder fürs Theater? Was kümmert uns das Geschreibsel, du spielst, wie wir das festgelegt haben, und nichts anderes!‹«[112] Doch dieser Reinfall war prägend. Es dauerte Jahrzehnte, bis sich Rühmann auf der Bühne wieder an ein solches Experiment heranwagen würde. Zunächst einmal stürzte er sich wieder in die Routine konventioneller Filmkomödien.

Seine Partner in diesen Filmen waren häufig Adele Sandrock, Rudolf Platte, Hilde Hildebrand, Annemarie Sörensen, Oskar Sima, Lizzi Holzschuh, Rudolf Carl und auch Rühmanns guter Freund Carl Günther. Besonders erfolgreich war die Zusammenarbeit mit Emerich Emo, der ein Spezialist für gelungene und kommerziell erfolgreiche Unterhaltungsfilme war und seine Stoffe mit Geschick und leichter Hand umsetzte. Mit Hans Moser drehte Emo nicht weniger als 21 Filme. Unter seiner Regie fanden die damals beliebtesten Komiker Theo Lingen, Hans Moser und Heinz Rühmann gleich mehrfach zusammen. In *Der Himmel auf Erden* (1935) und *Ungeküßt soll man nicht schlafen geh'n* (1936) ergänzten sich die verschiedenen Temperamente und Vorzüge dieses Trios perfekt. Rühmanns kindlicher Optimismus stach scharf von Mosers quengeligem Pessimismus ab, Lingens abgezirkelte, noble Gesten unterschieden sich komisch von Rühmanns tapsiger Ungeschicklichkeit, und der immerzu um sich kreiselnde und aufgedreht zappelnde Moser unterstrich noch einmal Rühmanns Phlegma, an dem alle Hektik abzuprallen schien. Dessen glattes Lausbubengesicht harmonierte vortrefflich mit Mosers griesgrämigen Altmännerzügen und Theo Lingens blasierten Harlekinsmasken.

Gerade diese Kombination der drei »Lachbomben« bewies deutlich, wie die meisten Rühmann-Filmen dieser Zeit beschaffen sind: Sie entwickeln keinen ästhetischen Ehrgeiz, es gibt kaum überraschende Schnitte, elegante Auflösungen der Szenen, rhythmisierte und überlegte Bildfolgen oder besonders wirkungsvolle Dialoge. Die Kulissen sind vielfach billig zurechtgezimmert, und auch die Drehbücher verraten hastige Flickschusterei. Ihr einziger Ehrgeiz bestand darin, die Popularität der Stars gewinnbringend anzulegen. Es waren Filme, die den früher erworbenen Ruhm des Protagonisten ausnutzten, aber zur Weiterentwicklung des Star-Images nicht beitrugen. Der Preis, den er für diese eintönige Dauerbeanspruchung zahlte, hieß Stagnation. Andererseits verfestigte er seinen Stammplatz beim Publikum, das ihn als Dauergefährten schätzte. Selbst Thomas Mann, ansonsten kein großer Kinogänger, kam um Rühmann in diesen Jahren nicht herum. Er hielt am 9. Dezember 1935 in seinem Tagebuch fest: »Nach dem Tee ins Kapitol-Kino […] Hübsche Darbietungen: Französischer Micki-Maus-Film, dann annehmbares Wiener Lustspiel ›Der Himmel auf Erden‹ von Rühmann, Moser, der Sandrock, Thimig amüsant und menschlich gespielt.«[113] Und auch seinem Sohn Klaus entging im Exil die Rühmann-Konjunktur in Deutschland nicht, auch wenn sein Urteil über ihn etwas drastischer ausfällt: »Völlig gehirnerweicht, dabei nicht ganz unoriginell.«[114]

»Staatspolitisch besonders wertvoll«

Im April 1936 machte der Schriftsteller Heinrich Spoerl der Carl-Froelich-Film-Produktion einen Vorschlag: »Inzwischen ist von mir ein kleiner, lustiger Sommer-Roman erschienen, von dem ich Ihnen ein Exemplar übermittle. In der Hauptrolle könnte ich mir Paul Hörbiger, aber auch Hermann Thimig vorstellen.«[115] Bei diesem Stoff handelte es sich um Spoerls gerade veröffentlichten schmalen Roman *Wenn wir alle Engel wären.* Der Autor dachte bei der Besetzung der Hauptrolle zunächst nicht an Heinz Rühmann, doch seine Vorstellungen interessierten den Produzenten und Regisseur Froelich wenig. Rühmann erhielt den Zuschlag und setzte sich umgehend mit Spoerl in Verbindung. Im Mai 1936 meldete Spoerl an Hans Ebert, den er als Komponisten gewinnen wollte: »Das Drehbuch wird z. Zt. von mir zusammen mit Herrn

Heinz Rühmann geschrieben, der auch den Kempenich spielen wird.«[116] Anfang Juni trafen sich Froelich, Rühmann und Spoerl zu Besprechungen und zur Motivsuche in Beilstein bei Cochem an der Mosel, wo noch im Juli und August die Außenaufnahmen abgedreht werden sollten. Mit dabei war auch die Schauspielerin Leny Marenbach, die Heinz Rühmann für die Hauptrolle durchgesetzt hatte.

Rühmann und die übrige Filmcrew mieteten sich im Beilsteiner Hotel Lipmann ein. Wegen des guten Wetters kamen die Außenaufnahmen in den nächsten Wochen recht zügig voran. Mitte August wurden dann die letzten Szenen in Berlin gedreht, und schließlich erlebte der Film seine Uraufführung am 9. Oktober 1936 in Berlin. Am 15. Oktober schrieb Spoerl an Carl Froelich: »Verehrter Meister Froelich! Heute Morgen las ich im Film-Kurier das Prädikat. Ich habe mir die Augen ausgeputzt, aber es stimmt wirklich: Auch ›staatspolitisch‹. Ich habe mich dreifach gefreut. Erstens überhaupt. Zweitens, daß Ihre Arbeit damit die höchste erreichbare Auszeichnung erhält. Und drittens, daß man glücklicherweise beginnt, auch den Humor ernst zu nehmen, daß man die kulturelle Mission eines solchen Films erkennt.«[117]

Mit dem Prädikat »staatspolitisch besonders wertvoll« zeichneten die Filmprüfstelle und in letzter Instanz »Filmminister« Goebbels in der Regel Filme aus, deren politische Verbindung zum Nationalsozialismus klar auf der Hand lag. Es waren vor allem Filme, in denen die Nation oder der Führer verherrlicht wurden, in denen militärische Disziplin gefordert, Antisemitismus geschürt oder der Tod fürs Vaterland glorifiziert wurden. Typische Beipiele sind *Der höhere Befehl, Jud Süss, Bismarck, Kampfgeschwader Lützow* oder *Kolberg*. Daß eine Komödie wie *Wenn wir alle Engel wären* mit dem höchsten Prädikat versehen wurde, löste nicht nur bei Heinrich Spoerl Erstaunen aus. So protestierte die Zeitschrift »Deutsches Wollen« vehement und wollte »mit diesem Mief und dem Nachtlokalbetrieb korrekter Spießer und Spießerinnen nichts zu tun haben«.[118] Tatsächlich spielte Rühmann einen »korrekten Spießer«, der in einem Nachtlokal ins Straucheln gerät. Warum aber gefiel dieser Film Goebbels so ausnehmend gut, daß er in seinem Tagebuch am 14. Oktober 1936 festhielt, der Film sei »das beste Lustspiel seit langem. Zum Tränen lachen. Rühmann übertrifft sich selbst. Ich bin begeistert«?[119] Sah der Propagandaminister diesen Film wirklich nur als gutes Lustspiel, oder verbarg sich hinter der Komödienfassade nicht doch eine raffiniert versteckte politische Botschaft?

Sucht man diesen Film zu sehr nach ideologischen Untergründen ab, verliert man schnell die Leistung Rühmanns und der anderen Schauspieler aus dem Blick. Der Kanzleivorsteher Christian Kempenich (Rühmann) lebt mit seiner Frau Hedwig (Leny Marenbach) in einer kleinen Stadt an der Mosel. Hier sind die Gäßchen verwinkelt, die Treppchen steil, Weinhänge, wohin das Auge blickt, der Fluß ein sich schlängelndes Band, darauf vorbeiziehende Schiffe als leuchtende Farbtupfer. Eine urdeutsche Landschaft, idyllische, friedliche Bilder aus der Provinz. Hier wehen keine Hakenkreuzfahnen, kein Volksempfänger brüllt Reden. Aus dieser beschränkten Welt reist Kempenich nach Köln zu einer Kindstaufe, während am selben Tag seine Frau Hedwig eine Dampferfahrt unternimmt. Durch den Genuß von zuviel Alkohol kommen die Eheleute in schwere Bedrängnis, der Seitensprung wird ihnen nahegelegt, beide gehen jedoch unschuldig aus dem Abenteuer hervor. Dennoch geraten sie unter Verdacht, ehebrüchig geworden zu sein.

Was zunächst auffällt, ist die ungeheure Komik, die Rühmann mit seiner Darstellung des kleinstädtischen Spießers erzielt. Er parodiert oder karikiert ihn nicht, er stellt ihn unbefangen aus, mit all seinen Unarten und Beschränkungen. Dieser Kempenich, mit exaktem Seitenscheitel, weichem Schnurrbart und blitzenden Brillengläsern, ist ein Männlein, das sich nach oben mit krummen Rücken verbeugt, nach unten jedoch ein hochgerecktes Kinn zeigt. Rühmann versöhnt den Zuschauer dennoch mit diesem Typus, er zergliedert oder entlarvt ihn nicht. Man sympathisiert mit diesem unvollkommenen Helden, der sich windet, lügt und seine Unschuld beteuert. Ebenso kindsköpfig ist Hedwig, die aufbrausend und temperamentvoll ihre Tugend verteidigt und dabei keinen Polizisten oder Staatsanwalt fürchtet. Obwohl die Darstellungen beider Spießerfiguren schauspielerische Kunststücke sind, wirken sie doch völlig natürlich.

Rühmann schafft mit dem Kempenich eine Figur, die er in den nächsten Jahrzehnten immer wieder variieren und weiterentwickeln wird: den kleinen, gehemmten Spießer, der versucht, über die Stränge zu schlagen, dabei aber nicht weit kommt. Nachdem Rühmann diesen Typus schon einige Male angedeutet hatte, meisterte er ihn hier. Mit zuckenden Schultern, mit herrischem oder ölig-anpasserischem Ton, mit selbstgefälliger Behaglichkeit, linkischen

Gebärden, kindlicher Einfalt. Die »Deutsche Allgemeine Zeitung« lobt: »Es ist bezaubend, wie dieser Schauspieler den drolligen kleinen Bürohengst in allen Gangarten der Subalternität vorführt.«[120]

Die Botschaft von *Wenn wir alle Engel wären* scheint gut zum Dritten Reich zu passen. Wenn sich am Ende des Films die Eheleute versöhnt in den Armen liegen, gibt Kempenich seiner Frau und dem Zuschauer sein Credo mit auf den Weg. Heinz Rühmann hat diesen Text immer sehr geliebt, und er zitierte ihn noch 1982 in seiner Autobiographie in voller Länge: »Wenn wir alle Engel wären, dann hätten die Zeitungen nichts zu schreiben, die Zungen nichts zu reden, die Obrigkeiten nichts zu ordnen, Staatsanwälte und Dichter gingen stempeln, und man stürbe vor Langeweile. Es ist erwünscht, daß jeder einmal über die Stränge schlägt – natürlich in allen Ehren und soweit Platz vorhanden ist. Dann ist die Welt lustig, und es läßt sich darin leben.«[121]

Dieses Programm der Selbstbescheidung, das die eigenen Wünsche in die Zucht nimmt und kontrolliert, war alles andere als gesellschaftskritisch. Man könnte diesen Sätzen vorwerfen, daß sie den Kontrollanspruch der NS-Volksgemeinschaft bejahten. Aber die Normen, die sich Kempenich hier selbst setzt, sind andererseits politisch so dehnbar wie zeitlos, daß sie sich nicht umstandslos mit den Normen der NS-Gesellschaft kurzschließen lassen. Kempenichs Programm bleibt im Grunde genommen das Programm aller »kleinen Männer« Rühmanns, ob sie sich nun in den dreißiger oder in den fünfziger Jahren tummelten. Sie lieben ihre Idylle und wollen darin nicht gestört werden. Welcher Staat oder welcher »große Mann« nun gerade die politische Macht in den Händen hat, ist ihnen gleichgültig, solange ihr Lebensraum nicht angetastet wird.

Und so ist *Wenn wir alle Engel wären* ein Film, der eine tiefe Sehnsucht nach intaktem Idyll, kleinbürgerlicher Ordnung und provinziellem Frieden ausdrückt. In ihm – und das ist vielleicht seine eminent politische Ebene – steckt nicht die Spur von Angst, Wehmut, Trauer, allzu aufgedrehter Heiterkeit oder Verlust. Der Film wirkt so, als sei er in völliger Übereinstimmung mit seiner Zeit entstanden. Vielleicht erklärt sich so die heute ungeheuer verlogen klingende Begründung der »Licht-Bild-Bühne«, die das Prädikat »Staatspolitisch besonders wertvoll« rechtfertigte: »Wo gibt es in der ganzen Welt noch eine Regierung, die den belohnt, der das Lachen lehrt und das Schmunzeln schenkt? Wo gibt es noch Verwaltungen, Behörden, Staatsmänner und Parteimänner, die sich nicht scheuen, dies öffentlich zu bekunden? Damals, vor drei Jahren, dachten viele in Deutschland, daß es nun mit dem Lachen vorbei sei. Ja, mit diesem Lachen war es auch vorbei! Mit dem schmierigen und widerlichen Gegrinse, das aus Nacktrevuen geiferte, das aus den Zoten sprang. Der Witz jener Tage war verkrampft, der Humor war glitschig, die lustige Laune war Zweideutigkeit. Im neuen Deutschland kann man wieder lachen!«[122]

Die Auszeichnung des Films wird nach dem Motto »Böse Staaten haben keine Komödien« als Zeichen staatlicher Liberalität und Toleranz gefeiert. Und haben »böse Staaten« Humoristen wie Heinz Rühmann? Man erhob ihn abermals zum Repräsentanten des deutschen, sauberen Humors, dessen Genuß man sich »ohne Reue hingeben« konnte. Auch Adolf Hitler war von *Wenn wir alle Engel wären* begeistert.[123] War dieser Film nicht auch ein gelungenes Produkt in einer Reihe von gelungenen Produkten, die das »Dritte Reich« vorweisen konnte? Die Arbeitslosenzahlen sanken ständig, das Saarland hatte 1935 für eine »Heimkehr ins Reich« gestimmt, Hitler hatte entgegen den Bestimmungen des Versailler Vertrags die allgemeine Wehrpflicht durchgesetzt, ohne daß die Alliierten eingegriffen hätten, das entmilitarisierte Rheinland war von der Wehrmacht besetzt worden, ohne daß ein einziger Schuß gefallen war, und im August 1936 hatten die Deutschen in Berlin glanzvolle Olympische Spiele erlebt. Die »Volksgenossen« waren im Sommer 1936 in der Mehrzahl mit der Erfolgsbilanz ihres Führers einverstanden. In diesem Deutschland durfte wieder aus vollem Hals gelacht werden.

Kleiner Mann ganz groß

Der Erfolg von *Wenn wir alle Engel wären* hatte Rühmanns Status als Star noch einmal ganz erheblich gesteigert. Von nun an spielte er nur noch in ausgesprochenen »Rühmann-Filmen«. Ein einziges Mal mußte er im Vorspann eines Filmes einem anderen Superstar den Vortritt lassen: Hans Albers in *Der Mann, der Sherlock Holmes war*. Alf Teichs, der Terra-Produktionschef, mit dem Rühmann von 1938 bis 1945 zusammenarbeitete, erinnerte sich an Rühmanns Beliebtheit: »Man macht sich von Rühmanns Popularität in diesen Jahren kaum eine Vorstellung. Wo er auftauchte, sammelte sich sofort eine hundertköpfige Menschenmenge und bat um

Autogramme. Es ist vorgekommen, daß wir zusammen in ein Postamt gingen, und alle Schalterbeamtinnen liefen wie Hühner kreischend umeinander, sobald sie den berühmten Komiker erkannten.«[124]

Rühmann-Filme waren sichere Kassenschlager, der »Film-Kurier« nannte Rühmann den »zugkräftigsten Star des deutschen Films beim hiesigen Publikum«[125]. Im Jahr 1937 konnte Rühmann in Serie gleich drei große Erfolge verzeichnen: *Der Mann, von dem man spricht* mit Hans Moser und Theo Lingen, *Der Mann, der Sherlock Holmes war* mit Albers und schließlich *Der Mustergatte*. Später behauptete Rühmann, er habe die Rolle in *Der Mann, der Sherlock Holmes war* beinahe nicht bekommen, weil das Publikum sein »Klischee« mittlerweile satt gehabt hätte.[126] Tatsächlich überlegte die Ufa, ob man nicht Paul Kemp für die Rolle des Dr. Watson verpflichten sollte, die Gründe dafür waren jedoch andere, als von Rühmann vermutet. Hans Albers allein forderte 150000 RM Gage für diesen Film, da wäre Kemp zu Rühmann vermutlich die kostengünstigere Alternative gewesen. Rühmann hatte immerhin 40000 RM Gage verlangt. Außerdem, darauf wies der Ufa-Vertrieb hin, erfreute sich Kemp in Frankreich großer Beliebtheit, was wiederum für ein gutes Auslandsgeschäft gesprochen hätte.[127]

Doch die nüchternen Kaufleute der Ufa entschieden sich letztlich doch für den zugkräftigen Rühmann und stellten Albers damit einen fast gleichgewichtigen Partner an die Seite. Denn seit ihrem ersten gemeinsamen Film *Bomben auf Monte Carlo* von 1931 hatte Rühmann in der Publikumsgunst fast zu Albers aufgeschlossen. Und mit seiner Rolle als Dr. Watson in dieser neuen Krimiparodie von Robert Adolf Stemmle konnte er sogar mit dem blonden Hans und Draufgänger gleichziehen.[128] Im Schatten des furchtlosen Abenteurers machte er durch seine liebenswürdige Ängstlichkeit Punkte. Sein Zögern, sein schüchternes Auftreten und sein mühsam zusammengeraffter Wagemut, sein Nuscheln und Drucksen, sein hilfesuchender Blick hinauf zu Albers, sein unheldisches Abtauchen und Wegducken, wenn es gefährlich wurde, ließen dem Hasenherz die Sympathien zufliegen. Hans Albers wiederum profitierte von diesem Charme, da er sein Image als ewiger Teufelskerl im Zusammenspiel mit Heinz Rühmann leicht ironisieren konnte. Der harte Kerl bewährte sich augenzwinkernd als fürsorglicher Beschützer des zaghaften Gefährten.

Als sich Albers und Rühmann im Ufa-Palast am Zoo am 15. Juli 1937 nach der Uraufführung dem Premierenpublikum zeigten, steigerte sich der Applaus zu jubelnden Ovationen. Auch die Kritiker priesen *Der Mann, der Sherlock Holmes war* als »geglückten Beweis dafür, daß Deutschland eine Kriminalgroteske schaffen kann, die den besten Amerikanern auf diesem Gebiet in keiner Weise nachsteht«.[129]

In den Sommermonaten 1937 bereitete Rühmann in Berlin den nächsten großen Erfolg vor. Daß es ein Erfolg werden würde, stand für Rühmann fest, denn er wollte das Stück verfilmen, mit dem er auf der Bühne den Durchbruch geschafft und das ihn seither nicht losgelassen hatte: *Der Mustergatte.* Wolfgang Liebeneiner, sein Kollege vom Deutschen Theater, der im selben Jahr mit *Versprich mir nichts* sein erfolgreiches Debüt als Regisseur gefeiert hatte, übernahm die Regie. Gemeinsam mit Rühmann arbeitete Liebeneiner Szene für Szene die filmische Umsetzung aus. Im Vorspann des Films wurde Rühmann die »Künstlerische Oberleitung« zugestanden.[130] Auch bei der Drehbuchfassung brachte sich Rühmann ein, verknappte Dialoge, setzte bewährte Witze und Wendungen. Er war in dieser Beziehung sehr beflissen, der beste Effekt mußte erzielt werden. Darin war er pedantisch, korrekt und auch nicht leicht zu verunsichern. Am liebsten hätte er die Regie gleich selbst übernommen, er wußte, was er wollte.

Die intensiven Vorbereitungen hatten sich gelohnt. *Der Mustergatte* wurde sein bis dahin geschäftlich einträglichster Film und spielte insgesamt 2936500 Reichsmark ein.[131] Ein Kritiker verstieg sich gar zu der Behauptung, daß »Rühmann mit diesem Film zum besten Charakterkomiker des Films der ganzen Welt«[132] aufgestiegen sei.

Tatsächlich lebt *Der Mustergatte*, dessen Außenaufnahmen zum Teil in Venedig gedreht worden waren, vor allem von Rühmanns Leistung als todlangweiliger Ehegatte William Bartlett, dessen Phlegma und Spießigkeit seine Frau Margret (Leny Marenbach) zur Verzweiflung treiben. Er brilliert als linkischer Liebhaber, der stottert und herumdruckst und dessen ohnehin spärliche Erotik nach der Heirat gänzlich versiegt. Wie in *Wenn wir alle Engel wären* gestaltet er auch hier alle Facetten des öden Spießers, der Kreuzworträtsel löst und abends im Bett sofort einschläft. Rühmann treibt die tiefe erotische Ahnungslosigkeit dieses Typus auf die Spitze. In der Unfähigkeit, erotische Zeichen zu setzen oder sie zu lesen, unterscheidet sich dieser Mustergatte nicht von vielen anderen Rühmann-Figuren. Rühmanns berühmter Schlager »Ich brech' die Herzen der stolzesten Frau'n, / weil ich so stürmisch und so leidenschaftlich bin«, den er 1938 in *Fünf Millionen suchen einen Erben* sang, bezog seine komische Wirkung ja gerade aus diesem großmäuligen Anspruch, der durch nichts gedeckt zu sein schien. Denn Rühmanns »kleine Männer« eroberten die Frauen nicht, sondern sanken ihnen vielmehr verlegen stammelnd und unbeholfen in die Arme. Es waren dann meist die Frauen, die diesen Tolpatsch durch ihre nachsichtige Aktivität erlösten. Rühmanns Schüchternheitskomik allerdings war vollendet, und allein seine Küsse waren von virtuoser Biederkeit: Er gab Kinderküsse, Wangenküsse, Stirnküsse, Handküsse, Gutenachtküsse, Ich-verzeih-dir-Küsse, Bitte-nicht-mehr-weinen-Küsse, Willkommens- und Abschiedsküsse, Angestelltenküsse und Beamtenküsse, aber niemals leidenschaftliche Liebesküsse.

Die Komik von Rühmanns Liebhaberparodien entsprang gerade der Energie, mit der sich der »kleine Mann« davon überzeugen mußte, daß Frauen erobert sein wollen. Er selbst betrachtete seine erotische Antriebslosigkeit nicht als Mangel. So muß sich auch William Bartlett in *Der Mustergatte* mit aller Kraft dazu zwingen, der zu sein, den seine Frau sich wünscht. Mit Mühe und Not schafft es William zum guten Ende einmal in seinem Leben, aus der Haut zu fahren, zu brüllen, einen Nebenbuhler schroff aus dem Haus zu weisen. Als Margret das sieht, verzeiht sie ihm seine sexuelle Lethargie. Der Beweis scheint erbracht: Auch dieser Biedermann kann ein Vulkan sein, wenn er denn nur will.

Rühmann, der mit 1,65 m Körpergröße etwas kleiner als Leny Marenbach war, mußte in der Versöhnungsszene auf ein für die Zuschauer unsichtbares Podest steigen, damit die neu gewonnene Potenz auch bildhaft zum Ausdruck gebracht wird. Nur durch diesen Trick konnte der »kleine Mann« seine Frau überlegen von oben herab anlächeln.

Ungeküßt soll er nicht schlafen gehn

Heinz Rühmann war sehr diskret, wenn es um sein Liebesleben ging. Über seine Beziehungen zu Frauen hat die Öffentlichkeit von ihm wenig erfahren. Seine Affären produzierten keine Schlagzeilen, allenfalls flüsterte sich die Branche hinter vorgehaltener Hand einige Namen zu, etwa als Rühmann noch in fortgeschrittenem Alter während seiner Dreharbeiten angeblich leidenschaftliche Affären mit jüngeren Kolleginnen hatte. Es kann denn auch nicht verwundern, daß ein Star, der nicht vom Image des Liebhabers, sondern von dem des braven Ehemannes lebte, solche Geschichten nicht ausplauderte. Diese Offenheit entsprach ohnehin nicht Rühmanns Naturell. Selbst in seiner Autobiographie bleibt er einsilbig, wenn es um seine Ehefrauen geht. Seine erste Frau Maria Bernheim wäre eine noch undeutlichere Schattengestalt geblieben, wenn ihr Rühmann nicht auf Drängen seines Lektors Manfred Barthel etwas mehr Gestalt verliehen hätte. Nachdem Barthel das Manuskript Rühmanns gelesen hatte, schrieb er an ihn: »Da hilft nix, nachdem Sie die Erwartungen so hübsch hochgekitzelt haben, werden Sie nicht umhin kommen, den Namen Ihrer ersten Frau zu nennen.«[133] Seine zweite Frau Hertha Feiler, mit der er über dreißig Jahre verheiratet war, bezeichnet er an vielen Stellen seines Buches nur als »Partnerin«, wenn er von einem gemeinsamen Film erzählt. Mehr Raum gibt er lediglich seiner dritten Frau Hertha Wohlgemuth, geschiedene Droemer. Fast keine Erwähnung findet aber seine Filmpartnerin und Freundin Leny Marenbach. Über sie heißt es im Zusammenhang mit Fita Benkhoff, die häufig die komischen Frauen an seiner Seite spielte, nur: »Daneben Leny Marenbach, Partnerin aus vielen Filmen, und ebenfalls aus Essen.«[134] Sicher ist jedoch, daß Heinz Rühmann und Leny Marenbach von 1936 bis 1939 ein Paar waren.

Sie begegneten sich das erste Mal im Januar 1936 in München. Leny Marenbach hatte im *Don Carlos* als Prinzessin von Eboli gerade ihr erfolgreiches Debüt an den Kammerspielen gegeben, als sie schon für die nächste Inszenierung verpflichtet wurde. *Himmel auf Erden* hieß das Stück, das Jochen Huth vermutlich eigens für Rühmann geschrieben hatte, denn das Fliegen spielte in dieser Komödie eine große Rolle. Bei den täglichen Proben kamen sich der Star und die junge Schauspielerin näher. Rühmann hatte alles im Griff, er war der heimliche Regisseur der Inszenierung. Die Kammerspiele waren sein Theater, und er war der Liebling des Münchner Publikums. Es fiel Heinz Rühmann nicht schwer, die junge Frau zu beeindrucken. Telegramme erreichten ihn täglich, berühmte Leute wie Ernst Udet ließen Nachrichten in seine Garderobe schicken, Zeitungen baten ihn um Interviews.

Leny Marenbach war bis dahin vor allem am Theater engagiert gewesen, wo sie überwiegend klassische Rollen spielte. Nachdem sie am Schauspielhaus Essen debütiert hatte, wechselte sie für drei Jahre ans Schauspielhaus nach Zürich, ehe sie über Darmstadt und Wien nach München kam. Kurz bevor sie Rühmann begegnete, hatte sie 1935 in *Jana, das Mädchen aus dem Böhmerwald* ihr Filmdebüt gegeben. Sie war impulsiv, durchsetzungsfähig und vermochte ihre Figuren mit Leidenschaft, aber auch mit Zartheit zu gestalten. In einigen Bildporträts der dreißiger Jahre wird ihre Erscheinung dem damaligen Idealbild der deutschen Frau angenähert: blond, natürlich, gesund, kameradschaftlich. Andererseits konnte sie sehr wohl auch mondäne Salondamen verkörpern. Als sie 1940 in der Komödie *Frau nach Maß* in spärlichen Dessous auftrat, befand Goebbels den Film als »zu obszön« und hielt in seinem Tagebuch fest: »Ich lasse die anrüchigen Stellen herausschneiden.«[135]

Rühmann blieb Anfang des Jahres 1936 einige Monate in München. Nach *Himmel auf Erden* spielte er im Februar wieder seinen Mustergatten, von dem die Münchner nicht genug bekommen konnten. Es ist möglich, daß die Liebesbeziehung auf einem der vielen ausgelassenen Künstlerfeste während der Faschingssaison ihren Anfang nahm. Jedenfalls begann in diesen Wochen eine leidenschaftliche Liebe.[136] Rühmann, verliebt über beide Ohren, genoß die Zeit mit Leny Marenbach. Die Zeit mit ihr half ihm, die Probleme mit Maria zu verdrängen und sich sorgloser in seine neuen Filmprojekte und den Alltag des Dritten Reiches stürzen zu können.

Leny Marenbach wurde Rühmanns Partnerin in so wichtigen Filmen wie *Wenn wir alle Engel wären* (1936), *Der Mustergatte* (1937) und *Fünf Millionen suchen einen Erben* (1938). In allen drei Filmen teilt sich die Intensität ihrer Partnerschaft über die jeweiligen Filmfiguren sichtbar mit. Glückliche Jahre begannen, in denen die beiden selten getrennt waren. Nachdem Rühmann die gemeinsame Wohnung mit Maria in der Salzbrunner Straße aufgegeben hatte, wohnte er mit Leny Marenbach zunächst in der Trabener Straße 35, einer Villa im Berliner Grunewald, bevor sie in Rühmanns neues Haus Am Kleinen Wannsee 15, das er 1938 kaufte, zogen. In der Öffentlichkeit wurde wenig über ihre Beziehung bekannt, und die Presse beschränkte sich zumeist auf dezente Andeutungen. So hieß es in einem Porträt über ihn aus dem

November 1938: »Was die Frauen an ihm lieben … Das Kind im Manne! Die Gutgläubigkeit, die Vorurteilslosigkeit, mit der er ihnen gegenübertritt. Wohlgemerkt, im Film. Ob auch sonst, darüber weiß vielleicht Leny Marenbach mehr zu erzählen.«[137] Ebenso anspielungsreich ist eine Bemerkung über den Flieger Rühmann: »In Rangsdorf bei Berlin steht seine zweisitzige Luftkutsche. Wenn er auf Tournee geht, holt er sie aus dem ›Stall‹. Eine Schauspielerin begleitet ihn dann wohl in die Lüfte – denn geteilte Freude ist doppelte Freude – Leny Marenbach, die wie er aus Essen stammt und in den Münchner Kammerspielen schon seine Partnerin in ›Himmel auf Erden‹ war.«[138]

»Von Judenliste streichen«

Obwohl von verschiedenen Seiten immer wieder Druck auf Rühmann wegen seiner jüdischen Ehefrau ausgeübt wurde, einen Karriereknick erlitt er nicht. Es ging stetig aufwärts, und der Erfolg zahlte sich aus. Mit dem verdienten Geld wuchs auch der Wunsch nach einem eigenen Haus, einer Villa in den stillen, vornehmen Straßen des Grunewalds. Rühmann war zeit seines Lebens sehr lärmempfindlich und legte mit zunehmendem Alter äußersten Wert auf Ruhe. Hotels, die ihm zu laut waren, wechselte er kurzentschlossen, Nachbarn, deren Hund störend laut bellte, bekamen energische Protestbriefe.[139]

Anfang des Jahres 1938 ergab sich eine günstige Gelegenheit für den Kauf eines Hauses, das dem Status eines herausragenden Filmstars angemessen war. Auch Hans Albers soll sich für das Objekt interessiert haben, das am Kleinen Wannsee lag. Die Adresse war nobel: Das etwa 7000 Quadratmeter große Grundstück mit Seeblick und eigenem Bootssteg war mit einem Bungalow im damals beliebten Schwedenstil bebaut, einem Haus, das sich, ganz aus Holz, unauffällig an den Boden zu schmiegen schien. Die Eigentümerin Helene Jandorf war 1937 nach Holland emigriert. Ihr Mann, der jüdische Kaufmann Adolf Jandorf, war bereits 1932 gestorben. Als Eigentümer des Hauses wäre er nach den nationalsozialistischen Gesetzen enteignet worden, seine Frau Helene konnte jedoch ihren »arischen Abstammungsnachweis« erbringen. Zwar hatte sie mit der Heirat die Religion ihres Mannes angenommen, galt aber nach den Nürnberger Rassegesetzen nicht als Jüdin.

Dennoch dürfte sie der antisemitische Verfolgungsdruck, der seit 1936 durch eine Reihe von Bestimmungen und Erlassen zugenommen hatte, dazu bewogen haben, Deutschland zu verlassen. Am 24. Februar erschien in den E. F. A-Filmstudios in Berlin-Halensee, Cicerostr. 26, ein Bevollmächtigter der Eigentümerin und schloß mit Heinz Rühmann einen Kaufvertrag. Der Kaufpreis betrug 100000 Reichsmark und wurde unmittelbar an Ort und Stelle bezahlt.[140]

Im Jahr 1950 stellte Helene Jandorf einen Anspruch auf Rückerstattung beim Wiedergutmachungsamt Berlin.[141] Ihr Anspruch wurde jedoch abgewiesen, da die Wiedergutmachungskammer des Landgerichts Berlin sie nicht als Verfolgte des Nationalsozialismus anerkannte. Heinz Rühmann war juristisch nichts vorzuwerfen. Die Kammer befand jedoch in ihrem Urteil, daß der bar gezahlte Kaufpreis von 100000 RM rund 40% Prozent unter dem Einheitswert von 164500 RM lag und damit »recht niedrig erscheint«. Der Verkaufspreis spielte bei der Entscheidung der Kammer allerdings keine Rolle, da die »Antragstellerin nicht dem umrissenen Personenkreis, der in seiner Gesamtheit vom Nationalsozialismus mit dem Ziele der Ausrottung bekämpft wurde, angehörte«[142].

Hätte man nicht gerade von Heinz Rühmann in diesem Fall größere Sensibilität erwarten dürfen, die sich nicht hinter Rechtsstandpunkten verschanzte? Schließlich bekam er zu dieser Zeit selbst die immer härteren Maßnahmen gegen die jüdische Bevölkerung zu spüren, obwohl er, wie Helene Jandorf, kein Jude war. Der Berliner Aero-Club etwa hatte ihm mitgeteilt, daß seine Anwesenheit in den Clubräumen nicht erwünscht sei. Nach Darstellung des Rühmann-Biographen Kirst beschwerte er sich darüber bei Udet, der wiederum bei Göring intervenierte. »Und bei der nächsten Begegnung Rühmanns mit dem Reichsmarschall erklärte dieser souverän: ›Alles Unsinn – Sie sind natürlich wieder drin!‹«[143] Doch die persönliche Fürsprache Görings konnte allenfalls Rühmann persönlich nutzen, seiner Frau Maria half sie indes wenig.

Man hatte ihn als Ehemann einer Jüdin mehrfach bei der Reichsfachschaft Film denunziert. Im August fragte die Zeitschrift »Der SA-Mann« bei der Reichskulturkammer an, warum er, obwohl er doch mit einer Jüdin verheiratet sei, immer noch in Deutschland filmen dürfe.[144] Schließlich wurde er vom Amtsgericht Berlin im Sommer 1938 zu einer Geldstrafe von 500 Reichsmark verurteilt, weil er das inländische Vermögen seiner Frau nicht rechtzeitig bis zum 30. Juni 1938 gemeldet hatte, obwohl ihn eine Verordnung vom 26. April 1938 dazu verpflichtet habe.[145]

In den Jahren zuvor, 1934 bis 1935, hatte Rühmann seine Frau oft in Wien besucht, wenn er dort zu Dreharbeiten war. Unbeschwerte Tage waren es aber auch hier nie gewesen. Auch hier hatte man Angst vor nationalsozialistischen Spitzeln und antisemitischen Angriffen. »Das schwarze Korps«, das Hetzblatt der SS, brüstete sich damit, daß man auch im Café Imperial seine Gewährsmänner habe, die die »Verjudung« der Filmbranche genau beobachten. Das Imperial war ein bekannter Wiener Treffpunkt der Filmleute. Auch Heinz und Maria Rühmann waren hier während der Dreharbeiten zur Komödie *Eva* Gäste. Gegen diesen Film machte »Das schwarze Korps« Propaganda, weil er angeblich von Juden beeinflußt worden sei.[146] Zwischen Maria und Heinz Rühmann gab es nur noch Probleme zu erörtern. Wird Hitler noch lange an der Macht bleiben? Wird es Krieg geben? Willst Du die Scheidung? Innerlich hatten sich die beiden schon voneinander getrennt.

Für Maria hatte sich die Situation im Laufe des Jahres 1938 immer weiter verschärft. Nachdem im März deutsche Truppen in Österreich einmarschiert waren und die Wiener Hitler auf dem Heldenplatz begeistert gefeiert hatten, konnte sie sich auch in Österreich nicht mehr sicher fühlen. Ihr Bruder Otto Bernheim, der bereits seit 1936 in Wien in der Auhofstraße 18 gemeldet war, emigrierte 1938 nach England. Auch Hans Moser und seine jüdische Frau lebten nach dem »Anschluß« unter dem Druck der Verfolgung. Als Rühmann mit Moser im Sommer 1938 in Wien die Komödie *13 Stühle* drehte, besuchte Gauleiter Josef Bürckel die Studios. Moser verschwand, woraufhin Rühmann Bürckel um Verständnis für die Sorgen seines Kollegen bat: »Der Gauleiter erklärte gönnerhaft: ›Der Herr Moser steht unter meinem persönlichen Schutz. Er kann mich jederzeit tagsüber anrufen!‹ Als ich dies Hans Moser sagte, war der gar nicht so beruhigt. ›Tagsüber! Und was ist in der Nacht?‹«[147]

Die gleiche Furcht bedrückte Maria Rühmann. Sie wechselte die Wohnungen, mal übernachtete sie bei Freunden oder im Regina-Hotel in München, wo ihr die befreundete Hoteliers-Familie ein Zimmer frei hielt. Polizeilich gemeldet war sie von 1938 bis 1940 in der Hölderlinstraße 8 in Berlin-Charlottenburg.

Im August 1938 erging eine Verordnung, die Juden dazu zwang, den Vornamen Sara bzw. Israel zu führen, und Anfang Oktober 1938 wurde allen Juden ein rotes »J« in die Reisepässe gestempelt. Völlig verunsichert rief Maria ihren Mann aus München an und berichtete, daß auch ihr Reisepaß derart abgestempelt worden sei. Rühmann entschloß sich zu handeln. Er bat Maria nach Berlin und arrangierte ein Abendessen mit Gustaf Gründgens. Anfang des Jahres 1938 war Rühmann nach über zehn Jahren Engagement am Deutschen Theater an das Preußische Staatstheater gewechselt, das unter der Intendanz von Gründgens stand. Da das Staatstheater direkt dem preußischen Ministerpräsidenten Göring unterstand und damit nicht zum Machtbereich von Goebbels gehörte, versprach er sich hier größeren Schutz für seine Frau.

Durch Görings Schirmherrschaft, der das Staatstheater immer eifersüchtig vor dem Zugriff seines Konkurrenten Goebbels abschottete, besaß Gründgens einen gewissen Spielraum beim Engagement von »nichtarisch« verheirateten Künstlern. So fanden etwa Paul Bildt, Paul Henckels und Erich Ziegel, die ebenfalls mit jüdischen Frauen verheiratet waren, bei ihm Zuflucht. Emmy Sonnemann, die vor ihrer Ehe mit Göring Schauspielerin gewesen war und auch unter Gründgens' Regie gespielt hatte, vermittelte in Einzelfällen. Propagandaminister Goebbels dagegen übte am Deutschen Theater, das er wiederum als sein kulturelles Aushängeschild verstand, einen viel stärkeren Druck auf Schauspieler aus, die in »Mischehe« verheiratet waren.

Gründgens vermittelte Rühmann einen Termin bei Göring auf dessen Landsitz Carinhall: »Ich war für zehn Uhr dreißig bestellt, mußte aber warten, bis ich in das Empfangszimmer gebeten wurde, wo Göring hinter einem gewaltigen Schreibtisch saß. Auf dessen Platte nur eine Ledermappe und zwei Bilder; eines von seiner Frau, das andere von Hitler. Das Gespräch verlief ohne Floskeln. Göring kam schnell zur Sache und empfahl mir: ›Sehen Sie zu, daß Ihre Frau einen neutralen Ausländer heiratet. Das ist die einfachste Lösung! Meinen Segen haben Sie.‹ Punkt und Themawechsel. Das war ein Hoffnungs-Strohhalm. Mehr jedenfalls, als ich von Goebbels bei einer Unterredung in gleicher Angelegenheit zu hören bekommen hatte. Goebbels hatte sich für private Einzelheiten interessiert, aber als ich ihm auf die Frage: ›Hängen Sie denn noch an dieser Frau, ist Ihre Ehe noch gut?‹ antwortete: ›Herr Minister, ich verdanke meiner Frau alles. Sie hat mich zu dem gemacht, was ich bin!‹, war seine Anteilnahme erschöpft, und er entließ mich mit einem kühlen ›Machen Sie sich mit dem Gedanken vertraut, daß es über kurz oder lang zu einer Trennung kommen muß!‹«[148]

Wenn es sich bei der Unterredung mit dem Propagandaminister um das Treffen gehandelt hat, das Goebbels am 6. November 1936 in seinem Tagebuch festhielt, dann kann der Abschied nicht ganz so kühl gewesen sein. Goebbels zumindest wollte Rühmann helfen: »Heinz Rühmann klagt uns sein Eheleid mit einer Jüdin. Ich werde ihm helfen. Er verdient es, denn er ist ein ganz großer Schauspieler.«[149] Zu diesem Zeitpunkt wollte Rühmann keine Scheidung, sondern lediglich Schutz vor Angriffen solcher zumeist untergeordneter Parteibehörden, die ihrem Führer entgegenarbeiten wollten, indem sie seinen verbalen Antisemitismus radikal in die Tat umsetzen. Goebbels verstand aber unter »Hilfe« in dieser Sache sicherlich ebenso wie Göring eine zügige Scheidung. Nach der Unterredung mit Göring, die Anfang Oktober 1938 stattfand, ging alles sehr schnell. Man suchte einen »neutralen Ausländer« und fand ihn in dem Schauspieler Rolf von Nauckhoff. Der besaß einen schwedischen Paß, lebte und arbeitete aber fast ausschließlich in Deutschland. Rühmann kannte ihn von den Münchner Kammerspielen. Für die Scheinheirat erhielt er Geld und einen Sportwagen.[150] Nachdem man diese Verabredung getroffen hatte, wurde die Ehe von Heinz und Maria Rühmann nach vierzehn Jahren durch das Urteil des Landgerichts Berlin am 19. November 1938 geschieden.

Durch die Eheschließung mit Rolf von Nauckhoff am 2. Mai 1939 besaß Maria Rühmann die schwedische Staatsangehörigkeit. Sie wanderte jedoch nicht, wie verschiedentlich dargestellt, sofort nach Schweden aus, sondern blieb weiter in Berlin gemeldet. Zunächst lebte sie in der Trabener Straße 1, im Grunewald, dann, von 1942 bis zum 31. März 1943, in Berlin-Schöneberg in der Kurfürstenstraße 107. Im Jahr 1942 wurde die Ehe mit Rolf von Nauckhoff wieder geschieden. Erst Ende März 1943 emigrierte Maria Bernheim nach Schweden und ließ sich in Stockholm nieder. In ihrem Lebenslauf, den sie nach 1945 im Zuge eines Wiedergutmachungsverfahrens schrieb, heißt es über ihre Auswanderung: »Der Sprache wegen konnte ich in Schweden meinen Schauspielerberuf nicht weiter ausüben und mußte, um meinen Lebensunterhalt verdienen zu können, in einem meiner Ausbildung nicht entsprechenden Beruf arbeiten, nämlich als Verkäuferin in der Konfektion.

Nach einigen Jahren hatte ich mir durch das viele Stehen ein Beinleiden zugezogen, wurde dreimal operiert und war gezwungen, mir eine andere Verdienstmöglichkeit zu suchen.«[151]

Auch in diesem Fall bemühte sich Rühmann-Biograph Kirst, der Trennung jede Härte zu nehmen: »Offiziell übersiedelte sodann die nunmehrige Maria von N., geborene Bernheim, geschiedene Rühmann, nach Stockholm – mit vielen Möbeln und zahlreichen Antiquitäten. Jahrelang ist sie dort Direktrice in einem Modegeschäft gewesen – dabei finanziell großzügig von Rühmann versorgt.«[152] In dieser Schilderung klingt es fast so, als ob hier jemand einen komfortablen und nicht einmal ungewöhnlichen Umzug hinter sich bringt. Am 18. Januar 1939 entschied Goebbels: »Hiermit verfüge ich auf Grund der Tatsache, daß Heinz Rühmann rechtskräftig geschieden worden ist, seine Wiederaufnahme in die Reichsfilmkammer. Rühmann ist die Mitgliedskarte zuzustellen.«[153] Am Fuß des Schreibens fand sich ein Hinweis für Rühmanns Akte: »Von Judenliste streichen.«

Als Rühmann 1939 seine zweite Frau Hertha Feiler in Berlin heiratete, war neben Rühmanns altem Freund Wolfgang Keppler auch Maria Bernheim anwesend. Auf den erhaltenen Fotos lächelt sie freundlich, was den Biographen Kirst dazu veranlaßte, alle Zweifel an Rühmanns Integrität bezüglich dieser ersten Ehe auszuräumen: »Und was war mit seiner ersten Frau, der angeblich herzlos nach Schweden abgeschobenen Jüdin? Was war mit der? Hatte er sie ganz vergessen? Grollte sie gramvoll aus der Ferne? War sie, durch diese Hochzeit, zu einer ewigen dunklen Anklage geworden? Nichts davon. Sie war dabei! Neben Heinz – Maria Bernheim! Freundlich lächelnd. Kein Greuelmärchen in dieser Hinsicht läßt sich spinnen.«[154]

Selbst wenn man die Auffassung teilt, daß Rühmanns Ehe nicht an den Nürnberger Rassegesetzen gescheitert ist, befremdet dieser Eifer, alles Zwiespältige und Undeutliche einfach wegzuwischen. Ganz sicher hat Rühmann alles getan, um seine Frau schützen. Aber ließ sich ihre persönliche Entfremdung ganz ohne Politik denken? War es nicht auch Rühmanns anfängliche Sorglosigkeit gegenüber den Nationalsozialisten, die die Eheleute voneinander entfernte? Rühmanns Sehnsucht nach Normalität, die er mit seinen Filmfiguren teilte, mußte ihn nach 1933 unweigerlich von einer Frau trennen, für die es keine Normalität mehr gab. Ihre Welt war nicht mehr intakt, während ihr Mann im Kino fortwährend das Gegenteil beweisen mußte. Für ihn gab es weder im Film noch im Leben eine Alternative zur Verteidigung der Normalität. Daß diese Haltung im »Dritten Reich« selbst schon politisch war und propagandistisch benutzt werden konnte, hat Rühmann sich und anderen nie eingestanden.

Lauter Lügen

1938 hatte Heinz Rühmann erstmals als Regisseur gearbeitet. *Lauter Lügen* hieß dieser Film nach einem Bühnenstück von Hans Schweikart. Wie auf jede seiner Rollen bereitete er sich auch auf diese neue Herausforderung sehr penibel und gründlich vor. Doch die Besetzung der weiblichen Hauptrolle gestaltete sich schwierig, sämtliche Vorschläge des Terra-Produktionsbüros hatte Rühmann abgelehnt. Auch seine Freundin Leny Marenbach kam nicht in Frage, da sie für einen anderen Film unter Vertrag stand. Endlich schien das Problem gelöst: Während Rühmann in Babelsberg die Kriminalkomödie *Nanu, sie kennen Korff noch nicht?* abdrehte, stellte sich ihm Hertha Feiler vor, eine junge Schauspielerin aus Wien, die bislang in zwei Filmen Nebenrollen gespielt hatte. Sie war zweiundzwanzig Jahren alt und damit vierzehn Jahre jünger als Heinz Rühmann. Hertha Feiler wirkte wie die verkörperte »Opposition gegen den obrigkeitlich verordneten Typ: eine zierliche Wienerin mit kirschförmigem Gesicht, lustig und listig, gescheit, unaufdringlich überlegen, nicht mondän, aber mit liebem, sozusagen melodischem Charme«.[155] Nach überzeugenden Probeaufnahmen wurde sie engagiert.

Unmittelbar nach ihrer ersten Zusammenarbeit mit Rühmann wurde Hertha Feiler kurzfristig als Ersatz für Lida Baarova in *Männer müssen so sein* besetzt. Magda Goebbels hatte bei Hitler persönlich vorgesprochen, um die Affäre ihres Mannes mit der tschechischen Schauspielerin Baarova zu beenden. Die Geliebte des Ministers erhielt danach ein Spielverbot und mußte Deutschland im Herbst 1938 verlassen. So sahen sich Hertha Feiler und Heinz Rühmann erst einige Monate nach der Premiere von *Lauter Lügen* wieder. Dann jedoch müssen sich die beiden sehr schnell nahegekommen sein. Rühmann verließ Leny Marenbach, mit der er bis dahin im Haus Am Kleinen Wannsee 15 zusammen gelebt hatte und heiratete Hertha Feiler am 1. Juli 1939 auf dem Standesamt in Berlin-Wannsee. Damit verschwand Leny Marenbach aus seinem Leben. In seiner Autobiographie heißt es über die Trennung und die neue Verbindung lakonisch: »Erstmals zog das Glück in Nummer 15 Am Kleinen Wannsee ein.«[156]

Über das Ende der Beziehung Rühmann–Marenbach kann man nur Vermutungen aufstellen. Von Bekannten wird Leny Marenbach als selbstbewußte, aber auch extrovertierte Frau geschildert, die sich von Rühmann keinesfalls beherrschen ließ.[157] Recht einseitig klingt die Geschichte, die Lida Baarova in ihren Memoiren erzählt hat. Danach habe die überaus temperamentvolle Marenbach während eines Streits Rühmann mit einem Gegenstand leicht am Kopf verletzt, woraufhin er sich zu Lida Baarova geflüchtet haben soll: »Rühmann rief mich an, und ich verarztete ihn. Dieser Vorfall beendete ihre Beziehung, was ich schade fand, denn sie waren, im Grunde genommen, ein schönes Paar. Ich tröstete ihn, was uns beide noch näher brachte.«[158] Dieser Vorfall könnte den Endpunkt der Beziehung markiert haben, die Ursache war er sicher nicht.

Stimmt die Schilderung von Lida Baarova, dann wäre Rühmann in den folgenden Monaten unweigerlich zum Nebenbuhler von Goebbels geworden, denn offensichtlich machte Rühmann der Baarova den Hof. Während sie an der Berliner Volksbühne eine neues Stück probte, kümmerte er sich auffallend rührend um sie: »Die Probenarbeit war sehr anstrengend für mich. Rühmann ließ mir jeden Tag ein halbes Hühnchen oder sonst etwas Leckeres aus einem Delikatessengeschäft kommen – er war ein echter Kavalier. Er besuchte mich im Theater und, mit manchem unzufrieden, schlug er mir noch vor der Generalprobe vor, mit ihm meine ganze Rolle noch einmal durchzugehen. Zu Weihnachten schenkte er mir einen wunderschönen Turmalinring mit Brillanten, und ich revanchierte mich bei ihm mit einer goldenen Armbanduhr.«[159] Tatsächlich sei sie damals auch »ein wenig« in Rühmann verliebt gewesen, habe ihren Gefühlen in diesem Fall aber aus Angst vor Goebbels nicht nachgegeben: »Aber das ließ ich außen vor, denn ich hatte Angst, daß Goebbels davon Wind bekommen und ihm schaden könnte.«[160] Nachdem sich der Propagandaminister von ihr trennen mußte, soll Lida Baarova einen Selbstmordversuch unternommen haben. Das berichtet zumindest Anneliese Born, die Frau des Schauspielers Albrecht Schoenhals[161], der einige Male mit Rühmann in München zusammengearbeitet hatte: »Als Albrecht und ich die Schreckensnachricht hörten, fuhren wir sofort zu ihr. Zwei

Kollegen waren bereits vor uns da: Grethe Weiser und Heinz Rühmann. Alle anderen hielten sich vorsichtig abseits.«[162]

Ganz so schnell, wie von Baarova berichtet, kann das Ende der Beziehung zwischen Rühmann und Leny Marenbach allerdings nicht vollzogen worden sein. Das Silvesterfest 1938/39 feierten sie noch zusammen.[163] Zu diesem Zeitpunkt war Lida Baarova jedoch bereits in Prag. Wahrscheinlich trennten sich Rühmann und Marenbach Anfang 1939.[164] Leny Marenbach war durch die Trennung sehr verletzt. Sie blieb als Filmstar im Dritten Reich zwar weiterhin vielbeschäftigt und war beruflich erfolgreich, ihr persönliches Unglück konnte sie aber lange nicht verwinden. Sie ging eine kurze Ehe mit dem Kameramann Walter Pindter ein, trennte sich aber bald wieder von ihm. Zeitweilig war sie alkoholabhängig, überwand dann aber die Sucht. Nach dem Krieg versuchte sie ein Comeback in einer Reihe von DEFA-Produktionen, doch ihren einstigen Status als Kassenstar erreichte sie nicht mehr. Über ihr Leben mit Rühmann hat sie sich öffentlich nie wieder geäußert.[165]

Auch Rühmanns zweite Ehe war immer wieder von Differenzen überschattet. Als Rühmann und Hertha Feiler heirateten, hatte er seine »wilde« Bohemezeit schon hinter sich. Von den beruflichen Leistungen ermüdet, zog er sich gern in eine kleinbürgerliche Welt zurück und pflegte nur Kontakt mit wenigen Vertrauten und Freunden. Sie dagegen, gerade Anfang zwanzig, war vielseitiger interessiert als er. Während Rühmann ganz und gar als Schauspieler lebte, all seine Selbstbestätigung und Identität daraus bezog, gab es für sie durchaus Alternativen zu ihrem Beruf, den sie im Gegensatz zu Rühmann nicht als Berufung oder schicksalhafte Fügung begriff. Ihre ehrgeizige Mutter Margarethe, die sie früh zum Französisch- und Klavierunterricht geschickt hatte, hätte es ohnehin lieber gesehen, wenn aus ihrer Tochter eine Pianistin geworden wäre. Schon als Dreizehnjährige besuchte sie die Meisterklasse des Konservatoriums und gab Schülerkonzerte, eine Sehnenscheidenentzündung beendete jedoch diese Laufbahn. Die Matura absolvierte sie auf dem Realgymnasium ohne Mühe, schrieb sich dann auch an der Universität ein, ohne allerdings ein genaues Ziel zu haben. Sie wurde bei einem Schönheitswettbewerb entdeckt und begann 1936 ihren Schauspielunterricht an der Wiener Scala. Nach ihrer Ausbildung wurde sie dort als Elevin für ein Jahr engagiert, doch schon bald entdeckte sie der Agent Richard Löwenthal für den Film.

Ein Leben lang sollte sie eine gewisse Unsicherheit als Schauspielerin nicht verlassen, und in den Zeiten, in denen sie nicht spielte, war sie nicht allzu unglücklich. Zum Star wurde sie vor allem an der Seite ihres Mannes, der sie in seinen Regiefilmen *Lauter Lügen* (1938), *Lauter Liebe* (1940) und *Der Engel mit dem Saitenspiel* (1944) zu seiner bevorzugten Hauptdarstellerin machte. Ihr anmutiger Charme überzeugte die Kritiker auch in den Rühmann-Filmen *Kleider machen Leute* und *Hauptsache glücklich!*, in denen sie die Frau an der Seite des »kleinen Mannes« verkörperte. Im Vergleich zu Leny Marenbach, die sich mit Rühmann in *Wenn wir alle Engel wären* oder *Der Mustergatte* virtuose, genau inszenierte komödiantische Duelle lieferte, überzeugte Hertha Feiler stärker durch ihre Präsenz als durch die Vielfalt ihrer Mittel. Durch diese Zurückhaltung wird auch Rühmanns Humor beschaulicher, die Gefühle der »kleinen Leute«, die sie gemeinsam spielen, treten in dieser Kombination stärker in den Vordergrund.

1939–1945

Hauptsache glücklich!

Welche Rolle den Kino-Stars im Dritten Reich bei der Wahrung des schönen Scheins zukam, zeigt sich unter anderem in der Tatsache, daß mit Kriegsbeginn die Besucherzahlen der Kinos auf heute kaum vorstellbare Zahlen stiegen. Schon in den Vorkriegsjahren 1937 und 1938 hatten die Zahlen stark zugenommen, jetzt explodierten sie förmlich. Im ersten Kriegsjahr 1939 wurden 624 Millionen Besucher gezählt, 1940 waren es 834 Millionen, 1941 892 Millionen, 1942 sprang die Zahl erstmals auf über eine Milliarde, 1943 zählte man 1,116 Milliarden Zuschauer, und 1944 gaben sich 1,101 Milliarden Zuschauer Kinoträumen hin, während um sie herum die Städte in Schutt und Asche sanken. Mit Heinz Rühmann, Hans Albers, Marika Rökk, Ilse Werner, Luise Ullrich, Zarah Leander, Willy Fritsch, Theo Lingen, Hans Moser, Paul Kemp, Gustav Fröhlich, Jenny Jugo, Hans Söhnker, Johannes Heesters, Paula Wessely, Marianne Hoppe oder Sybille Schmitz konnte man in jenen Jahren dem Alltag zumindest für einige Stunden entfliehen.

Liest man die Autobiographien der Stars, gewinnt man den Eindruck, daß viele dabei die Realität aus den Augen verloren hatten.[1] Der Arbeitsalltag in den großen Studios schottete sie vom normalen Leben ab. Sofern sie sich konform verhielten, wurden sie von Goebbels, Göring oder auch von Hitler protegiert, ausgezeichnet und in jeder Beziehung unterstützt. Die Spitzenverdiener lebten äußerst komfortabel und richteten sich selbst in einer Welt ein, die den prächtigen Kulissen ihrer Filme ebenbürtig war. Welche Rolle sie dabei im Unterhaltungskino des Dritten Reiches spielten, reflektierten die wenigsten. Im Vordergrund ihrer Erinnerungen stehen die kleinen Streiche, die sie sich gegenüber den Machthabern leisteten, die gute »Kameradschaft« unter den Schauspielern und das sehr hohe künstlerische Niveau, das damals in Berlin geboten wurde. Viele sprechen mit geradezu bestürzender Naivität von der »guten, alten Zeit«, wenn sie an die Zeit zwischen 1933 und 1945 in der Metropole zurückdenken.

Lil Dagover, die »Monarchin vom Dienst«[2], findet etwa folgende Worte: »Wir Künstler, gewohnt, von einer Premiere zur nächsten zu denken, von einem Film zum nächsten, hatten kaum mitgekriegt, was sich auf politischer Ebene abspielte. Ich zählte zu den Ahnungslosen, die nicht einmal wußten, wie der ›Reichsführer SS‹ Heinrich Himmler aussah. Im Gegenteil, zeitweilig kam es uns so vor, als täte die Reichsregierung beziehungsweise die Partei nichts anderes, als uns das Leben so süß wie möglich zu machen und uns vom garstigen Alltag fernzuhalten.«[3] Sicher war Rühmann keineswegs so ahnunglos, wie Lil Dagover sich hier zeigt, mit den meisten seiner Kollegen teilte er aber eine Mentalität, die unter den Stars in Babelsberg sehr verbreitet war: Er richtete sich in seiner privilegierten Lebenswelt ein und verwirklichte seine Träume.

Die Deutschen waren zwar im September 1939 ohne viel Begeisterung in den Krieg gezogen, wenige Monate später jedoch hatte sich die Stimmung grundlegend geändert. Die »Blitzsiege« der Wehrmacht imponierten selbst denen, die Hitlers Regime skeptisch gegenüberstanden. Und im Sommer 1940 schien der Krieg noch weit entfernt von der Heimat. Über die Stimmung in Berlin berichtete der amerikanische Jounalist William L. Shirer am 2. Juni 1940 in einer Rundfunkreportage: »Eines der erstaunlichsten Phänomene in diesem Krieg ist die Stadt Berlin, aus der ich berichte. Läse man keine Zeitungen und hörte kein Radio, so wüßte man kaum, daß ein großer und schrecklicher Krieg nur ein paar hundert Meilen weiter weg geführt wird. Die Bevölkerung scheint ihren Alltag wie zuvor zu leben. Gestern abend ging ich kurz vor Einbruch der Dunkelheit auf dem Kurfürstendamm entlang. Er war voll von Leuten, die gemütlich flanierten. Die großen Cafés entlang dieses Boulevards waren von Tausenden besucht, die sich bei einer Tasse Ersatzkaffee oder einem Eisbecher gelassen unterhielten. Die meisten Frauen, die man sah, waren hübsch angezogen. Das Leben geht hier so friedlich weiter. Alle Theater der Stadt sind geöffnet und spielen vor gefüllten Sälen«.[4]

Wenige Wochen darauf, Ende Juni 1940, hatte die Wehrmacht Frankreich besiegt, und Hitler spazierte in Begleitung seines Lieblingsarchitekten Albert Speer und des Bildhauers Arno Breker über die Boulevards von Paris und ließ sich von ihnen Kunstdenkmäler und Architektur erklären. Der »größte Feldherr aller Zeiten« stand auf dem Höhepunkt seiner Beliebtheit, die »Schmach von

Versailles« schien endgültig getilgt, und der Glaube an die Unfehlbarkeit des Führers fing an, seine unheilvolle Wirkung zu entwickeln.

Während man sich in den Zeitungen an die Todesanzeigen gefallener deutscher Soldaten gewöhnte und die Wochenschauen heroische Siege meldeten, aber niemals getötete Wehrmachtssoldaten zeigten, bekam der Schlager, der im Mittelpunkt des Rühmann-Films *Das Paradies der Junggesellen* stand, unversehens einen kriegerischen Sinn: »Das kann doch einen Seemann nicht erschüttern, keine Angst, / Keine Angst Rosmarie, wir lassen uns das Leben nicht verbittern, keine Angst, keine Angst, Rosmarie! / Und wenn die ganze Erde bebt / Und die Welt sich aus den Angeln hebt, / Das kann doch einen Seemann nicht erschüttern, / Keine Angst, keine Angst Rosmarie«. Dieser Marschfox von Michael Jary (Musik) und Bruno Balz (Text) war nach der Premiere des Films am 1. August 1939 rasch zum populären Gassenhauer geworden. Die Schallplatte fand reißenden Absatz, die Tanzorchester und Kaffeehauskapellen in Berlin spielten den Aufmunterungsschlager noch Monate nach Kriegsbeginn.

Bereits im Winter 1939 hatte das Propagandaministerium Rühmann, Sieber und Brausewetter dazu verpflichtet, ihren Schlager für einen ehrenvollen Empfang von Kapitän Adolf Ahrens in abgewandelter Form zu singen. Ahrens wurde als Kriegsheld gefeiert, dem es mit seinem Schiff »Bremen« gelungen war, die Seeblokkadelinie der Engländer zu durchbrechen.[5] Auch zu Ehren des U-Boot-Kommandanten Günther Prien trat das Trio im Dezember auf. Der Matrosenschlager war für diese Gelegenheiten zum antibritischen Schmählied gegen Churchill umgeschrieben worden: »Das wird den ersten Seelord doch erschüttern, lügt er auch, lügt er auch wie gedruckt.« Mit diesem Auftritt wurde das Trio auch in den Wochenschauberichten über den heroischen Blockadebrecher Ahrens gezeigt.[6]

Solche propagandistischen Einsätze wurden von allen Beteiligten nach 1945 gerne verschwiegen, vergessen oder zumindest verdreht. Alf Teichs' Erinnerung machte daraus, wider besseres Wissen, sogar einen Widerstandsakt: »Als der Film herauskam, dichtete irgendein Mensch in einer Berliner Zeitung eine Parodie darauf, die lautete ›Das kann den ersten Seelord nicht erschüttern‹. Es war ein gehässiger Text, der auf Winston Churchill gemünzt war. Und nun kam eine Weisung des Propagandaministeriums,

Rühmann solle diesen Text auf Schallplatten oder im Rundfunk singen. Ich weiß nicht mehr genau, wie wir uns damals geholfen haben, ob Rühmann sich krank schreiben ließ oder was er sonst unternahm. Auf jeden Fall hat er diesen schäbigen Text nicht gesungen.«[7]

Zum Kriegseinsatz kamen die Schauspieler auch in *Wunschkonzert* (1940), einem der erfolgreichsten und hinterhältigsten Propagandafilme des Dritten Reiches. Die Radiosendung »Wunschkonzert« wurde während des Krieges jeden Sonntag ausgestrahlt und bildete ein emotionales Band zwischen der Front und den Angehörigen in der Heimat. Die Lieblingsmelodien der Soldaten und ihrer Familien sollten »Mittler des Gemeinschaftsgefühls« sein.[8] Die sehr beliebte Sendung wurde nun zum Mittelpunkt eines staatlichen Auftragsfilms. Ilse Werner und Carl Raddatz spielten die Hauptrollen in diesem Film, der die melodramatische Geschichte eines Liebespaares geschickt mit dem Schicksal der heroischen Volksgemeinschaft verknüpft. Prominente Künstler wie Marika Rökk, Paul Hörbiger oder Weiß Ferdl waren die Mittler zwischen Front und Heimat, ihr »Programm der guten Laune« wurde gemischt mit Vaterlands- und Heldenpathos, Landserhumor und Verherrlichung des Todes auf dem Schlachtfeld. Auch Rühmann, Sieber und Brausewetter mußten in *Wunschkonzert* ihren Schlager von den unerschüttlichen Seeleuten wieder zum besten geben.

Der Film wurde ein Dauererfolg: Bis zum Ende der NS-Herrschaft wurde er von 26,5 Millionen Besuchern gesehen und spielte 7,6 Millionen Reichsmark ein. Rühmanns Auftritt in der Radiosendung »Wunschkonzert« war sicher nicht einmalig. Von Fall zu Fall bat Goebbels um seine Mitwirkung bei der Sendung, so am 15. März 1941, als Rühmann ein Telegramm der Reichsfilmkammer erhielt: »Reichsminister Dr. Goebbels erbittet Mitwirkung im *Wunschkonzert* am 23. März zum Tag der Wehrmacht. Stop. Erbitte sofortige Drahtzusage.«[9] Zwei Tage später telegrafierte Rühmann zurück und redete sich heraus, indem er angab, augenblicklich keinen präsentationsreifen Text zu besitzen: »Grundsätzlich bereit, habe leider keinen Vortrag«.[10]

Fast alle prominenten deutschen Stars traten im »Wunschkonzert« auf. Daß sich ein Star wie Hans Albers dieser Veranstaltung konsequent entzog und diese Linie auch durchhielt, war eine Ausnahme.[11] Rühmann war im nationalsozialistischen Kulturbetrieb weder so renitent wie Hans Albers noch politisch so exponiert wie Heinrich George oder Emil Jannings. Er wurde zwar 1940 zum Staatsschauspieler ernannt, doch diesen Titel bekamen fast alle populären deutschen Darsteller verliehen, und er galt nicht als Auszeichnung für ein besonders kooperatives Verhalten. Von Rühmann sind aus diesen Jahren weder betont kritische oder abfällige Bemerkungen über das Regime noch öffentliche Ergebenheitsadressen bekannt. Er mogelte sich durch, er lavierte und war deshalb schwer einzuordnen.

Diese angepaßte und von Fall zu Fall sogar kooperative Haltung wurde sicher auch von solchen Vorfällen wie die um Rühmanns Kollegen Fritz Odemar beeinflußt. Odemar stand als Schauspieler nur in der zweiten Reihe. Den relativen Schutz und politischen Freiraum, den die großen Stars durchaus genossen, konnte er für sich nicht in Anspruch nehmen. Rühmann hatte schon 1928 in *Eltern und Kinder* zusammen mit Odemar auf der Bühne gestanden und später in sechs Tonfilmen mit ihm gespielt. Man kannte sich also gut. Odemar, ein starker Trinker, hatte sich im Rausch mehrfach sehr abfällig über die Nazis geäußert. Er wurde daraufhin »nachts in seiner Wohnung überfallen und mit Reitpeitschen derartig zusammengeschlagen [...], daß er Striemen am ganzen Körper hatte. Der Grund: Dieser mutige Mann hatte bei einer Parteiveranstaltung, auf der emigrierte Künstlerinnen wie Gitta Alpar, Fritzi Massary und Elisabeth Bergner in übelster Weise beschimpft worden waren, in aller Öffentlichkeit energisch gegen diese Verunglimpfung protestiert.«[12] Die brutale Strafaktion gegen Odemar hatte sich in Berliner Film- und Theaterkreisen natürlich in Windeseile herumgesprochen, und sie trug dazu bei, wie es Rühmanns guter Bekannter Hans Söhnker formulierte, »den persönlichen Mut von uns allen zu drosseln«[13].

Rühmanns lavierende Haltung kennzeichnet ein charakteristisches Verhaltensmuster vieler Stars. Man war bereit, die Vergünstigungen des Regimes anzunehmen, wollte aber dafür möglichst wenige Gegenleistungen erbringen. Titel, Ehrungen und Geldzuwendungen verstand man als Auszeichnungen für die berufliche Leistung. Daß sich Hitler, Göring oder Goebbels gern mit Künstlern umgaben, schmeichelte selbst denen, die dem Regime innerlich distanziert gegenüberstanden. Künstler wie Rühmann waren bestrebt, sich durch ihre Beziehungen zu NS-Größen möglichst viel Eigenständigkeit und Freizügigkeit in ihrem Arbeitsumfeld zu schaffen. Durch solche Kontakte versuchte man, aus unliebsamen

Verträgen zu kommen, Mitarbeiter von der Wehrmacht freistellen zu lassen, Material für Dreharbeiten zu beschaffen, Steuererleichterungen zu erwirken, Schutz vor den Ansprüchen anderer NS-Organisationen zu erbitten oder auch Verfolgte des Regimes zu schützen. Auch wenn sich Rühmann in der Nähe Hitlers oder Görings nicht immer wohlgefühlt haben mag, solche Treffen waren dennoch Auszeichnungen, die bei ihm Gefühle des Stolzes und der eigenen Unentbehrlichkeit auslösten. Nicht zuletzt glaubten viele Künstler durch solche Bindungen, die private und die berufliche Familie vor dem totalen Kontrollanspruch des Staates bewahren zu können. Die eigenen vier Wände, die Studiokulissen und die Theater wurden als »Inseln in stürmischer See« empfunden und zu einem »guten Refugium« (Otto Ernst Hasse)[14] stilisiert. Man sprach von Gründgens' Staatstheater als einer »Insel«, das Thalia-Theater in Hamburg galt als »Oase«, und Rühmanns Theater, die Münchner Kammerspiele, wurde »Naturschutzpark« getauft. Diesen Inselcharakter beschrieb der Drehbuchautor Ernst von Salomon folgendermaßen: »Wirklich, immer wenn ich das Tor von Babelsberg passierte, [...], hatte ich das bestimmte Gefühl, eine Grenze zu überschreiten. Es war plötzlich so anders, es war alles ganz plötzlich gar nicht wahr. [...] Dort vernahm man zwar gelegentlich betrübliche Kunde von den verückten Dingen, die sich ›draußen‹ abspielten, aber eigentlich ging es einen gar nichts an.«[15] Dieser Gegensatz von Innen und Außen wurde durch die alltäglichen Umgangsformen in Babelsberg verstärkt. Es war unüblich, sich mit »Heil Hitler« zu grüßen, Parteiabzeichen waren kaum zu sehen.

Vor dem Hintergrund des Krieges bewährte sich auch ein für Rühmann neues komödiantisches Rollenmodell, das seinen »kleinen Mann« an die Seite eines ewig milden und nachsichtigen Vorgesetzten stellte. Hans Leibelt, der »Meister des Augenzwinkerns«[16], dessen Figuren immer wieder den »Triumph des Jovialen«[17] feierten, verkörperte diesen Part an der Seite Rühmanns öfter als jeder andere Schauspieler. In der *Feuerzangenbowle* spielte er den Gymnasialdirektor Knauer, der einem strafenden Jupiter ähnlich sieht, aber letztlich doch überaus milde und nachsichtig mit dem widerspenstigen Primaner Pfeiffer umgeht.

In *Hauptsache glücklich!* aus dem Jahr 1941 wurde diese Konstellation bereits vorweggenommen. »Der Angriff«, die Zeitung der deutschen Arbeitsfront, schrieb über Rühmanns typische Verkörperung einer Angestelltenfigur: »Einer der echtesten Rühmann-Filme. Heinz Rühmann spielt einen kleinen Mann, einen faulen Mann, der keinen Ehrgeiz kennt, mehr schlecht als recht seinen Bürodienst macht und von einer gemütlichen Häuslichkeit träumt. ›Hauptsache glücklich!‹ Alles andere ist ihm gleichgültig. Aber seine Frau treibt ihn an – nicht, weil sie Frau Direktor werden, sondern ihren Mann als tüchtigen Kerl sehen will.«[18] Natürlich wird die Verwandlung zum »tüchtigen Kerl« vollzogen, auch durch die gütige Führung des Generaldirektors, den Hans Leibelt spielt. Als sich ein Abteilungsleiter über den unzuverlässigen Angestellten Roth (Rühmann) beschwert, belehrt ihn der Generaldirektor mit einem Gleichnis: »Allzuviel Initiative verlange ich von meinen Angestellten gar nicht. Wenn nur jeder sich als kleines Rädchen einer Maschinerie, deren Maschinist ich bin, lautlos dreht, bin ich schon zufrieden. Wenn sich ein Rad aber überhaupt nicht drehen will, dann braucht es ja nicht unbedingt an dem Rädchen zu liegen. Vielleicht liegt es an dem Maschinisten oder an der Maschinerie oder am Öl.«

Das zeitgenössische Publikum konnte hinter diesem Appell des »großen Maschinisten« unschwer eine politische Botschaft entdecken. Sollte sich die »Volksgemeinschaft« nicht aus vielen klaglos arbeitenden »Volksgenossen« zusammensetzen? Was so ein funktionierendes Rädchen für die Gemeinschaft leisten konnte, bewies hier der Spesenkontrolleur Rühmann, der im Verlauf des Films vom passiven zum aktiven Angestellten umgebaut wird. Er steht vor dem Schreibtisch des Generaldirektors stramm wie ein Soldat und beginnt seine große Rede gegen die Verschwendung: »Meine Denkschrift stellt nicht im mindesten einen Angriff gegen die Herren Direktoren dar. Ich würde mir auch nie erlauben, jemandem vorzuschreiben, wie er zu leben hat. Aber ich frage nur eines: Muß das sein? Erster Klasse statt zweiter, die Sitze sind genauso weich, und schneller fährt der Zug in der ersten Klasse auch nicht. Dann teure Appartements in den ersten Hotels, mit allem Komfort. Überhaupt lese ich immer nur mit Bad, mit Bad. Ob das immer benützt wird? Dann Eintrittskarten für Theater und Varietés, die zwar bestellt, aber nachher nicht ausgenützt werden. Ich weiß, es sind Kleinigkeiten, aber das läppert sich eben auch zusammen.« Der große Maschinist ist über den Spareifer entzückt, der kleine Angestellte avanciert auf der Stelle zum Direktor.

Im zweiten Kriegsjahr war die Mahnung zum Sparen und Haushalten allgegenwärtig, auch im Unterhaltungskino, das seinen Beitrag an der »Heimatfront« leistete. Obwohl Rühmanns Spesenkontrolleur in diesem Fall für Ideen eintrat, die auch in der nationalsozialistischen Rhetorik zu finden waren, blieben so deutliche Anbiederungen an den Zeitgeist die Ausnahme im Leben seiner Helden. Aufdringlichere politische Spuren finden sich nur in *Die Umwege des schönen Karl* (1938), einem Film, der in einigen Sequenzen die Demokratie der »Systemzeit« und ihre Repräsentanten lächerlich machte. Der »Völkische Beobachter« sprach von den »Polypenarmen des Parteibetriebes« und stellte befriedigt fest: »Es wurde eine politische Komödie daraus, die auf Umwegen viele lustige Dinge sagte.«[19] Sehr viel ausgeprägter war das Pathos der Rühmann-Figuren, wenn sie ihre kleine idyllische Welt verteidigen mußten. An großen Ideen, Entwürfen und Visionen waren sie nicht interessiert; dafür schätzten sie ihren gesunden Schlaf, regelmäßige Mahlzeiten, freundliche Vorgesetzte, einen Sonntagsausflug ins Grüne, ein sicheres Gehalt, die eigene Briefmarkensammlung, den braven Hund oder das frisch gemachte Ehebett viel zu sehr. Im Dritten Reich blieben Rühmanns »kleine Männer« das, was sie vorher gewesen waren: beständige Begleiter von Millionen Menschen, Garanten eines normalen Alltags, in dem sich die meisten Deutschen auch nach 1933 eingerichtet hatten und nicht gerne stören lassen wollten. Wer nicht zu den verfolgten Minderheiten gehörte, die dem Terror ausgeliefert waren, konnte sich in den eigenen vier Wänden der Vorstellung hingeben, daß das Leben ein langer, ruhiger und friedlicher Fluß sei. Zumindest bis zum Ausbruch des Krieges hatten viele diese Lebensperspektive durchgehalten. Und auch nach Deutschlands Überfall auf Polen war man keineswegs gewillt, diese Vorstellungen aufzugeben.

Inseln, Oasen und Parks

Mit der Heinz-Rühmann-Produktion innerhalb der Terra-Filmkunst GmbH hatte sich der Schauspieler ein ganz eigenes Refugium geschaffen. Seit 1938 hatte sich Rühmann mit Jahresverträgen an die Terra gebunden, die von der Weimarer Republik bis Mitte der dreißiger Jahren zu den großen Konkurrenten der Ufa gehörte. Doch hinter den Kulissen wurde bereits an der Verstaatlichung der großen Filmfirmen gearbeitet. Die Vielfalt, die die

Filmindustrie der Weimarer Republik ausgezeichnet hatte, wurde durch das Goebbels-Ministerium nach und nach abgeschafft. Schließlich wurde die Ufa 1942 mit den anderen großen Firmen zu einem Riesenkomplex zusammengeschlossen, der fortan Ufa-Filmkunst GmbH genannt wurde. Die Terra war bereits 1937 ein Teil der gerade verstaatlichten Ufa geworden. Eine Konkurrenzsituation war nicht erwünscht, die unselbständigen Firmen wurden nunmehr staatlich kontrolliert. Auch in der Filmindustrie sollte das »Führerprinzip« durchsetzt werden, und die Stars waren gehalten, sich einer Firma, ihrer »Hausgemeinschaft«, anzuschließen.

Zwischen 1933 und 1937 war Rühmann ein Vagabund gewesen, der laufend die Firmen wechselte, das wurde jetzt unterbunden. Ab 1939 leitete er seine eigene Produktionsgruppe innerhalb der Terra, die Heinz-Rühmann-Produktion. Hier war er jetzt der Chef, der sich um seine Angestellten kümmerte und sie dirigierte. Er entwickelte eigene Stoffe, kontrollierte die Produktionen auch als Produzent und stimmte die Filme – soweit wie möglich – auf seine Bedürfnisse und sein Image ab. Man muß diesen Aufstieg zum Chef einer eigenen Produktionsgruppe nicht als »Belohnung« für seine 1938 erfolgte Scheidung von Maria Bernheim begreifen; immerhin konnte sich Goebbels auf ihn als handwerklich-zuverlässigen, anspruchsvollen und prominenten Mitarbeiter verlassen. Rühmann war durchaus machtbewußt und nutzte seinen Status, um aus seinen Filmen erfolgreiche Produkte zu machen.

Als sich Rühmann 1946 vor einem deutschen Untersuchungsausschuß in der Kammer der Kunstschaffenden verantworten mußte, beschrieben seine Mitarbeiter die Produktionsgruppe ebenfalls als eine »Insel«, einen geschützten Innenraum, der ihnen, soweit es ging, die Politik vom Leibe hielt. So erklärte der Regisseur Helmut Weiss: »Die Rühmanngruppe war unbestreitbar eine der am besten arbeitenden Produktionen der Terra, und es war ein stiller und zäher Kampf, den Rühmann und ich mit dieser Gruppe gegen die Anordnungen des Pro[paganda]mi[nisterium]s führten. Wir kämpften auf unserem Gebiet mit unseren Waffen.«[20] Und der Maskenbildner Alois Woppmann führte aus: »Es gab im Filmwesen kaum eine zweite Produktion, wo eine derart menschliche Verbindung zwischen Mitarbeiter und Produktionsleiter bestand. Das allein ist nicht nur dem rein Menschlichen des Herrn Rühmann zuzuschreiben, als vielmehr noch dem unbedingten Zusammengehörigkeitsgefühl in politischer Hinsicht.«[21]

Mit ganz ähnlichen Argumenten verteidigte Rühmann seine Arbeit in einem Lebenslauf, den er für dieses Untersuchungsverfahren schreiben mußte: »Durch meine eigene kleine Produktionsgruppe, die in politischer und antifaschistischer Richtung einwandfrei war und von mir nach diesen Gesichtspunkten ausgesuchtes Menschenmaterial enthielt, (die meisten von ihnen sind von mir aus verschiedenen Wehrbezirkskommandos und Truppenteilen während des Krieges wieder herausgeholt worden) war es mir möglich, konsequent eine rein unpolitische und menschliche Haltung in meinen Filmen zu bewahren und nie einen im geringsten tendenziös gehaltenen Film sowohl als Regisseur wie als Schauspieler herzustellen.«[22]

In Rühmanns Erklärung vermischt sich die Sprache des Dritten Reiches (»Menschenmaterial«) mit dem politisch opportunen Vokabular nach 1945 (»antifaschistisch«). Dieses Stilgemisch zeigt, wie oberflächlich sich Rühmann, wie die meisten Stars, mit seiner Rolle im Dritten Reich auseinandersetzte. Man sah sich nach 1945 zu Unrecht kritischen Fragen ausgesetzt und wollte immer ein Gegner des Regimes gewesen sein. Daß die gewährten Freiräume und die genossenen Privilegien zur kulturpolitischen Konzeption des Regimes gehörten, wollten die wenigsten einräumen. Rühmann machte da keine Ausnahme und glaubte, seine »unpolitische und menschliche Haltung« sei sein eigenes Verdienst und nicht ein luxuriöses Geschenk der Machthaber gewesen.

Auch privat hatte sich Rühmann mit seiner Frau Hertha Feiler Am Kleinen Wannsee 15 in eine geradezu hermetisch abgeriegelte Binnenwelt zurückgezogen. Je länger der Krieg dauerte, desto idyllischer wurde das Anwesen. Tierlieb war der Star immer gewesen und als solcher auch inszeniert worden. Bereits 1932 war in der Zeitung »Tempo« ein Starporträt veröffentlicht worden, das den jungen Schauspieler mit einem Dackel auf dem Schoß zeigte. Hunde gehörten seither zu seinen ständigen Begleitern, selbst wenn er flog, nahm er sie gelegentlich als »Co-Piloten« mit. Und in Filmen wie *Wenn wir alle Engel wären, Nanu, Sie kennen Korff noch nicht?* oder *Hauptsache glücklich!* waren Rauhhaardackel auch auf der Leinwand seine Gefährten. Seine Tierliebe blieb jedoch nicht auf Hunde beschränkt. Auf dem weitläufigen Grundstück ließ er Stallungen bauen, schaffte sich Hühner, Gänse und Hausschweine an, und aus dem nahen Grunewald war ein zahmes Reh zugelaufen.

Diese Idylle war ein willkommenes Thema in Porträts über den

Schauspieler, auch wenn die wenigsten Journalisten zu ihm nach Hause eingeladen wurden. Doch nach seiner Hochzeit mit Hertha Feiler war das Interesse an seinem Privatleben besonders groß, zumal seine Frau inzwischen auch ein Star geworden war. So erschien 1941 ein ausführliches Doppelporträt in Form einer Broschüre, das die beiden Karrieren nachzeichnete und dem Leser einen Blick in den Künsterhaushalt gewährte: »An den Kleinen Wannsee hat sich das Ehepaar Rühmann-Feiler zurückgezogen – wie auf eine ferne Insel. Inmitten hochragender, märkischer Kiefern, schlanker Tannen liegt das stattliche Holzhaus im nordischen Stil. Es war ein eiskalter Neujahrsmorgen, der Schnee knirschte unter meinen Schritten, als ich die beliebten Künstler in ihrem Haus aufsuchte.«[23] Die Reporterin schilderte ausführlich, was sie zu sehen bekam: Rühmann diktiert seiner Sekretärin die Korrespondenz, Hertha Feiler, in Begleitung zweier Hunde, betritt das Zimmer, an der Wand stehen Langlaufski, mit denen Rühmann oft im Grunewald unterwegs ist, auf einem Tisch stapelt sich die Post von Verehrern. Im Interview schwärmen beide vom Wellenreiten auf dem Wannsee. Hertha Feiler ist fröhlich und aufgeschlossen, Rühmann, der mit seiner Brille wie ein »Philologe« aussieht, wird dagegen als »ernst und sehr zurückhaltend« beschrieben. Zum Schluß des Porträts steigert sich die Reporterin in einen huldigenden Ton, der die Künstlerehe zu einer vorbildlichen Partnerschaft stilisiert: »Sie sind Künster bis in die Fingerspitzen. Aber sie sind keine Bohèmenaturen. Sie verschwenden nicht ihre Kraft an Banalitäten. Aus der Struktur ihres warmen Menschentums und der gleichmäßigen Melodie ihrer Lebensführung erschließen sich ihnen die Kraftquellen, die sie zu immer höheren Leistungen berufen – uns und sich zur Freude.«[24]

Trotz dieser Wortwahl, die das Paar aufdringlich idealisiert und zu harmonisch arbeitenden Künstlern macht, deuten sich in dieser Darstellung auch Unterschiede und Risse zwischen den Eheleuten an, die bis zu Hertha Feilers frühem Tod immer stärker hervortreten sollten: Sie war von seiner leidenschaftlichen Fliegerei nicht begeistert, ängstigte sich um ihn und flog auch nur widerstrebend mit. Auch ihre Geselligkeit vertrug sich nicht immer gut mit seinem zunehmenden Hang zu privater Zurückgezogenheit.

Drei Jahre nach ihrer Hochzeit brachte Hertha Feiler am 7. Juni 1942 im Berliner Westend-Krankenhaus einen Sohn zur Welt, drei Wochen früher, als von den Ärzten vorhergesagt. Er wurde auf den

Namen Peter getauft. Für diesen urdeutschen Namen hatte sich vor allem der junge Vater entschieden, denn Peter war unangefochten sein Lieblingsname. In zahlreichen Filmen hießen seine Figuren ebenso, und selbst einige seiner Hunde wurden zärtlich »Peterle« von ihm getauft. Auch Rühmanns Enkel, 1976 geboren, erhielt den gleichen Namen.

Nach der Ehe mit Maria Bernheim, die die NS-Presse totgeschwiegen hatte, und der Beziehung zu Leny Marenbach, die nur vorsichtig angedeutet werden durfte, konnte man das sympathische Traumpaar Rühmann-Feiler jetzt bedenkenlos in Szene setzen. Wenige Wochen, bevor die deutsche Wehrmacht Dänemark und Norwegen überfiel, flogen sie nach Kopenhagen zur Premiere ihrer Filme *Paradies der Junggesellen* und *Frauen müssen so sein.* Als »Gesandte deutscher Heiterkeit« begrüßte sie der dänische Filmzensor Olaf Fönss, das beliebte Komiker-Duo Pat und Patachon stand zum Empfang bereit, und am nächsten Tag meldete eine dänische Zeitung: »Ein sympathisches Ehepaar hat Kopenhagen erobert«.[25]

Am 9. April 1940 marschierte die Wehrmacht in Dänemark und Norwegen ein. »Tagelang beherrschte die Rühmanns das bedrückende Gefühl, möglicherweise als ›Stimmungsmacher‹ mißbraucht worden zu sein. Sie schrieben zahlreiche Briefe an ihre dänischen Freunde – mit großer Offenheit.«[26] Dem belgischen Publikum präsentierten sich die »Gesandten deutscher Heiterkeit« im April 1941. Im Brüsseler Hotel Metropol hatte die Ufa einen Presseempfang organisiert, anschließend waren sie zu Gast im Kino Eldorado bei der Premiere ihrer Filme *Paradies der Junggesellen* und *Lauter Lügen.* »Beim Verlassen des Theaters konnte sich das Ehepaar nur noch mit Hilfe einiger kräftiger Soldaten der vielen Autogrammjäger erwehren.«[27] Die »kräftigen Soldaten« hatten im Mai 1940 Belgien besetzt. Deshalb besuchten die Schauspieler ein deutsches Lazarett in Brüssel, »in dem Heinz Rühmann die Verwundeten durch seine humorvolle Art besonders erfreute«.[28]

Jasager, Neinsager, Vielleichtsager

Welche Rolle spielte Rühmann im Dritten Reich? Wirkte er als systemstabilisierender Komödiant? War er ein Opportunist, der Biedermann, den die Brandstifter benötigten? Oder agierte er als gerissener Taktiker, der sich nicht vereinnahmen ließ? Ein offensiver Gegner des Regimes, der sich den Nationalsozialisten und ihren Plänen entgegenstellte, wo er nur konnte, war er sicherlich nicht. Ein »glühender Anhänger der Nazis«, wie der Regisseur Curt Siodmak behauptete[29], war er aber ebensowenig. Man wird Rühmanns Haltung im »Dritten Reich« sicher kaum gerecht, wenn man sie mit Schlagworten beschreibt. Das Reden, Handeln und Leben in dieser Zeit spielte sich vielfach in Grauzonen ab, eindeutige und geradlinige Lebenswege gab es kaum, vieles bleibt im Rückblick mehrdeutig, widersprüchlich, unauflösbar und zwiespältig. Das gilt erst recht für prominente Stars wie Heinz Rühmann, die das Regime für sich in Dienst nahm.

Doch inwieweit konnte man das Image eines Filmstars überhaupt vereinnahmen und seine Wirkung auf das Publikum kontrollieren? Die folgende Beschreibung eines Kritikers anläßlich Rühmanns Erfolgs in *Der Mustergatte* 1937 macht deutlich, daß Rühmann vielen Zuschauern eine Indentifikationsfigur anbot, die den Körperkult und das heroische Männlichkeitsideal der Nazis konterkarierte: »Das Rätsel der Rühmann-Erfolge? – Ganz einfach: Sonst gefällt sich der Film meist darin, tolle, unwiderstehliche Burschen vorzuführen, Helden mit stählernem Blick, vor dem die Bestie Schicksal kuscht und winselnd Pfötchen gibt, und Schurken in Überlebensgröße. Heinz Rühmann hingegen spielt den unheldischen Helden, den Zaghaften oder den reinen Toren, der in holder Einfalt durch die Wirrnisse des Lebens trabt, den Märchenhans und Außenseiter, bei dem noch Herz und Hirn im holden Urfrieden miteinander leben, und der deshalb im Grunde stärker ist als alle Kraftmeier. Und so etwas wird neben dem Bizepskult vieler Filme besonders dankbar hingenommen. Diese Feststellungen richten sich keineswegs gegen das Heldische an sich, sondern nur gegen das Maulheldentum, demgegenüber die schüchterne Revolution eines Pantoffelhelden noch ehrlicher als Heldentat wirkt.«[30]

Solche Wahrnehmungen konnten in einer Öffentlichkeit, die zensiert und überwacht wurde, durchaus Freiräume schaffen. Der Kritiker Werner Fiedler, der für seine vorsichtig regimekritischen Rezensionen bekannt war, mußte sich in seiner Bewunderung für Rühmann regelrecht bremsen, als er merkte, daß sein ausuferndes Lob auch als politische Botschaft gedeutet werden könnte.[31] Denn im Dritten Reich schrieb und las man zwischen den Zeilen, und auch auf der Leinwand sahen die Menschen nicht nur das, was die nationalsozialistische Filmpolitik intendiert hatte. Der Literaturwissenschaftler Reinhard Baumgart hat beschrieben, wie er Rühmann, dieses »verschlagene Genie der Harmlosigkeit«, im Dritten Reich erlebte: »Doch ein Kind wie ich damals, das auch integriert als ›Pimpf‹ oder ›Hitlerjunge‹ wie jedes Kind zu jeder Zeit einen gegen allen öffentlichen Anspruch geschützten Privat-und Phantasieraum suchte, konnte einen wie Rühmann, dieses Muster an Undefinierbarkeit, so träge wie frisch, standhaft und ausweichend, hochbeweglich und herrlich stur, tatsächlich wie einen Verbündeten erleben, einen Kumpan. In keiner seiner Rollen verkörperte er das, wovor ich mich schützen wollte und mußte, das hart Soldatische, bitter Männliche oder einen tragisch Scheiternden.«[32] Natürlich blieben solche Gegenbilder flüchtig, sie waren nicht vordergründig in Rühmanns Filmen angelegt, sondern mußten vielmehr gesucht und entdeckt werden; sie änderten gleichwohl die Realität nicht grundlegend, aber sie konnten helfen, sich von propagandistischen Bildern zu distanzieren und vorhandene regimekritische Potentiale zu bestärken.

Alle waren natürlich nicht bereit, diese Gegenbilder zu entdecken. Wenige Tage nachdem der Kritiker Fiedler seinen Lesern den *Mustergatten* so vieldeutig beschrieben hatte, rief Hitler seinen Propagandaminister an, um ihm mitzuteilen, daß ihm der Film gut gefallen habe.[33] Und Goebbels, obwohl auch ihm der Film gefiel, ärgerte sich über den Hauptdarsteller, als er am 10. Oktober 1937 in sein Tagebuch eintrug: »Lärm um den ›Mustergatten‹. Da hat wieder ein Jude hineingepfuscht. Rühmann ist da nicht so ganz unbeteiligt. Ich werde durchgreifen.«[34] Wahrscheinlich meinte der Propagandaminister Rühmanns Schwager Otto Bernheim, der an der Bühnenfassung des *Mustergatten* mitgearbeitet hatte, oder Fred Pinkus, der zu diesem Zeitpunkt Rühmanns Geschäfte führte. Der Ärger muß jedoch schnell verflogen sein, denn bereits am 18. Dezember 1937 hielt Goebbels fest, Rühmann sei ein »netter, witziger und charmanter Junge«, dem er gern helfen wolle: »Heinz Rühmann hat Sorgen mit dem Regisseur Wisbar. Ich befreie ihn davon.«

Die Wertschätzung des Ministers durften die Künstler in der Regel nur genießen, wenn sie in seinem Sinne funktionierten und brauchbare Filme ablieferten. Goebbels benutzte im Verhältnis zu ihnen häufig Phrasen wie »eingreifen«, »durchgreifen«, »aufbügeln«, »bekommt Injektion«, »werde der Sache auf den Grund gehen«. Einerseits beutete Goebbels die Talente der Künstler zynisch aus, andererseits machte er sich immer wieder zu ihrem Helfer. Kaum ein Satz taucht so häufig auf wie »Ich werde ihm helfen.« Goebbels verachtete und schätzte die Künstler gleichermaßen. Er war in dieser Hinsicht äußerst wankelmütig. Am 29. März 1938 schrieb er: »Ich bin gerne mit Künstlern zusammen. Sie sind anregend und begeisterungsfähig.« Dann jedoch heißt es: »Diese Künstler sind ewige Querulanten« (14. Februar 1939). Am besten kennzeichnet seine Haltung der folgende Satz: »Diese Künstler sind wie Kinder« (5. November 1937).

Tatsächlich disziplinierte und erzog er sie wie ein strenger Vater, verteilte Aufgaben, belohnte, beschenkte und protegierte. Wer wie Rühmann ein Publikumsliebling war, mußte sich häufig mit ihm auseinandersetzen, denn der Propagandaminister betrachtete die Stars als Instrumente seiner Politik und wollte mir ihrer Hilfe das Bewußtsein der »Volksgenossen« steuern und beeinflussen. Über den Rühmann-Film *Hurra, ich bin Papa!* befand Goebbels am 31. Oktober 1939: »Kein besonders guter Rühmann-Film. Aber für den Krieg schon zu gebrauchen.«

Was an diesem Film war für den Krieg zu gebrauchen? Rühmann spielte hier unter der Regie von Kurt Hoffmann erstmals einen Vater. Der Film führt vor, wie aus dem zügellosen Junggesellen und verbummelten Studenten Peter Ohlsen ein pflichtbewußter und treuer Ehemann wird. Die politischen Botschaften dieses Streifens schleichen sich im Komödiengewand ein: Die Libido des erotisch umtriebigen Studenten wird an die Kette gelegt, seine Faulheit durch Strebsamkeit ersetzt, sein Vagabundieren (er bereitet sich gerade auf eine Weltreise vor) durch Seßhaftigkeit abgelöst, seine arbeitsfaulen und amüsierwilligen Freunde werden hinausgeworfen,[35] und sein Verantwortungsgefühl für Frau und Kind besiegt schließlich seinen Egoismus. Wenn solche Tugenden auf unauffällige und geschmeidige Weise durch einen scheinbar unpolitischen Unterhaltungsfilm amüsant vermittelt wurden, war Goebbels durchaus zufrieden. Das Drehbuch zu diesem Film stammte übrigens von Thea von Harbou, die die Drehbücher zu Fritz Langs Filmen *Nibelungen* (1924) und *Metropolis* (1925/27) geschrieben hatte und seit 1940 Mitglied der NSDAP war.

Wenn dem Minister Künstler als geeignet erschienen, versuchte er sie auch für organisatorische Arbeiten einzuspannen. Als er

1936 mit den Firmen Ufa und Tobis unzufrieden war, weil sie seiner Meinung nach zu wenig gute und politisch verwertbare Filme herstellten, setzte er 1937 sogenannte Kunstausschüsse ein. Diese Auschüsse sollten Stoffe entwickeln, attraktive Themen liefern und bei der Auswahl geeigneter Drehbücher helfen. Neben Leni Riefenstahl wurde auch Heinz Rühmann für den Tobis-Ausschuß verpflichtet. Doch das Experiment der Kunstauschüsse wurde bereits Ende 1938 wieder eingestellt. Goebbels konstatierte schon vorher resigniert: »Künstler sind zu sachlicher, vor allem organisatorischer Arbeit vollkommen ungeeignet« (14. Oktober 1937).

Sicherlich gehörte Rühmann nicht zu den parteitreuen Künstlern, die der Minister händeringend suchte. Als Schauspieler fand Goebbels ihn »zum Kranklachen«[36] und »zwerchfellerschütternd«[37]. Konflikte zwischen ihm und Rühmann hält sein Tagebuch nur selten fest.

Im April 1940 kam es allerdings zu heftigen Spannungen, da in der Branche Gerüchte kursierten, daß Rühmann auswandern wolle. Offensichtlich hatte ihn der Parteiaktivist Peter Paul Brauer, der bis November 1940 Rühmanns Produktionschef bei der Terra war, bei Goebbels denunziert. Der Leiter der Abteilung Film im Propagandaministerium und spätere Reichsfilmintendant Fritz Hippler, der damals zugegen war, erinnert sich an einen Tobsuchtsanfall des Ministers: »Er schrie dann los, was sich dieser Rühmann denn einbilde, warum er glaube, im Ausland besser arbeiten zu können. Er wolle auf jeden Fall reinen Tisch machen und wenn nötig ein Exempel statuieren, damit Filmleute, die so fürstlich bezahlt werden wie Rühmann, daran erinnert werden, wie gut sie es in Deutschland haben.«[38]

Goebbels beauftragte Hippler, sofort eine Untersuchung zu beginnen. Noch immer erregt, notierte er am 7. April 1940: »Heinz Rühmann benimmt sich reichlich unverschämt. Ich lasse ihn verwarnen.« Am nächsten Tag wurde Rühmann frühmorgens zu Hippler bestellt, der ihn ausführlich vernahm und anschließend Goebbels Bericht erstattete. Daraufhin hielt der Minister am 10. April erfreut fest: »Kleinigkeiten: Rühmann hat sich positiv erklärt.« Zwei Wochen darauf mußte sich der Denunziant Brauer selbst vor Goebbels verteidigen: »Dr. Brauer versucht in einer Unterredung die Panne mit Rühmann abzustellen. Das gelingt ihm aber nur sehr unvollkommen« (23. April 1940). Brauer wurde sein laufendes Filmprojekt entzogen, und im November wurde der eifrige, aber inkompetente Parteisoldat als Produktionschef der Terra von Alf Teichs abgelöst.

Zumindest von Goebbels' Seite aus gestaltete sich die Beziehung zu Rühmann in den nächsten Monaten und Jahren positiv. Am 5. September 1940 besuchte er ihn und Hertha Feiler am Kleinen Wannsee, um mit einigen anderen Gästen den Geburtstag von Rühmanns Stammregisseur Carl Froelich zu feiern: »Abends bei Rühmann. Kleine Geburtstagsehrung für Froelich. Es ist sehr nett und wir können tausenderlei besprechen.« Besonders gerührt zeigte sich der Minister, als er von Rühmann zu seinem 43. Geburtstag einen Film geschenkt bekam. Etwa seit 1935 hatte es sich eingebürgert, den Propagandaminister mit einem eigens hergestellten Geburtstagsfilm zu ehren.[39] Nach Hipplers Erinnerung standen immer die Goebbels-Kinder im Mittelpunkt dieser Kurzfilme. Von Jahr zu Jahr wurde die Produktion von verschiedenen Firmen und Regisseuren übernommen.[40]

Erhalten geblieben sind zwei dieser Filme, darunter der Farbfilm, den Heinz Rühmann 1940 mit den Goebbels-Kindern gedreht hat.[41] Es sind idyllische Szenen, die Goebbels zu sehen bekam. Man sieht die fünf Kinder, die Jungen in Lederhosen, die Mädchen im Dirndl, fröhlich durch Wald und Wiese springen, sie spielen auf einer Wippe, mit einem Grammophon, es wird Hausputz veranstaltet, die Kinder – sie stecken inzwischen in Trachtenkostümen – ahmen eine Kapelle nach. Schließlich gruppiert Rühmann die Kinder zum Chor und läßt sie dem Vater einen Vers aufsagen: »Lieber Papi, wie Soldaten siehst du uns hier aufmarschieren, und du hast es schon erraten, wir sind da und gratulieren. Brust heraus und Tritt gefaßt, weil du heut Geburtstag hast. Paß gut auf, was hier passiert, wir sind mit der Zeit maschiert: Gestern noch schwarz, weiß und grau, heute grün, rot und blau.«

Dieser zuckersüße Kinderverherrlichungsstreifen konnte als Farbfilm besondere Aufmerksamkeit beanspruchen, denn erst im Oktober 1941 präsentierte die Ufa den ersten langen deutschen Farbfilm *Frauen sind doch bessere Diplomaten*. Goebbels war sehr gerührt: »Gestern 43 Jahre alt. Wir schauen gemeinsam den Film an, den Heinz Rühmann mit den Kindern gedreht hat, zum Lachen und zum Weinen, so schön« (30. Oktober 1940). Rühmann wird sich nicht darum gerissen haben, seinem Dienstherrn ein solches Geschenk zu machen, aber er lehnte den »ehrenvollen Antrag« des Propagandaministeriums auch nicht ab, sondern verhielt sich konformistisch und erfüllte die gestellte Aufgabe. Künstler, die als »illoyal« oder unzuverlässig galten, wären sicher nicht damit beauftragt worden, die Verantwortung für einen solchen Familienfilm zu übernehmen. Darüber hinaus war der Geburtstagsfilm eine Gelegenheit, sich die Gunst des Ministers zumindest zeitweilig zu sichern.[42] Daran mußte Rühmann auch gelegen sein; er war zwar nach seiner Scheidung von Maria Bernheim von der »Judenliste« gestrichen worden, dafür war jetzt auf allen Listen hinter seinem Namen der Vermerk eingetragen, daß seine Frau Hertha Feiler »Vierteljüdin« sei. Rühmanns Name findet sich auch auf einer besonderen Liste, die alle Künstler registrierte, die nur mit einer Sondergenehmigung arbeiten durften. Ganz sicher konnte er also nicht sein; als Druckmittel gegen ihn hätte die »jüdische Versippung« jederzeit eingesetzt werden können.

Doch gerade in solchen Fällen zeigte sich der fanatische Antisemit Goebbels pragmatisch. Einen Spitzenstar wie Rühmann konnte er keinesfalls entbehren, zumal nicht nach Kriegsbeginn. Kurz nach dem Überfall auf Polen hatte Hitler angeordnet, »daß die fähigsten Künstler, auf die man in Kriegszeiten und nach dem Krieg nicht verzichten wolle«[43], auf Listen erfaßt und als »u. k.« (unabkömmlich) vom Wehrdienst freigestellt würden. Natürlich ließen sich diese Listen als Disziplinierungsmittel einsetzen; man gab den Künstlern deutlich zu verstehen, daß man von ihnen »Wohlverhalten« erwartete, andernfalls könne die u. k.-Stellung nicht garantiert werden.

Als im Zuge des »Totalen Krieges« der Druck auf den Kulturbetrieb immer stärker wurde, ließ Goebbels eine »Gottbegnadeten-Liste« führen, die sichern sollte, daß die auf ihr geführten Künstler auch weiterhin vom Kriegseinsatz befreit blieben. Auf der Liste fanden sich neben Heinz Rühmann noch rund 1000 weitere Künstler, die zum schützenswerten »nationalen Kapital« gezählt wurden. Neben den u. k. und »Gottbegnadeten-Listen« gab es aber auch Listen, die diejenigen Künstler verzeichneten, die besondere Begünstigungen bekamen. Auch Rühmann profitierte von diesen Zuwendungen. Wie vielen anderen Künstlern wurden ihm Steuererleichterungen bewilligt, und 1940 erhielt er von Hitler ein steuerfreies Geldgeschenk von 40000 Reichsmark. Die Empfehlungen für solche Gunstbeweise gingen von Goebbels aus, der dem Führer bestimmte Künstler vorschlug und sie dann aus seinen »Film-Förderungsfonds« bezahlte. Neben Rühmann erhielten Carl

Froelich, Fritz Hippler, Emil Jannings, Karl Ritter, Gustav Ucicky (je 60000 RM), Karl Hartl und Veit Harlan (50000 RM), Hans Schweikart (40000 RM), Hans H. Zerlett, Wolfgang Liebeneiner, Ewald von Demandowsky (je 30000 RM) und Ferdinand Marian (20000 RM) solche Geschenke.[44]

Durch diese Zuwendungen waren die Künstler ihrem Dienstherrn verpflichtet, gewisse Gegenleistungen, ein kooperatives Verhalten wurden von ihnen einfach erwartet. Als selbstverständlich betrachtete man den Einsatz von Prominenten für das Winterhilfswerk, es gab kaum einen beliebten Schauspieler, der nicht zu Straßensammlungen mit der Sammelbüchse herangezogen worden wäre. Im Kampf gegen die Not der Arbeitslosen und später zur Kriegsunterstützung waren die Prominenten willkommene Vorbilder, die ihren solidarischen Beitrag für die »Volksgemeinschaft« leisten sollten. Rühmann wird an diesen Aktionen mehr als einmal teilgenommen haben. Im Dezember 1937 wurde er nach einem solchen Einsatz neben anderen prominenten Schauspielern von Hitler in der Reichskanzlei empfangen. Auch der Führer trat am »Tag der nationalen Solidarität« als großzügiger Spender auf und steckte einen Hundertmarkschein medienwirksam in die Sammelbüchse, die ihm der Star lächelnd entgegenhielt. Hitlers Fotograf Heinrich Hoffmann hielt die Szene fest, und am nächsten Tag wurde das Foto u. a. im »Völkischen Beobachter« veröffentlicht.[45]

Die meisten Schauspieler betrachteten sich nach dem Dritten Reich als Opfer dieser Aktionen, denen sie sich, wo es nur ging, zu entziehen versucht hätten. Auch Rühmann sah sich in dieser Rolle: »Fotos mit der Sammelbüchse für das Winterhilfswerk waren dabei noch das Harmloseste. Unangenehmer wurde es, als das Propagandaministerium verlangte, ich solle in jeder Wochenschau einen Durchhalte-Witz erzählen. Unmöglich, das kommentarlos abzulehnen. Nur mit List und vorgeschobenen Schwierigkeiten gelang es mir, dieses Vorhaben so lange hinauszuschieben, bis es ad acta gelegt wurde. Etwas anderes konnte ich jedoch nicht verhindern: ich mußte mich zu Filmaufnahmen zur Verfügung stellen, die zeigten, wie ich in Luftwaffenkombination mit Feldwebelrangabzeichen in ein Flugzeug stieg. Die Aufnahme wurde an einem Vormittag in Rangsdorf bei Berlin gedreht. Später sah ich sie in einer Wochenschau, und die markige Stimme des Sprechers verkündete, daß auch Heinz Rühmann als Kurierflieger seine Pflicht für Führer, Volk und Vaterland erfülle.«[46]

Allerdings vergißt Rühmann, die Vorgeschichte zu diesem propagandistisch inszenierten Kurierflug zu erzählen. Nach Beginn des Krieges wurden die Flugmöglichkeiten für zivile Flieger stark eingeschränkt. Rühmann nutzte jede Gelegenheit, die sich bot, dennoch zu fliegen. Er wurde als Testflieger beim Flugzeugwerk Bücker angestellt, um – wie es offiziell hieß – Fahrgestelle zu erproben. Durch seine Beziehungen zu Ernst Udet, der 1939 zum »Generalluftzeugmeister« im Reichsluftfahrtministerium (RLM) aufgestiegen war, hatte Rühmann Kontakt zu Admiral Wilhelm Canaris bekommen, dem Chef der Spionageabwehr. Zwischen ihm und Canaris habe sich, so Rühmann, ein Vater-Sohn-Verhältnis im besten Sinne entwickelt und der Admiral soll einige Male seine schützende Hand über ihn gehalten haben.

Zunächst einmal ermöglichte ihm Canaris, auch weiterhin fliegen zu können. Deshalb wurde er in den Akten des OKW-Amtes »Ausland/Abwehr« als Kurierflieger geführt. Tatsächlich überführte er dann mitunter auch Flugzeuge, weshalb er auf amtlicher Ebene als Kurierflieger eingestuft wurde. Mitte der sechziger Jahre wurde Rühmann von dem DDR-Publizisten Julius Mader angeschrieben, der Hinweise gefunden haben wollte, daß Rühmann in diesen Akten als »schwarzer Agent«[47] verzeichnet sei.[48] Rühmann anwortete ihm am 15. Juli 1966: »Die Wahrheit ist, daß ich, um meinen Flugschein zu erhalten, unter Einschaltung von Herrn Udet, von der Abteilung I-TLw durch Vertrag als Flugzeugführer angestellt wurde, um Kurierflüge durchzuführen. Ich war kein ›schwarzer Agent‹ und kein V-Mann der Abwehr.«[49]

Doch die Geschichte vom Kurierflieger Rühmann ist an dieser Stelle noch nicht zu Ende. Vom 10. Februar bis zum 12. März 1941 mußte der u. k.-gestellte Schauspieler in der Technischen Kompanie des Fliegerhorstes Rechlin bei Berlin eine militärische Grundausbildung absolvieren.[50] Diese Ausbildung sei eine Schutzmaßnahme von Canaris gewesen, der ihn damit vor Görings Zugriff habe schützen wollen. Eines Abends – so Rühmanns Schilderung – trafen sich im bekannten Restaurant Horcher an der Martin-Luther-Straße in Berlin Udet, Göring, einige Offiziere aus dem RLM und Canaris zu einem Arbeitsessen. Das Gespräch kam auf Rühmann, und einer der Offiziere behauptete, Rühmann erzähle überall, er sei Jagdflieger. »Daraufhin soll Göring bemerkt haben: ›Das kann er haben!‹ Winkte dem Adjutanten und gab eine Order, die man, da geflüstert, nicht verstand. Canaris registrierte die Göring-Bemerkung und schickte, kaum in seiner Dienststelle zurück, den Stabsingenieur Friedrich Großkopf zu mir. Der bat mich, nicht viel zu fragen, mich vielmehr sofort in Marsch zu setzen, ich sei zu einem vierwöchigen Lehrgang zwecks Grundausbildung nach Rechlin eingezogen.«[51]

Während dieser Übung, die Rühmann wie alle anderen mit Marschieren, Schieß- und Exerzierübungen verbrachte, kam es zwischen den Freunden Udet und Rühmann zu einem Zerwürfnis. Nach zwei Wochen Dienst kehrte Rühmann zu einem Wochenendurlaub nach Berlin zurück. Noch am gleichen Abend erhielt er einen Anruf von Udet, der ihn bat, bei ihm in Uniform zu erscheinen. Rühmann lehnte ab, weil er dahinter einen der üblichen Späße seines Freundes vermutete, um ihn in feuchtfröhlicher Runde seinen Freundinnen vorzuführen. Er folgte selbst dann nicht, als ein dienstlicher Befehl an ihn erging, sofort zu erscheinen. »Ernst Udet hat mir das nie verziehen. Wie ich später hörte, hat er es als persönlichen Affront aufgefaßt, und selbst bei einem Versöhnungsessen, das Canaris für uns beide bei Horcher gab, blieb er sehr einsilbig.«[52]

Kurze Zeit nachdem Rühmann seinen vierwöchigen Militärdienst beendet hatte, erhielt er vom Propagandaministerium den von ihm erwähnten Auftrag, nach Rangsdorf bei Berlin zu fahren, um sich dort für Wochenschauaufnahmen als Kurierflieger zur Verfügung zu stellen. Bereits im April 1941 lief diese Wochenschau als Vorfilm zu seinem neuen Film *Hauptsache glücklich!*[53] Das Publikum erlebte Rühmann also zunächst als pflichtbewußten Soldaten im Kriegseinsatz und sah ihn anschließend in der Rolle des Spesenkontrolleurs Axel Roth, der lernen muß, daß man eben nicht einfach nur glücklich sein darf, sondern vorher auch seine Pflicht getan haben muß. Die Verbindung zwischen Propaganda und Unterhaltung war somit unmittelbar hergestellt, und die Kinobesucher mußten folgerichtig annehmen, daß selbst ein berühmter Star wie Heinz Rühmann seinen »Dienst für Führer, Volk und Vaterland« erfülle.

Die Presse berichtete ausführlich: Am 22. Mai 1941 erschien z. B. in der »Berliner Illustrirten« ein Bildbericht über ihn als Kurierflieger. Zwei Fotos zeigen den Star als Befehlsempfänger in Reih und Glied. Bildunterschrift: »Angetreten zum Befehlsempfang: Heinz Rühmann. Der bekannte Schauspieler nahm als Freiwilliger an einem Ausbildungslehrgang als Kurierflieger teil.«[54] Der Schauspieler war in diesem Fall keineswegs ein Opfer der NS-Propaganda. Die Initiative für seinen Status als Kurierflieger ging von ihm selbst aus, um auch während des Krieges weiterhin fliegen zu dürfen. Daß Goebbels diese Verabredung mit Udet und Canaris nutzte und für seine Zwecke mediengerecht inszenierte, konnte Rühmann kaum überraschen. Wer Privilegien im Dritten Reich genoß, mußte sie auch bezahlen.

Seine Mitwirkung in einem kompromittierenden Propagandafilm hat Rühmann nach 1945 nie erwähnt: *Fronttheater* appellierte mit viel Gefühl an den Durchhaltewillen der kriegsmüden Bevölkerung. Bereits im Dezember 1941 erging der Auftrag an Rühmann, sich dem Publikum wieder im vorbildlichen Kriegseinsatz zu zeigen. In dieser Zeit bereitete Arthur Maria Rabenalt, der als Regisseur bei der Terra unter Vertrag stand, einen Film vor, den vermutlich die NS-Organisation »Kraft durch Freude« (KdF) in Auftrag gegeben hatte.[55] Die KdF-Gemeinde war wohl die beliebteste Organisation des Regimes, da sie preiswerte kulturelle und touristische Angebote für die Massen machte. Zu ihrer Aufgabe gehörte ebenfalls der überwiegende Teil der Truppenbetreuung, etwa der Einsatz von zahlreichen Fronttheatergruppen.

Die Terra, die auch den antisemitischen Hetzfilm *Jud Süß* produziert hatte, bekam den Auftrag, einen Film über die Arbeit einer solchen Gruppe im Kriegseinsatz herzustellen. Erzählt wird die melodramatische Geschichte einer ehemals populären Schauspielerin, die sich entschließt, für ein Frontbühnenensemble wieder mit dem Theaterspielen zu beginnen, obwohl sie für ihren Mann, der nun als Offizier im Feld steht, einst das Theater verlassen hatte. Das gefühlige Finale zeigt, daß man das eigene Liebesverlangen zurückstellen muß, wenn Vaterland und Nation rufen. Wem diese patriotisch motivierte Entsagung gelingt, der wird zum Happy-End mit echtem Liebesglück belohnt.

Auch Rühmann sollte in diesem militaristischen Melodram eine Rolle spielen. Für seinen Auftritt im Dezember 1941 wurde ein Drehtag in den Babelsberger Studios veranschlagt.[56] Als der Film am 24. September 1942 schließlich in die Kinos kam, ahnte keiner der Besucher, daß gleich Heinz Rühmann auf der Leinwand zu sehen sein würde. Bis zum Schluß sollte sein Auftritt eine Überraschung bleiben: Seine Name war weder im Vorspann des Films noch in den an der Kasse gekauften Filmprogrammen vermerkt.

Einige Szenen von *Fronttheater* spielen in Paris, und hier hat der Star seinen Überraschungsauftritt. Eine Sequenz zeigt das Panorama der Stadt, den Eiffelturm, man sieht den Place de la

Concorde, deutsche Soldaten marschieren über die Champs-Elysées. Der Blick fällt auf die hakenkreuzgeschmückte Fassade des Dienstsitzes der NS-Gemeinde »Kraft durch Freude«. Im Gebäude öffnet sich dann eine Tür, man sieht zwei Männer, beide mit Hut und Trenchcoat, sie stehen mit dem Rücken zur Kamera und warten an einem Amtstisch. Der Beamte verlangt ihre Passierscheine und teilt ihnen Fahrkarten aus. Die Kamera fährt näher heran, die Männer drehen sich ins Profil, erkennen einander, und erst jetzt erkennt auch der Zuschauer, mit wem er es hier zu tun hat: Heinz Rühmann und Hans Söhnker. Zwischen den Stars entwickelt sich ein betont realistischer Dialog:

RÜHMANN: Hallo!
SÖHNKER: Hallo! Ha, ha, Heinz!
RÜHMANN: Hans! Wie geht's denn?
SÖHNKER: Danke, ausgezeichnet. Und selber?
RÜHMANN: Danke, gut!
SÖHNKER: Wo geht's denn hin?
RÜHMANN: Ich fahre nach Bordeaux.
SÖHNKER: Mit'm *Mustergatten*?
RÜHMANN: Ja, natürlich. Wo fährst du hin?
SÖHNKER: Nach Orléans.
RÜHMANN: Spielst Du *Die große Kurve*?
SÖHNKER: Natürlich! Was dachtest du. Die Jungfrau?

Der Effekt dieses Auftritts ist klar. Die Stars treten nicht als Stars auf, sondern als verantwortungsbewußte Künstler, die ohne viele Worte ihrer »Pflicht für Volk und Vaterland« nachkommen. Sie spielen keine Rolle, sprechen sich mit ihren Vornamen an, sie genießen keine Privilegien, sondern müssen sich wie jeder durchschnittliche »Volksgenosse« anstellen, die Papiere vorzeigen. Sie brauchen einander nicht zu erklären, was sie gerade tun, für sie ist es selbstverständlich, daß sie mit ihren Frontbühnenensembles unterwegs sind. Auch der Künstler ist ein Kamerad an der Front, lautet die Botschaft, auch Heinz Rühmann und Hans Söhnker kämpfen an eurer Seite. Die Szene dauert kaum dreißig Sekunden, aber der Überraschungscoup war gelungen. Goebbels schätzte den Film zwar nicht,[57] beim Publikum kam er jedoch sehr gut an: Der Propagandastreifen (Prädikate »staatspolitisch und volkstümlich wertvoll«) spielte sechs Millionen Reichsmark ein.

Im November und Dezember 1940 lebten Heinz Rühmann und Hertha Feiler im Hotel Alcron in Prag, wo die deutschen Filmstars in der Regel abstiegen, wenn sie in den Barrandov-Studios beschäftigt waren. Im besetzten Protektorat Böhmen und Mähren wurden mit zunehmender Kriegsdauer immer mehr deutsche Produktionen gedreht, da das tschechische Filmpersonal kostengünstiger arbeitete und die Stadt an der Moldau »bombenfrei« war.

Rühmann hatte jedoch kaum die Koffer ausgepackt, da erreichten ihn schon schlechte Nachrichten aus Berlin. Heinrich Spoerl hatte den ersten Rohschnitt des Films *Der Gasmann* gesehen und war entsetzt. Der Film nach seinem Drehbuch war im Oktober 1940 in den Carl-Froelich-Studios in Berlin-Tempelhof mit Rühmann in der Hauptrolle abgedreht worden. Spoerl hatte seinen Stoff im Atelier begleitet, eifersüchtig behütet und, wann immer es ging, eingegriffen. Anny Ondra, die Frau von Max Schmeling, erinnerte sich noch Jahrzehnte später an seinen Anblick: »Der Heinrich Spoerl saß immer im Studio, wenn wir drehten. Es war zu komisch: Er hatte so schlechte Augen, daß er einen Feldstecher brauchte, um die Szene zu erkennen.«[58] Anny Ondra, deren Mann während der Dreharbeiten zu den Fallschirmjägern eingezogen wurde, hat auch berichtet, daß sie ursprünglich gar nicht für diesen Film vorgesehen war: »Die Rolle sollte Fita Benkhoff spielen. Aber da gab es im Ausland eine Meldung, die Anny Ondra sei von den Nazis umgebracht worden. Zum Beweis, daß dem nicht so war, legte man den Ufa-Leuten nahe, mir sofort was anzubieten.«[59] Tatsächlich paßte die Rolle der spießigen Hausfrau ganz und gar nicht zu der pfiffigen Ondra, die sonst auf den Typ des Revue-Girls abonniert war.

Mit dem »Feldstecher« sah Spoerl auch, daß Froelich eine Affäre mit der Atelier-Sekretärin begann und deshalb die Zügel am Set schleifen ließ. Entsprechend enttäuscht war er von Froelichs Regie, dem er die Schuld für das Desaster gab. Auch Rühmann war mit dem Regisseur und der Schnittfassung unzufrieden und versprach Spoerl: »Es wird noch genug Ärger geben, vermute ich, wenn ich wieder in Berlin sein werde – und daß ich den Mund auftun werde, darauf können Sie sich verlassen!«[60]

Spoerl war mit dem Ergebnis so unglücklich und mit seinen Einwänden bislang so erfolglos geblieben, daß er in seiner Not sogar daran dachte, Goebbels persönlich einzuschalten, um Froelich den Schnitt aus der Hand zu nehmen. Er schrieb an Rühmann: »Wenn der Minister sich daraufhin den Rohschnitt zeigen läßt, dann wird er das seine tun, um den Film, von dem er sich besonders viel versprochen hat, zu retten.«[61] Der Autor war deshalb so auffällig um den Einfluß des Propagandaministers bemüht, weil er ihn und sein Urteil in diesem Fall ganz besonders fürchtete, denn in gewisser Weise hatte Goebbels am Drehbuch höchstpersönlich mitgearbeitet. Als Spoerl im Frühjahr 1939 anfing, ein Treatment zu schreiben, überbrachte ihm Wolfgang Liebeneiner, der als Regisseur vorgesehen war, von Goebbels eine »Anregung zu einem Lustspielfilm«. Am 15. Juni 1939 bestätigte er dem Minister, diese Anregung erhalten zu haben: »Ich habe mich über das Vertrauen unsäglich gefreut und spreche Ihnen hierfür meinen aufrichtigsten Dank aus. Und nun trifft es sich ausgezeichnet, daß das mir übermittelte Schlafwagenabenteuer sich ganz prächtig mit einer Romanidee verkoppeln läßt, die ich gerade in Arbeit habe.«[62] Mehrfach berichtete Spoerl dem Minister in den folgenden Monaten von seinen Fortschritten und schickte ihm verschiedene Fassungen des Drehbuchs. Goebbels förderte das Projekt und genehmigte es, lediglich kleinere Korrekturen mußten vorgenommen werden.[63]

Nach monatelangem Streit zwischen Froelich, Spoerl und Rühmann, Nachaufnahmen und verschiedenen Schnittfassungen schien sich schließlich doch noch ein gutes Ende anzubahnen: Der Film wurde am 15. Februar im Gloria-Palast uraufgeführt, und Goebbels war mit dem Ergebnis »sehr zufrieden« (14. Februar 1941). Doch jetzt gingen die Querelen um den *Gasmann* erst richtig los. Rudolf Heß, den »Stellvertreter des Führers«, störte vor allem eine Szene, in der eine leicht bekleidete Dame (Gisela Schlüter) dem Gasmann mit ihrem »Vetter bei der Partei« droht, weil der Beamte korrekt abkassieren will. Daraufhin erwidert Rühmann flapsig-ironisch: »Na denn, Heil Hitler.«[64] Eine ähnliche Szene hat es tatsächlich in keinem anderen Film des Dritten Reiches gegeben,[65] und es ist aufschlußreich, daß Goebbels gerade seinem Star Rühmann diese »vorsichtige Karikatur des Zeitgeistes«[66] zubilligte. Obwohl der Propagandaminister in diesem Fall von Göring unterstützt wurde, mußte er Heß nachgeben, dessen Kritik auch vom Thüringer Gauleiter Fritz Sauckel und anderen NS-Funktionären geteilt wurde. »Gasmann umgearbeitet. So kann er anlaufen«, schrieb Goebbels am 26. März 1941 in sein Tagebuch.

Damit war es jedoch bei weitem nicht getan. Am 1. April meldete Rühmann an Spoerl: »Nach vielerlei Durcheinander ist nun endgültig der ›Gasmann‹ aus dem Gloria-Palast verschwunden. Man will sich aber damit nicht zufrieden geben, wie der Film geändert worden ist, sondern will bis zum Führer gehen. Unter uns: die neuen Änderungen verlangt Herr Heß.«[67] Heß, Sauckel und die anderen NSDAP-Funktionäre wollten vor allem, daß sämtliche »allgemeinen Tendenzen«, die auf die Gegenwart Bezug nahmen, herausgeschnitten werden. Sämtliche »Heil Hitler«-Grüße sollten entfernt werden, und der Satz von Gisela Schlüter »Mein Vetter ist bei der Partei« sollte in »Mein Vetter ist bei der Direktion« verwandelt werden.[68] Die Affäre schwelte den Sommer über weiter. Rühmann, der inzwischen in Prien am Chiemsee sein nächstes Projekt *Quax, der Bruchpilot* vorbereitete, lehnte weitere Nachaufnahmen ab. Er empfahl Spoerl sogar, seinen Namen als Drehbuchautor zurückzuziehen: »Sie würden damit den Minister nicht vor den Kopf schlagen, sondern der Minister würde auch merken, was es geschlagen hat.«[69]

Endlich wurde am 2. Juli eine Entscheidung gefällt. Goebbels setzte seinen moderateren Standpunkt durch. Nachdem sich Gisela Schlüter auf ihren Vetter bei der Partei berufen hat, muß Rühmann nun sagen: »Die hat's nötig!« Er synchronisierte den Satz nach, und schließlich kam *Der Gasmann* am 1. August 1941 wieder in die Kinos. Natürlich durfte die Presse die innerparteilichen Konflikte nicht erwähnen, aber daß der Film mit seiner vorsichtigen Zeitkritik beim Publikum sehr gut ankam, wurde zumindest zaghaft angedeutet: »Eine Reihe wirklich witzig zugespitzter Formulierungen wird mit Sonderbeifall aufgenommen. Das Publikum ist dankbar, daß Rühmann hier wieder einmal Gelegenheit hat, von der Polterkomik abzulassen und seinem feiner gestuften Humor Spielraum zu geben.«[70]

Der Gasmann Knittel erhält von einer hochgestellten Persönlichkeit 10000 Mark, damit er ihm aus einer peinlichen Situation hilft: Auf der Zugfahrt nach Berlin hat der hohe Herr die Nacht im Abteil seiner Geliebten verbracht und entdeckt, daß sein Waggon samt seinem Anzug abgehängt wurde. Rühmann überläßt dem großen Unbekannten den seinen und bekommt dafür einen Scheck. Dieses Schlafwagenabenteuer dürfte die Lustspielidee gewesen sein, die Goebbels Spoerl hatte überbringen lassen. Ein typisches Rühmann-Abenteuer beginnt: Was macht ein kleiner

Mann mit soviel Geld? Er will sich heimlich amüsieren, gibt es mit vollen Händen aus, beschenkt seine Frau und gerät schließlich unter Verdacht.

Rühmann, der Spezialist für alle »Gangarten der Subalternität«[71], muß sich jetzt mit Autorität und Autoritäten auseinandersetzen, und er ist nicht gewillt, sich nur zu unterwerfen. Obwohl der Film eine Komödie ist, schafft er Angstbilder, die Bedrohungsgefühle und die Furcht vor dem Terror des Regimes verarbeiten: Der Gasmann irrt in einem labyrinthischen Polizeipräsidium umher, dessen Gänge in nebelhafter Ferne enden. Die Architektur der Macht droht ihn zu verschlucken. Er klopft an einer Tür mit dem Schild »Ariernachweis« und wird hinausgewiesen. Hinter dem Rücken des Beamten ist kurz eine Ahnentafel zu erkennen. Er tastet sich in kafkaesker Manier durch den Dschungel der Instanzen und Abteilungen und gelangt dabei nie ans Ziel. Schließlich stolpert Knittel in ein weit abgelegenes Büro, das unweigerlich an die Verhörzimmer der Gestapo erinnert.

Viele andere Hinweise auf den Alltag im »Dritten Reich« finden sich, mit Spott wird nicht gespart. Der Gasmann liest die NS-Zeitung »Der Angriff«, seine Frau will sich jedoch anschmiegen und sagt abfällig: »Tu doch die dumme Zeitung weg!« Schließlich folgt eine Szene, die Rühmann Gelegenheit gab, den »kleinen Mann« als renitenten Bürger zu zeigen, der sich so schnell nicht einschüchtern läßt. Frühmorgens erscheinen zwei Herren in langen Trenchcoats bei ihm, um ihn nach der Herkunft des Geldes zu befragen. Sie wollen ihre Dienstausweise zeigen, doch Knittel wehrt ab: »Na, lassen Se mal stecken, meine Herren. Wenn's so früh läutet, dann weiß man ja, daß es nicht der Briefträger ist.« Die Beamten finden das Geld, Knittel zeigt sich weiter bockig. Er dreht die Verhörsituation um, bohrt sein Gesicht dem Fragesteller aufmüpfig von unten entgegen und antwortet immer patzig und gewieft.

Die satirischen Dialoge forderten den offenen Beifall der Zuschauer heraus[72], und Werner Fiedler, der Kritiker der »Deutschen Allgemeinen Zeitung«, freute sich über »den Dialog mit manchem reizend unverschämten Ausspruch«.[73] Wieder einmal hatte der »kleine Mann« seine Haut gerettet, mit der Staatsmacht Frieden gemacht und sich dann, ein wenig belehrt, aber doch im Grunde unverändert, in seine eigenen vier Wände zurückgezogen.

Während sich die Querelen um den *Gasmann* in die Länge zogen, hatte der Star Berlin bereits Richtung Süden verlassen. In Prien am Chiemsee begannen am 23. Mai 1941 die Außenaufnahmen zu einem der beliebtesten, aber auch umstrittensten Rühmann-Filme überhaupt: *Quax, der Bruchpilot.* Damit ging der noch wenige Jahre zuvor geplatzte Traum Rühmanns von seinem eigenen Flieger-Film in Erfüllung. Bereits im April 1939 hatte die Terra in Zusammenarbeit mit der Zeitschrift »Filmwelt« ein Preisausschreiben veranstaltet, um einen Flieger-Filmstoff für Heinz Rühmann zu bekommen. Als erster Preis winkten 3000 RM, der zweite Preis war eine Kreuzfahrt nach Teneriffa, weitere Preise »je ein Rundflug mit Heinz Rühmann in seiner Privatmaschine«. Gesucht wurden Anregungen zu einem Film, in dessen Mittelpunkt eine Figur stehen sollte, die »dem besonderen Wesen der Rühmannschen Komik« entsprach. Darüber hinaus mußte der Film in der Gegenwart und in Deutschland, durfte aber »weder bei der Luftwaffe noch im Verkehrsflieger-Milieu« spielen.[74] Keiner der eingeschickten Stoffe gefiel, aber man entdeckte schließlich eine schmale Erzählung des Hauptmanns Hermann Grote, die er 1936 unter dem Titel *Quax, der Bruchpilot* veröffentlicht hatte. Robert Adolf Stemmle schrieb nach dieser Vorlage das Drehbuch, das ganz auf den Star abgestimmt war. Rühmann hatte einen naßforschen, angeberischen und unsympathischen Flugschüler zu spielen, der sich im Laufe des Films zu einem disziplinierten und verantwortungsbewußten Kameraden wandelt. Otto Groschenbügel heißt dieser widerspenstige Schüler, der die Flugausbildung bei einem Preisausschreiben gewinnt und aus dem Städtchen Dünkelstedt stammt. Der Name ist Programm, denn sein Dünkel, seine zivile Aufsässigkeit sollen dem »widerlichen Kerl« ausgetrieben werden.

Das Reichsluftfahrtministerium hatte die Vorbereitungen des Films unterstützt und das Drehbuch aufmerksam kontrolliert. Rühmann wurde eine Anzahl von benötigten Flugzeugen zugeteilt, und er erhielt vor Ort die Unterstützung des Erdinger Fliegerhorstes, auf dessen Gelände ebenfalls mehrere Szenen abgedreht wurden. Auch der überaus erfahrene, virtuose Flieger Zober, der Rühmann doubeln sollte, wurde vom Reichsluftfahrtministerium freigestellt. Gerade dieser Flieger stürzte jedoch bei den Dreharbeiten ab und wurde lebensgefährlich verletzt. Selbstverständlich drang diese Geschichte im Dritten Reich nie an die Öffentlichkeit.[75]

Schließlich wurden zusätzlich einige Wehrmachtssoldaten abgeordnet, um dem Filmteam die Dreharbeiten auf dem Erdinger Schrannenplatz zu erleichtern, auf dem Quax mit seiner Maschine zumindest tricktechnisch landen und starten sollte.[76] Die Erdinger drängten neugierig heran, um den beliebten Schauspieler aus allernächster Nähe zu erleben. Die Kritik an *Quax, der Bruchpilot*, der Film sei ein militärischer Erziehungsfilm, wies Rühmann später immer mit dem Argument zurück, daß die Handlung im Jahre 1930 und im Sportfliegermilieu spiele.

Genau betrachtet, hatte der Udet-Flamingo, der in diesem Film benutzte Flugzeugtyp, aber zu diesem Zeitpunkt bereits eine militärische Funktion, die für Görings Luftwaffe im Jahr 1941 eine nicht unerhebliche Rolle spielte. Die U 12, der Udet-Flamingo, war der erste Doppeldecker, den der Udet-Flugzeugbau im Jahre 1924 produziert hatte. Das Flugzeug war mit Rücksicht auf die deutschen Fluglehrer entworfen worden, die damals fast alle ehemalige Kriegspiloten waren und das Fliegen mit Doppeldeckern bevorzugten. »Dieser Vorliebe wollte man nun um so eher Rechnung tragen, als am Beginn des Jahres 1924 in Deutschland insgesamt zehn neue Fliegerschulen der ›Sportflug GmbH‹ entstanden waren. Offiziell dienten sie lediglich der Ausbildung von Zivilpiloten, aber viele ehemalige Kriegsflieger frischten dort ihre Kenntnisse auf, weshalb die Schulen auch vom Reichswehrministerium erhebliche Subventionen erhielten.«[77]

Der Udet-Flamingo wurde so das klassische Schulungsflugzeug der späten zwanziger und frühen dreißiger Jahre, auf dem, in zivilem Gewand, die zukünftigen Flieger der Deutschen Luftwaffe ausgebildet wurden. Insofern war der Udet-Flamingo ein Camouflage-Flugzeug, das half, die Rüstungsbeschränkungen des Versailler Vertrags zu umgehen. Die Zeitschrift »Der deutsche Film« hat diesen historischen Kern genau benannt: »Dieser richtige Rühmann-Film ist ein Fliegerfilm. Er bringt ein Stück, und ein sehr wesentliches sogar, der Entwicklungsgeschichte unserer Luftwaffe.«[78] Diese unübersehbar politische Ebene hat Rühmann in Kauf genommen, ihm ging es vor allem um die artistischen, filmtechnischen Aspekte seines Lieblingsprojekts. An den Udet-Flamingo erinnerte er sich so: »Die Maschine war aus Holz und nicht mehr die Jüngste. Und Bremsen hatte sie auch nicht. Trotzdem haben wir eine Kamera mitgenommen, und ich hatte mich selbst da oben gefilmt. In der Kamera, eine ›Bell und Howell‹, waren damals nur 27 Meter Film. Es reichte gerade für eine Minute, dann mußte ich immer wieder runter. Warten, bis ein neuer Film drin war, und dann wieder rauf. Das habe ich etwa an die 50mal gemacht.«[79]

Ist *Quax* nun ein »ausgeklügtes Machwerk der Wehrertüchtigungspropaganda« oder bloß ein Unterhaltungsfilm unter vielen? Es gibt drei zentrale Erziehungsszenen in diesem Film, die jedesmal nach dem gleichen Muster ablaufen: Der schneidige Fluglehrer Hansen (Lothar Firmans) staucht den schlappen Zivilisten Groschenbügel zusammen und trichtert ihm unentbehrliche Fliegertugenden ein: »Sie gehören nicht zu der stürmischen Front, die wir hier brauchen, die Fliegerei ist nämlich eine wichtige Sache, wichtiger für uns alle, als Sie vielleicht ahnen. Wir brauchen hier Männer, die für die Idee kämpfen und nicht müde werden.« Auf diese Vorhaltungen reagiert Groschenbügel zunächst noch mit Verweigerung: »Ich lasse mich nicht länger vergewaltigen!« Er quittiert, kehrt in sein Städtchen zurück, wo er bereits als zukünftiger Held gefeiert wird. Nur deshalb nimmt er den Kampf mit dem Ausbilder noch einmal auf, immer noch störrisch, angeberisch, ungeschliffen. Es ist jedoch nicht nur Hansen, der ihn schleift, sondern auch die Gruppe. Ein Platzwart fordert ihn auf, sich endlich der Gemeinschaft einzufügen, die Kameraden veranstalten eine Hetzjagd auf ihn, mißhandeln ihn und singen schauerlich im Chor: »Unser Rat ist kurz und knapp, hau lieber heut als morgen ab.« Der Druck auf Groschenbügel wächst. Auch ein Arzt will ihn kleinkriegen und unterzieht ihn mit unverhülltem Sadismus einer Musterungsprozedur, die einer Folterung gleichkommt. Doch Groschenbügel dreht den Spieß um und foltert den Arzt, indem er die ihm selbst zugedachten Stromstöße durch dessen Körper jagt.

Die Komödie zeigt, ohne daß man es sofort merkt, viele Gewaltbilder und -szenen. Rühmann, der Meister der Anpassung, paßt seinen Quax nach und nach den geforderten Tugenden an. Nach einer weiteren Disziplinlosigkeit kommt es zur zweiten zentralen Erziehungsszene. Mit unangenehm kalter Stimme kanzelt Fluglehrer Hansen Quax ab, dann, schon etwas milder gestimmt, gibt er ihm noch eine Chance: »Disziplin, Disziplin, Disziplin! Disziplin ist die Hauptsache, besonders in der Fliegerei. Fliegerische Zucht und Ordnung steht über allem.« Solche Appelle lassen Groschenbügel nicht unberührt, er verändert sich und wird verändert, die Kameraden akzeptieren ihn, nennen ihn schon »unser Quax«, und die Integration schreitet unaufhaltsam voran.

Noch einmal schlägt Groschenbügel über die Stränge, als er in Dünkelstedt auf dem Marktplatz landet und auf dem Rückflug abstürzt. Es folgt die abschließende Erziehungsszene, in der die Früchte des charakterlichen Schliffs geerntet werden: Quax kuscht vor Hansen, sieht ihn mit hündisch-traurigem Blick an, hängt an seinen Lippen und will ihn gar nicht mehr loslassen. Er bekennt: »Ich will bei ihnen bleiben!« Niemals zuvor hatte Heinz Rühmann einer seiner Figuren so viel Unterwürfigkeit mitgegeben. Groschenbügel gibt sein altes Leben und den Beruf auf, um selbst Ausbilder zu werden. Der »kleine Mann« verläßt seine vertraute Welt und tauscht sie gegen das paramilitärische Trainingscamp ein. Deshalb spielt die Liebe in diesem Film auch nur eine zweitrangige Rolle. Groschenbügels neue Freundin (Karin Himboldt), der er zuvor einen Heiratsantrag gemacht hat, taucht – der männerbündischen Konsequenz folgend – zum Schluß des Films gar nicht mehr auf.

Die letzten wiederholen die ersten Bilder: Der Ausbilder begrüßt die in Reih und Glied angetretenen Schüler. Diesmal steht Quax in Fliegermontur vor den neuen Schülern. Unter denen fällt sofort ein kleingewachsener Schauspieler auf, der Rühmann verblüffend ähnlich sieht und von ihm gleich unter die Fittiche genommen wird. »Fliegerische Zucht und Ordnung steht über allem«, predigt der neue Fluglehrer, und Hansen sieht wohlgefällig zu, wie sein einstiger Schüler ihm nacheifert. Der Umbau des Zivilisten zum pflichtbewußten Militär ist gelungen, auch wenn Rühmann nicht soviel herrische Autorität ausstrahlt wie Hansen. Sein Wesen ist vielmehr geprägt von Jovialität und Sentimentalität. *Quax, der Bruchpilot* ist zwar ganz klar ein komödiantischer Rühmann-Film, er ist aber auch ein Disziplinierungsfilm mit starkem militärischem Gestus. Die Komödie steht im Dienst des Stars, aber nicht weniger im Dienst eines kriegführenden Staates. Von den Alliierten wurde *Quax, der Bruchpilot* 1945 verboten.

Ganz nebenbei erzählt der Film jedoch auch noch eine private Geschichte Rühmanns, denn bei harten Männern wie Hansen hatte er selbst das Fliegen gelernt: Ritter von Schleich und Ernst Udet. Beide verehrte Vorbilder, beide Jagdflieger im Ersten Weltkrieg. Die Premiere von *Quax, der Bruchpilot* erlebte Udet jedoch nicht mehr. Er erschoß sich am 17. November 1941. Am folgenden Tag erfuhr Rühmann vom Tod seines Freundes, mit dem er sich nicht wieder ausgesöhnt hatte. Auf dem Weg ins Staatstheater, wo er den Professor Higgins in Shaws *Pygmalion* spielte, las er die Schlagzeile: »Generaloberst Udet beim Erproben einer neuen Waffe abgestürzt.« Die Proben fielen an diesem Tag aus. Die Nazis waren bemüht, die wirklichen Hintergründe des Selbstmordes zu vertuschen. Selbst Udets Mutter glaubte einige Zeit, ihr Sohn sei bei einem Unfall ums Lebens gekommen.

Der Bohemien Udet, der lieber flog, trank und sich amüsierte, als zu verwalten und zu organisieren, war zwischen alle Fronten geraten. Sein Amt als Generalluftzeugmeister hatte ihn überfordert. Die meisten Militärs hatten ihn insgeheim nicht ernst genommen, ebensowenig die Flugzeugindustrie, und letztendlich hatte er auch die Rückendeckung Görings verloren, der wegen des aussichtslosen Luftkriegs mit England selbst unter Druck geraten war. Zu einer letzten Reverenz an den toten Freund wurde ein Trailer, den Rühmann für *Quax, der Bruchpilot* gedreht hatte. Der dreiminütige Film kam nach Udets Tod in die Kinos und zeigte Rühmann in der Clownsrolle, die der Kunstflieger Udet in den dreißiger Jahren so überaus populär gemacht hatte: Mit Zylinder, Kneifer und Rauschebart gab er den Flugprofessor Canaros.

Dieser Abschiedsgruß paßte besser zu Udet als das pompöse Staatsbegräbnis am 21. November. Hermann Göring hielt am Sarg eine verlogene Rede und mühte sich, ein Schluchzen zu unterdrücken. Er führte auch den Trauerzug an, der über die Wilhelmstraße langsam in Richtung Invalidenfriedhof zog. Tausende standen Spalier an den Straßen. Rühmann drückte seinen Hut etwas tiefer ins Gesicht und reihte sich in den Zug ein. *Quax, der Bruchpilot* kam am 16. Dezember 1941 in die Kinos und wurde ein großer Erfolg. Einen Rühmann-Schlager hatten vermutlich die Zensoren entfernen lassen; vielleicht paßte der allzu unbekümmerte Text nicht zum Erziehungsauftrag des Films: »Ein Flieger hat den Bogen raus. Er will nicht an der Erde kleben, wer fliegen kann, hat mehr vom Leben.«[80]

Bombenstimmung

Im dritten Kriegsjahr wurde die Produktion von Spielfilmen immer schwieriger. Während 1941 noch 67 deutsche Spielfilme hergestellt wurden, waren es 1942 nur noch 57, dagegen waren 1938 100 und 1939 sogar 111 Spielfilme hergestellt worden. Auch Rühmann drehte jetzt weniger Filme, die Vorbereitungs- und Produktionszeiten wurden immer länger. Die Teams mußten oft in die Luftschutzkeller flüchten, dringend benötigte Materialien waren knapp, Sparappelle wurden ausgegeben, Mitarbeiter an die Front abkommandiert. Als Chef seiner eigenen Produktionsgruppe war Rühmann stärker gefragt als jemals zuvor. Er mußte immer öfter seine Beziehungen zum Oberkommando der Wehrmacht und zum Reichsluftfahrtministerium einsetzen, um Mitarbeiter vom Militär freistellen zu lassen oder dringend benötigte Autos, Benzin oder Fluggenehmigungen zu beschaffen. Insgesamt kümmerte er sich um 50 bis 60 Leute, die seiner Produktionsgruppe angehörten. Er arbeitete dabei eng mit Alf Teichs zusammen, dem Produktionschef der Terra. Mit ihm stimmte er sich auch ab, wenn es darum ging, politisch oder rassisch Verfolgten zu helfen. In dieser Beziehung konnte er sich auf Teichs, der ebenfalls mit einer Jüdin zusammen lebte, verlassen. Zwar hatte sich Teichs 1934 auf nationalsozialistischen Druck von seiner Frau scheiden lassen, lebte aber bis Kriegsende mit ihr illegal in Berlin-Dahlem zusammen. Nach dem Krieg heirateten sie dann erneut.

Die Extreme berührten sich in diesen Tagen und Wochen. Während, nur wenige hundert Meter von Rühmanns Haus am Kleinen Wannsee entfernt, auf der sogenannten »Wannsee-Konferenz« im Januar 1942 die Vernichtung der europäischen Juden koordiniert wurde, half Rühmann mit Teichs' Rückendeckung dem »Halbjuden« Max Jaap in seiner Produktionsgruppe als Aufnahmeleiter unterzukommen. Jaap war als Zwangsarbeiter zur IG Farben verpflichtet und dann wegen Sabotage verhaftet worden. Er wurde nach drei Wochen Haft entlassen und arbeitete von 1942 bis 1945 für Rühmann.[81] Auch der Bühnenarchitekt Robert Herlth bat ihn um Hilfe. Herlths Tochter wurde als »Halbjüdin« verfolgt. Als Rühmann im März 1942 nach Stockholm flog, um dort bei der Premiere von *Quax, der Bruchpilot* aufzutreten, traf er Verwandte von Herlth. Gemeinsam wurden Ausreisemöglichkeiten für die gefährdete Tochter geplant, die allerdings nicht verwirklicht werden konnten.[82]

Einem anderen Freund aus alten Ufa-Tagen konnte Rühmann jedoch nicht mehr helfen: Otto Wallburg, mit dem er in Babelsberg und am Deutschen Theater oft zusammengearbeitet hatte. Wallburg war nach Amsterdam geflohen, lebte in völliger Armut und hielt sich mit Kabarettauftritten notdürftig über Wasser. Der beliebte Ufa-Star war so abgemagert, daß ihn das Publikum kaum noch erkannte. Im Februar 1942 wollte Rühmann ihn treffen, als er seine Ehefrau bei den Dreharbeiten zu dem Film *Rembrandt* in Amsterdam besuchte. Er machte sich mit einem Lebensmittelpaket auf den Weg, irrte herum, fand ihn jedoch nicht.[83] Wallburg schrieb am 26. Februar an einen Freund: »Steinhoff war hier, auch Rühmann, aber beide haben sich nicht gemeldet.«[84]

Im Februar 1944 fiel Wallburg, der bis dahin im Untergrund gelebt hatte, einer Denunziation zum Opfer und wurde ins KZ Westerbork Hooghalen verschleppt. Von dort wurde er im Juli 1944 im Viehwagen nach Theresienstadt gebracht und schließlich am 28. Oktober nach Auschwitz deportiert, wo er sofort nach seiner Ankunft in der Gaskammer starb. Genauso erging es Kurt Gerron, Rühmanns Kollegen und Regisseur seiner Filme *Meine Frau, die Hochstaplerin* und *Es wird schon wieder besser*. Auch er wurde zunächst nach Theresienstadt deportiert, ehe er in Auschwitz ermordet wurde. Zuvor zwangen ihn die Nazis, den Dokumentarfilm *Theresienstadt. Ein Dokumentarfilm aus dem jüdischen Siedlungsgebiet* zu drehen. Dieser Film sollte der Weltöffentlichkeit und dem Roten Kreuz vortäuschen, daß in den Konzentrationslagern ein angenehmes und abwechslungsreiches Leben geführt würde.

In Berlin stürzte sich Rühmann indessen in die Vorbereitungen zu seinem nächsten Film *Ich vertraue dir meine Frau an*, die ihm große Schwierigkeiten machten, da sein weiblicher Star überraschend ausfiel. Erich Kästner, der mit der Überarbeitung des Drehbuchs beauftragt war, schrieb an seine Mutter: »Die Jugo hat es abgelehnt, die Rolle zu spielen, und nun ist Rühmann ganz nervös.«[85] Das Drehbuch von Bobby E. Lüthge gefiel nicht, Kästner sollte die Sache retten. Doch er war lustlos. Mit Kurt Hoffmann, Rühmanns inzwischen bevorzugtem Regisseur, mußte er sich am 19. April 1942 dennoch treffen: »Abends beim Regisseur vom Rühmannfilm. Macht mir gar keinen Spaß diese Arbeit. Ich fürchte aber, daß ich nicht drum herumkomme.«[86] Da Kästner mit einem Schreibverbot belegt war und nur unter Pseudonym und mit Sondergenehmigungen arbeiten konnte, war er gar nicht erfreut, als sein Pseudonym Berthold Bürger auf den vervielfältigten Drehbüchern des Rühmann-Films auftauchte: »Obwohl ich den Brüdern ausdrücklich gesagt habe, ich wollte hierbei nicht genannt werden. Es hat doch keinen Zweck, daß andauernd der Name Bürger auftaucht! Es gibt Neider genug!«[87] Kästner mußte das Drehbuch nochmals »auf Fehler durchkrempeln«, Anfang Juni ging Rühmann dann mit dem Film ins Atelier. Im Vorspann des Films tauchte Kästners Name nicht mehr auf. Und für Jenny Jugo war inzwischen auch Ersatz gefunden worden. Ihren Platz nahm jetzt die Tschechin Lil Adina ein, die eigentlich Adina Mandlová hieß, sich aber auf Goebbels' Anweisung, der sie unterstützte, einen Künstlernamen zulegen mußte. *Ich vertraue dir meine Frau an* kam im April 1943 in die Kinos.

Je länger der Krieg dauerte, desto mehr bemühten sich die Komödien, ihn in den Köpfen der Zuschauer vergessen zu machen. Rühmann trägt den Rollennamen Peter Trost (!) und muß als Junggeselle auf die Frau eines Freundes aufpassen. Die Handlung des Films ist dürftig, und die Hektik der Figuren, ihre hysterische Ausgelassenheit, läßt die tatsächliche Erschöpfung aller Beteiligten im bombardierten Berlin erahnen. Fast wirkt der Film wie ein trotziger Beweis, wie unversehrt die Stadt noch ist. Ruinen hatten im Szenenbild nichts zu suchen. Alf Teichs erinnert sich an die Dreharbeiten: »Wir mieteten einen doppelstöckigen Omnibus der Stadt Berlin, und darin mußte Rühmann eine tolle Verfolgungsjagd quer durch die Stadt, an Ampeln vorbei und in wilder Fahrt über Verkehrsinseln, drehen. Als die Herren der Verkehrsbetriebe den fertigen Film sahen, wollten sie ihn verbieten lassen, weil ein städtischer Autobus nicht auf so halsbrecherischen Fahrten gezeigt werden dürfte.«[88]

Heitere Unterhaltungsfilme, die harmonische unzerstörte Fluchtwelten anboten, waren 1943 gefragter denn je. Die Offensive der Wehrmacht war vor Stalingrad ins Stocken geraten, seit dem 23. November 1942 waren 250000 Mann dort im Kessel eingeschlossen. Als die Reste der 6. Armee am 2. Februar 1943 endgültig kapitulierten, gerieten 90000 deutsche Soldaten in Gefangenschaft, über 140000 waren getötet worden. Von jetzt an befand sich die Wehrmacht nur noch in der Defensive. Langsam aber sicher schoben sich die Heere der Alliierten von allen Seiten in Richtung Deutschland vor, der riesige Eroberungsraum schrumpfte von Tag zu Tag. Bereits Anfang 1942 hatte sich die militärische Krise abgezeichnet, und Goebbels hatte daraufhin neue Produktionsrichtlinien an die Filmfirmen ausgegeben. Filme »leichteren und unterhaltenden Charakters, auf die das Volk in dieser schweren Kriegszeit mit Recht Anspruch hat«[89], sollten von nun an, so

Goebbels am 13. Februar 1942 in seinem Tagebuch, bevorzugt hergestellt werden. Der Anteil von ausgesprochen politischen Filmen sank in den letzten drei Jahren der NS-Herrschaft.[90] »Die gute Laune ist ein Kriegsartikel«, stellte der »Filmminister« am 27. Februar 1942 fest, und die Rühmann-Filme erfüllten dieses Anforderungprofil genau. *Ich vertraue dir meine Frau an* wurde zu einem Kinoerlebnis für die ganze Goebbels-Familie. Über den gelungenen Nachmittag notierte der Minister am 22. Februar 1943 befriedigt: »Die Kinder sind sehr glücklich, sich einmal im Kreise der ganzen Familie bewegen zu können. Ich lasse ihnen nachmittags einen neuen Rühmann-Film vorführen: ›Ich vertraue Dir meine Frau an‹, den ich auch zum Teil mir anschaue. Er ist sehr lustig geworden und stellt für die gegenwärtige Zeit das Richtige dar. Mit solchen Filmen können wir dem Publikum auch in schwerster Zeit eine gewisse Entspannung geben.«

Die kurzzeitige Entspannung der »breiten Massen« stand wiederum ganz im Dienst ihrer »totalen« Anspannung und Mobilisierung. Am 18. Februar 1943 hielt Goebbels im Berliner Sportpalast vor ausgesuchten Teilnehmern seine berüchtigte Rede. Die Journalistin Ursula von Kardorff beschrieb die Atmosphäre: »Es muß wie im Tollhaus gewesen sein. Als er fragte: ›Wollt ihr den totalen Krieg?‹, hat alles ›ja‹ gebrüllt. Einer unserer Schriftleiter, der zur Berichterstattung da war, erzählte uns, wie die Menge getobt hat. Er ist ein ruhiger, bedächtiger Mann und Anti-Nazi. Und doch ertappte er sich dabei, wie er mit aufsprang und um ein Haar mitgeschrien hätte, bis er sich beschämt wieder auf seinen Sitz zurückfallen ließ. Er sagte, wenn Goebbels weitergefragt hätte: ›Wollt ihr alle in den Tod gehen?‹, so hätten sie genauso ›ja‹ gebrüllt.«[91]

Regie: Heinz Rühmann

Obwohl Goebbels in diesen Tagen äußerst beansprucht war, fand er dennoch Zeit, sich einen Fim anzusehen, an dem Rühmann nicht als Schauspieler, sondern als Regisseur beteiligt war: *Sophienlund*. Rühmann schrieb an Heinrich Spoerl: »Der Minister sah inzwischen ›Sophienlund‹ und rief mich an, um seiner Begeisterung Ausdruck zu geben; der Film bekam darauf ein hohes Prädikat; das freut mich vor allem in Hinblick auf unsere Arbeit, da er zur Zeit scheinbar auf zartere und romantischere Dinge eingestellt ist.«[92]

Daß Heinz Rühmann auch fünf Regiefilme gedreht hat, ist durch seinen Erfolg als Schauspieler in Vergessenheit geraten – zu Unrecht. Und daß nicht nur, weil Rühmann als solider Regisseur überzeugen kann, sondern auch weil sich seine Persönlichkeit in dieser Tätigkeit besonders deutlich abzeichnet. Bereits 1938 hatte Rühmann erstmals Regie geführt. *Lauter Lügen* hieß der Film nach einem Bühnenstück von Hans Schweikart. Unter den Mitwirkenden waren neben Rühmanns späterer Ehefrau Hertha Feiler auch Rolf von Nauckhoff, der kurz danach mit Maria Rühmann die rettende Scheinehe schließen sollte. Ein Reporter schilderte die Atmosphäre im Atelier: Es »herrschte eine fast lautlose Stille. Zahlreich wie die Verbotstafeln im Grunewald waren die Warnungsschilder: Ruhe! Ruhe! Ruhe! Sogar die Bühnenarbeiter gingen auf den Zehen wie müde Balleteusen. Geredet wurde nur von den Darstellern. Kein Spielleiter rief heiser ins Megaphon. Wo war der Regisseur Rühmann? Er saß an seinem kleinen Regietisch und schrieb geheimnisvolle Hieroglyphen ins Drehbuch, Randbemerkungen eines Mannes, der alles sehr genau nimmt. Er trat scheuen Fußes an die Schauspieler heran und flüsterte ihnen Anweisungen zu, ein freundlich ermunterndes Lächeln hinter den Brillengläsern. Er sprach mit dem Kameramann und mit dem Aufnahmeleiter, und ab und zu sagte er ganz leise: ›Ruhe!‹ Daraufhin wurde es noch stiller, falls das überhaupt möglich war.«[93]

Rühmann hatte sich lange auf seine Rolle als Regisseur vorbereitet. In der Branche war sein pedantischer Eifer bekannt, mit den Regisseuren über die Gestaltung einer Szene zu verhandeln, wenn er seine Ideen für die besseren hielt. Die Seiten seines Drehbuches bearbeitete er akribisch, jede Kameraposition wurde durch eine Skizze festgelegt. Er war in dieser Hinsicht ein Tüftler und Puzzler, der mit Geduld das richtige Bild suchte. Diese technisch-handwerkliche Präzision ist allen fünf Regie-Filmen Rühmanns deutlich anzumerken. Er ließ sich weder als Schauspieler noch als Regisseur von spontanen Einfällen oder von einer plötzlich aufkommenden kreativen Atmosphäre leiten, sondern setzte auf vorab kalkulierte Effekte.[94]

Zu Beginn der Dreharbeiten von *Lauter Lügen* hatte Rühmann am Ateliereingang eine Schiefertafel aufstellen lassen, auf die er mit scharfgestochener Schrift eigenhändig schrieb: »Ich kann nur bei größter Ruhe arbeiten. Dasselbe erwarte ich von Ihnen. Heinz Rühmann.«[95] Rühmanns »Piano-Regie« wurde als ungewöhnlich empfunden, die Fachpresse widmete seinem Stil gleich mehrfach ausführliche Berichte.[96] Man registrierte aufmerksam, daß der Regisseur Rühmann so gar nicht dem Bild entsprach, das der Schauspieler Rühmann vermittelte: »Bei keinem Schauspieler-Regisseur ist der Gegensatz zwischen Darsteller und Spielleiter so offensichtlich wie bei Rühmann. Steht beispielsweise Willi Forst hinter der Kamera, so spürt man auf Schritt und Tritt die virtuose Handhabung aller filmischen Mittel, Gründgens verleugnet auch im Regiestuhl nie seine musisch-elegante Note; Liebeneiner offenbart die gleiche jugendlich-konsequente Linie wie auf der Bühne. Nur bei dem Regisseur Heinz Rühmann wird der Zuschauer vergebens nach von der Leinwand her bekannten Zügen suchen.«[97]

Seine Regiefilme ging Rühmann mit sehr viel Ambition an. Sie boten ihm die Möglichkeit, sich hinter die Kamera zurückzuziehen und eine Geschichte zu entwickeln, ohne auf sein Star-Image Rücksicht nehmen zu müssen. Denn ganz bewußt trat Rühmann in keinem seiner Regiefilme selbst als Schauspieler auf. Daß er sich durch diesen Rollenwechsel einen Freiraum schuf, hat Rühmann in einem Artikel für die Berliner Zeitung »BZ am Mittag« beschrieben: »Ich finde es rührend, daß die anderen schon erheitert sind, wenn sie mich nur sehen. So sehr haben sie sich daran gewöhnt, daß es dort, wo ich bin, etwas zu lachen gibt. Und sie wären – und das sicherlich mit Recht – sehr böse, wenn ich einmal ›aus der Rolle fallen‹ würde. Es hat mich deshalb gereizt, eine Tarnkappe aufzusetzen und im Heimlichen zu wirken, immer auf der Lauer, ob mein Tun meine Erscheinung braucht, um die Leute froh zu stimmen. Diesen Abstand zu den Dingen habe ich, wenn ich im Film Regie führe.«[98] Als Regisseur entzog sich Rühmann seiner – wie er es ausdrückte – ihm »vom Schicksal gestellten Aufgabe«[99]. Die Formulierung sollte witzig klingen, aber dahinter verbarg sich der Wunsch des Künstlers, dem Publikum nicht immer den Komiker vorführen zu müssen.

So sind Rühmanns Regiefilme auch immer darauf aus, die grelle Komik zugunsten eines »unsichtbaren« oder »ernsten Humors« zurückzudrängen.[100] Ob in *Lauter Lügen* (1938), *Lauter Liebe* (1940), *Sophienlund* (1943), *Der Engel mit dem Saitenspiel* (1944) oder *Die kupferne Hochzeit* (1948) – alles dreht sich um Beziehungen, die gefährdet sind und gerettet werden müssen. Und da diese Geschichten fast immer um mehrere Paare und ihre miteinander verwickelten Konflikte kreisen, sind Rühmanns Regiefilme ausgesprochene Ensemblefilme. Auch darin unterscheiden sie sich von seinen Starfilmen, in denen die Dramaturgie ganz auf ihn ausgerichtet wurde. Dagegen bestand Rühmanns Stärke als Regisseur vor allem darin, seine Schauspieler zusammenzuführen. Bereits anläßlich seiner ersten Filmregie nannte ihn ein Kritiker einen »Altmeister der Schauspielerführung«.[101] Und Hans Söhnker, Rühmanns Hauptdarsteller in seinem vierten Regiefilm *Der Engel mit dem Saitenspiel* dachte voller Begeisterung zurück: »Die Zartheit und Sensibilität, mit der Heinz Rühmann inszenierte, die Geschlossenheit unseres Teams [...] bleibt mir unvergeßlich. Heinz als Regisseur ist fabelhaft. Sein Sinn für atmosphärische Details und menschliche Zwischentöne bewundernswert. Soviel Einfühlungsvermögen findet man meist nur bei Regisseuren, die selbst hervorragende Schauspieler sind.[102]

Auch Hannelore Schroth, die in dem melodramatischen Familienfilm *Sophienlund* eine der Hauptrollen übernommen hatte, behielt ihren Regisseur in guter Erinnerung: »Rühmann war für mich der erste Regisseur, der so geprobt hat, wie man es meiner Meinung nach machen muß. Er sagte damals zu mir, es sei nicht so gut, wenn man eine Textpassage lernt und dann runterkurbelt, man müsse den ganzen Stoff vor Augen haben. Deshalb ließ er die ganze Dekoration aufbauen, und wir probten vier Wochen lang darin. Erst nachdem alles fix und fertig war, wurde der Film gedreht. Und es klappte einfach alles. Rühmann war wahnsinnig präzise.«[103]

Gerade *Sophienlund* – der als Rühmanns bester Regiefilm gilt – zeigt seine preußische Genauigkeit in der Vorbereitung des Films, aber auch während der Dreharbeiten. Bereits Wochen vor Drehbeginn ließ sich der penible Regisseur ein Modell bauen, an dem er alle späteren Einstellungen festlegte, indem er mit einer Miniaturkamera durch die Räume »fuhr«. »Ich habe dadurch bei den Dreharbeiten viel Zeit gespart«,[104] stellte Rühmann später befriedigt fest. Hartnäckig verfolgte er auch einen ungewöhnlichen Besetzungswunsch: Harry Liedtke, einer der beliebtesten Stars der Stummfilmära, bekam nach langer Pause bei Rühmann wieder Gelegenheit, eine Hauptrolle zu übernehmen. Mit seinem überzeugenden Auftritt gelang ihm der Wechsel ins Fach der Väter und graumelierten Herren. *Sophienlund* kam am 26. Februar 1943 in die Kinos und wurde sofort ein großer, lang anhaltender Publikumserfolg.

Schon nach seinen ersten drei Regiefilmen gehörte Rühmann zu den höchstbezahlten Regisseuren des Dritten Reichs. Als Schauspieler erhielt er 1944 für einen Film ein Pauschalhonorar von 80000 Reichsmark, die gleiche Gage bekam er jetzt als Regisseur für einen Film, und damit befand er sich in einer Klasse mit so prominenten Regisseuren wie Willy Forst, Carl Froelich, Karl Hartl oder Veit Harlan.[105]

Nach 1945 drehte Rühmann nur noch einen Film als Regisseur *Die kupferne Hochzeit*, eine Produktion seiner eigenen Firma Comedia. Großer Erfolg war dieser Geschichte um drei Ehepaare in der Krise nicht beschieden. Mißmutig notierte ein Kritiker: »Dieser Film – mit Staunen vernimmt man, daß Heinz Rühmann die Regie führte – gewinnt die schmale Fahrrinne zwischen verpönter Zeitnähe und Sittenwacht nur um den Preis, daß er von vornherein auf jede diskutable Fracht verzichtet.«[106]

Eine gewisse Zeit- und Ortlosigkeit zeichnete alle Regiefilme Rühmanns aus. Stärker als seine Komödien waren sie Liebes- und Familienfamile, die – so Rühmann – auf einer »heiter-besinnlichen Linie«[107] liegen sollten. Ein Tragiker oder Realist war Rühmann auch als Regisseur nicht. Er blieb ein Idylliker, der nach Harmonie strebte und die kleinen Gefühlsdramen seiner Figuren von der Gesellschaft oder dem Alltag völlig ablöste. Über seinen zweiten Regiefilm *Lauter Liebe* schrieb Georg Herzberg: »So unbeschwert von der Wirklichkeit, so jenseits von den bösen Dingen des Lebens, daß man alle indiskreten Fragen unterdrücken möchte«.[108]

Auch in den fünziger und sechziger Jahren spielte Rühmann immer wieder mit dem Gedanken, ins Regiefach zurückzukehren, aber alle Pläne in dieser Hinsicht zerschlugen sich. Die optische Auflösung der Szenen hat den Regisseur Rühmann neben der Führung seiner Schauspieler besonders interessiert, auch deshalb engagierte er immer herausragende Kameramänner wie Ewald Daub oder Willy Winterstein. Es war vor allem auch die Frage nach der richtigen Perspektive, die Rühmann 1954 gereizt hätte, Erich Kästners Kinderbuch »Emil und die Detektive« zu inszenieren. Rühmann hatte sich in die Idee verliebt, durch die Kamera eine spezifische Kinderperspektive zu entwickeln: »Alles sollte optisch aus der Sicht von Emil und den anderen Steppkes aufgenommen werden.«[109] Kurt Ulrichs Berolina hatte die Rechte an dem Stoff erworben, und da Rühmann zu diesem Zeitpunkt einen langfristigen Vertrag mit Ulrich abgeschlossen hatte, bemühte er sich um die Regie. Doch auch dieses Vorhaben wurde nicht realisiert, Robert Adolf Stemmle übernahm die Regie. So blieb *Die kupferne Hochzeit* (1948) Rühmanns fünfter und zugleich letzter Regiefilm.

Die Feuerzangenbowle

Pfeiffer als »Tatmensch«

Seit der Uraufführung am 28. Januar 1944 hat sich *Die Feuerzangenbowle* wie kaum ein anderer deutscher Film nachhaltig in das kollektive Gedächtnis der Deutschen eingeprägt. Die Figur des »Pfeiffer mit drei f« verbindet das Dritte Reich mit den Gesellschaften der alten Bundesrepublik, der DDR und auch des wiedervereinigten Deutschland. Bei der Erstsendung am 26. Dezember 1969 im ZDF sahen 20 Millionen Zuschauer *Die Feuerzangenbowle*, und am 6. März 1987, am Vorabend zu Heinz Rühmanns 85. Geburtstag, verfolgten 13, 4 Millionen Zuschauer in der ARD den Film. Ähnlich gute Quoten verzeichnete der Klassiker regelmäßig im Fernsehen der DDR. In den neunziger Jahren standen private Feuerzangenbowlen-Partys hoch im Kurs, und an vielen deutschen Universitäten sind die Vorführungen in der Vorweihnachtszeit nach wie vor »Kult«. Über letzteres Phänomen berichtete »Der Spiegel«: »Von Hamburg bis München, von Göttingen bis Regensburg läuft der Film mindestens einmal im Jahr vor ausverkauften Hörsälen. Studenten aller Fachrichtungen erfreuen sich am biederen Humor des Gymnasial-Lümmels Hans Pfeiffer. [...] Tatsächlich reagieren die Studenten im Hörsaal auf beinahe jeden Leinwand-Gag: Wenn Pfeiffer im Geschichtsunterricht mit einem Taschenspiegel die Wanderung der Goten auf der Landkarte nachzeichnet, leuchten im Hörsaal Taschenlampen auf; einer, vermutlich ein Physikstudent, hat sogar einen Laseranzeiger mitgebracht. Wenn Pfeiffer während der Chemiestunde ein kleines Feuerwerk abbrennt, werden im Publikum Wunderkerzen entzündet wie bei einem Popkonzert. Und auch wenn Lehrer Schnauz ›die alkoholische Gärung oder Gärung des Alkohols‹ erklärt, wird diese im Publikum nachvollzogen – mit Glühwein aus mitgebrachten Thermoskannen.«[110]

Daß dieser Kultfilm eine lange Vorgeschichte hat, ist jedoch fast unbekannt. Wenn man von der *Feuerzangenbowle* spricht, meint man in der Regel die zweite Verfilmung aus dem Jahr 1944, ohne zu wissen, daß man es hier bereits mit einem Remake zu tun hat. Der Erfolg dieser Version hat dazu beigetragen, die erste Verfilmung des gleichnamigen Romans von Heinrich Spoerl nahezu vollständig aus der Filmgeschichtsschreibung zu verdrängen, obwohl Rühmann bereits in der ersten Verfilmung von 1934 die Hauptrolle spielte. Auch eine dritte Verfilmung aus dem Jahr 1970, in der Walter Giller die Rolle des Pfeiffer übernahm, ist trotz des prominenten Regisseurs Helmut Käutner weitgehend vergessen. Wer an den »Pfeiffer mit drei f« denkt, verbindet damit den Rühmann-Film von 1944.

Doch die Geschichte dieses Films beginnt genaugenommen am 30. Mai 1930. An diesem Tag schrieb der Düsseldorfer Rechtsanwalt Heinrich Spoerl einen folgenschweren Brief: »Sehr geehrter Herr Reimann, in der Anlage übersende ich Ihnen eine von mir verfaßte Komödie. Ich bitte Sie, das Stück einer Durchsicht zu unterziehen und mir mitzuteilen, ob Sie geneigt wären, die Überarbeitung zu übernehmen derart dass die Komödie dann unter gemeinsamer Firma und hälftiger Teilung der Tantiemen heraus gehen würde.«[111] Der Empfänger des Briefes, Hans Reimann, hatte in den zwanziger Jahren die satirischen Zeitschriften »Der Drache« und »Das Stachelschwein« herausgegeben und war zusammen mit Toni Impekoven Autor der Komödie *Der Igel*, in der Rühmann 1926 in München auf der Bühne gestanden hatte. Anfang der dreißiger Jahre arbeitete Reimann als Kabarettist und Kleindarsteller bei der Ufa. Dort lernte er Otto Wallburg kennen, für den er Drehbücher schrieb.

Als der Rechtsanwalt Spoerl diesen Brief an Reimann schrieb und ihm seinen ersten Stoff anbot, war er 43 Jahre alt und hatte noch nie in seinem Leben etwas von Heinz Rühmann gehört. Sein karges Leben hatte Spoerl zu diesem Zeitpunkt gründlich satt. Seine kleine Anwaltspraxis in Düsseldorf warf wenig ab, den Brotberuf betrieb er ohne Liebe. Auch seine Frau Trude, eine ehemalige Konzertsängerin, wußte, daß ihr Mann von einem anderen Leben träumte, und sie tat es auch. Sie drängte ihn, seine literarischen Versuche nicht in der Schublade liegenzulassen, sondern sie zu verschicken. Und so verdanken wir im Grunde genommen dieser resoluten Frau so populäre und berühmte Rühmann-Filme wie *Der Gasmann* oder *Die Feuerzangenbowle*. Denn ob der etwas verträumte und introvertierte Spoerl ohne die treibende Energie seiner Frau mit Rühmann zusammengetroffen wäre, ist fraglich. Spoerl ähnelte den kauzigen Gestalten seiner Romane nicht wenig. Er sprach mit dünner Stimme, und auf seinem Gesicht schien immer ein säuerlich-bekümmerter Ausdruck zu liegen. Wegen seiner extremen Kurzsichtigkeit trug er dicke Brillengläser, hinter denen seine Augen zu kleinen starren Punkten zusammenschrumpften.

Aus dem ersten Bittbrief des Anfängers Spoerl an Reimann entwickelte sich eine enge Zusammenarbeit. Der Berliner Schriftsteller behandelte den unbekannten Provinzler zunächst von oben herab, aber er spürte durchaus, daß Spoerl etwas zu bieten hatte. Der Schriftsteller in spe produzierte Geschichten voller kleinbürgerlicher Wärme und Behaglichkeit. Reimann witterte in ihm den Zulieferer bühnen- und filmwirksamer Stoffe, denn er merkte schnell, daß sich die Stars der Ufa Wettrennen um neue Geschichten lieferten. Jeder suchte möglichst originelle und frische Drehbücher und Theaterstücke, Stoffe, die das Potential hatten, zum persönlichen Markenzeichen zu werden. Hans Albers feierte Triumphe als Liliom, Werner Krauß wurde als Hauptmann von Köpenick bejubelt. Rühmann jedoch hatte seine Rolle zu diesem Zeitpunkt noch nicht gefunden.

Inzwischen arbeiteten Reimann und Spoerl ein gutes Jahr zusammen, und aus ihrem ersten Projekt war inzwischen das Theaterstück *Der beschleunigte Personenzug* entstanden. Am 26. August 1931 taucht in ihrer Korrespondenz ein Projekt auf, aus dem zwölf Jahre später *Die Feuerzangenbowle* werden sollte. Einstweilen hieß der Stoff aber noch »Der Flegel«. Spoerl schrieb an Reimann: »Den Flegel habe ich im kleinen Kreise hier vorgelesen und einen Dauererguß an Heiterkeit erzielt.«[112] Zwei Tage später fiel das erste Mal der Name »Rühmann« zwischen den beiden. Spoerl an Reimann: »Ob es nicht doch richtiger wäre, jetzt ein Exemplar an Rühmann zu schicken?«[113] Die Ufa jedenfalls, der das *Flegel*-Manuskript schon seit einiger Zeit zur Prüfung vorlag, schickte Reimann am 5. September 1931 einen ablehnenden Bescheid: »Wir können einen solchen Stoff wie ›Der Flegel‹ höchstens als Kurzfilm machen, aber nicht zum Thema eines Hauptfilms erheben, wenn er in der Hauptsache die deutschen Schulmeister glossiert. Wir haben das Thema hier einmal im ›blauen Engel‹ aufgegriffen und es ernsthaft behandelt. Ihre übrigens zweifellos amüsante Arbeit läuft ja aber eigentlich nur auf eine Verulkung hinaus. Ich bestätige Ihnen

20 Bei seinem ersten Regiefilm *Lauter Lügen* (1938) stellte Rühmann diese Tafel am Ateliereingang auf

21 Ein nachdenklicher Regisseur

22 Hochzeit mit Hertha Feiler, Berlin 1939 (v. l. n. r. Hertha Feiler, Rühmann und seine erste Frau Maria Bernheim)

23 Mit Hertha Feiler beim »Wellenreiten« auf dem Wannsee, Titelbild der Berliner Illustrirten Zeitung 1939

24 Rühmann in seinem Garten, Am Kleinen Wannsee 15, um 1939

25 Die Schauspielerin Eliza La Porta, mit ihrem Mann Fred Pinkus, Rühmanns Manager

26 Bei den Dreharbeiten zu *Quax, der Bruchpilot*, 1941

27 Rühmann bei der militärischen Grundausbildung in Rechlin, 1941
28 Mit dem Freund und Kollegen Carl Günther, um 1942
29 Hans Reimann und Heinrich Spoerl

30 Mit Sohn Peter, 1944

31 Rühmann als Gymnasiast Pfeiffer und Oskar Sima als Professor Crey in der ersten Feuerzangenbowlen-Verfilmung *So ein Flegel,* 1934

32 Szene aus der »zweiten« *Feuerzangenbowle*, 1944: Pfeiffer parodiert den Chemieprofessor Crey

33 Mit Walter Ulbricht vor der konstituierenden Sitzung des Berliner Magistrats am 19. 5. 1945

34 Rühmann in seinem ersten Nachkriegsfilm *Der Herr vom andern Stern*, 1948

35 Mit dem Produzenten Kurt Ulrich, Mitte der fünfziger Jahre

36 Mit Ernst Schröder in der Beckett-Inszenierung *Warten auf Godot* an den Münchner Kammerspielen, 1954

gerne, dass er sehr lustig ist, obgleich mir einige darin vorkommende Episoden und Witze nicht mehr ganz von heute zu sein scheinen. Wenn Sie irgendeine andere bedenkenlos lustige Sache haben, die nicht gerade zensurwidrig ist, würde ich sie mit demselben Vergnügen lesen, mit dem ich Ihren ›Flegel‹ gelesen habe.«[114]

Die Antwort des Ufa-Dramaturgen zeigt die vorauseilende Selbstzensur gegenüber Schulbehörden und diversen Lehrervereinen, deren Vertreter in den zuständigen Prüf- und Zensurstellen saßen. Für die Filmindustrie war die Zensur äußerst lästig und mitunter sehr kostspielig, weil im Falle einer verweigerten Zulassung für einen Film enorme Verluste entstanden. Außerdem mußten die Produzenten und Verleiher die Kosten für die Prüfung selbst bezahlen, weshalb sie sehr genau überlegten, ob sie es zu Widerrufsverfahren, die die Zulassungschancen noch mehr minderten, überhaupt erst kommen ließen. Man war also bemüht, den Zensoren keinen Anlaß zu liefern und zensierte sich lieber gleich selbst.[115]

Rechtsanwalt Spoerl war entsetzt: »Mein lieber Hans, das ist ja eine schöne Sauerei. Ich wage nicht einmal Trude den Brief der Ufa zu zeigen. Sonst ist es mit ihren Nerven ganz vorbei. Offen gesagt, die ganze Ufa ist mir zum Kotzen. Die wollen eben nur karakterlose Limonade.«[116] Doch inzwischen hatte sich Rühmann der Stoffes angenommen, und am 15. Dezember meldete Reimann kurz und knapp nach Düsseldorf: »Rühmann macht unseren Flegel.«[117] Allerdings geriet Spoerl immer mehr in eine finanzielle Notsituation. Er vernachlässigte seine Praxis, versetzte Klienten, blieb die Miete schuldig, das Telefon wurde ihm abgestellt, zeitweilig wurden wegen offener Rechnungen auch Strom und Gas gesperrt. Ihm konnte der Erfolg also nicht schnell genug kommen, und so schrieb er im Januar 1932 entnervt: »Wie lange soll der Flegel noch bei den beiden Filmgesellschaften in der Schublade liegen. Für die Schwüre von Rühmann können wir uns nicht viel kaufen.«[118] Am 12. Februar 1932 hatte Reimann eine lange Unterredung mit Rühmann, der ihm versicherte, daß er den *Flegel* bei der Ufa machen wolle, wo er ab dem 1. April 1932 sein Jahresengagement antrat. Da wegen der Zensurbedenken der Ufa an eine Verfilmung vorerst nicht zu denken war, konzentrierten sich Spoerl und Reimann im Sommer 1932 darauf, eine Romanfassung ihres Filmmanuskripts zu erarbeiten. Verschiedene Fassungen wurden ausgetauscht, endlich, nach langem Hickhack signalisierte Reimann Spoerl: »Ich überlasse Dir vertrauensvoll die definitive Fassung. […] Schreibs so, damit auch der arme Durchschnittsmensch mitkommt.«[119]

Nach der Fertigstellung des Romans versuchte Reimann, ihn zuerst in Fortsetzungen bei Illustrierten und Zeitungen unterzubringen. In den Presseverlagen hegte man allerdings die gleichen Befürchtungen hinsichtlich der Zensur wie die Ufa. Der Carl Duncker Verlag teilte Reimann mit: »Die Möglichkeiten, den Roman in der deutschen Presse unterzubringen, sind außerordentlich gering, denn nur wenige Zeitungen werden es wagen, eine so starke Lehrerparodie zu veröffentlichen. Halten Sie mich deshalb für keinen Spießer, wenn ich Ihnen das Manuskript heute zurückschicke.«[120] Dennoch fand Spoerl fast ein Jahr später in der Düsseldorfer Zeitung »Der Mittag« einen Abnehmer für den Roman, der mittlerweile den Titel *Die Feuerzangenbowle* trug.

Nachdem diese Erstveröffentlichung keine Proteste der Lehrerverbände nach sich zog, erhielt die Idee, den Stoff zu verfilmen, erneut Auftrieb. Reimann nutzte jetzt die Chance, die der Kompetenzwirrwarr der Übergangszeit nach dem 30. Januar 1933 bot. Noch waren es verschiedene NS-Behörden, die darum kämpften, die Filmindustrie zu kontrollieren. Propagandaminister Goebbels saß noch nicht fest im Sattel, und neben seinem alten Rivalen Alfred Rosenberg trat verstärkt auch die Nationalsozialistische Betriebszellenorganisation (NSBO) auf, die die Rolle der inzwischen verbotenen Gewerkschaften übernehmen wollte. Das Exposé des *Flegels* legte Reimann der NSBO innerhalb der Spitzenorganisation des Films zur Prüfung vor. Am 11. Juni erhielt Reimann gute Nachricht: »Heute hat mir das Lektorat geschrieben, daß der Flegel vollste Genehmigung gefunden hat und der Industrie empfohlen werden kann. Es bestehen keinerlei Bedenken. Es hat sich also alles erledigt, was von kleinlichen Herstellern vorgebracht worden ist. Ich teile den Bescheid sofort dem Rühmann mit, der nach wie vor darauf brennt, den Flegel als Film zu drehen.«[121] Im Juni 1933 trafen Spoerl und Rühmann erstmals zusammen und begannen damit, eine erste Drehbuchfassung auszuarbeiten.

Nachdem Spoerl und Reimann seit fast zwei Jahren vergeblich versucht hatten, den Stoff als Film oder Buch zu veröffentlichen, hatten sie ausgerechnet jetzt – die Weimarer Republik war Geschichte und das Dritte Reich bereits Wirklichkeit – Erfolg, und zwar in einer staatlich streng überwachten und gesteuerten Medienlandschaft. Vor dem Hintergrund solcher Ereignisse empfanden sie wie auch andere Künstler den Wechsel von der Demokratie zur Diktatur nicht als brutalen Schnitt, sondern als langsamen Prozeß und Übergang, und der Untergang der Weimarer Republik wurde keineswegs als Katastrophe eingeschätzt. Schauspieler wie Rühmann, Autoren wie Reimann und Spoerl erlebten die »neue Zeit« also auch als Chance.

Spoerl und Reimann waren hungrig nach Erfolg. Einige Wochen nach seinem ersten Treffen mit Rühmann berichtete Spoerl seinem Partner Reimann: »Vom Flegelfilm habe ich bisher noch nichts Entscheidendes gehört. [...] Aber aus Rühmann wurde ich nicht ganz schlau. Ich hatte den Eindruck, daß man ihn irgendwie verärgert hat oder wegen seiner nichtarischen Frau Bedenken trägt. Jetzt ist er ja wieder in Berlin. Weißt Du Näheres? Wenn Rühmann aus Arier- oder sonstigen Gründen nicht weiter in Frage kommen sollte, dann müßte man an Brausewetter, vielleicht besser noch an Fritz Schulz denken, sofern er schwört, keinen Kasernenhof draus zu machen.«[122]

Daß Spoerl über die »Arier-Gründe« schnell hinwegschreibt und sich mit bemerkenswertem Eifer Alternativen zu Rühmann vorstellen kann, veranschaulicht gut, wie pragmatisch sich viele Intellektuelle den neuen Verhältnissen anpaßten. Sofern man nicht selbst verfolgt wurde, zeigte man sich wendig und arrangierte sich, auch wenn man hinter vorgehaltener Hand murrte und die Nazis insgeheim verachtete. Aufschlußreich ist diese Stelle in Spoerls Brief auch, weil sie vermuten läßt, daß man Rühmanns Ehe mit Maria Bernheim schon im Sommer 1933 in der Filmbranche diskutierte und offenbar überlegte, ihn deshalb nicht zu besetzen.

In Berlin hatte die Verfilmung der *Feuerzangenbowle* unterdessen wieder eine neue Richtung eingeschlagen. Reimann schrieb zusammen mit Heinz Rühmann und dem Regisseur Robert Adolf Stemmle eine neue Drehbuchfassung für den Film *So ein Flegel* nach dem Roman *Die Feuerzangenbowle*. Spoerl dagegen saß noch in Düsseldorf und schickte von Fall zu Fall seine Verbesserungsvorschläge nach Berlin, als ihn ein aufgeregter Brief von Reimann erreichte. Der teilte ihm mit, daß die Zensur eingegriffen hatte und Umarbeitungen notwendig waren: »Ich arbeite Tag und Nacht am Drehbuch. Ich sage Dir jetzt die wichtigste Änderung: die ganze letzte Szene ist von der Zensur gestrichen. Pfeiffer darf nicht Creys Maske machen. Crey darf keine Karikatur sein. Die letzte Szene muß aktuell und ernst sein. Rühmann, Stemmle und ich haben uns auf Folgendes geeinigt, und ich gebe dirs sofort weiter (es war eine Beratung von vielen Stunden), damit du diese eine und wichtigste Szene mal skizzierst. Wohl hält Pfeiffer (aber nicht in Maske!) Unterricht, imitiert seine Pauker in harmloser Weise (›da stellen wir uns dumm‹) und kommt auf ein Thema zu sprechen, das vorher tatsächlich durch einen Lehrer in der Stunde angeschnitten worden ist. Dieses Thema wird jetzt vor versammelten Klassen, vor Jungens und Lycen, durch Pfeiffer erledigt. Pfeiffer muß knapp und hinreißend sprechen – übers Klingelzeichen weg – alle Zuhörer stehen in seinem Bann – die Kommission tritt hinzu – Pfeiffer, offenbar ein neuer Lehrer, muß weiter reden – und dies ist der Glanzpunkt des Films: statt der Klamauk-Szene zwischen ihm und Schnauz (die, wie betont, von der Zensur nicht gestattet wird – ein Glück, daß ich den Zensor so gut privatim kenne und mit ihm reden durfte!), steigt eine Szene, die den ganzen Film zuguterletzt vom Jux und von der Bowle hoch über das Unterhaltungs-Niveau hinausgeht: Pfeiffer spricht – sagen wir – über Napoleon, über den Typ des Tatmenschen – und spricht so, daß es ebenso auf Mussolini oder auf Hitler oder schlechthin auf Heutiges zutrifft. Pfeiffer hält eine weltanschauliche große, eine zündende und das Innerste des Tatmenschentums und Führergedankens aufreißende Rede. Wird belobt, demaskiert sich, bittet um die Hand Evas, aus.«[123]

Es ist nicht so sehr der ästhetisch-politische Opportunismus Reimanns, der auch im Rückblick noch überrascht, sondern seine fast jungenhafte Begeisterung, mit der er die Eingriffe der Zensur als Verbesserungsvorschläge für den Film begriff. Er sah im Zensor nicht den staatlichen Unterdrücker, vielmehr begriff er ihn als freundlichen Bundesgenossen. Spoerl war von der charakterlichen Elastizität Reimanns angewidert und verteidigte seinen Entwurf: »Euren Beschluß bezüglich der letzten Szene finde ich geradezu grauenhaft. An eine Schellenkappe gehört kein Hakenkreuz. Wenn man auf einen solchen romantisch-komischen Film am Schluß nun plötzlich eine nationalsozialistische Tendenzrede aufpfropft, dann ist das nationaler Kitsch. Da tue ich nicht mit. Habt ihr das wirklich nötig? Auch die pädagogische Schlußwendung ist unmöglich. Wenn bei dem Film eines zu vermeiden ist, dann ist es gerade die Gefahr, daß er als Tendenzfilm aufgefaßt werden könnte. Eben darum habe ich im Roman die Magister so grotesk gezeichnet, damit sie niemand ernst nehmen kann. Gegen Fossilien führt man keinen Krieg.«[124]

Es bleibt unklar, ob sich Spoerl mit seinem Protest durchsetzte, ob Reimann und Rühmann sich letztlich doch gegen ihre eigene Anbiederung entschieden oder ob nicht sogar der Zensor sein Veto gegen den »nationalen Kitsch« eingelegt hatte. Auf jeden Fall verzichtet die erste Verfilmung des Romans auf Pfeiffers große weltanschauliche Schlußrede im Klassenzimmer; der Schluß wird vielmehr nach Berlin verlegt, und der abschließende Clou ist die tricktechnische Verdopplung Rühmanns. Im Roman und in der zweiten Fassung von 1944 träumt sich der erfolgreiche Schriftsteller Pfeiffer bekanntlich in die Rolle des Primaners zurück. In der ersten Verfilmung tritt dagegen ein Brüderpaar Pfeiffer auf, das einfach die Rollen und Identitäten wechselt. Der erfolgreiche Schriftsteller Hans Pfeiffer wird in Odernitz für den Primaner gehalten, und der Primaner tritt in Berlin als Schriftsteller auf. Diese grundlegende Veränderung des Buches ging vor allem auf Rühmanns Wunsch zurück, da er so eine Doppelrolle spielen konnte, die ihm noch mehr Ausdrucksmöglichkeiten und effektvolle Szenen verschaffte. So springt die Handlung immer zwischen Odernitz und Berlin hin und her, und Rühmann kann den Identitätsschwindel gleich doppelt ausspielen und Pointen daraus ziehen. Während in der zweiten Verfilmung der *Feuerzangenbowle* die Karikatur der Lehrer stärker im Vordergrund stand, waren es 1933 vor allem die Brüder, die sich wechselseitig karikierten. Mit diesem dramaturgischen Kniff war allen gedient: Dem Zensor, der das Ansehen der Lehrer schützen wollte und deshalb die Crey-Parodie gestrichen hatte, und Heinz Rühmann, für den ein echter Starfilm heraussprang. Als doppelter Pfeiffer spielte er alle anderen Darsteller mühelos in den Hintergrund und wurde zum absoluten Mittelpunkt des Films.

Als *So ein Flegel* am 13. Februar 1934 uraufgeführt wurde, waren die Kritiker hingerissen: Rühmann wurde als der »charmanteste deutsche Komiker«[125] gefeiert, der mit »einer selbst an ihm nie erlebten Komik«[126] und »seiner leicht schnoddrigen Art, die immer wieder zu knatternden Lachsalven Anlaß gibt«[127], triumphiert. Seine Fähigkeit, ohne auffällige Maskierung oder Verkleidung zwei Brüder voneinander abzusetzen und beiden eine glaubhafte Gestalt zu geben, wurde von den ausnahmslos guten Kritiken besonders hervorgehoben: »Heinz Rühmann nuanciert ohne besondere Maskenkünste, fast nur unter Zuhilfenahme eines Kneifers, seine Doppelrolle mit natürlichem Humor und bestrickender Charakterkunst. Sein gutmütiges Lächeln, seine zögernde, konsonantenschluckende

Sprechweise, sein Umherplätschern in tausend Mißverständnissen – das alles ist sehenswert und versetzt das Parkett in heiterste Stimmung.«[128]

Rühmanns Erfolg als doppelter Pfeiffer wirft aber nicht nur ein Schlaglicht auf seine Karriere, sondern auch auf die Umstände, unter denen sein Erfolg zustande kam, wahrgenommen und historisch eingeordnet wurde. Der »Völkische Beobachter«, das Zentralorgan der NSDAP, sah *So ein Flegel* als Produkt einer neuen Zeit und wies so auf den tiefen Einschnitt hin, den der 30. Januar 1933 für die deutsche Filmindustrie und die deutsche Kultur insgesamt darstellte: »Die Harmlosigkeit dieses Films wirkt nach den mannigfachen schlüpfrigen Erzeugnissen der verflossenen Epoche wie eine Erfrischung. Man kann sich ohne Bedenken von der frohen Laune mitreißen lassen und geht nach Hause mit dem Gefühl, angenehm unterhalten worden zu sein. Das war in erster Linie Heinz Rühmann zu verdanken, der in einer famosen Doppelrolle allen Humoren freien Lauf lassen kann und davon auch reichlichen, wenn auch nie übertriebenen Gebrauch macht.«[129]

Pfeiffer mit drei f

Sieben Jahre nach dem großen Erfolg von *So ein Flegel* faßte Rühmann den Plan, das Buch von Spoerl noch einmal zu verfilmen. Da ihn der Stoff ungemein reizte, überwand er schließlich seine Bedenken, er könne zu alt für die Rolle sein. Im März 1942 hatte er seinen vierzigsten Geburtstag gefeiert, und im Film mußte er einen 19jährigen Primaner spielen. Spoerl ermutigte ihn, seine Bedenken wegen des Alters fallenzulassen.[130] Der Schriftsteller war selbst sehr an einer Neuverfilmung interessiert, weil er die erste Version als »billiges Schnitzelwerk«[131] abstempelte, mit dem er nichts zu tun haben wollte. Mittlerweile war aus dem erfolglosen Düsseldorfer Rechtsanwalt ein Star-Autor geworden, der seine Romane einträglich auswertete. Zuerst wurden sie in Zeitungen als Fortsetzungromane veröffentlicht, es folgte eine Buchausgabe, schließlich die Verfilmung. Aus dieser stärkeren Position heraus wollte Spoerl das Drehbuch diesmal alleine schreiben, ohne daß ihm jemand hineinredete und ihm so wie 1934 schließlich das Buch ganz aus der Hand nahm. Spoerl, der ein langsamer Arbeiter war, schrieb das ganze Jahr 1942 an einer Drehbuchfassung, tatkräftig unterstützt von seiner Ehefrau.

Man darf sich den Arbeitsprozeß im Hause Spoerl als eigene Komödie denken: Der Autor schritt ruhelos im Raum auf und ab, murmelte Formulierungen, verwarf sie, setzte erneut an. Eine eigens engagierte Sekretärin saß bereit und wartete geduldig auf das Diktat des Schriftstellers. Sobald sich Spoerl ein wenig erwärmt hatte, diktierte er seitenweise, dann hielt er inne und las das Geschriebene seiner Frau vor, die ständig zugegen sein mußte. Trude Spoerl gab Anregungen, verwarf, lobte. Dann nahm Spoerl seine Wanderung wieder auf, bedachte ihr Urteil, um schließlich erneut der wartenden Sekretärin in die Maschine zu diktieren.[132]

Spoerl hatte auch diesmal Angst um seine Geschichte und glaubte, nur Wolfgang Liebeneiner als Regisseur könne sie angemessen umsetzen. Doch der war laufend mit anderen Projekten beschäftigt und sagte zu Spoerls Entsetzen schließlich ab. Ebenso unglücklich verlief Spoerls Einsatz für seinen Freund Hans Ebert, den er als Komponisten verpflichten wollte. Rühmann setzte indessen seinen »Stammkomponisten« Werner Bochmann durch.

Die größten Schwierigkeiten ergaben sich aber, wie schon bei der ersten Verfilmung, mit der Zensur. Der Reichsdramaturg Carl Dieter von Reichsmeister hatte signalisiert, daß »die ganze Handlung seriöser zu führen und auf die stark karikaturistische Herausarbeitung der Lehrer-Figuren zu verzichten« sei.[133] Im Propagandaministerum fürchtete man das Veto des Erziehungsministers Bernhard Rust, weshalb man zögerte, eine Drehbuchgenehmigung zu erteilen. Auch Rühmann versuchte mehrfach, die Bedenken der Zensoren zu zerstreuen. Er schrieb an Spoerl: »Ihre Ausführungen betr. die Zensur sind durchaus richtig, aber man kommt damit bei den Herren nicht weiter, weil stets der Satz entgegengehalten wird: Es fehlen 10000 Junglehrer! Wir können froh sein, daß die maßgebenden Herren das Drehbuch ›reizend‹ finden und alles tun wollen, Herrn Minister Rust nicht einzuschalten.«[134]

Am 20. Februar 1943 erhielt Rühmann endlich grünes Licht. Er telegrafierte umgehend an Spoerl: »Drehbuch unter Regie Weiss genehmigt.«[135] Der Anfang der Dreharbeiten verzögerte sich dann jedoch noch einmal, weil einige Schüler, die als Kleindarsteller mitwirken sollten, schon eingezogen worden waren und von der Wehrmacht zurückgeholt werden mußten. Mitte März war es schließlich soweit, die Dreharbeiten zur *Feuerzangenbowle* konnten in Babelsberg beginnen.

Bis zu seinem Lebensende erhielt Heinz Rühmann immer wieder Anfragen, in welcher idyllischen Kleinstadt *Die Feuerzangenbowle* denn eigentlich gedreht worden sei und wo das berühmte Gymnasium stehe. Kaum jemand wollte glauben, daß das verschlafene Phantasie-Städtchen Babenberg, in dem der Schriftsteller Dr. Pfeiffer noch einmal die Schulbank drückt, nur eine gebaute Kulissenwelt war und der Film ausnahmslos auf dem Freigelände der Ufa-Ateliers in Babelsberg abgedreht wurde. »Die Schule hat es nie gegeben. Nicht mal als Filmdekoration existierte ihre Fassade, sondern ein kleines Modell, das bündig auf die Grundmauern paßte, wurde milimetergenau vor die Kamera gebaut.«[136] Der perfekt inszenierte Schein der *Feuerzangenbowle* bot den Zuschauern eine einladende Gegenwelt zum Kriegsalltag. Als der Film am 28. Januar 1944 in die Kinos kam, erzählte man sich in Berlin gerade den Witz: »Berlin ist die Stadt der Warenhäuser, hier war'n Haus, und da war'n Haus.« Von den Ruinen findet sich in Babenberg natürlich keine Spur, obgleich amerikanische und englische Bomber fast täglich Angriffe auf Berlin flogen. Schon vor Beginn der Dreharbeiten erreichte Heinrich Spoerl das Gerücht, Rühmann sei durch eine Bombe ums Leben gekommen, und wenige Wochen darauf wurde das Haus von Alf Teichs stark zerstört, er überlebte mit knapper Not.

Obwohl es offiziell hieß, Helmut Weiss sei der Regisseur, führte tatsächlich Heinz Rühmann Regie. Er legte die Einstellungen fest, gab die Kommandos, prüfte die Muster und entschied über den Schnitt. Weiss, der bislang als Schauspieler und Drehbuchautor gearbeitet hatte, besaß nicht den Ehrgeiz, eigene Vorstellungen zu entwickeln. Insofern war er der ideale Partner für Rühmann, der jemanden brauchte, der seine Ideen zuverlässig umsetzte, ohne konkurrierende Vorschläge zu machen. Mitte Juni waren die Aufnahmen fast beendet, nur noch einige Liebesszenen mit Eva (Karin Himboldt) sollten bei gutem Wetter im Freien nachgedreht werden.

Für die meisten Darsteller der Oberprima waren die Dreharbeiten zu diesem Zeitpunkt schon beendet. Mit ihrem Gestellungsbefehl in der Tasche hatten sie während des Drehens gehofft, daß sich das Ende der Aufnahmen möglichst lange hinauszögern würde. Einige von ihnen erlebten die Premiere des Films bereits nicht mehr. Von den Dreharbeiten ist ein kurzer Filmbericht erhalten geblieben, der die aufgekratzte Fröhlichkeit und Anspannung aller Beteiligten deutlich vor Augen führt.[137] Während der großen

Alkoholszene im Physiksaal, in der die Primaner ihrem Lehrer Crey (Erich Ponto) einen Vollrausch vorspielen, brachen die Darsteller, allen voran Rühmann, immer wieder in hysterisches Gelächter aus, die Aufnahmen wurden abgebrochen, wiederholt und wieder abgebrochen. Die erste Schnittfassung war in der letzten Juniwoche 1943 fertig geworden. Heinrich Spoerl war zu diesem Zeitpunkt schon verärgert, weil man einige seiner Vorschläge ignoriert hatte. Er saß am Tegernsee und grollte. Alles, was er bisher gesehen hatte, gefiel ihm nicht. Er hielt die Inszenierung des Films für verfehlt, da ihm das »behagliche Tempo« fehlte.

Als der Reichserziehungsminister Rust im Herbst 1943 die Freigabe des Films blockierte, entschloß sich Rühmann, auf eigene Faust zu handeln. Nach seiner Darstellung setzte er sich mit einem Bekannten im Reichsluftfahrtministerium in Verbindung. Es handelte sich dabei vermutlich um Ernst Udets alten Freund Walter Angermund. Der verschaffte ihm die erforderlichen Ausweispapiere, damit er ins Führerhauptquartier reisen konnte. Die sogenannte Wolfsschanze im ostpreußischen Rastenburg bildete eine weitläufige und streng abgeschirmte Bunkeranlage, in der sich Hitler während des Krieges häufig aufhielt. Mit einer Filmkopie unter dem Arm fuhr Rühmann mit dem Zug nach Rastenburg. Als er eintraf, war man dort über sein Anliegen bereits informiert, denn ein Adjutant Görings kümmerte sich um ihn und nahm den Film in Empfang. Man wies ihm eine Unterkunft in den Offiziersquartieren zu und stellte ihm für den nächsten Tag eine Entscheidung in Aussicht. Am nächsten Morgen berichtete man ihm, der Reichsmarschall habe sich den Film im Kreise seines Stabes angesehen und sich köstlich amüsiert. Daraufhin habe er die Angelegenheit dem Führer vorgetragen, der lediglich gefragt haben soll: »Ist dieser Film zum Lachen?« Woraufhin Göring ihm versicherte, daß er selbst sehr hätte lachen müssen. Hitler erwiderte kurz: »Dann ist dieser Film sofort für das deutsche Volk freizugeben.«

Daß Hitler *Die Feuerzangenbowle* noch selbst gesehen hat, ist äußerst unwahrscheinlich.[138] Seine alte Lieblingsgewohnheit, sich nach dem Abendessen Unterhaltungsfilme vorführen zu lassen, hatte er inzwischen aufgegeben. Allerdings versuchten immer wieder Menschen aus seiner unmittelbaren Umgebung, sich für bestimmte Filme bei ihm einzusetzen. Es ist also durchaus denkbar, daß sich nicht nur Göring, sondern auch Hitlers Geliebte Eva Braun für *Die Feuerzangenbowle* bei ihm stark machte. Zu diesem

Zeitpunkt des Krieges war es immerhin sehr ungewöhnlich, daß sich Hitler überhaupt noch um einen Spielfilm Gedanken machte. Im Januar 1944 wies er Goebbels persönlich an, den Film in die Kinos zu bringen, der darüber in seinem Tagebuch notierte: »Der neue Rühmann-Film ›Feuerzangenbowle‹ soll unbedingt aufgeführt werden. Der Führer gibt mir den Auftrag, mich nicht durch Einsprüche von Lehrerseite oder von seiten des Erziehungsministeriums einschüchtern zu lassen« (25. Januar 1944). Hitlers Urteil schwebte unangreifbar über allen Behörden und Instanzen. In einzelnen Fällen hatten sich deshalb bereits einige Filmproduktionen und -verleiher direkt an Hitlers Adjutantur gewandt, um die Zensurbehörden zu umgehen.[139] Insofern war Rühmanns Auftritt im Führerhauptquatier nicht einmalig oder ganz besonders riskant. *Die Feuerzangenbowle* konnte am 28. Januar 1944 in Berlin uraufgeführt werden.

Hält man sich die andauernde Beliebtheit der *Feuerzangenbowle* vor Augen, fragt man sich, welche Gefühle der Film damals wie heute anspricht. Im Januar 1944 wurde der Schriftsteller Dr. Pfeiffer zu einem Zeitreisenden auf der Suche nach seiner verlorenen Jugend. Er verwandelt sich in den Primaner Hans Pfeiffer, da er als ehemaliger Privatschüler niemals eine öffentliche Schule besucht hatte. Dieser Erfahrungsmangel, diese Sehnsucht nach gelebter, sorgenfreier Jugend machte Pfeiffer 1944 zu einer Stellvertreterfigur für Millionen Deutsche, die sich um ihre Lebenserfahrungen betrogen fühlten. Er holte Lebenszeit nach, wo sie anderen gestohlen wurde. Er katapultierte sich in einen Winkel, »ein Städtchen hinter dem Mond«, das keinen Fliegeralarm, keine Lebensmittelkarten, Luftschutzkeller, Brand- oder Splitterbomben, Panzer oder Flakgeschütze, geschweige denn Konzentrationslager kannte. Die Autoritäten, denen Pfeiffer begegnete, waren leicht vertrottelte Originale, die man nicht zu fürchten hatte. Ja, man hatte eigentlich überhaupt nichts zu fürchten, weil der gottgleiche Schuldirektor (Hans Leibelt) ein milder, nachsichtiger Patron war. Mit der Wirklichkeit der Wilhelminischen Dressuranstalten hatte diese geträumte Schule nichts zu tun, auch wenn die Masken, die Kostüme und die Architektur das nahezulegen schienen.

Daß die Sehnsucht nach dieser »Traumschule« eine zutiefst deutsche Mentalität darstellt, hat Helma Sanders-Brahms beschrieben: »Der verspätete Pennäler (in der Feuerzangenbowle) ist als Figur einer französischen oder angelsächsischen Komödie nicht denkbar, weil ihre Voraussetzung – die Sehnsucht nach der Penne – von anderen Völkern schwerlich nachzuempfinden ist und als etwas Urdeutsches verstanden werden muß. […] Schule ist hier nicht bloß Ort der Wissensvermittlung, Schule ist, wo der berühmte Stock verschluckt werden muß, ›mit dem man sie einst verprügelt‹, wie Heine sagt. Schule ist, wo der deutsche Untertan seine vornehmste und erste Ausbildung erfährt, und auf die kommt es auch unserem verspäteten Pennäler an […].«[140]

Allerdings wünscht sich der Schüler Pfeiffer nicht die Disziplinierungstechniken der Wilhelminischen Klassenzimmer zurück. Seine Flucht in die Vergangenheit steht vielmehr für die Verklärung des Gestern, das, rückblickend besehen, wie ein friedliches Idyll wirkte. Der militärische Drill der Kasernenhöfe im Jahre 1944, der auf das Töten und Sterben vorbereitete, ließ den pädagogischen Drill der Kaiserzeit in einem versöhnlichen Licht erscheinen.

Weit über das Jahr 1944 hinaus drückt *Die Feuerzangenbowle* eine tiefe Sehnsucht nach Ursprünglichkeit und Freiheit von Verantwortung aus. Pfeiffer läßt in der Großstadt alles zurück und verwandelt sich in den, der er nie sein durfte, den jugendlichen Gymnasiasten. Auch seine lebenserfahrene und anspruchsvolle Freundin tauscht er gegen einen jungfräulichen Backfisch, der ihm bis ans Ende der Welt zu folgen verspricht. An der Seite des provinziellen Mädchens verwandelt sich der gestandene Mann in einen Jungen ohne Vergangenheit, dessen kindlicher Optimismus noch in keiner Weise vom Leben enttäuscht worden ist.

Der Filmhistoriker Karsten Witte hat diesen Verwandlungsprozeß unter der Fragestellung »Wie faschistisch ist die Feuerzangenbowle«[141] untersucht: »Die Rückverwandlung Rühmanns vom reifen Mann zum Schüler wird durch Abdecken der Maske in Überblendungen demonstriert. Wo die mittlere Generation im Krieg steht, müssen die ganz Jungen sich alt und die Alten sich künstlich kindlich machen. […] Diese Überblendung hat ihre Geschichte. […] Immer operiert das faschistische Bild mit der Behauptung des Ewig-Gleichen, seiner Sehnsucht nach dem unerreichbaren Ursprung. Jedes Ding gilt ihm erst nach seiner Rückverwandlung als Natur. Der Zwang, aus jedem Bild qua Überblendung sein Urbild vorscheinen zu lassen, will den evolutionären Fortschritt um jeden Preis rückgängig machen. Es soll die Zivilisation und Industrialisierung widerrufen, die Materie beleben, den Mann verjüngen und die Geschichte in Natur verwandeln. Es zeigt in dieser Bildoperation sich der Zwang, der Teil der Sozialpsychologie der Faschisten ist: nämlich die Eroberungsarbeit mit der Schlagkraft des Jugendmythos zu rechtfertigen und durchzusetzen.«[142] Nach Karsten Witte war der Faschismus in diesem Film also nicht so sehr in den »›schlimmen‹ Sätzen oder wüsten Abbildern« zu entdecken, sondern in seiner Übereinstimmung mit faschistischen Denkmustern, etwa der Verklärung der Vergangenheit, der mythischen Aufwertung der Jugend oder der Entwertung erotischer Beziehungen zwischen reifen Menschen. In diesem Sinne war *Die Feuerzangenbowle* ein überaus konformistischer Film, der staatlich erwünschte Leitbilder unterhaltsam umsetzte.[143]

Nicht zuletzt ist *Die Feuerzangenbowle* aber auch ein überaus melancholischer Film, der die eigenen Erinnerungen zum rettenden Paradies verklärt, aus dem man nicht vertrieben werden kann. Mit dieser Schlußbotschaft entläßt der Film die Zuschauer. Mit Pfeiffers Rückverwandlung in den erwachsenen Schriftsteller wird die Geschichte als Traum entlarvt. Während die Flammen der Feuerzangenbowle vor seinem Gesicht aufflackern, blickt Rühmann in die Kamera und spricht seine Botschaft direkt zum Publikum gewandt: »Wahr sind nur die Erinnerungen, die wir mit uns tragen, die Träume, die wir spinnen, und die Sehnsüchte, die uns treiben. Damit wollen wir uns bescheiden.« Diese Sätze, die Heinrich Spoerl bereits 1933 geschrieben hatte, konnten die Zuschauer 1944 mit den eigenen Verlusterfahrungen, Ängsten und Fluchtphantasien verbinden.

Georg Seesslen hat darauf hingewiesen, daß in der *Feuerzangenbowle* höchst widersprüchliche Zeiterfahrungen verdichtet werden: »*Die Feuerzangenbowle* gehört zu jenen schizophrenen Filmen aus der Spätzeit des Nationalsozialismus, die zugleich dem Regime dienen und über sein Ende hinausblicken wollen, die voller offener oder unterschwelliger Nazi-Ideologeme sind, und zugleich von einer Sehnsucht nach Frieden und Versöhnung zeugen, die sozusagen schon mit der Verdrängung der Schuld beginnt, während sie noch geschieht.«[144] Auch Resignation und Furcht sprechen bereits aus den letzten Bildern. Die Flucht in die tröstliche Erinnerung beschrieb den Mangel an erfüllter Gegenwart und aussichtsreicher Zukunft. Auch die Verwandlung des vierzigjährigen Rühmann in einen Gymnasiasten war eine unwiederholbare Kraftanstrengung: Der »selige Lausbub« war in die Jahre gekommen, und nach 1945 konnte er diese Figur nicht wieder umstandslos reaktivieren. *Die Feuerzangenbowle* blieb der letzte Film mit Rühmann, den die Zuschauer im Dritten Reich zu sehen bekamen.

Einbahnstraße Untergang

»Die Schuttberge sind mit Papierfähnchen lustig besteckt, auf Transparenten steht ›Führer befiehl, wir folgen‹ oder ›Unsere Mauern brechen, aber unsere Herzen nicht‹. Völliger Unsinn, der nur noch einem Blockwart-Gehirn Eindruck machen kann. Diese halbverbrannte Stadt in Flitterschmuck und Papierlustigkeit wirkt wie eine alte Kokotte, die mit schlechter Schminke Jugendlichkeit vortäuschen will.«[145] So beschrieb Ursula von Kardorff Berlin am 20. April 1944, dem Geburtstag Hitlers. Die »Festung Europa« war längst keine mehr, die Wehrmacht befand sich überall in der Defensive, und die englischen und amerikanischen Bomberstaffeln luden ihre Last jetzt schon am hellen Tag über deutschen Städten ab. Im Sommer 1944 kochte Berlin vor Gerüchten über die Rache der Roten Armee, die Vernichtung der Juden, über Attentatspläne und die Erfolge der Alliierten. Propagandaplakate drohten »Schäm dich, Schwätzer – Feind hört mit – Schweigen ist Pflicht«, doch daran hielten sich die Berliner kaum. Der »Endsieg« war ferner denn je, auch wenn Goebbels »Wunderwaffen« versprach und die »V 1« tatsächlich London verwüstete.

Rühmanns Haus am Wannsee besaß einen stabilen Luftschutzkeller, in dem auch sein Nachbar, der Komponist Werner Bochmann, häufig Zuflucht suchte. Er hatte seit *Quax, der Bruchpilot* für alle Rühmann-Filme die Musik geschrieben, auch für dessen Regiefilm *Der Engel mit dem Saitenspiel*, den Rühmann im Februar 1944 in Berlin begonnen hatte.[146] Neben Hertha Feiler spielte Hans Söhnker in diesem Liebesfilm die Hauptrolle. Trotz der chaotischen Drehbedingungen schaffte es Rühmann offensichtlich, das Atelier und das Team gegen den Krieg abzuschotten. Söhnker hat die Arbeitsatmosphäre in diesen Tagen so beschrieben: »Eine derart intensive und zugleich harmonische Drehzeit wie damals beim *Engel mit dem Saitenspiel* habe ich nicht oft erlebt. Und dabei brachte jeder Tag neue Angst und neue Schrecken! Keiner von uns wußte, ob er die nächste Bombennacht überstehen würde.«[147] Am 20. April wurde Söhnkers Haus in Zehlendorf zerstört, woraufhin er zu Rühmann an den Kleinen Wannsee zog. Auch Alf Teichs und

Helmut Weiss hatten hier zeitweilig gewohnt, nachdem sie ausgebombt worden waren.

Zu denen, die in Rühmanns Luftschutzkeller wiederholt Zuflucht gefunden hatten, gehörte auch Erich Knauf. Seit 1936 hatte er für die Terra als Pressechef gearbeitet und vor allem die Rühmann-Produktionen betreut. Als Rühmann Hertha Feiler heiratete, hatte Knauf ein heiteres Gedicht geschrieben, in dem er alle Filmtitel unterbrachte, in denen die Brautleute bis dahin gespielt hatten. So etwas gefiel Rühmann, er ließ das Gedicht rahmen und hängte es in seine Diele. Von Knauf stammten auch die Liedtexte zu »Heimat deine Sterne«, dem populären Lied aus *Quax, der Bruchpilot*, und zu dem Schlager »Mit Musik geht alles besser«, der im Rühmann-Film *Sophienlund* eine wichtige Rolle spielte.

Am 28. März 1944 wurde Knauf von der Gestapo verhaftet, weil ihn der Hauptmann der Reserve Bruno Schultz wegen »zersetzender Bemerkungen« denunziert hatte. Zusammen mit Knauf wurde auch der Pressezeichner Erich Ohser abgeführt, der unter dem Pseudonym E. O. Plauen als Autor der sehr beliebten Bildgeschichten »Vater und Sohn« in der »Berliner Illustrierten« bekannt geworden war. Schultz, der mit den beiden in einem Haus wohnte, hatte penibel und gewissenhaft ein langes Protokoll aufgesetzt und all ihre »staatsfeindlichen Äußerungen« notiert. Wegen »defätistischer Äußerungen« wurde Knauf vom Präsidenten des Volksgerichtshofs, Roland Freisler, am 6. April 1944 zum Tode verurteilt. Erich Ohser beging bereits vor der Urteilsverkündung in seiner Zelle Selbstmord. Nach Knaufs Verhaftung hat sich Rühmann für seine Begnadigung eingesetzt. Erich Knaufs Verteidiger benannte ihn als einen in Frage kommenden Entlastungszeugen, dessen Anhörung Freisler jedoch ablehnte.[148]

Die Schauspielerin Ilse Werner erinnert sich, daß Rühmann sich auch an Goebbels wandte, um etwas gegen das Todesurteil zu unternehmen: »Drei Männer haben es riskiert: Werner Bochmann, Alf Teichs und Heinz Rühmann. Sie richteten eine Bittschrift an Goebbels. Das einzige Ergebnis: Für ihre Menschlichkeit wurden alle drei auf die bösartigste Weise zurechtgewiesen.«[149] Robert Leistenschneider, ein Produktionsleiter der Terra, sagte 1945 aus, daß Rühmann zweimal bei Freisler angerufen habe, um für Knauf einzutreten, und ihn selbst dann zu einem Adjutanten Hitlers geschickt habe, um ein Gnadenersuch zu erwirken.[150] Und Erna Knauf, die Frau des Verurteilten, bestätigte, daß Rühmann in seinem Einsatz »bis an die Grenze des für ihn Tragbaren«[151] gegangen sei. Alle Bemühungen waren jedoch vergebens: Erich Knauf starb am 2. Mai 1944 unter dem Fallbeil.

Unterdessen waren die Dreharbeiten zu *Der Engel mit dem Saitenspiel* von Berlin ins Allgäu verlagert worden, wo noch eine Reihe von Außenaufnahmen abgedreht werden sollten. Je näher der Zusammenbruch rückte, desto mehr Produktionen setzen sich aufs Land ab. Die Herstellung von unbeschwerten Unterhaltungsfilmen wurde von allen Filmfirmen bis in die letzten Kriegstage fortgesetzt. Die deutschen Theater jedoch ließ Goebbels, der am 25. Juni 1944 zum »Reichsbevollmächtigten für den totalen Kriegseinsatz« ernannt worden war, am 1. September 1944 schließen. Alle Belegschaften der Berliner Theater wurden in die Rüstungsindustrie abkommandiert. Selbst Rühmanns alter Lehrer und Freund Heinz Hilpert, der das Deutsche Theater bis zum Schluß geleitet hatte, wurde als Hilfsarbeiter bei Telefunken eingesetzt. Mitte Mai kehrte Rühmann mit seinem Team wieder nach Berlin zurück, um den Film fertigzustellen.

Am 21. Juli 1944 saß ganz Deutschland bis spät in die Nacht vor dem Radiogerät. Gegen ein Uhr morgens war Hitlers Stimme zu hören. Er hatte das Attentat vom Vortag leicht verletzt überlebt. Eine »ganz kleine Clique ehrgeiziger, gewissenloser und zugleich verbrecherischer und dummer Offiziere« habe ihn beseitigen wollen. Sein Überleben betrachte er als einen »Fingerzeig der Vorsehung«, sein Werk fortzuführen. Die Verbrecher würden selbstverständlich unbarmherzig ausgerottet. In den folgenden Wochen und Monaten wurden Tausende hingerichtet und etwa 7000 Personen verhaftet, die mit dem 20. Juli in Verbindung gebracht wurden. Unterdessen rückte der Zusammenbruch des Dritten Reiches immer näher. Am 11. September 1944 überschritten die Amerikaner erstmals die deutsche Grenze bei Stolzenburg, am 2. November wurde das Morden in den Gaskammern von Auschwitz eingestellt. Von Osten zogen hunderttausende Flüchtlinge aus Schlesien in langen Trecks Richtung Berlin, wo die Kellner im Hotel Adlon trotz des allgemeinen Chaos ringsherum ihre Haltung zu wahren suchten und die Gäste in weißen Handschuhen bedienten.

Auch die Filmleute versuchten, ihren Job bis zum Schluß professionell zu machen. Noch im April 1945 wurden sechzig deutsche Spielfilme vorbereitet, gedreht oder gerade abgeschlossen.

Viele davon in Prag, einige in Wien und Amsterdam, selbst im zerbombten Berlin wurde noch gefilmt. Die Stadt bereitete sich auf die letzte Schlacht vor. Panzersperren wurden errichtet, alle verfügbaren Kräfte zum Volkssturm eingezogen. Inmitten dieses Chaos versuchte Rühmann, die Gruppe, so gut es ging, zusammenzuhalten. Einige hatten sich bereits in Richtung Süden abgesetzt, andere waren unauffindbar, manche wurden zum Volkssturm abkommandiert. Wer jetzt noch drehen konnte, rettete sich in den Schein der Unentbehrlichkeit, suchte Halt in den gewohnten Produktionsabläufen, was im Angesicht des totalen Zusammenbruchs oft genug Züge einer grotesken Komödie annahm. Damit man nicht noch selbst ein Opfer von Hitlers Untergangsphantasien wurde, deren Ausdruck der »Verbrannte-Erde«- oder auch »Nero-Befehl« vom 19. März 1945 war, ließ man die Filmkameras weiterlaufen, manche auch ohne Film.

Auch Rühmann stürzte sich in ein solches Tarnkappen-Projekt. Die Terra-Filmkunst verabredete Mitte Februar mit der Organisation Todt (OT), einen »heiteren Spielfilm« über die Organisation zu drehen. Die OT war eine Sonderorganisation, die mit dem Bau militärischer Anlagen beauftragt war und dabei relativ unabhängig von anderen Organisationen agierte. In einem Schreiben des Terra-Chefs Alf Teichs vom 14. Februar 1945 an die OT wird die Zielsetzung des gemeinsamen Projektes angesprochen: »Zwei Ziele sollen mit diesem Film erreicht werden, – das Publikum gut zu unterhalten und ihm gleichzeitig in unaufdringlicher Weise einen Begriff von der Aufgabe und der Leistung der OT zu geben.«[152] Zu diesem Zweck wurde die Rühmann-Gruppe gastweise in die OT aufgenommen, die Gehälter zahlte weiterhin die Terra. Filmexposés sollten für das Propagandaministerium und Reichsminister Albert Speer erarbeitet werden.

Daraufhin wurde Heinz Rühmann in den Rang eines Stabsfrontführers (Major) erhoben und erhielt die graugrüne OT-Uniform. Etwa zwölf Leute seiner Gruppe waren mit Rühmann in Uniformen gesteckt worden, und so konnte die Köpenickiade beginnen: »Erstes Ziel war ein Dorf in der Nähe von Frankfurt an der Oder, wo ich die ersten Schützengräben sah. Gegenüber erkannte man ganz weit in der Ferne russische Stellungen. Die OT-Leute waren begeistert. Die Filmerei war für sie eine willkommene Abwechslung in ihrer monotonen Buddelei. Wir hatten es durchaus nicht eilig. Wir wollten Zeit gewinnen, viel Zeit sogar. Wir arbeiteten zum Schein wie richtige Filmleute. Ich ließ die Gruppen aufmarschieren, wie es das sogenannte Drehbuch vorsah. Ewald Daub kurbelte, was ihm vor die Kamera kam – ohne Film freilich.«[153] Nach einigen Wochen wurde das Vorhaben eingestellt, nachdem man zuletzt nur noch sonntags am OT-Film gearbeitet hatte.

Ende April war die Reichshauptstadt Berlin bereits völlig von russischen Truppen eingeschlossen, die sich Straße für Straße, Haus für Haus in die Innenstadt vorkämpften. Heinz Rühmann, Hertha Feiler, Sohn Peter sowie der Regisseur Helmut Weiss hielten sich unterdessen seit Tagen in dem Luftschutzkeller Am Kleinen Wannsee 15 auf und warteten auf das Ende. Heinz Rühmann hat über diese Tage nur selten und ungern gesprochen.

Hertha Feiler hat die schreckliche Zeit der Ungewißheit ausführlicher geschildert. Nach dem Erfolg von *Der Hauptmann von Köpenick* rissen sich die Zeitungen um Porträts des Stars, und im Herbst 1956 erschien in der »Deutschen Illustrierten« eine mehrteilige Reportage unter dem Titel »Mein Mann Heinz Rühmann«[154], die von Hertha Feiler autorisiert worden war. Darin erzählt sie von Angst, Verzweiflung und Selbstmordabsichten. Die Familie hatte tagelang im Keller ausgeharrt, draußen wurde geschossen, Flugzeugmotoren dröhnten, das Heulen einer Stalinorgel war zu hören, in nicht allzu weiter Ferne detonierten Bomben. Schließlich wurde es nach all dem Gefechtslärm ruhig, und man wagte es, aus dem Keller nach oben zu steigen. Es war frühlingshaft warm. Einige deutsche Soldaten kamen ihnen entgegen, Munitionskästen, Panzerfäuste und ein Maschinengewehr schleppend.

Hans-Erich Brand war einer der Potsdamer Panzergrenadiere, die damals auf Rühmanns Grundstück Stellung bezogen. Er führte Tagebuch: »26. April. Ein Mann unserer Gruppe tot. Wir setzen uns ab. Jetzt sind wir in der ›Festung Wannsee‹ und zwar im Hause Heinz Rühmanns und Hertha Feilers. Eben sind beide hier und haben uns Wein gebracht. Heinz R. hat aber scheinbar seinen Humor verloren. Er ist sehr still. – Die Nacht bleibt außer der üblichen Knallerei ruhig.«[155] Am nächsten Tag notierte er: »Eben haben wir unsere Stellung im Garten bezogen. Es ist ein herrliches Wetter und eine wunderbare Landschaft. 10 m vor uns liegt der kleine Wannsee. Gegen Mittag werden wir abgezogen. […] Heute morgen habe ich mit H. Rühmann und Hertha Feiler gesprochen. H. R. wollte von mir wissen, was er mit seiner Mauser 6.35 machen sollte. Ich empfahl ihm, sie in den See zu schmeißen.«[156]

Am 27. April zogen die Panzergrenadiere ab, die folgende Nacht verbrachte Rühmann wieder zusammen mit seiner Familie im Luftschutzkeller. Am Morgen des 28. April erhielt das Haus mehrere Treffer einer russischen Stalinorgel, die vom gegenüberliegenden Wannseeufer feuerte. Die Villa aus Holz stand schnell in Flammen, und so flohen die Wartenden zum nächstgelegenen Haus. Dort fand die Familie Rühmann im Keller Unterschlupf.

Bald tauchten die ersten russischen Soldaten auf, hämmerten an die Tür, verlangten Alkohol. Ein Major trat auf, der alle Männer, auch Heinz Rühmann, in den Keller des Hauses einsperren ließ. Es hieß, am nächsten Tag würden alle Männer als Geiseln erschossen. Während ein Posten den Kellereingang bewachte, feierten die Soldaten die ganze Nacht oben in der Villa. In ihrer Verzweiflung dachte Hertha Feiler an Selbstmord, doch schließlich wartete sie mit ihrem Sohn erstarrt und betäubt den Morgen ab. Am nächsten Tag zogen die russischen Soldaten ab und ließen die Männer zurück, ohne ihre Drohung, sie zu erschießen, wahr gemacht zu haben. Die Frauen sperrten den Keller auf und befreiten die eingeschlossen Männer.

In Berlin war der Krieg beendet. Am 2. Mai 1945 hißten russische Truppen ihre Fahne als Zeichen des Sieges auf dem Reichstagsgebäude, zwei Tage zuvor hatte Hitler im Bunker der Reichskanzlei Selbstmord begangen.

1945–1960

Zwischen den Fronten

Vom 8. auf den 9. Mai 1945 trat die bedingungslose Kapitulation der deutschen Wehrmacht in Kraft. Der Sommer kam früh, es war heiß in Berlin. Von den Trümmerbergen stieg ein flimmernder Nebel aus Staub auf. In den Straßen lagen gefallene Soldaten, die aber schon bald niemand mehr beachtete. Mehr Interesse brachte man den Pferdekadavern entgegen, die, gründlich ausgeschlachtet, in den Kochtöpfen landeten. »Die Welt tobt im Siegestaumel. Die Berliner grübeln, wo sie etwas zu essen finden«[1], notierte Ruth Andreas-Friedrich am 9. Mai 1945 in ihrem Tagebuch. Zusammenbruch oder Aufbruch? Befreiung oder Besetzung? Katastrophe oder Chance? Trauer oder Hoffnung? Abschied vom Gestern oder Ausblick auf Morgen?

Die Gefühle der Menschen waren in diesen Tagen zu disparat, um sie auf diese Gegensatzpaare einschränken zu können. Zumal in den ersten Nachkriegsjahren kaum Zeit blieb, diese Fragen zu stellen. Im Vordergrund stand das bloße Überleben, das Zauberwort hieß »Organisieren«. Man »organisierte« Lebensmittel, Wohnungen, Kleidung, Papiere und Ausweise. Überraschend schnell lief das Kulturleben in der zerstörten Stadt wieder an: Am 13. Mai ging der Berliner Rundfunk in der Masurenallee wieder auf Sendung, am 15. Mai erschien als erste Nachkriegszeitung die »Tägliche Rundschau«, am 21. Mai folgte die »Berliner Zeitung«, beide von der Sowjetischen Militäradministration (SMAD) herausgegeben. Hektische Betriebsamkeit herrschte auch in der Berliner Theaterszene: Am 27. Mai fand im unzerstörten Renaissance-Theater die erste Premiere statt. Gezeigt wurde der Schwank *Der Raub der Sabinerinnen* der Gebrüder Schönthan. Von Juni bis Dezember 1945 fanden in Berlin mindestens 121 Premieren statt, die zumeist auf das Konto kleiner Theatergruppen gingen, die in Wirtshäusern,Turnhallen, Rathäusern, Schulen, Kinos oder Gemeindesälen spielten.[2]

Die kulturelle Betriebsamkeit im besetzten Deutschland wurde von den Alliierten unterstützt, aber auch sehr genau kontrolliert und in die erwünschten politischen Bahnen gelenkt. Dabei hatten die Siegermächte ganz verschiedene Ansichten, wie und vor allem mit wem sie den kulturellen Wiederaufbau in Gang setzen wollten. Die Frontverläufe des Kalten Krieges kündigten sich bereits an, und in dieses Spannungsfeld geriet auch Heinz Rühmann, der sich bald für seine Karriere im Dritten Reich verantworten mußte.

Bis Anfang Juli 1945 wurde Berlin auschließlich von der Sowjetischen Militäradministration verwaltet. Erst als die westlichen Alliierten zwischen dem 1. und 4. Juli unter General Eisenhower in die ihnen zugewiesenen Sektoren einrückten, konnten sie die Hoheitsrechte, die sie auf dem Papier längst besaßen, auch praktisch ausüben. Am 11. Juli konstituierte sich die Alliierte Kommandantur, die von den vier Siegermächten gebildet wurde, und übernahm mit dem Befehl Nr. 1 »die Kontrolle über die Verwaltung der Stadt Berlin«. Bis dahin hatte der sowjetische Stadtkommandant Generaloberst Nikolai Bersarin, quasi im Alleingang, die Normalisierung der Lebensverhältnisse vorangetrieben. Zuallerst mußte die Bevölkerung mit Lebensmitteln versorgt werden, mit Lastwagen wurde das frische Brot der sowjetischen Feldbäckereien in die Stadt gefahren. Ab 15. Mai galt ein von Bersarin angeordnetes System der Lebensmittelrationierung, das die Berliner in fünf Berechtigungsgruppen einteilte. Allerdings garantierte nur Klasse I für »Schwerarbeiter und Arbeiter in gesundheitsgefährdenden Betrieben« eine halbwegs ausreichende Ernährung. Klasse I erhielten aber auch »Verdiente Gelehrte« und »Kultur- und Kunstschaffende«, was zeigt, wie hoch die deutschen Künstler im Ansehen der sowjetischen Behörden standen. Für die dortigen Kulturoffiziere war die Versorgung der Deutschen mit Brot mindestens ebenso wichtig wie die mit Kultur.

Der ehemalige Reichstagsabgeordnete Walter Ulbricht war am 2. Mai, aus Moskau kommend, mit einer zehnköpfigen KPD-Aktivistengruppe in Berlin eingetroffen und hatte in Zusammenarbeit mit der SMAD begonnen, die Organisation der KPD und die Berliner Stadtverwaltung aufzubauen. Neben dem jungen Wolfgang Leonhard gehörten der »Gruppe Ulbricht« unter anderen auch Otto Winzer, Karl Maron und Richard Gyptner an.[3] »Diese Einsatzgruppe, anfangs auch ›Brigade‹ genannt, existierte zwar nur wenige Wochen, sie bildete aber in dieser Zeit ›faktisch die zentrale Parteiführung der KPD in Deutschland‹ und hat grundlegende Weichenstellungen für die weitere politische Entwicklung im sowjetisch besetzen Teil Deutschlands vorgenommen.«[4] Schon in den ersten Maitagen muß Heinz Rühmann in Wannsee von russischen Kulturoffizieren aufgesucht worden sein. Das geht aus einer Liste hervor, die Walter Ulbricht am 8. oder 9. Mai an sowjetische Dienststellen übergeben hatte und die die Besetzungsvorschläge für den neu zu gründenden Magistrat der Stadt Berlin verzeichnete. Dort heißt es unter dem Punkt »Volksbildungswesen« über Rühmann: »Zur Mitarbeit in der Abteilung hat sich bereit erklärt Heinz Rühmann, einer der bekanntesten Filmschauspieler und Regisseure. Er hat in keinem politischen Film für die Nazis mitgewirkt. Er hat Genossen bei der illegalen Arbeit gegen das Hitlerregime geholfen. Er ist sowjetfreundlich gesinnt.«[5]

Hatte sich Rühmann den russischen Offizieren als überzeugter Antifaschist und Widerstandskämpfer präsentiert? Vielleicht aus Angst vor Mißhandlungen und Übergriffen? Die Offiziere, die Ulbricht Bericht erstattet hatten, waren jedoch andere Leute als die verwilderten und einfachen Soldaten, die Rühmanns Haus besetzt hatten. Sie waren überwiegend hoch gebildet, stammten, wie etwa Alexander Dymschitz, nicht selten aus großbürgerlichen jüdischen Elternhäusern, dabei sprachen sie vorzüglich deutsch und kannten sich sehr genau in der deutschen Kultur aus. Sie warben hartnäckig um die kulturelle Prominenz, auf jeden Fall war es hilfreich, sich ihre Sympathie zu erhalten.

Das erste Ergebnis dieser Begegnung war, daß Ulbricht Rühmann für zukünftige Aufbauaktivitäten im Auge behielt. In einem Brief an Georgi Dimitroff vom 9. Mai rechnete Ulbricht ihn zu einem »breiten Zusammenschluss der antifaschistisch-demokratischen Kräfte«, die gewillt waren, bei der »Bildung der Verwaltungsorgane« mitzuarbeiten.[6] Zu einer weiteren Annäherung zwischen Rühmann und den sowjetischen Besatzern kam es am 14. Mai in einem Lichtenberger Kinosaal. Hier trafen sich eine Reihe von prominenten »Kulturschaffenden«, um mit dem Stadtkommandanten Generaloberst Bersarin über die Wiedereröffnung der Theater zu sprechen. Neben Gustaf Gründgens, Paul Wegener und Ernst Legal war auch Heinz Rühmann anwesend. Da eine Reihe von unzerstörten Theatern, wie etwa das Deutsche Theater oder das Renaissance-Theater, nur darauf warteten, wieder bespielt zu werden, und die Leitungsposten vakant waren, wollte Rühmann schon einmal sein deutliches Interesse an einer dieser Bühnen anmelden.

Am 16. Mai schrieb Ulbricht an Bersarin, um ihm Vorschläge für die Konstituierung der Stadtverwaltung zu übermitteln.[7] Dabei ging es vor allem um die Auswahl der Redner. Auf dieser Vorschlagsliste findet sich der Name Rühmanns nicht, dafür sollte Paul Wegener zur Mitarbeit der Künstler Stellung nehmen. Doch als der Magistrat schließlich am 19. Mai zu seiner Gründungssitzung zusammentrat, war es nicht Paul Wegener, der sprach, sondern Heinz Rühmann, der als »berühmter Vertreter der Intelligenz«[8] dessen Platz einnahm.

Die Veranstaltung fand, da das Rote Rathaus stark zerstört war, im obersten Stockwerk der Städtischen Feuersozietät in der Parochialstraße 1–3 statt und begann um 13 Uhr. Unmittelbar vor der Sitzungseröffnung wurde Heinz Rühmann von Walter Ulbricht auf dem Gang angesprochen, wahrscheinlich trafen die beiden hier erstmals persönlich zusammen. Was Ulbricht von Rühmann wollte, war klar: Prominente »bürgerliche Kunstschaffende« sollten die kulturpolitischen Anstrengungen der KPD und der Sowjets durch ihren Status rechtfertigen und im Wettkampf mit den westlichen Alliierten auf der *richtigen* Seite stehen.

An der Stirnseite des Saales war ein langes Spruchband angebracht: »Die antifaschistische Einheit – das Unterpfand der Neugeburt des deutschen Volkes!« Oberbürgermeister Arthur Werner hielt die Eröffnungsansprache, es folgte eine Reihe von Rednern, die die »Selbstreinigung« des deutschen Volkes, »die restlose Ausrottung des preußisch-deutschen Militarismus« und »die demokratische Erneuerung Deutschlands« forderten.[9] Redemanuskripte sind nicht erhalten, aber die »Berliner Zeitung« berichtete in ihrer ersten Ausgabe ausführlich und hat auch Heinz Rühmanns Ansprache zumindest in Stichworten wiedergegeben: »Nach einigen anderen Rednern wandte sich der bekannte Filmschauspieler und Spielleiter Heinz Rühmann an die Versammlung. Er, der wie so viele andere hervorragende Kulturschaffende sogleich seine Person und sein Können in den Dienst des Wiederaufbaus gestellt hat, führte etwa Folgendes aus: Ernste leidenschaftliche Arbeit an der Zukunft schließe keineswegs die Freude und den Humor aus. Im Gegenteil: wer wirklich arbeite, habe umsomehr Freude und Entspannung verdient. Er versprach – unter stürmischem Beifall der Anwesenden – daß er und alle volksverbunden Künstler freudiger und schwerer arbeiten würden als je zuvor, um den am Wiederaufbau Schaffenden die Freude und die Entspannung, derer sie bedürfen, mit den Mittel der Kunst zu bieten. ›Diese Aufgabe ist umso schöner für uns‹, schloß Heinz Rühmann, ›als jetzt die Kunst befreit sein wird von allen Schikanen und Fesseln, unter denen sie bis vor wenigen Tagen litt.‹«[10]

Glaubte Heinz Rühmann aufrichtig an diese Mission? Lockten ihn die Angebote der Sieger? War er ein Opportunist, der Hals über Kopf das Lager wechselte und statt Goebbels jetzt Ulbricht nach dem Mund redete? Oder wurde er selbst von einem plötzlich erwachten politischen Idealismus getrieben, der ihn zu diesem Engagement veranlaßte? Und wofür wollte er sich denn einsetzen? Für die Demokratie? Den Sozialismus? Die KPD? Gegen den Faschismus? Keines dieser Schlagworte hält der Bericht der »Berliner Zeitung« fest. Im Zentrum von Rühmanns Beitrag standen die Begriffe »Wiederaufbau«, »Entspannung« und »Freude«, und mit dieser Botschaft war er sich seit dem Beginn seiner Karriere treu geblieben.[11]

Er war ein »Wiederaufbau«-Künstler zu jeder Zeit. Bereits 1931, im Zeichen wirtschaftlicher Depression, wollte er die »bedrückten Zeitgenossen aufheitern« und sie aus der vorherrschenden »Atmosphäre von Pessimismus und Mutlosigkeit befreien«.[12] Er kehrte jetzt zurück als der alte Entspannungs- und Ermunterungsspezialist, der er immer gewesen war: In den Krisen der Weimarer Republik, dem Alltag des Dritten Reiches und schließlich in den Kriegsjahren. Man hatte ihn immer gebraucht, zu allen Zeiten über ihn gelacht, und er hatte gut verdient dabei. Warum sollte sich daran jetzt etwas ändern? Seine Rede war so allgemein und unverbindlich gehalten, daß niemand ihn auf eine eindeutige Position festlegen konnte. Er hatte sich öffentlich niemals politisch exponiert, offensiv Stellung bezogen oder rückhaltlos Partei ergriffen. Das hatte ihn bislang ebenso unangreifbar wie vielseitig einsetzbar gemacht. Nur deshalb konnte Ulbricht auf die Idee kommen, ihn als Repräsentanten des »kleinen Mannes« zu umwerben, wie es zuvor bereits unter anderen politischen Vorzeichen Propagandaminister Goebbels getan hatte.

Die sowjetischen Kulturoffiziere hatten Rühmann gebeten, den Kontakt zu dem 70jährigen Paul Wegener herzustellen, den sie ebenfalls in leitender Funktion für den kulturellen Wiederaufbau gewinnen wollten.[13] Es störte sie offenbar nicht, daß der frühere Reinhardt-Mime und Stummfilmstar in einer Reihe von Propagandafilmen wie der Horst Wessel-Verherrlichung *Hans Westmar* oder Veit Harlans Durchhaltefilm *Kolberg* mitgewirkt hatte. Mit Zustimmung Bersarins wurde er zum ersten Präsidenten der Kammer der Kunstschaffenden ernannt, die am 6. Juni 1945 gegründet wurde.

Für die Russen stand zuallerst die Mobilisierung des Kulturlebens im Vordergrund, die Entnazifizierung der »Kulturschaffenden« wurde dagegen zurückgestellt oder zunächst recht großzügig gehandhabt. Die Kammer der Kunstschaffenden bezog die ehemaligen Räumlichkeiten der Reichskulturkammer in der Charlottenburger Schlüterstraße 45. Der letzte Chef der NS-Behörde, Hans Hinkel, hatte die gesamten Aktenbestände, das Mobiliar sowie einige ehemalige Mitarbeiter zurückgelassen. Jetzt sollte die gewendete Behörde nicht nur die Entgiftung der Kulturszene von nazistischen und reaktionären Tendenzen leisten, sondern auch die geistige Erneuerung vorantreiben. In den ersten Monaten ihrer Existenz machte sich die Kammer bei den Künstlern und Intellektuellen jedoch vor allem durch die Einstufung für die Zuteilung von Lebensmittelkarten unentbehrlich. Ein Star wie Rühmann wurde selbstverständlich in die Klasse I eingestuft, während Nebendarsteller um Klasse II kämpften und Statisten in der Regel nur auf Klasse III Anspruch erheben konnten.

Neben der Beschaffung von Lebensmitteln ging es natürlich darum, berufliche Perspektiven aufzutun, und da die Kammer der Kunstschaffenden die volle Unterstützung der Russen genoß, mußte man sich als Künstler hier engagieren, wenn man Filme machen oder Theater spielen wollte. Die Kammer wurde zu einer »Informations- und Postenverteilungsbörse«[14], und Heinz Rühmann war mittendrin. Verschiedene Ausschüsse wurden von Wegener berufen, so auch ein Filmausschuß, dem neben Rühmann auch Alf Teichs, Wolf von Gordon, Bruno Duday, Peter Pewas und einige andere Filmleute angehörten. Es waren vor allem die ehemaligen Terra-Mitarbeiter um Teichs und Rühmann, die in den ersten Wochen den Ton im Filmausschuß angaben und dabei vom Magistrat der Stadt unterstützt wurden.

Nach seiner Rede auf der konstituierenden Sitzung hatte Rühmann zwar an keiner der folgenden Magistratssitzungen teilgenommen, dennoch blieb er hier weiterhin für leitende Posten im Gespräch. So etwa, als auf der 8. Magistratssitzung vom 25. Juni 1945 über die Besetzung der Berliner Theater beraten wurde. Auf dieser Sitzung, die von Oberbürgermeister Werner geleitet wurde und an der auch die Professoren Hans Scharoun und Ferdinand Sauerbruch teilnahmen, wurde beschlossen, daß Heinz Rühmann die Leitung des Renaissance-Theaters in Charlottenburg übernehmen sollte.[15] Selbst im fernen Moskau durften die deutschen KPD-Genossen zur Kenntnis nehmen, daß Rühmann zu den »antifaschistisch-demokratischen Kräften« gehörte. Wilhelm Pieck, der KPD-Vorsitzende, gab das den Genossen im Hotel Lux am 27. Juni 1945 bei einer Informationsveranstaltung bekannt. Auch im »Kulturbund zur demokratischen Erneuerung Deutschlands«, dessen Konzept Pieck am 6. Juni in Moskau plante, sollte Rühmann mitwirken, zumindest fand sich sein Name auf einer ersten Liste potentieller Mitglieder, die Pieck gewinnen wollte.

Doch all die Projekte und Wiederaufbau-Pläne, in denen Heinz Rühmann eine Rolle spielen sollte, blieben Traumschlösser, gegründet auf idealistische Absichtserklärungen. Denn mit der Ankunft der Amerikaner und Briten Anfang Juli 1945 in Berlin änderte sich die Situation für Rühmann schlagartig. Die Kultur-Offiziere der westlichen Alliierten, vor allem die der Amerikaner, legten strengere Maßstäbe bei der politischen Beurteilung deutscher Künstler an und gingen dabei sehr viel nüchterner und pragmatischer als die Russen vor. Diese Differenzen traten rasch zutage, nachdem die amerikanischen Information Control-Offiziere ihre Arbeit in Berlin am 6. Juli begonnen hatten. Ihre Aufgabe war es, zur »Wiederherstellung leistungsfähiger freier deutsche Medien und zur Umorientierung des deutschen Geistes beizutragen«.[16]

Die Offiziere der US Information Control Division (ICD) fingen nun selbst an, die Vergangenheit derjenigen Deutschen zu überprüfen, die weiterhin in den Medien arbeiten wollten. Auch über Heinz Rühmann und seine Mitstreiter im Filmausschuß der Kammer der Kunstschaffenden informierte man sich genau. Was die amerikanischen Kulturoffiziere mit ihren sowjetischen Kollegen verband, war ihre Qualifikation und Bildung. Offiziere wie Henry Alter, Robert Joseph oder auch Billy Wilder waren Emigranten aus Deutschland bzw. Österreich und mit dem deutschen Kulturbetrieb bestens vertraut. Ihre Berichte gingen an übergeordnete Dienststellen der Information Control und bildeten die Grundlage für die Kulturpolitik der amerikanischen Militärregierung.

In seinem Halbwochenbericht vom 14. Juli 1945 machte Henry

Alter unmißverständlich klar, was aus seiner Sicht im Filmausschuß nicht zu tolerieren sei: »Zweifellos gibt es zum augenblicklichen Zeitpunkt innerhalb der Kammer eine kleine Clique, die fieberhaft daran arbeitet, so viel wie möglich an Talent, Geld und Prestige aus der Filmorganisation zu retten.«[17] Damit waren die Terra-Leute um Rühmann gemeint, über den es in dem Bericht heißt: »Heinz Rühmann ist auch nicht der richtige Mann am richtigen Platz – ein unverkennbarer Opportunist, er spricht nicht einmal über seine Pläne für die Künstler als Gruppe, sondern nur über die Produktion, die er zusammen mit Klagemann machen möchte und an der Rühmann, wie er selbst sagt, finanzielle Interessen hat.«[18] Tatsächlich erhielt dieses Projekt von Rühmann und dem Filmproduzenten Eberhard Klagemann, das den hochfliegenden Namen »Pax« tragen sollte, 1945 keine Produktionslizenz von den Alliierten.[19]

Wie sehr vor allem einige Emigranten eine neue Schlüsselrolle Rühmanns beim Wiederaufbau der Filmindustrie ablehnten, macht ein Detail am Rande deutlich. Der Filmausschuß hatte für die alliierten Kontrolloffiziere einen Bericht über die eigenen Ziele und Tätigkeiten abgefaßt, der von dem ehemaligen Terra-Chefdramaturgen Wolf von Gordon geschrieben worden war. Über Rühmann heißt es darin: »Er hat es ebenfalls verstanden, sich dem Einfluß der Nazis zu entziehen. Heinz Rühmann soll die Interessen der deutschen Regisseure und Schauspieler des Filmausschusses vertreten.«[20] Genau an dieser Stelle des Berichts findet sich ein handschriftlicher Zusatz, den wahrscheinlich Billy Wilder nach der Lektüre kopfschüttelnd hinzugefügt hatte: »Oh no.«

Diese ablehnende Haltung verfestigte sich, und schließlich übten die US-Offiziere im Lauf der nächsten Wochen so starken Druck auf den Präsidenten der Kammer, Paul Wegener, aus, daß Rühmann, Klagemann und einige andere Filmleute Anfang August aus dem Filmausschuß ausscheiden mußten. Obwohl die Amerikaner keine »schlüssigen Beweise«[21] gegen Rühmann hatten, repräsentierte er nach ihrer Ansicht zu sehr den »Filmboom, der unter Goebbels' Regiment in Deutschland herrschte«.[22]

Rühmann hat den Rauswurf aus dem Filmausschuß rückblikkend verdrängt oder ganz bewußt verschwiegen. In seiner Autobiographie heißt es darüber bloß: »Bevor wir richtig zu arbeiten beginnen konnten, wurde der Ausschuß aufgelöst.«[23] Richtig ist vielmehr, daß Heinz Rühmann gehen mußte, bevor die Kammer der Kunstschaffenden ihre Arbeit auf Anweisung der Alliierten am 30. April 1946 einstellte.

Gastspieldirektion Heinz Rühmann

In Berlin waren die Türen für Rühmann vorerst zugeschlagen. Für die Amerikaner gehörte er zu den »unerwünschten Deutschen«[24], die nicht mit kulturellen Aktivitäten hervortreten sollten. Selbst in der Wohnungsfrage hatten sie ihm Schwierigkeiten bereitet: In seinen Memoiren schrieb Rühmann, er habe in den ersten Nachkriegsmonaten neunmal umziehen müssen, da seine Villa ausgebrannt war.[25] Allerdings hätte er durchaus auf seinem Grundstück bleiben können, wenn ihn die Amerikaner gelassen hätten. Am Kleinen Wannsee 15 stand nämlich nicht nur die hochherrschaftliche Villa, sondern auch ein kleineres Gartenhaus, das nicht zerstört worden war und in dem die dreiköpfige Familie bequem hätte unterkommen können. Nun wurde aber gerade dieses Haus von General Robert McClure beschlagnahmt. Der amerikanische General McClure, einer der höchsten Militärs der Stadt, war Chef der Information Control Division, also jener Abteilung der amerikanischen Militärregierung, die Rühmanns Vergangenheit so kritisch durchleuchtet hatte.

In einem Bericht der Information Control Section heißt es: »General McClure hat sein Quartier in der Nähe des Wannsees. Die Wachen, die in der Nähe einquartiert sind, haben sich in den Besitz sämtlicher Motorboote an ihrem Ende des Sees gebracht, und irgendwie ist es ihnen gelungen, die Motoren zu reparieren. Wenn sie keinen Dienst haben, rasen sie mit deutschen Mädchen im Boot den See rauf und runter und lassen es sich wohl sein.«[26] Aus einem handschriftlichen Vermerk auf dem Originaldokument geht hervor, daß Robert McClure von 1945 bis 1946 das beschlagnahmte Haus von Heinz Rühmann bewohnte. Es ist jedoch unwahrscheinlich, daß sich General McClure mit dem kleinen Gartenhaus Rühmanns begnügt hat. Sehr viel wahrscheinlicher ist, daß dort ihm untergeordnete Offiziere oder die bereits erwähnten Wachen untergebracht waren.[27]

Die Briten waren Rühmann gegenüber nicht so mißtrauisch, was auch daran liegen mochte, daß Major Kay Sely, jener Offizier der britischen Information Control, der sich überwiegend mit seinem Fall befaßte, seinen Schwager Otto Bernheim persönlich kannte. Otto Bernheim war 1938 nach England emigriert, lebte in London und war von 1940 bis 1943 Angehöriger der britischen Armee. Während seiner Armeezeit hatte er Sely flüchtig kennengelernt und mit ihm über Rühmann gesprochen. Sely wiederum hatte in den zwanziger Jahren in München studiert und dort Heinz Rühmann in den Kammerspielen gesehen. Das ließ er ihn wegen des Fraternisierungsverbots für Besatzungssoldaten zwar zunächst nicht wissen, er war ihm aber durchaus wohlgesonnen. Die britischen Behörden stellten Rühmann dann durch Selys Fürsprache auch eine erste »Unbedenklichkeitsbescheinigung«[28] aus, eine Spielerlaubnis oder eine Lizenz zur Filmproduktion bekam er von ihnen aber vorerst ebensowenig wie von den Amerikanern. Vermutlich wurde er deshalb auch nicht der erste Intendant des Renaissance-Theaters, wie es der Berliner Magistrat am 25. Juni 1945 eigentlich beschlossen hatte, denn das Renaissance-Theater lag in Charlottenburg, also im britischen Sektor.

Unterstützung fand er dagegen bei den Russen, die ihm in Zehlendorf in der Endestraße 28, ganz in der Nähe des Wannsees, ein Haus direkt neben dem des Bezirksbürgermeisters Dr. Werner Wittgenstein zugewiesen hatten. Zusammen mit ihm sollte Rühmann offenbar die Kulturarbeit im Bezirk Zehlendorf in Gang bringen. Die renommierte Journalistin Margret Boveri, die damals in unmittelbarer Nähe lebte, kommentierte diese Zusammenarbeit in ihrem Tagebuch kritisch: »Nun ist der Bürgermeister von Zehlendorf offenbar ein vernünftiger, vielleicht auch ehrgeiziger Mann namens Wittgenstein, der Zehlendorf zu einem Zentrum der Künste und Wissenschaften machen will, – das sind nämlich die zwei Sparten, die von den Russen gefördert und mit Schwerarbeiter-Lebensmittelkarten ausgezeichnet werden. Heinz Rühmann, ein, wie ich glaube, höchst mittelmäßiger Filmschauspieler, ist an der Spitze der Kultur.«[29]

Im Haus in der Endestraße 28 begann Heinz Rühmann im August 1945, mit einem kleinen Team von Schauspielern sein altes Erfolgsstück *Der Mustergatte* zu proben. Da er in den westlichen Sektoren Berlins einstweilen nicht Fuß fassen konnte, beschloß Rühmann, mit dem unverwüstlichen Stück statt dessen die Sowjetische Besatzungszone zu bereisen. Er war jetzt sein eigener Unternehmer und ließ in die Kopfzeile seines Briefpapiers »Gastspieldirekton Heinz Rühmann« drucken. Zu seinem ersten Nachkriegs-Ensemble gehörten seine Frau Hertha Feiler, Alexa von Porembsky, Ingrid Lutz, Werner Fuetterer und Harald Sawade. Meist wurde der inzwischen vierjährige Peter mitgenommen, und auch Romolo La Porta, der Sohn der Schauspielerin Eliza La Porta, begleitete die Familie Rühmann oft.

Mit Passierscheinen und Auftrittsgenehmigungen für die SBZ versehen, ging es im Oktober 1945 los. Heinz Rühmann hatte drei Autos »organisiert«: Einen klapprigen DKW, einen nicht weniger altertümlichen Ford Eifel und einen Adler-Junior. Geld besaß Rühmann kaum. Seine Konten waren gesperrt, und in Reichsmark wurden ohnehin nur Löhne und Steuern gezahlt, kaufen konnte man fast nichts damit. Das wichtigste Zahlungsmittel waren Zigaretten, für die man auf dem Schwarzmarkt fast alles bekam. Auf dem Grauen Markt dagegen wurde getauscht, Naturalien, Wertgegenstände und Dienstleistungen wanderten hin und her. Für das kleine Ensemble war es deshalb höchst willkommen, wenn ihm bisweilen statt Reichsmark frische Lebensmittel als Gage angeboten wurden, was in den ländlichen Gebieten der Mark Brandenburg durchaus vorkommen konnte.

So hatte der Tauschhandel Theater gegen Speck und Milch einige komische Szenen zur Folge, an die sich Rühmann später lebhaft erinnerte: »Ein Großbauer war uns besonders gewogen und verwöhnte uns mit Fleisch, Butter und Eiern. Eines Tages rückte er nach längerem Herumdrucksen mit der Bitte heraus: Der größte Wunsch seiner Frau sei, mit mir die große Schwips-Szene aus dem zweiten Akt zu spielen. Den Text habe sie heimlich gelernt. Speck, Brot, Butter, Eier – eine Liebe ist der anderen wert, und so wurde an einem spielfreien Tag das Wohnzimmer als Dekoration hergerichtet, das Ensemble und die Angestellten des Gutes bildeten das ›Parkett‹, und ich murmelte beim Schminken meinem Spiegelbild zwar ›Theaterhure‹ zu, dann aber kam der große, gewaltige Theaterzauber über mich – dieses immer wieder neue, unbegreifliche, überwältigende Wunder –, und ich spielte mit einer märkischen Bäuerin als Dolly die Szene. Wir auf der Bühne und die Kollegen im ›Parkett‹ waren so in Fahrt, daß wir die folgende Szene, wenn Jack und Margaret heimkommen und Aufklärung von mir verlangen, noch dranhängten.«[30]

Nach dem Auftakt in Treuenbrietzen ging es weiter nach Luckenwalde, Wittenberge, Belzig, Jüterbog, Zerbst, Roßlau und in viele weitere kleine Städte und Dörfer. Zwischen 1945 und 1952 wird Rühmann mit seinem Ensemble immer wieder zu solchen Tourneen aufbrechen: im Sommer 1946, im Frühjahr 1947, dann wieder 1949 und Anfang der fünfziger Jahre, nachdem er mit seiner Filmproduktion Comedia in Konkurs gegangen war. Die genaue Aufführungszahl dieser Jahre ist nicht mehr zu rekonstruieren. Es werden weit über 600 gewesen sein. *Der Mustergatte*, mit dem Rühmann einst seinen Durchbruch auf dem Theater gefeiert hatte, wird für ihn zum finanziellen Rettungsanker in den wirren Nachkriegsjahren.

Einen dieser Auftritte Rühmanns in der Provinz beschrieb Wladimir Gall, der 1946 die Kulturabteilung der Sowjetischen Militäradministration (SMA) in Halle leitete. Gall war einer der beiden russischen Parlamentäre, die am 1. Mai 1945 über eine Strickleiter in die Festung Spandau geklettert waren, um die deutsche Besatzung zur Kapitulation zu bewegen. Der Filmregisseur Konrad Wolf, der damals in Galls Abteilung arbeitete, hat die historische Szene später in seinem autobiographischen Spielfilm *Ich war neunzehn* (1968) inszeniert. Er war es auch, der Rühmann zu Gall in die russische Kommandantur brachte: »Er schob einen Herrn durch die Tür. Der war klein von Wuchs und etwas korpulent. Ich betrachtete ihn näher, und plötzlich ging mir ein Licht auf. Donnerwetter! Das war doch der berühmte Filmkomiker in eigener Person! Das Rätsel klärte sich ganz einfach auf. Die Kunst ging nach Brot. Heinz Rühmann hatte eine kleine Truppe von Schauspielern begründet und bereiste mit ihr die Städte der sowjetischen Besatzungszone. So erschien er auch in Halle an der Saale. Er wollte im Klubhaus der Buna-Werke das Theaterstück ›Der Mustergatte‹ aufführen. Deshalb kam Rühmann jetzt zu uns, in die SMA, um die Genehmigung dafür einzuholen.«[31]

Am selben Abend saßen Konrad Wolf und Wladimir Gall als Zuschauer im Parkett: »In der Pause zwischen zwei Akten forderte uns der Künstler, wiederum scheu lächelnd, auf, hinter die Kulissen zu kommen. Dort machte er uns mit seiner Ehepartnerin, der Filmschauspielerin Hertha Feiler, bekannt und bot uns ein Schnäpschen an. Das letztere machte auf Konni und mich einen besonders starken Eindruck. Nicht etwa deshalb, weil wir sonst keine Gelegenheit hatten, Wodka zu trinken. Weit gefehlt! Aber für einen Deutschen war es doch fast unmöglich, Spirituosen aufzutreiben.«[32]

Einige Tage später, das Ensemble spielte und wohnte im Bunawerk Merseburg, erreichte Heinz Rühmann ein Brief, der ihn aufwühlte. Fred Pinkus, Rühmanns früherer Manager, und seine Frau Eliza La Porta hatten aus Amerika geschrieben. Rühmann antwortete sofort: »Liebste Fred und Lulli, Ihr könnt euch gar nicht vorstellen, welche große Freude Euer Brief ausgelöst hat. Wir sind gerade auf Tourneé mit dem unsterblichen ›Mustergatten‹ und waren in Erfurt, als uns gemeldet wurde, dass ein Brief von Euch da sei.« Dann wendet sich Rühmann an Fred Pinkus: »Es ist so schwer an Dich zu schreiben, weil ich nicht weiss, wo ich beginnen soll zu erzählen; es ist so viel in den Jahren passiert, und vor allem im letzten, dass man alles garnicht schreiben kann. Unser Junge wurde vor einigen Tagen 4 Jahre und mit ihm haben wir getreulich alles durch gemacht. Im Krieg ging es uns gut, wir haben fleissig gearbeitet, 11 Filme in sechs Jahren. Dann starb die Mutter von Hertha, es war eine Erlösung für sie. Von Roma hörte ich nur ab und zu und wir sind jetzt sehr glücklich, dass er sich uns so ganz angeschlossen hat. Er ist eigentlich Kind im Hause und erzählt alle seine Nöte; ich helfe wo es geht. Von Deinen Angehörigen, lieber Fred, wirst Du aus Romas Briefen unterrichtet sein, Martin war noch ab und zu bei mir und ich half ihm, wie Du es wünschtest, finanziell, es ging ihm damals ganz gut, er arbeitete in einem chemischen Werk und brauchte auch den ›Stern‹ nicht zu tragen. Trotzdem war alles entsetzlich und wir sehnten das Ende herbei; allerdings haben wir uns manches anders gedacht. Unser Abschied, Fred, im Hausflur unten in der Roscherstrasse steht noch so vor mir, als wenn es gestern gewesen wäre.«[33]

Martin Pinkus, der jüngere Bruder von Fred Pinkus, war von Rühmann nach der Emigration seines Freundes Fred unterstützt worden. Über ihn erhielt er auch Nachrichten von Fred aus dem amerikanischen Exil. Ob Martin Pinkus die Verfolgungen überlebt hat, ob er entkommen konnte oder in einem Konzentrationslager starb, ist unbekannt. Sein Bruder erhielt kein Lebenszeichen mehr von ihm. Heinz Rühmann sah ihn das letzte Mal 1943.

Die Gastspieltruppe trat überall auf, wo eine Bühne oder auch nur der Anschein einer Bühne existierte: In Aulen, Hotelsälen, Fabrikhallen, Kinos, Gemeindehäusern, kleinen Theatern, Wirtshäusern. Jede Vorstellung war ausverkauft, den Star Rühmann, den man sonst nur von der Leinwand kannte, leibhaftig in der Provinz zu sehen war eine Sensation. Die Säle platzten aus allen Nähten, nicht nur weil die Amüsierlust nach dem Krieg besonders groß war, sondern auch weil man die fast wertlose Reichsmark gerne an der Kino- oder Theaterkasse ausgab.[34] Doch so klein und unbedeutend die Bühnen auch sein mochten, auf denen Rühmann und sein Ensemble damals standen, er achtete immer auf den exakten und bewährten Ablauf der Inszenierung, er wollte immer die bestmögliche Wirkung erzielen. Seine Paradenummer im *Mustergatten* war die große Schwipsszene, in der er durch das Zimmer tobt und dabei ein Bett als Requisit benutzt. Auf dem Gitter des Fußendes, es handelte sich zumeist um ein eisernes Gestell, vollführte Rühmann einen Handstand, leicht schwankend, dann stehend, um sich schließlich mit affenartiger Behendigkeit herunterzuschwingen. Das Publikum tobte jedesmal an dieser Stelle und spendete Szenenbeifall.

Obwohl das Gastspielensemble den *Mustergatten* hunderte Male spielte, ließ Rühmann es nicht zu, daß sich spontane Improvisationen oder Schludrigkeiten einschlichen. Dabei war er seinen Kollegen gegenüber äußerst streng und autoritär. Wenn es um die Qualität seiner Inszenierung und somit seines Produktes, seines Namens ging, konnte er unnachgiebig und hart sein. Diese Haltung wuchs sich bisweilen zu einem rücksichtslosen Egoismus aus. Bruni Löbel, die damals zum festen Stamm seiner Truppe zählte, bekam diese Verbissenheit einmal besonders zu ihrem Nachteil zu spüren. Zur Premiere des amerikanischen Films *The Big Lift*, in dem sie eine Hauptrolle spielte, wurde sie 1950 nach New York eingeladen. Kurz darauf sollte wieder eine *Mustergatten*-Tournee beginnen, und so versprach sie Rühmann, beim Start der Tournee zurück zu sein. Da sie hervorragend englisch sprach, erregte ihr Auftritt in New York Aufsehen. Die Produktionsfirma 20th Century Fox wollte den Film in den ganzen USA zeigen, und Bruni Löbel sollte bei jeder Premierenvorführung persönlich auftreten. Schon zeigten verschiedene Agenturen Interesse, sie unter Vertrag zu nehmen. Doch Bruni Löbel stand bei Rühmann im Wort, der Termin ihrer Rückreise kam näher. Da Rühmann aber eine fest engagierte und gute zweite Besetzung besaß, hoffte sie zuversichtlich darauf, daß er sie von ihrem Versprechen entbinden würde. Sie telegrafierte, bat inständig. Rühmann telegrafierte unverzüglich zurück und drohte, sie für alle Kosten, die durch ihr Nichterscheinen entstünden, verantwortlich zu machen. Außerdem verwies er auf die finanziell schlechte Lage ihres Kollegen

Werner Fuetterer, der durch ihr Fernbleiben außerordentlich hart getroffen würde. Daraufhin beendete Bruni Löbel schweren Herzens ihren Aufenthalt in Amerika und flog zurück.

Als sie in Bad Boll eintraf, wo die Tournee starten sollte, stellte sich schnell heraus, daß Rühmann die finanzielle Not Fuetterers erfunden hatte, um mehr Druck auf sie ausüben zu können. Nach diesem Vorfall kühlte sich das Verhältnis zwischen Rühmann und Bruni Löbel merklich ab. Erklärungen oder Entschuldigungen gab er ihr nicht. Hin und wieder arbeiteten sie noch zusammen, ohne jedoch wieder aufrichtig und gelöst miteinander sprechen zu können. Erst Jahrzehnte später änderte sich das. Heinz Rühmann drehte 1978 in Irland für das ZDF das Special *Diener und andere Herren*. In einer dieser Geschichten sollte Bruni Löbel seine Ehefrau spielen, und Rühmann hatte ausdrücklich sie für die Rolle angefordert. Zu diesem Zeitpunkt war sein Wunsch jedem Produzenten mehr oder weniger Befehl. An den Augenblick dieses Wiedersehens hat Bruni Löbel in einem Interview zurückgedacht: »Das werde ich nie vergessen, dann stand er da, mit weit geöffneten Augen und weinte. Es hat mich sehr ergriffen, weil ich wußte, das paßt nun überhaupt nicht zu ihm. Da hat er sicher gelitten, er hat sicher an sich selber gelitten. Aber dann haben wir uns in die Arme genommen, und dann war alles wieder gut.«[35]

Gerüchte

»Heute kann ich es verraten: Das ständige Dementieren und Berichtigen von falschen Behauptungen über mich hatte in den ersten Jahren nach dem Krieg derartig von meinem ganzen Denken Besitz ergriffen, daß ich mich mit dem Gedanken trug, einen Film mit dem Titel ›Das Gerücht‹ zu drehen, in dem ein Mensch von Verleumdungen verfolgt wird, die wachsen und wachsen, sich lawinenartig ausbreiten, die Wahrheit immer mehr verdrängen, bis der Gejagte zum Strick greift.«[36] Seit Juli 1945 war Rühmann bei den alliierten Behörden und in der Kammer der Kunstschaffenden immer wieder denunziert worden, und die Gerüchteküche brodelte.[37] Daraufhin hatte die Rechtsabteilung der Kammer Ermittlungen angestellt, während die Amerikaner und Briten wie gewöhnlich ihre eigenen Nachforschungen betrieben. Dabei waren die Briten im Vergleich zu den Amerikanern, die den deutschen

Aufklärungswillen skeptisch beurteilten, eher geneigt, mit der Kammer der Kunstschaffenden zusammenzuarbeiten. Die dortige Rechtsabteilung war dasjenige Gremium, das »für alle Denunziationen und auch für alle Säuberungsanträge zuständig war, die Personen zu ihrer eigenen Entlastung stellten«.[38] Auch Heinz Rühmann hatte im Juli 1945, nachdem er auf Druck der Amerikaner aus dem Filmausschuß ausgeschlossen worden war, ein solches Verfahren gegen sich selbst angestrengt, um die Vorwürfe zu widerlegen.[39] Im Laufe des Jahres 1945 hatten sich die Gerüchte derart massiert und neue Verdachtsmomente ergeben, daß eine grundlegende Untersuchung unumgänglich schien. Anfang Dezember 1945 schickte ihm der britische Nachrichtenoffizier Kay Sely ein Telegramm und bestellte ihn nach Berlin zurück.[40] Rühmann mußte daraufhin seine erfolgreiche *Mustergatten*-Tournee durch die SBZ abbrechen.

Bei ersten Vernehmungen im Januar 1946 ergaben sich drei Hauptbelastungspunkte: Rühmanns angebliche Mitgliedschaft im Kampfbund für deutsche Kultur, das Gerücht, er selbst sei ein »menschenschindender Offizier« gewesen, und der Hinweis, er habe Kurierflüge für das Amt Abwehr von General Canaris durchgeführt.[41] Man forderte ihn nach einer ersten Rücksprache auf, Zeugen und Zeugnisse beizubringen, die seine eigenen gegenteiligen Aussagen unterstützen könnten. Damit war Rühmann den ganzen Dezember 1945 und noch im Januar 1946 beschäftigt. Er sprach Mitarbeiter, Freunde, Bekannte und Kollegen an und bat sie um entsprechende Aussagen. Etwa 40 Erklärungen und Zeugnisse, in denen seine »antinazistische Gesinnung« bestätigt und sein einwandfreier Charakter beschrieben wurden, gingen bei der Kammer der Kunstschaffenden ein. Zu denen, die sich in diesem Sinne positiv über Rühmann äußerten, gehörten z. B. sein Schwager Otto Bernheim, Kollegen wie Hubert von Meyerinck, Hans Söhnker, Walter Franck, Helmut Weiss, Romolo La Porta, der Stiefsohn seines Managers Fred Pinkus, Erna Knauf, die Witwe des hingerichteten Erich Knauf, die Terra-Leute Alf Teichs, Robert Leistenschneider, Erwin Gitt und Tina Weiß, die langjährige Freundin der Familie, die schon mit Rühmanns Mutter befreundet war.

Am 26. Januar 1946 fand dann eine erste längere Vernehmung in der Kammer der Kunstschaffenden statt, bei der die beiden Mitarbeiter der Rechtsabteilung Wolfgang Schmidt und Frau Dr. Floeren sowie der britische Sergeant Hurst zugegen waren. Rühmann verteidigte sich. Bereits am 17. Dezember 1945 hatte er eine eidesstattliche Erklärung abgegeben, niemals Mitglied im Kampfbund für deutsche Kultur gewesen zu sein. Er führte jetzt aus, er habe diese Mitgliedschaft auf dem Eintrittsformular der Reichsfachschaft Film nur vorgetäuscht, um seine jüdische Frau Maria Bernheim zu schützen.

Auch das Aufkommen verschiedener Gerüchte wurde erörtert: »Herr Rühmann berichtete ferner von einem weiteren Gerücht, das ihm auf einer Gesellschaft zu Ohren gekommen sei. Dort habe ein Polizeioffizier ihn gefragt, ob er in Anklam in Pommern Hauptmann gewesen sei. Er, der Polizeioffizier, habe in Erfahrung gebracht, daß er dort einen Menschen wegen Wehrkraftzersetzung ins Gefängnis gebracht habe. Herr Rühmann habe ihm dann mit Hilfe seines Wehrpasses nachgewiesen, daß er weder Hauptmann noch in Anklam gewesen sei.«[42] Nach dieser Anhörung riet man Rühmann, weitere Zeugnisse für seine Aussagen beizubringen, und versicherte ihm abschließend, »die Angelegenheit so schnell wie möglich zu erledigen«. In den nächsten Wochen gingen wiederum Zeugnisse und Erklärungen in der Kammer ein, und ein neuer Untersuchungstermin wurde angesetzt. Diesmal sollte Entscheidendes passieren: Ein Zeuge, der versicherte, Heinz Rühmann als Hauptmann der Wehrmacht identifiziert zu haben, war einbestellt worden. Es folgte am 4. März 1946 die unvermeidliche Gegenüberstellung, deren Schauplatz wieder das gut erhaltene Charlottenburger Mietshaus in der Schlüterstraße 45 war.

In dem großen Büroraum mit Fischgrätparkett und stuckverzierter Decke wartete man bereits auf Heinz Rühmann. Anwesend waren Captain Sely, Frau Dr. Floeren und Wolfgang Schmidt, der als Spezialist für die Akten der Reichskulturkammer galt und überdies den Ruf hatte, unbestechlich zu sein. Rühmann hatte seinen Mitarbeiter Hermann Belitz mitgebracht, der für ihn aussagen sollte. Captain Sely eröffnete die Befragung: »Sie sagen nach wie vor, Sie waren nie Mitglied des Kampfbundes?«[43] Rühmann erwiderte: »Ja, ich habe es eidesstattlich erklärt.« Dann fragte Sely, woher es wohl käme, »daß immer wieder Leute auftauchten, die sagen, er sei Hauptmann oder Major der Luftwaffe gewesen. Rühmann konnte keine Erklärung dafür finden und meinte, daß es sich nur um Verwechslungen handeln könne, wie sie offenbar sehr häufig vorgekommen seien, z. B. auch mit Herrn Belitz, der immer wieder als Herr Rühmann angesprochen werde.«[44]

Als weiteren Grund für die Gerüchte nannte Rühmann die gestellten Wochenschau-Aufnahmen, die ihn 1941 als Kurierflieger gezeigt hätten. Tatsächlich sei er niemals Kurierflieger gewesen, allerdings habe er, um während des Krieges als Zivilist noch fliegen zu können, für eine Kurierstaffel des Amtes Abwehr einige Male Maschinen überführt. Dabei habe er aber niemals eine Uniform getragen. Es sei jedoch vorgekommen, daß man ihn auf einigen Flugplätzen als »Herr Hauptmann« angesprochen habe, zumal sein Begleiter, Herr Friedrich Großkopf, die Uniform eines Majors der Luftwaffe getragen habe. »Herr Schmidt hielt fest, daß immer mehr Punkte hinzukommen, die Erklärungen für die Gerüchte sein können, daß Rühmann Hauptmann gewesen sein soll.«[45]

Endlich sollte der Zeuge auftreten, der Rühmann als Hauptmann in Winniza in der Ukraine im dortigen Offizierskasino gesehen haben wollte. Dabei handelte es sich um Hans Gerhard Raethel, der dort damals als Oberfeldwebel Dienst tat. Rühmann, Belitz und Schmidt mußten sich nebeneinanderstellen, Raethel wurde hereingerufen. Captain Sely zu Raethel: »Frau Dr. Floeren ist Ihnen bekannt, wen kennen Sie sonst noch?« Raethel erwiderte nach einem flüchtigen Blick auf die Männer: »Keinen von den Herren.« Sely hakte nach: »Sind Sie ganz sicher?« Raethel: »Ja, ganz sicher.« Captain Sely zeigte auf Herrn Rühmann und fragte: »Kennen Sie diesen Herrn? Sind Sie in Winniza mit ihm zusammen gewesen?« Raethel gab an, sich nicht erinnern zu können. Nachdem Raethel aufgefordert worden war, seine Aussagen eidesstattlich zu bekräftigen, wurde er entlassen. Kurz darauf durfte auch Rühmann gehen. Drei Wochen später, am 28. März 1946, trat der deutsche Prüfungsausschuß erneut zusammen und erklärte die Untersuchung des Falles Rühmann für abgeschlossen: »Der Deutsche Prüfungsausschuß hat keine Bedenken gegen eine weitere künstlerische Betätigung des Herrn Rühmann. Der Fall Rühmann zeigt keine politischen Besonderheiten.«[46] Diesem Urteil schloß sich die Berliner Information Control Unit der Briten an und erteilte Heinz Rühmann am 16. April 1946 die Spielerlaubnis für den britischen Sektor von Berlin.[47] Kopien dieses Beschlusses gingen an alle anderen Besatzungsbehörden in der Stadt. Ein Jahr später, am 30. April 1947, bestätigte und erweiterte die übergeordnete Behörde der Britischen Nachrichtenkontrolle diese lokale Auftrittserlaubnis: »Dieser Dienststelle sind keine Gründe gegen seine aktive Betätigung im Kulturleben Deutschlands bekannt.«[48]

Die Gerüchte über seine angebliche Tätigkeit als Offizier und Spion hatte Rühmann damit plausibel widerlegt, dennoch begleiteten sie ihn ein Leben lang.[49] Die Initialzündung für ihr Aufkommen war mit Bestimmtheit der Wochenschauauftritt, der ihn 1941 als Kurierflieger zeigte. In diesem Augenblick mußte das Publikum annehmen, Rühmann sei Soldat geworden. Allerdings haben die Gerüchte um seine Person auch noch eine Reihe von anderen Dimensionen. Bereits in den dreißiger Jahren fand sich in Rühmann-Porträts vereinzelt die Behauptung, er sei schon im Ersten Weltkrieg Offizier gewesen. So schrieb der »Völkische Beobachter« 1936: »Während des Weltkrieges war Rühmann Offizier.«[50] Noch hanebüchener kommt ein Porträt aus der Zeitschrift »Mein Magazin« aus dem Jahr 1935 daher: »Heinz Rühmann ist an einem 7. März geboren und zwar in Essen. Dort besuchte er das Gymnasium und verließ bei Ausbruch des Weltkrieges die Schulbank, um sich zum Offizier ausbilden zu lassen. Als solcher machte er das blutige Völkerringen bis zum bitteren Ende mit. Nach Abschluß des Waffenstillstandes wechselte er ins Schauspielerfach.«[51] Hätte der Autor dieser Zeilen nicht das Geburtsjahr 1902 unterschlagen, wäre der Unsinn dieser Behauptung sofort offenbar geworden. Vor allem die Zeitungen der Nationalsozialisten und die des deutschnationalen Pressemoguls Alfred Hugenberg schürten solche Legenden, da sie populären Schauspielern gern ein heroisches und vaterländisches Image verliehen.

Ein weiterer Faktor, der hinter den Gerüchten steckte, war die denunziatorische Energie, die sich nach dem Ende des Dritten Reiches Bahn brach. Alte Rechnungen wurden beglichen, aufgestauter Haß entlud sich. Vielfach war es auch Neid, der dazu führte, daß man seinen Nachbarn anschwärzte. Die Entnazifizierungsverfahren der Alliierten produzierten häufig Unmut, der in Redensarten wie »Die Kleinen hängt man, und die Großen läßt man laufen« seinen Ausdruck fand. Und mit Verbitterung sahen diejenigen, deren Karriere stillstand, auf die anderen, die schon wieder fest im Sattel saßen oder zumindest diesen Anschein erweckten. Nur so läßt sich etwa Karl Valentins unversöhnliche Haltung gegenüber Rühmann erklären, den er wegen seiner bruchlosen Karriere zutiefst verachtete. Er schrieb am 26. Januar 1946 an den Schriftsteller Wilhelm Hausenstein: »In Deutschland verdiente ich die letzten 4 Jahre pro Monat 75 Reichsmark für einen Artikel in der Feldpostzeitung. Ein Deutscher Strassenkehrer verdient 175 RM. Und wie geht es bei anderen? Heinz Rühmann hat wiederum Glück im 4ten Reich. Im 3ten Reich hat er aus Geschäftsgründen seine Frau, weil sie Jüdin war, hinausgeschmissen und die Berta [sic!] Feiler geheiratet. Heute im 4ten Reich filmt er wieder, er hat sich bei den Russen wieder eingeschmeichelt. Wie ist so etwas möglich?«[52] Valentin äußerte sich in seinen Briefen wiederholt derart abfällig über Rühmann, und er war nicht der einzige in der Branche, der so urteilte, ohne allerdings genauere Informationen über Rühmann zu besitzen.[53]

Und noch eine Ebene läßt sich hinsichtlich der Gerüchte um Rühmanns Person ausmachen. Der französische Historiker Jean-Noël Kapferer hat den Gerüchten in der Welt der Stars eine bestimmte Funktion zugeschrieben. In der Beziehung zwischen dem Star und seinem Publikum, so Kapferer, stelle das Gerücht für das Publikum ein Mittel dar, um sich den Star zu eigen zu machen und sich ein Stück von ihm geradezu »einzuverleiben«. Wer etwas über seinen Star zu erzählen weiß, ein Gerücht weitergibt, besitzt einen Teil von ihm. Allerdings müssen sich die Gerüchte immer nach dem einmal gewählten Image und dem Mythos des Stars richten. Diese Beziehung zwischen dem Star und seinem Publikum nennt Kapferer einen »stillschweigenden Vertrag«, der eingehalten werden muß, damit das Image des Stars intakt bleibt. »Negative Gerüchte sind das Zeichen einer Unstimmigkeit: Der Star weicht von den Bestimmungen des stillschweigenden Vertrages ab. Er stört das Szenario, für das er ausgesucht wurde. Als etwa Ingrid Bergman ein Kind von Roberto Rossellini bekam, noch bevor sie ihn geheiratet hatte, rief das allgemeines Protestgeschrei hervor. Ingrid Bergman hatte man als die Verkörperung der Tugenden einer Jungfrau von Orléans ausgewählt, jener Rolle, die ihren Ruhm begründete.«[54]

Genau diese Verletzung des »stillschweigenden Vertrages« war auch im Falle von Heinz Rühmann geschehen: Das Gerücht vom Hauptmann und Menschenschinder störte das intakte Szenario des »kleinen Mannes«. Gerade im Dritten Reich hatte sich Rühmann in seinen Rollen durch seine Zivilität, sein kleinlautes Heldentum und seine ganz unherrische Erscheinung ausgezeichnet. Seine Körperlichkeit widerstand dem propagierten Körperkult der NS-Ideologie. Insofern stellte schon *Quax, der Bruchpilot* eine gewisse Verletzung des gewohnten Rühmann-Images dar, zumal der Film häufig in erzieherischer Mission auf HJ-Abenden oder in Kasernen vorgeführt wurde.[55] Die Vorstellung, daß Rühmann, dieser »Spezialist für subalterne Gemüter«, heimlich ein Schleifer und Befehlsgeber gewesen sein könnte, mußte das Publikum enorm verstören. Andererseits reizte es, hinter dem Image des friedfertigen »kleinen Mannes« den Krieger und Soldaten zu entdecken. Gegen diese weitverbreiteten Vorstellungen und negativen Gerüchte setzte sich Rühmann zwischen 1945 und 1950 in vielen Interviews immer wieder zur Wehr; doch die Gerüchte verstummten nie ganz.

Die Comedia

Im Sommer 1946 ging Rühmann wieder mit dem *Mustergatten* auf Tournee in der Mark Brandenburg und im angrenzenden Sachsen. Dabei begleitete ihn einige Male auch Alf Teichs, der ehemalige Produktionsleiter der Terra. Allerdings hatte Teichs Anwesenheit nichts mit der Inszenierung zu tun, er verfolgte andere Interessen. Nachdem ihre ersten Versuche, wieder ins Filmgeschäft einzusteigen, vor allem daran gescheitert waren, daß ihnen die alliierten Behörden die erforderlichen Lizenzen verweigert hatten, wollten Rühmann und Teichs es jetzt erneut versuchen, diesmal gemeinsam. Ihre Hoffnung richtete sich auf Erich Pommer, der im Juli 1946 aus Amerika nach Deutschland zurückgekehrt war.[56] Der ehemalige Ufa-Produzent und Rühmann-Entdecker Erich Pommer kam jedoch nicht als Privatmann, sondern als Filmoffizier der amerikanischen Nachrichtenkontrolle, er sollte im Auftrag der Militärregierung die deutsche Filmbranche entnazifizieren und Produktionslizenzen vergeben. Wenn Teichs und Rühmann geglaubt haben, daß Pommer ihnen einen besonderen Bonus einräumen würde, sahen sie sich bald getäuscht. Auch er beharrte auf genauester Prüfung und legte bei der Vergabe der Lizenzen strenge Maßstäbe an.

Während Rühmann und Teichs versuchten, ihre Lizenz zu erhalten, hatten andere Terra-Leute damit bereits mehr Erfolg gehabt. Sie gründeten 1946 die Studio 45 GmbH, erhielten eine britische Lizenz und machten sich daran, den unfertigen Rühmann-Film *Sag die Wahrheit* neu zu drehen. Diesen Film hatte Heinz Rühmann mit seiner Produktionsgruppe bis in die letzten Kriegstage hinein in Tempelhof gedreht und zu 75 Prozent fertiggestellt. Erst als die Russen nur noch wenige Straßenzüge von den Ateliers entfernt waren, wurden die Dreharbeiten abgebrochen. Die Neuproduktion der Studio 45, wieder in den Tempelhofer Ateliers, stützte sich weitgehend auf denselben Stab und dieselben Schauspieler, nur Heinz Rühmann kam als Hauptdarsteller nun nicht mehr in Frage. Zwar hatten die Briten zu diesem Zeitpunkt nichts mehr gegen Rühmanns Beschäftigung einzuwenden, das gleiche galt aber noch nicht für die Amerikaner. Und da Tempelhof zum amerikanischen Sektor gehörte, wurde der Film ohne Rühmann gedreht, dessen Rolle Gustav Fröhlich übernahm. *Sag die Wahrheit* war der einzige Film, der 1946 in einem der drei westlichen Sektoren produziert wurde und am 20. Dezember 1946 in die Kinos kam. Bei der Kritik fiel die harmlose Klamotte zwar restlos durch,[57] dennoch wurde der Film ein glänzender Geschäftserfolg.[58]

Von solchen Kassenschlagern träumten auch Rühmann und Teichs. Hertha Feiler betrachtete die Pläne ihres Mannes indessen mit Skepsis. Sie wußte, daß er kein Geschäftsmann war und sich lieber in seinen jeweiligen Film vertiefen würde, statt sich um organisatorische und finanzielle Probleme zu kümmern. Wäre es nach ihr gegangen, hätte Rühmann auf Angebote anderer Firmen gewartet, zumal *Der Mustergatte* weiterhin für volle Kassen sorgte. Am 13. Dezember 1946 hatte das Erfolgsstück in der Filmbühne Wien am Kurfürstendamm Premiere, und die Vorstellungen waren wochenlang ausverkauft. Die Inszenierung hatte wieder Heinz Rühmann übernommen, und auch das Gastspielensemble der ersten Tournee war bis auf Alexa von Porembsky, die durch Carola Höhn ersetzt wurde, zusammengeblieben. »Als Zeichen, daß das Leben sich auch in Humordingen langsam, ganz langsam wieder zu normalisieren beginnt, mag diese vergnügliche Wiederkehr Heinz Rühmanns mit dem ›Mustergatten‹ ins Berliner Bühnenleben gelten. Heinz Rühmann ist wie eh und je in der Form seines Lebens.«[59]

Doch Rühmann ließ sich von den Zweifeln seiner Frau nicht abhalten. Er wollte wieder sein eigener Herr sein und wie bei der Terra eine ganz auf seine Bedürfnisse abgestimmte Produktionsgruppe leiten. Die Comedia Rühmann – Teichs oHG wurde am 16. Mai 1947 gegründet und erhielt zunächst eine britische und später eine französische Lizenz. Im Herbst 1947 unternahmen Rühmann und Teichs eine Erkundungsfahrt, bei der sie potentielle Mitarbeiter und Standorte ihrer zukünftigen Firma auftun wollten. Alf Teichs hat in seinen Erinnerungen geschildert, wie sich diese

Fahrt durch die verschiedenen Besatzungszonen im Nachkriegsdeutschland rasch zum Abenteuer entwickelte: »Zuerst fuhren wir nach Westdeutschland, um festzustellen, ob unsere alten Freunde, Schauspieler und Autoren noch lebten, und wo wir eventuell drehen könnten. Rühmann hatte sich aus schrottreifen Autos, die im Grunewald massenhaft herumlagen, ein Auto zusammengebastelt, das wie ein ›Adler‹ aussah, und mit dem Prunkstück wagten wir nun unseren ersten Ausflug aus Berlin heraus und über die Zonengrenze. Einige Flaschen Wodka, die wir mitgenommen hatten, um sie gegen Benzin zu tauschen – denn wir hatten ja kein Geld – beschlagnahmten uns die Amerikaner bei Ingolstadt und schlugen sie in einer Gosse kurz und klein. Wir fuhren dann über München, wo wir die ›Bavaria‹ aufsuchten, über Würzburg, Bielefeld, nach Berlin zurück. In Würzburg lud uns der amerikanische Kommandant zu einem Frühtrunk in den Würzburger Weinkeller ein. Als wir leicht schwankend wieder herauskamen, standen hunderte von Menschen da, die von Rühmann ein Autogramm haben wollten.«[60]

Das Tückische an der Gesellschaftsform der Comedia war, daß sie als offene Handelsgesellschaft gegründet worden war und die beiden Gesellschafter Teichs und Rühmann somit persönlich hafteten. Dabei setzten beide von Anfang an auf Risiko und hofften vor allem auf den guten Namen Rühmanns, der ihnen auch eine Reihe von Krediten einbrachte. Nachteilig war jedoch, daß Alf Teichs, der sich stärker um die geschäftlichen Belange kümmern sollte, kein ausgebildeter Kaufmann war. Nichtsdestotrotz produzierte die Comedia von Anfang an mit hohen Kosten. Innerhalb kurzer Zeit gründete die Firma Niederlassungen in Hamburg, Hannover-Linden, Wiesbaden und München. Durch die unterschiedlichen Standorte konnte man zwar einerseits verschiedene Finanzquellen auftun, andererseits stiegen die Unterhaltskosten enorm. Und noch ein scheinbarer Vorteil verwandelte sich rasch in sein Gegenteil: Zwar konnte man im Gegensatz zu anderen Firmen auf mehrere Ateliers zurückgreifen, das brachte aber zwischen den Standorten eine Reihe von Koordinationsproblemen mit sich, zumal die Kommunikation zwischen den Abteilungen nicht funktionierte. Während sich Alf Teichs überwiegend um den Standort Berlin kümmerte, hatte Rühmann offiziell die Leitung der Comedia in München-Geiselgasteig übernommen.

In den Bavaria-Studios startete die Comedia im Januar 1948 mit

Der Herr vom andern Stern, ihrer ersten Produktion, nachdem die Amerikaner die Hallen für die Comedia freigegeben hatten. Die Umstände der Produktion waren ziemlich chaotisch. Das gesamte Team wohnte in den Garderoben auf dem Filmgelände, was zu einer Reihe von spontanen Atelierfesten und feuchtfröhlichen Abenden führte, zumal die Dreharbeiten in der Faschingszeit stattfanden. Der Filmarchitekt Rolf Zehetbauer, der später häufig die Bauten für Rühmanns Filme entwerfen sollte, erhielt damals sein erstes Engagement als Assistent des Architekten Gabriel Pellon. Als Neuling in der Filmbranche empfand Zehetbauer die ganze Atmosphäre der Produktion als »chaotisch und verrückt«.[61] Nur Rühmann habe damals wirklich gearbeitet, er sei im Gegensatz zu den anderen nicht »verrückt« gewesen, sondern habe ganz konzentriert, »erstaunlich präzise« an seiner Rolle gefeilt. Es fehlte bisweilen an Strom, Geld, Requisiten, der Nachschub mit Rohfilm verlief zögerlich, und ein Presseempfang für die Münchner Journalisten verunglückte völlig.[62]

Doch gerade in dieser schwierigen Situation hatte Rühmann hohe Ansprüche an seinen ersten Nachkriegsfilm. Er hatte seinen ehemaligen Lehrer und Regisseur Heinz Hilpert verpflichtet, der ihm bei der Suche nach einem neuen Stil helfen sollte. Der bekannte Komponist Werner Egk war für die Musik, der als avantgardistisch geltende Künstler Gabriel Pellon als Architekt und der Schriftsteller Max Christian Feiler für das Drehbuch engagiert worden. Rühmann wollte mit diesem Film alle Gerüchte um seine Person und auch diejenigen Kritiker zum Verstummen bringen, die ihn wegen seines Erfolges im Dritten Reich angriffen.[63] Der Anspruch, einen ebenso politisch wie künstlerisch anspruchsvollen und zeitgemäßen Film abzuliefern, ist in diesem Film von der ersten Einstellung an zu spüren.

Der Herr vom anderen Stern ist nicht nur für Rühmanns weitere Karriere von außerordentlicher Bedeutung, er ist auch ein aufschlußreiches Dokument der Nachkriegsjahre und führt gleichsam kollektive Befindlichkeiten vor. Der Film verarbeitet die Angst vor einem neuen Krieg, erzählt von verlorenen alten und erhofften neuen Identitäten, parodiert den politischen Wiederaufbau und beschäftigt sich rückblickend mit dem Nationalsozialismus. Ganz nebenbei wird dem Publikum auch noch eine Science-fiction-Geschichte präsentiert. Trotz dieser Themen- und Motivvielfalt bleibt *Der Herr vom andern Stern* ein Rühmann-Film, und damit beginnen die Probleme. Rühmann wollte noch einmal an den Beginn seiner Karriere anknüpfen, der Schablone des »kleinen Mannes«, die er zunehmend als einengend empfand, entkommen und sein Image variieren.

Er spielt einen Außerirdischen, der auf der Erde notlanden muß und sich in Gestalt einer Schaufensterpuppe materialisiert. Während dieses Vorgangs wird er von Polizisten beobachtet. Als sie ihn kontrollieren und seine Papiere verlangen, kann er sich nicht ausweisen. Auf dem Amt, dessen Fassade an die größenwahnsinnigen Architekturentwürfe eines Albert Speer erinnert, erklärt er dem erstaunten Beamten: »Bei uns heißt man nicht, da ist man!« Der Außerirdische kommt von einem Planeten, der der Erde in der zivilisatorischen Entwicklung 10000 Jahre voraus ist. Krieg, Bürokratie, Identität, Eifersucht, all das kennt der Mann aus dem All nicht. Schnell erkennen Politiker und Militärs, daß der Außerirdische, den sie Heinrich taufen, gefährlich für sie ist, da er ihre Existenzberechtigung und ihre Politik in Frage stellt. Schließlich verschwindet Heinrich wieder ins All, obwohl er sich in ein Mädchen (Anneliese Römer) verliebt hat.

Zwei Sequenzen des Films sind in bezug auf Rühmanns Biographie und Karriere besonders interessant. Es ist nicht zu übersehen, daß Rühmann mit dieser Arbeit all seine bisherigen Ausdrucksformen und komödiantischen Mittel überprüfte und in Frage stellte. Er kommt ganz ohne Dialog aus, betrachtet sich in einer Schaufensterscheibe, macht dabei ein Gesicht, das Buster Keatons reglosem Stoneface ähnelt. Er verzichtet auf die bekannten heiteren, kindlich-fröhlichen Rühmanngesichter. Es ist eine Spiegelszene, in der der Held, sich selbst betrachtend, sein Inneres erkundet. Das ist die Revison seiner gesamten Schauspielkarriere, gleichsam Reeducation im Selbstversuch. Ganz zögerlich, wie ein Roboter, fängt diese Figur an, sich zu bewegen, übt Schritte ein. Auch die allzu naßforsche, quicklebendige Rühmann-Stimme fehlt. Er spricht bedächtig, mit geradezu kosmischer Gelassenheit, ein Weiser aus dem All. Schon an dieser Stelle wird der enorme Aufbruchswille Rühmanns spürbar.

Doch sein Wunsch, sich zu verändern und eine neue Gestalt anzunehmen, warf sofort neue Probleme auf. Der Film war durch den Verleih mit Slogans wie »Ein Rühmann-Film, ein Sorgenbrecher«[64] beworben worden, und nichts anderes erwartete das Publikum. Doch statt die Sorgen zu vertreiben, thematisierte Rühmann sie in diesem Film, seine eigenen und die der deutschen Nachkriegsgesellschaft.

Eine andere anspielungsreiche Sequenz des Films zeigt Rühmann als Redner der »Fortschrittspartei«, die seine genialen Fähigkeiten ausbeuten will und ihn zwingt, eine ihm vorgeschriebene Rede vom Blatt abzulesen. Die Parteiveranstaltung und die uniformierten Parteisoldaten erinnern stark an die Massenveranstaltungen der NSDAP. Und auch Rühmanns Rede ist zunächst eine Parodie auf die Rhetorik von Hitler und Goebbels. Er fuchtelt mit den Armen, spricht mit harter, überschnappender Stimme und zieht die rhetorischen Fragen dramatisch in die Länge, wie es Goebbels' Angewohnheit gewesen war. Das Publikum spricht er als »Parteigenossen« und »Volksgenossen« an. Auf dem Höhepunkt seiner Rede verspricht er der Menge »den Frieden, wie ihn jedermann sich vorstellt, die Freiheit, wie sie jedermann sich vorstellt, und das Glück, wie es jedermann sich vorstellt«. Die Herren der Fortschrittspartei reiben sich die Hände: »Er funktioniert!« Doch die Parteistrategen haben sich zu früh gefreut, denn der Herr vom andern Stern alias Heinz Rühmann läßt sich keine Reden mehr vorschreiben.

Heinrich fällt aus seiner Rolle, und jetzt beginnt Rühmann, ohne jede nationalsozialistische Rhetorik und Betonung zu sprechen: »Na, wie finden Sie denn die Rede? Also, ich muß sagen, daß mir soviel dummes Zeug auf einen Haufen noch nicht untergekommen ist. Die Rede ist nämlich gar nicht von mir, man hat mich nur gezwungen, sie abzulesen. Ich wollte mal ausprobieren, wieviel Unsinn man reden kann, ohne daß es auffällt. Und ich muß feststellen, daß man sehr weit gehen kann in diesem Punkt. Übrigens möchte ich mich berichtigen: Die Ideale des Herrn Vorsitzenden sind nicht die meinen. Und mit dem Geist des Universums hat dieser Rummel hier überhaupt nichts zu tun. Aber besonders billig war das Gerede über Glück und Freiheit. Glück und Freiheit, so was kann man doch nicht anordnen, organisieren, dafür muß man begabt sein. Und jeder muß sich soviel wie möglich selber darum kümmern. Denn die Partei hat kein Interesse daran, und der Staat hat kein Interesse daran.« Man kann den bemerkenswerten Abschluß dieser Rede mit Charlie Chaplins großer Schlußrede in *The Great Dictator* vergleichen. Dort unterbricht Chaplin ebenfalls das Spiel, wendet sich quasi als Star und Privatmann an sein Publikum und verkündet seinen politischen Standpunkt.

Ganz ähnlich agiert hier Heinz Rühmann. Niemals in seinen bis dahin 51 Spielfilmen hatte er einen derartig politischen Appell an sein Publikum gerichtet. Seine Stimme ist auch nicht die helle, unbekümmerte Stimme des »kleinen Mannes«, sondern ein sehr viel privaterer und persönlicherer Ton grundiert diese Botschaft. Aufschlußreich ist dieses Credo auch, weil hier Rühmanns persönliche Haltung und die Identität seiner Filmfiguren, jener vielen »kleinen Männer«, zur Übereinstimmung kommen. An Partei- und Tagespolitik war Rühmann sein Leben lang nicht interessiert. Er verfocht auf der Leinwand wie im Leben eine Privatpolitik, die den Vorteil hatte, überschaubar und leicht nachvollziehbar zu sein. Diese politische Welt war einfach gebaut: »Kleinen Männern« standen »große Männer« gegenüber, auf Krieg mußte Frieden folgen, und Frieden war sowieso immer zu bevorzugen. Es gab Menschliches, Allzumenschliches, und es gab Unmenschen. Die Unmenschen waren oft mit den »großen Männern« identisch, aber nicht immer. Geld gehört zum Glück wohl dazu, ein Häuschen, ein Garten. Man sollte in seiner kleinen Welt in Ruhe leben dürfen, am besten in Gesellschaft einer schönen Frau und eines putzigen Hundes. Was um diese Idylle herum passierte, geriet schnell aus dem Blick, sofern es den »kleinen Mann« nicht selbst bedrohte. Wenn sich Heinz Rühmann nach 1945 zu politischen Fragen äußerte, dann sprach er den Wunsch nach »Frieden«, »Verständigung« und »Menschlichkeit« immer wieder aus. Allerdings formulierte er diese Hoffnungen ebenso weitreichend wie vage, so daß sie nicht auf konkrete politische Ereignisse, Parteien oder Personen zu beziehen waren. Genau wie »Heinrich aus dem All« mißtraute Rühmann 1948 dem Staat und den Parteien.

Mit dieser Auffassung, die Politik als individuelles Selbsthelferprojekt versteht und damit völlig privatisiert, waren einige Kritiker des Films nicht einverstanden, da sie den politischen Wiederaufbau nach der Diktatur des Dritten Reiches in Mißkredit gebracht sahen. Der Rezensent der »Berliner Filmblätter« befand: »Es darf nicht sein, daß Wochenschau-Bilder von politischen Versammlungen in einen solchen Film eingeblendet, daß Reden gehalten werden, die keine wohlmeinende Kritik sind, sondern böse und hinterlistige Hammerschläge gegen unsere ehrlichen Bemühungen.«[65] Trotz dieser politischen Kritik lobte die Mehrzahl der Kritiker die künstlerischen Ambitionen, auch wenn vieles beanstandet wurde: »Ein Film, bei dem ständig spürbar wird, wie gut er beinahe geworden wäre.«[66] Weniger zufrieden zeigte sich das Publikum mit Rühmann als Außerirdischem. Ein Kritiker vermißte, mit Blick auf das Publikum, »jene befreiende Heiterkeit, die man von Rühmann gewohnt ist«[67], und ein anderer stellte fest, daß »im Parkett wohl Klamaukkomik erwartet wurde«[68], eine Erwartung, die Rühmann mit seiner »auffälligen Zurückhaltung« nicht erfüllte.

Rühmanns Versuch, dem Publikum ein neues und vielschichtigeres Star-Image anzubieten, war gescheitert. Anders als in seinen bisherigen Filmen verschwand er am Schluß dieser Geschichte ins All, ohne wie sonst die Liebesgeschichte zu einem glücklichen Ende zu führen und ohne die aufgeworfenen Fragen und Probleme gelöst zu haben. Offenbar hatte er sich mit seinem politisch-pädagogischen Anspruch übernommen und das Publikum irritiert. Von ihm erwartete man keine radikale Kritik der Verhältnisse, sondern die tröstliche Versicherung, daß die Verhältnisse schon nicht so schlimm sind, wie sie sind. Mit *Der Herr vom andern Stern* hatte Rühmann diesen stillschweigenden Vertrag zwischen dem Star und seinem Publikum gebrochen und die Figur des »kleinen Mannes« in eine tiefe Krise gestürzt.

Der Herr vom andern Stern war kein Fiasko für die Comedia, aber ein Kassenerfolg war er auch nicht. Trotzdem blieb die Firma äußerst betriebsam und stellte bis 1950 insgesamt acht Spielfilme her. Damit war sie in diesem Zeitraum die aktivste westdeutsche Produktionsfirma. Bereits 1948 kamen zwei weitere Filme der Comedia in die Kinos: Am 15. Dezember wurde Rühmanns fünfter und letzter Regiefilm *Die kupferne Hochzeit* uraufgeführt und zwei Wochen später die Comedia-Produktion *Berliner Ballade* mit dem bis dahin noch völlig unbekannten Gert Fröbe.

Dieser Trümmerfilm, der die Nachkriegsverhältnisse satirisch betrachtete, wurde von der Kritik im In- und Ausland viel beachtet und gilt noch immer als die beste Comedia-Produktion. In Venedig erhielt die *Berliner Ballade* den Silbernen Löwen für die »geistvolle Darstellung der deutschen Nachkriegsverhältnisse«. Allerdings bringen heute nur noch Insider und Filmhistoriker Heinz Rühmann mit diesem Film in Verbindung. Dabei hätte er eigentlich die Hauptrolle übernehmen sollen, die dann jedoch Fröbe über Nacht zum Star machte. Die Figur des »Otto Normalverbraucher«, der als Kriegsheimkehrer in das zerstörte Berlin kommt und lernen muß, sich durchzuschlagen, war vom Kabarettisten Günter Neumann auf Rühmann zugeschnitten worden. Alf

Teichs, der den Film in den Tempelhofer Studios in Berlin produzierte, berichtete, daß dann aber sowohl Erich Pommer als auch Heinz Rühmann Vorbehalte gegen diese Besetzung gehabt hätten.[69] Leider hat Teichs darauf verzichtet, die »Vorbehalte« zu benennen, so daß man nur Vermutungen darüber anstellen kann.[70]

Vielleicht hatte sich Rühmann mit dem stark kabarettistischen Gestus des Films nicht anfreunden können, vielleicht wollte er einfach nicht mehr in Berlin arbeiten und leben, nachdem er mit seiner Familie nach München gezogen war. Trotz aller künstlerischen Anerkennung war jedoch auch diesem Comedia-Film kein wirtschaftlicher Erfolg beschieden. Infolge der Währungsreform und der gleich anschließenden Abriegelung Berlins durch die Russen wurden die Dreharbeiten verzögert und verteuert. Viele Szenen mußten mit einem eilig organisierten Notstrom-Aggregat abgedreht werden, da die Stromzuteilung auf wenige Stunden am Tag beschränkt war. Schließlich blieb der Produzentengewinn weit hinter den Kosten zurück: »Und so kam es, daß mein Partner Heinz Rühmann und ich an dem Film einige hunderttausend Mark zusetzten, an denen wir jahrelang abbezahlt haben.«[71]

Während Teichs und sein Team in Berlin mit den Schwierigkeiten der russischen Blockadepolitik kämpften, hatten sich Rühmann und Hertha Feiler gegen die »Frontstadt« entschieden, die immer stärker durch den Kalten Krieg geprägt wurde. Seit Anfang des Jahres 1948 lebte Rühmann auf dem Filmgelände der Bavaria, seine Adresse lautete jetzt Bavariafilmplatz 7. Im Sommer 1948 bezog er mit seiner Familie ein kleines Holzhaus mit drei Zimmern und Veranda auf dem Bavaria-Gelände, das eigens für ihn gebaut worden war. Gleich nebenan war ein ähnliches Haus für Lil Dagover errichtet worden. Die Wohnverhältnisse waren einfach, aber keinesfalls ärmlich. Dieser Umzug war auch nicht die Folge der finanziellen Pleite der Comedia, wie es verschiedentlich dargestellt wurde. Ganz im Gegenteil, es war eher ein Privileg, daß dieses Haus für Rühmann gebaut wurde.

An Stoffen, Ideen und Plänen mangelte es der Comedia bis zuletzt nicht. In Berlin und München wurden parallel neue Projekte entworfen und entwickelt. Auch das war nicht billig: Autoren mußten engagiert und mit Vorschüssen versorgt werden, Stoffrechte wurden eingekauft, hervorragende Schauspieler verpflichtet. Solange die Comedia noch über Mittel verfügte, wurde dabei nicht gespart, eher wurde das Geld leichtfertig ausgegeben. Gustav Knuth, den Rühmann unbedingt für den Film *Das Geheimnis der roten Katze* verpflichten wollte, erlebte im Frühjahr 1949 einen generösen Produzenten. Rühmann reiste nach Zürich, um den dort engagierten Knuth zu treffen: »Und zwar kam er in einem Auto angereist! Ein deutscher Schauspieler in einem funkelnagelneuen Auto! Mir fielen fast die Augen aus dem Kopf.«[72] Völlig perplex war Gustav Knuth, als ihm Rühmann bei seiner Ankunft in München ebenfalls einen neuen Wagen zur Verfügung stellte: »Da hatte mir doch Heinz Rühmann klammheimlich ein Auto beschafft. Nicht geschenkt. Das wäre ja auch albern gewesen. Aber eben besorgt. Wie schwierig das damals gewesen ist, kann man sich gar nicht mehr vorstellen. Ich fand das eine zauberhafte Idee von Heinz.«[73]

Gerade »zauberhafte Ideen« sind jedoch meist besonders teuer. Der hohe Aufwand brachte viele imaginäre Projekte hervor: 1949 plante Teichs einen Spielfilm, der sich um den »Rundfunksender RIAS-Berlin ranken« sollte und den Arbeitstitel »Lutz und Katrin« trug, E. T. A. Hoffmanns Novelle *Das Fräulein von Scuderi* sollte ebenfalls verfilmt werden, und Heinz Rühmann stand als Regisseur für einen Film mit dem Titel »Skiwachs« bereit. Keiner dieser Stoffe wurde realisiert, aber bereits die Entwicklung kostete viel Geld.

Ebensowenig gelang es der Comedia, ihr verheißungsvollstes Projekt zu verwirklichen: *Des Teufels General* von Carl Zuckmayer. Nach der Frankfurter Theaterpremiere im November 1947 hatte das Stück über den Fliegergeneral Harras, das sich stark an der Karriere Ernst Udets orientierte, einen beispiellosen Siegeszug über die westdeutschen Bühnen angetreten. Vermutlich kurz nach der Frankfurter Premiere hatte Rühmann Zuckmayer signalisiert, daß er Interesse an dem Stück über seinen alten Freund Udet habe.[74] Rühmann und Zuckmayer kannten sich bereits seit dem Herbst 1923, als Zuckmayer Dramaturg am Münchner Schauspielhaus war. Nach seiner Rückkehr aus dem Exil war der Schriftsteller von der politischen Integrität Rühmanns während des Dritten Reiches überzeugt, und so hatte er nichts gegen dessen zunächst ganz vage Offerte einzuwenden. Im Sommer 1948 konkretisierten sich dann diese Pläne. Alf Teichs nahm offiziell mit Zuckmayer Kontakt auf und schrieb ihm am 30. Juli 1948: »Halten Sie es für möglich, die Rechte an eine deutsche Filmproduktion zu vergeben und überhaupt diesen Film in Deutschland zu machen? Ich bin der Ansicht, daß man ihn nirgends so gut machen könnte wie hier und daß unter den wenigen guten deutschen Filmregisseuren Barlog für diesen Stoff an erster Stelle stehen müßte, da er die Zeit mit allen Konsequenzen miterlebt hat, da er ein fanatischer Regisseur ist und wirklich etwas vom Film versteht. Wer den General spielen soll, diese Frage müßte natürlich ausführlich besprochen werden. Es kommen für mein Gefühl in erster Linie sicherlich Knuth und Spellmanns[75] in Frage. Eine Besetzung mit Albers halte ich für gefährlich. Er ist zu sehr ›sonny boy‹ beim Publikum. Aber jede der übrigen Rollen müßte mit einem erstklassigen charakteristischen Schauspieler besetzt sein, der Schmidt-Lausitz mit Gründgens, Oderbruch mit Minetti, der Chauffeur mit Dahlke. Es wäre ein großes Projekt, das, mit der nötigen Vorsicht angefaßt, nicht nur für Deutschland, sondern auch für die übrige Welt ein Zeitbild ersten Ranges werden könnte. Die Comedia-Film, deren Inhaber und Lizenzträger Heinz Rühmann und ich sind, besitzt amerikanische, französische und britische Lizenz.«[76]

In der Folge kam es zwischen der Comedia und Zuckmayer tatsächlich zum Vertragsabschluß und zur Kooperation mit dem Regisseur Helmut Käutner, der das Stück schon länger ins Auge gefaßt hatte. Käutner schloß am 6. September 1949 einen Drehbuchvertrag mit der Comedia ab, mit der Ausarbeitung des Drehbuchs hatte er schon im Mai begonnen. Doch der Elan Käutners ließ schon bald nach, und seine Enttäuschung über die »verlogenen Comedianten«[77] wuchs. Der Grund: Die Comedia schob den angekündigten Drehbeginn immer wieder hinaus, konnte vereinbarte Vorschüsse nicht zahlen, ausländische Co-Produzenten sprangen ab. Am 4. Mai 1950 schrieb Käutner entnervt an die Comedia: »Sehr geehrte Herren, nun haben Sie mir endlich offiziell mitgeteilt, was inoffiziell seit Monaten jeder Mensch in der Branche weiß, daß die Comedia nicht in der Lage ist, den Film ›Des Teufels General‹ zu realisieren.«[78] Mit dieser Feststellung hatte Käutner die Lage genau getroffen. Die Firma hatte durch die schlechten Einspielergebnisse ihrer Filme und die hohen Produktionskosten massive Liquiditätsprobleme bekommen, Gläubiger wurden vertröstet. Rühmann, gegen den sich Käutners Zorn noch am wenigsten richtete, hielt sich, wann immer es ging, aus den Geschäften heraus. Er sah die prekäre Situation, wußte aber selbst keinen Ausweg aus der Misere.

Schließlich zogen Teichs und Rühmann die Notbremse. Sie beauftragten eine Wirtschaftsprüfungsgesellschaft, die Möglichkeit einer außergerichtlichen Liquidation zu prüfen, ein Konkurs sollte möglichst vermieden werden. Am 1. April 1951 wurde die Liquidation der Comedia im Handelsregister München eingetragen, alle Niederlassungen der Firma umgehend aufgelöst, sämtliche Mitarbeiter entlassen. Heinz Rühmann setzte sich vor allem dafür ein, daß zunächst die Ansprüche der Kleingläubiger, wie Helmut Käutner oder seines langjährigen Produktionsleiters Erwin Gitt, befriedigt wurden. Dazu mußte er aber die kreditgebenden Banken überzeugen. Im Liquidationsbericht heißt es dazu: »Dabei hatten die Großgläubiger im wesentlichen ein Stillhalten zugesagt unter der Voraussetzung, daß Herr Rühmann als prominenter Künstler und möglicher Großverdiener einen wesentlichen Teil seiner Einkünfte zur Befriedigung der Großgläubiger zur Verfügung stellen müßte.«[79] Das tat Rühmann dann auch in den nächsten zwölf Jahren, seine Einkünfte wurden auf »ein Mindestmaß beschränkt«[80]. Sein Traum, als freier Produzent arbeiten zu können, war ausgeträumt. Die fünfziger Jahre, in denen man bald vom Wirtschaftswunder zu sprechen anfing, warteten auf Rühmann mit einem Schuldenberg.[81]

Kassengift und leise Töne

Das deutsche Kino der frühen fünfziger Jahre mußte ohne Heinz Rühmann auskommen. 1950 und 1951 dreht er keinen einzigen neuen Film, in der kurzlebigen Branche eine lange Zeit. Die Figur des »kleinen Mannes« schien vorerst ausgedient zu haben, die Produzenten setzten auf andere Stars, Rühmann galt als »Kassengift«. Trümmerfilme wie *Die Mörder sind unter uns* hatten einen Star wie Hildegard Knef hervorgebracht, auch etablierte Stars wie Hans Albers, Gustav Fröhlich oder Hans Söhnker hatten sich in diesem Genre behauptet, und neue Schauspieler wie der elegante Dieter Borsche betraten die Szene. Doch die Trümmerbilder wurden bald durch ländliche Idylle abgelöst. Die einsetzende Welle der Heimatfilme servierte vor allem farbgesättigte Bilder in Agfacolor: das satte Grün der Wälder, schneebedeckte Bergspitzen, aufrechte Förster wie Rudolf Prack in braunrotgrünen Heidelandschaften, sprudelnde Gebirgsbäche, dunkelblaue Seen und hellblaue Himmel. In diesem Panorama, das durch große Gefühle, rührselige Musik und romantische Naturverherrlichung gekennzeichnet war, hatte Rühmanns »kleiner Mann« seinen Platz vorerst nicht finden können.

Mit *Der Herr vom andern Stern* hatte Rühmann seiner Gemeinde einen besserwisserischen Außerirdischen geboten, der mit aufdringlicher Moral und Pädagogik eher abgeschreckt als angezogen hatte. Danach hatten Rühmann und die Comedia hektisch versucht, das alte Rühmann-Image noch einmal zu retten und mit Unterhaltung wiederzubeleben. Doch die seichten Filme *Das Geheimnis der roten Katze* (1949) und *Ich mach' dich glücklich* (1949) fielen in jeder Beziehung weit hinter das Niveau früherer Rühmann-Filme zurück. »Film neben der Zeit« hieß es in einer Kritik, und der Rezensent fragte: »Wie lange noch soll dieses verlogene Gestern im Zelluloid noch konserviert werden?«[82] Eine andere Überschrift lautete »Heinz macht uns unglücklich«[83], und »Die Welt« sah »baren Unsinn«[84].

Die Stimmen wurden grundsätzlich: »Es sollte sich auch schon bis zur Comedia herumgesprochen haben, daß mit schlechten Filmen auch der beste Schauspielername allmählich an seiner Prominenz ernstlichen Schaden nimmt. Weil es sich aber gerade um Rühmann handelt, sei noch ein Wort hinzugefügt, ein Wort des Protestes nämlich gegen die mehr als ärgerliche Art, wie neuerdings dieser hervorragende Schauspieler immer wieder unter seinem Wert und Niveau verkauft wird.«[85] Was diesen Filmen fehlte, war die »menschlich« anrührende Botschaft, die jeden erfolgreichen Rühmann-Film ausgzeichnet hatte. Hier gab es jedoch nur eine turbulente Handlung zu bestaunen, die sich in Klischees erschöpfte und dem besonderen Rührungstalent Rühmanns keine Entfaltungsmöglichkeiten bot. Die Figuren dieser Filme blieben zu künstlich und irreal, niemand konnte sich mit diesem Rühmann identifizieren.

Es begannen Jahre der Stagnation, Jahre, in denen Rühmann wieder mit dem *Mustergatten* durch die Lande zog und vergeblich auf Angebote wartete. In der Branche zerriß man sich den Mund, die Gerüchte um seine Person nahmen kein Ende. Es hieß, daß er nach Südamerika auswandern wolle, was immerhin nicht aus der Luft gegriffen war, denn Rühmann hatte tatsächlich mit dem Gedanken gespielt, nach Argentinien zu gehen.[86] Immer wieder flackerte das Gerücht vom »Menschenschinder« auf, und auch seine Ehe mit Hertha Feiler war Gegenstand von Spekulationen. Hans Schaller, Rühmanns langjähriger Fotograf, meldete ihm am

10. September 1951 aus Berlin: »Bei einem Pressetee anläßlich der Eröffnung eines Westberliner Filmtheaters war es Hauptgespräch, daß Ihre Ehescheidung bevorstünde.«[87]

Es gab aber nicht nur Spekulationen über sein Privatleben – die sich in diesem Fall bald als falsch herausstellten –, auch Rühmanns politischer Standpunkt geriet in die Schlagzeilen. Wieder war es Schaller, der Rühmann darüber informierte, was man sich in Berlin über ihn erzählte: »Sonst ist noch zu berichten, daß sich um Ihre Person ein politisches Gewitter ausbreitet und verschiedene Gerüchte im Umlauf sind. Gestern hörte ich von Bekannten, daß Sie zur ostzonalen DEFA übergetreten sind.«[88]

Rühmann hatte zwar nicht vor, zur DEFA zu gehen, obwohl solche Grenzgänge zwischen West und Ost durchaus noch üblich waren (etwa Leny Marenbach, Josef Sieber u. a.), aber er hatte sich politisch so geäußert, daß man ihn in der westdeutschen Presse als DDR-Sympathisanten einstufte. Im Dezember 1950 hatte sich Karl Feuerer, der Chefredakteur der »Südbayerischen Volkszeitung«, das Informationsblatt der bayerischen KPD, an Heinz Rühmann gewandt und wollte von ihm wissen, was er von Otto Grotewohls neuer gesamtdeutscher Initiative halte. In einem Brief vom 30. November 1950 hatte Otto Grotewohl Adenauer vorgeschlagen, Besprechungen zur Bildung eines »Gesamtdeutschen konstituierenden Rates« aufzunehmen.[89]

Grotewohls Appell war nicht neu, und Adenauer hatte diese Angebote, die unter der Parole »Deutsche an einen Tisch« standen, stets zurückgewiesen. Daraufhin versuchte die ostdeutsche Presse, die Adenauer eine »Politik der Revanche und des Militarismus« vorwarf, die westdeutsche Bevölkerung für Grotewohls Appell zu mobilisieren. Man sprach vor allem Künstler und Intellektuelle an, von denen man annahm, daß sie die öffentliche Meinung in Westdeutschland beeinflussen könnten.

Rühmann war von der Idee angetan. Seine Antwort an Feuerer druckte die »Südbayerische Volkszeitung« am 13. Januar 1951 natürlich umgehend dankbar ab: »Ich habe mit Interesse nochmals den Brief von Herrn Grotewohl an Herrn Dr. Adenauer gelesen, und wenn ich auch im Grunde genommen ein unpolitischer Mensch bin, so finde ich doch, daß wir heute in einer Zeit leben, in der man zu den täglichen Dingen des Lebens, die an einen herantreten, einfach Stellung nehmen muß. Ich würde es daher mit unsagbarer Freude begrüßen, wenn sich eine Verständigung herbeiführen ließe und wenn diese sechs Herren wie vorgeschlagen sich an einen Tisch setzen würden, um dafür einen Weg zu finden. Dies wäre dann, wenn auch ein verspätetes, so doch gewiß das schönste Weihnachtsgeschenk, das man dem deutschen Volke bescheren könnte.«[90] Natürlich reagierte die ostdeutsche Presse entsprechend. Die »Berliner Zeitung« druckte den Brief nach,[91] das »Neue Deutschland« titelte auf der ersten Seite: »Heinz Rühmann für Verständigung. Gegen die Verleumdungen der westdeutschen Presse«,[92] und die »Freiheit« schrieb: »Heinz Rühmann begrüßt Volkskammer-Appell.«[93]

Ein Teil der westdeutschen Presse blieb die Antwort nicht lange schuldig und sparte nicht mit Kritik: »Hat ›Quax‹, der ›Pilot‹ aus braunen Tagen, nun endgültig Bruch gemacht bei seiner weltanschaulichen Landung? Oder kommt der ›Herr‹ wirklich von einem ›andern Stern‹? Mag sein, er hat auch nur zu tief in ›die Feuerzangenbowle‹ geblickt, als er dem Chefredakteur der ›Südbayerischen Volkszeitung‹, Karl Feuerer, seine begeisterte Zustimmung brieflich zuschleuderte.«[94] Unter der Überschrift »Quax geht zu Bruch« belehrte ihn der »Neue Vorwärts«: »Man kann sich eben – im Privatleben wie in der Politik – nicht von Mensch zu Mensch aussprechen, wie Rühmann vorschlägt, wenn der eine Partner von vornherein keinen Wert auf echte Verständigung legt.«[95] Und ein Kinobesitzer schrieb empört an das »Film-Echo«: »Es wäre Herr Rühmann zu raten, sich doch in der russischen Zone zu betätigen.«[96] Vor diesem Hintergrund wurden die Gerüchte um Rühmanns DEFA-Kontakte verständlich.

Wie sehr Rühmann auch persönlich bestimmte Denkfiguren seiner »kleinen Männer« teilte, zeigt seine Reaktion auf das negative Echo der westdeutschen Presse. In Hamburg gab er dem Ostberliner Deutschlandsender ein Interview, das die »Südbayerische Volkszeitung« natürlich nachdruckte: »Sie kennen sicher meinen Brief, nicht wahr? Meine Ansicht ist von vielen verzerrt wiedergegeben worden. Man hat mich mißverstanden. Warum sollte man sich nicht auch in der Politik von Mensch zu Mensch aussprechen können.«[97] Die Formel von »Mensch zu Mensch« und »menschlich sein« findet sich häufig in Rühmanns Filmdialogen und noch häufiger in den Porträts über ihn. Mit seiner »Menschlichkeit« wurde immer wieder die besondere Qualität seines Humors und die »Echtheit« seiner Figuren beschrieben. Mit »Menschlichkeit« bezeichneten die Kritiker oft auch die Lebensnähe seiner Figuren, denn realistisch konnte man sie ja schlecht nennen. Die kleinen Männer waren nicht realistisch, aber menschlich und somit »lebensnah« und deshalb »echt«. Der Appell, »seien Sie doch kein Unmensch«, ist die schärfste Waffe seiner Helden im Kampf mit den »großen Männern«, den Chefs und Autoritäten. Mit diesem zentralen Begriff seiner »kleinen Männer« ließ sich das denkbar größte Konsensangebot an das Kinopublikum richten. Rühmanns Programm der »Menschlichkeit« war also der denkbar unschärfste, dehnbarste, unverbindlichste und umfassendste Humanismus, den man überhaupt formulieren konnte.

Daß mit diesem Programm und dieser Haltung politische Fragen nicht zu lösen waren, hat Rühmann nicht verstanden. In dieser Hinsicht war er politisch naiv und ehrlich erstaunt, als man seine Äußerungen zur Grotewohl-Initiative derart kritisierte. Hatte er etwa angenommen, daß die politische Instrumentalisierung seiner Prominenz und Popularität nur eine Sache der Nationalsozialisten gewesen sei? Und hatte er sich überhaupt schon klargemacht, welche Rolle er als Star und Repräsentant des »kleinen Mannes« im Dritten Reich gespielt hatte?

Fortan übte Rühmann bei politischen Anfragen größte Zurückhaltung. Als ihn 1969 die sozialdemokratische Wählerinitiative dazu bewegen wollte, ein Plädoyer für den Kanzlerkandidaten Willy Brandt in der SPD-Wahlkampfzeitschrift »dafür« zu veröffentlichen, verhielt er sich äußerst vorsichtig. Zunächst erklärte er, wenn auch zögerlich, sein Einverständnis, dann machte er jedoch wieder einen Rückzieher. Seine Absage begründete er in einem Brief an Günter Grass, der sich für die SPD im Bundestagswahlkampf engagierte und die Kontakte zur kulturellen Prominenz koordinierte: »Sehr geehrter Herr Grass, [...] Ich muss Ihnen heute mitteilen, dass ich mich im Augenblick – bei dem momentanen Stand des Wahlkampfes – auf keine der beiden Koalitionsparteien festlegen und Ihnen daher auch den gewünschten Artikel nicht einsenden kann.«[98]

Die politische Kontroverse um seine Person hatte Rühmann noch vorsichtiger und zurückhaltender gemacht, als er es ohnehin schon war. Er zog sich zunehmend in seine Arbeit zurück, die anfing, ihn wie ein Panzer zu umgeben. Seine vielgerühmte Präzision und Professionalität konnte man ihm nicht nehmen, und allein für sie übernahm er die volle Verantwortung. Nur auf diesem Terrain fühlte er sich sicher. Rühmann igelte sich bei seiner Arbeit im Studio zunehmend in dieses Arbeitsethos ein, es machte seine Identität aus. Mit Kollegen sprach er kaum über wirklich persönliche Erlebnisse, sondern über handwerkliche Fragen. In seinem Spitznamen »Professor der Theaterheilkunde«, der ihm schon seit den dreißiger Jahren anhing, klingt bereits etwas von dieser trockenen und auch belehrenden Art an. Wer mit ihm zusammengearbeitet hat, erinnert sich an seine steife Höflichkeit, an den Austausch von floskelhaften Formeln, an starre und ritualisierte Arbeitsabläufe und unterkühlte Umgangsformen.

In einer Bildbiographie, die 1987 erschien,[99] hat Rühmann die Jahre von 1945 bis 1953 mit der Überschrift versehen: »Als mir das Lachen verging.« Es war nicht die Zeit im Dritten Reich, die ihn verbittert hatte, sondern die Jahre der wirtschaftlichen Pleite, der Gerüchte und die Erfahrung, plötzlich entbehrlich zu sein. Tatsächlich sind die Nachkriegsjahre eine Art Folie für Rühmanns Filme der fünfziger Jahre, die immer wieder auch melancholische oder resignative Momente enthalten. Der kindliche Optimismus, der seine Figuren in den dreißiger und vierziger Jahren immer ausgezeichnet hatte, wich jetzt häufiger einer skeptischen und sentimentalen Nachdenklichkeit. Diese »kleinen Männer« kamen nicht mit Volldampf im Wirtschaftswunderland an, sie blieben hinter der Zeit zurück. Rühmann hat diese Jahre später als Lernphase begriffen: »Heute will ich diese Zeit nicht missen; ich habe sie gebraucht, für meine Entwicklung. Ich habe Menschen kennengelernt, wie sie sind und nicht sind. Ich bin zum Nachdenken über mich selbst gekommen und über meine Art Theater zu spielen. Ich habe mich an leise Töne erinnert, die ich früher mal hatte, an Pausen, die herrlichen Pausen, die man im Text machen kann und die so wertvoll sind. Ich wurde bescheidener, habe meinen etwas zu groß geratenen Hut abgesetzt und in die Hand genommen.«[100]

Keine Angst vor großen Tieren

»Kein Zweifel: Heinz Rühmann ist wieder im Kommen. Einige Jahre lang kümmerte sich der deutsche Film nicht besonders um ihn, aber wir sind keineswegs mit heiteren Begabungen so gesättigt, daß wir uns das auf die Dauer leisten können. Das vornehmste Verdienst dieses Films – der sonst gewiß nicht vollkommen ist – bleibt es, Heinz Rühmann wieder in einer Glanz- und Paraderolle herauszustellen. Er ist hier das schüchterne und ängstliche Männchen, von seiner Umwelt unterdrückt und bevormundet, das plötzlich drei Löwen erbt, und an ihnen lernt er die doppelsinnige Moral, daß man auf keinen Fall Angst vor großen Tieren haben darf.«[101] *Keine Angst vor großen Tieren* hieß dieser Film, mit dem Heinz Rühmann 1953 den Tiefpunkt seiner Karriere hinter sich ließ. Im selben Jahr kam auch ein weiterer Rühmann-Film in die Kinos: *Briefträger Müller*. Beide Filme wurden von den Kritikern als gelungener Versuch betrachtet, die Figur des »kleinen Mannes« wiederzubeleben und der Zeit anzupassen. Und tatsächlich gelang es Rühmann trotz der wenig originellen Geschichten, seinen Figuren eine überraschende Aktualität und Vitalität zu verleihen.

Hinter diesem Erfolg standen vor allem zwei Produzenten, die gerade an dieses Talent und Potential Rühmanns glaubten und ihm nüchtern kalkulierend eine neue Chance gaben: Gyula Trebitsch und Kurt Ulrich. Trebitschs Karriere hatte 1932 begonnen, als er als Volontär in die Budapester Ufa-Niederlassung eintrat. Der talentierte junge Mann stieg schnell auf, eine steile Karriere schien ihm sicher. Als eigenständiger Produzent stellte er für die Ufa Filme her, bis die nationalsozialistische Rassenpolitik dieser Arbeit ein Ende machte. Den Holocaust überlebte er, obwohl er zwischen 1940 und 1945 in verschiedene Konzentrationslager verschleppt wurde. Nach seiner Befreiung am 2. Mai 1945 aus dem KZ Wöbbelin kehrte Trebitsch in die Filmbranche zurück. Die Hamburger Real-Film, die er 1947 zusammen mit Walter Koppel gegründet hatte, entwickelte sich bald zu einer der erfolgreichsten Produktionsgesellschaften der fünfziger Jahre. Insofern war das Angebot von Trebitsch an Rühmann auch ein Signal für die gesamte Filmbranche: Heinz Rühmann war zurück, der Ruf, er sei »Kassengift«, wich jetzt der Zuversicht, daß mit ihm wieder gute Geschäfte zu machen waren.

Für *Keine Angst vor großen Tieren* hatte sich Trebitsch bemüht, um Rühmann herum ein attraktives Ensemble aufzubauen, dessen Besetzung weitgehend mit ihm abgesprochen war. Selbst Nebenrollen wurden mit Erich Ponto, Werner Fuetterer oder Jakob Tiedtke prominent besetzt, und der Publikumsliebling Max Schmeling bekam einen kurzen Gastauftritt. Was diesen Film auch noch im Rückblick auszeichnet, macht eine Formulierung deutlich, mit der er Mitte der neunziger Jahre im Fernsehen angekündigt wurde. Man habe es hier, so die Moderatorin, mit einer Art »Seelengymnastik für die Aufbaujahre« zu tun. Tatsächlich trifft diese Formulierung nicht nur ziemlich genau die historische Bedeutung des Films, sondern auch Heinz Rühmanns Leistung. Er spielt in dieser Geschichte den überaus schüchternen technischen Zeichner Emil Keller, der zur Untermiete lebt und Anni (Ingeborg Körner), die Sekretärin seines Chefs, umwirbt. Die ebenso selbstbewußte wie resolute Frau lehnt ihn aber ab: »Sie sind nämlich kein Mann!« Damit war die Aufgabenstellung für Emil Keller genau umrissen: Er mußte ein »richtiger Mann« werden, die begehrte Frau aus dem Büro des Chefs entführen und endlich das Untermietverhältnis kündigen, um ein eigenes Häuschen im Grünen zu bauen. Selbstverständlich erfüllt Emil Keller diese Aufgaben, und im letzten Bild des Films steht er mit seiner Frau freudestrahlend vor dem erträumten Eigenheim.

Gerade an diesem Film läßt sich Rühmanns besondere schauspielerische Leistung ausmachen. Er konnte kollektive Erfahrungen aufnehmen, sie in sein Spiel integrieren, ohne seine Identität zu verlieren. Der Untermieter Keller stand stellvertretend für Millionen Menschen dieser Zeit: »Das Untermieterdasein wurde zum Massenschicksal; 1950 gab es kaum weniger Untermieter- als Mieterhaushalte (35 bzw. 40 Prozent aller Haushalte).«[102] Die Sehnsucht des Untermieters nach einem Haus verband sich mit seinem Wunsch nach beruflicher Durchsetzungsfähigkeit und männlichem Auftreten. Rühmanns »ängstliches Männchen«[103] mußte zum Mann reifen, um dem Wunschbild der Frauen zu entsprechen. Annis Forderung, »ein Mann muß auch mal vor lauter Wut jemanden auffressen können«, beschwor ein Männerbild, »das positive Stereotyp der Maskulinität«[104], das nach den traumatisierenden Kriegserfahrungen vielfach gebrochen war und fragwürdig erschien. Heinz Rühmann gelang das Kunststück, all diese Zeiterfahrungen und kollektiven Wünsche in sein Spiel zu übersetzen. Durch seine Stimme, Gesten, Mimik und Bewegungen: Mit heiserer, fester Stimme will er auftrumpfen und sich beschweren, dann bricht er krächzend ab, fällt in sich zusammen und kapituliert. Er kuscht vor dem Chef, senkt den Kopf, wird abgekanzelt, er schleicht bedrückt, den Tränen nah, aus dem Büro.

All das spielt Rühmann mit wenigen Mitteln: Er drückt die Brust heraus, schiebt das Kinn entschlossen vor, dann weicht die aufgebaute Spannung, die Schultern fallen, er wird wieder zum »Kindmann«[105], wie ihn Georg Seesslen einmal genannt hat, er weckt Mitgefühl, weil man unwillkürlich für dieses »Kind« Partei ergreift, schützend an seiner Seite stehen möchte. Das besondere an dieser und ähnlichen Rühmann-Szenen ist, daß ihnen der erneute Triumph des »kleinen Mannes«, schon eingeschrieben ist. Auf diese Dramaturgie des Trostes konnte sich das Publikum verlassen, es konnte – obwohl es auch ängstlich mitfühlte – entspannt den Umschwung erwarten.

Auch in *Keine Angst vor großen Tieren* kommt der Augenblick des Trostes, in dem Emil Keller seine Gegenspieler mit Schwung, die Tyrannen seines Alltags, im buchstäblichen Sinne des Wortes an die Wand nagelt. Der hünenhafte Vermieter (Gustav Knuth), wird mit dem Eßbesteck an die Küchentür geheftet, der Chef (Werner Fuetterer), wird durch Schnellsprechen und resolutes Auftreten mundtot gemacht und abserviert. Plötzlich erwacht das bis dahin phlegmatische Männlein Keller, Rühmann gibt ihm Energie, Tempo und Wendigkeit. Er fegt durch die Räume, knallt Türen und befiehlt Anni, ihn zu küssen. Auch diese abrupte Kehrtwendung stellt Rühmann ohne ausladende Gestik her, er bleibt in der Stunde seines Triumphes gezügelt, er unterspielt und verhindert so, daß die Darstellung kitschig oder theatralisch wirkt. Rühmann verläßt sich auf seine Physiognomie, in der sich, wenn er lächelt, ein unangreifbarer Optimismus zeigt. In dieser Wirkung entdecken die Rezensenten wieder seine »menschliche Komik«.[106]

Rühmanns Talent, einem so weiten, aber doch auch bedeutungsstarken Begriff wie »Menschlichkeit« einen prägnanten Ausdruck zu verleihen, sollte schon im Titel des Films seinen Niederschlag finden, der ursprünglich »Auch ein Mensch« lautete.[107] *Keine Angst vor großen Tieren* war nicht zuletzt eine Anspielung auf einen Prozeß, der sich 1951 bis 1953 abspielte. In dieser Zeit wurden der Real-Film die finanziell überlebenswichtigen Bundesbürgschaften durch den zuständigen Bundesinnenminister Robert Lehr verweigert. Walter Koppel, der wie Trebitsch ein Verfolgter des Nazi-Regimes und ehemaliger KZ-Häftling war und mit ihm die Real-Film als Produzent leitete, wurde seine frühere KPD-Mitgliedschaft (1945–1947) vorgeworfen, und man verdächtigte ihn, »nicht auf dem Boden der Demokratischen Grundordnung«[108] zu stehen. Die Verweigerung der Bundesbürgschaften hatte unmittelbar zur Folge, daß geplante Produktionen ausfallen mußten und keine neuen Projekte vorbereitet werden konnten. Erst Anfang 1953 wurde Walter Koppel rehabilitiert, und so wurde *Keine Angst vor großen Tieren* der erste Spielfilm der Real-Film nach einer fast einjährigen Produktionspause.

Nach ihrer erfolgreichen Zusammenarbeit hätte Trebitsch den alten, neuen Star Rühmann gern weiterverpflichtet, doch der bekam ein Angebot, das er nicht ausschlagen konnte: Kurt Ulrich, der Chef der in Berlin ansässigen Berolina-Film, bot ihm einen langfristigen Pauschalvertrag an. Um ihn nach der Pleite der Comedia finanziell zu entlasten, kaufte Ulrich Rühmanns Gläubigern Schuldscheine ab und ließ langfristige Entschuldungsmodelle für ihn erarbeiten. Ulrich hatte die Berolina-Film 1948 zusammen mit seinem Partner Kurt Schulz gegründet und vor allem mit Heimatfilmen Millionen verdient. *Morgen ist alles besser* hieß der erste Film der Berolina, es folgten Kassenschlager wie *Schwarzwaldmädel* (diesen ersten deutschen Farbfilm der Nachkriegsgeschichte sahen 14 Millionen Besucher), *Grün ist die Heide* oder *Wenn der weiße Flieder wieder blüht*, der erste Film mit Romy Schneider.

Der hemdsärmelige Berliner Kurt Ulrich, der in der Filmbranche auch »Schnulzen-Ulli« genannt wurde, schien so gar nicht zu dem zurückhaltenden Rühmann zu passen. Ulrich verkörperte den Typus des Wirtschaftswunder-Produzenten, der sich aus kleinen Verhältnissen hochgearbeitet hatte und nun seinen Wohlstand mit geradezu kindlicher Begeisterung genoß. Ulrich liebte es, große Stars »einzukaufen«: Theo Lingen, Hans Moser und Grethe Weiser hatte er bereits engagiert, jetzt war es Heinz Rühmann.

Wolfgang Neuss, der in den fünfziger Jahren ein vielbeschäftiger Chargenspieler war, charakterisierte diesen neuen Produzenten-Typus mit deutlichem Blick auf Kurt Ulrich so: »Diese neuen Filmbosse waren Elektromeister oder Taxichauffeure in Neukölln, mit Schrebergarten. Sie wollten Filme drehen, nicht nur, weil sie Geld damit verdienen wollten, sondern weil sie Lieschen Müller eine Freude machen wollten. [...] Diese Leute waren selbst Lieschen Müller. Sie selbst wollten die Heimaterde im Film sehen. Da sie den Schwarzwald nicht in Berlin hatten, drehten sie Schwarzwaldfilme.«[109]

Doch auch wenn die Kombination Rühmann-Ulrich auf den ersten Blick ungewöhnlich schien, sie funktionierte bestens, brachte Rühmann ins Geschäft zurück und sicherte ihm langfristig ein verläßliches Arbeitsumfeld. Mit *Briefträger Müller*, Heinz Rühmanns erstem Berolina-Film, begann auch für ihn das Boom- und Star-Jahrzent des deutschen Films. Als er Anfang August 1953 in Berlin-Tempelhof landete, um die Dreharbeiten aufzunehmen, hatte Kurt Ulrich einen großen Empfang für ihn arrangiert. Fünfzehn Musiker in Postuniform standen bereit, um den alten Rühmann-Schlager »Das kann doch einen Seemann nicht erschüttern« für den Star zu spielen, fast das gesamte Filmteam war anwesend, auch die Berliner Presse war stark vertreten. »Und vor dem Flughafen stand ein ›Geleitzug‹ von Postwagen und -Motorrädern, der den berühmten ›Kollegen‹ in die Mitte nahm und sich zu einer Fahrt quer durch Berlin in Bewegung setzte.«[110] Nach acht Jahren drehte Heinz Rühmann erstmals wieder in Berlin, der Stadt, in der seine Filmkarriere mit *Die Drei von der Tankstelle* einst so glanzvoll begonnen hatte. Sichtlich bewegt nahm er die Ehrung entgegen.

Als *Briefträger Müller* am 1. Oktober 1953 anlief, übrigens der erste Farbfilm für Heinz Rühmann, fiel es den Kritikern leicht, ihren Lesern die Geschichte in einem Satz mitzuteilen. So resümierte Gunter Groll in der »Süddeutschen Zeitung«: »Kleiner Mann erbt wieder mal Millionen – und wieder mal macht Geld nicht glücklich. Nun ja.«[111] Genau darauf lief es hinaus: Wieder einmal porträtierte Rühmann die »Wunschträume der deutschen Angestelltenseele«[112], wieder einmal lieferte er eine Variation seines »kleinen Mannes« ab. Während *Keine Angst vor großen Tieren* den kleinen Mann aufforderte, selbstbewußt und männlich aufzutreten, warnte *Briefträger Müller* ihn vor Größenwahn und Protzerei. Hinter dieser Pädagogik steckte ein schlichter, volkstümlicher Kern, wie in so vielen Rühmann-Filmen. Die Botschaft reichte oft nicht über ein Sprichwort oder eine Redensart hinaus: »Schuster bleib bei deinen Leisten«, »Hochmut kommt vor dem Fall« oder »Ehrlich währt am längsten«.

Bedeutsam war dieser Film für Rühmann vor allem deshalb, weil er die siebenjährige Zusammenarbeit mit seinem Produzenten Kurt Ulrich einleitete. Innerhalb der Berolina entstand um Rühmann herum eine »Produktionsgruppe«, mit der er künftig kontinuierlich zusammenarbeiten würde. Dazu gehörten der Journalist Manfred Barthel, der von der Berliner Tageszeitung »Der Abend« als Dramaturg zur Berolina gewechselt war, der Autor Gustav Kampendonk, der eine Reihe von Drehbüchern für Rühmann schrieb, später der Hollywood-Heimkehrer Hans Jacoby, der die meisten Drehbücher für ihn verfaßte und bearbeitete, der Garderobier Walter Schreiber und nicht zuletzt sein Maskenbildner Josef (Jupp) Coesfeld.[113]

Mit Coesfeld war Rühmann neben der Arbeit auch freundschaftlich verbunden. In seinen Erinnerungen widmete er ihm sehr viel mehr Raum als den meisten prominenten Kollegen.[114] Eine Spezialität von Coesfeld waren Perücken: Rühmanns dünnes und Mitte der fünfziger Jahre bereits deutlich gelichtetes Haar mußte mit immer neuen Haarteilen ergänzt und dem Charakter der jeweiligen Rolle angepaßt werden. Auch bei öffentlichen Anlässen wie Preisverleihungen und Filmbällen griff Rühmann deshalb häufig auf Toupetteile seines Maskenbildners zurück. Bereits im frühesten Stadium der Drehbuchentwicklung besprach er den Charakter der jeweiligen Figur mit ihm und skizzierte Umrisse. Erst wenn ihm Coesfeld seine Entwürfe geliefert hatte, füllte Rühmann die Rolle und gab ihr so auch eine innere Gestalt. Er näherte sich einer Figur also von ihrem Äußeren her, er brauchte ein Bild von ihr und von sich selbst, dann folgte er diesem Entwurf. An seinem Maskenbildner schätzte er auch dessen »Treue«, ein Wort, das Rühmann gern benutzte, wenn er jemanden auszeichnen wollte. Coesfeld, der sich während der Dreharbeiten immer in Rühmanns Nähe befand, war nicht zuletzt sein Informant und Bote, da er immer über den letzten Stand der Entwicklungen und Entscheidungen am Set unterrichtet werden wollte. Er mußte das Gefühl haben, die Dinge in der Hand zu halten und kontrollieren zu können, da er sich am liebsten auf sich selbst verließ.

Rühmanns Anspruch, die Filme bestimmen und und ihren Entstehungsprozeß von Anfang an steuern zu können, kam Ulrich weit entgegen. Zwar bedrängte er Rühmann auch immer wieder mit Stoffen, die der nicht machen wollte, andererseits gab er schnell nach, wenn Rühmann kein Interesse zeigte oder ablehnte. Für seinen Star ließ Ulrich immer verschiedene Stoffe parallel entwickeln, denn Rühmann war wählerisch und – hatte er sich einmal für ein Drehbuch entschieden – perfektionistisch in der Vorbereitung. In dieser Phase machte er es den Produzenten und Autoren nicht leicht: Bis die richtige Fassung gefunden, bis er völlig mit dem Dialog einverstanden war, vergingen Monate. Wenn aber dann der erste Drehtag kam und alles in die von ihm vorbereitete und ausgearbeitete Richtung lief, war der Umgang mit ihm sehr viel einfacher. Zu diesem Zeitpunkt war sich Rühmann dann bereits sicher, daß sein Weg der richtige war.

Diesen Kontroll- und Lenkungsanspruch hatte er vor allem als Chef seiner Produktionsgruppe bei der Terra und als Regisseur entwickelt. Wie sehr Rühmanns Engagement den Stil seiner Filme und die Identität seiner Figuren prägte, macht eine Produktion aus dem Jahr 1955 deutlich, bei der seine Einflußmöglichkeiten begrenzt waren. *Zwischenlandung in Paris* bzw. *Escale à Orly* hieß der deutsch-französische Film, in dem Rühmann nicht wie gewohnt zur Geltung kommen konnte. Da der Film in französisch und deutsch gedreht wurde, mußte sich Rühmann vor allem darauf konzentrieren, den französischen Text aufzufassen und ihn zu beherrschen, was ihm, da er nur ein paar Vokabeln Schulfranzösisch behalten hatte, nicht leicht fiel. Der Regisseur Jean Dréville sprach überdies kein Deutsch, so daß sein Assistent als Dolmetscher arbeiten mußte, wenn Rühmann Fragen oder Einwände hatte.

Es waren jedoch nicht nur die Sprachschwierigkeiten, die Rühmanns Anspruch auf Mitbestimmung verringerten. Da der Film natürlich auch für den französischen Markt bestimmt war, konnte der deutsche Publikumsliebling Rühmann nicht der zentrale Star sein, nach dessen Image sich die anderen zu richten hatten. Mindestens gleichberechtigt agierten die junge französische Schauspielerin Dany Robin und Dieter Borsche, der Heinz Rühmann am Anfang der fünfziger Jahre in der deutschen Publikumsgunst übertroffen hatte. Beide wurden demzufolge – hier läßt sich eine klare Rangordnung erkennen – im Vorspann des Films auch vor Rühmann genannt. Diese Zurücksetzung zeigt, daß Rühmann noch lange nicht wieder seinen früheren überragenden Status als Star erreicht hatte.

Was diesen Film aber grundlegend von einer typischen Rühmann-Produktion unterscheidet, ist eine auffällige stilistische Unstimmigkeit zwischen Rühmanns Spiel und dem seiner Partnerin Gisela von Collande. Er verkörpert die Rolle des kleinen Angestellten Heinrich Petit, der in der Luftfrachtabteilung des Pariser Flughafens Orly arbeitet. Gisela von Collande spielt seine Frau Emma, die mit sich, ihrem Mann und dem gemeinsamen Leben unzufrieden ist. Es gibt im Verlauf des Films mehrere heftige Auseinandersetzungen zwischen Petit und Emma, die in solcher Intensität und Ernsthaftigkeit bis dahin noch nie in einem Rühmann-Film zu sehen gewesen waren. Allerdings trägt Rühmann wenig dazu bei, denn diese Spannung baut vor allem Gisela von Collande auf. Der Ton, mit dem sie ihren Mann anklagt, ist frappierend. Es liegen Haß, Frustration und Wut in ihrer Stimme, und das sind – zumindest in dieser realistischen Färbung – Emotionen, die bislang nicht in einen Rühmann-Film gehörten. Daß die Frauen an Rühmanns Seite von ihm einen sozialen Aufstieg forderten, war spätestens seit *Hauptsache glücklich!* (1941) nicht ungewöhnlich. Doch selbst wenn es dann zur Scheidung kam, war die Atmosphäre zwischen den Eheleuten nie wirklich vergiftet, nie unwiderruflich zerstört, man heiratete eben erneut, und alle Konflikte hatten ein Ende. Film-Partnerinnen wie Leny Marenbach, Hertha Feiler, oder Ingeborg Körner konnten sich keine eigene Geschichte, kein eigenes Schicksal in einem Rühmann-Film erspielen. Mit dem letzten Bild des Films hörten sie auf zu existieren, es blieb nichts, was nicht zuvor komödiantisch aufgelöst worden wäre. Sie durften zeitweilig schmollen, Kissen werfen, mit Türen knallen und in Tränen ausbrechen, die aber schnell wieder versiegten. Ein bitteres Drama oder ein vielschichtiges Psychogramm durften sie nicht spielen.

Ganz anders Gisela von Collande: Sie spielt eine lang aufgestaute Lebensunzufriedenheit, eine fauchende Giftigkeit, der Rühmann keinen angemessenen Stil entgegensetzen kann. Er hat keine Sensoren für die Tragödie, die sie mit den Mitteln eines Bühnen-Naturalismus darstellt. Als Gisela von Collande 1960 tödlich verunglückte, beschrieb ein Kritiker sie rückblickend als »vitale Schauspielerin, deren herbe, unsentimentale Charakterisierungskunst sie besonders zur Darstellung Hauptmannscher Frauengestalten prädestiniert erscheinen ließ«.[115] Rühmann war hingegen schon in Bremen und München als Schauspieler in naturalistischen Stücken durchgefallen und dann auch nicht mehr in Dramen von Hauptmann, Strindberg oder Ibsen eingesetzt worden. Seine Stimme drückte Verzagtheit aus, eine schnell verfliegende Traurigkeit oder eine sentimentale Rührung. Was seine Figuren »innerlich bewegte«, konnte man nicht wissen, weil sie keinen Seelenkern besaßen, weil in ihnen keine verborgenen Schatten zu Hause waren. Ihre Konflikte blieben immer äußerlich, wurde schnell zur Sprache gebracht und in Aktion umgesetzt. Er war kein Zweifler und Suchender, zuletzt hatte er immer alles gefunden.

Alles Theater

»Zum Kotzen!« murmelte ein Zuschauer, sein Nachbar nickte zustimmend, während ein Dritter den beiden einen Laut der Mißbilligung in den Nacken zischte. Andere Zuschauer drängten sich durch die Reihen zum Ausgang, Türen wurden knallend zugeworfen. Unter einigem Beifall rief einer der Flüchtenden ins Dunkel des Zuschauerraums: »Ich warte woanders auf Godot!«[116] Es war der 27. März 1954 in den Münchner Kammerspielen. An diesem Tag feierte Samuel Becketts Stück *Warten auf Godot* seine Premiere in München.[117] Es war ein Skandal, eine sensationeller Erfolg und schließlich eine Inszenierung, die Theatergeschichte schrieb. »Es war ein Theaterabend, der einen in seiner Form und Aussage vom Sitz hob, so ungeheuerlich war er. Und dennoch – oder gerade deshalb? – das Publikum pfiff, pfefferte laut und ungeniert in Heinz Rühmanns Dialoge freche Bemerkungen, lachte und klatschte, wo es nichts zu lachen und klatschen gab.«[118]

Für die Schauspieler Heinz Rühmann (Estragon), Ernst Schröder (Wladimir), Friedrich Domin (Pozzo) und Rudolf Vogel (Lucky) ging mit diesem Abend ein siebenwöchiger Probenprozeß zu Ende, der sie bis aufs Äußerste gefordert hatte. Fritz Kortner, der »unerbittliche Realist«[119] war auch ein unerbittlicher Regisseur, der den Text mit aller Härte »zerlegte«, um aus diesen Teilen seine Inszenierung zu formen. Diese Anstrengungen kosteten auch Opfer: Bevor Ernst Schröder Rühmanns Partner wurde, war die Rolle des Wladimir bereits siebenmal umbesetzt worden.[120] Fast jeden Tag kam es zu Konflikten und Streit. Die Proben wurden unterbrochen, fortgesetzt, abgebrochen, das endgültige Aus drohte. August Everding, damals Kortners Regie-Assistent, mußte vermitteln, beschwichtigen und die entlaufenen Schauspieler zurückholen. Als die Stimmung wieder einmal schlecht und drückend war, unterbrach Rühmann die Probe, trat dicht an die Rampe und fragte zu Kortner hinunter: »Na, Opa, wieder Föhn heute?«[121]

Für das Münchner Publikum war Kortners Inszenierung von *Warten auf Godot* eine doppelte Provokation: Das Stück des Iren Samuel Beckett, eines der großen Rätsel-Stücke des 20. Jahrhunderts, schien abweisend formlos und unzugänglich zu sein. Zwei Landstreicher oder Tramps stehen ratlos herum, warten auf einen Mann namens Godot, der nie auftaucht. Sie vertreiben sich die Zeit mit knappen, inhaltsleeren, absurden Monologen. Die zweite Provokation des Abends bestand darin, daß Kortner den Publikumsliebling Rühmann demontiert hatte. Allerdings hatte er ihn auch wieder »zusammengesetzt«, und als Ergebnis dieses Prozesses sahen zumindest die Kritiker Rühmann »auf der Höhe seiner Schauspielkunst.«[122] Siegfried Melchinger erlebte ihn folgendermaßen:

»Er war Estragon, einer der beiden Tramps oder Clochards oder Vagabunden, die in diesem Stück zwei Clownsrollen spielen: über den gestreiften Matrosensweater hatte er sich eine Smokingschleife gebunden; Schnürsenkel trugen die weiten Hosen; zu den ausgelatschten Schuhen paßte die zerbeulte Melone. So schien er von Kopf bis Fuß nichts als ein Clown zu sein.«[123] Melchinger, der Rühmann bereits in den zwanziger Jahren in München gesehen hatte, fand, daß der Film Rühmann in der Zwischenzeit nur abgelenkt habe. In ganz »star-ferner Verklärung« sei er »einer unserer wunderbarsten Schauspieler«.[124] Im Kino hatte Rühmann mit *Briefträger Müller* kurz zuvor die Figur des »kleinen Mannes« für die fünfziger Jahre wiederbelebt, in den Kammerspielen entdeckte er noch einmal, welche anderen Möglichkeiten er als Schauspieler besaß: »Der abgerissene Heinz Rühmann mit Gags war knapp, klar und scharf in seiner komischen Tragik, erschütternd wie ein Pallenberg oder Karl Valentin.«[125]

Rühmann blieb Kortner für diese Inszenierung immer dankbar: »Für mich war diese Arbeit eine entscheidende Wende in meiner Laufbahn. Ich habe durch ihn viel gelernt. Oft hab' ich an ihn gedacht, wenn ich bei späteren Aufgaben stimmliche und darstellerische Mittel schnell bei der Hand haben mußte und mein Körper allen Anforderungen mühelos gehorchte.«[126] Und auch Kortner verbeugte sich vor Rühmann: »Ein völlig ungewöhnlicher Schauspieler, absolut unterschätzt. Der kann so leise sein, daß man in seiner Umgebung das Gras wachsen hört«.[127] Seine weiteren Begegnungen mit Kortner waren jedoch eine Aneinanderreihung von Mißverständnissen. Auf Kortners Wunsch sollte Heinz Rühmann 1962 die Laudatio zu seinem siebzigsten Geburtstag halten. Rühmann bereitete sich gewissenhaft vor und erinnerte in seiner Festrede an die Proben zu *Warten auf Godot*. Die anekdotische Erzählung amüsierte die Festgäste, doch der Jubilar mißdeutete diese Reaktionen: »Kortner hatte durch ein beginnendes Ohrenleiden meine Worte nur unvollständig verstanden. Als meine Rede durch Lachen und Beifall unterbrochen wurde, hatte – wie ich später erfuhr – der ewig Mißtrauische den neben ihm sitzenden Hans Schweikart gefragt, ob ›der Komiker da vorne sich über ihn lustig mache?‹«[128]

Ein letztes Mal begegneten sie sich 1967, drei Jahre vor Kortners Tod. In den Kammerspielen sollte Martin Walsers Stück *Die Zimmerschlacht* inszeniert werden. Unter der Regie von Fritz Kortner probten Rühmann und Doris Schade die Rollen zweier sich bekämpfender Eheleute. Nach zwei Tagen kam es zum Eklat. Rühmann brach die Proben verbittert ab und verbat sich von Kortner, wie ein Anfänger belehrt zu werden. Am nächsten Tag erschien August Everding, der bewährte Krisendiplomat, bei Rühmann in Grünwald und vermittelte eine Aussprache zwischen dem gekränkten Schauspieler und dem tyrannischen Regisseur. Man traf sich in Kortners Wohnung. Heinz Rühmann nutzte die Gelegenheit, um mit Kortners Regiestil abzurechnen. Er dächte nicht daran, sich von Kortner mißbrauchen zu lassen, es liefen ohnehin schon viel zu viele von ihm »vergewaltigte Schauspieler« auf den Bühnen herum. Kortner wurde nachdenklich. Schließlich einigte man sich darauf, es noch einmal miteinander zu versuchen. Nach zwei weiteren konfliktreichen Probentagen gab Rühmann die Rolle endgültig ab.[129]

In der breiten Öffentlichkeit wurde Heinz Rühmann nach 1945 überwiegend als Filmschauspieler wahrgenommen. Allerdings hat er immer wieder versucht, dem Ruf des Filmkomikers zu entkommen. Vor allem sein Engagement am Wiener Burgtheater zeigte, daß er sich noch einem Ensemble einordnen konnte. In Inszenierungen wie *Mein Freund Harvey* (1960) und vor allem in Arthur Millers *Der Tod des Handlungsreisenden* (1961) überraschte er das Publikum mit zurückhaltendem Spiel und tragischen Seiten. Über Rühmanns Debüt am Wiener Burgtheater in *Mein Freund Harvey* schrieb der Kritiker des »Münchner Merkur«: »Rühmann kam also auf ganz leisen Sohlen. Schon mit der eigens für ihn getroffenen Stückauswahl hat er aus lauter Bescheidenheit doppelt tief gestapelt: er zog den ›Harvey‹ nicht zum drittenmal ab, um es sich leicht zu machen, sondern um alle bombastischen Begleiterscheinungen des Debüts zu vermeiden. Natürlich hätte er unter einem bedeutsameren Vorzeichen, etwa als Hauptmann von Köpenick, antreten sollen; das wollte er nicht – aus Pietät gegenüber Werner Krauß, der diese Rolle zuletzt im Burgtheater gespielt hat. Er verschob das Projekt um ein Jahr. Die Folge war, daß er auch nicht auf den eigentlichen Brettern des Burgtheaters landete, sondern zunächst nur im kleinen Haus der Burg. Wie er da gleichsam schon seinen Eintritt ins prominente Ensemble unterspielte, so hielt er es als Darsteller: Er nahm wieder und wieder zurück, war bezaubernd, aber keinen Augenblick lang Alleinunterhalter. Kurz, es gab als echte Überraschung des Abends ein Ensemblespiel mit ehrlich verteilten Gewichten, für die der Regisseur Steinboeck sorgen durfte, ohne mit seinem Star in Konflikt zu geraten.«[130] Heinz Rühmann hatte große Pläne am Wiener Burgtheater, doch die wenigsten konnte er realisieren. Er hätte den Narren in Shakespeares *König Lear* spielen wollen, Stücke von Molière, und selbst die Dramen von Ibsen reizten ihn. 1961 vertraute er einem Journalisten an: »Am liebsten möchte ich den Cyrano von Bergerac spielen. Aber ich weiß noch nicht, ob ich es schaffe.«[131] Er hat es nicht mehr geschafft. Letztlich blieb der Estragon in *Warten auf Godot* sein größter Erfolg im Kampf gegen das Klischee des immerzu komischen und fröhlichen »kleinen Mannes«.

Der Hauptmann von Köpenick

Mit dem Pauschalvertrag bei Kurt Ulrich kehrte der Erfolg endgültig in Heinz Rühmanns Leben zurück. Sein zweiter Film für die Berolina, *Auf der Reeperbahn nachts um halb eins* (1954), führte ihn ein letztes Mal mit einem alten Weggefährten zusammen: Hans Albers. Doch während es Rühmann gelungen war, den »kleinen Mann« wiederzubeleben, hatte der »große Mann« Albers Probleme damit, neue und seinem Alter angemessene Rollen zu finden. Als Draufgänger und Abenteurer war er kaum noch einzusetzen; diese Rollen übernahm jetzt sein Konkurrent in diesem Fach, Curd Jürgens, der sehr viel jünger und vitaler war, oder der »singende Seemann« Freddy Quinn. Trotzdem mußte Rühmann an der Seite von Albers noch einmal wie früher dessen »kleinen Bruder« spielen und dem alternden Star im Vorspann des Films den Vortritt lassen: »Nach 17 Jahren standen Albers und Heinz Rühmann wieder gemeinsam vor der Kamera. […] Seit dem letzten gemeinsamen Film *Der Mann, der Sherlock Holmes war*, hatte sich einiges geändert, Albers war nicht mehr der unbestrittene Superstar. Der ›Marktwert‹ […] von Heinz Rühmann war inzwischen größer als der von Albers. Das wollte auch der Verleih optisch kundtun und Rühmanns Namen vor dem von Albers auf den Plakaten und Inseraten erscheinen lassen. […] ›Tja, aber das könnt ihr doch machen‹, sagte er – Pause – ›nur müßt ihr mich dann vorher umtaufen‹ – Pause – ›in Zalbers! Prost!‹«[132]

Briefträger Müller, Auf der Reeperbahn nachts um halb eins und *Wenn der Vater mit dem Sohne* (1955) waren aber nur Vorstufen für das triumphale Comeback, das Rühmann 1956 mit *Der*

Hauptmann von Köpenick feiern sollte. Die letzte Stufe auf dem Weg zu diesem größten Erfolg seiner Karriere wäre jedoch beinahe eine unüberwindbare Hürde geworden, denn mit *Charley's Tante* (1956) schien sich Rühmann für die Rolle des Schusters Wilhelm Voigt künstlerisch diskreditiert zu haben. Wirtschaftlich war *Charley's Tante* für die Berolina zwar äußerst erfolgreich, bis Mitte April 1956 wurden über zehn Millionen Zuschauer gezählt, doch gerade dieses Ergebnis ließ Zweifel aufkommen, ob man Rühmann unmittelbar darauf in einer ernsten Rolle würde einsetzen können.

Als dann jedoch bekannt wurde, daß man diese ungewöhnliche Besetzung wagen wollte, verursachte die Nachricht bei vielen Kritikern »großes Erstaunen und zweiflerisches Achselzucken«.[133] Es war ohnehin schwierig genug gewesen, Rühmann für diesen Film freizustellen, denn *Der Hauptmann von Köpenick* war eine Produktion der Hamburger Real-Film von Gyula Trebitsch und Walter Koppel. Trebitsch mußte monatelang mit Kurt Ulrich verhandeln, ehe der seinen Star freigab, denn der Berolina-Chef nahm an, daß diese Rolle Rühmann bloß schaden und somit sein eigenes Geschäft bedrohen würde: »Ob det noch interessiert, det war doch 1906.«[134] Über die damaligen Widerstände berichtete Trebitsch: »Ulrich war sowieso der Meinung, genauso wie Hertha Feiler, daß er noch viel zu jung ist, um den ›Hauptmann von Köpenick‹ zu spielen, also Kurt Ulrich hat größte Bedenken angemeldet, genauso der Europa-Filmverleih.«[135] Es war vor allem Walter Koppel, der gegen Rühmann lange Zeit Einwände erhob, weil er meinte, »ein Schauspieler, der in Frauenkleidern sich produziert hat«[136] solle nicht den Schuster Voigt spielen dürfen. Außerdem war Rühmann nur einer von mehreren Kandidaten für den schwierigen Part: Curd Jürgens war in der engeren Auswahl, und auch Hans Albers bemühte sich, diese Glanzrolle zu bekommen.[137]

Gegen diese ablehnende Front setzten sich schließlich der Regisseur Helmut Käutner und Gyula Trebitsch durch. Vor allem Käutner engagierte sich für Rühmann, da er an ihre erste Zusammenarbeit in *Kleider machen Leute* (1940) nur gute Erinnerungen hatte. An diese Erfahrung wollte Käutner jetzt anknüpfen. Rühmann wußte, daß die Titelrolle im *Hauptmann von Köpenick* eine große Chance für ihn war, seiner Karriere neue Impulse zu geben. Seit der Uraufführung des Stückes von Carl Zuckmayer am 5. März 1931 im Deutschen Theater in Berlin – Werner Krauß hatte damals den Voigt verkörpert – bemühten sich immer wieder die besten Schauspieler darum, die Titelrolle zu spielen. Die Geschichte des Schusters und entlassenen Zuchthäuslers Wilhelm Voigt, der sich in einer beim Trödler gekauften Uniform als Hauptmann ausgibt, mit einigen abkommandierten Soldaten das Köpenicker Rathaus besetzt und die Stadtkasse stiehlt, bot für jeden Hauptdarsteller zahlreiche effektvolle Auftritte und anrührende Szenen; es war ein Stück für Virtuosen und Stars: »Werner Krauß spielte die Rolle hundertmal in Berlin, dann wurde sie von Max Adalbert übernommen, einem unendlich liebenswerten, verkauzten, schrulligen Volksschauspieler, der – ähnlich wie Buster Keaton – selbst niemals lachte und dadurch seine stupende Humorwirkung erzielte. Er spielte den Voigt auch in der bald darauf folgenden ersten Verfilmung.«[138] Heinz Rühmann kannte die lange Erfolgsgeschichte des Stückes, ihm war klar, an welchen Vorbildern man ihn messen würde.

An sorgfältiger Vorbereitung hatte es Rühmann nie fehlen lassen, doch diesmal arbeitete er noch gewissenhafter, diesmal ging er neue Wege. Bereits Wochen vor Drehbeginn flog er nach Hamburg, um mit dem Regisseur und dem Schriftsteller am Drehbuch zu arbeiten: »Zuckmayer, Käutner und ich saßen nun tagelang zusammen, studierten Entwürfe von Dekorationen, diskutierten das Manuskript, strichen, erweiterten, besprachen Auffassungen.«[139] Nachdem diese Arbeitsphase beendet war, blieb Heinz Rühmann in Hamburg, um sich sehr zurückgezogen auf den Drehbeginn im März 1956 vorzubereiten. Sonst hatte er das immer zu Hause getan, jetzt brauchte er ein anderes Umfeld. Er zog ins Hotel Vier Jahreszeiten, empfing dort keinen Besuch und versenkte sich ganz in das Rollenstudium. Nur einen Dompfaff hatte er sich als Gefährten gewählt, ihm sprach er vor, nur in seiner Gesellschaft probte er die erste Stufen der kommenden Verwandlung.[140] Rühmann brauchte diese Zeit und diesen Rückzug, um die richtige Stimme zu finden, um eine besondere Spannung aufzubauen.

Als die Dreharbeiten begannen, zahlte sich die konzentrierte Vorbereitung aus. Über die Zusammenarbeit mit seinem Regisseur sagte Rühmann: »Wir hatten alles so eingehend besprochen, daß wir [...] so in dem Stoff zu Hause waren, daß Helmut und ich wußten, was wir wollten, ohne im Atelier noch viel darüber reden zu müssen.«[141] Es war nie laut in diesen Wochen. Rühmann war ohnehin allergisch gegen jeden Lärm, gegen jedes Rufen im Studio. Auch Käutner, besonnen und sachlich, sprach mit seinem Hauptdarsteller sehr persönlich, zog sich mit ihm zurück, wenn er mit ihm etwas Ausführlicheres zu besprechen hatte. Nach jedem abgeschlossenen Drehtag kehrte Rühmann sofort ins Hotel zurück, um nicht abgelenkt zu werden.

Rühmanns Identifikation mit seiner Figur muß ungewöhnlich groß gewesen sein. Als einige Journalisten von den Dreharbeiten berichten durften, erlebten sie einen völlig in sich gekehrten, fast unansprechbaren Star. So hieß es in der »Frankfurter Rundschau«: »Man kennt Heinz Rühmann nicht wieder, wenn man in diesen Tagen die Wandsbeker Ateliers betritt. Da kriecht kein ›Mustergatte‹ auf allen Vieren im Zimmer herum, da treibt keine Witzfigur aus der Spoerlschen ›Feuerzangenbowle‹ sein Späßchen mit geplagten Lehrern, da geht kein Pilot Quax zu Bruch, und da tanzt auch keine Tante Charleys Rumba. Man traut seinen Augen kaum, aber da steht in der Kulisse eines wilhelminischen Polizeireviers ein kleines zusammengefallenes Männchen. Demutsvoll hat er beide Hände erhoben, und als ihm ein pickelhäubiger Wachtmeister den Paß entreißt, zuckt es über sein Gesicht, in dem aller Schmerz und alle Hoffnungslosigkeit der Welt geschrieben stehen. Die Aufnahme ist beendet. Doch wenn man meinen sollte, daß Heinz Rühmann seine Rolle nun mit einem Ruck abwerfen würde, um als flotter Mensch fidel vor sich hinpfeifend zu kurzer Pause seine Garderobe aufzusuchen, so hat man sich abermals getäuscht. Den Blick nach unten gerichtet, knickebeinert er langsam aus der Kulisse, schaut kaum auf und sagt nur: ›Fragen Sie mich bitte nichts. Ich bin ein völlig gebrochener Mensch‹, und schlurft weiter.«[142] Alle, die Rühmann während dieser 38 Drehtage beobachteten, ahnten, daß hier etwas Besonderes geschah, daß es ihm gelungen war, die gewohnte Routine abzustreifen und seine üblichen Stilmittel noch einmal von Grund auf in Frage zu stellen.

Sieht man sich den Film heute an, fast fünfzig Jahre später, dann spürt man noch immer die Gratwanderung, die ungeheure Energie, mit der sich Rühmann diese Figur angeeignet haben muß, um seine altbekannten Mittel und Gesichter ablegen zu können: das nervös-unkontrollierte Achselzucken, das verlegene Reiben der Hände, die vorgeschobene Unterlippe, der schlenkernde, beschwingte Gang, die abrupten Stimmungsumschwünge und sein optimistisches Lächeln. All die Gesten und Kunstgriffe, mit denen er seine kleinbürgerlichen Angestellten sonst ausstattete, durfte er dieser »proletarischen« Figur nicht mitgeben: Schon seine Maske entfernte ihn von diesen Rollen: ein struppiger Schnauzbart, dessen Enden traurig nach unten hingen, statt, wie es die Wilhelminische Mode vorschrieb, aufgezwirbelt nach oben zu streben. Das eisgraue Haar, der Bürstenhaarschnitt des Sträflings. Dieses Gesicht ist, auch durch die Beleuchtung, voller Schatten und Furchen und weit entfernt von den glattpolierten und hellen, komödiantisch grundierten Rühmann-Gesichtern. Dazu paßt die Stimme, die tiefer ist als sonst, heiserer und wie abgeschabt klingt.

Rühmann hat später oft gesagt, daß er den Voigt gern »härter« gespielt hätte, da dieser ein Krimineller und eine Zuchthaus-Existenz gewesen sei. Damit hatte Heinz Rühmann ziemlich genau erkannt, was seinen Voigt von der Verkörperung durch andere Darsteller unterschied. In der ersten Verfilmung von Richard Oswald (1931) gab Max Adalbert den Voigt als zerschundene, verlorene und aus der gesellschaftlichen Ordnung gänzlich herausgefallene Gestalt. Im Gegensatz zu Rühmanns Voigt traute man Max Adalberts Schuster Voigt keine versöhnliche Rückkehr in die Gesellschaft zu. Der Filmhistoriker Thomas Koebner hat diese Differenz auch physiognomisch festgestellt: »Zumal dem pausbäckigen Rühmann will es nicht gelingen, eine Vorgeschichte der Entbehrungen glaubhaft zu machen, während Adalbert mit seinen eingefallenen Zügen und scharfen Linien um den Mund (der Schauspieler ist knapp zwei Jahre nach den Dreharbeiten gestorben) die Bitterkeit des Daseins spiegelt, das der Schuster Voigt zu erleiden hatte.«[143] Auch Rudolf Platte, Rühmanns Kollege aus Hannoveraner Tagen, der die Rolle 1960 für eine Fernsehverfilmung übernahm, zeigte den Sträfling und falschen Hauptmann unversöhnlicher, rebellischer und gebrochener zugleich.

Von diesen Interpretationen hebt sich Heinz Rühmanns Darstellung ab: Er läßt seinem Voigt einen Rest an Zuversicht, ihm bleiben pfiffige, verschmitzte Momente. Und genau das machte Rühmanns Leistung, seinen Balanceakt aus: Er blieb sich auch in dieser Rolle treu, indem er seinen »kleinen Mann« nicht ganz zerbrach, aber sich doch sehr weit von ihm entfernte. Würde das breite Publikum ihm bei diesem Balanceakt folgen und außerdem *Charley's Tante* vergessen können?

Daß viele dennoch hofften, wieder dem »alten Spaßmacher« zu begegnen, läßt sich aus einigen Kritiken schließen: »Er muß die Menschen zuerst einmal davon überzeugen, daß sie nicht immer lachen müssen, wenn er spricht. In den ersten Szenen lachen sie noch; dann aber steigert sich Rühmann, macht die Tragik dieses Wilhelm Voigt deutlich.«[144] Allmählich erkannte das Publikum die Veränderungen: »Das vertraute Gesicht ist von den billigen Übermalungen befreit, nun spricht es uns ganz anders an, der Humor bekommt Relief und Tiefenschärfe.«[145] Von Minute zu Minute zieht Rühmann das Kinopublikum mehr in seinen Bann und in die Geschichte: »Dieses Gesicht muß man genau studieren [...], diese Augen darf man nicht übersehen, wenn er um seinen Paß fleht, und dann, andererseits, wenn er seinem Schwager seine Anklage entgegenschreit. Das ist keine nackte Komik mehr, die Rühmann da spielt, kein Klamauk und Radau – das ist die große Kunst der Balance zwischen dem Komischen und dem Tragischen, mit einem Wort: des Menschlichen.«[146] Die verzweifelte Suche des Schusters nach einem neuen Paß, nach neuen Papieren war auch Rühmanns Suche, die er mit dieser Rolle begonnen hatte: Der Wunsch nach einer neuen künstlerischen Identität.

Der Erfolg bei Kritik und Publikum war sensationell. Wolfgang Ebert schrieb in der »Zeit«: »Man wird weit zurückdenken müssen, um für seine Leistung im deutschen Film (und nicht nur im deutschen) vergleichbare Maßstäbe zu finden. Er hat Momente, die an die großen traurigen Clowns, an Chaplin, an die Landstreicher in ›Warten auf Godot‹ erinnern – und er ist doch in seiner verwirrten, resignierten, sanften Empörung immer nur der arme Teufel von einem Schuhmacher, der sich schuldig macht und doch niemals schuldig wird. Man wird sich seines verstörten Blickes, seines verschmitzten Lächelns, seines schlurfenden Ganges noch sehr lange erinnern.«[147]

Der Jubel um Rühmanns Leistung war so groß und allgemein, daß einige Kritiker, die die politische Inkonsequenz des Films beklagten, darin untergingen. Helmut Käutner und Walter Koppel hatten mit dem *Hauptmann von Köpenick* die deutsche Wiederbewaffnung kritisieren und »den Deutschen die Uniformanhimmelung madig machen«[148] wollen, wie Käutner rückblickend erklärte. Allerdings hatte dann offenbar Koppel selbst veranlaßt, daß zwei politisch anspielungsreiche Szenen aus dem Film entfernt wurden: eine Kabarettszene und eines der letzten Bilder des Films, das Voigts ramponierte Uniform auf einer Vogelscheuche hängend zeigte. Die Hamburger »Film-Fachkorrespondenz« mutmaßte, diese Schnitte seien »auf Wunsch bestimmter Kreise«[149]

vorgenommen worden, ohne diese »Kreise« jedoch genauer zu benennen. Unterstellt wurde, daß das Bundesverteidigungsministerium diese Schnitt verlangt habe, um die militärkritische Aussage des Films zu mildern. In den Prüfungsprotokollen der Filmbewertungsstelle Wiesbaden[150] und der Freiwilligen Selbstkontrolle[151] finden sich jedoch keine dementsprechenden Schnittauflagen.

So bleibt es eine bloße Vermutung, daß Produktion und Verleih diese Szenen aus politischen Motiven vorsorglich entfernten, um keinen Anstoß zu erregen. Der Europa-Verleih begründete die Eingriffe vielmehr damit, daß man sich lediglich für die »wirkungsvollste und künstlerisch stärkste Fassung«[152] entschieden habe. Daß der Film durch diese Schnitte sehr viel versöhnlicher und restaurativer endet, ist gleichwohl unübersehbar: Der begnadigte Voigt verläßt das Gefängnis, geht an marschierenden Soldaten vorbei, dabei nimmt er den militärischen Rhythmus der Musik auf und paßt seinen krummbeinigen Trippelschritt dem Marschtritt der Soldaten an. Gegen diese politische Entschärfung soll Käutner protestiert haben, woraufhin zumindest für die Auslandsfassungen das bissigere Ende wieder angefügt worden sei.[153] Als der Film dann ein halbes Jahr später in der DDR anlief, war das Schlußbild mit der Vogelscheuche tatsächlich wieder ergänzt worden, was die ostdeutsche Presse mit Blick auf die Zensur in »Adenauers bundesdeutschem Westen«[154] natürlich nicht unerwähnt ließ.

Nahm Rühmann diese Einwände zur Kenntnis? Heinz Kerneck, in den fünfziger Jahren Redakteur für Politik bei der Deutschen Welle, hat eine Anekdote überliefert, die vielleicht ein Licht auf Rühmanns Einstellung zu diesem Thema wirft: »Bei einem Empfang in Köln – man stritt sich grade wieder einmal heftig um die Wehrpflicht – wurde Rühmann nach der politischen Tendenz seines Streifens gefragt. Treuherzig sah der Schauspieler in die Runde und meinte trocken: ›Ach, da kann sich jeder die für ihn passende Scheibe abschneiden.‹«[155] Rühmann genoß zuallerst seinen Erfolg. Man feierte ihn als »großen Charakterdarsteller«, als den »besten deutschen Schauspieler« und sah ihn in der »Rolle seines Lebens«. Auch im Ausland war der Beifall groß: Als mit *Der Hauptmann von Köpenick* am 28. August 1956 die Filmfestspiele in Venedig eröffnet wurden, feierte das Publikum den anwesenden Star. Am Vormittag des Tages war Rühmann mit seinem inzwischen vierzehnjährigen Sohn Peter auf dem Flugplatz von Venedig gelandet, natürlich im selbstgesteuerten Sportflugzeug.

Am Abend dann der Gang in den Festspielpalast. Vor Beginn der Vorstellung hatten die wenigsten Gäste Heinz Rühmann beachtet, geschweige denn erkannt, zumal Gina Lollobrigida alle Aufmerksamkeit auf sich zog. Was dann jedoch nach der Vorführung geschah, schilderte der Reporter der Berliner Boulevardzeitung »BZ« folgendermaßen: »Riesenbeifall für Heinz. Er verbeugt sich von seinem Platz aus. Man bringt ihm Blumen. Heinz geht vier Sitze weiter – und überreicht sie ›Gina Nazionale‹: der Lollobrigida. Das zündet. Die Italiener toben. Als Rühmann um Mitternacht den Palazzo verläßt, ist er weltberühmt.«[156]

Der Erfolg machte sich in vielerlei Hinsicht bezahlt. Ein Jahr später erhielt Rühmann den Bundesfilmpreis als bester Darsteller und im selben Jahr den Berliner Kritikerpreis. In der Kinosaison 1956 war *Der Hauptmann von Köpenick* der kommerziell erfolgreichste Film, 1957 landete er hinter der *Trapp-Familie* immer noch auf Platz zwei. Selbst in den Vereinigten Staaten fanden der Film und sein Hauptdarsteller große Beachtung, der *Hautpmann von Köpenick* wurde 1956 für den Oscar nominiert.[157]

Im Sommer 1956 konnten Heinz Rühmann und seine Familie das bescheidene Holzhaus auf dem Gelände der Bavaria verlassen und in ein geräumiges Haus in der Robert-Koch-Straße 20 in Grünwald ziehen. Rühmann war in München heimisch geworden, Berlin war schon lange keine Alternative mehr für ihn. Sein Sohn, der nach der Comedia-Pleite im Internat gelebt hatte, kehrte jetzt nach Hause zurück und besuchte fortan dieselbe Schule am Regerplatz in der Au, auf der schon sein Vater Schüler gewesen war.

Der zurückkehrende Wohlstand war aber nur eine Folge des triumphalen Comebacks. Auch Rühmanns öffentliche Rolle als Filmstar und Repräsentant des »kleinen Mannes« begann sich zu verändern. Von Presse und Publikum wurde er nach den wenig erfolgreichen Nachkriegsjahren gleichsam rehabilitiert. In vielen Porträts, die nach dem *Hauptmann von Köpenick* erschienen, wurden die Dauer und das Auf und Ab seiner Karriere betont. Seine Biographie selbst begann legendär und als ein Bestandteil deutscher Geschichte anerkannt zu werden. Der Journalist Walther Schmieding schrieb 1961 im Rückblick auf das Kino der fünfziger Jahre: »Jahrelang spielte Rühmann keine Filmrolle und war nahezu vergessen. Dann entdeckte Helmut Käutner in ›Der Hauptmann von Köpenick‹ in dem einstigen Bruchpiloten ›Quax‹ den Charakterkomiker, und seither genießt Rühmann eine Vorzugsstellung, die die der Vorkriegszeit noch übersteigt. Die Begeisterung für ihn trug fast Züge der Wiedergutmachung, entsprach aber auch der eigenen Notwendigkeit, die Vergangenheit in irgendeiner Form annehmbar zu machen. Die späten Rühmann-Filme wirkten so als Bestätigung der früheren Filme. Sie – und mit ihnen die Zeit, in der sie entstanden waren – konnten so völlig falsch und schlecht nicht gewesen sein, wenn die neuesten Werke den Beifall aller fanden.«[158]

Jeder neue Rühmann-Film wurde also nicht mehr nur als der neue Film irgendeines Stars, sondern auch als neues Kapitel einer beispielhaften deutschen Lebens- und Überlebensgeschichte verstanden. Man begriff Rühmann als Künstler, dessen Leistung nicht allein an seinen Filmen, sondern auch an der zurückgelegten Lebensstrecke zu messen war. Jede Rolle, die er fortan übernahm, war für die Kritiker Anlaß genug, noch einmal Bilanz zu ziehen. So begann Karena Niehoff ihre Kritik über *Der Eiserne Gustav* (1958) mit dem Satz: »Rühmann gehört, so zeigt sich mittlerweile, zum festen Bestand der Deutschen Saga wie Albers«.[159] Was für Aufgaben warteten auf einen Schauspieler, der diese Stufe erreicht hatte? Und bestand nicht die Gefahr, als Mythos und Legende zu erstarren?

Der behördlich anerkannte Idiot

Für Rühmanns Produzent Kurt Ulrich, bei dem er noch immer unter Vertrag stand, bedeutete der wachsende Ruhm seines Stars, daß er dessen Forderungen noch stärker zu berücksichtigen hatte. Rühmann war schon lange wählerisch, und nach *Der Hauptmann von Köpenick* wollte er das einmal erreichte Niveau möglichst halten. Dazu sollte seit 1957 wesentlich Hans Jacoby beitragen, der Rühmanns bevorzugter Drehbuchautor wurde. Hans Jacoby hatte bereits 1928 in Berlin sein erstes Drehbuch geschrieben. Als ihm die Ufa einige Tage nach Hitlers Machtübernahme mitteilte, daß Mitarbeiter jüdischen Glaubens nicht mehr beschäftigt würden, emigrierte er über Spanien und Frankreich in die Vereinigten Staaten. Erst 1955 kehrte er nach Europa zurück und wurde schnell einer der meistbeschäftigten Drehbuchautoren in der Bundesrepublik. Ende der fünfziger Jahre galt er als bestbezahlter Autor der Filmbranche, der für seine Drehbücher 50 000 Mark erhielt. Nicht so prominente Autoren mußten sich mit weniger als der Hälfte begnügen; selbst ein so renommierter Autor wie Carl Zuckmayer erhielt für seine Drehbuchmitarbeit am *Hauptmann von Köpenick* »nur« 25 000 Mark[160], und auch Robert Adolf Stemmle, ein überaus erfolgreicher Autor, der ursprünglich das Drehbuch zu *Wenn der Vater mit dem Sohne* hatte schreiben sollen, hätte für diese Arbeit nur 25 000 Mark bekommen.[161] Der hochbezahlte Hans Jacoby mußte helfend einspringen, als Heinz Rühmann 1957 mit Gustav Kampendonks Drehbuchfassung von *Vater sein dagegen sehr* unzufrieden war. Jacoby löste die Probleme schnell und elegant und war von nun an der Spezialist für alle Rühmann-Filme, bis er 1963 überraschend im Alter von nur 58 Jahren starb. Rühmann schätzte vor allem seine knappen, pointierten Dialoge, deren Witz ihm gefiel. Hans Jacoby verstand sich auch darauf, Bücher von Autoren, die nicht speziell auf Heinz Rühmann hingearbeitet hatten, auf dessen Bedürfnisse abzustimmen. So bearbeitete er etwa das Drehbuch von Friedrich Dürrenmatt für den Kriminalfilm *Es geschah am hellichten Tag* (1958), der Heinz Rühmann die Gelegenheit gab, das erste Mal in seiner Karriere einen ernsten Kriminalfilm ohne jede »Schmunzelkomik« zu drehen.

Der Berliner Produzent Artur Brauner hatte gleich nach dem Erfolg von *Der Hauptmann von Köpenick* versucht, Heinz Rühmann und Helmut Käutner für ein ähnlich ambitioniertes Projekt zu gewinnen: Er wollte den berühmten Schwejk-Roman des Tschechen Jaroslav Hašek verfilmen. Doch weder Käutner noch Rühmann waren zunächst für die Idee zu begeistern. Käutner hielt den Stoff für veraltet, außerdem dachte er nicht daran, die Titelrolle mit Rühmann zu besetzen. Im November 1957 schrieb er an Artur Brauner: »Selbst wenn man die ideale Besetzung finden sollte (es muß ein Boehme sein), so ist das ganze Problem doch maechtig verstaubt, und die Aussage des Stoffes fuer heutige Menschen so selbstverstaendlich, dass sie eine langweilende Repetition vorhandener Erkenntnisse darstellt.«[162]

Auch Rühmann war zunächst wenig angetan. Zwar reizte ihn die international gefragte Rolle sehr – auch Charlie Chaplin hatte mehrere Jahre lang die Absicht, den Stoff zu erwerben[163] –, andererseits brachte sie für ihn sprachliche Probleme mit sich. Artur Brauner erinnert sich an die Bedenken Rühmanns: »Dem bin ich jahrelang nachgelaufen. Er wollte den Film nicht machen, auf keinen Fall. Er hat gesagt, ich kann nicht böhmakeln, ich bin 57 Jahre alt, der Schwejk ist 25, und er hinkte ein bißchen, und ich bin dünn. Der Schwejk muß ein untersetzter, starker Mann sein, ich bin genau das Gegenteil.‹ Und ich sagte: ›Herr Rühmann, aber wer weiß schon, wie der Schwejk aussieht, wer kennt im Ausland den Roman. Wir kennen ihn. Wenn Sie den Schwejk spielen, ist der Schwejk Rühmann, Rühmann der Schwejk, und der Schwejk ist Rühmann. Er wollte noch immer nicht und immer nicht. ›Kommen Sie mit nach Prag‹, habe ich gesagt, schauen Sie sich die Kneipe mal an, wo der Schwejk tatsächlich agiert hat, die Atmosphäre. Und das tat er auch.«[164] Artur Brauner, der seine einmal gefaßten Ideen hartnäckig zu verfolgen pflegte, trieb die Vorbereitungen auch dann weiter voran, als ihm Helmut Käutner im Februar 1959 eine endgültige Absage erteilte.[165]

Es ist charakteristisch für Rühmann, wie er sich dem *Schwejk* näherte. Er war nie leichtfertig, gerade bei Stoffen, die im schwierig und anspruchsvoll erschienen, war er beinahe ängstlich und sehr skrupulös. Hatte er sich jedoch entschieden, identifizierte er sich völlig mit seiner Aufgabe und betrieb die Vorbereitungen mit seiner berüchtigten Gewissenhaftigkeit. Der *Schwejk* verlangte ihm eine besonders intensive Vorbereitung ab. Sein Ehrgeiz, Hašeks *Schwejk* und dem Weltruf des Romans nahezukommen, war mindestens ebenso groß, wie die Angst, vor der Aufgabe zu versagen.

Hans Jacoby hatte unterdessen längst die Arbeit am Drehbuch begonnen und traf sich gelegentlich mit Rühmann, um dessen Änderungswünsche einzuarbeiten. Als Regisseur war lange Zeit Gottfried Reinhardt im Gespräch, auch Rolf Thiele, ehe schließlich, auf Wunsch von Rühmann, Axel von Ambesser engagiert wurde.[166] Auch die Wahl des Drehortes wurde maßgeblich von ihm bestimmt. Aus Kostengründen, so Manfred Barthel, wollte Artur Brauner den Film in seinen eigenen CCC-Ateliers in Berlin drehen: »Rühmann argumentierte dagegen, daß ein Schwejk-Film, wenn schon nicht in Prag, doch wenigstens in Wien gedreht werden müsse, weil in Wien sowohl bei den Außenmotiven wie bei den Typen am ehesten zu finden war, was der Prager Welt des Schwejk entsprach.«[167]

Wie immer entwarf Rühmann auch für diese Rolle zusammen mit seinem Maskenbildner Coesfeld zunächst ein »Gesicht«, die Maske des Schwejk. Man orientierte sich dabei an den Zeichnungen von Josef Lada, der den Roman illustriert hatte. Neben dem äußeren Bild war es vor allem das Idiom, das Rühmann Schwierigkeiten bereitete: »Da war das Vorbild Max Pallenberg, der den

Schwejk auf der Bühne in perfekt tschechisch gefärbtem Tonfall gespielt hatte. Der Westfale Heinz Rühmann nahm bei dem Wiener Volkstheater-Schauspieler Professor Oskar Willner wochenlang Unterricht. Willner sprach ihm den Text Wort für Wort vor, und Rühmann lernte seine Lektion gut.«[168] Allerdings schien er seine Lektion zu gut gelernt zu haben, denn nach den ersten Drehtagen im Juni 1960 waren alle vom Ergebnis enttäuscht. Rühmann »böhmakelte« zu perfekt. Der spezifische Rühmann-Ton war völlig verlorengegangen, man erkannte ihn stimmlich nicht mehr. Als genauso störend und unlebendig wurde die knollige Nase empfunden, die sich Rühmann ins Gesicht hatte kleben lassen. So war er zwar äußerlich dem Schwejk sehr nahegekommen, seine eigene Identität aber hatte er durch diese Verwandlung aufgegeben. Rühmann hatte sich durch seinen »Arbeitsfanatismus«[169] verrannt. Die Dreharbeiten wurden unterbrochen, und Rühmann klagte: »Mein Konzept von Jahren ist dahin. Ich weiß nicht, wie ich diesen Schwejk spielen soll. Ich sehe mich ja nicht mehr.«[170]

Gerade Rühmanns Stimme und die spitze Nase waren seine unverwechselbaren Markenzeichen; wenn man sie verschwinden ließ, beraubte man Rühmann seiner selbst. Äußerlich hatte er seine Erscheinung immer nur nuanciert, durch Haarteile, Schnurrbärte, eine Brille, doch letztlich war er sich dabei stets gleich geblieben. Sein Versuch, eine fremde Identität ganz anzunehmen, scheiterte. Dieses Fiasko läßt ein wesentliches Element der Rühmannschen Schauspielkunst besonders deutlich zutage treten. Rühmann ließ sich nicht durch seine Rollen bestimmen, vielmehr bestimmte er sie. Er war niemals ein Verwandlungskünstler, sondern eher ein »Anverwandlungskünstler«, der die Figuren seinem Image einverleibte. Deshalb stieß ihn der Schwejk, der eine eigene starke Identität und Geschichte besaß, auch ab. Er konnte ihn nicht mit seinen Mitteln und seinem Bild ausfüllen, weil der Schwejk nicht leer war. Hašeks Hundefänger Schwejk wurzelte tief in der böhmischen Mentalität eines gewitzten Untertanen der österreichisch-ungarischen Monarchie. Der Schwejk drückte den Haß des Autors auf die katholische Kirche und die k. u. k. Militärbürokratie aus. Dieser auf den ersten Blick so harmlose Hundefänger war boshaft, durchtrieben, besaß einen ätzenden Spott und einen unerschütterlichen Stoizismus. Die Figur war vielschichtig, widersprüchlich, besaß eine historische Herkunft und eine nationale Identität. Das unterschied den Schwejk von fast allen anderen

Rühmann-Figuren, die im Grunde genommen nur Gußformen für das beliebte Rühmann-Image waren.

Nachdem die Dreharbeiten abgebrochen worden waren und man sich die Muster der ersten drei Drehtage angesehen hatte, wollte Rühmann noch einmal beginnen, was natürlich erhebliche Mehrkosten verursachte.[171] Solche Probleme hatte Rühmann noch nie mit einer Figur gehabt: »Ich bat um Wiederholung der ersten drei Drehtage. So etwas war mir noch nie passiert, und ich genierte mich sehr.«[172] Rühmann spielte von nun an ohne Gumminase und verzichtete fast ganz auf den böhmischen Akzent. Erst jetzt fand er sich wieder, erst jetzt gelang es ihm, eine Haltung seiner Figur gegenüber zu finden. Was seine Darstellung auch noch im Rückblick auszeichnet, ist, daß er eine Frage unbeantwortet läßt, die schon der Roman in der Schwebe hielt. Ist dieser Prager Hundefänger, der »behördlich anerkannte Idiot«, der in den Ersten Weltkrieg zieht und alle vorgesetzten Militärs durch seinen scheinbaren Schwachsinn zur Verzweiflung treibt, nun wirklich ein Trottel, ein verschlagenes Schlitzohr oder doch ein satirisches Genie? Rühmann siedelte seinen Schwejk zwischen Bauernschläue, Einfalt, ironischer Bockigkeit und seinem verschmitzten Rühmann-Lächeln an. Man weiß nicht genau, woran man bei ihm ist.

In der Bundesrepublik erntete der Film zwar Anerkennung und Respekt, so erfolgreich wie *Der Hauptmann von Köpenick* wurde er jedoch nicht. Die meisten Kritiker lobten Rühmann, allerdings mit Zurückhaltung, überschwenglich bejubeln wollte seine Leistung niemand. Willy Haas, der in Prag geboren und aufgewachsen war und noch Max Pallenberg 1928 als Schwejk gesehen hatte, schrieb anerkennend über Rühmann: »Er gibt nicht gerade genau den echten ›Schwejk‹, aber doch etwas Zurückhaltenderes und Feineres, als wir – selbst auf der Bühne, selbst von dem unsterblichen Pallenberg – gewohnt sind.«[173] Dagegen entdeckte Karl Korn, der Kritiker der »Frankfurter Allgemeinen Zeitung«, zuviel Bekanntes: »Rühmanns Schwejk freilich läßt den kleinbürgerlichen Gasmann durchblicken. Man kann dem Männlein nicht gram sein, wohl weil das Drehbuch den hinterf...en, schlauen Schwejk zurückdrängte.«[174] Diese Position vertrat Karl Korn auch als Vorsitzender des Hauptausschusses der Filmbewertungsstelle Wiesbaden, die über die Vergabe der Prädikate zu entscheiden hatte. Obwohl Artur Brauner gegen das Prädikat »wertvoll« Einspruch erhob und »besonders wertvoll« forderte, blieb die FBW bei ihrem Urteil: »Man spürt in dem Film vielfach die Ambition zur Satire. Das Resultat ist nicht mehr als die Militärhumoreske. Rühmann bewährt wieder alle liebenswürdigen Seiten seines Talents. Sein Tiefsinn bleibt aber an der Oberfläche, weil es diesem Schauspieler an Schärfe und der Fähigkeit zum Sarkasmus mangelt.«[175] Sehr viel mehr Zustimmung erhielt der Film im Ausland, wo er auf verschiedenen Festivals lief und vielfach ausgezeichnet wurde. Die höchste Auszeichnung bekam der Film 1961 zugesprochen, den Golden Globe, den Preis der »Foreign Press Association of America« als bester ausländischer Film. Im Rückblick auf seine Karriere hat Rühmann den *Schwejk* immer als seinen »liebsten Film« bezeichnet, eben weil ihm die Figur des Prager Hundefängers so viel Widerstand geboten hatte. »Es hat alles seinen tiefen Sinn«, zitierte Heinz Rühmann später immer wieder einen seiner Lieblingssätze des Schwejk.

Mitläuferballade

»Einen Endsieg wird's nie geben. Wir werden diesen Krieg verlieren, wie noch kein Land auf der Welt einen Krieg verloren hat! Teilen werden sie unser Land in viele Teile … fremde Soldaten werden wohnen bei uns … verderben und verrecken werden wir in Haufen … nichts wird übrigbleiben von unseren schönen Städten … nur der Wind, der hindurchgeht durch sie. Aber der Hitler ist nicht alleine schuld. Wir alle sind schuld, weil wir das Maul gehalten haben und Heil geschrien, als er die Tschechen überfiel, die Polen, die Belgier, die Holländer, die Franzosen, die Norweger, die Russen. Und die Juden! Und dafür wird uns der Herrgott bestrafen.« Diese Anklage und dieses Schuldeingeständnis schrie und schluchzte Heinz Rühmann im Sommer 1960. Allerdings waren das nicht seine eigenen Worte, vielmehr handelte es sich um das erfundene Eingeständnis einer Filmfigur. In dem Film *Mein Schulfreund* spielte Rühmann unter der Regie von Robert Siodmak einen Geldbriefträger, der sich im Dritten Reich zunächst anpaßt, mitläuft, schließlich aber doch Widerstand gegen das unmenschliche Regime leistet.

Erstmals thematisierte eine Filmfigur Rühmanns das Leben und Überleben im Dritten Reich. Der Film basierte auf einem Theaterstück von Johannes Mario Simmel, der zusammen mit Robert Adolf Stemmle auch das Drehbuch schrieb. Ludwig Fuchs ist ein pflichtbewußter Geldbriefträger, der aus Angst, seine Stellung zu verlieren, in die Partei eingetreten ist. Nachdem er miterlebt hat, wie der Schulfreund seiner Tochter bei einem Bombenangriff ums Leben gekommen ist, schreibt er seinem alten Klassenkameraden Hermann Göring einen Brief und bittet ihn, den sinnlosen Krieg zu beenden. Daraufhin wird er als Defätist verhaftet und wartet auf sein Todesurteil. Als sein Schulfreund Göring von dem Fall erfährt, veranlaßt er, daß Fuchs für unzurechnungsfähig erklärt wird und somit dem sicheren Todesurteil entgeht. Nach dem Krieg will Fuchs in den Postdienst zurückkehren, doch kein Arzt findet sich, der das frühere Gutachten einer Kapazität anzuzweifeln wagt. Erst nach langen Jahren des Wartens erfährt der Geldbriefträger teilweise Gerechtigkeit: Auf Rat seines Anwaltes randaliert er auf einem Postamt und wird verhaftet. Das Gericht beantragt, seinen Geisteszustand zu untersuchen, erst jetzt wird er wieder für »geistig normal« befunden. Obwohl er von der Post eine beträchtliche Gehaltsnachzahlung erhält, ist das Ende des Films voller Schatten. Als Vorbestrafter darf Fuchs nicht mit seiner Tochter in die USA umsiedeln, er bleibt allein zurück, und die Rückkehr in den Postdienst wird ihm ebenfalls verwehrt. Die Moral dieser Geschichte: Wer Widerstand leistet, muß dafür teuer bezahlen: »Der kleine Mann war die optimale Figur, um Vergangenheitsbewältigung in Form von Verdrängung zu betreiben«.[176]

Ein Erfolg wurde *Mein Schulfreund* nicht. Das Publikum vermißte den heiteren und unbeschwerten Rühmann, und die Kritiker bemängelten die »inkonsequente« Bewältigung der Vergangenheit. Für seine darstellerische Leistung erhielt Rühmann jedoch überwiegend Beifall. Man lobte ihn als »Charakterdarsteller von großem menschlichem Format«[177] und sah in ihm den »getretenen kleinen Mann schlechthin«.[178] Was diesen Film in Heinz Rühmanns Werk einmalig macht, ist der Umstand, daß sich der »kleine Mann« erstmals nicht bloß als Opfer der Geschichte begreift, sondern sich selbst auch als Täter beschreibt und über sein Verhältnis zur Macht nachdenkt. Allerdings unternimmt der Film dann auch alles, um die einmal eingeräumte Täterschaft des »kleinen Mannes« zu relativieren und durch eine neuerliche Opferrolle zu überdecken. Der Kritiker Günter Seuren hat diese Anstrengungen in der »Deutschen Zeitung« charakterisiert: »Der kleine Mann ist noch immer das Opfer des rapiden Wechsels von purer Gewalt zum demokratischen Wohlsein. Ihm zur Genugtuung entwirft der

Film sein Porträt, das die rüde Wirklichkeit nur zu selten registriert. So kommt es, daß der Film zur Apotheose greift: Sieg des kleinen Mannes über den hochorganisierten Zivilisationsapparat, ein Sieg, mit dem er sich übrigens grundsätzlich von Chaplins unerlösten Figuren unterscheidet, für die das Räderwerk nie still steht. Dieser Rühmann-Film ist ein Kompromiß zwischen Gemüt und Macht, die in anderem Gewand weiterbesteht, und damit streift er schon die Illusion und fabelt allzu gutmütig.«[179]

In Erinnerung geblieben ist *Mein Schulfreund* nur wenigen. Völlig vergessen ist dagegen ein Projekt, das drei Jahre zuvor etwas Ähnliches versucht hatte und die Vorgeschichte zu *Mein Schulfreund* darstellt: den »kleinen Mann« als Mitläufer, ja sogar als aktiven Nationalsozialisten zu zeigen. Der Film ist nie gedreht worden, aber gerade sein Nichtzustandekommen ist aufschlußreich genug, um erzählt zu werden. Nach dem sensationellen Erfolg von *Der Hauptmann von Köpenick* war die Kombination Käutner–Rühmann für die Filmbranche äußerst attrakiv, und Produzenten und Verleiher wollten beide unbedingt wieder zusammenbringen. Nur das anspruchsvolle, historische Thema fehlte noch. In dieser Situation hatten die Münchner Verleihfirma Gloria-Film von Ilse Kubaschewski und der Produzent Kurt Ulrich die Idee, einen »großen« Rühmann-Film zu drehen, der noch Weihnachten 1957 in die Kinos kommen sollte. In ihrer Vorschau für die Saison 1957/1958 kündigte die Gloria-Film das Prestigeprojekt unter dem Titel »Ich war ein kleiner Pg.« an und fügte werbend hinzu: »Heinz Rühmann, Helmut Käutner: Zwei Namen von Weltgeltung.«[180] Darunter war ein Foto Rühmanns plaziert, das zeigt, wie er die Hand zum Hitlergruß hebt. Ganz offensichtlich handelte es sich dabei um eine Montage, und dieses Detail macht deutlich, wie schwierig es sein sollte, Rühmann für diese Rolle zu gewinnen. Zu diesem Zeitpunkt gab es nur den Werbetext für den Film, der allerdings bereits zeigte, in welche Richtung der Film hätte steuern können: »Er ist ein Weltbegriff, der schicksalgetriebene ›kleine Mann‹, der Mann aus dem Volke, der immer für alles herhalten muß, der stets die – meist unschmackhafte – Suppe auslöffeln soll, die Andere, Mächtigere, ihm eingebrockt haben. [...] Zwischen 1933 und 1945 stand er, bei uns, vor der Forderung, ein Pg. zu werden und zu sein. Er wurde es. Ein kleiner, einflußloser ›Muß-Pg‹. Was blieb ihm schon übrig.«[181] Betrachtet man diese Werbeprosa als Keimzelle des geplanten Films, mutet es fast grotesk an, daß ausgerechnet der Journalist Axel Eggebrecht mit der Ausarbeitung des Drehbuchs beauftragt wurde.

Für Axel Eggebrecht, früheres KPD-Mitglied, der sich seit den zwanziger Jahren gegen die Nationalsozialisten engagiert hatte und im Dritten Reich deshalb zweimal verhaftet wurde, ging mit diesem Auftrag ein langgehegter Wunsch in Erfüllung. Schon lange wollte er ein zeit- und gesellschaftskritisches Drehbuch schreiben, das sich mit dem Nationalsozialismus und seiner Bewältigung in den fünfziger Jahren auseinandersetzte. Am 23. März 1957 schrieb er an seine Frau, die Journalistin Inge Stolten: »Die andere Rühmann-Sache, die mir in den letzten Berliner Abendstunden vorgestern angetragen wurde, die möchte ich aber nun machen. Stoff der Stoffe. Genau das, was man sich in all den Jahren so insgeheim wünschte – vielleicht kommen jetzt einige Produzenten endlich drauf. Und daß es ausgerechnet der olle Kurt Ulrich (›Ulli‹) von der Schnulzen-Berolina ist, macht den Kohl erst richtig fett.«[182] Eggebrecht stürzte sich regelrecht in die Arbeit und hatte bereits Mitte Mai ein 112seitiges Treatment geschrieben, das er dem Berolina-Dramaturgen Manfred Barthel und dem Produzenten Kurt Ulrich vorlegte. Doch im Gegensatz zu Barthel war Ulrich von dem Treatment nicht angetan. Er schrieb am 20. Mai 1957 auf dessen letzte Seite: »Sehr wahr und hübsch geschrieben – aber einen ›PG-Rühmann-Film‹ habe ich mir anders vorgestellt. Nicht so hart und dramatisch, sondern lockerer und mit echten Rühmann-Situationen, ähnlich wie der ›Hauptmann‹, sonst kommt das deutsche Publikum nicht.«[183]

Eggebrecht ließ sich von diesen Einwänden nicht entmutigen, zumal er das Gefühl hatte, daß Rühmann »durchaus einen anständigen Film machen will!«. Es war vor allem der Gloria-Verleih, der auf einer »politischen Entgiftung« des Stoffes bestand. Axel Eggebrecht berichtete Inge Stolten: »Gloria-Verleih hat sich auf einen heiteren Film gespitzt. Rühmann als, na nun will ich mal bösartig übertreiben – als SA-Charley-Tante. [...] Ich hingegen gebe gerne zu: Zu meinem knappen, harten, präzisen Gerippe muss nun Fleisch hinzu. Auch Komik, natürlich, es geht um Rühmann. Aber die Hitlerei in summa entzieht sich komischer Darstellung. Und das kapieren die nicht. [...] Dann, natürlich: Dicke Abneigung gegen jede ›Bussbereitschaft‹ Rühmanns. [...] Der Kampf um mein Kind hat begonnen.«[184] Eggebrecht verlor diesen Kampf. Letztlich wurde sein Entwurf abgelehnt, weil man einen historisch unschuldigeren »kleinen Mann« wollte. Eggebrecht hatte die Geschichte eines kleinen Partei- und Volksgenossen erzählen wollen, der zuerst widerwillig in die Partei eintritt, dann aber doch ein zumindest zeitweise begeisterter Anhänger des Führers ist[185] und sich mit echtem Idealismus »für seine Volksgenossen abgequälte.«[186] Dabei hatte er geglaubt, mit seinem Film den »Typ Globke! Kiesinger!« treffen zu können, indem der Star Rühmann half, den Stoff zu popularisieren. Nichts lag dem Verleih und dem Produzenten jedoch ferner. Man wollte einen Starfilm für Rühmann schaffen, keine Zeitkritik üben.

Nachdem Axel Eggebrecht mit seinem Entwurf aus dem Rennen war, wurde der langjährige Rühmann-Spezialist Robert Adolf Stemmle beauftragt, ein neues Drehbuch zu schreiben. Doch auch Stemmles erste Entwürfe stießen auf wenig Gegenliebe. Heinz Rühmann war verunsichert. Er fürchtete, daß ihn das Publikum mit der Mitläuferfigur identifizieren oder aber das Anliegen des Films falsch verstehen könnte. Zu Rühmanns Ängsten sagte Kurt Ulrich: »Er traute sich nicht. Er bekam dauernd Anrufe von Leuten, die sagten: ›Heini, laß das, wir waren immer neutral‹.«[187]

Inzwischen wurde das geplante Filmprojekt ausführlich und kontrovers in der Öffentlichkeit diskutiert, und von Artur Brauner war zu hören, daß er einen programmatischen Gegenfilm produzieren wollte, der den Titel »Ich war kein kleiner PG« hätte tragen sollen. »Inhalt: ›Ein deutscher Studienrat, der trotz kleinerer und größerer Schikanen nicht zum Mitläufer des Nazireichs wurde.‹«[188] Das Aus für das Projekt brachte dann vermutlich die endgültige Absage Helmut Käutners, auf den Heinz Rühmann bis zuletzt noch gehofft hatte.[189]

Das Scheitern des »Kleinen Pg.« ist bezeichnend für den Umgang mit der NS-Vergangenheit in der Bundesrepublik der fünfziger Jahre. Es gab eine weitreichende gesellschaftliche Übereinstimmung, dieses Thema ruhen zu lassen. Erst als eine Reihe von spektakulären Prozessen gegen NS-Kriegsverbrecher dieses Schweigen beendete, wagte sich auch die Filmindustrie an Stoffe, die sich kritisch mit der NS-Vergangenheit auseinandersetzten. Nachdem Filme wie *Wir Wunderkinder* (1958) oder *Rosen für den Staatsanwalt* (1959) in die Kinos gekommen waren, wurde das Thema auch für Heinz Rühmann wiederentdeckt. Erst jetzt wagte man es, Rühmann dem Publikum in *Mein Schulfreund* als Mitläufer zu zeigen.[190] Das Schuldeingeständnis, das damit verbunden war, wurde aber sogleich eingeschränkt, da sich dieser Mitläufer zum Gegner und schließlich zum Opfer des Regimes wandelte. Zu dieser Verdrängungsleistung gehörte auch, daß die Darstellung von Juden im deutschen Nachkriegsfilm systematisch ausgespart wurde. So fehlt in *Mein Schulfreund* die Figur eines jüdischen Jungen, die in Simmels Theaterstück eine wichtige Rolle spielte. Im Film gibt es statt dessen die Figur eines jungen Deserteurs, was die »Allgemeine Wochenzeitung der Juden« dazu veranlaßte, den Film als »arisierten Schulfreund« zu bezeichnen.[191] Johannes Mario Simmel hat für diesen Eingriff den damaligen Produktionschef der Gloria-Film verantwortlich gemacht, der ein hochrangiger SS-Mann gewesen sein soll.[192]

Wenn Heinz Rühmann selbst nach seiner Arbeit im Dritten Reich gefragt wurde, blieb er einsilbig. Er vermied es zeit seines Lebens, zu diesem Thema Stellung zu nehmen und empfand es grundsätzlich als ungerechtfertigt, daß man ihm Vorwürfe wegen seiner Karriere im Dritten Reich machte. Es gibt allerdings auch kaum Interviews, in denen Rühmann ausführlicher und wirklich kritisch nach dieser Zeit befragt worden wäre. Auch hier scheint sich zwischen den Beteiligten in den fünfziger und sechziger Jahren ein Konsens des Beschweigens eingespielt zu haben. Selbst Thomas Thieringer, der Heinz Rühmann verschiedentlich für die »Süddeutsche Zeitung« interviewte, ging dieses Thema noch in den siebziger Jahren sehr behutsam an; dabei war er einer der wenigen, die diesen Gegenstand überhaupt in seinen Interviews aufgriff. Gleichwohl war seine Frage nach der Karriere des Stars im Dritten Reich vorsichtig formuliert und ließ Rühmann die Möglichkeit, sich offensiv zu verteidigen: »Während des ›Dritten Reiches‹ waren Sie einer der beliebtesten Filmschauspieler. Haben Sie das in den Nachkriegsjahren zu spüren bekommen?« Heinz Rühmann antwortete: »Ja, aber ich weiß nicht warum. Die anderen Schauspieler haben doch auch Theater gespielt und Filme gemacht in dieser Zeit. Als Reklame für die Publikation ›Das Dritte Reich‹ gemacht wurde, bin ich dagegen eingeschritten, weil mein Bild mit Goebbels und Hitler unterm Hakenkreuz gezeigt wurde. Andere Schauspieler haben sich ja leider Gottes bei solchen Veranstaltungen betätigt, wo ich nie zu sehen war. Ich habe nie im Sinne der Nazis auch nur das geringste mit Politik zu tun gehabt. Ich war u. k. gestellt, weil das Publikum noch was zum Lachen haben sollte, weil es ja sonst nichts mehr zum Lachen gab.«[193]

Man muß Heinz Rühmann nicht vorwerfen, daß er einer der beliebtesten Filmstars des Dritten Reiches gewesen ist. Was man aber nach 1945 grundsätzlich vermißt, ist seine Bereitschaft, sich öffentlich mit diesem Lebensabschnitt selbstkritisch auseinanderzusetzen. Er hat sich und seinem Publikum die Chance vorenthalten, über seine eigene Rolle und die Aufgabe des »kleinen Mannes« im Unterhaltungskino des Nationalsozialismus nachzudenken. Die Kontinuität dieser Figur zu verteidigen war ihm, aber wohl auch seinem Publikum, weitaus wichtiger, als sie in Frage zu stellen und sie dadurch historisch zu belasten. Ein Mißerfolg wie *Mein Schulfreund* trug nicht dazu bei, daß Rühmann das Thema nochmals in einem seiner Filme aufgriff. Rühmann war Gegner der nationalsozialistischen Rassepolitik, der sich unbestritten auch für Verfolgte eingesetzt hatte. Gleichzeitig genoß er die Privilegien, die die nationalsozialistische Kulturpolitik ihren künstlerischen Eliten zur Wahrung des »schönen Scheins« einräumte. Daß dieser »schöne Schein« half, im Dritten Reich einen trügerisch normalen Alltag zu gewährleisten, während gleichzeitig ein Angriffskrieg tobte und eine rassistische Vernichtungspolitik umgesetzt wurde, hat Heinz Rühmann sein Leben lang verdrängt.

Gottfried Reinhardt, der 1960 Rühmanns Regisseur bei *Menschen im Hotel* war und die Jahre zwischen 1933 und 1945 in der Emigration verbracht hatte, hinterfragte Rühmanns Rolle kritisch: »Nicht banal und des Nachdenkens wert ist, woher Heinz Rühmann unter Hitler die Mittel nahm, weiter komisch zu sein, wissend, sein Freund Oskar Karlweis darbte in der Emigration und seine Kollegen Otto Wallburg und Kurt Gerron, in Holland geschnappt, rollten im Viehwagen gen Auschwitz. Oder hat er davon wirklich nichts gewußt? Er war ein Star mit Beziehungen. Hat er nie nach ihnen gefragt? Hat er sich nie um sie gesorgt? Oder ritt er mit Riesenscheuklappen über den Bodensee?«[194]

Ob Rühmann wirklich über das Schicksal seiner Freunde etwas Genaues wußte, läßt sich nicht beantworten. Daß er sich um sie gesorgt hat, kann man mit Sicherheit sagen, sonst hätte er z. B. nicht versucht, Otto Wallburg 1942 in Amsterdam ausfindig zu machen.[195] Mit einiger Bestimmtheit läßt sich jedoch auch sagen, daß Heinz Rühmann früher als viele andere Deutsche hätte wissen können, was in den Konzentrationslagern geschah. Bei seinen Treffen mit dem verfolgten Martin Pinkus dürften solche Fragen nicht unberührt geblieben sein. Man wird also nicht sagen können,

Rühmann hätte das Schicksal der Verfolgten nicht berührt oder er hätte davon nichts gewußt. Worauf Gottfried Reinhardts Fragen aber auch zielen, ist Rühmanns Haltung nach 1945. In diesen Jahren hätte er über seine ermordeten Freunde mehr sagen können, als er es etwa 1982 in seiner Autobiographie tat. Dort fehlten klare Worte. So schreibt er über das Schicksal von Kurt Gerron und Otto Walburg nur sehr vage und ausweichend: »Er emigrierte noch rechtzeitig mit meinem Freund Otto Wallburg nach Holland. Leider nur bis Holland ...«[196] An dieser Stelle wären mehr als drei Punkte angebracht gewesen.

Als Heinz Rühmann Ende der fünfziger Jahre mit Artur Brauner im Auto nach Prag fuhr, um sich die Originalschauplätze des Schwejk-Romans anzusehen, fuhren sie am Konzentrationslager Theresienstadt vorbei. Artur Brauner, der 49 Verwandte in den Ghettos und Konzentrationslagern verloren und selbst nur überlebt hatte, weil er geflohen war und sich versteckt hatte, wollte sich zumindest kurz die KZ-Gedenkstätte Theresienstadt ansehen. Man hielt, und Brauner fragte Rühmann, ob er nicht auch aussteigen und mitkommen wolle. Das habe Rühmann jedoch abgelehnt. Er sei, so Artur Brauner, im Wagen geblieben und habe auf ihn gewartet.[197]

1960–1994

Kleiner Mann – was nun?

Vor dem Hintergrund von sechs Millionen Arbeitslosen hatte Falladas Roman »Kleiner Mann – was nun?« 1932 die Frage nach dem Überleben überhaupt gestellt. Rühmanns »kleine Männer« waren die Antwort nicht schuldig geblieben und hatten in den sogenannten Depressionskomödien wie *Man braucht kein Geld* (1932) oder *Es wird schon wieder besser* (1932) die Alpträume vertrieben. Doch Mitte der sechziger Jahre entwickelte die Frage einen ganz anderen Sinn: »Kleiner Mann – was nun?« bedeutete jetzt, was gibt es für den »kleinen Mann« noch zu tun, mit welchen Aufgaben konnte diese Figur dem Zeitgeist angepaßt werden, ohne den Anschluß zu verlieren?

Das Image des »kleinen Mannes« hatte sich fast immer synchron zur Gesellschaft entwickelt. Daß »klein leut haben grosze herzen«, war seit dem 16. Jahrhundert Bestandteil des Mythos vom »kleinen Mann«, und Rühmanns spezifisches Star-Image bestand darin, diese alte Geschichte im zerrissenen 20. Jahrhundert weiterzutragen und zu modernisieren. Anfang der dreißiger Jahre war der »kleine Mann« agil, modern, sachlich, sozial mobil und aufstiegstüchtig. Im Dritten Reich hatten Rühmanns Figuren Gegenbilder zum geforderten Männlichkeitsideal angeboten. Sie waren nicht herrisch, kantig, zackig und streng, sondern weich, zivil und ohne Heroismus. Dennoch versäumten sie nicht, ihren Teil zur allgemeinen Disziplinierung beizutragen, so in *Quax, der Bruchpilot* (1941), wo der laxe und widerspenstige Zivilist lernt, die Autorität zu lieben. Darüber hinaus waren sie für die Verteidigung der privaten Idylle zuständig, die durch den Machtanspruch des NS-Regimes und den Krieg gefährdet waren. Unbeliebt hatte sich Rühmanns »kleiner Mann« nur gemacht, als er sich in der Nachkriegszeit mit *Der Herr vom andern Stern* (1948) als abgehobener Moralist gebärdete, der seine historische Schuld bestritt und alles besser wußte. Diese Figur hatte nicht die Zeitstimmung getroffen. Aber auch die Ablehnung durch das Publikum und Rühmanns Pleite mit seiner Produktionsgesellschaft Comedia hatten sich in das Star-Image integrieren lassen: Der

»kleine Mann« kehrte als Stehaufmännchen zurück, zumal »das Land der großen Mitte im Neon-Biedermeier«[1] eine Vielzahl von Aufgaben für den Nachfahren des biedermeierlichen deutschen Michel bereithielt: Der »kleine Mann« hatte Erfolg mit der Parole »keine Experimente«, eroberte sich in *Keine Angst vor großen Tieren* (1953) und *Briefträger Müller* (1953) einen bescheidenen Wohlstand im »Wirtschaftswunderland« und versuchte sich in den Halbstarkenfilmen wie *Der Pauker* (1958) als Diplomat zwischen den Generationen. Als *Der Jugendrichter* (1960) bekämpfte er die Jugendkriminalität und in *Der Lügner* (1961) vertrieb er die Angst vor einem Dritten Weltkrieg.

Doch in den sechziger Jahren verblaßten die Konturen des »kleinen Mannes«. Es fehlte ihm nicht nur an Aufgaben, er hatte sich offenbar auch »zu Tode gesiegt«. Nach 1945 war immer wieder das Jahrhundert des »kleines Mannes« ausgerufen worden.[2] So etwa 1946 von Wilhelm Reich: »Sie nennen dich ›kleiner Mann‹, ›Gemeiner Mann‹, Common Man‹. Sie sagen, dein Zeitalter breche an, ›die Ära des kleinen Mannes‹, The Age of the Common Man.«[3] Oder von dem Publizisten Jürgen Eick: »Der kleine Mann ist heute zur beherrschenden Figur in Staat und Wirtschaft geworden, an der die Politiker wie die Unternehmer sich orientieren müssen, ob sie wollen oder nicht; die Politiker, um an die Macht zu kommen oder an der Macht zu bleiben, die Unternehmer, um ihren Produkten Absatz zu schaffen.«[4] Paradoxerweise begann der »kleine Mann« als Star gerade in dieser Phase unzeitgemäß zu wirken. Er triumphierte als Wähler und Konsument, aber zur Erzählung vom »kleinen Mann« hatte auch immer ein drittes Element gehört: die Furcht, zum Opfer werden zu können. Wenn Rühmann unter obrigkeitsstaatlichen Verhältnissen dieses Gefühl vertrieben hatte, wirkte der »kleine Mann« durch seine Aufmüpfigkeit mitunter sogar rebellisch, eigensinnig, unangepaßt und widerborstig.[5] Doch je liberaler die Bundesrepublik wurde, je mehr das kollektive Gefühl der Bedrohung bei den breiten Mittelschichten verschwand, desto weniger waren diese Qualitäten im Kino noch gefragt.

Und den jüngeren Generationen wurde die Figur des »kleinen Mannes« geradezu unheimlich und ihre Mentalität, die private Idylle um jeden Preis zu verteidigen, verdächtig. »Rühmann macht jedem System die Schafe«, nannte das ein Kritiker der »Frankfurter Rundschau« zum 60. Geburtstag des Stars.[6] Über Rühmanns Rolle als prototypischer »kleiner Mann« im Film der fünfziger

Jahre schrieb der Filmhistoriker Klaus Kreimeier 1973: »Er wird zum Zeugen der Menschenfeindlichkeit des kapitalistischen Systems, der Verrohung der Sitten und aller gesellschaftlichen Verkehrsformen unter der Dikatur des Profits, der Arbeitshetze und der ökonomischen Ausplünderung der breiten Volksmassen durch eine kleine Minderheit. Aber seine Zeugenschaft verdeckt gerade die wahren ökonomischen und politischen Ursachen; sie läßt Identifikation nur in der passiven Hinnahme zu und soll den prinzipiellen Konsens der Unterdrückten mit ihrem Los vertiefen.«[7] Hat man dieses klassenkämpferische Vokabular, das den »kleinen Mann« als reaktionären Komplizen des »Kapitals« sieht, im Ohr, dann wird die Geschichte verständlich, die der Journalist Christian Schmidt in seiner Biographie über den Grünenpolitiker Joschka Fischer berichtet: »Für Joschka dagegen [...] war die ›proletarische Revolution‹, wie er später einmal schrieb, nicht mehr und nicht weniger als ein ›Religionsersatz, der meinem Leben egal welchen Sinn gegeben hat‹. Nur heimlich ließ er manchmal fünf gerade sein; dann schaute er sich bei einer befreundeten Wohngemeinschaft im Fernsehen reaktionäre, aber von ihm heißgeliebte Heinz-Rühmann-Streifen an, dabei nicht selten konspirative Tränen vergießend.«[8] Auf die Anfrage, ob diese Geschichte denn stimme, ließ der Außenminister durch einen Sprecher mitteilen, »Herr Fischer sei niemals ein Rühmann-Fan gewesen«[9]. Ganz gleich, ob diese Anekdote nun wahr oder bloß gut erfunden ist, sie illustriert, daß viele jüngere Deutsche anfingen, dem konformistischen »kleinen Mann« zu mißtrauen.

In der sozialliberalen Ära hatte diese Figur bereits den Anschluß an die gesellschaftlichen Entwicklungen verpaßt, sie fand für die Stimmung der Zeit keinen angemessenen Ausdruck. Es ist kein Zufall, daß gerade 1973 die Karriere eines anderen »kleinen Mannes« begann, der die Antithese zu den politischen und kulturellen Veränderungen verkörperte: Alfred Tetzlaff (Heinz Schubert) war in der Fernsehserie *Ein Herz und eine Seele* die reaktionäre und misanthropische Variante des »kleinen Mannes«. Auch dessen enormer Erfolg zeigte, daß Rühmanns Typ des braven Kleinbürgers mit dem goldenen Herzen obsolet geworden war. Unter dem Eindruck der gesellschaftlichen Wandlungen veränderte sich auch Rühmanns Rollenprofil: Seine Figuren der sechziger Jahre sind keine kleinen Angestellten oder Beamten mehr, die ihre Opferrolle abschütteln müssen. Rühmann spielte jetzt Ärzte, Priester,

Lehrer, er verkörperte einen Kardinal, einen Künstler, einen Kommissar und einmal auch einen Wissenschaftler. Er war selbst eine Autorität geworden. Rühmann wurde überwiegend als Charakterdarsteller wahrgenommen, in den siebziger Jahren wurde er zum traurigen Clown, dem Mann für die leisen Töne. Auch mit seinem Wechsel zum Fernsehen wollte sich Rühmann vom »braven kleinen Mann« entfernen, ohne dieser Figur wirklich ganz entkommen zu können. Jeweils zu seinem 70., 80. und 90. Geburtstag kehrte dieses Image mit Macht zurück, und in den Würdigungen und Porträts wurde seine Lebensleistung gerade in der liebevollen Verkörperung und Verteidung dieser Figur gesehen. Noch bei seinem Tode war er »der kleine Mann in Krieg und Frieden«[10] und »der große kleine Mann des deutschen Kinos«[11].

Kein wilder Sechziger

»Eine repräsentative Volksbefragung in der Bundesrepublik nach dem populärsten deutschen Filmschaupieler würde in dieser Zeit zweifelos mit dem Namen Heinz Rühmann beantwortet werden. Dabei ist Rühmann kein Schnulzensänger, kein Wildwestabenteurer mit dem Colt am Gürtel, den die männliche Jugend sich als Idol erwählt, und kein Muskelprotz oder Schönling in Frack und Claque. Nein, dies ist er alles nicht. Er ist nur ein Mensch wie du und ich, ein kleiner Bürger mit den Sorgen und Freuden der vernunftbegabten Kreatur, der das Herz auf dem rechten Fleck hat, nämlich dort, wo die Tragik und der Humor sich begegnen.«[12] Mit dieser überschwenglichen Eloge gratulierte der »Sozialdemokratische Pressedienst« Heinz Rühmann am 7. März 1962 zu seinem 60. Geburtstag. In allen Artikeln, die zu diesem Anlaß erschienen, wurde festgestellt, daß Rühmann, schon zu Lebzeiten, untrennbar ein Teil der deutschen Filmgeschichte geworden sei. Während ihn die linksliberale »Frankfurter Rundschau« kritisch als einen »Apologet[en] des kleinen, passiven, stillvergnügten Spießerlebens« und »Gemütskomiker«[13] beschrieb, feierte ihn die rechtskonservative »Frankfurter Allgemeine Zeitung« als »Charakterdarsteller auf der Leinwand, dem noch immer der Schalk im Nacken sitzt« und schloß ihr Geburtstagsporträt mit dem Satz: »In den Krisenzeiten des deutschen Films heißt er uns wieder hoffen.«[14]

Ganz sicher hätten jene 26 jungen Filmemacher, die am 28. Februar 1962 das sogenannte »Oberhausener Manifest« verabschiedeten, diesen Satz nicht unterschrieben. Während der »VIII. Westdeutschen Kurzfilmtage« hatten sie, nur eine Woche vor Rühmanns Geburtstag, eine Erklärung abgegeben, in der sie den »alten Film« für tot erklärten. Diese berühmt gewordene Kampfansage markierte den Bruch zwischen den Generationen: Die Jungfilmer wollten vom deutschen Kino der Großväter und Väter nichts mehr wissen. Das »alte Kino« kritisierten sie als kommerzielles, konventionelles, unfreies und unlebendiges Kino.[15] Heinz Rühmann war ein Protagonist des »alten Kinos«, und er würde, nach dem Verständnis der Jungfilmer, in den sechziger Jahren weiterhin »altes Kino« machen. Zwischen ihm und der jungen Generation gab es keine Berührungen, und man kann das, mit Blick auf Rühmanns Filme der sechziger Jahre, nur bedauern. Obwohl er in diesem Jahrzehnt mehr Filme drehen wird als in den fünfziger Jahren, ist es künstlerisch eine unproduktive Zeit für ihn. Am Ende dieses Jahrzehnts wird Rühmann dann, nach vielen unbefriedigenden Kinofilmen, mit *Der Tod des Handlungsreisenden* (1968) zum Fernsehen wechseln und dort auch – bis auf wenige Ausnahmen – bleiben. Das Kino hatte ihn verloren. Sein Abschied vom Kino begann jedoch bereits 1960, auch wenn der Erfolg das noch vorläufig verdeckt.

Mit *Der Jugendrichter* (1961) beendete Rühmann die siebenjährige Zusammenarbeit mit Kurt Ulrich und der Berolina. Er war jetzt annähernd schuldenfrei, langfristige Pauschalverträge schloß er nicht mehr. Von nun an arbeitete er mit wechselnden Produzenten und genoß die Privilegien eines der letzten großen Stars des damaligen deutschen Films. Diese Ausnahmestellung wurde durch die wirtschaftliche Krise der Kinos noch verstärkt. 1962 gingen nur noch 443 Millionen Zuschauer in die Lichtspieltheater, 1956 waren es noch 817 Millionen gewesen. Mit den Zuschauerzahlen sank auch die Anzahl der Produktionen: Während 1956 in der Bundesrepublik 120 Spielfilme hergestellt wurden, waren es 1962 nur noch 64. Der Hauptgrund für diese Krise war die wachsende Bedeutung des Fernsehens. Als das ZDF 1963 anfing, sein Programm auszustrahlen, gab es bereits über sieben Millionen Fernsehteilnehmer, in 35 Prozent aller Haushalte stand jetzt ein Fernsehgerät.

Von diesen Entwicklungen schien Rühmanns Karriere zunächst unberührt. 1960 war er mit vier Filmen in den Kinos vertreten, und in den nächsten Jahren blieb er meist mit zwei oder drei Filmen jährlich präsent. Trotz zurückgehender Produktionszahlen lief die Mehrzahl seiner Filme gut, was ihm gegenüber den Produzenten und Verleihern eine starke Position verschaffte. Dies spiegelte sich auch in den Verträgen wieder, die Rühmann mit der jeweiligen Produktionsfirma abschloß. Man räumte ihm eine Reihe von Rechten ein, die ihm eine weitgehende Kontrolle der Produktion sicherten. So heißt es z. B. in seinem Vertrag mit der Bavaria Filmkunst über den den Film *Er kann's nicht lassen* (1962): »Bavaria nimmt zur Kenntnis, daß über die gesamte künstlerische Gestaltung des Filmes – einschließlich des Schnittes – die vorherige Zustimmung von Herrn Rühmann eingeholt werden muß.«[16] Keine wesentliche Entscheidung, die den Film betraf, konnte somit ohne Rühmann getroffen werden. Und weiter heißt es: »Über die Haupt- und Nebenbesetzung des Filmes, über die Besetzung des Regisseurs, des Komponisten und des Architekten, des Kameramannes sowie über die Besetzung der wesentlichen Mitarbeiter des technischen Stabes muß die vorherige Zustimmung des Herrn Rühmann vorliegen.«[17] Selbstverständlich wurde auf Wunsch des Stars auch sein Maskenbildner Josef Coesfeld und ein eigener Garderobier engagiert. Derart vorteilhafte Verträge hatten 1960 wenige Stars, dazu gehörten Lilli Palmer, Nadja Tiller, Ruth Leuwerik, Liselotte Pulver, Hardy Krüger, O. W. Fischer, Curd Jürgens, Freddy Quinn und Caterina Valente.

In den sechziger Jahren arbeitete Heinz Rühmann häufiger mit der Bavaria und anderen Münchner Filmgesellschaften zusammen, die auf dem Gelände der Bavaria drehten. Mit zunehmendem Alter schätzte er es, in der Nähe seines Grünwalder Hauses arbeiten zu können. Von der Robert-Koch-Straße fuhr er meist mit dem Rad die kaum fünf Minuten zum Atelier. Seine Frau Hertha Feiler zog sich in diesen Jahren mehr und mehr von ihrem Beruf als Schauspielerin ins Privatleben zurück. 1960 hatte sie in *Mein Schulfreund* noch einmal, wenn auch nur in einer Nebenrolle, mit ihrem Mann gemeinsam vor der Kamera gestanden. Es folgte 1961 ein Fernsehfilm; ihr letzter Kinofilm *Die Ente klingelt um halb acht* kam sieben Jahre später in die Kinos. Sie hatte sich in dieser Zeit einen eigenen Freundeskreis aufgebaut, der überwiegend nichts mit der Filmbranche zu tun hatte.

Auch Heinz Rühmann besaß unter den Kollegen kaum Freunde: Gustav Knuth schätzte er, ebenso Helmut Käutner, den Regisseur

Kurt Hoffmann, Hans Söhnker war ein guter Bekannter, wie auch Paul Dahlke, doch wirkliche Freunde, denen er sich jederzeit anvertraut hätte, waren sie nicht. Von den früheren Freunden, Kollegen und Weggefährten lebten nur noch wenige. Bereits 1955 war Heinrich Spoerl gestorben, von dem Rühmann gerne wieder ein Buch verfilmt hätte, doch Spoerl hatte nach dem Tod seiner Frau Gertrud keine Zeile mehr geschrieben. Zwar blieb der Kontakt zu Spoerls Sohn Alexander und dessen Frau Inge bestehen, aber zu einer Zusammenarbeit kam es nicht mehr. 1957 war auch Heinz Rühmanns erste Frau Maria Bernheim gestorben. Seit 1952 hatte sie für eine schwedische Ingenieursfirma in der Bundesrepublik gearbeitet. Im Sommer 1956 kehrte sie nach München zurück, um beruflich an alte Verbindungen anzuknüpfen, an eine Rückkehr ins Schauspielfach dachte sie jedoch nicht. Verschiedene Pläne zerschlugen sich: Sie wollte als Managerin arbeiten, in eine Schauspielagentur eintreten, schließlich eine Espresso-Bar eröffnen. Während dieser Zeit war der Kontakt zu Heinz Rühmann freundschaftlich, aber distanziert und selten. Viel gab es nicht mehr zu sagen, ihre Lebenskreise hatten sich getrennt. 1957 erkrankte sie schwer an Krebs und starb noch im gleichen Jahr. Kurz vor ihrem Tod schickte ihr Heinz Rühmann noch einmal Blumen ins Krankenhaus, gesehen haben sie sich jedoch nicht mehr. Und schließlich war im März 1961 auch sein früherer Manager Fred Pinkus einem Herzanfall erlegen. Der freundschaftliche Kontakt zu dessen Frau Eliza La Porta und ihrem Sohn Romolo riß aber bis an Rühmanns Lebensende nicht ab.

Mit sechzig Jahren wirkte Rühmann, vor allem in seinen Filmen, noch immer überraschend jung, unverändert und unverbraucht. Die Frauen, die in Filmen wie *Der Lügner* (1961), *Max, der Taschendieb* (1962), *Das Haus in Montevideo* (1963) oder *Dr. med. Hiob Prätorius* (1965) als seine Partnerinnen agierten, waren mitunter zwanzig bis dreißig Jahre jünger; dennoch wirken diese Altersunterschiede nicht unglaubwürdig oder störend. Liselotte Pulver etwa, die zweimal die Frau an seiner Seite spielte, war immerhin 27 Jahre jünger als er, und Johanna von Koczian, mit der er in *Das Liebeskarussell* (1965) eine für seine Verhältnisse stürmische Affäre begann, war 31 Jahre jünger.

Was ihn, auch privat, anziehend machte, war seine Ausstrahlung, die sich, mit zunehmendem Alter, verstärkte. Seit dem *Hauptmann von Köpenick* war er eine Schauspiel-Legende geworden, seine Aura wuchs ihm aus der Vergangenheit zu. Für jüngere Kollegen, die ihm großen Respekt entgegenbrachten, war er bereits ein Mythos. Als Liselotte Pulver ihm 1964 begegnete, erlebte sie ihn so: »Am 2. Oktober war der erste Drehtag von *Dr. med. Hiob Prätorius* mit Heinz Rühmann. Für mich war er der größte lebende deutsche Schauspieler! Seit fünfzig Jahren war er ein Spitzenstar und einer der wenigen, der in die Nähe Charlie Chaplins reichte und bei dem man nie wußte, ob man lachen oder weinen sollte. Ich merkte sofort, daß alle Schilderungen und Analysen, die ich über ihn gehört hatte, falsch waren. Sein ganzes Wesen war für einen Schauspieler völlig untypisch. Ich sah ihn weder wütend noch nervös, weder belehrend noch genial mit seiner Rolle ringend. Er erinnerte mehr an einen Wissenschaftler als einen Künstler. Er überließ nichts dem Zufall; alles war wohlüberlegt und sorgfältig vorbereitet.«[18]

Rühmanns exakte Vorbereitung trug geradezu beamtenhafte Züge. Er lernte den ganzen Text zu Hause am Schreibtisch oder am Stehpult. Wenn er ins Studio ging, hatte er die Rolle bereits vollständig im Kopf. Allerdings spielte er die Szenen vor den Dreharbeiten nicht durch, er studierte keine gestischen und mimischen Details ein. Rollen wie der Schwejk, in die er sich monatelang vorher einlebte, die ihn mit auffälliger Maske und starkem Dialekt sehr veränderten, blieben die Ausnahme.

Wenn er in München drehte, bat er seine Frau und auch Sohn Peter in die tägliche Vorführung der Muster. Während Hertha Feiler seine Arbeitsweise seit über zwanzig Jahren kannte, sollte Peter Rühmann ihn als »Repräsentant der Jugend« beurteilen. Auch zur Vorführung der verschiedenen Rohschnittfassungen und der Endabnahme des Filmes bat er sie hinzu. Daß er ein Perfektionist war, bezeugen alle, die mit ihm zusammengearbeitet haben. Wie dieser Anspruch die Atmosphäre am Set prägte, wird jedoch verschieden beurteilt. Thomas Engel, der Regisseur des Rühmann-Films *Meine Tochter und ich* (1963), empfand ihn so: »Rühmann war wirklich ein Wunder an Präzision und schauspielerischer Kreativität. – Aber privat strahlte er eine Eiseskälte aus. Wenn er das Atelier betrat, erfror die bisher gute Laune der Mitarbeiter.«[19] Gertraud Jesserer, die in diesem Film Rühmanns Tochter spielte, empfand seine Präzision dagegen als hilfreich: »Er war sehr perfektionistisch. Strenge würde ich das nicht nennen. Es mußte auf den Punkt stimmen. Aber wenn ich mich vertan habe, da war er überhaupt nicht böse. Wir haben immer gelacht, er war sehr lieb.«[20]

Einig sind sich dagegen alle, daß sich eine große Ruhe über das Studio legte, sobald Rühmann eintrat. Die Türen öffneten sich vor ihm, immer stand jemand bereit, ihm aus dem Mantel zu helfen, er zog mühelos alle Aufmerksamkeit auf sich. Selbst die Beleuchter, die es gewohnt waren, sich durch lautes Rufen zu verständigen, wurden still. In seinen Drehpausen zog sich Rühmann dann meist in ein kleines Zelt zurück, das man für ihn im Studio aufgebaut hatte. Ein Tisch, ein Stuhl, Leselampe, manchmal eine Liege. Dort bereitete er sich auf die nächsten Szenen vor, markierte mit roten oder blauen Buntstiften bestimmte Gänge, Szenen und Dialoge. In seinem Zelt war er ausreichend nah am Set, er hörte die Kommandos des Regisseurs, er blieb in Fühlung mit der Atmosphäre.

Lautstarke Konflikte und Auseinandersetzungen zwischen ihm und den Regisseuren gab es nie. In den sechziger Jahren arbeitete er entweder mit jungen Regisseuren zusammen, die – wie Imo Moszkowicz und Thomas Engel – vom Fernsehen kamen, oder mit Routiniers wie Helmut Käutner, Rolf Thiele und Kurt Hoffmann. Mögliche Schwierigkeiten wurden möglichst schon im Vorfeld ausgeräumt. Wer mit Rühmann zusammenarbeitete, wußte, wie die Gewichte verteilt waren. Man muß seine Regisseure nicht unbedingt als »Inszenierungsadjutanten des Stars«[21] bezeichnen, aber an eigenwilligen Ideen und visionären Konzepten seitens der Regie war Heinz Rühmann nicht interessiert. Das Konzept war er, und die Regisseure sollten ihre handwerkliche Kreativität und ihr Können einbringen, um dieses »Konzept« möglichst perfekt ins Bild zu setzen. Widerspruch zu seinen eigenen Auffassungen war ihm dabei durchaus willkommen, wenn ihm die Einwände plausibel erschienen; allerdings traf er nur noch selten Regisseure, die es wagten, ihn zu kritisieren, denn sein Ruf, »schwierig« zu sein, löste oft einen vorauseilenden Opportunismus aus.

Der Regisseur Michael Verhoeven beschrieb das Problem: »Er war begeisterungsfähig, der Rühmann, aber die Leute hatten zum Teil so einen Respekt vor ihm, daß sie sich nicht getraut haben, wirklich kritisch zu sein und zu sagen: ›Herr Rühmann, nein, das geht nicht, gefällt mir nicht, besser so!‹ Und das hat ihn gelangweilt, daß die Regisseure Schwierigkeiten hatten, ihm auch mal richtig Contra zu geben und nein zu sagen.«[22] Vielleicht verloren Heinz Rühmanns Filme in den sechziger Jahren auch deshalb ihre

Überzeugungskraft, weil ihm Regisseure mit konstruktivem Widerspruchsgeist fehlten.

Die meisten seiner Rollen aus dieser Zeit sind heute vergessen. Heinz Rühmann selbst, der viele seiner Filme verwarf und hart kritisierte, behielt aus diesem Jahrzehnt vor allem drei Filme in guter Erinnerung: *Das Haus in Montevideo* (1963), *Dr. med Hiob Prätorius* (1965) und *Hokuspokus oder: Wie lasse ich meinen Mann verschwinden?* (1966). Alle drei Filme gingen auf Bücher von Curt Goetz zurück, dessen Figuren Rühmann als seine »Brüder im Geiste«[23] betrachtete. Es ist bezeichnend für Rühmanns Karriere in dieser Zeit, daß es sich dabei um Neuverfilmungen älterer Originalversionen handelte. Wie erstarrt dieses deutsche Starkino war, zeigt sich, wenn man ein schwerfälliges Remake wie *Das Haus in Montevideo* mit anderen europäischen Filmen dieser Jahre vergleicht. Aus Schweden kam Ingmar Bergmans provozierender Film *Tystnaden* (dt. *Das Schweigen*, 1963), Stanley Kubricks *Dr. Strangelove or how I learned to stop worrying and love the bomb* (dt. Dr. *Seltsam oder Wie ich lernte die Bombe zu lieben*, 1963) lieferte eine gallige Satire auf den drohenden Atomkrieg, Jean-Luc Godards *Le Méprise* (*Die Verachtung*, 1963) steigerte die Selbstreflexion des Mediums zur Meisterschaft, und aus England kam ein knalliges Stück Pop, Richard Lesters Beatles-Film *A hard day's night* (1964), ein Konzertfilm, der für das Genre des Musikfilmes stilbildend war und das Lebensgefühl der jungen Generation traf.

Während diese auch noch heute sehr modern wirkenden Filme entstanden, drehte der berühmteste deutsche Regisseur dieser Jahre, Helmut Käutner, mit dem berühmtesten deutschen Schauspieler, Heinz Rühmann, eine leblos konventionelle Komödie, die ihren faden Witz daraus bezog, daß die moralischen Grundsätze eines Wilhelminischen Familientyrannen ins Wanken gebracht wurden. *Das Haus in Montevideo* war schon 1963 ein konventioneller und musealer Film.

Neue Wege beschritt Rühmann im Kino nicht mehr, er variierte nur noch Altbekanntes. Seine Lieblingsrolle unter den Goetz-Figuren war der Dr. Prätorius. Der Höhepunkt des Films ist eine Vorlesung über »die Mikrobe der menschlichen Dummheit«, die Prätorius vor Studentinnen und Studenten im Hörsaal der Anatomie hält: »Aus produktionstechnischen Gründen wurden dieser und andere Komplexe in Prag gedreht. Ich hielt also diese Ansprache vor jungen tschechischen Menschen. Sie bekam dadurch einen besonderen Unterton, eine zusätzliche Dimension. Einerseits belastete es mich, diese Botschaft des Humanismus als Deutscher einem solchen Auditorium zuzurufen, andererseits war ich stolz, daß ein deutscher Schriftsteller schon vor vielen Jahren diese Worte gefunden hatte, die ihre Bedeutung für die Welt nicht verloren haben.«[24]

Heinz Rühmann ließ keinen Zweifel daran, daß er die Gedanken dieser pathetischen Ansprache teilte: »›Wißt ihr überhaupt, wie schön die Welt ist?‹ (Ein paar Studenten, durcheinander: Jawohl Herr Professor.) ›Nichts wißt ihr! Ihr wißt etwas von Atombomben und internationalen Konflikten. Von Völkern wißt ihr, die, um Heim und Leben zu schützen, sich Regierungen wählten. Und dann haben sie Ihr Heim zu verlassen und ihr Leben gegeben, um diese Regierungen zu schützen. Millionen junger Menschen, die nicht kämpfen wollen, bekämpfen Millionen anderer junger Menschen, die ebenfalls nicht kämpfen wollen. [...] Und wenn es uns gelingt, ein Serum gegen die Dummheit zu finden, dann wird es im Nu keinen Haß und keine Kriege mehr geben, und an die Stelle der internationalen Diplomatie wird der gesunde Menschenverstand treten.«[25]

Man ahnt, warum Rühmann diese Botschaft so gut gefiel: Sie entsprach ihm, weil sie ebenso wortgewaltig wie poetisch unverbindlich war. Wer sich ihr anschloß, konnte nur auf der richtigen Seite stehen. Die Gefahr, durch sie Mißfallen zu erregen, war verschwindend gering, weil diese Botschaft keinen wirklichen Adressaten besaß und mit ihrer globalen Ausrichtung jede konkrete Stellungnahme zu einem aktuellen politischen Konflikt vermied. Genau aus dieser vagen Haltung des »gesunden Menschenverstandes« heraus hatte Rühmann 1951 Otto Grotewohls gesamtdeutsche Initiative begrüßt (»von Mensch zu Mensch«). Und ebenso eindringlich warnte er als »Privatmensch« in seinem Film *Der Lügner* vor dem Dritten Weltkrieg. Diese Produktion der Real-Film war 1961 entstanden, und der »kleine Mann« Sebastian Schumann (Heinz Rühmann) schlichtete im Kalten Krieg zwischen den Vereinigten Staaten und der Sowjetunion: »Ich bin ein kleiner Mann, und Sie sind große Männer, aber Sie sind die kleinsten großen Männer, und ich bin der größte kleine Mann, und im Namen aller kleinen Männer protestiere ich gegen den Krieg. Wenn es Krieg gibt, muß jeder seine kleine Tochter verlassen, und das ist viel zu traurig.«

Abschied vom Gestern

Zwischen Heinz Rühmann und seinem Publikum gab es eine feste Verabredung: Er durfte in seinen Filmen niemals sterben. Selbst wenn er sich wie in *Keine Angst vor großen Tieren* die Schlinge schon um den Hals gelegt hatte, konnte sich das Publikum darauf verlassen, daß er dem Tod entkam. Die Unsterblichkeit des »kleinen Mannes« war festgeschrieben. Das änderte sich erst am 15. Mai 1968: An diesem Tag durfte Heinz Rühmann als Willy Loman das erste Mal in seinem Leben in einem Film sterben. Im Zweiten Deutschen Fernsehen (ZDF) verkörperte er in Arthur Millers *Tod des Handlungsreisenden* den erfolglosen Vertreter Loman, der sich umbringt, um seiner Familie die Versicherungsprämie zu sichern. Diese tragische Rolle, die er sich für seine Fernsehpremiere ausdrücklich gewünscht hatte, war nach langen Jahren der Fremdbestimmung endlich ein Stück Selbstbestimmung, so empfand es jedenfalls Rühmann. Die Erwartungshaltung des Publikums, das ihm immer wieder eine fröhliche Vitalität abverlangt hatte, war ihm zur Last geworden. Man kann ohne Übertreibung sagen, daß er sich nach dieser Geschichte mit tödlichem Ausgang gesehnt hatte.

Schon 1958 gab es in dem Rühmann-Film *Der Mann, der nicht nein sagen konnte* eine Szene, die für den Zuschauer völlig unmotiviert bleiben mußte, wenn er nicht wußte oder ahnte, daß sich Rühmann wünschte, auch ganz andere Figuren zu spielen. Als Handelsvertreter Thomas Träumer stand er vor einem Kino und betrachtete aufmerksam das Kinoplakat des amerikanischen Films *Death of a Salesman* (1951), der 1952 auch in die deutschen Kinos gekommen war. Dramaturgisch machte diese Einstellung keinen Sinn, sie war jedoch ein persönliches Zeichen Rühmanns. Sein Wunsch, diese für ihn so ungewöhnliche Rolle zu übernehmen, konnte er sich zuerst am Theater erfüllen. Er hatte das Stück 1961 mit großem Erfolg etwa fünfzigmal am Wiener Burgtheater gespielt, und es war eine besondere Genugtuung für ihn gewesen, daß ihm das Wiener Publikum diese tragischen Rolle abgenommen und ihm zugejubelt hatte. Allerdings wollten ihm nicht alle auf diesem Weg folgen: Bei einem Gastspiel des Burgtheaters in Linz glaubte das Publikum, es sei in einem Schwank, und versuchte mit aller Gewalt, sich zu amüsieren. Ein verkrampfter Theaterabend, voller Mißverständnisse.

Die Fernsehpremiere als Willy Loman war deshalb ein Geschenk für Heinz Rühmann: er durfte noch einmal etwas Neues beginnen, noch einmal versuchen, dem Image des Spaßmachers etwas entgegenzusetzen. Bei einer Pressekonferenz in München-Unterföhring verteidigte er seinen Entschluß, zum Fernsehen zu wechseln: Es sei an der Zeit, endlich einmal das zu tun, was ihm selber Freude mache, denn schließlich habe er sich dreißig Jahre lang mit manchen Rollen und Einschränkungen dem Kinopublikum gefügt.[26] Dagegen schien sich das Fernsehen Rühmanns Wünschen anzupassen und – im Gegensatz zu privatwirtschaftlichen Produzenten und Verleihern – auf seine Bedürfnisse Rücksicht zu nehmen. Er wechselte in ein gebührenfinanziertes öffentlich-rechtliches Medium, das damals noch keinen »Quotendruck« kannte und mit einem Film wie *Der Tod des Handlungsreisenden* keinen Gewinn wie das Kino erwirtschaften mußte. Mit dieser Rolle begann ein neues Kapitel in Rühmanns Karriere: er nahm langsam Abschied vom Kino und wandte sich aus Enttäuschung dem Fernsehen zu.

Denn dem Tod des Willy Loman war ein anderes Sterben vorausgegangen: das der deutschen Kinobranche. In den sechziger Jahren mußten immer mehr Produktions- und Verleihfirmen Bankrott anmelden, immer mehr Kinos stellten wegen der rückläufigen Zuschauerzahlen ihren Betrieb ein. Anfang der sechziger Jahre gab es in der Bundesrepublik rund 7000 Kinos, am Ende des Jahrzehnts existierten nur noch 3739. Schon 1961 hatte der Publizist Joe Hembus die Situation des deutsches Films polemisch beschrieben: »Er ist schlecht. Es geht ihm schlecht. Er macht uns schlecht. Er wird schlecht behandelt. Er will auch weiterhin schlecht bleiben.«[27]

Das deutsche Kino der sechziger Jahre wußte mit dem gereiften und gealterten Star Rühmann nichts anzufangen. Große Kassenerfolge waren Schlagerfilme mit Peter Alexander oder Freddy Quinn. Kommerziell erfolgreich waren auch die Verfilmungen nach Romanen von Karl May und Edgar Wallce. In diese Serienerfolge und Genres paßte Rühmann jedoch ebensowenig hinein wie in die Filme von Ulrich Schamoni, Volker Schlöndorff oder Alexander Kluge. Sein Image des »kleinen Mannes« hatte ihn festgelegt und jetzt in eine Sackgasse geführt. Produzenten und Autoren fehlte die Phantasie, diese Figur neue Wege gehen zu lassen, und Rühmann noch der Mut, seinem Image konsequent zu entfliehen. In der Folge entstanden einige bemerkenswert schlechte Filme, die Rühmanns Entschluß, zum Fernsehen zu wechseln, reifen ließen.

Nach seiner Rückkehr aus Hollywood, wo er in dem international besetzten Film *Ship of fools* von Stanley Kramer mitgewirkt hatte, übernahm er zunächst eine Rolle in dem Episodenfilm *Das Liebeskarussell* (1965), der schon deutlich von der anlaufenden Sexfilmwelle geprägt war. Obwohl in den einzelnen Episoden Stars wie Cathérine Deneuve, Gert Fröbe, Curd Jürgens, Peter Alexander und Anita Ekberg zu sehen waren, wurde der Film ein Mißerfolg. Noch unbefriedigender war das Ergebnis der deutsch-französisch-italienischen Produktion *Geld oder Leben / La Bourse et la vie* (1966), die Heinz Rühmann mit dem französischen Starkomiker Fernandel zusammenführte. Die Kritik nahm den Film ratlos zur Kenntnis: »Da hat man nun zwei der bekanntesten Komiker Europas zur Hand, und dann weiß man den beiden, weder Rühmann noch Fernandel, kein vernünftiges Drehbuch anzubieten, das ihnen – jedem nach seinem Vermögen – erlaubt, die Kräfte frei zu entfalten.«[28] Tatsächlich stehen sich die Stars in dieser leblosen, albernen Komödie regelrecht im Weg, sie spielen aneinander vorbei.

Ungnädig wurde auch *Die Ente klingelt um halb acht* aufgenommen, Rühmanns letzter gemeinsamer Film mit seiner Frau Hertha Feiler, obwohl gerade diese Kombination im Vorfeld große Beachtung gefunden hatte: »Da ist nun Hertha Feiler, Rühmanns Ehefrau seit langem, seine Filmpartnerin zum erstenmal wieder seit acht Jahren, an der Reihe. Schlank und grazil, unglaublich jung im blauen Marinemäntelchen mit Goldkordel, tändelt sie sehr lady-like mit einer weißen Sonnenbrille. Sie beklagt sich ein wenig über die Presse, über die Reaktion, daß man soviel Wirbel um ihren Wiederauftritt nach so langer Zeit macht. ›Weshalb sind Sie solange vor keiner Filmkamera gestanden?‹ – ›Weil der Film keine lohnenden Aufgaben für mich hatte. Und was das Fernsehen mir angeboten hat, war auch nicht besser.«[29] Zwar sollte dieser Film im Jahr der Studentenrevolte gerade kein »Lustspiel à la Opas Kino«[30] werden – an plumpen Seitenhieben auf die Jungfilmer und die Studentenproteste fehlte es dennoch nicht – doch die dünne Geschichte produzierte nichts anderes. Der Rezensent der »Welt« fand den Film »noch schwerer erträglich« als den »schlechtesten Irrenwitz« und wunderte sich über den Protagonisten: »Die Hauptrolle spielt Heinz Rühmann; man fragt sich warum.«[31]

Nicht zuletzt solche Erfahrungen veranlaßten Rühmann schließlich – nach langem Zögern – ein Angebot des ZDF anzunehmen.

Bis zu diesem Tag hatte er als einer der letzten großen Stars gegolten, der dem Ruf des neuen Mediums widerstanden und dem Kino die Treue gehalten hatte. Es waren vor allem zwei Männer, die seine Bedenken zerstreut hatten: Der Fernsehproduzent Georg Richter und ZDF-Programmdirektor Joseph Viehöver. Flüchtig kannten sich Richter und Rühmann bereits aus der Nachkriegszeit, doch intensiver wurde der Kontakt erst, als ihre beiden gleichaltrigen Söhne gemeinsam zur Schule gingen. Bis 1973 wird Georg Richter fast alle Fernseharbeiten Rühmanns im Auftrag des ZDF produzieren. Ebenso nachdrücklich wie Richter hatte Viehöver darum geworben, den Kinostar zum ZDF zu holen.

Im Sommer 1967 arrangierte er ein Treffen in Schloß Reinhartshausen bei Erbach, damit Heinz Rühmann mit Autoren und Regisseuren über seine Bedenken und Wünsche sprechen konnte. Rühmann, immerhin schon 65, war sich nicht sicher, ob ihm die Fernseharbeit gefallen würde. Er selbst empfand das Fernsehprogramm damals oft als »wahllos« und ohne »durchdachte Dramaturgie«.[32] Doch bei den Diskussionen mit den ZDF-Leuten wurden seine Zweifel offenbar zerstreut. Einer Zeitschrift sagte er über diese Gespräche: »Sehen Sie, das hat mir gefallen. Das ZDF scheint mir jung und lebendig zu sein. Die zentrale Lenkung macht es wendiger, als es die in große und kleine Anstalten aufgesplitterte ARD ist. Das war für mich ein Grund mit, dem ZDF den Vorrang zu geben.«[33] Als ihn der Reporter fragte, ob man in der Kinobranche jetzt nicht von »Fahnenflucht« sprechen würde, reagierte Rühmann gereizt: »Ich verwahre mich gegen den Begriff ›Fahnenflucht‹. Ich habe lange genug auf neue Impulse beim deutschen Film gewartet. Es sind keine gekommen. Jetzt wäre es Dummheit, gute lohnende Aufgaben beim Fernsehen auszuschlagen. Was bietet man mir denn beim Film an? Remakes, Schnulzen. Fehlt nur, daß ich in einem Western einen alten Trapper spielen soll. Nein! Dann doch lieber einige wenige, aber künstlerische Abende im Fernsehen.«[34]

Als *Der Tod des Handlungsreisenden* dann schließlich am 15. Mai 1968 im ZDF seine Erstausstrahlung hatte, war die öffentliche Aufmerksamkeit kaum zu überbieten: »Über dem Abend lag Spannung,«[35] die Erwartungen waren groß: »Feierlich wurde das Ereignis angekündigt: Heinz Rühmann, des deutschen Films liebster Schmunzelheld, beehrte nun auch das Fernsehen.«[36] Man spürte von der ersten Minute, von seinem ersten Auftritt an, wie ernst es Rühmann mit dieser Rolle war, wieviel Ehrgeiz er in sein Fernseh-Debüt gelegt hatte. Die Anstrengung, mit der er sich als Charakterschauspieler beweisen wollte, war diesem Willy Loman in jeder Geste und in jedem Ton anzumerken. Rühmann mußte gegen das Klischeebild des »kleinen Mannes« anspielen, ohne jedoch diese Figur ganz zu zerbrechen, denn der New Yorker Handlungsreisende, der seine Arbeit verliert, mit seinem Leben hadert und sich schließlich umbringt, war schließlich auch ein »kleiner Mann«. Was er diesem Loman jedoch nicht mitgeben durfte, waren das tröstliche Schmunzeln, die emotionale Unverwundbarkeit, das vergnügte Händereiben, das meckernde Lachen, der pfiffige Blick und der schelmische Tonfall – all die Charakteristika, die seine »kleinen Männer« für gewöhnlich auszeichneten. Durch diese Signale wäre der amerikanische Loman, der für das Scheitern des amerikanischen Traums steht und daran zugrunde geht, nur ein deutscher Idylliker geblieben, der eher zufällig und mit einem sentimentalen Lächeln in den Selbstmord hineinschlittert.

Mit wenigen Ausnahmen waren die Kritiken glänzend. Man sah »ein neues, grandioses Rühmann-Bild«[37], und die »Bild-Zeitung« befand: »Alle – nicht immer glücklichen – Filme aus Papas Kino sind damit vergessen.«[38] Die differenzierteste und beständigste Kritik erhielt Rühmann von dem Tübinger Rhetorikprofessor und Schriftsteller Walter Jens, dem damals wichtigsten Fernsehkritiker, der in der »Zeit« ein dichtes und atmosphärisches Porträt von Rühmanns Darstellung entwarf: »Wenn er sagte: ›Ich bin todmüde, ich bin gefahren und gefahren‹, dann war nicht nur die Stimme ein wenig heiserer als sonst, dann zeichnete sich die Müdigkeit auch in seinen Mundwinkeln ab, die Unterlippe schlief ein, und die Augendeckel begannen, so schwer so schwer, ein Gutenachtlied zu summen; wenn er nach frischer Luft verlangte, der Frau befahl, die Fenster zu öffnen, und wenn sie dann sagte: ›Aber Willy, sie sind doch offen, die Fenster‹, und sie waren wirklich geöffnet, das konnte jedermann sehen, dann sprach er die Sätze mit so traumtänzerischer Betonung, so somnambul und so imperativisch, daß der Betrachter am Bildschirm nicht den eigenen Augen, sondern dem Tonfall des Mannes vertraute, dessen Muskelbewegung am Hals, ein leises Stöhnen bezeichnend, den Anschein Lügen strafte: Das Fenster-Bild trog, die Flügel waren geschlossen, Willy Loman hatte ganz recht.«[39]

War die von Walter Jens so genau beschriebene Müdigkeit des

Willy Loman auch die Müdigkeit Heinz Rühmanns? Er mußte sich restlos verausgaben, um die Rolle des scheiternden »kleinen Mannes« spielen zu können, und schien dabei an die Grenzen seiner Kunst zu stoßen. Denn sosehr Rühmann es in Komödien verstand, den Zuschauer durch melancholische und stille Töne zu rühren, sowenig vermochte er dieser tragischen Figur diese Momente mitzugeben. Sie steht wie eine perfekte Einzelleistung im Raum, wie ein Werk, das Rühmann mit größtem Ehrgeiz geschaffen hat, dem aber die emotional mitreißende Kraft fehlt. Konnte *Der Tod des Handlungsreisenden* also der endgültige Abschied von gestern sein, einer neuer Aufbruch, oder sollte diese Rolle eine unwiederholbare, einmalige Leistung bleiben?

Walter Jens stellte andere Fragen, die Rühmanns Triumph an diesem Abend ohne Zweifel bestätigten: »Sprach schon einmal ein Schauspieler mit so leiser Stimme derart markerschütternd und schrill? Klagte ein anderer jemals mit dieser taubenfüßigen Inständigkeit den *American way of life*, das Hastewas-Bistewas, an? Gibt es einen zweiten Akteur, der mit sanftesten Mitteln die Würde der Erbärmlichkeit, die Größe einer jämmerlichen Kreatur und die Einsamkeit eines Menschen darstellen kann, der sich selbst und seiner Arbeit und der von gnadenlosen Gesetzen beherrschten Gesellschaft fremd geworden ist? Welch ein Schauspieler dieser Heinz Rühmann in der Rolle des Willy Loman.«[40]

Nur wenige Wochen nach seinem Fernsehdebüt erkrankte Heinz Rühmann im Juli 1968 schwer. Die Dreharbeiten zu *Die Ente klingelt um halb acht* waren fast beendet, als ihn plötzlich auftretende Leibschmerzen quälten. Über Nacht verstärkten sich die Schmerzen, am nächsten Morgen wurde er in die Münchner Universitätsklinik eingeliefert. Ein völliges Versagen aller Darmfunktionen wurde festgestellt, eine sofortige Operation war geboten. In den Tagen und Nächten nach der Operation war Hertha Feiler immer an seiner Seite. Vier Wochen nach der Operation wurde er aus dem Krankenhaus entlassen. Es folgten allerdings zwei weitere schwere Operationen in den nächsten Monaten. Rühmann kam im Frühjahr 1969 nur langsam wieder auf die Beine, er war magerer geworden, die Nase ragte noch spitzer aus dem Gesicht heraus, die Haare waren spärlicher, die Schläfen grauer geworden.

Die Öffentlichkeit erfuhr zunächst nichts von seiner schweren Erkrankung. Rühmann hatte seine Privatsphäre gegenüber der

Presse immer energisch verteidigt, gerade da das Interesse der Illustrierten und der Boulevardzeitungen in den sechziger Jahren ständig gestiegen war. Die forsche Zudringlichkeit dieser Art von Journalismus war ihm ebenso zuwider wie die Neugier und die falsche Vertraulichkeit, mit der er ständig im Alltag konfrontiert wurde. In den sechziger Jahren hatte er sich deshalb ein Ferienwohnung in St. Jean Cap Ferra an der Côte d'Azur gekauft, wo er, so oft es nur ging, Ferien machte und sich zurückzog: »Hier kann ich ungestört in einem Café oder einem Bistro sitzen und ein Glas Wein trinken. Hier kann ich öffentlich herumlaufen, wie es mir gefällt. Hier bin ich für alle einfach Monsieur Rühmann!«[41] Er entspannte sich auf dem Golfplatz, immer wieder beim Fliegen und zog sich ins Familienleben mit seiner Frau und Sohn Peter zurück. Seine geheime Telefonnummer kannten nur wenige Bekannte, auf Münchner Promintenfesten sah man ihn fast nie.

Heinz Rühmann war inzwischen so populär geworden, daß er sich nicht mehr selbst ins Gespräch bringen mußte, um dennoch ständig im Gespräch zu sein. 1969 waren gleich zwei Biographien über ihn erschienen: Im Kindler-Verlag hatte Hans Hellmut Kirst einen »biographischen Report« über Heinz Rühmann herausgebracht, und in der »Welt am Sonntag« war eine mehrteilige Autobiographie erschienen (»Heinz Rühmann erzählt sein Leben«), die allerdings der Rühmann-Vertraute Hanns Arens geschrieben hatte. Dabei hatte es der verschlossene Star seinen Biographen keineswegs leicht gemacht: »Mit Kindler hatte sich der Memoiren-Kandidat schon einmal 1962 geeinigt: Der Journalist Hans-Rudolf Berndorff, legendärer Reporter der ›Berliner Illustrierten‹ und Erfinder der Tatsachenberichte, sollte dem Verleger ein Rühmann-Leben in Ichform schreiben. Doch bald erkannte der frühere Sauerbruch-Ghostwriter, daß er einen mühseligen Auftrag angenommen hatte: Rühmanns Frau Hertha Feiler hielt ihren ohnehin verschwiegenen Mann zu strikter Diskretion an.«[42] Nach dem Tod von Hans-Rudolf Berndorff sollte Hans Hellmut Kirst das Projekt fortführen, doch sein Manuskript in der Ichform gefiel dem Verlag nicht. Erst fünf Jahre später schrieb Kirst die »Rühmann-Story« erneut, diesmal jedoch in der dritten Person.

Trotz Rühmanns Verschwiegenheit und Pressescheu stiegen das öffentliche Interesse an seiner Person und seine Popularität. Allein in den sechziger Jahren war ihm siebenmal der Bambi als beliebtestem Schauspieler verliehen worden, und 1970 wählten ihn bei einer repräsentativen Umfrage der Wickert-Institute 89 Prozent der Befragten zum beliebtesten deutschen Fernsehstar – vor Peter Alexander und Joachim Fuchsberger.

Die Anteilnahme an seiner Person stieg noch einmal, als bekannt wurde, daß Hertha Feiler am 2. November 1970 an Krebs gestorben war. Ihre Beerdigung fand zwei Tage nach ihrem Tod im engsten Familienkreis auf dem Grünwalder Waldfriedhof statt. Erst jetzt wurde die Öffentlichkeit unterrichtet. In den Tagen nach der Beerdigung machte Heinz Rühmann bittere Erfahrungen, die seine Öffentlichkeitsscheu noch verstärkten: »Nach dem Tod meiner Frau habe ich mitmachen müssen, wie man umspringt mit uns, die in der Öffentlichkeit stehen. Tagelang konnte ich mein Haus nicht verlassen, weil es belagert war – von Neugierigen, von Fotografen. Bei Nacht mußte ich zum Friedhof schleichen, um einmal ungestört am Grab zu stehen. Daß man einem Menschen, der einen solchen Verlust erlitten hat, so etwas antut, finde ich furchtbar.«[43] Es war eine schwere Zeit für Heinz Rühmann, viele glaubten, er würde nie mehr arbeiten können. Ein Pressefoto erregte Aufsehen und weckte Mitleid: Heinz Rühmann stand vor dem Grab seiner Frau, mit gefalteten Händen und gesenktem Kopf, ein zerbrechlich wirkender, mutloser, trauriger Mann. Die Folge war, daß ihn eine Flut von Beleidsbekundungen und Trostbriefen erreichte. Rühmanns 28jähriger Sohn Peter und dessen Verlobte Marion Dirschnabel kümmerten sich um den Vater.

Ein halbes Jahr nach Hertha Feilers Tod hatte Heinz Rühmann wieder die Kraft, eine neue Arbeit zu beginnen. Am 24. April 1971 schrieb er an seine alte Freundin Eliza La Porta in Los Angeles: »Was ist von uns zu berichten? Du kannst Dir ja denken, dass ich ohne Hertha nicht viel bin, sie war mein Alles und der Inhalt meines Lebens. Trotzdem habe ich jetzt angefangen, wieder zu arbeiten, für Television, und es ist die erste Arbeit ohne sie, aber ich mache sie in Gedanken an sie, und sie ist an meiner Seite. Ich hoffe, auch innerlich, durch die Arbeit weiter zu kommen.«[44]

Der Pfandleiher hieß dieser Film, den er für das ZDF in München drehte. Im Studio war es noch stiller als sonst bei den Dreharbeiten, alle Kollegen nahmen Rücksicht auf den sichtlich angeschlagen Star. Jeder vermied es, weiße Hemden oder Pullover zu tragen, da bekannt war, daß diese Farbe Rühmann im Studio leicht irritieren konnte. Die Atmosphäre war eigenartig, erinnerte sich seine Schauspielerkollegin Sabine Sinjen an die Dreharbeiten: »Es schien, als ob alles in Watte gepackt wäre.«[45] *Der Pfandleiher* war Heinz Rühmanns fünfte Fernseharbeit, und das ZDF räumte seinem Star ein ungewöhnlich großes Mitspracherecht ein. Wie schon bei seinen Kinoarbeiten konnte er bei allen Besetzungsfragen mitentscheiden, und auch der Eingriff beim Schnitt war ihm gestattet. Rühmann war auch noch mit 68 Jahren ehrgeizig, immer auf der Suche nach dem richtigen Bild. Er wollte seine jahrzehntelange Erfahrung einbringen, und es fiel ihm sichtlich schwer, sich zurückzuhalten. Bald kursierten die ersten Geschichten über den »Mann mit dem Zeigefinger«, den »Diktator«, »das Denkmal der Nation« und das »Ekel«. Auf diese Vorwürfe angesprochen, sagte er in einem Interview: »Ich gebe zu, daß ich anspruchsvoll arbeite, aber meine fünfzigjährige Erfahrung zeigt, daß es richtig ist, wie ich arbeite!«[46] Eine Fernsehzeitschrift, die einen Bericht über die Dreharbeiten zu *Mein Freund Harvey* (1970) veröffentlichte, kam zu dem Fazit: »Der Mann, dessen väterliches Lächeln Millionen verzaubern kann, ist – wenn es um die Sache geht – ein sanfter Tyrann, nach dessen lautloser Pfeife alles tanzen muß.«[47]

Kurt Wilhelm, der Regisseur des Films, war mit dieser Darstellung verständlicherweise nicht zufrieden. In einem Brief an die Zeitung versuchte er, das Bild vom »sanften Tyrannen« zu korrigieren: »Gedroht und geschimpft hat er nie, denn seine Art ist leise, fast kaum hörbar. Und er hat seine Vorschläge im Konjunktiv vorgebracht, leise, behutsam und nie mit einem dicken Rufzeichen. Er hat mich, als Regisseur, den er ›unseren Vater‹ nannte, nie in Verlegenheit gebracht, etwas kategorisch ablehnen zu müssen.«[48] Rühmann blieb anspruchsvoll, leicht war es nicht mit ihm. Als das ZDF auf seinen Wunsch eine dreizehnteilige Serie nach dem Roman »Der kleine Doktor« von Georges Simenon vorbereiten ließ, stieg er im letzten Moment aus, obwohl die Drehbücher von Theodor Schübel genau nach seinen Vorstellungen eingerichtet worden waren. Seine Rolle wurde dann von dem sehr viel jüngeren Peer Schmidt übernommen.

Das merkwürdige an Rühmanns Erfolg als Fernsehstar war, daß seine Beliebtheit gerade nicht auf seine ehrgeizigen neuen Projekte zurückzuführen war. Es waren vor allem die »alten« Rühmann-Filme, die hauptsächlich von der ARD mit großem Erfolg gezeigt wurden. Seit Mitte der sechziger Jahre wurden Erfolgsfilme wie *Der Mann, der Sherlock Holmes war*, *Quax, der Bruchpilot* oder *Die Feuerzangenbowle* regelmäßig wiederholt. Gerade für jüngere

Fernsehzuschauer war der »alte« ein »neuer« Rühmann, denn diejenigen, die nach dem Krieg geboren worden waren, kannten diese Filme nicht und entdeckten mit ihnen das Kino ihrer Eltern. Bis weit in die neunziger Jahre hinein war Heinz Rühmann der deutsche Star, dessen Filme am häufigsten im deutschen Fernsehen zu sehen waren. So konnte etwa Alexander Osang schreiben: »Deutschland 1997 sieht aus wie Heinz Rühmann. Wie Quax der Bruchpilot. Zumindest am Mittag. Auf B 1 lief ›Zwischenlandung Paris‹. Im ORB ›Briefträger Müller‹. SAT 1 zeigte ›Vater sein dagegen sehr‹. Heinz Rühmann war all hier.«[49] Die dauernden Wiederholungen verbanden die Generationen: Fast jeder westdeutsche Jugendliche, der in den siebziger oder achtziger Jahre aufwuchs, erinnert sich an Rühmann-Filme, die man im Kreis seiner Familie gesehen hatte.

Und dieses Erlebnis blieb keineswegs auf die Bundesrepublik beschränkt. Der Deutsche Fernsehfunk (DFF) der DDR zeigte regelmäßig am Montagabend alte deutsche Spielfilme, darunter auch die beliebten Rühmann-Klassiker, und in den Kinos liefen die meisten seiner neuen Filme mit einem Jahr Abstand an. Seine runden Geburtstage wurden verläßlich auch in der ostdeutschen Presse gewürdigt, und 1957 lud ihn das sowjetische Festivalkomitee als »Mensch großer humanistischer Ideale« zu den 6. Weltfestspielen der Jugend nach Moskau ein, eine Einladung, der Rühmann allerdings nicht folgte. Heinz Rühmann wurde durch das Fernsehen also nicht nur ein Star, der die Generationen verband, sondern er blieb immer, trotz der Teilung Deutschlands, ein »gesamtdeutscher« Publikumsliebling. Das zeigte sich offenkundig auch, als er am 16. Mai 1972 Ost-Berlin besuchte. Am Vormittag hatte ihn noch der Regierende Bürgermeister West-Berlins, Klaus Schütz, im Rathaus Schöneberg empfangen, nachmittags wurde er dann im Köpenicker Rathaus in Ost-Berlin begrüßt. Obwohl Rühmanns Besuch der Ostberliner Öffentlichkeit nicht angekündigt worden war, hatte sich schnell herumgesprochen, daß der »Hauptmann von Köpenick« endlich sein Rathaus besichtigen wolle.

An den denkwürdigen Besuch erinnerte der Filmhistoriker Frank-Burkhard Habel zu Heinz Rühmanns 90. Geburtstag im »Neuen Deutschland«: »An einem grauen Tag vor über zwanzig Jahren kam es in der Köpenicker Altstadt fast zu einem Verkehrschaos. Hunderte Menschen standen vor dem Rathaus oder gingen unschlüssig auf und ab. Der Grund? Ein Westberliner Rundfunksender hatte gemeldet, Heinz Rühmann sei in der Stadt, und nachdem sein berühmter Film ›Der Hauptmann von Köpenick‹ irgendwo in Westdeutschland gedreht worden war, wolle er nun endlich den Originalschauplatz kennenlernen. Als der kleine ältere Herr mit Hut dann erschien, mußten ihm seine Begleiter energisch einen Weg zum Fototermin bahnen, bevor er Autogrammwünsche erfüllte. Der Köpenicker Bürgermeister war nicht unter den Fans. Offiziell wollte man von dem Besuch des West-Stars nichts wissen. Dabei war Rühmann der einzige große deutsche Nachkriegs-Star, mit dem bis Anfang der siebziger Jahre regelmäßig alle paar Jahre mindestens ein Film in der DDR gestartet wurde, eine Ehre, die einer Schell oder Schneider, einem Fischer oder Buchholz längst nicht zuteil wurde.«[50]

Vor diesem Hintergrund sind auch Frank Beyers zeitweilige Überlegungen zu sehen, die Hauptrolle seines Filmes *Jakob der Lügner* (1974) mit Heinz Rühmann zu besetzen. Der gleichnamige Roman von Jurek Becker war 1969 in der DDR und zwei Jahre darauf in der Bundesrepublik erschienen. Heinz Rühmann hatte den Roman gelesen, und das ZDF bemühte sich, die Filmrechte zu kaufen, um das Projekt mit ihm in der Hauptrolle zu realisieren. Ursprünglich sollte jedoch der tschechische Schauspieler Vlastimil Brodský die Titelrolle übernehmen, denn Beyer hatte bereits 1966 versucht, den Stoff, der zu diesem Zeitpunkt bereits als Drehbuch existierte, zu verfilmen. Als jedoch sein Film *Spur der Steine* (1966) das Mißfallen fast aller ZK-Mitglieder erregt hatte, war er aus dem DEFA-Studio ausgeschlossen worden, seither ruhte das Projekt. Diese Vorgeschichte stürzte Frank Beyer 1973 in einen Zwiespalt. Sollte er weiterhin mit Vlastimil Brodský planen oder ihm den prominenteren Heinz Rühmann vorziehen? Er war bereits nach München geflogen, ein erstes Treffen mit Rühmann war positiv verlaufen, und die Idee, ihm die Hauptrolle zu übertragen, schien sich zu konkretisieren.[51]

Warum sich ihre Zusammenarbeit dann doch zerschlug, hat Frank Beyer in seiner Autobiographie berichtet: »Rühmann war die Wunschbesetzung für eine ZDF-Produktion, aber er war auch bereit, die Rolle in einem DEFA-Film zu übernehmen. Obwohl er in der Nazizeit im Unterhaltungsgenre der Filmstar Nummer eins war, galt er als nicht belastet. Er war kein Nazi gewesen und hatte in Filmen mit faschistischer Ideologie nicht mitgewirkt. Ich war hin- und hergerissen zwischen dem Gedanken, meinem alten

Freund Brodský treu zu bleiben oder mit Rühmann für einen schwierigen Stoff einen Publikumsmagneten zu haben. Aber die Entscheidung zwischen dem populären Rühmann und dem in Deutschland wenig bekannten Brodský wurde mir abgenommen. Die Angelegenheit wurde von einem Schreibtisch auf den anderen geschoben und landete schließlich auf dem des Generalsekretärs der SED. Es klingt absurd, aber tatsächlich hatte Erich Honecker das letzte Wort in der Besetzungsfrage. Er ließ ausrichten, wir möchten doch bitte ›zum gegenwärtigen Zeitpunkt auf eine solche Besetzung verzichten‹. Das hing mit der sogenannten Abgrenzungspolitik zusammen. Es sollte alles vermieden werden, was auf eine einheitliche deutsche Kulturnation hinweisen könnte.«[52] Heinz Rühmann hatte die Qualität der Geschichte von Jurek Becker erkannt, ihr »Schwebezustand zwischen Komik und Tragik«[53] gefiel ihm. Die Verfilmung dieser Geschichte wurde ein Welterfolg, allerdings ohne Heinz Rühmann. *Jakob der Lügner* war der einzige DDR-Film, der jemals für einen Oscar nominiert wurde.

Glück gehabt

»›So viel ihm auch geschieht, es geschieht ihm nichts.‹ So beschrieb ihn Alfred Polgar. Gesangstars, Fernsehmajestäten und Sportidole, von Politikern gar nicht zu reden, müssen ihn um seine schier grenzenlose Popularität beneiden: Heinz Rühmann, sozusagen als deutscher Schwejk der Leinwandkomiker der Nation. Sein Beliebtheitsgeheimnis besteht fraglos darin, daß sich der Kinonormalverbraucher fast immer mit ihm und seinen Rollen identifizieren vermochte.«[54] Mit dieser Antwort auf die Frage nach dem Geheimnis seines Erfolges stimmten fast alle Gratulanten überein, die in zahllosen Porträts Heinz Rühmanns 70. Geburtstag am 7. März 1972 würdigten. Der Erfolg des Stars gab keine Rätsel mehr auf, aber es wurde gestaunt über die Dauer seiner Karriere und das Ausmaß seiner Beliebtheit. Unter der Überschrift »Schwarm von Generationen« stellte Ursula Schaaf fest: »Er ist, was es wirklich selten gibt, drei Generationen bekannt, und alle mögen ihn; vielleicht der einzige Schauspieler, über den sich Großmutter und Enkel unterhalten können.«[55] Zwanzig Jahre später, anläßlich seines 90. Geburtstages, konnten sich bereits vier Generationen über Heinz Rühmann verständigen.

Der Geburtstagsartikel in der »Neuen Zürcher Zeitung« war überschrieben mit »Heinz im Glück«, eine Anspielung auf den frühen Rühmann-Film *Heinz im Mond* (1934). Daß Heinz Rühmann zu diesem Zeitpunkt wirklich noch einmal Glück hatte, wußte die Öffentlichkeit noch nicht. Erst kurz vor seiner dritten Heirat wurde die Beziehung zu Hertha Wohlgemuth, geschiedene Droemer, bekannt. Das Paar heiratete unter Ausschluß der Öffentlichkeit am 9. Oktober 1974 auf Sylt, nicht einmal die Familie und enge Freunde waren über diesen Termin informiert worden. Fast drei Jahre lang war es Heinz Rühmann und Hertha Droemer gelungen, ihre Beziehung vor der Öffentlichkeit geheimzuhalten. Um der »Observation« durch Fotoreporter zu entgehen, fuhren sie in getrennten Wagen zu ihren Treffen oder ließen ihre Urlaubsreisen von Freunden buchen. Hertha Droemer, 21 Jahre jünger als Rühmann, stammte aus Lettland und hatte während des Zweiten Weltkrieges den Verleger Willy Droemer geheiratet. In den Nachkriegsjahren zog sie mit ihm nach München. Nach ihrer Scheidung in den fünfziger Jahren war sie dem Ehepaar Rühmann auf Gesellschaften verschiedentlich begegnet.

Heinz Rühmann, der nach dem Tod von Hertha Feiler ein Jahr sehr zurückgezogen gelebt hatte, fand nach der Begegnung mit Hertha Droemer wieder den Mut, anspruchsvolle Aufgaben anzugehen. In den Münchner Kammerspielen übernahm er im Oktober 1972 unter der Regie von August Everding die Rolle des Landstreichers Davies in dem Stück *Der Hausmeister* von Harold Pinter. Diese Figur eines verkommenen, bösartigen Penners, der sich in der Wohnung zweier Brüder festsetzt und sie tyrannisiert, entfernte sich – zumindest von ihrem Charakter – am weitesten von allen Rollen, die Rühmann jemals zuvor gespielt hatte. Die direkte, harte Umgangssprache des Stückes bereitete ihm während der Proben große Schwierigkeiten, sie steckte ihm »wie eine Gräte im Hals«[56], aber gerade diese Herausforderung hatte sich Heinz Rühmann noch einmal gewünscht. In einem Interview mit der »Süddeutschen Zeitung« beschrieb er seine Motivation: »Ich wollte mal etwas ganz Fremdes, etwas für mich Neues erarbeiten, etwas, wo ich mich nicht auf die vertrauten Rühmann-Töne verlassen konnte. Und ich habe schwer gearbeitet. Ich wollte mal was spielen, wo nichts da ist; das gehört doch wohl zum Schwersten. Ich glaube, ich habe mit dieser Rolle das Schwerste hinter mir.«[57]

Während der anstrengenden Probentage betreute ihn sein Maskenbildner Josef Coesfeld rund um die Uhr, abends holte ihn Hertha Droemer vom Theater ab. Der damalige Regieassistent Gert Pfafferodt erlebte einen glücklichen Rühmann: »In der Zeit war Herr Rühmann sehr verliebt. Und das war bezaubernd, das war geradezu betörend, den alten Herrn zu beobachten, besonders bei den Abendproben, wenn er sich dann auf das Probenende freute, weil er wußte, er wird abgeholt, seine Frau wird dann in der Garderobe sein und auf ihn warten. Und dann gingen wir einer nach dem anderen bei Rühmann an der Garderobe vorbei und verabschiedeten uns. Und ich bin heute noch mehr erstaunt als damals, wie oft er uns dann zum Abendessen oder zu einem Glas Wein eingeladen hat. Und es war so, als wollte er dieses Glück teilen. Seine Frau war hinreißend. Sie war um ihn besorgt.«[58]

Der Hausmeister wurde Heinz Rühmanns letzte große »Theaterschlacht«. Nach fast zehnjähriger Theaterpause wollte er noch einmal ein anderes Rühmann-Bild auf der Bühne erarbeiten, und er tat es mit der ihm eigenen Verbissenheit. Er feilschte mit Everding um jeden Ton, er ließ sich anfangs sogar einen stoppeligen Bart stehen, um sich besser in den Landstreicher hineinversetzen zu können und verlangte schließlich die »gammeligste Unterwäsche«[59], die der Kostümfundus bereithielt, nur um alle Assoziationen an den netten, sauberen »kleinen Mann« von vornherein auszuschalten.

Auch für die Kritiker waren diese Bemühungen unübersehbar, und sie honorierten seine Leistung am Premierenabend durchaus. Die »Saarbrücker Zeitung« registrierte: »Soviel Selbstdisziplin war von Rühmann vielleicht schon nicht mehr zu erwarten, auch kaum soviel Faszination durch individuelle Ausstrahlung eines Mimen, den man von den Reproduktionsweisen anderer Medien geschädigt glaubte. Doch der Eindruck hält zwei Stunden nicht vor. Rühmann spielt den Landstreicher und Außenseiter auch dann, wenn er boshaft, ja abstoßend sein sollte, immer weiter mit humorigem, freundlichem Unterton – als liebte er alle Menschen in all seiner Armseligkeit. Heinz Rühmann als Davies kann, mit anderen Worten, das Mitleid, das man zu ihm gefaßt hat, nicht mehr korrigieren. Er hat die Figur von vornherein schon so einschichtig, zu ungebrochen eingestimmt. Liegt das am Darsteller oder doch mehr an unserem vorgefaßten Begriff von ihm? Es dürfte nach allem, was vorher zu sagen war, sehr wohl vor allem an der Eigenart seiner mimischen und gestischen Mittel liegen.

Dieser Landstreicher des 1960 geschriebenen Pinter-Stücks ist ja alles andere als ein friedlich harmloser Greis. Er ist faul und egoistisch, er ist kalt und mitleidslos mit Berechnung. [...] Heinz Rühmann zieht statt dessen immer nur das Mitleid auf sich; er verengt das kleine gesellschaftliche Modell in realistischem Alltagsmilieu zu einem Theaterstück, das nun nicht mehr von Beckett, sondern von Gerhart Hauptmann beeinflußt scheint.«[60]

Der Kritiker hatte die Frage aufgeworfen, ob diese Wahrnehmung von Rühmanns Darstellung an der »Eigenart seiner mimischen und gestischen Mittel« liege oder an »unserem vorgefaßten Begriff von ihm«. In Wirklichkeit gehörte beides längst zusammen. Seine Eigenart bestand darin, die bewährten Rühmann-Begriffe und Bilder über Jahrzehnte zu wiederholen, ohne das Publikum zu ermüden. Daß ihn diese Monotonie selbst ermüdete und auch langweilte, hatte er sich fast nie anmerken lassen und öffentlich kaum eingestanden. Erst jetzt, im Alter, bestand er darauf, von Fall zu Fall eigenen Wünschen nachzugehen. Daß er bei dieser Suche immer wieder auf den Rühmann stieß, von dem er sich doch eigentlich abstoßen wollte, machte deutlich, daß das Eigene und das Fremde, das Besondere und das Allgemeine in seiner Darstellung untrennbar miteinander verschmolzen waren.

In Rühmanns Theaterlaufbahn war der Davies in Pinters *Hausmeister* der letzte kraftvolle Versuch, dem braven »kleinen Mann« eine radikal andere Figur entgegenzusetzen. Obwohl die Kritik diesen Anspruch nur teilweise eingelöst sah, war Rühmann selbst mit dem Ergebnis zufrieden. Nach dieser Inszenierung verbiß er sich nicht mehr in die Aufgabe, immer ein anderer sein zu wollen, er revoltierte nicht mehr gegen sein Image, sondern variierte es mit leiseren, ökonomischeren Auftritten.

Diesen entspannteren Heinz Rühmann bekam das Publikum dann im März 1974 zu sehen, als er zusammen mit Paul Verhoeven in Neil Simons Schauspiel *Sonny Boys* wiederum an den Münchner Kammerspielen auftrat. Das amerikanische Stück bot zwei Paraderollen für unterhaltsames Star-Theater. Zwei seit vielen Jahren zerstrittene Komiker sollen für eine Fernsehsendung noch einmal ihren berühmten Doktor-Sketch aufführen. Doch bei den gemeinsamen Proben fallen sie bösartig spottend übereinander her, und statt eines Comebacks diskutieren sie zuletzt ihren Rückzug in ein Altersheim für Schauspieler. Die Inszenierung von Boleslaw Barlog wurde in München und später auch in Hamburg am Thalia-Theater ein Publikumserfolg. Unbefriedigt zeigten sich dagegen die Kritiker, die eine stärkere Akzentuierung der »Altersproblematik« forderten und die Regieleistung von Barlog bemängelten: »Die Inszenierung war zu flach angelegt, es mangelte ihr vor allem an der Wortregie, die hart und präzise die oft bösen, tückischen Situationen zwischen den beiden zerstrittenen Partnern von ehemals herausarbeitet, und die Pointen entsprechend vorbereitet und sie trocken fallen läßt.«[61] Und selbst Joachim Kaiser, der sich in seiner Kritik unverhohlen als »Bewunderer« Rühmanns bezeichnete, war von dem grundlegenden Gestus des Abends enttäuscht: »Statt cleverem, verbissenem, jüdisch-unwiderstehlichem Lebenswillen allzuviel gutmütige Rühmann-Nettigkeit.«[62]

Rühmanns Partner in dieser Inszenierung war der Schauspieler und Regisseur Paul Verhoeven, den er seit Jahrzehnten kannte und der bei seinen Filmen *Das kann jedem passieren* (1952) und *Der Jugendrichter* (1960) Regie geführt hatte. Während sie monatelang in München und Hamburg zusammen spielten, entstand die Idee, zusammen einen Film zu machen. Die Regie sollte Paul Verhoevens Sohn Michael übernehmen, der als Darsteller bereits dreimal mit Rühmann gearbeitet hatte, zuletzt in Helmut Käutners *Das Haus in Montevideo* (1963). Erste Handlungslinien wurden entwickelt, im Mittelpunkt des Films standen zwei befreundete Obdachlose, die von Rühmann und Paul Verhoeven dargestellt werden sollten.

Doch ein tragisches Ereignis am 22. März 1975 verhinderte, daß es zu dieser Zusammenarbeit kam: »Erst an einem Samstag im März, bei der Gedenkfeier in den Kammerspielen für die verstorbene Therese Giehse begrüßten meine Frau und ich unseren Freund hinter der Bühne. Er war aufgeregt und spielte mit der Papierrolle für seine Rede. Ich versuchte, ihn zu beruhigen, und sagte ihm, wie sehr ich mich auf die neue Vorstellungsserie ›Sonny Boys‹ freute, und daß wir uns später auf der Probe sehen würden. Er nickte nur. Bei der Feierstunde saßen wir zusammen in der ersten Reihe im Parkett. Pauls Vorredner mischte politische Parolen in seine Ansprache, was Paul sichtlich mißfiel. Er spielte noch nervöser mit seinem Manuskript, bis er auf die Bühne mußte. Er begann ruhig und konzentriert. Als er die ›Kunst der Pause‹, die Frau Giehse besonders beherrschte, hervorhob und selbst eine Pause machte, wirkte diese zuerst wie ein Beispiel für diese schwierige Kunst, doch die Pause wurde länger und länger, dann fiel seine

Brille auf das Tischchen, an dem er saß, und er sank in sich zusammen. Sein Sohn Michael war mit einem Sprung über den Orchestergraben bei ihm, aber es war zu spät. Der Vorhang fiel.«[63]

Trotzdem hielten Rühmann und Michael Verhoeven in den nächsten Jahren an ihrem Vorhaben fest, den Film *Gefundenes Fressen* gemeinsam zu drehen. Da die Geschichte im Obdachlosenmilieu angesiedelt war, quartierten sich der Regisseur und sein Drehbuchautor Bernd Schroeder anonym einige Tage im Obdachlosenheim in der Pilgersheimerstraße in München ein, um direkt vor Ort zu recherchieren. Rühmann war von Anfang an sehr angetan von dem Thema und dem Ernst der Vorbereitung. Nur daß er ohne Toupet spielen sollte, wollte er nicht akzeptieren. Er lehnte den Gedanken zunächst rundheraus ab, und auch sein Maskenbildner Coesfeld war vehement gegen den »kahlen« Rühmann. Erst nach Monaten, nach vielen Gesprächen steckte Rühmann zurück und erklärte sich bereit, ohne Perücke zu spielen. »Von dem Moment an wußte ich, es kann was werden mit dem Film«, sagt Michael Verhoeven.[64]

Tatsächlich ging es bei dieser Frage nicht um ein untergeordnetes Detail, sondern um ein gewisses Maß an Realismus, mit dem der Regisseur seinen Film und den Hauptdarsteller ausstatten wollte. Seit den vierziger Jahren hatte Rühmann immer wieder mit Toupets gespielt, und die Akkuratesse, mit der sein Scheitel gekämmt war, gehörte unverbrüchlich zum typischen Rühmann-Gesicht. In den fünfziger Jahren wurde das Spiel mit dem Haar noch wichtiger, denn den historischen Figuren wie dem Schuster Voigt, dem Droschkenkutscher Hartmann in *Der eiserne Gustav* (1958) oder dem Schwejk näherte er sich äußerlich vor allem über die Frisur. Da Rühmann sonst fast gänzlich ohne Maske agierte, benutzte er die Toupets auch dazu, den Charakter seiner Figuren zu variieren. In den sechziger und siebziger Jahren mußten die Haarteile vor allem sein Alter kaschieren, wenn sehr viel jüngere Schauspielerinnen an seiner Seite standen.

Von diesen bekannten Rühmann-Gesichtern, seinen unverwüstlichen Figuren und ihrem Zwang zur Vitalität wollte Verhoeven jedoch wegkommen. Rühmanns Bereitschaft, auf das Toupet zu verzichten, bedeutete auch, daß er sich auf eine andere Dramaturgie und eine andere Erzählweise einließ. Er war also mit 75 Jahren noch neugierig und beweglich. Auch das Obdachlosenmilieu interessierte ihn. Rühmann, der sich bei Dreharbeiten für gewöhnlich in sein Zelt oder seinen Wohnwagen zurückgezogen hatte und auch seine Mahlzeiten allein einnahm, zeigte im Obdachlosenheim keine Berührungsängste: »Ich habe mit den Freunden aus dem Haus in der Pilgersheimerstraße nur gute Erfahrungen gemacht. Zuerst waren sie mißtrauisch, weil sie abwarten wollten, wie ich die Rolle spielte, aber als sie damit einverstanden waren, haben wir beim gemeinsamen Mittagessen oder im Schlafraum viel miteinander gesprochen. Sie boten mir Zigaretten oder Schnupftabak an, und einer brachte mir einen Becher Kaffee, den er von seinen paar Groschen im Automaten gezogen hatte.«[65] Über seine eigene Hilfsbereitschaft in diesen Wochen hat Rühmann nicht berichtet. Immer wieder brachte er Kleidung, Schuhe oder Lebensmittel mit, verteilte sie an die Obdachlosen oder drückte dem einen oder anderen einen Geldschein in die Hand.

In Rühmanns Karriere stellt sein vorletzter Film *Gefundenes Fressen* eine große Ausnahme dar. Niemals zuvor war eine seiner Rollen so sehr von einem Milieu bestimmt, nie zuvor war ihm eine derart realistische Geschichte abverlangt worden. Selbst eine historische Figur wie der Schuster Wilhelm Voigt in *Der Hauptmann von Köpenick* war noch sehr viel stärker durch Rühmanns Image geprägt als der Obdachlose Alfred Eisenhardt, den er in Verhoevens Film spielte. Schon die Geschichte unterschied sich wesentlich von den üblichen Dramaturgien seiner Filme: sie blieb unabgeschlossen, sie rundete sich nicht versöhnlich und war von Anfang an in unspektakuläre Einzelbilder zerlegt, die den Alltag dieser Figur zeigen wollten. Untypisch war auch, daß dieser Alfred eine Biographie besaß, die in die Vergangenheit reichte. Man erfuhr, daß ihn der Krieg und familiäre Katastrophen aus der Bahn geworfen hatten, so wurde er einer, der »draußen vor der Tür« blieb, einer, der es nicht geschafft hatte, einzutreten und zu bleiben. Rühmann hatte jedoch immer die Integrierten verkörpert, die ihren Platz in der Mitte gefunden hatten und ihn verteidigten. Um so deutlicher stach seine Darstellung des Obdachlosen von den geborgenen und behüteten »kleinen Männern« ab. Eisenhardt schlief unter Isar-Brücken, er wurde brutal zusammengeschlagen, und eine zarte Freundschaft zu einer jugoslawischen Gastarbeiterin endete abrupt, ohne Aussicht auf ein gutes Ende. Über diese Bilder aus dem Alltag eines Obdachlosen legt sich eine triste, trübe Stimmung, die nicht durch Optimismus verdeckt wurde. Unerfüllt bleiben die Sehnsüchte dieses Außenseiters, der sich mit dem Polizisten Kolozeczik (Mario

Adorf) anfreundet und mit ihm zusammen davon träumt, nach Mallorca zu fliegen. In der schönsten Szene des Films sitzen beide in einer Traumkulisse am Palmenstrand, Kellner bedienen sie zuvorkommend, die Sonne hat das kalte Münchner Winterlicht vertrieben. Ein poetisches Bild: Der vom Leben gezeichnete Eisenhardt und der beruflich und familiär enttäuschte Kolozeczik sind einen Augenblick von ihrem bleischweren Alltag erlöst, beschwingt trinken sie einander zu; dann verfliegt der Traum.

Gefundenes Fressen wurde ein Erfolg. Die meisten Kritiker lobten vor allem die unsentimentale Inszenierung von Rühmanns Image, die vermied, daß der Film »Sozialkitsch« oder ein »verlogen-humanitäres Rührstück«[66] wurde. Helmut Schmitz beschrieb in der »Frankfurter Rundschau«, wie der Regisseur bestimmte Erwartungshaltungen des Publikums angenehm enttäuschte: »Noch ein zweites Beispiel dafür, wie Verhoeven in einer nachgerade idealtypischen Rühmann-Szene humorige Sentimentalität in witzige Selbstbehauptung überführt. Alfred steht am Kiosk und mampft eine Bockwurst. Hinter ihm eine ›bürgerliche‹ Frau mit Hund, die dem abgerissenen alten Mann ganz neutral begegnet. Alfred hat die Wurst verspeist und steht mit fetten Händen da, keine Serviette. Er schaut sich ratlos suchend um. Früher wäre das Publikum nun nach zwei Möglichkeiten bedient worden: a) Rühmann wischt sich die Hände am Schmuddelmantel ab und geht melancholisch lächelnd seiner Wege (mitfühlendes Schmunzeln im Publikum). b) Rühmann hält dem Hund die Hände zum Ablecken hin (Schluchzen im Publikum, vereinzelte Lacher). Verhoevens Version: Rühmann tritt zum Hund, redet ihn freundlich an, krault ihn an den Ohren und putzt sich dabei sorgsam an denselben die Hände ab, ganz selbstverständlich. Dann zieht er weiter, und weder Kamera noch Darsteller haben von dieser Szene sonderlich Aufhebens gemacht.«[67]

Während der Dreharbeiten zu *Gefundenes Fressen* war Heinz Rühmann zum drittenmal Großvater geworden. Sein Sohn Peter und dessen Frau Marion hatten bereits zwei Töchter Claudia (geboren 1972) und Melanie (geboren 1974), und im Dezember 1976 war Rühmanns Enkel Peter hinzugekommen. Rühmann hatte im hohen Alter also noch einmal Glück gehabt: Er hatte sich verliebt und wieder geheiratet, er war einem jungen Regisseur begegnet, der ihm noch einmal eine neue Geschichte zugetraut hatte, und nicht zuletzt hatte er in Gyula Trebitsch einen Produzenten gefunden, mit dem er dauerhaft und freundschaftlich zusammenarbeitete.

Denn seit 1976 produzierte Trebitsch alle Fernseharbeiten Rühmanns für das ZDF, vor allem Lesungen, Porträts und die sogenannten »Specials«, eine Sendeform, die das ZDF ursprünglich für Lilli Palmer erfunden hatte und die den jeweiligen Star in mehreren unterhaltsamen Episoden zeigte. Seit ihrer erfolgreichen Zusammenarbeit beim *Hauptmann von Köpenick* hatten Trebitsch und Rühmann den Kontakt nie verloren, und im Lauf der Jahrzehnte war das Vertrauensverhältnis gewachsen. Von Trebitsch und seinem Team fühlte sich Rühmann aufmerksam und zuverlässig betreut: »Seine Produktion in Hamburg ist für mich eine Oase; da fühle ich mich wohl. Bei Hanna Pröhl, die eigentlich Gertrud heißt, weiß ich alles Dramaturgische in besten Händen. Sie findet immer wieder interessante Stoffe für mich und besorgt auch solche Rechte, die eigentlich nicht zu bekommen sind. Wir alle kennen uns so gut, daß es nicht mehr vieler Worte bedarf.«[68]

Es waren zumeist amüsante und besinnliche Episodenfilme wie *Diener und andere Herren* (1978), *Balthasar im Stau* (1979) oder *Aller guten Dinge sind drei* (1980), in denen sich Rühmann in verschiedenen, für ihn eigens bearbeiteten Rollen präsentieren konnte. Die Phase, in der er mit Fernsehfilmen wie *Der Tod des Handlungsreisenden* (1968), *Sag's dem Weihnachtsmann* (1969) oder der Pinter-Verfilmung *Der Hausmeister* (1973) gegen das eigene Image aufbegehrt hatte, war vorbei. Er spielte keine tragischen oder scheiternden Figuren mehr, allenfalls melancholische Zweifler oder Suchende, denen zu guter Letzt mit Bestimmtheit geholfen wurde. Mit diesen Altersrollen näherte er sich wieder den Geschichten des »kleinen Mannes«, die versöhnlich endeten und den Zuschauer kaum einmal mit einer konflikthaften Weltsicht entließen. Gleichgeblieben war sich Rühmann auch bei der exakten Vorbereitung und Ausarbeitung seiner Rollen. Wenn er einen Taxifahrer spielte, setzte er sich zunächst mit der Berliner Taxifahrer-Innung in Verbindung, um sich umfassend über den Arbeitsalltag eines Taxifahrers zu informieren, und wenn er einen Organisten darzustellen hatte, ließ er sich von dem Organisten der St.-Michaelis-Kirche in Hamburg die wichtigsten Handgriffe und Fingerläufe zeigen.

Ebenso gründlich und beflissen nahm er sich der Vorbereitung seines vorletzten großen Fernsehfilms *Ein Zug nach Manhattan* (1981) an. Da er in dieser Geschichte des amerikanischen Fernsehautors Paddy Chayefsky den jüdischen Kantor Leon Sternberger spielen sollte, besuchte er mehrfach eine Münchner Synagoge, um die Atmosphäre und die ihm fremden religiösen Riten zu studieren. Gerade für diesen Film setzte sich Rühmann in ungewöhnlicher Weise ein. Obwohl die einwöchigen Dreharbeiten im stickig-schwülen New York für den 78jährigen äußerst strapaziös waren, gab er doch bereitwillig Interviews, um für das Anliegen des Films zu werben: »Für mich ist die Rolle eine Botschaft an meine Mitmenschen, über den Glauben nachzudenken.«[69] Auch im Vorspann von *Ein Zug nach Manhattan* wies Rühmann darauf hin, wie sehr ihm dieses Thema am Herzen liege, und zeigte sich den Fernsehzuschauern dabei ganz als »Privatmann«, ohne Maske und Kostüm. Die Geschichte von Chayefsky, mit dem Rühmann am Rande der Dreharbeiten zusammentraf, war ebenso rührselig wie rührend: Kurz vor dem jüdischen Neujahrsfest im Jahre 1952 verliert der Kantor Leon Sternberger seinen Glauben an Gott. Auf dem Weg zu einem weisen Rabbi in New York steigt Sternberger in die falsche U-Bahn. Dabei rettet er eine junge Frau, die sich aus dem Zug stürzen will, weil sie annimmt, daß ihr Mann und ihre Kinder in Auschwitz ermordet wurden. Sternberger tröstet die Verzweifelte und bringt sie nach Hause. Auf dem Rückweg gerät er wieder in eine falsche U-Bahn und trifft dort den totgeglaubten Ehemann. Durch diese an ein Wunder grenzenden Erlebnisse findet der Kantor seinen Glauben an Gott wieder.

Eine Geschichte, deren Dramaturgie sich derart auf wundersame Fügungen verließ, mußte die Fernsehkritiker polarisieren. Während der Rezensent der »Frankfurter Allgemeinen Zeitung« eine »großartige Geschichte«[70] gesehen haben wollte, war der Kritiker der »Frankfurter Rundschau« maßlos enttäuscht: »Chayefsky scheute nicht davor zurück, mit locker zusammengestellten Versatzstücken wie Deportation der holländischen Juden, Glaubenszweifel eines alten Mannes, Vergleiche mit Hiob und Selbstmordversuch, zunächst Katastrophenstimmung zu schaffen, um dann mit einem Zaubertrick alle Probleme der Welt in geradezu entnervende Harmonie aufzulösen. Oberflächlicher kann man nicht mehr vorgehen. Da ist es folgerichtig, daß seine Juden, seine kleinen Leute, seine männlichen und weiblichen Einsamen allesamt gar nicht echt zu wirken brauchten, weil sie ohnehin nur die Drapierung für die Starrolle abzugeben hatten. Sie war mit Heinz Rühmann besetzt, und wer ihn unbesehen liebt, mag sich trotz des ärgerlichen Drehbuches sogar gut unterhalten haben.«[71] Tatsächlich wirkt die Geschichte kraftlos und mechanisch erzählt, und die Lösung der Konflikte nimmt sich unglaubwürdig aus. In Erinnerung bleibt *Ein Zug nach Manhattan* vor allem, weil sich Rühmann in einer für ihn ganz ungewöhnlichen Weise mit dieser Figur identifizierte. Nicht nur der Kantor Sternberger war ein Gottsucher geworden, sondern auch Heinz Rühmann.

Anhänger der Stille

In dem TV-Porträt *Heinz Rühmann: Schauspieler, Flieger, Mensch*, das vom ZDF zu Ehren seines 80. Geburtstages am 7. März 1982 produziert und gezeigt wurde, sah man Heinz Rühmann noch einmal am Steuer seines Sportflugzeuges: Die Maschine schien in der Luft fast stillzustehen, der Pilot sehr aufmerksam und wach, längst kein Quax und kein Bruchpilot mehr, keine Salti und Sturzflüge, nur noch ein ruhiges, eintöniges Schweben. War nicht schon alles gesagt und fast alles gelebt? Mit achtzig hatte Heinz Rühmann noch einmal weit zurückgeblickt und seine Erinnerungen geschrieben. Er war ohne Ghostwriter ausgekommen, hatte fleißig jeden Tag einige Seiten eines schlichten Collegeblocks gefüllt, mit Kugelschreiber und einer kleinen, unaufgeregten Handschrift, die keine heftigen Schwünge und Schnörkel kannte. Die Autobiographie trug den Titel »Das war's«, und auch das klang nach Abschluß und Vollendung. Für die zahllosen Gratulanten war er längst eine »Legende«[72], »ein deutsches Denkmal«[73] oder einfach nur »unser Heinz!«[74]

Mit zunehmendem Alter suchte Heinz Rühmann die Abgeschiedenheit. In Grünwald war es ihm zu laut geworden, zu viele Autos, die die Straßen verstopften, zu viele Hunde, die die nächtliche Stille zerbellten. So zog er 1984 zusammen mit seiner Frau in die kleine Ortschaft Aufkirchen am östlichen Ufer des Starnberger Sees. Von der Terrasse seines Hauses ging der Blick nun weit in die Voralpen-Landschaft, kein Haus war mehr zu sehen, nur rechts und links Nachbarn – durch hohe Hecken und Bäume getrennt. Der Klosterweg lag ein ganzes Stück von der eigentlichen Ortschaft entfernt, kein Durchgangsverkehr, nur die Anwohner befuhren den schmalen Weg, und Fremde kamen selten hierher. Jeden Tag machte Rühmann einen zweistündigen Spaziergang mit seinem Hirtenhund Arpad, oft auf Wegen, wo ihm kaum jemand begegnete, anderen Spaziergängern wich er lieber aus. Immer wieder meldeten sich bei der Gemeinde Menschen, die wissen wollten, wo ihr Star wohnte, aber seine Adresse wurde geheimgehalten.

Rühmanns Umzug von München nach Aufkirchen, von der Großstadt in ein Dorf, war aber nicht bloß dem Alter geschuldet oder den gereizten Nerven eines zivilisationsmüden 80jährigen, auch wenn sich das in einigen Interviewäußerungen Rühmanns so anhören mochte: »Was in unserer Zeit immer schlimmer geworden ist und was mich stört, ist der Lärm, das Laute. Ich bin ein Anhänger der Stille. Ich finde, Stille ist etwas Wunderbares.«[75] Wer genau hinsah und hinhörte, konnte dieses Lob der Stille bereits sehr viel früher in Rühmanns Leben entdecken. Als Regisseur hatte er immer die diskrete Erklärung dem Kommandoton vorgezogen. Auch in einigen seiner Komödien gibt es Momente der Ruhe. Doch diese stillen Momente waren von seinem Publikum nie gefordert oder gar honoriert worden, sie gerieten vielmehr schnell in Vergessenheit.

Schon damals steckt hinter seiner Suche nach den leisen Tönen der Wunsch, dem Image des Komikers und der Monotonie seiner komischen Rollen zu entgehen. Doch erst im hohen Alter wagte er es, sich in Interviews ganz klar und entschieden von vielen früheren Filmen zu distanzieren: »Wenn ich jetzt ›Die Drei von der Tankstelle‹ sehe, wird mir vor mir selber schlecht.«[76] In einem Interview in der »Süddeutschen Zeitung« erklärte er seinen veränderten Standpunkt. Auf die Frage: »Sie sagten einmal, Sie hätten sich 40 Jahre lang nach den Publikumserwartungen gerichtet. Wie ist das zu verstehen?« antwortete Heinz Rühmann: »›Sie wissen ja, daß die Branche – wenn man Film als Branche bezeichnen kann – zwischen Kunst und Geschäft hin- und herspringt, und daß ein Schauspieler von den Herren, die das Geld geben, eben auf Nummer Sicher eingesetzt wird – das meine ich damit.‹«[77]

Schon lange hatte Rühmann zu diesen Rollen für sich selbst die Sehnsuchts- und Gegenfigur des Clowns aufgebaut, mit der er sich aus der Routine lösen wollte, mit der er seine Erfolgsmittel grundsätzlich in Frage stellte. Doch erst mit siebzig begann er sie auszuleben, obwohl auch diese Figur sich in seiner Karriere lange zurückverfolgen läßt. Er trat jetzt als Clown auf und sah mit dessen Augen wehmütig auf verpaßte Chancen zurück.

Alf Teichs erinnerte sich daran, daß Rühmann bereits in den vierziger Jahren versucht hatte, sich eine Clownsfigur zu erarbeiten: »Damals bewunderte er auch die Artisten im Zirkus und Varieté so sehr, weil sie ihr tägliches stundenlanges Training brauchten und sich niemals eine durchzechte Nacht gönnen konnten, sonst wären sie ja unweigerlich vom Trapez oder vom Pferd gefallen. Rühmann wollte für sein Leben gern einmal einen Clown spielen. Wir ließen sogar ein Drehbuch für ihn schreiben, in dem die Hauptrolle ein Clown war. Es hieß ›Der große Bum‹ und schilderte, wie sich der alternde Clown in eine junge Artistin verliebt, bis sie ihm ein anderer, jüngerer Mann wegschnappt. Er erfand sich für diesen Film auch eine besondere musikalische Clown-Nummer, an der er immer wieder arbeitete.«[78] Auch in den nächsten Jahrzehnten ließ Rühmann dieser Traum nicht los, und 1960 kündigte der Gloria-Verleih für die Kino-Saison 1960/61 bereits den Rühmann-Film »Coco, der Clown« an. Aber auch dieses Projekt zerschlug sich, denn Rühmann war zu skrupulös und zu ehrlich mit sich selbst. Er spürte, daß ihm etwas Entscheidendes zu dieser Rolle fehlte. Wie vieles andere gestand er sich dieses Manko erst später ein: »Ein Clown, das ist doch die Erfüllung eines Schauspielers. Sich nur durch Gesten und Mimik auszudrücken, ohne Sprache überall verstanden zu werden. Aber ich fand nie die Idee, die große Philosophie, die einer Clownsfigur erst den geistigen Hintergund gibt.«[79]

Zumindest einmal hatte er seine Bedenken überwunden und sich in den fünfziger Jahren an eine Clownsfigur und eine speziell für ihn ausgearbeitete Clownsnummer herangewagt – in dem Berolina-Film *Wenn der Vater mit dem Sohne* (1955). Rühmann hatte sich vor den Dreharbeiten einige Wochen lang mit dem Artisten und Clown Syd Fox vor allem auf die zehnminütige Schlußnummer vorbereitet. Der Musik-Clown Teddy Lemke (Heinz Rühmann) hatte seinen geliebten Adoptiv-Sohn Ulli (Oliver Grimm) an dessen leibliche Mutter verloren, und sein eigener Sohn war bereits vor Jahren gestorben. Dieser doppelte Verlust prägt seinen Auftritt: Gerade noch hatte dieser Mann geweint, seinen Jungen hinter der Bühne ein letztes Mal in den Arm nehmend, jetzt muß er sein Publikum zum Lachen bringen. Er setzt sich an ein Klavier, versucht zu spielen und scheitert. Zunächst schleicht sich ein falscher Ton ein, der vertrieben werden muß. Dann springen die Töne wie Flöhe davon, und der Clown jagt ihnen hinterher. Endlich zerfällt das Klavier und zerspringt in tausend Mißtöne. Zuletzt ein wehmütiges Klagen: Lemke spielt auf einer kleinen Violine das alte Vater-und Sohn-Lied »La-Le-Lu«. Sentiment, Trauer, aber keine Tragik. Das war ein rührender Clown, überdies »ein zauberhaftes Gebilde von Selbstironie und Poesie«[80] und eine Suche nach den stilleren und verhalteneren Tönen. Die Ehrenmitgliedschaft der Internationalen Artistenloge, die ihm für diese Leistung zuerkannt worden war, hatte Rühmann weitaus stärker berührt als die meisten anderen seiner Auszeichnungen.

In den siebziger Jahren sang oder besser sprach Heinz Rühmann häufig das Chanson »Der Clown«, das 1975 als Single veröffentlicht worden war. Das war kein ironischer Schlager mehr wie einst sein »Ich brech' die Herzen der stolzesten Frau'n«, das war ein durchaus ernst gemeintes Bekennnis, ein Lebenslauf en miniature. Wenn er es sang, trug er zwar das Clownskostüm, aber er verzichtete auf eine Maske und gab sich seinem Publikum zu erkennen: »Er wollte alle Menschen immer lachen machen und machte selbst ein trauriges Gesicht. Er konnte auch die komischsten Sachen machen, aber selber gelacht hat er nicht.« Wie das Publikum auf diesen traurigen Clown reagierte, hat Liselotte Pulver geschildert: »Als 1975 in der Monsterveranstaltung ›Treffpunkt Herz‹ in Köln vierzig der größten deutschen Stars auftraten, waren sie nur so lange Stars, bis Heinz Rühmann auf die Bühe kam. Von da an war niemand mehr vorhanden. Ein ohrenbetäubender Beifallssturm brach unter den 5000 Zuschauern los, als er sich nach seiner Clownsnummer verbeugte. Ich hatte eine solche Begeisterung für einen Schauspieler noch nie erlebt; minutenlange Ovationen.«[81]

Ganz ohne Worte dagegen kam Rühmanns gemeinsamer Auftritt mit dem Clown Oleg Popov aus. Die großen Clowns Grock und Charlie Rivel hatte sich Rühmann immer wieder angesehen, wenn sie in Berlin oder München gastierten, und er hatte ihre Nähe gesucht. Auch Popov, der als ihr legitimer Nachfolger galt, hatte er 1977 bei einer Reise nach Moskau besuchen wollen, ohne ihn jedoch anzutreffen. Am 5. Dezember 1980 trat Popov dann in der Show »Stars in der Manege« im Zirkus Krone auf. An seiner Hand führte er einen Zwillingsbruder ins Scheinwerferlicht, fast gleich groß, gestreifte Hose, karierte Mütze, weiße Perücke, eine rote,

Knollennase. Die Clowns froren in der Kälte eines imaginären Windes, pufften sich warm, rieben die Hände und entdeckten plötzlich den gelben Lichtpunkt eines Scheinwerfers als wärmende Sonne. Sie balgten um das Licht, nahmen es einander fort, ehe sie sich versöhnten und sich den Sonnenfleck teilten. Zuletzt schleuderten sie die Sonne dem Publikum entgegen, es wurde taghell im Circus. Als Popov dann seinem Bruder die Clownsnase und die Perücke abnahm und das Publikum Heinz Rühmann erkannte, brach außergewöhnlicher Jubel aus.

Das Publikum feierte nicht den virtuosen Clown Heinz Rühmann, der er nicht war. Dazu fehlte ihm die Musikalität, das beherrschte Spiel der Hände und Füße, überhaupt die akrobatische Geschmeidigkeit des Körpers, sowie die groteske Potenz. Es war dennoch anrührend, ihm zuzusehen, wie er sich dieser Figur beinahe kindlich staunend annahm und sie mit forschender Neugier und Eifer erkundete. Er wirkte zerbrechlich, mit einem vorsichtig tastenden Schritt, nicht mehr so wendig und forsch wie einst. Daß Heinz Rühmann in der Figur des Clown ungelebte Wünsche und Träume zum Ausdruck brachte, war kaum zu übersehen und in den Interviews nicht zu überhören: Er sehnte sich nach einer wortlosen, universellen Sprache des Körpers, die überall auf der Welt verstanden würde. Dabei wollte er auch in den Schutz der Clownsmaske eintauchen, die sein unendlich bekanntes Gesicht verbarg. Gerade in dieser Maske hoffte er, sich von einschränkenden Erwartungshaltungen seines Publikum lösen zu können. Sosehr sich Rühmann jedoch als Clown von den vielen durchschnittlichen »kleinen Männern« entfernen wollte, so sehr gehörten diese doch zu ihm und verkörperten die Stationen seiner langen Karriere. Denn seine Aura als Clown lebte vor allem von dem Jahrhundertweg, den er als Schauspieler zurückgelegt hatte.

Auf die Suche nach leisen Tönen begab sich Rühmann seit Mitte der siebziger Jahre vor allem auch bei zahlreichen Rezitationen. Am bekanntesten wurden seine Lesungen in der Hamburger St.-Michaelis-Kirche, die seit 1977 jedes Jahr in der Adventszeit stattfanden. Immer zarter und zerbrechlicher wirkte er im Laufe der Jahre auf das Hamburger Publikum, wenn er die Kirche betrat, sich stumm verbeugte und sich dann vorsichtig hinter seinem Lesetisch neben einem festlich erleuchteten Weihnachtsbaum niederließ. 1992 las Rühmann bereits das 15. Jahr in Hamburg, und nur einmal hatte er in all den Jahren wegen Krankheit absagen müssen. Der langjährige Hauptpastor der St.-Michaelis-Kirche, Hans-Jürgen Quest, blickte zu Rühmanns 90. Geburtstag auf dessen vorweihnachtliche Lesungen zurück: »Keiner verargt dem alten Herrn, daß er sein Repertoire kaum ändert und ergänzt. Die Lindgren-Geschichte ›Pelle zieht aus‹ darf sowenig fehlen wie Hausmanns hoffnungsstarkes Gedicht ›Weg in die Dämmerung‹, ganz sicher das Credo des altersweisen Rühmann: ›Wo kein Sinn mehr mißt, waltet erst Sinn, / Wo kein Weg mehr ist, ist des Wegs Beginn.‹ Und immer zum Schluß die Weihnachtsgeschichte nach Lukas, unsentimental spröde, sachlich, schlicht gelesen. Der Verzicht auf schauspielerische Emphase und all die reichen sprachlichen Mittel, über die dieser Erzkomödiant verfügt, machen die lukanische Tendenz, das Kommen des Erlösers tief unten bei den armen und machtlosen Menschen anzusiedeln, deutlich. Dabei liest Rühmann im phonetischen Sinne nicht einmal gut, er bietet auch hier das ihm eigene Rühmann-Sprechen, auf das er sich verlassen kann, er ›nuschelt‹. Kein Schauspielschüler dürfte sich das erlauben. Aber der Nation ist es vertraut, sie hört es aus hundert Stimmen und Sprachen heraus, und all die großen und kleinen Rollen spielen mit: Einer der ›Drei von der Tankstelle‹, der ›Mustergatte‹, der ›Bruchpilot Quax‹, der Pfeiffer (mit 3 f) aus der unverwüstlichen ›Feuerzangenbowle‹, der kecke Kriminalist ›Pater Brown‹, der ›eiserne Gustav‹ und nicht zuletzt der ›Hauptmann von Köpenick‹.«[82]

Je brüchiger und leiser Rühmanns Stimme wurde, um so stärker rief sie all die Geschichten, die sie einst erzählt hatte, in die Erinnerung seiner Zuhörer. Die vielfältigen Assoziationen und Erinnerungen, die seine Lesungen auslösten, verbanden sich mit der Gewißheit, daß er sich langsam von seinem Publikum verabschiedete und dem eigenen Tod entgegensah. Dieser Eindruck wurde durch die Auswahl der Texte verstärkt: Rühmann las nur noch Texte, die ihn selbst ergriffen, Geschichten und Gedichte, in denen es um die Sterblichkeit des Menschen, die Ehrfurcht vor Gottes Schöpfung und die Hoffnung auf ein Leben nach dem Tode ging. Es war nicht zu überhören, daß sich Heinz Rühmann, der 1927 aus der Kirche ausgetreten war, jetzt mit religiösen und spirituellen Fragen beschäftigte. Jedes Jahr beschloß er mit bewegter Stimme seine Lesung in der St.-Michaelis-Kirche mit dem Gedicht »Von guten Mächten …« von Dietrich Bonhoeffer: »Von guten Mächten wunderbar geborgen / erwarten wir getrost, was kommen mag. /

Gott ist mit uns am Abend und am Morgen / und ganz gewiß an jedem neuen Tag.«

Rühmann tauchte nun immer seltener in der Öffentlichkeit auf, gerade deshalb aber empfing man ihn überall, wo er sich noch zeigte, mit überschwenglicher Begeisterung. Ob bei Fernsehauftritten wie in »Wetten daß?«, bei Besuchen in Magdeburg und Dresden – das Publikum war aufrichtig berührt und freute sich, noch einmal Heinz Rühmann begegnen zu dürfen. Er war ein würdevoller, alter Herr geworden, ein Greis mit Kindergesicht, der alle Ehrungen sehr still entgegennahm.

Zu seinem 90. Geburtstag am 7. März 1992 präsentierte das ZDF aus dem Münchner Prinzregententheater eine TV-Hommage, wie sie noch keinem deutschen Künstler zuteil geworden war. Der Bundeskanzler und seine Frau waren ebenso gekommen wie Ministerpräsidenten, zahlreiche Prominenz aus der Wirtschaft und den Medien und natürlich viele berühmte Kollegen. Als Heinz Rühmann die Bühne des Prinzregententheaters betrat, erhoben sich die Gäste, um ihn zu begrüßen. Der Beifall nahm kein Ende, die Ergriffenheit war allgemein. Hans-Joachim Kulenkampff führte durch den Abend, Loriot präsentierte einen Sketch, Max Schmeling und August Everding hielten bewegende Reden. Ehemalige Filmpartnerinnen wie Senta Berger, Sonja Ziemann, Lola Müthel oder Liselotte Pulver traten auf, Peter Alexander, Willy Millowitsch und Günter Strack gratulierten dem Star mit ihren Darbietungen persönlich. Indessen saß Heinz Rühmann mit seiner Frau in der Ehrenloge und nahm die Huldigungen mit stiller Bescheidenheit entgegen: »Heinz Rühmann spielte, im Schutz der Balustrade, an diesem Abend die Rolle dessen, der sich nicht ins Herz schauen läßt. Zwar gab es kleinste Augenblicke, da die Ergriffenheit über soviel Dankbarkeit seines Publikums und über soviel Herzlichkeit seiner Kollegen sich in sein Gesicht stahl. Verschlossen blieb es dennoch, in seiner Mimik so zurückgenommen, wie er das als die höchste Kunst des Schauspielens im Laufe der Jahrzehnte für sich gelernt, für sich zur Maxime gemacht hatte. Ihn so auf der Bühne sitzen zu sehen, begegnete man ihm als Fernsehzuschauer gleichsam im Doppel, als er – als greiser Mann noch einmal den Clown mit dem berühmt gewordenen Hopplahopp gebend – zum Abschluß auf dem Großbildschirm erschien. Unbewegt sein Gesicht hinter der Schminke, die Figur in die Reinheit des Abstrakten kelternd. Das war für alle, die ihm zusahen und

Empfindung haben, ein Augenblick tiefer Bewegung.«[83] Als schließlich alle Gratulanten vorbeigezogen waren und die Feier ihrem Ende entgegenging, überraschte Heinz Rühmann das Publikum noch einmal mit seiner Verschmitztheit. Er erhob sich und sagte voller Optimismus: »So einen wunderbaren Empfang kann man wiederholen, ich möchte Sie alle bitten, sich nichts vorzunehmen für 1997.«

Nachdem Wim Wenders Heinz Rühmanns Auftritt im Fernsehen gesehen hatte, bot er ihm die Rolle des 90jährigen Chauffeurs Konrad in seinem Projekt *In weiter Ferne, so nah!* an, dem Fortsetzungsfilm von *Der Himmel über Berlin* (1986). Ursprünglich hatte Curt Bois, der darin schon den Erzähler »Homer« gespielt hatte, die Rolle übernehmen sollen, doch sein Tod 1991 verhinderte diese Besetzung. Auf die Frage, was Rühmann für ihn verkörpere, antwortete Wenders in einem Interview: »Vor allem ist er ein Phänomen: Meine Mutter war genauso begeistert von der Idee, daß er in dem Film mitspielt, wie die Kinder meines Bruders. Rühmann ist jemand, der in Deutschland drei oder vier Generationen etwas erzählt hat.«[84]

Obwohl Rühmann seit 16 Jahren keinen Kinofilm mehr gedreht hatte, war er dem Publikum immer noch präsent, er war ein Star, der längst eine Legende geworden war und schon als Mythos weiterlebte, bevor er gestorben war. Wer ihn lange Zeit nicht gesehen hatte und sich nur an seine pausbäckigen Filmfiguren erinnerte, erschrak über das greisenhaft eingefallene, schmale Gesicht des 90jährigen, das daran erinnerte, daß hinter all den Starbildern immer noch der Mensch Heinz Rühmann existierte. Bei den Dreharbeiten mit Wenders in Berlin war seine Frau immer an seiner Seite, um ihn vor zu großen Anstrengungen abzuschirmen. Wim Wenders erlebte einen sehr schutzbedürftigen alten Mann: »Als wir mit Heinz Rühmann gedreht haben, ging es uns allen so, daß wir von seiner Empfindlichkeit und seiner ›Zerbrechlichkeit‹ genauso berührt waren wie von seiner Weisheit. Es ging nie so ruhig und behutsam am Set zu wie in den Wochen, als der Heinz mit uns gedreht hat. Das ganze Team, bis hin zu den Beleuchtern, Bühnenarbeitern und Fahrern, war aufmerksam und zärtlich, eben genauso, wie wenn man mit Kindern dreht.«[85]

Trotz seines hohen Alters war Rühmann gewissenhaft und mustergültig vorbereitet, und da er nicht mehr die Kraft und die Möglichkeit besaß, wie einst die ganze Produktion zu kontrollieren, konzentrierte er sich um so stärker auf seine Rolle. Sein Partner Otto Sander lernte ihn während der gemeinsamen Drehtage als harten Arbeiter kennen: »Er war ein Profi, wie es keinen besseren gibt. Ich hätte ihm nicht in jungen Jahren begegnen mögen. Nachts hat er mich angerufen und mich gefragt, ob er in einer Szene eine Mütze aufziehen sollte. Er machte sich bis tief in die Nacht Gedanken über den nächsten Dreh. Während dieser Tage kam ich mal in seinen Wohnwagen, um ihm ›Guten Morgen‹ zu sagen. Seine Frau sagte mir: ›Sie sehen müde aus, geht's Ihnen nicht gut.‹ Er antwortete ihr: ›Das sagt man einem Schauspieler nicht, daß er nicht gut aussieht. Das darfst du nie sagen.‹ Dafür habe ich ihn geliebt, das ist hohe Professionalität.«[86]

Die schönsten und vielleicht auch schwierigsten Szenen dieses Films, der bei Publikum und Kritik gleichermaßen durchfiel, verdanken sich dem Ernst, mit dem Rühmann seine Rolle auffaßte, aber auch der Aura, die von ihm und seiner Karriere ausging. Wenders unterstrich dieses Moment, indem er die Geschichte des 90jährigen Konrad der Biographie Heinz Rühmanns angenähert hatte. Konrad arbeitete im Dritten Reich als Chauffeur eines hohen Filmfunktionärs des Propagandaministeriums und war immer ein pflichtbewußter und gehorsamer Diener seines Herrn gewesen. Im Angesicht des nahenden Todes blickt er auf diese Zeit selbstkritisch zurück: »Aber einer muß mir doch sagen, ob ich richtig gelebt habe? Ich war, glaube ich, kein sehr mutiger Mensch. Korrekt ja, aber mutig?« Ein Engel (Nastassja Kinski) legt seine Hand auf die Schulter des Fragenden und tröstet ihn: »Du bist einer, der gefunden wurde!«

Stellte dieser Auftritt eine »geschichtssentimentalisierte Peinlichkeit«[87] dar, die Rühmann »als Chauffeur der deutschen Geschichte salvieren«[88] sollte, oder war dieses Arrangement nicht vielmehr eine gelungene Hommage an den größten deutschen Kinostar? Christoph Terhechte empörte sich im Berliner Stadtmagazin »Tip«: »Wim Wenders hat seinen Film dem verstorbenen Curt Bois gewidmet, der für die Karriere Heinz Rühmanns nur Verachtung übrig hatte. Vermutlich tat Wenders das in der anmaßenden Absicht, den Mimen, der wirklich Mut gezeigt hatte, post mortem mit seinem opportunistischeren Kollegen zu versöhnen.«[89]

Hatte Wenders wirklich versucht, dem Schauspieler Rühmann die historische »Absolution«[90] zu erteilen? Ließ er die Frage nach der historischen Verantwortung des altes Mannes Konrad nicht gerade in der Schwebe? Es ist ein Engel, der den Greis, der dem Tode nahe ist, tröstet. Der Engel verzeiht nicht und richtet nicht, er spricht niemanden frei und erteilt Rühmann schon gar keine »Absolution«. Der Engel sagt Konrad nicht, daß er alles richtig gemacht habe, sondern anerkennt, daß er sich in seinem späteren Leben verändert und andere Menschen beschützt habe. Der quälende Selbstzweifel des alten Mannes wird thematisiert, nicht unterschlagen. Insofern »salviert« oder »rehabilitiert« Wenders Rühmann nicht, sondern konfrontiert ihn noch einmal mit einer Figur, die sich noch im Sterben auf die Suche nach dem richtigen Leben macht und der erst ein Engel befreiende Antworten geben kann.

Die meisten Kritiker mochten sich auf das eigentliche Wesen dieser Hommage nicht einlassen: Eine tiefe Spiritualität und Religiosität sprach aus diesen Bildern; zwischen all den raunenden und wispernden Engeln trafen sich Wenders und Rühmann als bekennende Sinn- und Gottsucher. Das war hochpathetisch, das konnte man als kitschig, sentimental oder rührselig empfinden, verlogen war es nicht: Beiden war es ernst. Gerade in den Szenen mit Rühmann vergaß man das schwülstige Pathos mancher Dialoge und den insgesamt viel zu gewaltsamen Versuch des Films, mit überscharfer und aufdringlicher Deutlichkeit seine kulturkritischen Botschaften anzubringen. So wirkt Heinz Rühmanns Auftritt in diesem Film wie ein Epitaph, wie ein letzter, zärtlicher Gruß an einen, der schon vom Leben Abschied genommen hat und dem Zuschauer nun aus der Ferne zuwinkt. Der Berliner Kritiker Harald Martenstein hat dieses Bild beschrieben: »Vor allem wird man nie Rühmann vergessen, aus dessen hunderttausend Falten alle Güte eines Filmjahrhunderts leuchtet, Weisheit, Todesfurcht, vielleicht sogar das Wissen um Schuld. Der uralte, vergeßliche Rühmann, dem der Engel noch einmal seine Kindheit erzählt, vom ersten Glück und von der ersten Liebe, und der in einem seligen Staunen den Kreis seines Lebens sich im Todesseufzer schließen läßt.«[91]

Ein guter Freund

»Die Zeitungen meldeten das Ereignis auf der ersten Seite und möglichst weit oben, wo gedruckt wird, was die Welt am heftigsten bewegt. Der Rundfunk eröffnete einen halben Tag lang seine Nachrichten damit, das Fernsehen tat desgleichen und kramte rasch nach alten Filmen. Und es gab nicht wenige, die ihre Begegnung auf der Straße, im Bus, am Telephon und am Arbeitsplatz mit der Frage begannen: Schon gehört? Ja, Rühmann ist tot.«[92] Heinz Rühmann starb am Abend des 3. Oktober 1994 friedlich in seinem Haus am Starnberger See. Die Nachricht von seinem Tod wurde der Öffentlichkeit erst zwei Tage später bekanntgegeben, auch diese letzte Diskretion war ganz in seinem Sinne. Ein großes öffentliches Begräbnis hätte ebensowenig zu ihm gepaßt. Heinz Rühmann wurde im engsten Familienkreis auf dem kleinen katholischen Dorffriedhof in Aufkirchen beigesetzt. Vor dem Sterben schien er sich schon lange nicht mehr gefürchtet zu haben. Bereits zehn Jahre zuvor hatte er geäußert: »Der Tod hat für mich seine Schrecken verloren. Ich weiß genau, daß wir nicht nur für diese lächerlichen achtzig Jahre auf die Welt gekommen sind, die wir bestenfalls zu leben haben. Ich glaube fest daran, daß es irgendwie weitergeht nach unserem Tod. Dieser ganze komplizierte Mensch – nur für ein einziges kleines Leben? Das wäre doch zu wenig.«[93]

Ein nicht immer glückliches, aber doch ein sehr geglücktes Leben war zu Ende gegangen. Sowenig wie die Helden seiner Filme besaß Heinz Rühmann ein Talent zur Tragödie. Er fiel – auch das verband ihn mit dem »kleinen Mann« – zuverlässig wieder auf die Füße. Den Abgründen seines Berufs und den Versuchungen des Ruhms war er niemals erlegen. Das Exzessive oder Extreme hatte er eine Zeit lang bewundert, etwa an seinem Freund Ernst Udet, auch ein wenig mitgetan hatte er, aber so leben konnte er nicht. Er ging seinem Beruf vielmehr mit kühler, beinahe pedantischer Präzision nach und war dabei von geradezu preußischer Disziplin. Diese Haltung half ihm auch, die Erwartungen des Publikums und der Öffentlichkeit zu meistern. Ganz und gar gab er sich nur dem Handwerk des Schauspielers hin, anderen Ansprüchen und Anforderungen gegenüber war er immer zurückhaltend und zaghaft.

Gerade diese Zaghaftigkeit liebte das Publikum, und sie erhöhte die Glaubwürdigkeit seines Images. Verdächtig wäre es gewesen, wenn der deutsche Repräsentant des »kleinen Mannes« den »großen Männern« jubelnd hinterhergelaufen wäre, doch das Gegenteil war eher der Fall. Rühmann war sicherlich ein Konformist, einer, der sich an die Zeit anpaßte, aber er war auch einer, dem sich andere anpaßten. Von Adolf Hitler über Walter Ulbricht, Willy Brandt, Helmut Schmidt, Franz Josef Strauß, Richard von Weizsäcker bis Helmut Kohl, viele deutsche Politiker haben ihn geschätzt und umworben: »Heinz Rühmann hatte so oft und so hingebungsvoll den machtlosen Alltagsmenschen verkörpert, daß er am Ende zu jemandem geworden war, vor dem sich zu verbeugen auch den Mächtigsten klug schien.«[94]

Was Rühmanns Karriere einzigartig machte, war die generationsübergreifende Symbiose mit dem deutschen – und nur mit dem deutschen – Publikum. Seit 1930 verband man mit Rühmann den Schlager aus seinem ersten Tonfilm: »Ein Freund, ein guter Freund, / das ist das Beste, was es gibt auf der Welt. / Ein Freund bleibt immer Freund, / und wenn die ganze Welt zusammenfällt. / Drum sei auch nie betrübt, / wenn dein Schatz dich nicht mehr liebt, / Ein Freund, ein guter Freund, / das ist der größte Schatz, den's gibt.« Er war ein glaubwürdiger Freund, weil er so bieder und durchschnittlich aussah, als sei er vom Leben direkt auf die Leinwand gewechselt und könne von dort jederzeit ins Leben zurückkehren. Dabei schienen sich seine Helden immer nach dem Leben des Publikums zu sehnen, und das Publikum sehnte sich, zu leben, zu siegen und zu überdauern wie sie.

Er war ein David, der mit den Goliaths kämpfte, aber er trat ihnen nur gegen das Schienbein, zu Boden warf er sie nie. Als Komiker und Komödiant fehlte ihm jedes subversive oder anarchische Moment. Seine Devise lautete nicht, die Welt auf den Kopf zu stellen, sondern den Kopf in dieser Welt auf den Schultern zu behalten. Daß man dabei nicht immer aufrecht gehen konnte und den Kopf auch einmal unterwürfig wegducken mußte, gehörte dazu. Seine vielleicht stärkste Waffe im Überlebenskampf, auf jeden Fall ein Markenzeichen, war das Lächeln. Es war verschmitzt und pfiffig, aber auch unschuldig und naiv, es schien alles zu durchschauen und doch gegen vieles blind zu sein, es nahm die Welt hin, wie sie ist, und fragte zaghaft, ob sie nicht anders sein könnte. Denn schließlich wollte er immer versöhnlich sein und zeigen, daß das Leben trotz aller Fehler und Katastrophen weitergeht. Nur in diesem Anspruch war er unerbittlich – und zärtlich zugleich.

Anhang

Abkürzungsverzeichnis

BA	Bundesarchiv, Berlin
DAF	Deutsche Arbeitsfront
DAZ	Deutsche Allgemeine Zeitung
DEFA	Deutsche Film-AG
ICD	Information Control Division
FBW	Filmbewertungsstelle Wiesbaden
FSK	Freiwillige Selbstkontrolle
KdF	Kraft durch Freude
KfDK	Kampfbund für deutsche Kultur
KPD	Kommunistische Partei Deutschlands
NSBO	Nationalsozialistische Betriebszellenorganisation
NSDAP	Nationalsozialistische Deutsche Arbeiterpartei
NWDR	Nordwestdeutscher Rundfunk
OKW	Oberkommando der Wehrmacht
OMGUS	Office of Military Government for Germany (United States)
OT	Organisation Todt
Pg.	Parteigenosse
RFF	Reichsfachschaft Film
RFK	Reichsfilmkammer
RKK	Reichskulturkammer
RLM	Reichsluftfahrtministerium
RMVP	Reichsministerium für Volksaufklärung und Propaganda
SA	Sturmabteilung
SBZ	Sowjetische Besatzungszone
SMAD	Sowjetische Militäradministration
SS	Schutzstaffel
SWR	Südwestrundfunk
Ufa	Universum-Film AG
u. k.	unabkömmlich

Anmerkungen

1902–1920

1 Alle Angaben über die Familie Rühmann in Ohlum verdanke ich Jürgen Rühmann aus Ohlum, der die Kirchenbücher und die Ohlumer Dorfchronik ausgewertet hat.
2 Kommunalarchiv Minden, Stadt Minden F 2625.
3 Heinz Rühmann: Das war's, Frankfurt/Main 1982.
4 Stadtarchiv Essen, Rep. 102, Nr. 399.
5 Heinz Rühmann: Das war's, Frankfurt/Main 1982, S. 22.
6 Die Wanne-Eickler Einwohnermeldekarteien vor 1945 existieren nicht mehr. Im Stadtarchiv Herne findet sich aus dem betreffenden Zeitraum lediglich ein Adreßbuch, das die Bahnhofstraße als Wohnort ausweist.
7 Wanner Zeitung, 3. 6. 1911.
8 Gustav Hegler: Eickel-Wanne einst und jetzt, Siegen 1903.
9 Rühmann: Das war's, Frankfurt/Main 1982, S. 22.
10 Heinz Rühmann erzählt sein Leben. In: Welt am Sonntag, 6. 7. 1969.
11 Rühmann: Das war's, Frankfurt/Main 1982, S. 19.
12 Wochenblatt Herne-Wanne-Eickel, 4. 3.1987, ohne Autor.
13 Dieselbe Schule besuchte einige Jahre danach der Schauspieler Ernst Schröder, der in Wanne-Eickel geboren wurde und aufwuchs. Später arbeitete er häufig mit Rühmann zusammen. Seine Erinnerungen an Wanne-Eickel dürften auch ein Teil von Rühmanns Kindheitsperspektive gewesen sein: »Es ist schwer, den ›Kohlenpott‹ zu vergessen. Den primitiven Förderturm, die Schlackenhalden, das Wahrzeichen meiner Kindheit und Jugend. Im hinteren Hof war die Erde umgegraben. Hier pickten unsere Hühner herum zwischen dem Bergmannskohl. Grünkohl, der das ganze Jahr über schwarz war vom Kohlenstaub.« In: Ernst Schröder: Das Leben verspielt, Frankfurt/Main 1978, S. 17.
14 Annemarie Weber: Immer auf dem Sofa, Berlin 1982.
15 Bericht über das Schuljahr 1911/1912, erstattet von dem Direktor Dr. Hermann Bredtmann, Wanne-Eickel 1912.
16 Berliner Tageblatt, 17. 10. 1906, zit. nach Siegfried Mews: Carl Zuckmayer: Der Hauptmann von Köpenick. Frankfurt/Main 1992, S. 11.
17 Vorwärts, 18. 10. 1906, zit. nach: Ebd.
18 Wanner Zeitung, 27. 5. 1911.
19 Sigmund Graff: Von SM zu NS, München 1963, S. 29–30.
20 Wanner Zeitung, 3. 6. 1911, ohne Autor.
21 Vgl. die Erinnerungen von Joachim von Elbe in: Rudolf Pörtner: Mein Elternhaus. Ein deutsches Familienalbum, München 1987, S. 31.
22 Wanner Zeitung, 3. 7. 1911, ohne Autor.

23 Heinz Rühmann erzählt sein Leben. In: Welt am Sonntag, 6. 7. 1969.
24 Stadtarchiv Essen, Rep.144/5748.
25 Aus den Akten im Stadtarchiv Essen zum Hotelbetrieb an der Kettwiger Straße (Rep. 144/5748) geht nicht hervor, wer der zwischenzeitliche Besitzer des Hotels war.
26 Alle Daten und Angaben zur Stadtgeschichte Essens folgen, wenn nicht anders angegeben, Wolf Schneider: Essen. Abenteuer einer Stadt, Düsseldorf 1991, und Helga Mohaupt: Kleine Geschichte Essens, Essen 1993.
27 Essener Volkszeitung, 22. 1. 1913, ohne Autor.
28 Alle Angaben nach: Essener Chronik 1913, Stadtarchiv Essen.
29 Werbebroschüre Handelshof, o. J., vermutlich 1913, Stadtbücherei Essen.
30 Stadtarchiv Essen, Rep. 155/2.
31 Vgl. Rühmann: Das war's, Frankfurt/Main 1982, S. 23.
32 Die entsprechenden Scheidungsakten existieren im Landgericht Essen nicht mehr und wurden von dort auch nicht an ein anderes Archiv abgegeben. Der Scheidungstermin ist auf der Heiratsurkunde nachgetragen.
33 Vgl. Rühmann: Das war's, Frankfurt/Main 1982, S. 24.
34 Ebd., S. 21–24.
35 Zit. nach: Gordon A. Craig: Deutsche Geschichte 1866–1945. Vom Norddeutschen Bund bis zum Ende des Dritten Reiches, München 1996, S. 298.
36 David Clay Large: Hitlers München. Aufstieg und Fall der Bewegung, München 2001, S. 99.
37 Reinhard Bauer/Ernst Piper: München. Die Geschichte einer Stadt, München 1993, S. 246.
38 Rühmann: Das war's, Frankfurt/Main 1982, S. 25.
39 Essener Anzeiger, 2. 10. 1935, ohne Autor.
40 Ebd.
41 Ebd.
42 Ebd.
43 Gustav Knuth: Mit einem Lächeln im Knopfloch, Frankfurt/Main 1977, S. 25.
44 Rühmann: Das war's, Frankfurt/Main 1982, S. 26.
45 Michael Schulte: Karl Valentin, Hamburg 1982, S. 16.
46 Max Reinhardt: Ich bin nichts als ein Theatermann, Berlin 1989, S. 25.
47 Thomas Mann: Buddenbrooks, Frankfurt/Main 1986, S. 325.
48 Zit. nach: Bauer/Piper: München, München 1993, S. 230.
49 Köllnisch Illustrierte Zeitung, 17. 11. 1938, ohne Autor.
50 Rühmann: Das war's, Frankfurt/Main 1982, S. 27.
51 Joachim Fest: Hitler. Eine Biographie, Berlin 1998, S. 477.
52 Rühmann: Das war's, Frankfurt/Main 1982, S. 28.
53 Hans Hellmut Kirst: Heinz Rühmann. Ein biographischer Report, München 1969, S. 35.
54 Vgl.: Gregor Ball: Heinz Rühmann. Seine Filme – sein Leben, München 1992, S. 38. Ball scheut sich nicht, weite Passagen seines Buches bei

Kirst abzuschreiben, darunter auch die Sätze über Basil und Hitler, die sich wortwörtlich bei ihm wiederfinden.

55 Helmut Heiber: Adolf Hitler. Eine Biographie, Berlin 1960.

56 Joachim Fest: Hitler. Eine Biographie, Berlin 1998.

57 Ian Kershaw: Hitler 1889–1936, Stuttgart 1998.

58 Claudia Schmölders: Hitlers Gesicht. Eine physiognomische Biographie, München 2000.

59 Bertolt Brecht: Werke. Große kommentierte Berliner und Frankfurter Ausgabe, Berlin; Weimar, Bd. 22, Schriften 2, Schriften 1933–1942, S. 561–569.

60 Nach einem Protokoll von Margarete Steffin basiert das Typoskript des Dialogs *Über die Theatralik des Faschismus* auf einem Gespräch, das Brecht in seinem schwedischen Exilort Lindingö am 26. Mai 1939 mit dem ebenfalls emigrierten Schauspieler und Regisseur Hermann Greid führte. Ebd., S. 562 und S. 1075.

61 Ebd., S. 563.

62 Bertolt Brecht: Werke. Große kommentierte Berliner und Frankfurter Ausgabe, Berlin; Weimar, Bd. 7, Stücke 7, S. 49–55.

63 Hier zit. nach dem Neudruck Rudolf Olden: Hitler, Hildesheim 1981, S. 88.

64 Vgl.: Marta Feuchtwanger: Nur eine Frau, München 1983, S. 202. »Auf einmal war auch Brecht da. Er hatte das Manuskript von ›Erfolg‹ gelesen und war sehr unglücklich über die eine Figur, den Pröckl, weil er sich in ihr erkannt hatte. Lion tat das damals schon leid; der Pröckl war eine kleine Rache für den Verrat, den Brecht in München an ihm begangen hatte.«

65 Lion Feuchtwanger: Erfolg, Berlin 2000, S. 542.

66 Zit. nach: Fest: Hitler, Berlin 1998, S. 375.

67 Rudolf Herz hat in seiner Untersuchung über die »Fotografie als Medium des Führer-Mythos« darauf hingewiesen, daß diese Posen nicht zum gestischen Repertoire gehörten, mit dem Hitler als Redner auftrat. Vgl.: Ders.: Hoffmann und Hitler. Fotografie als Medium des Führer-Mythos, München 1994, S. 111.

68 Ein Hitler Film. In: Die Neue Weltbühne, Heft 33, 1937, II, S. 1331 bis 1333, Berthold Viertel. Zit. nach: Rudolf Herz: Hoffmann und Hitler, München 1994, S. 109.

69 Vgl.: Knut Hickethier: Schauspieler zwischen Theater und Kino in der Stummfilmzeit. In: Ders.: Grenzgänger zwischen Theater und Kino, Berlin 1986, S. 11–42. Ab Mitte der zwanziger Jahre, so Hickethier, wurde das »konsequente Unterspielen« zum beherrschenden filmischen Prinzip.

70 Vgl.: Rühmann: Das war's, Frankfurt/Main 1982, S. 146.

71 Generaldirektion des Bayerischen Staatstheaters an das Staatsministerium für Unterricht und Kultus am 6. 8. 1924. Bayerisches Hauptstaatsarchiv, Personalakte Fritz Basil, MK 44979.

72 Münchner Zeitung, 17. 7. 1926, ohne Autor.

73 Vgl.: München-Augsburger-Abendzeitung, 24. 7. 1924, ohne Autor.

1 Vgl. Rühmann: Das war's, Frankfurt/Main 1982, S. 28
2 Ernst von Possart: Der Lehrgang des Schauspielers, Berlin; Stuttgart o. J., S. 65.
3 Heinz Rühmann erzählt sein Leben. In: Welt am Sonntag, 6. 7. 1969.
4 Rühmann: Das war's, Frankfurt/Main 1982, S. 40–41.
5 Breslau nach dem Krieg. Hrsg. v. Magistrat der Stadt Breslau, o. J.
6 Max Herrmann-Neiße: Ein Dichter erlebt Breslau. In: Ders.: Der Todeskandidat, Prosa 2, Frankfurt/Main 1990, S. 615–621.
7 Breslauer Theater-Woche, 27. 8. 1921, Manfred Georg.
8 Vereinigte Theater, Spielzeit 1919/1920.
9 Breslauer Zeitung, 10. 6. 1920, ohne Autor.
10 Rühmann: Das war's, Frankfurt/Main 1982, S. 37.
11 Vermutlich von Tilly Korn.
12 Rühmann: Das war's, Frankfurt/Main 1982, S. 36.
13 Breslauer Zeitung, 25. 2. 1921, ohne Autor.
14 Ebd.
15 Breslauer Neueste Nachrichten, 24. 2. 1921, Dr. R. C. M.
16 Ebd., 8. 2. 1921, Dr. R. C. M.
17 Breslauer Zeitung, 14. 9. 1920, ohne Autor.
18 Ebd., 3. 11. 1920, ohne Autor.
19 Breslauer Neueste Nachrichten, 2. 12. 1920, Nr. 326, ohne Autor.
20 Breslauer Morgen-Zeitung, 18. 8. 1920, S. 2f., Erich Freund.
21 Ebd.
22 Rühmann: Das war's, Frankfurt/Main 1982, S. 38. Rühmann hat immer wieder geäußert, daß die Kritiker in Breslau geschrieben hätten, man solle ihm Fesseln anlegen, da er so aufdringlich für die Galerie spiele. Eine solche Stelle findet sich in keiner der mir zur Verfügung stehenden Kritiken, die ich, auch dank der Hilfe von Ludwiga Gajek, für seine Breslauer Zeit nahezu vollständig recherchieren konnte.
23 Ebd., S. 41.
24 Breslauer Morgen Zeitung, 3. 6. 1920, ohne Autor.
25 Breslauer Neueste Nachrichten, 25. 2. 1921, ohne Autor.
26 Als Gorter seinen Abschied mit einer Hamlet-Inszenierung nahm, schickte ihm Paul Rilla am 1. 6. 1921 in den »Breslauer Neuesten Nachrichten« eine ganz unversöhnliche und beleidigende Kritik hinterher, die mit der Ära Gorter unter dem Titel »Kehraus im Lobetheater« abrechnet.
27 Deutsches Bühnen-Jahrbuch. Theatergeschichtliches Jahr- und Adressenbuch, 34. Jahrgang 1923, S. 473.
28 Zur Umwandlung des Hoftheaters in eine städtische Bühne, vgl.: Ines Katenhusen: Kunst und Politik. Hannovers Auseinandersetzungen mit der Moderne in der Weimarer Republik, Hannover 1998, S. 53–69.
29 Die Zwanziger Jahre in Hannover. Bildende Kunst, Literatur, Theater, Tanz, Architektur 1916–1933, Kunstverein Hannover 1962, S. 154.
30 Rühmann: Das war's, Frankfurt/Main 1982, S. 43.

31 Volkswille, 9. 6. 1921, a. l.
32 Hannoverscher Anzeiger, 9. 6. 1921, ohne Autor.
33 Hannoverscher Kurier, 8. 6. 1921, Sa.
34 Rühmann: Das war's, Frankfurt/Main 1982, S. 47.
35 Hannoverscher Kurier, 8. 12. 1921, Sa.
36 Ebd.
37 Ebd., 11. 3. 1922, Sa.
38 Ebd., 7. 7. 1921, A. W.
39 Ebd., 2. 12. 1921, Dr. V.
40 Ebd.
41 Hannoverscher Anzeiger, 3. 12. 1921, Frank Thieß.
42 Rühmann: Das war's, Frankfurt/Main 1982, S. 47.
43 Theo Lingen: Ich über mich, Velber bei Hannover 1963, S. 18.
44 Rühmann: Das war's, Frankfurt/Main 1982, S. 44.
45 Hannoverscher Kurier, 15. 7. 1921, Sa.
46 Hannoverscher Anzeiger, 4. 10. 1921, ohne Autor.
47 Ebd., 23. 10. 1921, ohne Autor.
48 Neue Presse, 23. 11. 1982, ohne Autor.
49 Ein Artikel im »Hannoverschen Kurier« vom 2. 11. 1921 berichtete unter der Überschrift »Der Reigen und die Front der anständigen Leute« über ein breites Protestbündnis verschiedener Gruppen, die den *Reigen* einfach »totschweigen« wollten, um so ein »aussichtsreiches Werk der Volkserneuerung betreiben zu helfen«.
50 Zit. nach: Hans-Ulrich Prost: Das war Heinz Rühmann, Bergisch Gladbach 1994, S. 131.
51 Hannoverscher Kurier, 20. 10. 1921, w.
52 Ebd.
53 Ebd., 18. 5. 1922, Dr. V.
54 Ebd., 10. 8. 1922, bn.
55 Bremer Nachrichten, 25. 8. 1922, W. S.
56 Bremer Zeitung, 26. 8. 1922, -ds.
57 Rühmann: Das war's, Frankfurt/Main 1982, S. 49.
58 Ebd., S. 50. Der Brief findet sich nicht in Rühmanns Nachlaß im Filmmuseum Berlin – Deutsche Kinemathek.
59 Bremer Nachrichten, 5. 9. 1922, Dr. Gerh. Helmers.
60 Weser Zeitung, 7. 9. 1922, ohne Autor.
61 Der Spiegel, Nr. 52, 1984, ohne Autor.
62 Bremer Zeitung, 18. 10. 1922, ds.
63 Weser-Zeitung, 16. 10. 1922, ob.
64 Bremer Nachrichten, 15. 10. 1922, S.
65 Weser-Zeitung, 16. 10. 1922, ob.
66 Rühmanns eigene Einschätzung der Inszenierung kann man vor diesem Hintergrund nicht nachvollziehen. Er schreibt: »Das Publikum amüsierte sich nicht, wir erkannten die Situationskomik und was alles an Möglichkeiten im Stück steckte noch nicht. Eine Wald- und Wiesenaufführung, die nur ein paarmal auf dem Spielplan stand und dann zu den

Akten gelegt wurde.« In: Rühmann: Das war's, Frankfurt/Main 1982, S. 49.

67 Ebd., S. 50–51.

68 Ernst Toller: Eine Jugend in Deutschland, Hamburg 1998, S. 75.

69 Bayerisches Staatsarchiv, Staatstheater 12139.

70 Ebd.

71 Fritz Kortner: Aller Tage Abend, München 1959, S. 131.

72 Rühmann: Das war's, Frankfurt/Main 1982, S. 51 f.

73 Im Theaterarchiv des Braunschweiger Staatstheaters findet sich kein Hinweis auf dieses Gastpiel. In der weitgehend vollständigen Theaterzettelsammlung ist kein entsprechendes Blatt zu Franz von Schönthans Stück *Der Herr Senator* aufzufinden.

74 Münchner Zeitung, 19. 11. 1923, ohne Autor.

75 Rühmann: Das war's, Frankfurt/Main 1982, S. 58.

76 Vgl.: Mattias Braun: Die Schauspielerin Hermine Körner, Hannover 1964.

77 München-Augsburger-Abendzeitung, 11. 12. 1923, ohne Autor.

78 Rühmann: Das war's, Frankfurt/Main 1982, S. 51.

79 Münchner Zeitung, 28. 1. 1924, ohne Autor.

80 Münchner Neueste Nachrichten, 21. 12. 1923, ohne Autor.

81 Rezension zur Premiere des Stückes *Die Erwachsenen* 11. 8. 1924, Presseausschnitte ohne Angabe der Quelle. Fundort: Filmmuseum Berlin, Nachlaß Heinz Rühmann.

82 Münchner Zeitung, 11. 8. 1924, ohne Autor.

83 Ebd., 18. 9. 1924, ohne Autor.

84 Münchner Neueste Nachrichten, 19. 9. 1924, Tim Klein.

85 Carl Sternheim: Gesamtwerk Bd. 3, Dramen, Neuwied 1964, S. 188.

86 Münchner Post, 6. 10. 1924, ohne Autor.

87 Münchner Zeitung, 6. 10. 1924, Hanns Braun.

88 Carl Sternheim: Gesamtwerk Bd. 3, Dramen, Neuwied 1964, S. 208.

89 Münchner Neueste Nachrichten, 6. 10. 1924, Tim Klein.

90 Der Artikel unter der Überschrift »Er und Sie« 1932 findet sich, ohne Angabe des genauen Datums und der Herkunft im Nachlaß Heinz Rühmann, Filmmuseum Berlin – Deutsche Kinemathek, 4.3-97/01-0.9.

91 Rühmann: Das war's, Frankfurt/Main 1982, S. 53.

92 Die biographischen Daten und Angaben zur Familie Bernheim stammen überwiegend aus den Akten Maria Bernheim (317310) und Otto Bernheim (56450) im Landesverwaltungsamt Berlin, Abteilung III, Entschädigungsbehörde.

93 Im Bayerischen Hauptstaatsarchiv existiert ein Personalakt des Justizministeriums zu Benedikt Bernheim, den ich einsehen konnte. BayHStA MJu 20373.

94 Hauptstaatsarchiv München, Bayerisches Staatstheater, Personalakt 10455.

95 Vgl. Kirst: Heinz Rühmann, München 1969, S. 67

96 Rühmann: Das war's, Frankfurt/Main 1982, S. 54.

97 Münchner Neueste Nachrichten, 19. 9. 1924, Tim Klein.

98 Wolfgang Petzet: Theater. Die Münchner Kammerspiele 1911–1972, München 1973, S. 174.

99 Rühmann: Das war's, Frankfurt/Main 1982, S. 87.

100 Ebd., S. 64.

101 Münchner Neueste Nachrichten, 25. 5. 1926, Tim Klein.

102 Ebd.

103 Münchner Zeitung, 25. 5. 1926, ohne Autor.

104 Petzet: Theater, München 1973, S. 180.

105 Rühmann: Das war's, Frankfurt/Main 1982, S. 70.

106 Am 18. Juli stand Rühmann wieder auf der Bühne der Kammerspiele in dem Lustpiel *Mädel von heute*. Hanns Braun notierte: »Heinz Rühmann ist zurückgekehrt; als Männchen von heute beifallbegrüßt auf offener Szene.« (Münchner Zeitung, 19. 7. 1927).

107 Münchner Neueste Nachrichten, 4. 10. 1926, Tim Klein.

108 Ebd., 7. 2. 1927, R. P. (René Prévôt).

109 Ebd., 20. 7. 1927, W. v. S.

110 Rühmann: Das war's, Frankfurt/Main 1982, S. 62.

111 Ebd., S. 63.

112 Münchner Zeitung, 25. 7. 1927, Hanns Braun.

113 Auch Klaus Mann sah Rühmann als Mustergatten, allerdings einige Jahre nach der Premiere im Januar 1932. Er erlebte ihn im Volkstheater in München und hielt in seinem Tagebuch fest: »Rühmann in einem Schwank (›Mustergatte‹) – von diskreter, eigenwilliger Komik.« In: Klaus Mann: Tagebücher 1931–1933, hrsg. v. Joachim Heimansberg, Peter Laemmle u. Wilfried F. Schoeller, München 1989, S. 31.

114 Carl Zuckmayer: Als wär's ein Stück von mir, Stuttgart, Hamburg, o. J., S. 353.

115 Zit. nach: Walther Kiaulehn: Berlin. Schicksal einer Weltstadt, München 1958, S. 416.

116 Rühmann: Das war's, Frankfurt/Main 1982, S. 88.

117 Berliner Börsen-Courier, 16. 4. 1927, Herbert Jhering.

118 Ebd.

119 Germania, 17. 4. 1927, Morgenausgabe, H. Behm.

120 Vossische Zeitung, 16. 4. 1927, Monty Jacobs.

121 Deutsche Allgemeine Zeitung, 16. 4. 1927, Max Freyhan.

122 Berliner Börsen-Courier, 30. 5. 1927, Herbert Jhering.

123 Vossische Zeitung, 31. 5. 1927, Max Krell.

124 Vossische Zeitung, 26. 4. 1928, Monty Jacobs.

125 Willy Haas, Kritik zu *Eltern und Kinder* ohne Datum und Quelle, Fundort: Theaterwissenschaftliche Sammlung der Universität zu Köln.

126 Berliner-Lokal-Anzeiger, 13. 9. 1928, Ludwig Sternaux.

127 Vossische Zeitung, 14. 9. 1928, Monty Jacobs.

128 Rühmann: Das war's, Frankfurt/Main 1982, S. 114.

129 Ebd., S. 115.

130 David Clay Large: Hitlers München, München 2001, S. 265.

131 Völkischer Beobachter, 30. 11. 1926, ohne Autor.

132 Thomas Mann: München als Kulturzentrum. In: Ders.: Gesammelte Werke, Bd. 10, Frankfurt/Main 1974, S. 225.
133 Petzet: Theater, München 1973, S. 218f.
134 Münchner Zeitung, 29. 11. 1929, Hanns Braun.
135 Petzet: Theater, München 1973, S. 219.
136 Zit. nach: Large: Hitlers München, München 2001, S. 268
137 Der anständige kleine Mann. In: Rheinische Post (Düsseldorf), 6. 3. 1982, Michael Hamerla.
138 Der kleine Mann in Krieg und Frieden. In: Frankfurter Rundschau, 6. 10. 1994, Georg Sesslen.
139 Kölner Stadtanzeiger, 6. 10. 1994, Rainer Hartmann.
140 Ebd., 7. 3. 1977, Rolf Wiest.
141 Helmut Korte/Stephen Lowry (Hrsg.): Heinz Rühmann – ein deutscher Filmstar, Braunschweig 1995.
142 Michael Schwarze: Weihnachten ohne Fernsehen, Frankfurt/Main 1984, S. 189.
143 Sebastian Franck: Sprichwörter, Frankfurt 1541. Zit. nach: Jacob Grimm/Wilhelm Grimm: Deutsches Wörterbuch, Bd. 5, Leipzig 1873, S. 1091.
144 Johann Wolfgang Goethe: Ausgabe letzter Hand, Bd. 13, Stuttgart; Tübingen 1828, S. 4–5.
145 Verdichtungs-Versuch meines Tagebuches. Zwei Gedichte. Ein kleiner Mann ist auch ein Mann, ohne Autor, Düsseldorf 1842, 103. Strophe.
146 Ebd.
147 Joachim Stave: Wie die Leute reden. Betrachtungen über 15 Jahre Deutsch in der Bundesrepublik, Lüneburg 1964, S. 144–149.
148 Erich Kästner: Gesammelte Schriften für Erwachsene, Bd. 6, Zürich 1969, S. 44.
149 Hans Fallada: Kleiner Mann – was nun?, Berlin 1995, S. 140.
150 Neue Preußische Kreuz-Zeitung, 20. 9. 1931, Nr. 263, ohne Autor.
151 Berliner Lokal-Anzeiger, 19. 9. 1931, Arthur Riebe.
152 Der Tag, 10. 1. 1932, --ee.
153 Sabine Hake: Heinz Rühmann und die Inszenierung des »kleinen Mannes«. In: Montage/av. Zeitschrift für Theorie und Geschichte audiovisueller Kommunikation, Nr. 7, 1998, S. 38.
154 Ebd., S. 34.
155 Hans-Michael Bock (Hrsg.): CineGraph. Lexikon zum deutschsprachigen Film, Heinz Rühmann, E 5, Thomas Brandlmeier.
156 Rühmann: Das war's, Frankfurt/Main 1982, S. 45.
157 Stephen Lowry: Der kleine Mann als Star. In: Thomas Koebner (Hrsg.): Idole des deuschen Films, München 1997, S. 276.
158 Münchner Neueste Nachrichten, 10. 2. 1928, ohne Autor.
159 Rühmann: Das war's, Frankfurt/Main 1982, S. 15.
160 Rühmann gibt für diesen Alleinflug den 29. Juni 1930 an. Dieses Datum kann aber kaum stimmen, denn am 29. Juni verzeichnet der Drehplan zu *Die Drei von der Tankstelle* seinen Einsatz in Babelsberg.

161 Vgl.: Filmwelt, 3. 1. 1932, ohne Autor.
162 Neue Freie Presse, 6. 11. 1935, ohne Autor.
163 Münchner Zeitung, 26. 10. 1928, ohne Autor.

1930–1939

1 Herbert Jhering: Vorsichtige Tonfilmpolitik, 10. 9. 1929. In: Ders.: Von Reinhardt bis Brecht, Berlin 1959, Bd. 2, S. 576.
2 Vgl.: Wolfgang Jacobsen: Die Tonfilmmaschine. In: Ders. (Hrsg.): Babelsberg. Ein Filmstudio 1912–1992, Berlin: 1992, S. 145–164.
3 Frank-Burkhard Habel: Das war unser Kintopp!, Berlin 1995, S. 128.
4 Géza von Cziffra: Kauf dir einen bunten Luftballon, München; Berlin 1975, S. 160.
5 Film-Kurier, 21. 6. 1929, ohne Autor.
6 Ein zweiter Stummfilm, in dem Rühmann mitwirkte, kam unter dem Titel *Das große Los* am 2. Dezember 1927 in die Kinos. Unter der Regie von Kurt Bernhardt wirkten darin neben Rühmann u.a. auch Adele Sandrock und Veit Harlan mit.
7 Otto Bernheim wurde am 22. März 1906 in München geboren. Mit 18 Jahren trat er 1923 als Lehrling in den Münchner Emelka-Konzern (Münchner Lichtspielkunst GmbH) ein. Dieses Unternehmen war im April 1918 als süddeutsches Gegengewicht zur Ufa gegründet worden, hatte sich außerhalb der Stadt in Schwabing niedergelassen und war schnell zu einer der größten Filmfirmen der Weimarer Republik aufgestiegen. Nach seiner Ausbildung zum Filmkaufmann arbeitete Otto Bernheim als Sekretär für die Central Film Gesellschaft, ehe er von 1924 bis 1925 als Reisender der Münchner Ufa-Filiale tätig war.
8 Illustrierter Film-Kurier, 1926.
9 Ebd.
10 Rühmann: Das war's, Frankfurt/Main 1982, S. 60.
11 Herbert Jhering: Der erste Tonfilm, 4. 6. 1929. In: Ders.: Von Reinhardt bis Brecht, Berlin 1959, Bd. 2, S. 571.
12 Siegfried Kracauer: Von Caligari zu Hitler, Frankfurt/Main 1992, S. 217.
13 Gerold Ducke: »Ich versuche, nicht zu spielen«. Über Curt Bois im Film. In: Curt Bois. Exil. Sechs Schauspieler aus Deutschland. Redaktion: Lothar Schwab, Stiftung Deutsche Kinemathek, Berlin 1983, S. 24. Curt Bois antwortete im Interview auf die Frage, warum er die Rolle abgelehnt hat: »Weil es mir zu dumm war. Ich hab nicht politisch gedacht, damals, aber irgendwie war mir diese ganze Ufa, die Art, wie gearbeitet wurde, was dabei herauskam völlig zuwider.«
14 Rühmann: Das war's, Frankfurt/Main 1982, S. 118.
15 Erich Kästner: Fabian. Die Geschichte eines Moralisten, Zürich 1985, S. 46.
16 Zur Produktion und Rezeption dieses Films vgl. auch: Rainer Rother (Hrsg.): Ufa-Magazin Nr. 9, Die Drei von der Tankstelle. Eine Publika-

tion zur Ausstellung »Die Ufa 1917–1945. Das deutsche Bildimperium« veranstaltet vom Deutschen Historischen Museum und der Stiftung Deutsche Kinemathek vom 3. 12. 1992 bis 23. 2. 1993 im Zeughaus, Berlin 1993.

17 Rühmann: Das war's, Frankfurt/Main 1982, S. 121.

18 Ebd.

19 Berliner Tageblatt, 16. 9. 1930, Hans Flemming.

20 Ebd.

21 Neue Preußische Kreuz-Zeitung, 18. 9. 1930, U. H.

22 Der Angriff, 18. 9. 1930, F. R.

23 Berliner Börsen-Courier, 16. 9. 1930, Herbert Jhering.

24 Zit. nach: Hagen Schulze: Weimar. Deutschland 1917–1933, Berlin 1982, S. 312.

25 Zuckmayer: Als wär's ein Stück von mir, Stuttgart; Hamburg o. J., S. 512.

26 Harry Graf Keßler: Tagebücher, Frankfurt/Main; Leipzig 1996, S. 712.

27 Karsten Witte: Knabenfrau und Krisenkommando. In: Exil. Sechs Schauspieler aus Deutschland, Redaktion: Helga Belach, Stiftung Deutsche Kinemathek, Berlin 1983, S. 28–29.

28 Deutsche Tageszeitung, 19. 12. 1930, ra.

29 Vossische Zeitung, 18. 12. 1930, H. P. (Heinz Pol).

30 BA/R 109 I/Ufa: Sitzungsprotokoll vom 5. 9. 1930, Nr. 668/9.

31 Vgl. BA/109 I/Ufa: Sitzungsprotokoll vom 9. 9. 1930, Nr. 669. Rühmann schrieb in seiner Autobiographie, daß der Vertrag mit der Ufa bereits kurz nach *Die Drei von der Tankstelle* abgeschlossen wurde. Dies ist falsch. Vgl. Heinz Rühmann: Das war's, Frankfurt/Main 1982, S. 123.

32 BA/109 I/Ufa: Sitzungsprotokoll vom 30. 9. 1930, Nr. 675.

33 Max Colpet: Im Sandmeer der Zeit, Saarbrücken 1995, S.16.

34 Der Film, 7. 2. 1931, Betz (Hans Walter Betz).

35 Auf einer Sitzung am 6. 1. 1931 beschäftigt sich der Ufa-Vorstand mit Plagiatsvorwürfen, die gegen das Theaterstück erhoben wurden. BA/R 109 I/Ufa: Sitzungsprotokoll Nr. 701.

36 Vossische Zeitung, 8. 2. 1931, H. P.

37 Berliner Börsen-Courier, 6. 2. 1931, Herbert Jhering.

38 Vgl.: BA/R 109/Ufa: Sitzungsprotokoll vom 21. 2. 1931, Nr. 713.

39 Vgl.: BA/R 109 I/Ufa: Sitzungsprotokoll vom 27. 1. 1931, Nr. 707.

40 Heinz Rühmann: Das war's, Frankfurt/Main 1982, S. 196.

41 Deutsche Allgemeine Zeitung, 1. 9. 1931, Dr. E. M. (Erwin Mensing).

42 Germania, 2. 9. 1931, ohne Autor.

43 Berliner Börsen-Courier, 20. 9. 1931, F. W. (Fritz Walter).

44 Deutsche Allgemeine Zeitung, 20. 9. 1931, Bs.

45 Heinrich August Winkler: Weimar 1918–1933, München 1993, S. 483.

46 Berliner Börsen Courier, 5. 2. 1932, Herbert Jhering.

47 Berliner Tageblatt, 8. 2. 1932, Hans Flemming.

48 BA/R 109 I/Ufa: Sitzungsprotokoll vom 5. 1. 1932, Nr. 785/4.

49 Vg.: BA/RKK 2705/Box: 0005/File: 07, Blatt 50.

50 Heinz Rühmann erzählt sein Leben. In: Welt am Sonntag, 18. 8. 1969.
51 Kirst: Heinz Rühmann, München 1969, S. 129–130.
52 Die Freundschaft zwischen Wallburg und Rühmann beschreibt vor allem Ulrich Liebe in: Verehrt, Verfolgt, Vergessen. Schauspieler als Naziopfer, Weinheim, Berlin 1992.
53 Rühmann: Das war's, Frankfurt/Main 1982, S. 123.
54 Armand van Ishoven: Ernst Udet, Herrsching, 1977, S. 197.
55 Rühmann: Das war's, Frankfurt/Main 1982, S. 96.
56 Filmwelt, 26. 11. 1933, ohne Autor.
57 Vgl.: Der Oberbayer, 4. 2. 1932, ohne Autor.
58 Filmwelt, 3. 1. 1932, ohne Autor.
59 Vgl.: BA/R 109 I/Ufa: Protokoll der Sitzung vom 19. 4. 1932, Nr. 813.
60 Vgl.: BA/R 109 I/Ufa: Protokoll der Sitzung vom 13. 5. 1932, Nr. 819.
61 Zit. nach: Winkler: Weimar 1918–1933, München 1993, S. 568.
62 Vgl.: BA/R 109 I/Ufa: Protokoll der Sitzung vom 6. 1. 1933, Nr. 882.
63 BA/R 109 I/Ufa: Protokoll der Sitzung vom 25.1 1933, Nr. 888.
64 BA/R 109 I/Ufa: Protokoll der Sitzung vom 31. 1. 1931, Nr. 889.
65 Ishoven: Ernst Udet, Herrsching 1977, S. 285.
66 Vgl.: BA/R 109 I/Ufa: Protokoll der Sitzung vom 30. 12. 1932, Nr. 880.
67 Vgl.: BA/R 109 I/Ufa: Protokoll der Sitzung vom 28. 2. 1933, Nr. 879.
68 Friedrich Hollaender: Von Kopf bis Fuß, Berlin 2001, S. 248–249.
69 Zit. nach: Klaus Kreimeier: Die Ufa-Story, München 1995, S. 249.
70 Heinz Rühmann erzählt sein Leben. In: Welt am Sonntag, 17. 8. 1969
71 Vgl.: Arthur Maria Rabenalt: Joseph Goebbels und der Großdeutsche Film, München; Berlin 1985.
72 Vgl.: Curt Riess: Das gab's nur einmal, ohne Ort 1957.
73 Zit. nach: Gerd Albrecht: Nationalsozialistische Filmpolitik, Stuttgart 1969, S. 441–442.
74 Ebd., S. 439.
75 Ebd., 441.
76 Der Angriff, 3. 10. 1933, wf.
77 Berliner Tageblatt, 3. 10. 1933, W. E. B.
78 Sebastian Haffner: Geschichte eines Deutschen, Stuttgart; München 2000, S. 175.
79 BA/RKK/2600/Personalakte Heinz Rühmann.
80 Vgl.: Henning Rischbieter (Hrsg.): Theater im Dritten Reich, Seelze-Velber 2000, S. 29–32.
81 Filmwelt, 26. 11. 1933, ohne Autor.
82 Käthe Brinker: Wir lachen mit … Heinz Rühmann, Berlin 1938.
83 Wahre Geschichten, Nr. 6, Juni 1934, Berlin.
84 BA/RKK 2600/Personalakte Rühmann, RMVP an RFF am 24. 1. 1939.
85 BA/RFF/Personalakte Rühmann, RFK an RMVP am 13. 10. 1938.
86 BA/RFF/Personalakte Rühmann, RFF an den Polizeipräsidenten am 4. 7. 1934.
87 Im Bundesarchiv Berlin existiert in den Beständen des RMVP kein Personalakt zu Maria Bernheim.

88 Erich Kästner an Ida Kästner am 27. 7. 1934. Die Korrespondenz befindet sich in Privatbesitz.
89 BA/RFF/Personalakte Rühmann/RFF an Rühmann am 30. 7. 1934.
90 BA/RFF/Personalakte Rühmann/Rühmann an die RFF am 7. 8. 1934.
91 BA/RFF/Personalakte Rühmann/Bernheim an den Verband der Filmindustriellen am 20. 7. 1934.
92 Siegfried Pinkus (75918), Blatt E 27, Landesverwaltungsamt Berlin, Abteilung III, Entschädigungsbehörde.
93 Romolo La Porta im Interview mit dem Autor am 28. 4. 2001.
94 Münchner Neueste Nachrichten, 4. 8. 1934, ohne Autor.
95 Vgl.: Ian Kershaw: Hitler 1889–1936, Stuttgart 1998, S. 665–744.
96 Die undatierte Liste findet sich in den Akten des RMVP im Bundesarchiv Berlin. Hier zit. Nach: Michaela Krützen: Hans Albers. Eine deutsche Karriere, Weinheim; Berlin 1995. Die vollständige Liste ist abgedruckt bei Gerd Albrecht: Nationalsozialistische Filmpolitik, Stuttgart 1969, S. 208f.
97 Das Schwarze Korps, 28. 8. 1935, ohne Autor.
98 Ebd.
99 BA/NS 15.
100 Bremer Nachrichten, 15. 9. 1935, ohne Autor.
101 Niedersächsisches Staatsarchiv Oldenburg, Bestand 134, Nr. 4332, Blatt 366f.
102 Oldenburgische Staatszeitung, 12. 9. 1935, ohne Autor.
103 Germania, 27. 7. 1935, ohne Autor.
104 Völkischer Beobachter, 27. 7. 1935, v. D.
105 Der Montag, 29. 7. 1935, ohne Autor.
106 *Wer wagt – gewinnt!* ist einer der wenigen Rühmann-Filme, die als verschollen gelten. Deshalb konnte er nicht gesichtet werden.
107 Berliner Tageblatt, 10. 7. 1935, Sven Schacht.
108 Zit. nach: Film-Kurier, 12. 7. 1935, ohne Autor.
109 Ebd.
110 Berliner Tageblatt, 27. 3. 1935, Herbert Jhering.
111 *Die Verbrecher* kamen als einmalige Aufführung vor geladenen Gästen am 28. 11. 1929 auf die Bühne, Polizeiverbot.
112 Rühmann: Das war's, Frankfurt/Main 1982, S. 112.
113 Thomas Mann: Tagebücher 1935–1936, hrsg. v. Inge Jens, Frankfurt/Main 1978, S. 219.
114 Klaus Mann: Tagebücher 1936–1937, hrsg. v. Joachim Heimansberg, Peter Laemmle und Wilfried F. Schoeller, München 1990, S. 61. Klaus Mann hatte am 1. 7. 36 die Komödie *Heinz im Mond* gesehen, er trägt allerdings den Titel »3 mal Verlobung« ein. Wahrscheinlich ein alternativer Titel des Verleihs.
115 Heinrich Spoerl an Carl-Froelich-Film-Produktion am 2. 4. 1936. Der betreffende Briefwechsel befindet sich im Besitz von Frau Inge Spoerl.
116 Heinrich Spoerl an Hans Ebert am 27. 5. 1936.
117 Heinrich Spoerl an Carl Froelich am 15. 10. 1936.

118 Zit. nach: Klaus Kanzog (Hrsg.): Staatspolitisch besonders wertvoll, München 1994, S. 20.

119 Zit. nach: Felix Moeller: Der Filmminister, Berlin 1998, S. 164.

120 Deutsche Allgemeine Zeitung, 10. 10. 1936, Werner Fiedler.

121 Rühmann: Das war's, Frankfurt/Main 1982, S. 151.

122 Lichtbild-Bühne, 19. 10. 1936. Zit. nach: Joseph Wulf: Theater und Film im Dritten Reich, Frankfurt/Main; Berlin 1989, S. 411.

123 Am 21. 10. 1939 notierte Joseph Goebbels in seinem Tagebuch: »Auch Führer ist begeistert von dem Fröhlich-Film ›Wenn wir alle Engel wären‹.«

124 Alf Teichs: Herrliche Zeiten. Ein Leben im deutschen Film. Unveröffentlichtes Manuskript, Filmmuseum Berlin, S. 114.

125 Terra-Filmkunst in der ČSR. In: Film-Kurier, 18. 6. 1938, F.

126 Rühmann: Das war's, Frankfurt/Main 1982, S. 124f.

127 BA/109 I/Ufa: Sitzung vom 4. 2. 1937, Nr. 1212.

128 Ein Jahr nach der Uraufführung kündigten einige Filmtheater den Film *Der Mann, der Sherlock Holmes war* bereits als Rühmann-Film an. Der Film-Kurier sah darin eine Benachteiligung von Hans Albers und protestierte gegen diese Art der Werbung. Vgl.: Film-Kurier, 17. 6. 1938, G. H.

129 Lichtbild-Bühne, 16. 7. 1937, Albert Schneider.

130 Am 3. 11. 1937 notierte Goebbels in seinem Tagebuch: »Ich verbiete den Begriff ›künstlerische Oberleitung‹, den sich die bekannten Schauspieler neuerdings aneignen wollen. Der Regisseur hat die Verantwortung und damit auch die Leitung.«

131 BA/109 I/5001/729, Blatt 22: Ministervorlage vom 25. 10. 1939.

132 Lichtbild-Bühne, 14. 10. 1937, Albert Schneider.

133 Manfred Barthel an Heinz Rühmann, »Anmerkungen am Rande«, ohne Datum, im Nachlaß Rühmanns, 4.3-97/01-1 Filmmuseum Berlin – Deutsche Kinemathek.

134 Rühmann: Das war's, Frankfurt/Main 1982, S. 192.

135 Goebbels am 11. 2. 1940. Zit. nach Moeller: Der Filmminister, Berlin 1998, S. 320.

136 Die Schilderung der Beziehung zwischen Leny Marenbach und Heinz Rühmann verdanke ich vor allem Vera Pindter (Bethesda, USA) und Hilde Marenbach (Essen).

137 Kölnische Illustrierte Zeitung, 17. 11. 1938, Günther Schwark.

138 Ebd.

139 So schrieb Heinz Rühmann am 11. 2. 1974 an eine Nachbarin: »Sehr geehrte Frau, nachdem das Bellen Ihres Hundes in den letzten Wochen erträglich war, hat das ›Gekläffe‹ (man kann es leider nicht anders nennen) gestern seinen Höhepunkt erreicht und zwar ununterbrochen von 18 Uhr bis 22 Uhr. Meine verschiedenen Anrufe bei Ihnen blieben ohne Antwort.«

140 Erste Ausfertigung des Kaufvertrages am 24. 2. 1938. In: Grundakte Wannsee, Bd. 5, Blatt 212, Amtsgericht Schöneberg II, Grundbuchamt.

141 Rückerstattungsverfahren Jandorf gegen Rühmann, Aktenzeichen 5a/Wiedergutmachungsämter Berlin, 6250/50.
142 Rückerstattungsverfahren Jandorf gegen Rühmann.
143 Kirst: Heinz Rühmann, München 1969, S. 149.
144 Vgl.: BA/RKK 2600/Box 0173.
145 Ebd.
146 Das schwarze Korps, 27. 8. 1935, ohne Autor.
147 Rühmann: Das war's, Frankfurt/Main 1982, S. 133.
148 Ebd. S. 132.
149 Zit. nach: Barbara Panse: Diese Künstler sind wie Kinder. In: Theater heute, Nr. 9/1989.
150 Vgl. Heinz Rühmann: Meine frühen Ufa-Jahre, Hamburg 1992, S. 103. Dort sagt Rühmann im Interview mit Helmuth Karasek über die Scheinehe seiner Frau: »Dem habe ich ein Auto geschenkt, und Geld – ich weiß nicht wieviel – hat er bekommen, und der hat das gemacht.«
151 Maria von Nauckhoff (317310), Blatt M 22, Landesverwaltungsamt Berlin, Abteilung III, Entschädigungsbehörde.
152 Kirst: Heinz Rühmann, München 1969, S. 156.
153 BA/RKK 2600/Personalakte Heinz Rühmann.
154 Kirst: Heinz Rühmann, München 1969, S. 164–165.
155 Süddeutsche Zeitung, 5. 11. 1970, Karl Schumann.
156 Rühmann: Das war's, Frankfurt/Main 1982, S. 138.
157 Über die Auskünfte zu Leny Marenbach bedankt sich der Autor bei Hilde Marenbach, Vera Pindter und Bona Schaller.
158 Lida Baarova: Die süße Bitterkeit meines Lebens, Koblenz 2001, S. 125.
159 Ebd.
160 Ebd.
161 Albrecht Schoenhals und Heinz Rühmann kannten sich seit gemeinsamen Auftritten an den Münchner Kammerspielen in der Spielzeit 1928/29.
162 Albrecht Schoenhals, Anneliese Born: Immer zu zweit, Stuttgart 1970, S. 179.
163 Das geht aus einem Pressebericht der Berliner Illustrierten hervor, ohne Datum. Fundort: Bayerisches Hauptstaatsarchiv, Personalakt Heinz Rühmann, Sammlung Rehse.
164 Noch im Mai 1939 gratulierte Rühmann der Mutter von Leny Marenbach per Telegramm zum Geburtstag.
165 Die Zeitschrift »Die Zwei« brachte in Nr. 6, 4.–10. Februar 1984 eine Reportage unter der Überschrift: »Heinz Rühmanns große Liebe: Tod in Vergessenheit.«

1939–1945

1 Viele Beispiele dafür finden sich in dem Aufsatz von Barbara Panse »Diese Künstler sind wie Kinder«. Die Nazis und die Schauspieler. In: Theater heute, Nr. 9/1989.

2 CineGraph. Lexikon zum deutschsprachigen Film, Lil Dagover D 3.
3 Lil Dagover: Ich war die Dame, 1980, S. 200.
4 William L. Shirer: This is Berlin, Leipzig 1999, S. 273.
5 »Als Flagschiff des Norddeutschen Lloyd hatte die ›Bremen‹ immer eine besondere Aufmerksamkeit in der Welt genossen. Mit 51731 BRT (52 km, 120000 PS) war sie das größte Schiff der deutschen Handelsflotte und das drittgrößte Schiff der Welthandelsflotte«. In: Boguslaw Drewniak: Der Deutsche Film 1938–1945, Düsseldorf 1987, S. 350. Die Rückkehr der »Bremen« aus den USA nach Ausbruch des Krieges wurde in den nationalsozialistischen Medien propagandistisch ausgeschlachtet. Von Adolf Ahrens selbst erschien 1940 das Buch »Die Siegesfahrt der Bremen«.
6 BA/Ufa-Ton-Woche 485/1939.
7 Alf Teichs: Herrliche Zeiten. Unveröff. Ms., Filmmuseum Berlin.
8 Filmwelt 1941, hier zit. nach Klaus Kreimeier: Die Ufa-Story, München 1995, S. 370.
9 BA/RKK 2600/Box 0173, Personalakte Heinz Rühmann.
10 Ebd.
11 Vgl.: Krützen: Hans Albers, Weinheim; Berlin 1995, S. 249.
12 Hans Söhnker: …und kein Tag zuviel, Hamburg 1974, S. 156.
13 Ebd.
14 Zit. nach: Der Tagesspiegel, 28. 3. 2001, Christian Schröder.
15 Ernst von Salomon: Der Fragebogen, Hamburg 1951, S. 352.
16 Abendzeitung, 10. 3. 1965. ohne Autor.
17 Der Tagesspiegel, 11. 3. 1960, ohne Autor.
18 Der Angriff, 5. 4. 1941, Wilhelm Grundschöttel.
19 Völkischer Beobachter, 5. 3. 1938, Erwin Bauer.
20 BA/RKK/Box 0005, Personalakte Heinz Rühmann. Helmut Weiss am 31. Januar 1946 an die Kammer der Kunstschaffenden.
21 Ebd. Alois Woppmann am 29. Januar 1946 an die Kammer der Kunstschaffenden.
22 Ebd. Heinz Rühmann Lebenslauf an die Kammer der Kunstschaffenden, 24. 1. 1946.
23 Käthe Brinker: Heinz Rühmann, Hertha Feiler. Er und Sie, Berlin o. J., S. 35–36.
24 Ebd.
25 Zit. nach: Film-Kurier, 2. 3. 1940, Günther Schwark.
26 Kirst: Heinz Rühmann, München 1969, S. 171.
27 Film-Kurier, 24. 4. 1941, ohne Autor.
28 Ebd.
29 Curt Siodmak: Unter Wolfsmenschen, Bonn 1996, S. 153.
30 Deutsche Allgemeine Zeitung, 14. 10. 1937, Werner Fiedler.
31 Die Journalistin Ursula von Kardorff schrieb am 5. Mai 1943: »Werner Fiedler hat sich mit seinen frechen Filmkritiken wieder etwas eingebrockt.« In: Ursula von Kardorff: Berliner Aufzeichnungen 1942 bis 1945, München 1997, S. 80.

32 Reinhard Baumgart im Vorwort zu: Torsten Körner: Der kleine Mann als Star, Frankfurt/Main 2001, S. 9.

33 Goebbels notierte am 21. 10. 1937: »Der Führer ruft an; ihm hat ›Mustergatte‹ gut gefallen; und auch ›Der zerbrochene Krug‹. Beim letzteren kann ich nicht ganz mit.«

34 Falls nicht anders angegeben, werden alle Zitate von Goebbels nach der bei K.G. Saur erschienenen Edition seiner Tagebücher zitiert.

35 Nachdem die Haushälterin die vergnügungssüchtige Clique hinausgebeten hat, fragt sie Peter Ohlsen: »Soll ich auslüften?« Das Wort »Auslüften« erhielt im Dritten Reich oft eine stigmatisierende Bedeutung. Man hatte die »Stickluft der Systemzeit« oder den »üblen Geruch der Juden« vertrieben, man hatte »ausgelüftet«. Es wehte ein »frischer, sauberer Wind«.

36 Eintrag vom 25. 4. 1939.

37 Eintrag vom 8. 10. 1937, Goebbels über Rühmann als Mustergatte.

38 Fritz Hippler im Interview mit Ulrike Kahle zu dem Film Deutsche Lebensläufe. Heinz Rühmann, SWR 2001.

39 Dieses Datum nennt Fritz Hippler im vorgenannten Interview mit Kahle.

40 Im Jahr 1941 hatte z. B. die Ufa die Herstellung eines solchen Streifens übernommen. Der Film erfordert einen Kostenaufwand von 28805 Reichsmark, 6 Drehtage werden veranschlagt. BA/R 109 I/Ufa: Sitzungsprotokoll vom 10. 9. 1941, Nr. 1467.

41 BA-Film Nr. 1843.

42 Im Interview mit Ulrike Kahle betont Hippler, daß man niemanden zu dieser Arbeit habe zwingen müssen. Er nennt als weitere Regisseure Karl Ritter und Gustav Ucicky, die beide eine Reihe von NS-Propagandafilmen gedreht haben.

43 Zit. nach: Oliver Rathkolb: Führertreu und gottbegnadet, Wien 1991, S. 166.

44 Zit. nach: Boguslaw Drewniak: Der deutsche Film 1938–1945, Düsseldorf 1987, S.167–168.

45 Völkischer Beobachter, 6. 12. 1937, (München), ohne Autor.

46 Rühmann: Das war's, Frankfurt/Main 1982, S. 147.

47 Im Bundesarchiv/Militärarchiv in Freiburg, wo sich die Akten des OKW-Amtes Ausland/Abwehr befinden, konnten die Dokumente, von denen Mader spricht, nicht ermittelt werden.

48 Filmmuseum Berlin – Deutsche Kinemathek, Nachlaß Heinz Rühmann 4.3-97/01-2. Julius Mader an Heinz Rühmann am 27. 6. 1966.

49 Ebd. Heinz Rühmann an Julius Mader, 15. 7. 1966.

50 Nach Rühmanns Wehrpaß. Filmmuseum Berlin – Deutsche Kinemathek: Nachlaß 4.3.-97/01-1 Heinz Rühmann.

51 Rühmann: Das war's, Frankfurt/Main 1982, S. 171.

52 Ebd., S. 173.

53 Im Bundesarchiv Berlin existiert jedoch lediglich die Fassung für die Auslandswochenschau. BA/Ufa-Auslandswochenschau, Nr. 503, Folge 17, Nr. 2337.

54 Berliner Illustrirte, 22. 5. 1941, ohne Autor.

55 Vgl. Geerte Murmann: Komödianten für den Krieg. Deutsches und alliiertes Fronttheater, Düsseldorf 1992.

56 BA/RKK: 2680/Box: 0003/File: 04.

57 Goebbels über *Fronttheater* am 14. 8. 1942 in seinem Tagebuch: »Die Charaktere sind schlecht gezeichnet, der Konflikt an den Haaren herbeigezogen und die Durchführung der Handlung ganz äußerlich und konventionell gemacht.«

58 Hörzu, ohne Datum, Fundort, Archiv Deutschland Radio Berlin.

59 Ebd.

60 Heinz Rühmann an Heinrich Spoerl am 13. 12. 1940, Der Briefwechsel Rühmann–Spoerl befindet sich im Besitz von Inge Spoerl.

61 Heinrich Spoerl an Heinz Rühmannn am 18. 11. 1940.

62 Heinrich Spoerl an Joseph Goebbels am 15. 6. 1939.

63 Heinrich Spoerl an die Terra Filmkunst am 28. 11. 1939.

64 *Der Gasmann* erschien ab dem 11. 2. 1940 auch als Fortsetzungsroman in der nationalsozialistischen Zeitung »Der Angriff«. Knittels Bemerkung »Na, denn, Heil Hitler« taucht weder hier noch im Buch auf. In Buch und Zeitung wird die Stelle in der indirekten Rede wiedergegeben: »[…] sie werde sich beschweren, überhaupt habe sie einen Vetter, der sei bei der Partei, und da könne er mal was erleben!«, Heinrich Spoerl: Der Gasmann, Berlin 1940, S. 40.

65 Vgl.: Moeller: Der Filmminister, Berlin 1998, S. 338–339.

66 Ball/Spiess: Heinz Rühmann und seine Filme, München 1982, S. 102.

67 Heinz Rühmann an Heinrich Spoerl am 1. 4. 1941.

68 Tonfilm-Studio Carl Froelich an Heinrich Spoerl am 10. 5. 1941.

69 Heinz Rühmann an Heinrich Spoerl am 27. 5. 1941.

70 Deutsche Allgemeine Zeitung, 2. 8. 1941, Werner Fiedler.

71 Ebd., 10. 10. 1936, Werner Fiedler.

72 Vergleichbare oppositionelle Signale gab es z. B. auch immer wieder bei Don Carlos-Inszenierungen. Wenn sich der Marquis Posa dem Tyrann Philipp zu Füßen warf und forderte »Sire, geben Sie Gedankenfreiheit!« (3. Akt, 10. Szene), wurden die Vorstellungen oft von minutenlangem Beifall unterbrochen.

73 Deutsche Allgemeine Zeitung, 2. 8. 1941, Werner Fiedler.

74 Film-Kurier, 29. 4. 1939, ohne Autor.

75 Diese Information verdanke ich Angelott Firmans, die Tochter von Lothar Firmans, die ihren Vater bei den Dreharbeiten besuchte und von dem Unfall berichtete.

76 Für Informationen und Material danke ich Paul Adelsberger vom Heimatmuseum Erding.

77 Ishoven: Ernst Udet, Herrsching 1977, S. 144.

78 Der deutsche Film 1941. Zit. nach Ball/Spiess: Heinz Rühmann und seine Filme, München 1982, S. 107.

79 Ebd., S. 106.

80 Film-Kurier, 12. 11. 1941, ohne Autor.

81 Vgl.: Christiane Mückenberger/Günter Jordan: »Sie sehen selbst, sie hören selbst …« Die DEFA von ihren Anfängen bis 1949. Marburg 1994.
82 Herlths Tochter überlebte die Nazi-Herrschaft.
83 Liebe: Verehrt, Verfolgt, Vergessen, Weinheim; Berlin 1992, S. 209.
84 Zit. nach: Ebd.
85 Erich Kästner: Mein liebes gutes Muttchen, Du!, Hamburg 1981, S. 239.
86 Ebd., S. 240.
87 Ebd., S. 241.
88 Zit. nach: Ball/Spiess: Heinz Rühmann und seine Filme, München 1982, S.109.
89 Zit. nach: Moeller: Der Filmminister, Berlin 1998, S. 263.
90 Vgl.: Jerzy Toeplitz: Geschichte des Films, Bd. 4, 1939–1945, Berlin 1983, S. 233–240.
91 Kardorff: Berliner Aufzeichnungen, München 1997, S. 67–68.
92 Heinz Rühmann an Heinrich Spoerl, Februar 1943, ohne Datum.
93 Erich Knauf (Hrsg.): Lauter Liebe. Aktuelle Filmbücher, Berlin 1940, Bd. 55.
94 Hans Reimann über eine Gastspieltournee 1933/34 mit *Charley's Tante*: »Wir probten so beharrlich, daß wir keiner Souffleuse bedurften. Rühmann, exakt wie immer, duldete keine Spassettln. Irgendwelches Abweichen von der endgültigen Fassung war nur gestattet, wenn man das Extempore vorher anmeldete.« Hans Reimann: Mein blaues Wunder, München 1959, S. 473.
95 Vgl.: Heinz Rühmann: Ein Leben in Bildern, hrsg. von Manfred Barthel, Berlin 1987, S. 76.
96 So etwa unter der Überschrift »Ruhe für Heinz Rühmann!« In: Film-Kurier, 21. 10. 1938, s-k.
97 Lichtbild-Bühne, 2. 3. 1940, ohne Autor.
98 Ein Komiker bittet uns ums Wort. Der Ernst des Humors. In: BZ am Mittag, 3. 11. 1942, Nr. 263, Heinz Rühmann.
99 Ebd.
100 Ebd.
101 Der Angriff, 17. 1. 1939, Nr. 14, Werner Henske.
102 Söhnker: … und kein Tag zuviel, Hamburg 1974, S. 198.
103 Zit. nach: Ball/Spiess: Heinz Rühmann und seine Filme, München 1982, S. 218.
104 Rühmann, Das war's, Frankfurt/Main, S. 143.
105 Gagen zit. nach Drewniak: Der deutsche Film 1938–1945, Düsseldorf 1987, S. 165. Quelle: BA/R 109 I, Nr. 1735, Verzeichnis vom 31. 5. 1944; R 109 II, Vorl. 24, Schreiben Hans Heinrich Hinkels vom 12. 1. 1944; R 109 II, Vorl. 50, Bericht vom 12. 10. 1944.
106 Presseausschnitt ohne Angabe der Quelle, 29. 12. 1948, W. Lg, Fundort: BA/Bundesfilmarchiv Berlin, Mappe: Kupferne Hochzeit.
107 Rühmann: Das war's, Frankfurt/Main 1982, S. 143.
108 Film-Kurier, 6. 7. 1940, Georg Herzberg.

109 Manfred Barthel: Als Opas Kino jung war. Der deutsche Nachkriegsfilm, Berlin 1991, S. 137.
110 Der Spiegel, 5. 1. 1998, ohne Autor, S. 148.
111 Heinrich Spoerl an Hans Reimann am 30. Mai 1930. Der Briefwechsel Spoerl-Reimann befindet sich ebenfalls im Besitz von Frau Inge Spoerl.
112 Heinrich Spoerl an Hans Reimann am 26. 8. 1931.
113 Heinrich Spoerl an Hans Reimann am 28. 8. 1931.
114 Ufa an Hans Reimann am 5. 9. 1931.
115 Vgl.: Klaus Petersen: Zensur in der Weimarer Republik, Stuttgart; Weimar 1995.
116 Heinrich Spoerl an Hans Reimann am 10. 9. 1931.
117 Hans Reimann an Heinrich Spoerl am 15. 12. 1931.
118 Heinrich Spoerl an Hans Reimann am 10. 1. 1932.
119 Hans Reimann an Heinrich Spoerl, ohne Datum.
120 Carl Duncker Verlag an Hans Reiman am 27. Juni 1932.
121 Hans Reimann an Heinrich Spoerl am 11. Juni 1933.
122 Heinrich Spoerl an Hans Reimann am 2. 7. 1933.
123 Hans Reimann an Heinrich Spoerl am 3. 11. 1933.
124 Heinrich Spoerl an Hans Reimann am 5. November 1933.
125 Vossische Zeitung, 16. 2. 1934, Nr. 40, r.
126 Germania, 18. 2. 1934, Nr. 48, ohne Autor.
127 Berliner Lokal-Anzeiger, 19. 2. 1934, ohne Autor.
128 Berliner Tageblatt, 14. 2. 1934, Nr. 76, H. F. (Hans Flemming).
129 Völkischer Beobachter, 15. 2. 1934, Nr. 46, v. D.
130 Am 15. 4. 1942 schreibt Spoerl an Alf Teichs: »Vorgestern habe ich hier den ›Quax‹ gesehen und habe nunmehr keinerlei Bedenken bezüglich Rühmanns Alter. Man muß nur ein bißchen vorsichtig fotografieren und Vorderansichten bei allzu flacher Beleuchtung vermeiden, weil dann Rühmann im Gesicht etwas zu füllig aussieht. Im Profil finde ich Rühmann im ›Quax‹ überall überraschend jung und lausbubenhaft.«
131 Heinrich Spoerl an Heinz Rühmann am 14. 5. 1942.
132 Für die Schilderung dieser Szenen danke ich Inge Spoerl.
133 Alf Teichs an Heinrich Spoerl am 4. 2. 1943.
134 Heinz Rühmann an Heinrich Spoerl am 6. 2. 1943.
135 Heinz Rühmann an Heinrich Spoerl, 20. 2. 1943.
136 Heinz Rühmann: Ein Leben in Bildern, hrsg. v. Manfred Barthel, Frankfurt/Main; Berlin 1987, S. 92.
137 »12 Minuten Ufa«. Eine Kopie dieses Films findet sich im BA/Filmarchiv/M3246, Berlin.
138 Joachim Fest schreibt in seiner Hitler-Biographie: »Heinz Rühmanns ›Quax, der Bruchpilot‹ oder dessen ›Feuerzangenbowle‹ […] gehörten zum Vorzugsrepertoire und wurden bis zu zehnmal und häufiger vorgeführt.« In: Fest: Hitler, Berlin 1998, S. 746.
139 Vgl.: Felix Moeller: Der Filmminister, Berlin 1998, S. 333.
140 Helma Sanders-Brahms: Das Dunkle zwischen den Bildern, Frankfurt/Main 1992, S. 69–70.

141 Karsten Witte: Lachende Erben, Toller Tag. Filmkomödie im Dritten Reich, Berlin 1995, S. 240.

142 Ebd., S.241–242.

143 Vgl.: Peter Zimmermann: Kleiner Mann, was nun? Der Komiker Heinz Rühmann im Obrigkeitsstaat. In: Thomas Koebner (Hrsg.): Idole des deutschen Films, München 1997, S. 288–290.

144 Uraufgeführt vor 50 Jahren: Die Feuerzangenbowle. In: epd Film, März 1994, Nr. 3, Georg Sesslen, S. 10–11.

145 Kardorff: Berliner Aufzeichnungen, München 1997, S. 181.

146 Lediglich zu *Ich vertraue Dir meine Frau an* hatte Franz Grothe die Musik komponiert, allerdings war Werner Bochmann die musikalische Leitung dieses Films übertragen worden.

147 Söhnker: ...und kein Tag zuviel, Hamburg 1974, S. 198.

148 Den Prozeß gegen Knauf schildert ausführlich Wolfgang Eckert in der Knauf-Biographie: Heimat, deine Sterne, Chemnitz 1998.

149 Ilse Werner: So wird's nie wieder sein, Bayreuth 1981, S. 135.

150 BA/RKK/2705/Box 0005, Blatt 52, Personalakte Heinz Rühmann.

151 Ebd., Blatt 90.

152 BA/RKK 2600.

153 Heinz Rühmann erzählt sein Leben. In: Welt am Sonntag, 31. 8. 1969.

154 Artikelserie in der Deutschen Illustrierten, ab 10. 11. 1956, Nr. 42 bis 46.

155 Zit. nach den Tagebüchern von Dr. Hans-Erich Brand (Berlin), der seine Aufzeichnungen freundlicherweise zur Verfügung stellte.

156 Ebd.

1945–1960

1 Ruth Andreas-Friedrich: Schauplatz Berlin, Frankfurt/Main 1986, S. 26

2 Vgl.: Henning Rischbieter: Theater im geteilten Deutschland, Berlin 1999, S. 9–20.

3 Vgl.: Wolfgang Leonhard: Die Revolution entläßt ihre Kinder, Frankfurt/Main 1974.

4 Dieter Hanauske (Hrsg.): Die Sitzungsprotokolle des Magistrats der Stadt Berlin 1945/1946, Berlin 1995, S. 32.

5 Zit. nach: Gerhard Keiderling (Hrsg.): Gruppe Ulbricht in Berlin April bis Juni 1945, Berlin 1993, Dok. 50, S. 315.

6 Ebd., Dok. 51, 9. 5. 1945, Walter Ulbricht an Georgi Dimitroff, S. 320.

7 Ebd., Dok. 61, 16. 5. 1945, Walter Ulbricht an Generaloberst N. E. Bersarin, S. 343.

8 Zit. nach: Hanauske (Hrsg.): Die Sitzungsprotokolle des Magistrats der Stadt Berlin 1945/1946, Berlin 1995, S. 44.

9 Ebd., S. 23–48.

10 Berliner Zeitung, 21. 5. 1945, ohne Autor.

11 In einem Interview im Anschluß an die erste Magistratssitzung sagte Rühmann: »Unsere Berliner arbeiten jetzt viel und schwer. Sie arbeiten

gern, denn sie arbeiten für sich selbst, für den Wiederaufbau ihrer Stadt. Meine Aufgabe als Künstler sehe ich darin, ihnen die verdiente Freude und Entspannung zu bieten, soweit ich das mit meinen bescheidenen Kräften vermag.« Zit nach: Winfried Ranke u. a.: Kultur, Pajoks und Care-Pakete. Eine Berliner Chronik 1945–1949, Berlin 1990, S. 53.

12 Zit. nach CineGraph, Lexikon zum deutschsprachigen Film, Heinz Rühmann, E 2, Thomas Brandlmeier.

13 An Wegeners Gartenzaun in der Binger Straße in Berlin-Friedenau hatte der russische Abschnittskommandant ein Schild in russischer Sprache anbringen lassen, auf dem zu lesen war: »Hier wohnt Paul Wegener, der große Künstler, geliebt und verehrt auf der ganzen Welt.« Zit. nach: Wolfgang Schivelbusch: Vor dem Vorhang. Das geistige Berlin 1945 bis 1948, Frankfurt/Main 1997, S. 75.

14 Ebd. S. 72.

15 Vgl.: Hanauske (Hrsg.): Die Sitzungsprotokolle des Magistrats der Stadt Berlin 1945/1946, Berlin 1995, S. 163.

16 OMGUS 5/242-1/1: History ICD OMGUS 8 May 1945–30 June 1946. Zit. nach: Brewster S. Chamberlin: Kultur auf Trümmern. Berliner Berichte der amerikanischen Information Control Section, Stuttgart 1979, S. 12.

17 OMGUS 5/242-3/13: Henry C. Alter to ISC Officer Berlin District 14. July 1945. Zit. nach: Chamberlin: Kultur auf Trümmern, Stuttgart 1979, S. 45.

18 Ebd., S. 46.

19 Vgl.: Schivelbusch: Vor dem Vorhang, Frankfurt/Main 1997, S. 203.

20 OMGUS 5/242-3/13: Denkschrift Wolf von Gordon 7. 7. 1945. Zit. nach: Chamberlin: Kultur auf Trümmern, Stuttgart 1979, S. 67.

21 OMGUS 5/242-3/13: John Bitter and Henry Alter to ISC Officer Berlin District, 4. August 1945. Zit. nach: Chamberlin: Kultur auf Trümmern, Stuttgart 1979, S. 84–85.

22 Ebd.

23 Rühmann: Das war's, Frankfurt/Main 1982, S. 162.

24 OMGUS 4/8-2/4. »Suggestions for an Inter-Allied control of undesireable Germans engaged in cultural activities« , 2. 10. 1945. Zit. nach: Chamberlin: Kultur auf Trümmern, Stuttgart 1979, S. 25.

25 Vgl.: Rühmann: Das war's, Frankfurt/Main 1982, S. 159.

26 OMGUS 10/17-3/3. Report on Trip to Berlin, Davidson Taylor to Intelligence Section ICD USFET, 20 July.

27 Laut Berliner Telefonbuch der US Army lebte Robert McClure zunächst in der Hohenzollernstraße 15 (1946) und dann Am Großen Wannsee 2–4 (1947).

28 Rühmann: Das war's, Frankfurt/Main 1982, S. 162.

29 Margret Boveri: Tage des Überlebens, München; Zürich 1985, S. 183.

30 Rühmann: Das war's, Frankfurt/Main 1982, S. 166.

31 Wladimir Gall: Moskau, Spandau, Halle. Etappen eines Lebensweges, Schkeuditz 2000, S. 138.

32 Ebd.
33 Heinz Rühmann am 15. Juni 1946 an Siegfried Pinkus und Eliza La Porta. Originalkorrespondenz im Besitz von Romolo La Porta.
34 Vgl.: Henning Rischbieter: Bühnenhunger. In: Hermann Glaser (Hrsg.): So viel Anfang war nie, Berlin 1989, S. 226–243.
35 Bruni Löbel im Interview mit Ulrike Kahle für den Fernsehfilm Deutsche Lebensläufe. Heinz Rühmann, SWR 2001.
36 Rühmann: Das war's, Frankfurt/Main 1982, S. 158.
37 Aus dem Halbwochenbericht des Information Control Offiziers Henry Alter vom 14. Juli 1945 geht hervor, daß Mitarbeiter der Tobis Film Co. einen ausführlichen Bericht an die Amerikaner geschickt hatten, in dem die Terra-Leute und Heinz Rühmann denunziert wurden. Vgl.: Chamberlin: Kultur auf Trümmern, Stuttgart 1979, S. 46. Dieser Bericht konnte in den OMGUS-Akten nicht ermittelt werden.
38 Ebd., S. 42.
39 Bei einer Befragung durch die Rechtsabteilung am 26. 1. 1946 teilte Rühmann mit, er habe im Juli 1945 ein solches Verfahren gegen sich selbst beantragt. In: BA/RKK 2705, Personalakte Rühmann, Blatt 16.
40 Rühmann terminierte diesen Vorgang für den Sommer 1946 (Vgl. Rühmann: Das war's, Frankfurt/Main 1982, S. 170). Alle erhaltenen Unterlagen in seiner Personalakte im Bundesarchiv lassen aber den zweifelsfreien Schluß zu, daß die Untersuchung durch Sely und die Rechtsabteilung der Kammer der Kunstschaffenden im Winter 1945 begann.
41 Rühmann schrieb, die Briten hätten ihm vorgehalten, es seien Flugaufträge für das Amt Abwehr gefunden worden, die seinen Namen trügen (Vgl. Rühmann: Das war's, Frankfurt/Main 1982, S. 170). In den Untersuchungsprotokollen der Rechtsabteilung im Bundesarchiv (RKK 2705) findet sich kein Hinweis auf die Existenz dieser Aufträge. Gleichwohl wird dort Rühmanns »fliegerische Tätigkeit während des Krieges« erörtert.
42 BA/RKK 2705, Personalakte Heinz Rühmann, Rücksprache mit Herrn Heinz Rühmann am 26. 1. 1946, Blatt 18.
43 Alle Dialoge und Zitate aus dieser Befragung nach: BA/RKK 2705, Personalakte Heinz Rühmann, Aus dem Protokoll vom 4. 3. 1946, Blatt 96–100.
44 Ebd., Blatt 96.
45 Ebd., Blatt 98.
46 BA/RKK 2705, Personalakte Heinz Rühmann, Protokoll der Sitzung des Deutschen Prüfungsausschusses vom 28. 3. 1946, Blatt 115.
47 BA/RKK 2705, Personalakte Heinz Rühmann, Berlin Information Control Unit, 16. 4. 1946.
48 Information Control Branch, Control Commission for Germany (British Element). In: Nachlaß Heinz Rühmann, 4.3-97/01, Filmmuseum Berlin.
49 Selbst während meiner Recherchen begegnete ich einigen Menschen, die behaupteten, ihr »Vater« oder »Onkel« hätte Rühmann während des Krieges als »sehr harten Offizier« erlebt. Auch im Nachlaß von Rüh-

mann finden sich unter der Fanpost einige Briefe, die dieses Gerücht weitertragen.

50 Völkischer Beobachter, 9. 5. 1936, erba.

51 Mein Magazin, 15. 6. 1935, B. Klein.

52 Karl Valentin: Briefe, hrsg. v. Gerhard Gönner, München 1996, Bd. 6, S. 202.

53 Karl Valentins harsche Kritik an Rühmann, war nicht in erster Linie politisch fundiert und durchdacht, sondern durch den eigenen Mißerfolg motiviert. Valentin hätte nichts dagegen einzuwenden gehabt, wenn er seine Karriere im Dritten Reich hätte fortsetzen können. So schrieb er etwa am 25. 7. 1937 an den Regisseur Hans Hellmut Zerlett: »Lieber Herr Zerlett, nehmen Sie sich bitte 30 Minuten lang Zeit und lesen Sie die beigelegten Gutachten. Unser Führer und Reichskanzler selbst ist ein großer Verehrer von mir und Frl. Karlstadt und er hat sich den letzten Grossfilm ›Donner, Blitz und Sonnenschein‹ 2x angesehen. Auch meine Kurztonfilme hat er sich extra in die Reichskanzlei schicken lassen. Und trotzdem kümmert sich kein Filmmensch um uns. [...] Ich bin finanziell nicht auf Rosen gebettet, schon eher auf Brennesseln, ich besitze ein Vermögen von 8000.– Reichsmark und ein kleines Landhäuschen, das ist alles. Herr Rühmann (bitte um Diskretion) spielt jährlich mindesten[s] 3 Filme à 20.000.– Mark (warum) seine Frau soll nicht arischer Abstammu[ng] warum hat [...] dieser Mann den Vorzug? Soll ich mich auch noch scheiden lassen und eine andersrassige Dame heiraten?« Ebd. S. 110. Vgl. S. 219 u. S. 221.

54 Jean-Noël Kapferer: Gerüchte. Das älteste Massenmedium der Welt, Leipzig 1996, S. 219–220.

55 Der Schauspieler Horst Frank hat in seiner Autobiographie so einen Kinobesuch bei der Flieger-HJ geschildert: »Der Tag begann mit einem Kinobesuch. Am hellichten Morgen (um acht) marschierten wir (ein fröhliches Lied auf den Lippen) zum Ort und sahen ›Quax, der Bruchpilot‹. Mit einem fröhlichen Lied auf den Lippen marschierten wir danach wieder zurück. Am Nachmittag war Inspektion.« In: Ders.: Leben heißt leben, München; Berlin 1981, S. 89.

56 Vgl.: Wolfgang Jacobsen: Erich Pommer. Ein Produzent macht Filmgeschichte, Berlin 1989.

57 »›Sag die Wahrheit‹ sollte suggerieren, daß es unmöglich sei, die Wahrheit zu sagen. Diese Apologie der Lüge löste in den Westzonen Unruhe aus. In vielen Städten kam es zu Protesten, vor allem von Jugendlichen. Aufgrund einer Anzeige befand deshalb ein Osnabrücker Gericht 1947, daß das Publikum keineswegs gehalten sei, Theater- und Filmvorführungen widerspruchslos hinzunehmen.« Ulfilas Meyer: Trümmerkino. In: Glaser, So viel Anfang war nie, Berlin 1989, S. 261.

58 Vgl.: Claudia Dillmann-Kühn: Artur Brauner und die CCC, Frankfurt/Main 1990, S. 21–22.

59 Der Morgen, 15. 12. 1946, ohne Autor.

60 Alf Teichs: Herrliche Zeiten, unveröff. Ms. Filmmuseum Berlin.

61 Rolf Zehetbauer im Interview mit dem Autor am 8. 9. 2000 in München.

62 Vgl.: Die neue Filmwoche, 7. 2. 1948, ohne Autor.

63 Unter der Überschrift »Heinz Rühmann dementiert« erschien in der Berliner Zeitung »Der Morgen« am 14. 1. 1948 folgende Meldung: »Heinz Rühmann, der als Lizenzträger und Hauptdarsteller der ›Komödia‹ in München seinen ersten Nachkriegsfilm ›Der Herr vom andern Stern‹ dreht, bestreitet energisch, als Tramp verkleidet und mit einem Knüppelstock aus der Ostzone geflüchtet zu sein. Er sei mit Zustimmung der sowjetischen Behörden im Kraftwagen in die Westzonen gekommen. Ebenso dementierte Heinz Rühmann nochmals die Gerüchte, wonach er während des Krieges Menschenschinder und Luftwaffenmajor gewesen sei.«

64 Der Film wurde vom Herzog-Verleih in die Kinos gebracht.

65 Berliner Filmblätter, 16. 7. 1948, -till.

66 Süddeutsche Zeitung, 10. 8. 1948, Gunter Groll.

67 Offenbach Post, 14. 8. 1948, ohne Autor.

68 Die Filmwoche, 24. 7. 1948, ohne Autor.

69 Alf Teichs: Herrliche Zeiten, unveröff. Ms. Filmmuseum Berlin, S. 341.

70 »Nun fehlte uns nur noch die Besetzung des Hauptdarstellers, des Otto Normalverbraucher. Eigentlich hatte ich dafür an meinen damaligen Partner Heinz Rühmann gedacht. Aber der wollte nicht so recht. Genauso wie Erich Pommer von der Sache nicht viel hielt, der mir als Chef der amerikanischen Film-Abteilung immerhin meine Lizenz gegeben hatte.« Ebd., S. 314.

71 Ebd., S. 348.

72 Gustav Knuth: Mit einem Lächeln im Knopfloch, Frankfurt/Main 1977, S. 123.

73 Ebd.

74 Aus einem Presseartikel geht hervor, daß Heinz Rühmann und Carl Zuckmayer mit großer Wahrscheinlichkeit in Bad Reichenhall im Hotel Monopol zusammentrafen. Dieser Artikel findet sich in: Radio Almanach, 7. 12. 1947, Heft 28, Herbert Viktor Schmidt.

75 Teichs meinte wahrscheinlich den Schauspieler Hermann Speelmanns.

76 Alf Teichs an Carl Zuckmayer am 30. Juli 1948. Originalkorrespondenz im Besitz von Katharina Teichs-Mayberg.

77 Helmut Käutner an Georg Hurdalek am 21. 12. 1949. Akademie der Künste, Berlin. Helmut Käutner-Archiv, Nr. 74.

78 Helmut Käutner an die Comedia am 4. 5. 1950. Ebd., Nr. 61.

79 Bericht über die Durchführung der Liquidation der Comedia Rühmann-Teichs oHG in der Zeit vom 1. 4. 1952 bis 31. 10. 1965, Kisch-Media Archiv.

80 Ebd.

81 Georg Roeber und Gerhard Jacoby sprechen in ihrem »Handbuch der filmwirtschaftlichen Medienbereiche« von etwa vier Millionen Mark Schulden, die bereinigt wurden. Nach dem vorliegenden Liquidationsbericht hat Rühmann etwa 600000 Mark im Rahmen der Liquidation an

seine Gläubiger gezahlt. Weitere Verbindlichkeiten hat die Berolina-Filmgesellschaft übernommen, mit der Rühmann einen Pauschalvertrag abgeschlossen hatte.

82 Der Morgen, 25. Januar 1950, ra-.

83 Berliner Zeitung, 25. 1. 1950, Horst Heitzenröther.

84 Die Welt, 22. 1. 1950, C. B.

85 National-Zeitung, 17. Juni 1949, H. R. M.

86 Heinz Rühmanns Bruder Hermann arbeitete eine Zeit lang in Südamerika. Am 15. 6. 1946 schrieb Heinz Rühmann an Fred Pinkus und Eliza La Porta: »Ich betrachte die jetzige Zeit und unser Tun hier als nur vorübergehend und habe die Überzeugung, dass alles nochmal anders werden wird. Ich habe Verbindung mit London aufgenommen, Schweden, Schweiz, evtl. Südamerika zu meinem Bruder.« Originalkorrespondenz im Besitz von Romolo La Porta.

87 Hans Schaller an Heinz Rühmann am 10. 9. 1951. Originalkorrespondenz im Besitz von Frau Bona Schaller.

88 Hans Schaller an Heinz Rühmann am 1. März 1951.

89 »Es würde den friedlichen Wünschen aller Deutschen entsprechen, wenn ein Gesamtdeutscher Konstituierender Rat unter paritätischer Zusammensetzung aus Vertretern Ost- und Westdeutschlands gebildet würde, der die Bildung einer gesamtdeutschen, souveränen, demokratischen und friedliebenden provisorischen Regierung vorzubereiten hätte, und den Regierungen der UdSSR, der USA, Großbritanniens und Frankreichs die entsprechenden Vorschläge zur gemeinsamen Bestätigung unterbreiten würde.« Otto Grotewohl an Konrad Adenauer am 30. November 1950. Zit. nach: Wolfgang Kraushaar: Die Protest-Chronik 1949 bis 1959, Hamburg 1996, S. 331–332.

90 Südbayerische Volkszeitung, 13. 1. 1951, ohne Autor.

91 Berliner Zeitung, 14. 1. 1951, ohne Autor.

92 Neues Deutschland, 8. 2. 1951, ADN.

93 Freiheit 8. 2. 1951, ADN.

94 Depesche, 22. 1. 1951, ohne Autor.

95 Neuer Vorwärts, 19. 3. 1951, -rer.

96 Film-Echo, 13. 3. 1951, H. Metzenthin.

97 Südbayerische Volkszeitung, 13. 2. 1951.

98 Heinz Rühmann an Günter Grass am 2. 7. 1968. Archiv der sozialen Demokratie (Bonn), SWI, 25, BTW 69, Schriftwechsel K 7.

99 Heinz Rühmann: Ein Leben in Bildern, Frankfurt/Main; Berlin 1987.

100 Rühmann: Das war's, Frankfurt/Main 1982, S. 177.

101 Berliner Morgenpost, 29. 8. 1953, Gsl.

102 Axel Schildt: Moderne Zeiten. Freizeit, Massenmedien und »Zeitgeist« in der Bundesrepublik der 50er Jahre, Hamburg 1995, S. 91.

103 Keine Angst vor großen Tieren. In: Berliner Morgenpost, 29. 8. 1953, Gsl.

104 Georg L. Mosse: Das Bild des Mannes. Zur Konstruktion der modernen Männlichkeit, Frankfurt/Main 1997.

105 Wochenpost, 13. 10. 1994, Georg Seesslen.

106 Neu-Ulmer Zeitung, 25. 11. 1953, ohne Autor.
107 Laut Drehbuchvertrag zwischen der Real-Film und Just Scheu, 7. 2. 1953. Kirch-Media Archiv.
108 Bundesinnenminister Lehr an die Real-Film am 24. 9. 1951. Zit. nach: CineGraph. Lexikon zum deutschsprachigen Film, Walter Koppel, E 4, Michael Töteberg.
109 Gaston Salvatore: Gaston Salvatore erzählt die Geschichte des Mannes mit der Pauke Wolfgang Neuss, Frankfurt am Main 1974, S. 175.
110 Heidelberger Tageblatt, 8. 8. 1953, ohne Autor.
111 Süddeutsche Zeitung, 16. 10. 1953, Gunter Groll.
112 Der Abend, 6. 10. 1953, Ba. (Manfred Barthel).
113 Ein Porträt von Josef Coesfeld findet sich in den Grünwalder Porträts, Nr. XII, zusammengestellt von Max Ernst, Grünwald 1994, S. 17–20.
114 Vgl.: Rühmann: Das war's, Frankfurt/Main 1982, S. 189–190.
115 Der Tagesspiegel, 25. 10. 1960, F. R.
116 Rühmann: Das war's, Frankfurt/Main 1982, S. 78
117 Am 4. 1. 1953 erlebte »En attendant Godot« in Paris seine Uraufführung. Die deutsche Erstaufführung fand 1953 im Westberliner Schloßpark-Theater statt.
118 Neue Ruhr-Zeitung, 2. 4. 1954, Juliane Reck-Malleczewen.
119 Henning Rischbieter (Hrsg.): Theater im geteilten Deutschland, Berlin 1999, S. 67–84.
120 Vgl.: Ernst Schröder: Das Leben verspielt, Frankfurt/Main 1978, S. 127 bis 130.
121 Rühmann: Das war's, Frankfurt/Main 1982, S. 80.
122 Münchner Merkur, 29. 3. 1954, Max Christian Feiler.
123 Siegfried Melchinger: Schauspieler. 36 Portraits, Rühmann, Frankfurt/Main; Wien; Zürich, S. 94.
124 Pfiffe und Ovationen. In: Volkes Kunst, Juni 1954, Siegfried Melchinger.
125 Neue Ruhr-Zeitung, 2. 4. 1954, Juliane Reck-Malleczewen.
126 Rühmann: Das war's, Frankfurt/Main 1982, S. 79–80.
127 Zit. nach: Die Zeit, 14. 10. 1994, Manfred Sack.
128 Rühmann: Das war's, Frankfurt/Main 1982, S. 81.
129 Ebd., S. 83.
130 Münchner Merkur, 1. 1. 1961, M. V.
131 Spandauer Volksblatt, 13. 9. 1969, Lothar Sträter.
132 Manfred Barthel : Als Opas Kino jung war, Frankfurt/Main; Berlin 1991, S. 176–177.
133 General Anzeiger der Stadt Wuppertal, 31. 3. 1956, H. H. (Henning Harmsen).
134 Rühmann: Das war's, Frankfurt/Main 1982, S. 184.
135 Gyula Trebitsch im Interview mit Torsten Körner am 27. 5. 1998.
136 Zit. nach: Barthel: Als Opas Kino jung war, Berlin 1991, S. 136.
137 Vgl.: Krützen: Hans Albers, Weinheim; Berlin 1995, S. 313.
138 Zuckmayer: Als wär's ein Stück von mir, Stuttgart; Hamburg o. J., S. 496.
139 Heinz Rühmann: Das war's, Frankfurt/Main 1982, S. 185.

140 Im Nachlaß von Heinz Rühmann findet sich ein Brief vom 26. 11. 1973, in dem er ausschließlich sein inniges Verhältnis zu dieser Vogelart beschreibt. »Dompfaffen haben mir schon immer in der Natur gefallen. Sie kamen nie allein, immer zu zweit und waren unzertrennlich.« Filmmuseum Berlin-Deutsche Kinemathek, Nachlaß Heinz Rühmann 4.3.-97/01-2.

141 Heinz Rühmann: Das war's, Frankfurt/Main 1982, S. 186.

142 Frankfurter Rundschau, 24. 3. 1956, Vitus. B. Dröscher.

143 Thomas Koebner: Halbnah. Schriften zum Film. Zweite Folge, St. Augustin 1999, S. 154.

144 National-Zeitung, 19. 9. 1956, Manfred Heidicke.

145 Hamburger Abendblatt, 9. 9. 1956, WMH.

146 Bremer Nachrichten, 5. 9. 1956, Harry Neumann.

147 Die Zeit, 6. 9. 1956, Wolfgang Ebert.

148 Kunst im Film ist Schmuggelware. Helmut Käutner im Gespräch mit Edmund Luft. In: Wolfgang Jacobsen/Hans Helmut Prinzler (Hrsg.): Käutner, Berlin 1992, S. 156.

149 Zit. nach: Epd/Kirche und Film, Nr. 9, 1956, S. 10, ohne Autor.

150 Die Filmbewertungsstelle Wiesbaden (FBW) verlieh dem Film das Prädikat »Besonders wertvoll« , ohne jede Schnittauflage, Prüf-Nr. 3000.

151 Von der FSK wurde der Film ohne Schnittauflagen als »jugendgeeignet« eingestuft. Prüftag: 26. 7. 1956, Prüf-Nr. 12581.

152 Ebd.

153 » ›Dann schwenkt die Kamera auf die ramponierte Uniform, die im Garten des Zuchthauses als Vogelscheuche dient. Diese Pointe wurde gekappt. Käutner protestierte und erreichte wenigstens, daß die Schlußeinstellung an die Kopien für den Auslandsvertrieb wieder angeklebt wurde‹, schreibt Michael Töteberg (Filmstadt Hamburg. Hamburg 1990. Die Information wird seit der ›Spiegel‹-Titelstory zu Käutner weitergetragen. Überprüft ist sie nicht.).« Karsten Witte: Im Prinzip Hoffnung. Helmut Käutners Filme. In: Wolfgang Jacobsen/Hans Helmut Prinzler (Hrsg.): Käutner, Berlin 1992, S. 97.

154 Berliner Zeitung, 17. 3. 1957, H. U. E.

155 Heinz Kerneck: Hört! Hört!, Berlin 1957, S. 150.

156 Jubel für Heinz Rühmann. In: BZ, 30. 8. 1956, Mando.

157 Der Oscar für den besten fremdsprachigen Film ging 1956 dann jedoch an *La Strada* von Federico Fellini.

158 Walther Schmieding: Kunst oder Kasse. Der Ärger mit dem deutschen Film, Hamburg 1961, S. 127–128.

159 Der Tagesspiegel, ohne Datum, Karena Niehoff, Fundort: Filmmuseum Berlin-Deutsche Kinemathek.

160 Vertrag zwischen Carl Zuckmayer und Real-Film vom 31. 3. 1955. Zusätzlich erhielt Zuckmayer noch drei Prozent vom Reingewinn des Produzenten. Der Vertrag befindet sich im Kirch-Media Archiv.

161 Vertrag zwischen R. A. Stemmle und Berolina-Film vom 1. 12. 1954. Der Vertrag befindet sich im Kirch-Media Archiv.

162 Helmut Käutner an Artur Brauner am 25. 11. 1957, Akademie der Künste, Berlin. Helmut Käutner-Archiv, Mappe 73.
163 Vgl.: Welt am Sonntag, 31. 7. 1960, Willy Haas.
164 Artur Brauner im Interview mit dem Autor am 15. 9. 1998.
165 Helmut Käutner an Artur Brauner am 14. 2. 1959, Akademie der Künste, Berlin. Helmut Käutner-Archiv, Mappe 73.
166 Vgl.: Axel von Ambesser: Nimm einen Namen mit A, Berlin; Frankfurt am Main 1985, S. 352.
167 Barthel: Als Opas Kino jung war, Frankfurt/Main; Berlin 1991, S. 225.
168 Ball/Spiess: Heinz Rühmann und seine Filme, München 1982, S. 170.
169 Rheinische Post, 25. 6. 1060, Alfred Brasch.
170 Zit. nach: Der Spiegel, 7. 9. 1960, ohne Autor.
171 Der Verlust soll insgesamt 30000 Mark betragen haben. Vgl. Ebd.
172 Rühmann: Das war's, Frankfurt/Main 1982, S. 208.
173 Die Welt, 24. 9. 1960, Willy Haas.
174 Frankfurter Allgemeine Zeitung, 29. 9. 1960, K. K. (Karl Korn).
175 FBW an CCC-Filmproduktion am 24. 11. 1960. Deutsches Filmmuseum Frankfurt am Main, Artur Brauner Archiv.
176 Heinz Rühmann – Der kleine Mann. In: Stephen Lowry/Helmut Korte: Der Filmstar, Stuttgart; Weimar 2000, S. 61.
177 Frankfurter Allgemeine Zeitung, 10. 12. 1960, Wa. (Friedrich A. Wagner)
178 Deutsche Woche, 21. 9. 1960, A. S.
179 Deutsche Zeitung, 2. 8. 1960, Günter Seuren.
180 Verleihkatalog der Gloria-Film 1957/58, Filmmuseum Berlin-Deutsche Kinemathek.
181 Ebd.
182 Hamburger Staats- und Universitätsbibliothek. Axel Eggebrecht an Inge Stolten am 23. 3. 1957, Nachlaß Eggebrecht: B 398: 1, Blatt 73.
183 Ebd. Af 5., Blatt 112.
184 Axel Eggebrecht an Inge Stolten, 25. 5. 1957, Ebd., B: 398, Blatt 112.
185 Im Nachlaß von Axel Eggebrecht befinden sich zwei weitgehend identische Treatments, die diese Handlungsführung und Figurenzeichnung zeigen. Ebd. Af 5.
186 Ebd. Af 6, Blatt 76.
187 Zit. nach: Der Spiegel, 16. 3. 1960, ohne Autor.
188 Der Abend, 26. 9. 1957, DA.
189 Helmut Käutner an Heinz Rühmann, 2. 12. 1957. Akademie der Künste, Berlin. Helmut Käutner-Archiv, Mappe 56.
190 Daß Rühmanns Rolle als Mitläufer sein Publikum auch noch Jahre später provozierte, zeigt ein Brief an ihn, den er 1967 nach der Fernsehausstrahlung von *Mein Schulfreund* erhielt. Dort heißt es: »Nun sah ich im Fernsehen den obengenannten Film, und mit ihm verlor ich meinen Heinz Rühmann. Ich kann es einfach nicht fassen, daß Sie sich als Zugkraft für ein solches Machwerk mißbrauchen ließen, das so widerwärtig ist, daß ich es nicht ertragen konnte, es mir bis zum Ende anzusehen.«

Filmmuseum Berlin-Deutsche Kinemathek, Nachlaß Heinz Rühmann, 4.3–97/01–2.

191 Allgemeine Wochenzeitung der Juden, 11. 11. 1959, Heinz Elsberg.

192 Johannes Mario Simmel im Gespräch mit dem Autor am 19. 2. 1999.

193 Süddeutsche Zeitung, 7. 3. 1977, Thomas Thieringer.

194 Gottfried Reinhardt: Der Apfel fiel nicht vom Stamm, München 1992, S. 338.

195 Vgl. Lieb:e Verehrt, Verfolgt, Vergessen, Weinheim, Berlin 1992, S. 209

196 Rühmann: Das war's, Frankfurt/Main 1982, S. 123–124.

197 Artur Brauner im Interview mit dem Autor am 15. 9. 1998.

1960–1994

1 Das Land der großen Mitte. Notizen aus dem Neon-Biedermeier. In: Der Monat, 6. Jahrg., 12/1953, Heft 63, Norbert Muhlen, S. 237–244.

2 Rudolf Rübberdt: Das Zeitalter des kleinen Mannes. Wandlungen der deutschen Sozialstruktur, Bremen 1948.

3 Wilhelm Reich: Rede an den kleinen Mann, Frankfurt/Main 1997, S. 13. Wilhelm Reich schrieb diesen Text 1946 in Amerika, wo er 1948 auch erstmals veröffentlicht wurde.

4 Jürgen Eick: Das Jahrhundert des kleinen Mannes, Düsseldorf 1961, S. 11–12.

5 Vgl.: Zimmermann: Kleiner Mann, was nun? In: Koebner (Hrsg.): Idole des deutschen Films, München 1997, S. 279–292.

6 Frankfurter Rundschau, 7. 3. 1962, H. U. (Heinz Ungureit).

7 Klaus Kreimeier: Kino und Filmindustrie in der BRD. Ideologieproduktion und Klassenwirklichkeit nach 1945, Kronberg/Ts, 1973, S. 130.

8 Christian Schmidt: Wir sind die Wahnsinnigen. Joschka Fischer und seine Gang, München; Düsseldorf 1999, S. 67.

9 Dies erklärte ein Sprecher des Außenministeriums am 13. 1. 2001 auf Anfrage des Autors.

10 Frankfurter Rundschau, 6. 10. 1994, Georg Seesslen.

11 Neues Deutschland, 6. 10. 1994, Horst Knietzsch.

12 Das Feuilleton des Sozialdemokratischen Pressedienstes, 6. 3. 1962, S. 1–2, Johannes Gerhard.

13 Frankfurter Rundschau, 7. 3. 1962, H. U. (Heinz Ungureit).

14 Frankfurter Allgemeine Zeitung, 7. 3. 1962, MR (Martin Ruppert).

15 Wörtlich hieß es im Manifest: »Der Zusammenbruch des konventionellen deutschen Films entzieht einer von uns abgelehnten Geisteshaltung endlich den wirtschaftlichen Boden. Dadurch hat der neue Film die Chance, lebendig zu werden. Deutsche Kurzfilme von jungen Autoren erhielten in den letzten Jahren eine große Zahl von Preisen auf internationalen Festivals und fanden Anerkennung der internationalen Kritik. Diese Arbeiten und ihre Erfolge zeigen, daß die Zukunft des deutschen Films bei denen liegt, die bewiesen haben, daß sie eine neue Sprache des

Films sprechen. Wie in anderen Ländern, so ist auch in Deutschland der Kurzfilm Schule und Experimentierfeld des Spielfilms geworden. Wir erklären unseren Anspruch, den neuen deutschen Film zu schaffen. Dieser neue Film braucht neue Freiheiten. Freiheit von den branchenüblichen Konventionen. Freiheit von der Beeinflussung durch kommerzielle Partner. Freiheit von der Bevormundung durch Interessengruppen. Wir haben von der Produktion des neuen deutschen Films konkrete geistige, formale und wirtschaftliche Vorstellungen. Wir sind gemeinsam bereit, wirtschaftliche Risiken zu tragen. Der alte Film ist tot. Wir glauben an den neuen.« Zit. nach: Hans Helmut Prinzler: Chronik des deutschen Films, Stuttgart; Weimar 1995, S. 234f.

16 Vertrag zwischen Bavaria Filmkunst GmbH und Heinz Rühmann vom 25. 6. 1962. Friedrich Wilhelm Murnau-Stiftung.

17 Ebd., S. 2

18 Liselotte Pulver: … wenn man trotzdem lacht, München 1990, S. 203 bis 204.

19 Thomas Engel an Rolf Aurich am 29. 3. 2001, Filmmuseum Berlin – Deutsche Kinemathek.

20 Gertrud Jesserer im Interview mit Ulrike Kahle für den Film »Deutsche Lebensläufe, Heinz Rühmann, SWR 2001.

21 Joe Hembus: Der deutsche Film kann gar nicht besser sein, München 1981, S. 73.

22 Michael Verhoeven im Gespräch mit dem Autor am 5. 9. 2000.

23 Rühmann: Das war's, Frankfurt/Main 1982, S. 207.

24 Ebd., S. 205.

25 Ebd., S. 206.

26 Vgl.: Allgemeine Zeitung (Mainz), 4. 4. 1968, Lothar Papke.

27 Hembus: Der deutsche Film kann gar nicht besser sein, München 1981, S. 7.

28 Der Tagesspiegel, 4. 9. 1965, V. B. (Volker Baer).

29 Abendzeitung (München), 1. 6. 1968, Edith Eiswaldt.

30 Welt am Sonntag, 12. 5. 1968, Jürgen Sauermann.

31 Die Welt, 28. 11. 1968, ohne Autor.

32 Hörzu, 23. 9. 1967, Robert Atzorn.

33 Ebd.

34 Ebd.

35 Die Rheinpfalz, 17. 5. 1968, th.

36 Berliner Morgenpost, 18. 5. 1968, H. W.

37 Lübecker Nachrichten, 17. 5. 1968, ha.

38 Bild-Zeitung (Hamburg), 18. 5. 1968, ohne Autor.

39 Die Zeit, 24. 5. 1968, Momos (Walter Jens).

40 Ebd.

41 Frau, 7. 3. 1972, Nr. 11, Jeanette Faure.

42 Der Spiegel, 1969, Nr. 32, ohne Autor.

43 Hörzu, 24. 11. 1978, ohne Autor.

44 Heinz Rühmann an Eliza La Porta am 24. 4. 1971.

45 Zit. nach: Prost: Das war Heinz Rühmann, Bergisch Gladbach 1994, S. 105.
46 Frau, 7. 3. 1972, Jeanette Faure.
47 Funkuhr, 15. 11. 1969, ohne Autor.
48 Ebd., 13. 12. 1969, Kurt Wilhelm.
49 Berliner Zeitung, 7. 10. 1997, Alexander Osang.
50 Neues Deutschland, 6. 3. 1992, F.-B. Habel.
51 Frank Beyer im Gespräch mit dem Autor am 11. 5. 1998 und am 5. 4. 2001.
52 Frank Beyer: Wenn der Wind sich dreht, München 2001, S. 189.
53 Ebd., S. 183.
54 Neue Zürcher Zeitung, 4. 3. 1972, Fernausgabe, H. H. (Henning Harmssen).
55 Telegraf (Berlin), 7. 3. 1972, Ursula Schaaf.
56 Gert Pfafferodt im Interview mit Ulrike Kahle für den Film Deutsche Lebensläufe. Heinz Rühmann, SWR 2001.
57 Süddeutsche Zeitung, 14. 2. 1973, Tsr.
58 Gert Pfafferodt im Interview mit Ulrike Kahle für den Film Deutsche Lebensläufe. Heinz Rühmann, SWR 2001.
59 Ebd.
60 Saarbrücker Zeitung, 1. 11. 1972, Dietmar N. Schmidt.
61 Schwäbische Zeitung, 23. 3. 1974, Hermann Dannecker.
62 Süddeutsche Zeitung, 22. 3. 1974, Joachim Kaiser.
63 Rühmann: Das war's, Frankfurt/Main 1982, S. 228.
64 Michael Verhoeven im Gespräch mit dem Autor am 5. 9. 2000.
65 Rühmann:: Das war's, Frankfurt/Main 1982, S. 229.
66 Frankfurter Rundschau, 29. 4. 1977, Helmut Schmitz.
67 Ebd.
68 Rühmann: Das war's, Frankfurt/Main 1982, S. 242.
69 Bunte, Nr. 49, 1980, Elisabeth Tank.
70 Frankfurter Allgemeine Zeitung, 10. 3. 1981, C. M.
71 Frankfurter Rundschau, 10. 3. 1981, BNB.
72 Neues Deutschland, 6. 3. 1982, H. K.
73 Der Stern, 4. 11. 1982, Birgit Lahann.
74 BZ (Berlin), 6. 3. 1982, ohne Autor.
75 Matthias Peipp/Bernhard Springer (Hrsg.): Heinz Rühmann: Ich bin ein Anhänger Stille, München 1994, S. 7.
76 Kölner Stadt-Anzeiger, 7. März 1977, Rolf Wiest.
77 Süddeutsche Zeitung, 7. 3. 1977, Thomas Thieringer.
78 Alf Teichs: Herrliche Zeiten, unveröff. Ms., Filmmuseum Berlin, S. 331.
79 Die Welt, 5. 3. 1977, Gerd Klepzig.
80 Helma Sanders-Brahms: Ein kleiner Mann. Anmerkungen zu einem Publikumsliebling. In: Dies.: Das Dunkle zwischen den Bildern, Frankfurt am Main 1992, S. 76.
81 Liselotte Pulver: … wenn man trotzdem lacht, München 1990, S. 204.

82 Deutsches Allgemeines Sonntagsblatt, 6. 3. 1992, Hans-Jürgen Quest.
83 Neue Zürcher Zeitung, 15. 3. 1992, ms (Martin Schlappner).
84 Der Tagesspiegel, 10. 10. 1993, Wim Wenders im Gespräch mit Marcus Rothe.
85 Wim Wenders im Gespräch mit Matthias Peipp und Bernhard Springer. In: Peipp/Springer (Hrsg.): Heinz Rühmann, München 1994, S. 69.
86 Tango, 13. 10. 1994, Otto Sander.
87 Frankfurter Rundschau, 9. 9. 1993, Wolfram Schütte.
88 Ebd.
89 Tip, Nr. 19, 1993, S. 28, Christoph Terhechte.
90 Ebd.
91 Der Tagesspiegel, 9. 9. 1993, Harald Martenstein.
92 Die Zeit, 14. 10. 1994, Manfred Sack.
93 Zit. nach: Frankfurter Allgemeine Zeitung, 6. 10. 1994, Hans-Dieter Seidel.
94 Der Tagesspiegel, 6. 3. 1994, Harald Martenstein.

Zeittafel

1899

27. Februar, Heirat der Eltern Margarethe Stemme und Hermann Rühmann in Essen

1899

20. Dezember, Geburt des älteren Bruders Hermann Heinrich Rühmann

1902

7. März, Heinz Rühmann wird als zweiter Sohn des Hoteliers Hermann Rühmann in Essen in der Kettwiger Straße geboren. Kurz nach der Geburt zieht die Familie nach Wanne, wo Hermann Rühmann die Bahnhofsgastwirtschaft übernimmt

1904

15. Oktober, Geburt der Schwester Ingeborg (Ilse) Rühmann

1913

Die Familie zieht zurück nach Essen. Hermann Rühmann übernimmt das Hotel Handelshof

1914

Ab 22. April einjähriger Aufenthalt im Internat in Lennep

1915

Scheidung der Eltern am 17. März. Selbstmord des Vaters

April 1917

Umzug nach München

Herbst 1919 bis März 1920

Schauspielunterricht bei Friedrich Basil

Mai 1920

Engagement an den Vereinigten Theatern Breslau

Frühjahr 1921

Wechsel an das Residenztheater nach Hannover

Herbst 1922

Engagement am Bremer Schauspielhaus, das jedoch nur drei Monate dauert

1923

Im Frühjahr und Sommer Mitglied der Bayerischen Landesbühne. Begegnung mit Maria Bernheim

1924

9. August, Rühmann und Maria Bernheim heiraten in München

1923

Im August holt Hermine Körner Rühmann an das Münchner Schauspielhaus

1925

Wechsel an die Münchner Kammerspiele unter Otto Falckenberg

1927

12. April, Rühmann tritt mit großem Erfolg erstmals in Berlin am Deutschen Theater auf

24. Juli, Premiere des *Mustergatten* in München

1928

3. November, Tod der Mutter

1930

15. September, Premiere des Ufa-Films *Die Drei von der Tankstelle*. Mit ihm wird Rühmann zum Filmstar

1931

Filme wie *Einbrecher, Bomben auf Monte Carlo* oder *Der Mann, der seinen Mörder sucht* machen Rühmann zum Star der frühen dreißiger Jahre

1932

Beginn der Freundschaft mit dem Flieger Ernst Udet

1933 bis 1938

Der Machtantritt der Nationalsozialisten bringt keinen Karriereknick für Rühmann. Mit Filmen wie *Wenn wir alle Engel wären, Der Mann, der Sherlock Holmes war* oder *Der Mustergatte* kann er seine bisherigen Erfolge sogar noch übertreffen

1936 bis 1938

Liebesbeziehung zu der Filmschauspielerin Leny Marenbach

1938

19. November, Scheidung von Maria Bernheim

1939

1. Juli, Hochzeit mit Hertha Feiler, die er 1938 bei den Dreharbeiten zu *Lauter Lügen* kennengelernt hat

1941

Vom 10. Februar bis 12. März absolviert Rühmann eine militärische Grundausbildung auf dem Fliegerhorst Rechlin

1942

7. Juni, Geburt des Sohnes Peter in Berlin

1940 bis 1945

Mit Filmen wie *Der Gasmann*, *Quax, der Bruchpilot* und *Die Feuerzangenbowle* steigt Rühmann endgültig zu einem der beliebtesten und bestbezahlten Filmstars des Dritten Reichs auf

Herbst 1945

Rühmann geht mit *Der Mustergatte* auf Tournee durch die Sowjetische Besatzungszone

1946

Nach Denunziationen, er sei Fliegeroffizier und Nazi gewesen, zeitweiliges Auftrittsverbot

1947

Gründung der Comedia-Filmgesellschaft. Trotz ambitionierter Filme wie *Der Herr vom andern Stern* oder *Berliner Ballade* scheitert die Comedia wirtschaftlich

1951

Liquidation der Comedia. Rühmann, der persönlich haftet, hat Millionenschulden. Er dreht zwei Jahre lang keinen Film und geht mit *Mein Freund Harvey* auf Theatertournee

1953

Mit dem Erfolg der Filme *Briefträger Müller* und *Keine Angst vor großen Tieren* gelingt Rühmann ein Comeback. Er schließt mit dem Produzenten Kurt Ulrich von der Berolina einen Exklusiv-Vertrag ab

1956

Triumphaler Erfolg für Rühmann mit *Der Hauptmann von Köpenick*, für den er den deutschen Filmpreis erhält

1958 bis 1968

Rühmann bemüht sich um anspruchsvolle Rollen. In Filmen wie *Es geschah am hellichten Tag, Der brave Soldat Schwejk, Der Jugendrichter* oder *Dr. med. Hiob Prätorius* überzeugt er sein Publikum

Ab 1968

verstärkte Arbeit für das Fernsehen

1970

Tod der zweiten Ehefrau Hertha Feiler

1974

Heirat mit Hertha Droemer

1993

In Wim Wenders' *In weiter Ferne, so nah!* übernimmt Rühmann seine letzte Rolle in einem Kinofilm

1994

Am 3. Oktober stirbt Heinz Rühmann in Aufkirchen am Starnberger See

Bühnenverzeichnis

Angegeben werden, soweit bekannt, das Premierendatum, die Spielstätte, Titel, Autor, Regisseur und die Rolle Heinz Rühmanns

1920

30. Mai, Lobe-Theater, Breslau
Der Sohn von Walter Hasenclever, Regie: Walter Franck, Rolle unbekannt

6. Juni, Thalia-Theater, Breslau
Die Waise aus Lowood von Charlotte Birch-Pfeiffer, Regie: Oskar Lange-Lüderitz, Rolle unbekannt

8. Juni, Thalia-Theater, Breslau
Ludwig-Thoma-Abend, Regie: Richard Gorter, Rolle unbekannt

18. Juli, Thalia-Theater, Breslau
Die Schmetterlingsschlacht von Hermann Sudermann, Regie: Alfred Habel, Rolle unbekannt

16. August, Lobe-Theater, Breslau
Kindertragödie von Karl Schönherr, Regie: Josef Halpern, Rolle: Sohn

27. August, Lobe-Theater, Breslau
Die Büchse der Pandora von Frank Wedekind, Regie: Walter Franck, Rolle unbekannt

1. September, Thalia-Theater, Breslau
Fuhrmann Henschel von Gerhart Hauptmann, Regie: Oskar Lange-Lüderitz, Rolle unbekannt

11. September, Thalia-Theater, Breslau
Das Blumenboot, Regie: unbekannt, Rolle unbekannt

3. Oktober, Lobe-Theater, Breslau
Korallenkettlin, Regie: unbekannt, Rolle unbekannt

29. Oktober, Lobe-Theater, Breslau
Schloss Wetterstein von Frank Wedekind, Regie: Richard Gorter, Rolle unbekannt

1. November, Lobe-Theater, Breslau
Wallensteins Lager von Friedrich Schiller, Regie: Richard Gorter, Rolle: Rekrut

17. November, Lobe-Theater, Breslau
Jedermann von Hugo von Hofmannsthal, Regie: Oskar Lange-Lüderitz, Rolle unbekannt

1. Dezember, Thalia-Theater, Breslau
Rotkäppchen von Robert Bürckner, Rolle: Nachbar

3. Dezember, Thalia-Theater, Breslau
Glaube und Heimat von Karl Schönherr, Regie: Julius Arnfeld, Rolle unbekannt

3. Dezember, Lobe-Theater, Breslau
Bettinas Verlobung von Leo Lenz, Regie: Alfred Habel, Rolle unbekannt

11. Dezember, Thalia-Theater, Breslau
Jugend von Max Halbe Regie: Josef Halpern, Rolle unbekannt

31. Dezember, Lobe-Theater, Breslau
Serenissimus (bunter Silvesterabend), Regie: unbekannt, Rolle unbekannt

1921

1. Februar, Lobe-Theater Breslau
Wallensteins Tod von Friedrich Schiller, Regie: Richard Gorter, Rolle: Kürassier

6. Februar, Thalia-Theater, Breslau
Jägerblut von Benno Rauchenegger, Regie: Richard Gorter, Rolle: Förstersohn

23. Februar, Lobe-Theater, Breslau
Othello von William Shakespeare, Regie: Walter Frank, Rolle: Rodrigo

6. März, Thalia-Theater, Breslau
Hasemanns Töchter von Adolf L'Arronge, Regie: Josef Halpern, Rolle: Apotheker

14. März, Lobe-Theater, Breslau
Die Fahrt ins Blaue von Gaston de Caillavet, Regie: Alfred Habel, Rolle: Diener Didier

1. April, Lobe-Theater, Breslau
Über unsere Kraft von Björnsterne Björnson, Regie: Julius Arnfeld, Rolle unbekannt

7. Juni, Residenztheater Hannover
Des Meeres und der Liebe Wellen von Franz Grillparzer, Regie: Karl W. Burg, Rolle: Leander

8. Juni, Residenztheater, Hannover
Frau Warrens Gewerbe von George Bernhard Shaw, Regie: Friedrich Walkhoff, Rolle: Frank

16. Juni, Residenztheater, Hannover
Wo die Schwalben nisten von Leo Kastner und Hans Lorenz, Regie: Paul Bohne, Rolle: Walter

25. Juni, Residenztheater, Hannover
Don Juan und Faust von Christian Dietrich Grabbe, Regie: Friedrich Walkoff, Rolle: Don Octavio

5. Juli, Residenztheater, Hannover
Die Schmetterlingsschlacht von Hermann Sudermann, Regie: Karl Wilhelm Burg, Rolle: Max

14. Juli, Residenztheater, Hannover
Ein Sommernachtstraum von William Shakespeare, Regie: Friedrich Walkhoff, Rolle: Puck und Waldschrat Droll

20. Juli, Residenztheater, Hannover
Der Hüttenbesitzer von Georges Ohnet, Regie: Karl W. Burg, Rolle: Octave

12. September, Residenztheater, Hannover
Der Reigen von Arthur Schnitzler, Regie: unbekannt, Rolle: junger Herr

19. Oktober, Residenztheater, Hannover
Das tapfere Schneiderlein in der Bearbeitung von Heinrich Römer, Regie: unbekannt, Rolle: Schneiderlein
24. Oktober, Residenztheater, Hannover
Der Raub der Sabinerinnen von Franz und Paul Schönthan, Regie: Robert Preuß, Rolle: Sterneck
1. Dezember, Residenztheater, Hannover
Mit der Liebe spielen von Sil-Bara, Regie: Karl Wilhelm Burg, Rolle: Robert
7. Dezember, Residenztheater, Hannover
Die Tänzerin von Melchior Lengyel, Regie: Karl Wilhelm Burg, Rolle: Laszlo
14. Dezember, Residenztheater, Hannover
Die Ehre von Hermann Sudermann, Regie: Carl Haaß, Rolle unbekannt
31. Dezember, Residenztheater, Hannover
Frau Holle Regie: unbekannt, Rolle unbekannt

1922

22. Januar, Residenztheater, Hannover
Das Tal des Lebens von Max Dreyer, Regie: Karl Wilhelm Burg, Rolle: Ammenkönig
1. Februar, Residenztheater, Hannover
Beethoven von Wilhelm Weber-Braun, Regie: Karl Wilhelm Burg, Rolle: Sohn des Köhlers
10. März, Residenztheater, Hannover
Das Weib auf dem Tiere von Bruno Frank, Regie: Friedrich Walkhoff, Rolle: Arnold
1. April, Residenztheater, Hannover
Die Verschwörung des Fiesco zu Genua von Friedrich Schiller, Regie: Friedrich Walkhoff, Rolle: Zenturione
11. April, Residenztheater, Hannover
Charley's Tante von Brandon Thomas, Regie: Robert Preuß, Rolle: Student
26. April, Residenztheater, Hannover
Die fremde Frau (Femme X) von Alexandre Bisson, Regie: Friedrich Walkhoff, Rolle: Viktor
23. August, Schauspielhaus, Bremen
Mein Freund Teddy von Rivoire und Bernard, Regie: Julius Donat, Rolle: Francois
3. September, Schauspielhaus, Bremen
Die Jungfern von Bischofsberg von Gerhart Hauptmann, Regie: Paul Krohmann, Rolle: Otto
5. September, Schauspielhaus, Bremen
Fuhrmann Henschel von Gerhart Hauptmann, Regie: Paul Krohmann, Rolle: George

29. September, Schauspielhaus, Bremen
Der Schildpattkamm von Richard Keßler, Regie: Julius Donat, Rolle: Sekretär

14. Oktober, Schauspielhaus, Bremen
Der Mustergatte von Avery Hopwood, Regie: Julius Donat, Rolle: Billy Bartlett

21. Oktober, Schauspielhaus, Bremen
Die Wildente von Henrik Ibsen, Regie: Karl Rehder, Nebenrolle

1923

Sommer, Bayerische Landesbühne
Der Schwarzkünstler von Emil Gött, Regie: unbekannt, Rolle: Schwarzkünstler

Sommer, Bayerische Landesbühne
Was ihr wollt von William Shakespeare, Regie: unbekannt, Rolle: Junker Bleichenwang

8. September, Schauspielhaus, München
Schneider Wibbel von Hans Müller-Schlösser, Regie: unbekannt, Rolle: Schäng

26. Oktober, Schauspielhaus, München
Des Esels Schatten von August von Kotzebue, Regie: Hanns Merck, Rolle: Anthrax

5. November, Schauspielhaus, München
Pflicht von Paul Krauß, Regie: Rudolf Hoch, Rolle: Majorssohn

17. Dezember, Schauspielhaus, München
Maria Stuart von Friedrich Schiller, Regie: Hermine Körner, Nebenrolle

20. Dezember, Schauspielhaus, München
Robert und Bertram von Gustav Raeder, Regie: Hermine Körner, Rolle: Michel

1924

8. Januar, Schauspielhaus, München
Die Ehre von Hermann Sudermann, Regie: H. F. Gerhard, Rolle: Stengel

26. Januar, Schauspielhaus, München
Die Siebzehnjährigen von Max Dreyer, Regie: Curt Elwenspoek, Rolle: Frieder

2. Februar, Schauspielhaus, München
Rosenmontag von Otto Ernst Hartleben, Regie: Rudolf Hoch, Rolle: Diesterberg

8. März, Schauspielhaus, München
Der Lampenschirm und *Der Hund im Hirn*, zwei Einakter von Curt Goetz, Regie: Otto Stoeckel, Rolle: Erfurt in *Der Lampenschirm* und Tittori *Der Hund im Hirn*

15. Mai, Schauspielhaus, München
Kolportage von Georg Kaiser, Regie: Hanns Merck, Rolle: Eric

6. Juni, Schauspielhaus, München
Die Mary von Siegfried Geyer, Regie: Hanns Merck, Rolle: Gymnasiast
9. August, Schauspielhaus, München
Die Erwachsenen von Sling (Paul Schlesinger), Regie: Hanns Merck, Rolle: unbekannt
17. September, Schauspielhaus, München
Kollege Crampton von Gerhart Hauptmann, Regie: Paul Wegener, Rolle: Strähler
4. Oktober, Schauspielhaus, München
Der Nebbich von Carl Sternheim, Regie: Rudolf Hoch, Rolle: Fritz Tritz
21. Oktober, Schauspielhaus, München
Der dunkle Punkt von Ludwig Kadelburg und Rudolf Presberg, Regie: unbekannt, Rolle: Dühnen jun.

1925

23. März, Schauspielhaus, München
Der eingebildete Kranke von Molière, Regie: Ludwig Jubelsky, Rolle: Cléanthe, Gastspiel Max Pallenberg
24. April, Schauspielhaus, München
Mister Pim will nicht sterben von Alan Alexander Milne, Regie: Rudolf Hoch, Rolle: Brian Strange
1. Mai, Schauspielhaus, München
Die Lore von O. E. Hartleben, Regie: unbekannt, Rolle: »Der Kleine«
6. Oktober, Kammerspiele, München (Augustenstraße)
Doktor Knock oder der Triumph der Medizin von Jules Romain, Regie: Erich Engel, Rolle: Bauernbursche
17. November, Kammerspiele, München (Augustenstraße)
Zu ebener Erde und erster Stock oder die Launen des Glücks von Johann Nestroy, Regie: Rudolf Hoch, Rolle: unbekannt
3. Dezember, Kammerspiele, München (Augustenstraße)
O Theater! von Franz Molnár, Regie: Adolf Wohlbrück und Otto Framer, Nebenrolle
14. Dezember, Kammerspiele, München (Augustenstraße)
Max und Moritz nach Wilhelm Busch von Leopold Günther, Regie: Felix Gluth, Rolle: Max

1926

16. Januar, Kammerspiele, München (Augustenstraße)
Der mutige Seefahrer von Georg Kaiser, Regie: Hans Schweikart, Rolle: Jüngling
2. Februar, Kammerspiele, München (Augustenstraße)
Kopf oder Schrift von Louis Verneuil, Regie: Otto Falckenberg, Rolle: Bummler
9. Februar, Kammerspiele, München (Augustenstraße)
Der fröhliche Weinberg von Carl Zuckmayer, Regie: Albrecht Joseph, Rolle: Weinhändler

23. März, Kammerspiele, München (Augustenstraße)
Das Extemporale von Hans Sturm und Moritz Färber, Regie: Rudolf Hoch, Rolle: Primaner

4. Mai, Kammerspiele, München (Augustenstraße)
Der Schlafwagenkontrolleur von Alexandre Bisson, Regie: Robert Forster-Larrinaga, Rolle: unbekannt

22. Mai, Schauspielhaus, München
Der Glückspilz von Gustav Rickelt, Regie: Rudolf Hoch, Rolle: Provisor Wachtel

1. Juni, Schauspielhaus, München
Kollege Crampton von Gerhart Hauptmann, Regie: Rudolf Hoch, Rolle: Strähler

5. Juli, Kammerspiele, München (Augustenstraße)
Mein Freund Teddy von Rivoire und Bernard, Regie: Richard Révy, Rolle: Diplomatenjüngling

14. Juli, Kammerspiele, München (Augustenstraße)
Ein idealer Gatte von Oscar Wilde, Regie: Arnold Korff, Nebenrolle

1. August, Kammerspiele, München (Augustenstraße)
Der Igel von Toni Impekoven und Hans Reimann, Regie: Max Brückner, Rolle: Hilfslehrer

19. Sept., Kammerspiele im Schauspielhaus, München (Maximilianstraße)
Dantons Tod von Georg Büchner, Regie: Otto Falckenberg, Rolle: junger Herr

2. Oktober, Kammerspiele im Schauspielhaus, München (Maximilianstraße)
Gefallene Engel von Noël Coward, Regie: Robert Forster-Larrinaga, Rolle: Gentleman

29. Oktober, Kammerspiele im Schauspielhaus, München (Maximilianstraße)
Mensch und Übermensch von George Bernhard Shaw, Regie: Robert Forster-Larrinaga, Rolle: Chauffeur Straker

27. Nov., Kammerspiele im Schauspielhaus, München (Maximilianstraße)
Die Durchgängerin von Ludwig Fulda, Regie: Robert Forster-Larrinaga, Rolle: Harry Schneider

25. Dez., Kammerspiele im Schauspielhaus, München (Maximilianstraße)
Neidhardt von Gneisenau von Wolfgang Goetz, Regie: Otto Falckenberg, Rolle: Rittmeister

31. Dez., Kammerspiele im Schauspielhaus, München (Maximilianstraße)
Die letzte Hexe von Martin Schleich und Konrad Dreher, Regie: Otto Framer, Rolle: Sohn eines Weinwirts

1927

5. Februar, Kammerspiele im Schauspielhaus, München (Maximilianstraße)
Theo macht alles von Nancey und Armont, Regie: Richard Révy, Rolle: Theo

25. Februar, Kammerspiele im Schauspielhaus, München (Maximilianstraße)
Der dreimal tote Peter von Sling (Paul Schlesinger), Regie: Otto Falckenberg, Rolle: Salontiroler

15. März, Kammerspiele im Schauspielhaus, München (Maximilianstraße)
Die zwei Abenteurer von Otto Zoff, Regie: Otto Zoff, Rolle: Arcker
12. April, Deutsches Theater/Kammerspiele, Berlin
Lockvögel von Russel, Medcraft und Mitchell, Regie: Robert Forster-Larrinaga, Hauptrolle
28. Mai, Deutsches Theater/Kammerspiele, Berlin
Papiermühle von Georg Kaiser, Regie: Berthold Viertel, Rolle: Bertin
8. Juni, Theater in der Josefstadt, Wien
Théodore & Co von Nancey und Armont, Regie: Iwan Schmith, Rolle: Theo
18. Juli, Kammerspiele im Schauspielhaus, München (Maximilianstraße)
Mädel von heute von Gustav Davis, Regie: Richard Révy, Rolle: Astworth jun.
24. Juli, Kammerspiele im Schauspielhaus, München (Maximilianstraße)
Der Mustergatte von Avery Hopwood, Regie: Richard Révy, Rolle: Billy Bartlett
7. August, Kammerspiele im Schauspielhaus, München (Maximilianstraße)
Monsieur Helene von Siegfried Geyer und Paul Frank, Regie: Robert Forster-Larrinaga, Rolle: Stubbs
9. August, Festspielhaus, Salzburg
Ein Sommernachtstraum von William Shakespeare, Regie: Max Reinhardt, Rollen: Flaut und Thisbe
11. August, Kammerspiele im Schauspielhaus, München (Maximilianstraße)
Papiermühle von Georg Kaiser, Regie: Hans Schweikart, Rolle: Bertin
20. August, Kammerspiele im Schauspielhaus, München (Maximilianstraße)
Kukuli von A. Jager und Schmidt, Regie: Richard Révy, Rolle: Guy
13. Sept., Kammerspiele im Schauspielhaus, München (Maximilianstraße)
Fuhrmann Henschel von Gerhart Hauptmann, Regie: Max Werner Lenz, Rolle: George
20. Sept., Kammerspiele im Schauspielhaus, München (Maximilianstraße)
Der Hexer von Edgar Wallace, Regie: Robert Forster-Larrinaga, Rolle: Hackitt
5. Nov., Kammerspiele im Schauspielhaus, München (Maximilianstraße)
Liebes Leid und Lust von William Shakespeare, Regie: Otto Falckenberg, Rolle: Schäfer Schädel
6. Nov., Kammerspiele im Schauspielhaus, München (Maximilianstraße)
Die Buhlschwester von Jakob Michael Reinhold Lenz nach Plautus, Regie: Otto Falckenberg, Rolle: Landjunker von Bauchendorf
20. Nov., Kammerspiele im Schauspielhaus, München (Maximilianstraße)
Früchtchen von G. Gignoux und J. Théry, Regie: unbekannt, Rolle: Lady Hudsons Sohn
14. Dez., Kammerspiele im Schauspielhaus, München (Maximilianstraße)
Peripherie von František Langer, Regie: Otto Falckenberg, Rolle: Totschläger Franzi

1928

8. Januar, Kammerspiele im Schauspielhaus, München (Maximilianstraße)
XYZ von Klabund, Regie: Robert Forster-Larrinaga, Rolle: Hochstapler

9. Februar, Kammerspiele im Schauspielhaus, München (Maximilianstraße)
Charley's Tante von Brandon Thomas, Regie: Rudolf Hoch, Rolle: Lord Fancourt Babberley

6. März, Kammerspiele im Schauspielhaus, München (Maximilianstraße)
So und so, so geht der Wind von Fritz Knöller, Regie: unbekannt, Rolle: unbekannt

19. März, Kammerspiele im Schauspielhaus, München (Maximilianstraße)
Du wirst mich heiraten von Louis Verneuil, Regie: Max Werner Lenz, Rolle: Etienne

31. März, Kammerspiele im Schauspielhaus, München (Maximilianstraße)
Einbruch von Ralph Arthur Roberts und Arthur Landsberger, Regie: Kurt Reiß, Rolle: Fassadenprinz

24. April, Deutsches Theater/Komödie, Berlin
Die Kassette von Carl Sternheim, Regie: Wolfgang Hoffmann-Harnisch, Rolle: Fotograf Seidenschnur

22. Mai, Kammerspiele im Schauspielhaus, München (Maximilianstraße)
Der Geisterzug von Arnold Riddley, Regie: Theo Frenkel jun., Rolle: Detektiv Teddy Daekin

20. Juli, Kammerspiele im Schauspielhaus, München (Maximilianstraße)
Kleine Komödie von Siegfried Geyer, Regie: Julius Gellner, Rolle: Diener

9. August, Kammerspiele im Schauspielhaus, München (Maximilianstraße)
Fräulein Josette, meine Frau von Paul Gavault und Robert Charvay, Regie: Hans Schweikart, Rolle: Panard

12. September, Deutsches Theater/Komödie, Berlin
Eltern und Kinder von George Bernhard Shaw, Regie: Heinz Hilpert, Rolle: Bentley Summerhays

1929

15. Februar, Deutsches Theater, Berlin
Die lustigen Weiber von Windsor von William Shakespeare, Regie: Heinz Hilpert, Rolle: Junker Schmächtig

2. Mai, Deutsches Theater/Kammerspiele, Berlin
Aufgang nur für Herrschaften von Siegfried Geyer, Regie: Leo Mittler, Rolle: Kellner

16. Sept., Kammerspiele im Schauspielhaus, München (Maximilianstraße)
Soeben erschienen von Edouard Bourdet, Regie: Julius Gellner, Rolle: Mac

9. Oktober, Kammerspiele im Schauspielhaus, München (Maximilianstraße)
Terzett von Ludwig Lenz, Regie: Richard Ulrich, Rolle: Ralph

2. November, Kammerspiele im Schauspielhaus, München (Maximilianstraße)
Boubouroche/Der Stammgast, zwei Einakter von George Courteline, Regie: Otto Falckenberg, Rolle unbekannt

28. Nov., Kammerspiele im Schauspielhaus, München (Maximilianstraße)
Verbrecher von Ferdinand Bruckner, Regie: Otto Falckenberg, Rolle: Gottfried. Die Aufführung wurde verboten

23. Dez., Kammerspiele im Schauspielhaus, München (Maximilianstraße)
Grandhotel von Paul Frank, Regie: Richard Révy, Rolle: Fritz Ebner

1930

2. Mai, Deutsches Theater/Komödie, Berlin
Soll man heiraten? von George Bernhard Shaw, Regie: Karl Heinz Martin, Rolle: Cecil Sykes

15. Juni, Deutsches Theater/Komödie, Berlin
Wie werde ich reich und glücklich von Felix Joachimson, Musik von Mischa Spoliansky, Regie: Erich Engel, Rolle: junger Mann

4. Dezember, Theater am Schiffbauerdamm, Berlin
Die Quadratur des Kreises (Ein Strich geht durchs Zimmer) von Valentin Katajew, Regie: I. Mendelsohn, Rolle: Iwan

1931

17. Januar, Kammerspiele im Schauspielhaus, München (Maximilianstraße)
Wie werde ich reich und glücklich von Felix Joachimson, Regie: Rudolf Hoch, Rolle: junger Mann

5. Februar, Kammerspiele im Schauspielhaus, München (Maximilianstraße)
Die Quadratur des Kreises (Ein Strich geht durchs Zimmer) von Valentin Katajew, Regie: Julius Gellner, Rolle: Iwan

28. Februar, Volkstheater, München
Ein freudiges Ereignis von F. Dell und Th. Mitchell, Regie: Hans-Fritz Gerhard, Rolle: Norman Overbeck

24. März, Volkstheater, München
Charley's Tante von Brandon Thomas, Regie: Rudolf Hoch, Rolle: Lord Babberley

1932

7. Januar, Volkstheater, München
Der Mustergatte von Avery Hopwood, Regie: Richard Révy, Rolle: Billy Bartlett

Ohne Datum, Theater in der Stresemannstraße, Berlin
Der Mann mit den grauen Schläfen von Ludwig Lenz, Hauptrolle

Ohne Datum, Theater in der Stresemannstraße, Berlin
Der Mustergatte von Avery Hopwood, Regie: unbekannt, Rolle: Billy Bartlett

1933

15. Januar, Theater in der Stresemannstraße, Berlin
Terzett von Ludwig Lenz, Regie: unbekannt, Rolle: Ralph

4. Mai, Kammerspiele, München
Der Mustergatte von Avery Hopwood, Regie: Richard Révy, Rolle: Billy Bartlett

1934

In diesem Jahr ging Rühmann auf Tournee mit *Der Mustergatte*. Von den zahlreichen Aufführungen sei hier stellvertretend nur das Bremer Gastspiel erwähnt

29. und 30. September, Schauspielhaus, Bremen
Der Mustergatte von Avery Hopwood, Regie: Heinz Rühmann, Rolle: Billy Bartlett

1935

12. Januar, Kammerspiele im Schauspielhaus, München (Maximilianstraße)
Ihr erster Mann von Gustav von Moser, Regie: Friedrich Domin, Rolle: Sebastian Duperron

26. März, Deutsches Theater, Berlin
George Dandin von Molière, Regie: Heinz Hilpert, Rolle: Dandin

7. Mai, Deutsches Theater, Berlin
Lumpazivagabundus von Johann Nestroy, Regie: Heinz Hilpert, Rolle: Zwirn

14./15. September, Schauspielhaus, Bremen
Ihr erster Mann von Gustav von Moser, Regie: Heinz Rühmann, Rolle: Sebastian Duperron

15. September, Schauspielhaus, Bremen
Der Mustergatte von Avery Hopwood, Regie: Heinz Rühmann, Rolle: Billy Bartlett

1936

22. Januar, Kammerspiele, München
Der Himmel auf Erden von Jochen Huth, Regie: Friedrich Siems, Rolle: Jack Warren

22. Februar, Kammerspiele, München
Der Mustergatte von Avery Hopwood, Regie: Heinz Rühmann, Rolle: Billy Bartlett

23. Dezember, Deutsches Theater, Berlin
Androklus und der Löwe von George Bernhard Shaw, Regie: Heinz Hilpert, Rolle: Androklus

1938

31. Dezember, Staatstheater/Kleines Haus, Berlin
Der Bridgekönig von Armont und Marchand, Regie: Wolfgang Liebeneiner, Rolle: Gustav Lorilon

1941

22. November, Staatstheater/Lustspielhaus, Berlin
Pygmalion von George Bernhard Shaw, Regie: Wolfgang Liebeneiner, Rolle: Higgins

1945

Oktober bis Dezember Gastspieltournee mit dem eigenen Ensemble und dem Erfolgsstück *Der Mustergatte* durch die Sowjetische Besatzungszone

1946

Ab Mai wieder Gastspieltournee mit *Der Mustergatte* durch die SBZ
13. Dezember, Filmbühne Wien, Berlin
Der Mustergatte von Avery Hopwood, Regie: Heinz Rühmann, Rolle: Billy Bartlett

1947

Gastspieltournee mit *Der Mustergatte* von Avery Hopwood vor allem durch Mittel- und Süddeutschland

1949

25. Dez. 1949 bis 15. Jan. 1950, Kleine Komödie/Kleines Haus, München
Der Mustergatte von Avery Hopwood, Regie: Heinz Rühmann, Rolle: Billy Bartlett

1950

1. März bis 2. April, Kleine Komödie/Kleines Haus, München
Der Mustergatte von Avery Hopwood, Regie: Heinz Rühmann, Rolle: Billy Bartlett
7. Oktober bis 3. Dezember, Kleine Komödie/Kleines Haus, München
Mein Freund Harvey von Mary Chase, Regie: Gerhard Metzner, Rolle: Elwood

1951

Januar bis Februar, Thalia Theater, Hamburg,
Mein Freund Harvey von Mary Chase, Regie: Willi Maertens, Rolle: Elwood
Februar bis 15. März, Kleines Theater im Zoo, Frankfurt am Main
Mein Freund Harvey von Mary Chase, Regie: Fritz Rémond, Rolle: Elwood. Anschließend Tournee
7. September, Renaissance-Theater, Wien
Der Mustergatte von Avery Hopwood, Regie: Heinz Rühmann, Rolle: Billy Bartlett

1952

Ohne Datum, Theater am Besenbinderhof, Hamburg
Es bleibt in der Familie von Louis Verneuil, Regie: Lukas Amann, Rollen: Jüngling, Ehemann und Großvater
18. September bis 5. Oktober, Kammerspiele, München
Es bleibt in der Familie von Louis Verneuil, Regie: Hans Grimm, Rollen: Jüngling, Ehemann und Großvater

1954

27. März, Kammerspiele, München
Warten auf Godot von Samuel Beckett, Regie: Fritz Kortner, Rolle: Estragon

1955

25. März, Renaissance-Theater, Berlin
Meine Frau erfährt kein Wort von George Axelrod, Regie: Axel von Ambesser, Rolle: Ehemann

16. August, Kammerspiele, München
Meine Frau erfährt kein Wort von George Axelrod (Gastspiel der Berliner Inszenierung), Regie: Axel von Ambesser, Rolle: Ehemann

1960

29. Dezember, Akademietheater/Burgtheater, Wien
Mein Freund Harvey von Mary Chase, Regie: Rudolf Steinboeck, Rolle: Elwood

1961

1. Februar, Akademietheater/Burgtheater, Wien
Der Tod des Handlungsreisenden von Arthur Miller, Regie: Paul Hoffmann, Rolle: Willy Loman

1962

29. Dezember, Kammerspiele, München
Der Hauptmann von Köpenick von Carl Zuckmayer, Regie: August Everding, Rolle: Schuster Wilhelm Voigt

1972

29. Oktober, Kammerspiele, München
Der Hausmeister von Harold Pinter, Regie: August Everding, Rolle: Davies

1974

20. März, Kammerspiele, München
Sonny Boys von Neil Simon, Regie: Boleslaw Barlog, Rolle: Willy Clark

1975

31. Dezember, Staatsoper, Wien
Die Fledermaus von Johann Strauß, Regie: Herbert von Karajan, Rolle: Gefängnisdiener Frosch

Heinz Rühmann Filmographie

Seine Filme als Darsteller, Produzent und Regisseur sowie Fernsehauftritte

Basis dieser Filmographie von Hans-Michael Bock ist das von Jörg Schöning und Michael Wenk für »CineGraph – Lexikon zum deutschsprachigen Film«, München 1984ff. erstellte Werkverzeichnis. Es wurde ergänzt um Angaben aus der Datenbank Cinebase und um Informationen aus den Heften des »Illustrierten Film-Kurier«, dem Buch *Heinz Rühmann und seine Filme* von Gregor Ball und Eberhard Spiess, München 1982 (Citadel Filmbücher) sowie den Verzeichnissen »Deutsche Tonfilme« von Ulrich J. Klaus, Berlin–Berchtesgaden, Klaus-Archiv 1988ff. Angaben der – u. a. durch Übersetzungsfehler häufig unzuverlässigen – Datenbank IMDb wurden mit Vorsicht verglichen. Aus Platzgründen mußten die Angaben auf die Hauptkategorien reduziert werden. Die Nennung der Schauspieler beschränkt sich auf die Hauptdarsteller. Die zahlreichen Fernsehauftritte seiner letzten Jahre werden relativ kursorisch behandelt.

Abkürzungen:

AT: Österreich
CH: Schweiz
FR: Frankreich
IT: Italien
US: USA

REG: Regie
RAS: Regie-Assistenz
BCH: Buch
DIA: Dialoge
KAM: Kamera
EP: Episode
BAU: Bauten, Szenografie
ASS: Assistenz
MUS: Musik
MLT: Musikalische Leitung
IFF: Internationales Filmfestival
KOL: Künstlerische Oberleitung
LTX: Lied-Texte

MTI: Musik-Titel
DAR: Darsteller
MIW: Mitwirkende
PRF: Produktions-Firma
PRO: Produzent
PLT: Produktionsleitung
HLT: Herstellungsleitung
DRZ: Drehzeit
DRO: Drehort
AA: Außenaufnahmen
LNG: Länge
ZEN: Zensur (Freigabedatum bzw. Verbot)
FBW: Filmbewertungsstelle Wiesbaden
URA: Uraufführung
DEA: Deutsche Erstaufführung
ESG: Erstsendung

1926 *Das deutsche Mutterherz* (Stummmfilm)
REG: Geza von Bolvary. BCH: Margarete Maria Langen. KAM: Hans Karl Gottschalk. BAU: Otto Völkers, Peter Rochelsberg.
DAR: Margarete Kupfer (Witwe Erdmann), Ellen Kürti (Kellnerin), Jules Messaros (Julius Erdmann), Heinz Rühmann (Oskar Erdmann).
PRF: Ewe-Film GmbH, München. DRZ: Mai–Juni 1926. DRO: Bavaria-Atelier München-Geiselgasteig. LNG: 6 Akte. ZEN: 14. 7. 1926. URA: 28. 7. 1926, Berlin (Alhambra).
– Sonstige Titel: Die für die Heimat bluten; Das Hohelied der Mutterliebe.

1927 *Das Mädchen mit den fünf Nullen* (Stummfilm)
REG: Kurt Bernhardt. BCH: Béla Balázs. KAM: Günther Krampf. BAU: Heinrich Richter.
DAR: Marcell Salzer (Arnold Lebbecke), Elsa Wagner (seine Frau), Paul Bildt (Günther Wahnheim), Adele Sandrock (Günthers Mutter), Viola Garden (Lola Lutz, Tänzerin), Veit Harlan (Ernst Waldt, Maler), Heinz Rühmann.
PRF: Rex-Film AG, Berlin; für Defa (Deutsche Fox), Berlin. PRO: Lupu Pick. DRO: Grunewald-Atelier Berlin. LNG: 6 Akte. ZEN: 14. 10. 1927. URA: 2. 12. 1927, Berlin (Piccadilly).
– 1. Zensur-Titel: Das große Los.

1930 *Die Drei von der Tankstelle*
REG: Wilhelm Thiele. BCH: Franz Schulz, Paul Franck. KAM: Franz Planer. BAU: Otto Hunte. MUS: Werner Richard Heymann; LTX: Robert Gilbert. MTI: »Ein Freund, ein guter Freund«, »Das Lied vom Kuckuck: Lieber, guter Herr Gerichtsvollzieh'r«, »Erst kommt ein großes Fragezeichen«, »Halloh, Du süße Frau«, »Liebling, Mein Herz läßt Dich grüßen«.
DAR: Lilian Harvey (Lilian Coßmann), Willy Fritsch (Willy), Oskar Karlweis (Kurt), Heinz Rühmann (Hans), Fritz Kampers (Konsul Coßmann), Olga Tschechowa (Edith von Turoff), Kurt Gerron (Dr. Kalmus).
PRF: Universum-Film AG (Ufa), Berlin. PRO: Erich Pommer. DRZ: 17. 6. bis 31. 7. 1930. DRO: Ufa-Ateliers Neubabelsberg. LNG: 100 min. ZEN: 11. 9. 1930/1. 10. 1937 (Verbot). URA: 15. 9. 1930, Berlin (Gloria-Palast).
– Französische Version: Le chemin du paradis, REG: Wilhelm Thiele, Max de Vaucorbeil. Rühmann-Pendant: Jacques Maury.

1930 *Einbrecher*
REG: Hanns Schwarz. BCH: Robert Liebmann, Louis Verneuil; nach dem Bühnenstück »Guignol ou le cambrioleur« von Louis Verneuil. KAM: Günther Rittau, Konstantin Tschet. BAU: Erich Kettelhut. MUS, MLT: Friedrich Hollaender; LTX: Robert Liebmann, Friedrich Hollaender. MTI: »Laß mich einmal Deine Carmen sein«, »Ach wie herrlich ist es in«, »Eine Liebelei so nebenbei«, »Kind, dein Mund ist Musik«.
DAR: Lilian Harvey (Renée), Willy Fritsch (Durand), Ralph Arthur Roberts (Dumontier), Oskar Sima (Diener), Heinz Rühmann (Sérigny).
PRF: Universum-Film AG (Ufa), Berlin. PRO: Erich Pommer. DRZ: 25. 8. bis 7. 10. 1930. DRO: Ufa-Ateliers Neubabelsberg, AA: Paris. LNG: 103 min. ZEN: 28. 11. 1930. URA: 16. 12. 1930, Berlin (Gloria-Palast).

424

– Französische Version: Flagrant délit, REG: Hanns Schwarz. – Rühmann-Pendant: Charles Dechamps.

1931 *Der Mann, der seinen Mörder sucht*

REG: Robert Siodmak. BCH: Ludwig Hirschfeld, Kurt Siodmak, Billie Wilder, [Robert Siodmak]; nach dem Bühnenstück »Jim, der Mann mit der Narbe« von Ernst Neubach. KAM: Konstantin Tschet. BAU: Robert Herlth, Walter Röhrig. MUS: Friedrich Hollaender. LTX: Billie Wilder, Friedrich Hollaender. MTI: »Am Montag hab' ich leider keine Zeit«, »Wo gibt es noch Männer voller Biederkeit«, »Wenn ich mir was wünschen dürfte«.

DAR: Heinz Rühmann (Hans Herfort), Lien Deyers (Kitty), Raimund Janitschek (Otto Kuttlapp), Hans Leibelt (Adamowski).

PRF: Universum-Film AG (Ufa), Berlin. PRO: Erich Pommer. DRZ: Oktober–Dezember 1930. DRO: Ufa-Ateliers Neubabelsberg, AA: Berlin (Haus des Rundfunks, Kaiser Wilhelm-Gedächtniskirche, Funkturm u. a.). LNG: 98 min. ZEN: 7. 1. 1931/1. 10. 1937 (Verbot). URA: 5. 2. 1931, Berlin (Gloria-Palast).

– Der Stoff geht – ungenannt – zurück auf Jules Vernes Roman »Les Tribulations d'un Chinois en Chine« (1879), der – ebenfalls ungenannt – die Grundlage von Aki Kaurismäkis »I Hired a Contract Killer« (1990) bildet.

1931 *Bomben auf Monte Carlo*

REG: Hanns Schwarz. RAS: Paul Martin, Willy Zeyn jr. BCH: Hans Müller, Franz Schulz; nach einer Idee von Jeno Heltai und dem Roman von Fritz Reck-Malleczewen. KAM: Günther Rittau, Konstantin Tschet. BAU: Erich Kettelhut. MUS, MLT: Werner Richard Heymann; LTX: Robert Gilbert. MTI: »Wenn der Wind weht über das Meer«, »Jawoll, Herr Kapitän«, »Das ist die Liebe der Matrosen«, »Eine Nacht in Monte Carlo«, »Pontenero: Die Ki-ka-königin von Pontenero«.

DAR: Hans Albers (Kapitän Craddock), Anna Sten (Yola I.), Heinz Rühmann (Peter, Erster Offizier), Kurt Gerron (Kasino-Direktor).

PRF: Universum-Film AG (Ufa), Berlin. PRO: Erich Pommer. DRZ: 27. 4. bis Juni 1931. DRO: Ufa-Ateliers Neubabelsberg, AA: Dalmatien, Nizza. LNG: 111 min. ZEN: 24. 8. 1931. URA: 31. 8. 1931, Berlin (Ufa-Palast am Zoo).

– Prädikat: Künstlerisch.

– Englische Version: Monte Carlo Madness, REG: Hanns Schwarz. – Rühmann-Pendant: Charles Redgie.

– Französische Version: Le Capitaine Craddock, REG: Hanns Schwarz; Max de Vaucorbeil. – Rühmann-Pendant: Charles Redgie.

1931 *Meine Frau, die Hochstaplerin*

REG: Kurt Gerron. BCH: Ernst Wolff, Fritz Zeckendorf, Philipp Lothar Mayring. KAM: Eugen Schüfftan, Karl Puth. BAU: Hans Sohnle, Otto Erdmann. MUS; LTX: Willi Kollo.

DAR: Heinz Rühmann (Peter Bergmann, Bankangestellter), Käthe von Nagy (Jutta, seine Frau), Alfred Abel (Knast), Maly Delschaft (Ileana, Sängerin, seine Frau), Theo Lingen (ihr Manager).

PRF: Universum-Film AG (Ufa), Berlin. PLT: Bruno Duday. DRZ: ab 24. 7. 1931. DRO: Ufa-Ateliers Neubabelsberg. LNG: 91 min. ZEN: 25. 8. 1931. URA: 18. 9. 1931, Berlin (Gloria-Palast).

1931 *Der brave Sünder*

REG: Fritz Kortner. BCH: Alfred Polgar, Fritz Kortner; nach einem Manuskript von Alfred Polgar, Max Pallenberg, [inspiriert vom Bühnenstück »Die Defraudanten« von Alfred Polgar; nach dem satirischen Roman »Rastratschiki« (1926) von Valentin Katajew]. KAM: Günther Krampf. BAU: Julius von Borsody. MUS: Nikolaus Brodszky. MTI: »Du bist alles, mein Anfang und mein Ende«, »For the Night«, »Heut' hätt' ich den Mut, Dir viel zu sagen«, »Schau tief in meine Augen«.

DAR: Max Pallenberg (Leopold Pichler, Oberkassierer), Heinz Rühmann (Karl Wittek), Dolly Haas (Pichlers Tochter), Josefine Dora (Pichlers Frau).

PRF: Allianz-Tonfilm GmbH, Berlin. PRO: Arnold Pressburger. DRZ: ab 21. 8. 1931. DRO: Ufa-Ateliers Neubabelsberg. LNG: 108 min. ZEN: 15. 10. 1931. URA: 22. 10. 1931, Berlin (Capitol).

1932 *Der Stolz der 3. Kompanie*

REG: Fred Sauer. BCH: Friedrich Raff; nach einer Idee von Wilhelm Harstein. KAM: Friedl Behn-Grund. BAU: Robert Neppach, Erwin Scharf. MUS: Hans May. MTI: »Grad' heut' hätt' ich Lust, verliebt zu sein«, »Himmeldonnerwetter!«.

DAR: Heinz Rühmann (Musketier Gustav Diestelbeck), Adolf Wohlbrück (Prinz Willibald), Eugen Burg (Minister von Schwarzenbecher), Ferdinand von Alten (Lakai).

PRF: D.L.S. Deutsches Lichtspiel-Syndikat AG, Berlin. PLT: Leo Meyer. DRZ: 26. 10. 11. 1931. DRO: D.L.S.-Atelier Staaken. LNG: 92 min. ZEN: 11. 12. 1931/1. 8. 1935, Verbot. URA: 4. 1. 1932, Berlin (Tauentzien-Palast, Titania-Palast).

1932 *Man braucht kein Geld*

REG: Carl Boese. BCH: Karl Noti, Hans Wilhelm; nach dem Bühnenstück von Ferdinand Altenkirch. KAM: Willy Goldberger. BAU: Julius von Borsody. MUS: Artur Guttmann.

DAR: Hedy Kiesler [Lamarr] (Käthe), Heinz Rühmann (Schmidt, Bankangestellter), Hans Moser (Thomas Hoffmann), Ida Wüst (Frau Brandt).

PRF: Allianz-Tonfilm GmbH, Berlin. PLT: Wilhelm Székely. DRZ: 4. 11. bis 28. 11. 1931. DRO: Ufa-Ateliers Neubabelsberg. LNG: 96 min. ZEN: 23. 12. 1931. URA: 5. 2. 1932, Berlin (Capitol).

– Französische Version: Pas besoin d'argent, REG: Jean-Paul Paulin. – Rühmann-Pendant: Claude Dauphin.

1932 *Es wird schon wieder besser…*

REG: Kurt Gerron. BCH: Philipp Lothar Mayring, Fritz Zeckendorf; nach einem Manuskript von Eugen Szatmári, Peter Hell. KAM: Fritz Arno Wagner, Robert Baberske. BAU: Julius von Borsody. MUS: Walter Jurmann, Bronislaw Kaper. LTX: Fritz Rotter. MTI: »'S wird schon wieder besser«, »Wenn ein kleiner Zufall will«.

DAR: Dolly Haas (Edith Ringler), Heinz Rühmann (Fred Holmes, Ingenieur), Paul Otto (Geheimrat Dr. h.c. G. Ringler), Fritz Grünbaum (Justizrat Feldacker), Oskar Sima (Sanitätsrat Dr. Hartmann).

PRF: Universum-Film AG (Ufa), Berlin. PLT: Bruno Duday. DRZ: 1. 12. 1931–Anfang Januar 1932. DRO: Ufa-Ateliers Neubabelsberg. LNG: 67 min. ZEN: 1. 2. 1932. URA: 6. 2. 1932, Berlin (Gloria-Palast).

1932 *Strich durch die Rechnung*

REG: Alfred Zeisler. BCH: Philipp Lothar Mayring, Fritz Zeckendorf; nach der Komödie von Fred A. Angermayer. KAM: Werner Brandes, Werner Bohne. BAU: Willi A. Herrmann, Herbert Lippschitz. MUS, MLT: Hans-Otto Borgmann; LTX: Robert Gilbert, MTI: »Immer so weiter«, »Meine ganze Liebe schenk' ich dir«.

DAR: Heinz Rühmann (Willy Streblow, junger Rennfahrer), Tony van Eyck (Hanni), Hermann Speelmans (Erwin Banz,), Margarete Kupfer (Frau Streblow).

PRF: Universum-Film AG (Ufa), Berlin. PLT: Alfred Zeisler. DRZ: ab 23. 6. 1932 (Atelier), ab 15. 8. 1932 (AA). DRO: Ufa-Ateliers Neubabelsberg, AA: Radrennbahn Forst (Niederlausitz). LNG: 99 min. ZEN: 21. 10. 1932. URA: 25. 10. 1932, Berlin (Ufa-Palast am Zoo).

– Französische Version: Rivaux de la piste, REG: Serge de Poligny. – Rühmann-Pendant: Albert Préjean.

1933 *Lachende Erben*

REG: Max Ophüls. BCH: Felix Joachimson, Max Ophüls; nach einer Novelle von Trude Herka [= Herrmann]. KAM: Eduard Hoesch. BAU: Benno von Arent. MUS: Clemens Schmalstich.

DAR: Heinz Rühmann (Peter Frank), Max Adalbert (Justus Bockelmann), Ida Wüst (Britta Bockelmann), Walter Janssen (Robert Stumm).

PRF: Universum-Film AG (Ufa), Berlin. PLT: Bruno Duday, Eduard Kubat. DRZ: ab Oktober 1932 (Außen). DRO: Ufa-Ateliers Neubabelsberg, Ufa-Ateliers Berlin-Tempelhof, AA: Rüdesheim, Assmannshausen. LNG: 76 min. ZEN: 21. 2. 1933/1. 10. 1937 (Verbot). URA: 6. 3. 1933, Berlin (U.T. Kurfürstendamm).

1933 *Ich und die Kaiserin*

REG: Friedrich Hollaender. BCH: Walter Reisch, Robert Liebmann, [Paul Frank]; nach einer Idee von Felix Salten. KAM: Friedl Behn-Grund. BAU: Robert Herlth, Walter Röhrig. MUS: Franz Wachsmann, Friedrich Hollaender; unter Verwendung von Melodien von Jacques Offenbach (aus »La Grande-Duchesse de Gerolstein«, »La belle Helene«), Charles Lecocq, Edmond Audran, LTX: Robert Gilbert, Robert Liebmann, Walter Reisch; MTI: »Mir ist so millionär zu Mut« (Wachsmann nach Lecocq / Gilbert), »Lied der Kaiserin: Aber kaum sind wir entre nous« (Wachsmann nach Audran / Liebmann, Reisch), »Das Lied«, »Wie hab' ich nur leben können ohne Dich«.

DAR: Lilian Harvey (Juliette, Zofe), Conrad Veidt (Marquis von Pontignac), Mady Christians (Kaiserin Eugénie von Frankreich), Heinz Rühmann (Didier, Notenschreiber am Hoftheater), Friedel Schuster (Arabella,

Schauspielerin), Hubert von Meyerinck (Flügeladjutant), Julius Falkenstein (Jacques Offenbach).

PRF: Universum-Film AG (Ufa), Berlin. PRO: Erich Pommer. DRZ: 8. 11. 1932–Mitte Januar 1933. DRO: Ufa-Ateliers Neubabelsberg (Große Halle Mitte). LNG: 89 min. ZEN: 22. 2. 1933. URA: 22. 2. 1933, Berlin (Gloria-Palast).

– Französische Version: Moi et l'impératrice, REG: Friedrich Hollaender, Paul Martin. – Rühmann-Pendant: Pierre Brasseur.

– Englische Version: The Only Girl / Heart Song, REG: Friedrich Hollaender. – Rühmann-Pendant: Maurice Evans.

1933 *Heimkehr ins Glück*

REG: Carl Boese. BCH: Ludwig von Wohl, Graf d'Houssonville. KAM: Bruno Mondi. BAU: Franz Schroedter. MUS, MLT: Eduard Künneke. MTI: »Kommt das Glück erst spät zu Dir«.

DAR: Luise Ullrich (Liesl Gruber), Heinz Rühmann (Amadori, Tierdresseur und Illusionist), Paul Hörbiger (Direktor Gruber), Paul Heidemann (Schloßverwalter).

PRF: ABC-Film GmbH, Berlin. PRO: Walter von Ercert, Kurt Peters. DRO: EFA-Ateliers Berlin-Halensee. LNG: 86 min. ZEN: 16. 8. 1933. URA: 18. 8. 1933, Berlin (U.T. Kurfürstendamm, Titania-Palast).

1933 *Drei blaue Jungs – ein blondes Mädel*

REG: Carl Boese. BCH: Marie Luise Droop. KAM: Franz Koch. BAU: Karl Machus. MUS: Eduard Künneke. MTI: »Blaue Jungs fahren zur See«.

DAR: Charlotte Ander (Ilse Schröder), Heinz Rühmann (Heini Jäger, Matrose), Friedrich Benfer (Willy Thiem, Matrose), Fritz Kampers (Hannes Butenschön, Maat).

PRF: Carl Boese-Film GmbH, Berlin. PRO: Carl Boese. DRZ: August 1933. DRO: Ufa-Ateliers Neubabelsberg. LNG: 88 min. ZEN: 28. 9. 1933. URA: 2. 10. 1933, Berlin (Atrium, Titania-Palast).

1933 *Es gibt nur eine Liebe*

REG: Johannes Meyer. BCH: Georg C. Klaren. KAM: Willy Winterstein. BAU: Erich Czerwonski. MUS: Eduard Künneke. MTI: »Es gibt nur eine Liebe«, »Ich zog hinaus, weit übers Meer«.

DAR: Louis Graveure (Sir Henry Godwin), Jenny Jugo (Paula Müller), Heinz Rühmann (Eddy Blattner, Ballettmeister), Ralph Arthur Roberts (Julius Wellenreiter).

PRF: Dr. V. Badal-Filmproduktion GmbH, Berlin. PRO: Vahayn Badal. DRZ: September 1933. DRO: Ufa-Ateliers Neubabelsberg. LNG: 99 min. ZEN: 14. 11. 1933. URA: 16. 11. 1933, Stuttgart (Universum); 6. 12. 1933, Berlin (Atrium).

1934 *Die Finanzen des Großherzogs*

REG: Gustaf Gründgens. BCH: Hans Rameau; nach dem Roman »Storhertigens finanser« von Frank Heller [= Martin Gunnar Serner]. KAM: Ewald Daub. BAU: Franz Schroedter, Walter Haug. MUS, MLT: Theo Mackeben. MTI: »Ja, in Sillorca sind die Frauen so schön«.

DAR: Viktor de Kowa (Großherzog Ramon Gomez), Hilde Weißner

(Diana), Heinz Rühmann (Pelotard, Detektiv), Paul Henckels (Paqueno, Minister).
PRF: Tofa Tonfilm-Fabrikations GmbH, Berlin. PLT: Ludwig Behrends. DRZ: November–Dezember 1933. DRO: D.L.S.-Atelier Berlin-Staaken. LNG: 97 min. ZEN: 2. 1. 1934. URA: 10. 1. 1934, Berlin (Capitol am Zoo).
– Prädikat: Künstlerisch.

1934 *So ein Flegel*
REG: Robert A. Stemmle. BCH: Hans Reimann, Robert A. Stemmle; nach dem Roman »Die Feuerzangenbowle« (1933) von Heinrich Spoerl. KAM: Carl Drews. BAU: Erich Czerwonski, Carl Böhm. MUS, MLT: Harald Böhmelt. MTI: »In meinem Kämmerlein soll keine and're sein«, »In der Nacht, da gib acht!«.
DAR: Heinz Rühmann (Dr. Hans Pfeiffer, Schriftsteller / Erich Pfeiffer, Oberprimaner), Ellen Frank (Marion Eisenhut, Schauspielerin), Jakob Tiedtke (Rektor Knauer), Annemarie Sörensen (Eva, seine Tochter), Oskar Sima (Professor Crey).
PRF: Cicero-Film GmbH, Berlin. PRO: Felix Fitzner. DRZ: 27. 11.–Mitte Dezember 1933. DRO: Jofa-Atelier Berlin-Johannisthal. LNG: 86 min. ZEN: 25. 1. 1934. URA: 13. 2. 1934, Berlin (U.T. Kurfürstendamm).

1934 *Pipin der Kurze*
REG: Carl Heinz Wolff. BCH: Georg Zoch; nach dem Bühnenstück von Ludwig Hirschfeld, Karl Farkas. KAM: Willy Hameister. BAU: Gustav A. Knauer, Alexander Mügge. MUS: Franz Doelle. MTI: »Pipin, das macht dir keiner nach«, »Ach, wär das schön, wenn du mich lieben könntest…«.
DAR: Heinz Rühmann (August Pipin, Kassierer), Charlotte Serda (Adele, seine Frau), Paul Heidemann (Inhaber des Warenhauses Naumann), Hans Junkermann (Generaldirektor Borchardt).
PRF: Alpha-Filmproduktion GmbH, Berlin. PRO: Carl Heinz Wolff. DRZ: Januar 1934. DRO: EFA-Atelier Berlin-Halensee. LNG: 80 min. ZEN: 21. 3. 1934. URA: 31. 3. 1934, Berlin (Mozartsaal).

1934 *Ein Walzer für Dich*
REG: Georg Zoch. BCH: Hans H. Zerlett, Georg Zoch. KAM: Willy Winterstein. BAU: Erich Czerwonski. MUS, MLT: Will Meisel. MTI: »Ein Walzer für Dich!«, »Serenade«.
DAR: Louis Graveure (Kammersänger), Camilla Horn (Fürstin Stefanie von Palamo), Heinz Rühmann (Benjamin Cortez, Kapellmeister), Adele Sandrock (Exfürstin Ludowica von Palamo), Theo Lingen (Impresario).
PRF: Dr. V. Badal-Filmproduktion GmbH, Berlin. PRO: Vahayn Badal. DRZ: Februar–März 1934. DRO: Ufa-Ateliers Neubabelsberg. LNG: 94 min. ZEN: 8. 6. 1934. URA: 12. 8. 1934, Mainz; 16. 8. 1934, Berlin (Mozartsaal).

1934 *Heinz im Mond*
REG: Robert A. Stemmle. BCH: Robert A. Stemmle; nach dem Roman »Ein Herz und zwei Strohmatten« (1930) von Marcel Arnac. KAM: Carl Drews. BAU: Franz Schroedter. MUS, MLT: Franz Grothe.

DAR: Heinz Rühmann (Aristides Nessel), Rudolf Platte (Arthur Kosemund, sein Diener), Annemarie Sörensen (Anna Busch, seine Sekretärin), Oskar Sima (Martin Fasan, Börsenmakler.

PRF: Cicero-Film GmbH, Berlin. PRO: Felix Pfitzner. DRZ: 28. 5.–Mitte Juni 1934. DRO: EFA-Atelier Berlin-Halensee. LNG: 84 min. ZEN: 5. 9. 1934. URA: 5. 9. 1934, Berlin (U.T. Kurfürstendamm).

1934 *Frasquita*

REG: Carl Lamac. BCH: Georg C. Klaren; nach der Operette von Franz Lehár, Libretto: Arthur Maria Willner, Heinz Reichert. KAM: Eduard Hoesch. BAU: Julius von Borsody, Eduard Hoesch. MUS: Franz Lehár. MTI: »Nimm mich, nimm mich so wie ich bin«, »Sag' mir, sag' mir, bist du die Frau«, »Schatz, ich bitt' dich, komm heut' nacht!«, »Vielleicht bist du der Traum vom Glück«, »Weißt du nicht, was ein Herz voller Sehnsucht begehrt?«, »Wüßt' ich, wer morgen mein Liebster ist«.

DAR: Jarmila Novotna (Frasquita Benavente, Zigeunerin), Hans Heinz Bollmann (Harald, Architekt), Heinz Rühmann (Hippolyt, sein Freund), Hans Moser (Jaromir, Diener bei Harald).

PRF: Atlantis-Film GmbH, Wien. PLT: Reinhold Meißner. DRO: Atelier Wien-Sievering, AA: Ragusa. LNG: 85 min. D-ZEN: 6. 9. 1934. URA: 18. 9. 1934, Berlin (Atrium); AT-EA: 9. 11. 1934, Wien.

1935 *Der Himmel auf Erden*

REG: E. W. Emo. BCH: Georg Zoch; nach dem Bühnenstück von Julius Horst. KAM: Bruno Timm. BAU: Julius von Borsody. MUS, MLT: Robert Stolz. MTI: »Waren Sie schon in Lindenau?«, »So verliebt ist man auf der Welt nur einmal«, »Mein Himmel auf Erden bist Du«.

DAR: Heinz Rühmann (Peter Hilpert, Gutsbesitzer), Hermann Thimig (Paul Heller, Komponist), Lizzi Holzschuh (seine Frau), Hans Moser (Adlgasser), Adele Sandrock (Erbtante Adele).

PRF: Projectograph-Film GmbH, Wien. PRO: Oskar Glück. DRO: Tobis-Sascha-Atelier Wien-Rosenhügel. LNG: 91 min. D-ZEN: 12. 4. 1935 URA: 21. 3. 1935, Wien; DEA: 7. 6. 1935, Berlin (Gloria-Palast).

1935 *Eva*

REG: Johannes Riemann. BCH: Ernst Marischka; nach der Operette »Eva, das Fabrikmädchen« (1911) von Franz Lehár, Libretto: Arthur Maria Willner, Robert Bodansky. KAM: Eduard Hoesch. BAU: Julius von Borsody. MUS: Franz Lehár. MTI: »Die Liebe und das Küssen«, »Eva-Walzer: Wär' es auch nichts als ein Traum vom Glück«, »Lied vom Leichtsinn: Hergott, laß mir doch meinen Leichtsinn nur«.

DAR: Magda Schneider (Eva), Heinz Rühmann (Willibald Riegele, Porzellanhändler), Hans Söhnker (Georg von Hochheim), Adele Sandrock (Malwine von Hochheim, seine Großmutter), Hans Moser (Wimmer, Prokurist bei Hochheim).

PRF: Atlantis-Film GmbH, Wien. PLT: Reinhold Meißner. DRO: Tobis-Sascha-Atelier Wien-Sievering. LNG: 96 min. D-ZEN: 18. 4. 1935. URA: 25. 7. 1935, Berlin (Ufa-Palast am Zoo), AT-EA: 20. 8. 1935, Wien. – Prädikat: Künstlerisch wertvoll.

1935 *Wer wagt – gewinnt! / Bezauberndes Fräulein*

REG: Walter Janssen. BCH: Ralph Benatzky; nach seinem Bühnenstück »Bezauberndes Fräulein«. KAM: Emil Schünemann. BAU: Hans Sohnle, Otto Erdmann. MUS: Ralph Benatzky. MTI: »Ach, Luise!«, »Du, nur Du!«, »Ich bin rasend verwöhnt«, »Sie kommen zum Tee«, »Was hast du schon davon, wenn ich dich liebe«, »Wen klein und bescheiden«.

DAR: Heinz Rühmann (Paul Normann, Angestellter), Lizzi Holzschuh (Annette Larocci), Carl Günther (Felix), Annemarie Sörensen.

PRF: Riton-Film GmbH, Berlin. PRO: Willi Wolff. LNG: 89 min. ZEN: 20. 5. 1935. URA: 9. 7. 1935, Berlin (Titania-Palast).

1935 *Der Außenseiter*

REG: Hans Deppe. BCH: Josef Stolzing-Czerny. KAM: Ewald Daub, Karl Hasselmann. BAU: Erich Zander, Wilhelm Depenau. MUS: Hans Carste.

DAR: Heinz Rühmann (Peter Bang, Schreinergeselle), Ernst Dumcke (Rennstallbesitzer), Gina Falckenberg (seine Tochter), Gustav Waldau (Trainer).

PRF: Bavaria-Film AG, München. PLT: Ernst Gaden. DRZ: Ende August bis Ende September 1935. DRO: Bavaria-Ateliers München-Geiselgasteig. LNG: 77 min. ZEN: 2. 11. 193. URA: 14. 11. 1935, München (Kammerlichtspiele); 3. 1. 1936, Berlin (Atrium).

1936 *Ungeküßt soll man nicht schlafen geh'n*

REG: E. W. Emo. BCH: Fritz Koselka. KAM: Harry Stradling. BAU: Julius von Borsody. MUS: Robert Stolz; LTX: Rudolf Bertram. MTI: »Ich hätt' so gerne an Dich geglaubt«, »Ungeküßt soll man nicht schlafen geh'n«.

DAR: Liane Haid (Edda Vivian, Filmschauspielerin), Theo Lingen (Tony Miller, Manager), Hans Moser (Fritz Wiesinger, Direktor der Schallplattenfabrik), Heinz Rühmann (Franz Angerer, Altphilologe).

PRF: Projectograph-Film GmbH, Wien. PRO: Oskar Glück. LNG: 93 min. D-ZEN: 20. 5. 1936. URA: 27. 2. 1936, Wien; DEA: 25. 8. 1936, Berlin (Atrium).

1936 *Allotria*

REG: Willi Forst. BCH: Jochen Huth, Willi Forst. KAM: Ted Pahle, Werner Bohne. BAU: Kurt Herlth, Werner Schlichting. MUS, MLT: Peter Kreuder. MTI: »Blindekuh: Komm, spiel mit mir Blindekuh«, »Dort, wo du hingehst«, »Hundertzehn«, »Meine Freundin Josefine«, »Philipp«.

DAR: Jenny Jugo (Gaby), Renate Müller (Viola), Adolf Wohlbrück (Philipp, Plantagenbesitzer), Heinz Rühmann (David Clemens, Rennfahrer).

PRF: Cine-Allianz Tonfilm Produktion GmbH, Berlin; für Tobis-Europa AG, Berlin. HLT: Fritz Klotzsch. DRZ: ab Ende Januar 1936. DRO: Tobis-Ateliers Berlin-Johannisthal, AA: Avus Berlin, Monaco. LNG: 102 min. ZEN: 10. 6. 1936/19. 1. 1940 (Verbot). URA: 12. 6. 1936, Berlin (Gloria-Palast).

– Prädikat: Künstlerisch wertvoll.

1936 *Wenn wir alle Engel wären*

REG: Carl Froelich. RAS: Rolf Hansen. BCH: Heinrich Spoerl; nach seinem Roman (1936). KAM: Reimar Kuntze. BAU: Franz Schroedter. MUS:

Hansom Milde-Meißner. MTI: »Heut' ist mein Herz so vergnügt: Wenn wir alle nur Engel wär'n«.
DAR: Heinz Rühmann (Christian Kempenich, Kanzleivorsteher), Leny Marenbach (Hedwig, seine Frau), Lotte Rausch (Maria, Dienstmagd bei Kempenich), Harald Paulsen (Enrico Falotti, Gesangslehrer).
PRF: Froelich-Film GmbH (FFG), Berlin; für Tobis-Europa AG, Berlin. PRO: Carl Froelich. DRZ: ab 22. 7. 1936. DRO: Froelich-Studio Berlin-Tempelhof; AA: Beilstein an der Mosel. LNG: 103 min. ZEN: 7. 10. 1936. URA: 9. 10. 1936, Berlin (Alhambra, Tauentzien-Palast).
– Prädikat: Staatspolitisch und künstlerisch besonders wertvoll

1937 *Der Mann, von dem man spricht*
REG: E. W. Emo. BCH: Hanns Saßmann. KAM: Eduard Hoesch. BAU: Julius von Borsody. MUS: Heinz Sandauer. MTI: »So ein Regenwurm hat's gut«, »Stimmung muß heute abend sein«.
DAR: Heinz Rühmann (Toni Mathis, Student), Theo Lingen (Haßler, Tonis Diener), Hans Moser (Tonis Onkel), Gusti Huber (Bianca).
PRF: Projectograph-Film GmbH, Wien. PRO: Oskar Glück. DRZ: 9. 11. 1936–Dezember 1936. DRO: Atelier Wien-Sievering. LNG: 91 min. D-ZEN: 4. 2. 1937. URA: 5. 2. 1937, Wien (Apollo); DEA: 27. 3. 1937, Berlin (U.T. Kurfürstendamm, U.T. Friedrichstraße, Atrium).

1937 *Lumpazivagabundus*
REG: Geza von Bolvary. BCH: Max Wallner; nach dem Bühnenstück »Der böse Geist Lumpazivagabundus, oder Das liederliche Kleeblatt« (1833) von Johann Nestroy. KAM: Werner Brandes. BAU: Emil Hasler, Arthur Schwarz. MUS: Hans Lang. MTI: »Von Li-li-li-li-li-Liebe«, »Liebes Fräulein Pepi«, »Wozu ist die Straße da«, »Ja, ja, der Leichtsinn«, »I halt a Red'«, »Die Welt steht auf kan Fall mehr lang«, »I riech a Wein«.
DAR: Paul Hörbiger (Lumpazivagabundus/Schuster), Heinz Rühmann (Zwirn, Schneider), Hans Holt (Leim, Tischler), Hilde Krahl (Pepi).
PRF: Styria-Film GmbH, Wien / Hade-Film GmbH, Wien. PLT: Ernst Garden. DRZ: ab September 1936. DRO: Atelier Wien-Sievering; AA: Göttweig, Weißenkirchen, Dürnstein. LNG: 90 min. URA: 23. 12. 1936, Wien; DEA: 12. 2. 1937, Berlin (U.T. Kurfürstendamm, U.T. Friedrichstraße).

1937 *Der Mann, der Sherlock Holmes war*
REG: Karl Hartl. RAS: Eduard von Borsody. BCH: Robert A. Stemmle, Karl Hartl. KAM: Fritz Arno Wagner, Karl Plintzner. BAU: Otto Hunte. MUS, MLT: Hans Sommer. MTI: »Jawoll, meine Herr'n«.
DAR: Hans Albers (Morris Flint alias Sherlock Holmes), Heinz Rühmann (Macky MacPherson alias Dr. Watson), Marieluise Claudius (Mary Berry), Hansi Knoteck (Jane Berry), Hilde Weissner (Madame Ganymar).
PRF: Universum-Film AG (Ufa), Berlin. Herstellungsgruppe Alfred Greven. DRZ: Mitte März–Mai 1937. DRO: Ufa-Ateliers Neubabelsberg. LNG: 112 min. ZEN: 13. 7. 1937. URA: 15. 7. 1937, Berlin (Ufa-Palast am Zoo).
– Prädikat: Künstlerisch wertvoll.

1937 *Der Mustergatte*

REG: Wolfgang Liebeneiner. KOL: Heinz Rühmann. BCH: Jacob Geis, Hans Albin, Heinz Rühmann; nach dem Bühnenstück »Fair and Warmer« (1915) von Avery Hopwood. KAM: Werner Bohne. BAU: Otto Gülstorff, Hans Minzloff. MUS: Hans Sommer. MTI: »Liebes kleines Mädchen, wenn Du wüßtest ...«.

DAR: Heinz Rühmann (Billy Bartlett, Bankier), Leny Marenbach (Margret, seine Frau), Hans Söhnker (Jack Wheeler), Heli Finkenzeller (Doddy, dessen Frau), Werner Fuetterer (Fred Evans, Tennis-Champion).

PRF: Imagoton-Film GmbH, Berlin; für Tobis-Filmkunst GmbH, Berlin. Herstellungsgruppe: Herbert Engelsing. DRZ: ab Ende Juli 1937. DRO: Tobis-Atelier Berlin-Johannisthal, Froelich-Atelier Berlin-Tempelhof, AA: Venedig. LNG: 101 min. ZEN: 11. 10. 1937. URA: 13. 10. 1937, Berlin (Gloria-Palast).

– Prädikat: Künstlerisch wertvoll.

– IFF Venedig 1938: Medaille (Schauspielerische Leistung) an Rühmann.

1938 *Die Umwege des schönen Karl*

REG: Carl Froelich. BCH: Philipp Lothar Mayring, Jacob Geis, Harald Braun; nach dem Roman (1920) von Paul Enderling. KAM: Reimar Kuntze. BAU: Franz Schroedter, Walter Haag. MUS: Hansom Milde-Meißner. MTI: »Das ganze Leben ist nur ein Glücksspiel«.

DAR: Heinz Rühmann (Karl Kramer, Kellner), Paul Westermeier (Otto Hübner), Ernst Legal (der alte Albert), Leo Peukert (Herr Balzer).

PRF: Tonfilmstudio Carl Froelich & Co, Berlin-Tempelhof; für Tobis-Filmkunst GmbH, Berlin. Herstellungsgruppe: Herbert Engelsing. PRO: Carl Froelich. DRZ: 20. 9.–Mitte Oktober 1937. DRO: Froelich-Studio Berlin-Tempelhof. LNG: 102 min. ZEN: 13. 1. 1938. URA: 31. 1. 1938, Berlin (Capitol).

– Prädikat: Künstlerisch wertvoll.

1938 *Fünf Millionen suchen einen Erben*

REG: Carl Boese. BCH: Georg Hurdalek, Jacob Geis; nach dem Roman (1932) von Harald Baumgarten. KAM: Ewald Daub. BAU: Willi A. Herrmann, Alfred Bütow. MUS: Lothar Brühne; LTX: Bruno Balz; MTI: »Ich brech' die Herzen der stolzesten Frau'n«, »Ich tanz mit Fräulein Dolly Swing«.

DAR: Heinz Rühmann (Peter Pitt / Patrick Pitt, sein Vetter), Leny Marenbach (Mabel), Vera von Langen (Hix, Peters Frau), Oskar Sima (Blubberboom), Heinz Salfner (Gould, Notar).

PRF: Majestic-Film GmbH, Berlin; für Terra-Filmkunst GmbH, Berlin. Herstellungsgruppe Hans Tost. DRZ: Mitte Dezember 1937–Ende Februar 1938. DRO: Ufa-Ateliers Berlin-Tempelhof, EFA-Atelier Berlin-Halensee. LNG: 88 min. ZEN: 29. 3. 1938. URA: 1. 4. 1938, Berlin (Ufa-Palast am Zoo).

1938 *13 Stühle*

REG: E. W. Emo. BCH: Per Schwenzen, E. W. Emo; nach der Satire »Dwenadcatj stuljew« (1928) von Ilja Ilf und Jewgeni Petrow. KAM:

Eduard Hoesch. BAU: Julius von Borsody. MUS: Nico Dostal; GES: Wiener Sängerknaben. MTI: »Es gibt nur ein Geheimnis zwischen Mann und Frau«, »Wer gibt, dem wird gegeben«.

DAR: Heinz Rühmann (Felix Rabe, Friseur), Hans Moser (Alois Hofbauer, Trödler), Annie Rosar (Karoline, seine Frau), Inge List (Lilly Walter).

PRF: Emo-Film GmbH, Wien; für Terra-Filmkunst GmbH, Berlin. Herstellungsgruppe Hans Tost. PRO: E. W. Emo. DRZ: ab Anfang Juni 1938. DRO: Tobis-Sascha-Atelier Wien-Rosenhügel, Tobis-Sascha-Atelier Wien-Sievering, AA: Wien. LNG: 92 min. ZEN: 12. 9. 1938. URA: 16. 9. 1938, Dresden (Capitol); 18. 10. 1938, Berlin (Ufa-Palast am Zoo).

1938 *Nanu, Sie kennen Korff noch nicht?*

REG: Fritz Holl. RAS: Kurt Hoffmann. BCH: Jakob Geis, Peter Francke; nach dem Roman »Nanu, Sie kennen Holm noch nicht?« von Albrecht Georg von Ihering. KAM: Georg Bruckbauer. BAU: Willi A. Hermann, Alfred Bütow. MUS: Michael Jary. MTI: »Liebeslied einer Nachtigall«.

DAR: Heinz Rühmann (Niels Korff, Flötenvirtuose), Senta Foltin (Dortje Vermeylen), Jakob Tietke (ihr Vater), Agnes Straub (Philippine Schimmelpenninck).

PRF: Terra-Filmkunst GmbH, Berlin. Herstellungsgruppe Hans Tost. DRZ: ab 11. 7. 1938. DRO: Ufa-Stadt Babelsberg, AA: Holland, Wustrow an der Ostsee, Plaza Berlin. LNG: 96 min. ZEN: 12. 12. 1938. URA: 21. 12. 1938, Berlin (Tauentzien-Palast).

1938 *Lauter Lügen*

REG: Heinz Rühmann. RAS, Beratung: Kurt Hoffmann. BCH: Bernd Hofmann; nach dem Bühnenstück (1937) von Hans Schweikart. KAM: Carl Drews. BAU: Willi A. Herrmann. MUS: Michael Jary. MTI: »Lauter Lügen«, »Oui, Madame«.

DAR: Albert Matterstock (Andreas von Doerr, Rennfahrer), Hertha Feiler (Gerda, seine Frau), Fita Benkhoff (ihre Freundin), Hilde Weissner (Joan Bennet), Rolf von Nauckhoff (Rechtsanwalt), Paul Bildt (Dr. Nägeli).

PRF: Terra-Filmkunst GmbH, Berlin. Herstellungsgruppe Hans Conradi. DRZ: 17. 10.–Ende November 1938. DRO: Ufa-Ateliers Berlin-Tempelhof, AA: oberes Inntal. LNG: 87 min. ZEN: 20. 12. 1938. URA: 23. 12. 1938, Hamburg (Schauburg Hauptbahnhof); 14. 1. 1939, Berlin (Capitol). – Prädikat: Künstlerisch wertvoll.

1939 *Der Florentiner Hut*

REG: Wolfgang Liebeneiner. BCH: Bernd Hofmann, Horst Budjuhn; nach dem Bühnenstück »Un chapeau de paille d'Italie« (1851) von Eugène-Marin Labiche, Marc Michel. KAM: Carl Hoffmann, Karl Löb. BAU: Hans Sohnle, Willi Vorwerg. MUS: Michael Jary; LTX: Erich Knauf. MTI: »Bänkellied: Ja, ja, ja, ach ja, 's ist traurig, aber wahr«.

DAR: Heinz Rühmann (Theo Farina), Herti Kirchner (Helene), Christl Mardayn (Pamela), Paul Henckels (Baron von Sarabant), Hubert von Meyerinck (Herzog von Rosalba).

PRF: Terra-Filmkunst GmbH, Berlin. Herstellungsgruppe Heinz Rühmann. PLT: Arthur Kiekebusch. DRZ: Mitte Januar–22. 2. 1939. DRO:

Ufastadt Babelsberg. LNG: 92 min. ZEN: 24. 3. 1939. URA: 3. 4. 1939, KdF-Schiff »Robert Ley« 18. 4. 1939, Berlin (Gloria-Palast).

1939 *Paradies der Junggesellen*

REG: Kurt Hoffmann. BCH: Karl Peter Gillmann, Günter Neumann; nach dem Roman (1938) von Johannes Boldt. KAM: Carl Drews. BAU: Willi A. Herrmann. MUS, MLT: Michael Jary; LTX: Bruno Balz. MTI: »Das kann doch einen Seemann nicht erschüttern«.

DAR: Heinz Rühmann (Hugo Bartels, Standesbeamter), Josef Sieber (Cäsar Spreckelsen, Apotheker), Hans Brausewetter (Dr. Balduin Hannemann, Studienrat), Gerda Maria Terno (Eva, Hugos erste geschiedene Frau).

PRF: Terra-Filmkunst GmbH, Berlin. Herstellungsgruppe Heinz Rühmann. PLT: Arthur Kiekebusch. DRZ: Mitte April–Anfang Juni 1939. DRO: Ufastadt Babelsberg, AA: Berlin-Wannsee. LNG: 94 min. ZEN: 28. 7. 1939. URA: 1. 8. 1939, Hamburg (Ufa-Palast); 16. 8. 1939, Berlin (Capitol).

1939 *Hurra! Ich bin Papa!*

REG: Kurt Hoffmann. BCH: Thea von Harbou. KAM: Oskar Schnirch. BAU: Alfred Bütow, Heinrich Beisenherz. MUS: Hans Lang. MTI: »Am Rhein bin ich so gerne«, »Heute bin ich blau«.

DAR: Heinz Rühmann (Peter Ohlsen), Albert Florath (Ludwig Ohlsen), Walter Schuller (Hänschen Ohlsen), Carola Höhn (Kathrin Gebhardt).

PRF: Cine-Allianz Tonfilm Produktion GmbH, Berlin. HLT: Ernst Garden. DRZ: ab 28. 7. 1939. DRO: Terra-Glashaus Berlin-Marienfelde. LNG: 81 min. ZEN: 10. 11. 1939. URA: 16. 11. 1939, Berlin (Gloria-Palast).

1940 *Lauter Liebe.*

REG: Heinz Rühmann. BCH: Thea von Harbou, Egbert von Putten. KAM: Ewald Daub. BAU: Alfred Bütow, Heinrich Beisenherz. MUS: Werner Bochmann. MTI: »Mir geht's gut«.

DAR: Hertha Feiler (Marlies Nathusius), Hansi Arnstaedt (ihre Mutter), Rolf Weih (Hans Haeberling), Hans Leibelt (sein Vater), Albert Florath (Edwin Himmelsteig).

PRF: Terra-Filmkunst GmbH, Berlin. Herstellungsgruppe Heinz Rühmann. PLT: Arthur Kiekebusch. DRZ: 18. 9.–ca. 10. 12. 1939. DRO: Ufastadt Babelsberg, Froelich-Studio Berlin-Tempelhof, AA: Rothenburg ob der Tauber. LNG: 89 min. ZEN: 2. 2. 1940. URA: 16. 2. 1940, Köln + »im Reich«; 6. 7. 1940, Berlin (Gloria-Palast).

1940 *Kleider machen Leute*

REG: Helmut Käutner. BCH: Helmut Käutner; nach der Novelle aus »Die Leute von Seldwyla« (1874) von Gottfried Keller. KAM: Ewald Daub. BAU: Robert Herlth, Heinrich Weidemann. MUS: Bernhard Eichhorn. MTI: »Moritat vom armen Schneider und der ungarischen Herzogin«, »Ein Schneider, der muß wandern«, »Das schönste Metier ist das Schneidermetier«, »Der Stern von Bethlehem«, »Taratateiti«.

DAR: Heinz Rühmann (Wenzel, Schneidergeselle), Hertha Feiler (Nettchen), Hans Sternberg (Küchlin, Amtsrat und Tuchherr, ihr Vater), Fritz Odemar (Graf Stroganoff, Gesandter des Zaren).

PRF: Terra-Filmkunst GmbH, Berlin. Herstellungsgruppe: Heinz Rühmann-Hans Tost. PLT: Arthur Kiekebusch. DRZ: 28. 3.–Anfang Juli 1940. DRO: Ufastadt Babelsberg, Ufa-Ateliers Berlin-Tempelhof, AA: Freigelände Barrandow-Atelier Prag. LNG: 106 min. ZEN: 9. 9. 1940. URA: 16. 9. 1940, Konstanz; 23. 10. 1940, Berlin (Marmorhaus).

1940 *Wunschkonzert*

REG: Eduard von Borsody. BCH: Felix Lützkendorf, Eduard von Borsody. KAM: Franz Weihmayr, Günther Anders, Carl Drews. BAU: Alfred Bütow, Heinrich Beisenherz. MUS, MLT: Werner Bochmann, unter Verwendung einer Komposition von Wolfgang Amadeus Mozart (Ouvertüre zu »Figaros Hochzeit«) und anderer Lieder. MTI: »Eine Nacht im Mai«, »Das kann doch einen Seemann nicht erschüttern«, »Tausendmal war ich im Traum bei Dir«, »Gute Nacht, Mutter« u.a.

DAR: Ilse Werner (Inge Wagner), Carl Raddatz (Herbert Koch, Fliegerleutnant), Heinz Goedecke (Heinz Goedecke, Leiter des »Wunschkonzerts«), Joachim Brennecke (Helmut Winkler, Fliegerleutnant); im Wunschkonzert: u. a. Heinz Rühmann, Hans Brausewetter, Josef Sieber. PRF: Cine-Allianz Tonfilm Produktion GmbH, Berlin; für Universum-Film AG (Ufa), Berlin. DRZ: 16. 7.–Anfang Oktober 1940. DRO: Ufastadt Babelsberg, Ufa-Ateliers Berlin-Tempelhof. LNG: 103 min. ZEN: 21. 12. 1940. URA: 30. 12. 1940, Berlin (Ufa-Palast am Zoo).

– Prädikate: Staatspolitisch wertvoll, Künstlerisch wertvoll, Volkstümlich wertvoll, Jugendwert.

– Von den Alliierten Militärbehörden verboten.

1941 *Hauptsache glücklich!*

REG: Theo Lingen. BCH: Jochen Huth, Rudo Ritter; nach einer Idee von Walter Forster. KAM: Oskar Schnirch. BAU: Ludwig Reiber, Rudolf Pfenninger, Walter Schlick. MUS: Werner Bochmann.

DAR: Heinz Rühmann (Axel Roth), Hertha Feiler (Uschi Roth,), Ida Wüst (Frau Lind), Hans Leibelt (Generaldirektor Arndt).

PRF: Bavaria-Filmkunst GmbH, München. PRO: Heinz Rühmann. DRZ: 6. 11. 1940–Mitte Januar 1941. DRO: Ateliers A.B. Hostivar Prag. LNG: 94 min. ZEN: 26. 3. 1941. URA: 3. 4. 1941, Berlin (Gloria-Palast).

– Prädikat: Volkstümlich wertvoll.

1941 *Der Gasmann*

REG: Carl Froelich. BCH: Heinrich Spoerl. KAM: Reimar Kuntze. BAU: Walter Haag. MUS: Hansom Milde-Meißner.

DAR: Heinz Rühmann (Knittel), Anny Ondra (Erika), Will Dohm (Schwager Alfred), Erika Helmke (blondes Fräulein), Franz Weber (Gerichtsvorsitzender), Kurt Vespermann (Staatsanwalt).

PRF: Tonfilmstudio Carl Froelich & Co, Berlin-Tempelhof; für Universum-Film AG (Ufa), Berlin. PRO: Carl Froelich. PLT: Friedrich Pflughaupt. DRZ: 19. 8.–Mitte Oktober 1940. DRO: Froelich-Studio Berlin-Tempelhof. LNG: 95 min, 2613 m. ZEN: 30. 7. 1941. URA: 1. 8. 1941, Berlin (Gloria-Palast).

– Von den Alliierten Militärbehörden verboten.

1941 *Quax, der Bruchpilot*

REG: Kurt Hoffmann. BCH: Robert A. Stemmle; nach der Erzählung (1936) von Hermann Grote. KAM: Heinz von Jaworsky. BAU: Otto Moldenhauer, Rudolf Linnekogel. MUS: Werner Bochmann; LTX: Erich Knauf. MTI: »Heimat, deine Sterne«, »Ein Flieger hat den Bogen raus«.

DAR: Heinz Rühmann (Otto »Quax« Groschenbügel), Lothar Firmans (Fluglehrer Hansen), Karin Himboldt (Marianne Bredow), Hilde Sessak (Adelheid), Harry Liedtke (Gutsbesitzer Bredow).

PRF: Terra-Filmkunst GmbH, Berlin. Herstellungsgruppe Heinz Rühmann. PLT: Robert Leistenschneider. DRZ: 23. 5.–September 1941. DRO: Bavaria-Ateliers München-Geiselgasteig, Ufastadt Babelsberg, Ufa-Ateliers Berlin-Tempelhof, AA: Prien am Chiemsee. LNG: 92 min. ZEN: 15. 12. 1941. URA: 16. 12. 1941, Hamburg (Ufa-Palast); 22. 12. 1941, Berlin (Capitol am Zoo).

– Prädikat: Künstlerisch wertvoll, Volkstümlich wertvoll.

– Von den Alliierten Militärregierungen verboten.

1942 *Fronttheater*

REG: Arthur Maria Rabenalt. BCH: Georg Hurdalek, H.F. Köllner, Werner Plücker. KAM: Oskar Schnirch.

DAR: Heli Finkenzeller, Renè Deltgen. Lothar Firmans, Hans Söhnker, Heinz Rühmann.

PRO: Terra-Filmkunst GmbH, Berlin. DRO: Ufa-Ateliers Babelsberg, Cineton-Ateliers Amsterdam, Den Haag. ZEN: 22. 9. 1942. URA: 24. 9. 1942

– Prädikat: Staatspolitisch wertvoll, Volkstümlich wertvoll.

– Von den Alliierten Militärbehörden verboten.

1943 *Sophienlund*

REG: Heinz Rühmann. BCH: Fritz Peter Buch, Helmut Weiss; nach der Komödie von Helmut Weiss, Fritz von Woedtke. KAM: Willy Winterstein. BAU: Willi A. Herrmann. MUS: Werner Bochmann. LTX: Erich Knauf. MTI: »Mit Musik geht alles besser«.

DAR: Harry Liedtke (Erich Eckberg, Schriftsteller), Käte Haack (Sigrid, seine Frau), Hannelore Schroth (Gabriele), Robert Tessen (Michael).

PRF: Terra-Filmkunst GmbH, Berlin. Herstellungsgruppe Heinz Rühmann. PLT: Robert Leistenschneider. DRZ: 2. 9.–11. 11. 1942. DRO: Ufastadt Babelsberg. LNG: 92 min. ZEN: 11. 1. 1943. URA: 26. 2. 1943, Berlin (Gloria-Palast, Kosmos Tegel).

– Prädikat: Künstlerisch besonders wertvoll.

1943 *Ich vertraue dir meine Frau an*

REG: Kurt Hoffmann. RAS: Helmut Weiss. BCH: Helmut Weiss, Bobby E. Lüthge; nach dem Bühnenstück von Johann von Vaszary. KAM: Willy Winterstein. BAU: Willi A. Herrmann. MUS: Franz Grothe. MTI: »Allerschönste aller Frauen«.

DAR: Heinz Rühmann (Peter Trost), Lil Adina (Ellinor Deinhardt), Werner Fuetterer (Robert Deinhardt), Else von Möllendorf (Sekretärin Lil).

PRF: Terra-Filmkunst GmbH, Berlin. Herstellungsgruppe Heinz Rühmann. PLT: Robert Leistenschneider. DRZ: 4. 6.–Anfang August 1942. DRO:

Ufastadt Babelsberg, AA: Umgebung von Berlin. LNG: 88 min. ZEN: 25. 2. 1943. URA: 2. 4. 1943, München (Atlantik-Palast); 8. 6. 1943, Berlin. – Prädikate: Künstlerisch wertvoll, Volkstümlich wertvoll.

1943 *Die Feuerzangenbowle*

REG: Helmut Weiss. BCH: Heinrich Spoerl; nach seinem Roman (1933). KAM: Ewald Daub. BAU: Willi A. Herrmann. MUS: Werner Bochmann.

DAR: Heinz Rühmann (Dr. Johannes Pfeiffer), Karin Himboldt (Eva), Hilde Sessak (Marion), Erich Ponto (Professor Crey), Paul Henckels (Professor Bömmel), Hans Leibelt (Gymnasialdirektor Knauer).

PRF: Terra-Filmkunst GmbH, Berlin. Herstellungsgruppe Heinz Rühmann. PLT: Robert Leistenschneider. LNG: 98 min. ZEN: 14. 1. 1944. URA: 28. 1. 1944, Berlin (Tauentzien-Palast, U.T. Königstadt).

– Prädikat: Künstlerisch wertvoll.

1943/44 *Quax in Afrika*

REG: Helmut Weiss. BCH: Wolf Neumeister; nach der Erzählung »Quax auf Abwegen« von Hermann Grote. KAM: Ewald Daub. BAU: Willi A. Herrmann, Julius Daumann. MUS: Werner Bochmann.

DAR: Heinz Rühmann (Otto Groschenbügel, genannt Quax), Hertha Feiler (Renate), Karin Himboldt (Marianne), Bruni Löbel (Julchen), Lothar Firmans (Hansen, Fluglehrer).

PRF: Terra-Filmkunst GmbH, Berlin. Herstellungsgruppe Heinz Rühmann. PLT: Robert Leistenschneider [?]. DRZ: ab Juli 1943. DRO: Ufastadt Babelsberg, AA: Allgäu. LNG: 95 min.

– Im Februar 1945 unter dem Titel »Quax in Fahrt« von der Filmprüfstelle freigegeben, aber nicht mehr aufgeführt.

– Von den Alliierten Militärbehörden zunächst verboten. 1953 unter dem Titel »Quax in Afrika« von der FSK freigegeben und am 18. 2. 1953 in Düsseldorf uraufgeführt.

1944 *Der Engel mit dem Saitenspiel*

REG: Heinz Rühmann. BCH: Curt J. Braun, Helmut Weiss; nach dem Bühnenstück von Alois Johannes Lippl. KAM: Ewald Daub. BAU: Willi A. Herrmann, Julius Daumann, Bruno Monden. MUS: Werner Bochmann.

DAR: Hertha Feiler (Susanne Henrici, Kunststudentin), Hans Söhnker (Achim Strengholt, Klavierfabrikant), Hans Nielsen (Bernhard Zoller), Susanne von Almassy (Vera Schellhorn).

PRF: Terra-Filmkunst GmbH, Berlin. Herstellungsgruppe Heinz Rühmann. PLT: Robert Leistenschneider. Max Jaap. DRZ: 23. 2.–Anfang Juli 1944. DRO: Ufastadt Babelsberg, AA: Allgäu. LNG: 101 min. ZEN: 6. 10. 1944. URA: 19. 12. 1944, Berlin (Marmorhaus, U.T. Sternlichtspiele).

– Prädikat: Künstlerisch wertvoll.

1945 *Sag' die Wahrheit*

REG: Helmut Weiss. BCH: Ernst Marischka; nach dem Bühnenstück von Johann von Vaszary. KAM: Reimar Kuntze. BAU: Julius Daumann, Christian Herrmann. MUS: Werner Bochmann.

DAR: Heinz Rühmann (Peter Hellmer), Hertha Feiler (Maria), Susanne von Almassy, Hans Brausewetter, Hubert von Meyerinck.

PRF: Terra-Filmkunst GmbH, Berlin. Herstellungsgruppe Heinz Rühmann. PLT: Robert Leistenschneider [?]. DRZ: 1944–26. 4. 1945. DRO: Ufa-Ateliers Berlin-Tempelhof.

– Unvollendet.

– Die Dreharbeiten wurden am Morgen des 26. 4. 1945 durch die Rote Armee beendet, als diese die Ufa-Ateliers Berlin-Tempelhof einnahm.

– Das Drehbuch wurde 1946 unter der Regie von Helmut Weiss von der Firma Studio 45-Film GmbH als erster nach dem Zweiten Weltkrieg mit britischer Lizenz hergestellter deutscher Spielfilm neu gedreht. Die Rollen von Rühmann und Feiler wurden von Gustav Fröhlich und Mady Rahl übernommen.

1948 *Der Herr vom andern Stern*

REG: Heinz Hilpert. BCH: Werner Illing, Max Christian Feiler; nach einer Idee von Werner Illing. KAM: Georg Bruckbauer. BAU: Gabriel Pellon; ASS: Rolf Zehetbauer. MUS: Werner Egk.

DAR: Heinz Rühmann (Herr vom andern Stern), Anneliese Römer (Flora), Hilde Hildebrand (Jeanette), Hans Cossy (Emil), Gert Fröbe.

PRF: Comedia-Filmgesellschaft mbH, München. PRO: Alf Teichs, Heinz Rühmann. PLT: Erwin Gitt. DRZ: 2. 1.–1. 4. 1948. DRO: Atelier München-Geiselgasteig, AA: München und Umgebung. LNG: 97 min. ZEN: Juli 1948, ab 16. URA: 13. 7. 1948, Berlin (Filmbühne Wien).

1948 *Die kupferne Hochzeit*

REG: Heinz Rühmann. RAS: Max Michel, Ilona von Juranyi. BCH: Fritz Peter Buch; nach dem Bühnenstück von Svend Rindom. KAM: Erich Claunigk. BAU: Max Mellin, ASS: Rolf Zehetbauer. MUS: Lothar Brühne.

DAR: Hertha Feiler (Mette), Peter Pasetti (Per), Sybille von Gymnich (Inge), Hans Nielsen (Otto), Hilde Classen (Hedwig).

PRF: Comedia-Filmgesellschaft mbH, München. PRO: Alf Teichs, Heinz Rühmann. DRO: Behelfsatelier Tegernsee, AA: Tegernsee bei Rottach-Egern. LNG: 99 min. ZEN: Dezember 1948, ab 16. URA: 15. 12. 1948, Berlin (Gloria-Palast).

1948 *Berliner Ballade*

REG: Robert A. Stemmle. BCH: Günter Neumann. KAM: Georg Krause. BAU: Gabriel Pellon. MUS: Werner Eisbrenner.

DAR: Gert Fröbe (Otto Normalverbraucher), Aribert Wäscher (Anton Zeithammer), Tatjana Sais (Ida Holle), O. E. Hasse (Reaktionär).

PRF: Comedia-Filmgesellschaft mbH, München–Berlin. PRO: Alf Teichs, Heinz Rühmann. PLT: Werner Drake. DRO: Atelier Berlin-Tempelhof, AA: Berlin. LNG: 91 min, 2499 m. ZEN: Dezember 1948. URA: 31. 12. 1948, Berlin (Marmorhaus).

– IFF Venedig 1949: Sonderpreis für die »geistvolle Darstellung der deutschen Nachkriegsverhältnisse«.

1949 *Das Geheimnis der roten Katze*

REG: Helmut Weiss. BCH: Helmut Weiss; nach einer Idee von Erich Engels. KAM: Erich Claunigk. BAU: Max Mellin. MUS: Werner Bochmann;

GES: Heinz Rühmann. MTI: »Ping-Pong-Pinguin«, »Lied der Midinette«, »Lied in der ›Roten Katze‹«.

DAR: Heinz Rühmann (André), Gustav Knuth (Pitou), Angelika Hauff (Gloria), Trude Hesterberg (Laura).

PRF: Comedia-Filmgesellschaft mbH, München. PRO: Alf Teichs, Heinz Rühmann. PLT: Erwin Gitt. DRO: Atelier München-Geiselgasteig, AA: München und Umgebung. LNG: 96 min. ZEN: April 1949. URA: 14. 4. 1949, München (Rathaus-Lichtspiele).

1949 *Martina*

REG: Arthur Maria Rabenalt. BCH: Grete Illing. KAM: Albert Benitz. BAU: Willi A. Hermann. MUS: Werner Eisbrenner.

DAR: Jeanette Schultze, Cornell Borchers, Siegmar Schneider, Albert Hehn.

PRF: Comedia-Filmgesellschaft mbH, München–Berlin. PRO: Alf Teichs, Heinz Rühmann. DRO: Atelier Berlin-Tempelhof, AA: Berlin. LNG: 97 min. ZEN: Juli 1949. URA: 8. 7. 1949, München (Kammerlichtspiele).

1949 *Mordprozeß Dr. Jordan*

REG: Erich Engels. BCH: Erich Engels, Wolf Neumeister. KAM: Werner Krien. BAU: Kurt Herlth, Carl Ludwig Kirmse. MUS: Wolfgang Zeller.

DAR: Rudolf Fernau, Maria Holst, Dorothea Wieck, Margarete Haagen.

PRF: Comedia-Filmgesellschaft mbH, München–Wiesbaden. PRO: Alf Teichs, Heinz Rühmann. PLT: Viktor von Struve. DRO: Wiesbaden, AA: Wiesbaden und Umgebung. LNG: 90 min. URA: 27. 10. 1949, Wiesbaden (Thalia, Walhalla).

1949 *Ich mach' Dich glücklich*

REG: Alexander von Szlatinay. BCH: Tibor Yost; nach einem Bühnenstück von Gábor von Vaszary. KAM: Erich Claunigk. BAU: Ernst H. Albrecht, Rolf Zehetbauer. MUS: Werner Bochmann.

DAR: Heinz Rühmann (Peter Krüger), Hertha Feiler (Barbara), Karl Schönböck (Viktor), Dorit Kreysler (Vera), Hans Leibelt (Herr Meinert).

PRF: Comedia-Filmgesellschaft mbH, München. PRO: Alf Teichs, Heinz Rühmann. PLT: Erwin Gitt. DRO: Atelier München-Geiselgasteig, AA: München und Umgebung. LNG: 86 min. URA: 2. 12. 1949, Düsseldorf (Europa-Palast), Duisburg (Gloria).

1949 *0 Uhr 15 Zimmer 9*

REG: Arthur Maria Rabenalt. BCH: Gerhard T. Buchholtz; nach seiner Idee. KAM: Bruno Mondi. BAU: Ernst H. Albrecht, Rolf Zehetbauer.

DAR: Cornell Borchers, Peter Pasetti, Walter Franck, Raimund Schelcher.

PRF: Comedia-Filmgesellschaft mbH, München–Berlin. PRO: Alf Teichs, Heinz Rühmann. PLT: Werner Drake. DRO: Atelier Berlin-Tempelhof, AA: Berlin. LNG: 83 min. URA: 24. 3. 1950, Essen (Universum).

1950 *Herrliche Zeiten*

REG: Günter Neumann; Erik Ode. BCH, Idee: Günter Neumann; Gestaltung: Fritz Aeckerle, Hans Vietzke. KAM: Fritz Arno Wagner. MUS: Werner Eisbrenner; Chansons: Günter Neumann.

DAR – Rahmenhandlung: Willy Fritsch (August Schulze); Chansons:

Edith Schollwer, Erik Ode, Tatjana Sais, Ewald Wenck, Sunshine-Quartett, Bruno Fritz; sowie in den historischen Filmausschnitten prominente Personen aus Kultur und Politik der Jahre 1900–1949.
PRF: Comedia-Filmgesellschaft mbH, München–Wiesbaden. PRO: Alf Teichs, Heinz Rühmann. LNG: 95 min. URA: 26. 5. 1950, Berlin (Delphi).
– Kompilationsfilm unter Verwendung von Archiv-Material der Sammlung von Albert Fidelius, Berlin/West.
– IFF Venedig 1950: David O. Selznick-Preis für den besten der Völkerverständigung dienenden Film in deutscher Sprache.

1951 DE/IT *Amore e sangue / Schatten über Neapel*
REG: Mario Girolami (it. Fassung); Hans Wolff (dt. Fassung). BCH: Ernst Marischka, Gino de Santis. KAM: Anchise Brizzi. BAU: Max Mellin, Rolf Zehetbauer. MUS: Renzo Rosselini.
DAR: Maria Montez (Dolores), Hans Söhnker (Marco), Massimo Serato (Peppuccino), Petra Peters.
PRF: A.B.-Film, Rom / Comedia-Filmgesellschaft mbH, München. PRO: William Szekely, Alf Teichs, Heinz Rühmann. DRO: München-Schwanthalerhöh, Behelfsatelier Tegernsee, AA: Neapel, Rom, Comersee. LNG: 85 min. URA: 5. 4. 1951, Italien; DEA: 11. 5. 1951, Karlsruhe.
– Arbeitstitel: Camorra.

1952 *Das kann jedem passieren*
REG: Paul Verhoeven. BCH: Edgar Kahn, Hans Schweikart; nach einer Idee von Edgar Kahn. KAM: Konstantin Irmen-Tschet. BAU: Hans Sohnle. MUS: Lothar Olias. MTI: »Das Lied vom braven Steuerzahler«.
DAR: Heinz Rühmann (Herr Brinkmeyer), Gisela Schmidting (Frau Gerda Brinkmeyer), Gustav Knuth (Herr Schwidders), Alice Treff (Frau Schwidders), Werner Fuetterer (Dr. Süßknecht).
PRF: Komet-Film GmbH, München. PLT: Hellmuth Schönnenbeck. DRO: Bavaria-Atelier München-Geiselgasteig, AA: München. LNG: 91 min. URA: 30. 5. 1952, Düsseldorf (Apollo), Duisburg (Residenz).

1952 *Wir werden das Kind schon schaukeln*
REG: E. W. Emo. BCH: Karl Farkas, E. W. Emo, Hugo Maria Kritz; nach dem Bühnenstück »Bubusch« von Gábor von Vaszary. KAM: Oskar Schnirch. BAU: Gustav Abel. MUS: Heinz Sandauer.
DAR: Heinz Rühmann (Dr. Felix Schneider), Hans Moser (Stieglitz), Theo Lingen (Paul Fellmeier), Nadja Tiller (Olga, seine Frau).
PRF: Wiener Styria-Film GmbH, Wien. PRO: Heinrich Haas. DRO: Atelier Wien-Schönbrunn, AA: Wien. LNG: 90 min. URA: 5. 9. 1952, Karlsruhe, Wiesbaden (Walhalla).

1953 *Keine Angst vor großen Tieren*
REG: Ulrich Erfurth. BCH: Louis Agotay, Just Scheu, Ernst Nebhut; nach einer Idee von Karl Noti. KAM: Albert Benitz. BAU: Herbert Kirchhoff. MUS: Michael Jary. MTI: »Keine Angst vor großen Tieren«.
DAR: Heinz Rühmann (Emil Keller), Ingeborg Körner (Anni), Gustav Knuth (Schimmel), Maria Paudler (Frau Müller), Werner Fuetterer.
PRF: Real-Film GmbH, Hamburg. PRO: Walter Koppel, Gyula Trebitsch.

DRZ: ab 24. 3. 1953. DRO: Real-Film-Studios Hamburg-Wandsbek, AA: Hamburg, Hagenbecks Tierpark Hamburg-Stellingen. LNG: 86 min. URA: 31. 7. 1953, Düsseldorf (Apollo).

1953 *Briefträger Müller*

REG: John Reinhardt, [Heinz Rühmann]. BCH: Eberhard Keindorff, Johanna Sibelius; nach einer Filmnovelle von Ernst Neubach. KAM: Kurt Schulz. BAU: Willi A. Herrmann, Heinrich Weidemann. MUS, MLT: Friedrich Schröder; LTX: Fred Ignor. MTI: »Ja, wenn die gute alte Post nicht wär'«, »Drei Rosen im Mai«, »Das Lied der Partei«.

DAR: Heinz Rühmann (Titus Müller), Heli Finkenzeller (Charlotte, seine Frau), Gisela Mayen (Mieze), Wolfgang Condrus (Günter).

PRF: Berolina-Film GmbH, Berlin. PRO: Kurt Ulrich. DRZ: ca. Juni–September 1953. DRO: Atelier Berlin-Tempelhof, AA: Meersburg am Bodensee, Schweiz, Hotel Gehrhus, Berlin-Grunewald. LNG: 96 min. URA: 1. 10. 1953, Stuttgart (Universum).

– Als John Reinhardt während der Dreharbeiten am 6. 8. 1953 starb, übernahm Rühmann die Regie des Films.

1954 *Auf der Reeperbahn nachts um halb eins*

REG: Wolfgang Liebeneiner. BCH: Gustav Kampendonk, Curt J. Braun. KAM: Kurt Schulz. BAU: Willi A. Herrmann, Heinrich Weidemann, Peter Schlewski. MUS: Herbert Trantow; Lieder: Ralph Arthur Roberts, Jim Cowler, Theo Mackeben, Karl John, K. von Bazant; LTX: Bruno Balz, Hans Herbert, Hans Stani, H. Schachner. MTI: »Auf der Reeperbahn nachts um halb eins«, »Kleine Möwe«, »Komm auf die Schaukel, Luise«, »Es muß ja nicht Hawaii sein«, »In einer Sternennacht«, »Einmal noch nach Bombay«, »Schön ist die Liebe im Hafen«.

DAR: Hans Albers (Hannes Wedderkamp), Heinz Rühmann (Pitter Breuer), Fita Benkhoff (Luise), Erwin Strahl (Bilek), Sybil Werden (Marion), Gustav Knuth (Senator Brandstetter, Reeder).

PRF: Berolina-Film GmbH, Berlin. PRO: Kurt Ulrich. DRO: Atelier Berlin-Tempelhof, AA: Hamburg und Umgebung, Helgoland, Cuxhaven, Timmendorfer Strand, Berlin. LNG: 112 min. URA: 16. 12. 1954, Hamburg (Barke).

1954/55 *Zwischenlandung in Paris / Escale à Orly*

REG: Jean Dréville. Dialog-REG: Joseph Than. BCH: Jacques Companéez, Joseph Than; fr. DIA: Paul Andréota; nach dem Roman von Curt Riess. KAM: Helmuth (Fischer-)Ashley. BAU: Hans Sohnle, Gottfried Will, Robert Giordani. MUS: Paul Misraki.

DAR: Dany Robin (Michèle Tellier), Dieter Borsche (Eddie Miller), Heinz Rühmann (Albert Petit), Hans Nielsen (Eugène Boreau).

PRF: Corona Filmproduktion GmbH, München / Hoche Productions S.A., Paris / Marina Films, Paris. PLT: Max Koslowski, Jean Darvay. DRZ: 27. 9. bis 10. 11. 1954. DRO: Atelier Hamburg-Bendestorf, Nizza, AA: Paris-Orly. LNG: 103 min. URA: 4. 3. 1955, Zürich; DEA: 17. 3. 1955, Köln (Capitol); FR-EA: 27. 4. 1955, Paris.

– In deutscher und französischer Sprachfassung hergestellt.

1955 *Wenn der Vater mit dem Sohne*

REG: Hans Quest. BCH: Gustav Kampendonk, Eckart Hachfeld. KAM: Kurt Schulz. BAU: Hans Ledersteger, Ernst Richter, Peter Schlewski. MUS: Heino Gaze; LTX: Bruno Balz. MTI: »La-Le-Lu«.

DAR: Heinz Rühmann (Teddy Lemke), Oliver Grimm (Ulli), Waltraut Haas (Gerti), Robert Freytag (Roy Bentley).

PRF: Berolina-Film GmbH, Berlin. PRO: Kurt Ulrich. DRO: Atelier Berlin-Pichelsberg, AA: Berlin-Wedding, Zürich, Lausanne, Locarno, Lugano, Ascona. LNG: 100 min. URA: 11. 8. 1955, Köln (Ufa-Palast).

1956 *Charley's Tante*

REG: Hans Quest. RAS: Hermann Leitner. BCH: Gustav Kampendonk; nach dem Bühnenstück »Charley's Aunt« von Brandon Thomas. KAM: Kurt Schulz. BAU: Hans H. Kuhnert, Peter Schlewski. MUS, MLT: Friedrich Schröder; LTX: Hans Fritz Beckmann, Hans Bradtke. MTI: »Gehn Sie bis zum vierten Stock«, »Es kann heute sein«, »Amazonas Mambo«.

DAR: Heinz Rühmann (Dr. Otto Dernburg), Hertha Feiler (Carlotta Ramirez), Claus Biederstaedt (Ralf Dernburg), Walter Giller.

PRF: Berolina-Film GmbH, Berlin. PRO: Kurt Ulrich. LNG: 91 min. URA: 19. 1. 1956, Köln (Ufa-Palast).

1956 *Der Hauptmann von Köpenick*

REG: Helmut Käutner. BCH: Carl Zuckmayer, Helmut Käutner; nach dem Bühnenstück (1931) von Carl Zuckmayer. KAM: Albert Benitz. BAU: Herbert Kirchhoff, Albrecht Becker. MUS: Bernhard Eichhorn.

DAR: Heinz Rühmann (Schuster Wilhelm Voigt), Martin Held (Bürgermeister Dr. Obermüller), Hannelore Schroth (Mathilde Obermüller), Willy A. Kleinau (Friedrich Hoprecht).

PRF: Real-Film GmbH, Hamburg. PRO: Walter Koppel, Gyula Trebitsch. DRZ: 9. 3.–18. 4. 1956. DRO: Real-Film-Studios Hamburg-Wandsbek, AA: Hamburg. LNG: 93 min. URA: 16. 8. 1956, Köln (Ufa-Palast).

– Deutscher Filmpreis 1957: Filmbänder in Gold (Produktion) Bester Film; (Regie) an Helmut Käutner; (Drehbuch) an Carl Zuckmayer, Helmut Käutner; (Darsteller) an Heinz Rühmann; (Bauten) an Herbert Kirchhoff, Albrecht Becker; Bester Film demokratischen Gedankens.

– Preis der Deutschen Filmkritik 1956: (Regie) Helmut Käutner; (Darstellung) Martin Held.

– Berliner Kritikerpreis an Heinz Rühmann.

– Bambi: Künstlerisch wertvollster deutscher Film, Geschäftlich erfolgreichster deutscher Film.

1956 *Das Sonntagskind / Schneider Wibbel*

REG: Kurt Meisel. BCH: Gustav Kampendonk; nach dem Bühnenstück von Hans Müller-Schlösser. KAM: Kurt Schulz. BAU: Hans H. Kuhnert, Peter Schlewski, Paul Markwitz. MUS: Friedrich Schröder.

DAR: Heinz Rühmann (Anton Wibbel), Hannelore Bollmann (Fin, seine Frau), Werner Peters (Mölfes, Schneidergeselle), Günther Lüders (Mattes, Schneidergeselle), Walter Giller (Bosty McMillar, Militärpolizist).

PRF: Berolina-Film GmbH, Berlin. PRO: Kurt Ulrich. DRO: Atelier Berlin-Tempelhof. LNG: 96 min. URA: 12. 9. 1956, Düsseldorf (Apollo).

1957 *Vater sein dagegen sehr*

REG: Kurt Meisel. BCH: Gustav Kampendonk, Hans Jacoby; nach dem Roman von Horst Biernath. KAM: Kurt Hasse. BAU: Hanns H. Kuhnert, Willi Vorwerk. MUS: Michael Jary; LTX: Bruno Balz.

DAR: Heinz Rühmann (Lutz Ventura), Marianne Koch (Margot Sonnemann), Hans Leibelt (Pfarrer Miesbach), Paul Esser (Friedrich Roeckel).

PRF: Berolina-Film GmbH, Berlin. PRO: Kurt Ulrich. DRO: Union-Atelier Berlin-Tempelhof. LNG: 94 min. URA: 12. 9. 1957, Köln (Ufa-Palast).

1958 CH/DE *Es geschah am hellichten Tag / El cebo*

REG: Ladislao Vajda. BCH: Friedrich Dürrenmatt, Hans Jacoby, Ladislao Vajda; nach dem Roman »Das Versprechen« (1958) von Friedrich Dürrenmatt. KAM: Heinrich Gärtner. BAU: Max Röthlisberger.

DAR: Heinz Rühmann (Kommissar Matthäi), Sigfrit Steiner (Detektiv Feller), Siegfried Lowitz (Kommissar Henzi), Michel Simon (Hausierer Jacquier), Gert Fröbe (Schrott).

PRF: Praesens-Film AG, Zürich / CCC-Film GmbH, Berlin; in Zusammenarbeit mit Chamartin Producciones, Madrid. PRO: Lazar Wechsler; Co-PRO: Artur Brauner. DRO: Behelfsatelier Zürich, Berlin-Spandau, AA: Umgebung von Zürich und Chur. LNG: 99 min. URA: 4. 7. 1958, Berlin (Internationale Filmfestspiele); 9. 7. 1958, Berlin (Gloria-Palast); CH-EA: 11. 7. 1958, Zürich.

1958 CH/DK/DE *Der Mann, der nicht nein sagen konnte / Manden, der ikke ku' sige nej*

REG: Kurt Früh. BCH: Hans Jacoby, Max Colpét [= Kolpe]; nach der Erzählung »Der unmoralische Herr Thomas Träumer« von Hans Jacoby. KAM: Göran Strindberg. BAU: Erik Aaes, Rudolph Remp.

DAR: Heinz Rühmann (Thomas Träumer), Hannelore Schroth (Eva Träumer), Siegfried Lowitz (Ulrich), Ursula Heyer (Bettina).

PRF: PEN-Filmproduktion, Locarno / Rialto Film Preben Philipsen A/S, Kopenhagen / Constantin-Film GmbH, München. PRO: Preben Philipsen, Conrad von Molo, [Heinz Rühmann]. DRO: Palladium-Atelier Kopenhagen, Bavaria-Atelier Geiselgasteig; AA: Kopenhagen. LNG: 92 min. URA: 4. 9. 1958, Köln (Ufa-Palast); CH-EA: 8. 10. 1958, Zürich (Corso); DK-EA: 11. 8. 1959, Kopenhagen (Alexandra).

1958 *Der Pauker*

REG: Axel von Ambesser. BCH: Curth Flatow, Eckart Hachfeld. KAM: Erich Claunigk. BAU: Hans Berthel. MUS: Raimund Rosenberger.

DAR: Heinz Rühmann (Dr. Hermann Seidel), Wera Frydtberg (Vera Bork), Gert Fröbe (Freddy Blei), Bruni Löbel (Frl. Selinski), Hans Leibelt (Direktor Wiesbacher), Klaus Löwitsch (Harry Engelmann).

PRF: Kurt Ulrich Film GmbH, Berlin. PRO: Kurt Ulrich. DRO: Bavaria-Atelier München-Geiselgasteig. LNG: 93 min. URA: 29. 4. 1958, München (Gloria-Palast).

– FBW-Prädikat: Wertvoll.

1958 *Der eiserne Gustav*

REG, BCH: Georg Hurdalek. KAM: Georg Bruckbauer. BAU: Hans Berthel, Karl Schneider. MUS: Bernhard Eichhorn.

DAR: Heinz Rühmann (Gustav Hartmann), Lucie Mannheim (Marie, seine Frau), Ernst Schröder (Friedrich Karl Möbius), Ruth Nimbach (Johanna Möbius), Ingrid van Bergen (Gertrud Hartmann), Karin Baal.

PRF: Kurt Ulrich Film GmbH, Berlin. PRO: Kurt Ulrich. DRO: Atelier Berlin-Tempelhof, AA: Berlin, Rheinland, Paris. LNG: 101 min. URA: 5. 12. 1958, Berlin (Marmorhaus).

1959 DE/FR *Menschen im Hotel / Grand Hôtel*

REG: Gottfried Reinhardt. BCH: Hans Jacoby, Ladislaus Fodor; nach dem Roman (1929) von Vicki Baum. KAM: Göran Strindberg. BAU: Rolf Zehetbauer, Gottfried Will. MUS: Hans-Martin Majewski.

DAR: O. W. Fischer (Baron von Gaigern), Michèle Morgan (Grusinskaja), Heinz Rühmann (Kringelein), Sonja Ziemann (Flämmchen), Gert Fröbe (Preysing).

PRF: CCC-Film GmbH, Berlin / Les Films Modernes S.A., Paris. PRO: Artur Brauner. DRO: CCC-Studios Berlin-Spandau. LNG: 105 min. URA: 23. 9. 1959, München (Gloria-Palast); FR-EA: 25. 3. 1960, Paris.

1959 *Ein Mann geht durch die Wand*

REG: Ladislao Vajda. BCH: István Békeffy, Hans Jacoby; nach der Erzählung »Le passe-muraille« von Marcel Aymé. KAM: Bruno Mondi. BAU: Rolf Zehetbauer, Gottfried Will. MUS: Franz Grothe.

DAR: Heinz Rühmann (Herr Buchsbaum), Nicole Courcel (Yvonne Steiner), Rudolf Vogel (Herr Fuchs), Hubert von Meyerinck (Herr Pickler).

PRF: Kurt Ulrich Film GmbH, Berlin. PRO: Kurt Ulrich. DRO: Bavaria-Atelier München-Geiselgasteig. LNG: 99 min. URA: 14. 10. 1959, Köln (Theater am Rudolfplatz).

1959/60 *Der Jugendrichter*

REG: Paul Verhoeven. BCH: István Békeffy, Hans Jacoby. KAM: Erich Claunigk. BAU: Rolf Zehetbauer. MUS: Raimund Rosenberger.

DAR: Heinz Rühmann (Amtsgerichtsrat Dr. Ferdinand Bluhme), Karin Baal (Inge Schumann), Lola Müthel (Elisabeth Winkler), Hans Nielsen (Landgerichtspräsident), Rainer Brandt, Michael Verhoeven.

PRF: Kurt Ulrich Film GmbH, Berlin. PRO: Kurt Ulrich. URA: 11. 2. 1960, Hannover (Weltspiele).

1960 *Mein Schulfreund*

REG: Robert Siodmak. BCH: Johannes Mario Simmel, Robert A. Stemmle; nach dem Bühnenstück »Der Schulfreund« (1958) von Johannes Mario Simmel. KAM: Helmut Ashley. BAU: Rolf Zehetbauer, Gottfried Will. MUS: Raimund Rosenberger.

DAR: Heinz Rühmann (Ludwig Fuchs), Robert Graf (Dr. Lerch), Ernst Schröder (Hauptmann Kühn), Hertha Feiler (Frau Kühn), Mario Adorf.

PRF: KG Divina Film GmbH & Co., München. PRO: Robert Siodmak. DRZ: Januar–Februar 1960. DRO: Bavaria-Atelier München-Geiselgasteig. LNG: 94 min. URA: 22. 7. 1960, Köln (Capitol).

1960 *Der brave Soldat Schwejk*

REG: Axel von Ambesser. BCH: Hans Jacoby; nach dem Roman »Osudy dobrého vojáka Švejka za švetové války« (1921/23) von Jaroslav Hašek. KAM: Richard Angst. BAU: Werner Schlichting, Isabella Schlichting.

DAR: Heinz Rühmann (Schwejk), Ernst Stankovski (Oberleutnant Lukas), Franz Muxeneder (Woditschka), Ursula von Borsody (Kathi), Erika von Thellmann (Baronin), Senta Berger (Gretl).

PRF: CCC Filmproduktion GmbH, Berlin. PRO: Artur Brauner. LNG: 96 min. URA: 22. 9. 1960, Köln (Ufa-Palast).

1960 *Das schwarze Schaf*

REG: Helmuth Ashley. BCH: István Békeffy, Hans Jacoby; nach den »Father Brown«-Kriminalgeschichten von Gilbert K. Chesterton. KAM: Erich Claunigk. BAU: Hans Berthel, Robert Stratil. MUS: Martin Böttcher.

DAR: Heinz Rühmann (Pater Brown), Karl Schönböck (Theaterdirektor Scarletti), Maria Sebaldt (Gloria Scarletti), Siegfried Lowitz (Flambeau).

PRF: Bavaria Filmkunst AG, München-Geiselgasteig. PRO: Utz Utermann, Claus Hardt. DRO: Bavaria-Atelier München-Geiselgasteig. LNG: 94 min. URA: 19. 12. 1960, Kinostart.

1961 *Der Lügner*

REG: Ladislao Vajda. BCH: István Békeffy, Hans Jacoby; nach dem Bühnenstück »The Eleven Lives of Mr. Leo« von Herman Shiffrin. KAM: Günther Anders. BAU: Herbert Kirchhoff, Albrecht Becker, Zoltan Gara. MUS: Siegfried Franz; Lied: Fritz Rotter; LTX: Hans Jacoby.

DAR: Heinz Rühmann (Sebastian Schumann), Giulia Follina (Nicky), Annemarie Düringer (Annemarie Karsten), Blandine Ebinger (Fräulein Kriese), Gustav Knuth (Rotbarth).

PRF: Real-Film KG, Hamburg. PRO: Walter Koppel, Gyula Trebitsch. DRZ: 17. 8.–Anfang November 1961. DRO: Real-Film-Studios Hamburg-Wandsbek. LNG: 93 min. URA: 21. 12. 1961, Köln (Ufa-Palast).

1962 *Max, der Taschendieb*

REG: Imo Moszkowicz. BCH: István Békeffy, Hans Jacoby. KAM: Albert Benitz. BAU: Rolf Zehetbauer, Herbert Strabel. MUS: Martin Böttcher.

DAR: Heinz Rühmann (Max Schilling), Elfie Pertramer (Pauline Schilling), Hans Clarin (Fred), Ruth Stephan (Desirée).

PRF: Utz Utermann Filmproduktion oHG, München; für Bavaria Filmkunst GmbH, Geiselgasteig. PRO: Utz Utermann, Claus Hardt. DRO: Bavaria-Atelier Geiselgasteig. LNG: 91 min. URA: 1. 3. 1962, Karlsruhe (Universum).

1962 *Er kann's nicht lassen*

REG: Axel von Ambesser. BCH: Carl Merz, Egon Eis; nach den »Father Brown«-Kriminalgeschichten von Gilbert K. Chesterton. KAM: Erich Claunigk. BAU: Rolf Zehetbauer, Herbert Strabel. MUS: Martin Böttcher.

DAR: Heinz Rühmann (Pater Brown), Rudolf Forster (Bischof), Grit Böttcher (Bérénice), Ruth-Maria Kubitschek (Mrs. Holland), Siegfried Wischnewski (Inspektor O'Connally), Horst Tappert (Simpson).

PRF: Bavaria Filmkunst GmbH, Geiselgasteig. PRO: Utz Utermann, Claus Hardt. DRO: Bavaria-Atelier Geiselgasteig. LNG: 95 min. URA: 19. 10. 1962, Kinostart.

1963 *Meine Tochter und ich*

REG: Thomas Engel. BCH: Curth Flatow. KAM: Erich Claunigk. BAU: Rolf Zehetbauer, Herbert Strabel. MUS: Franz Grothe.

DAR: Heinz Rühmann (Dr. Stegemann), Gertraud Jesserer (Biggi), Gustav Knuth (Dr. Walther), Eckart Dux (Jochen Siebert).

PRF: KG Divina Film GmbH & Co., München. PRO: Walter Traut. DRO: Bavaria-Atelier Geiselgasteig. LNG: 90 min. URA: 16. 8. 1963, Kinostart.

1963 *Das Haus in Montevideo*

REG: Helmut Käutner. BCH: Helmut Käutner; nach dem Bühnenstück (1951) von Curt Goetz. KAM: Günther Anders. BAU: Werner Schlichting, Isabella Schlichting(-Ploberger). MUS: Franz Grothe; LTX: Helmut Käutner, Willy Dehmel. MTI: »Wir wandern, wir wandern«.

DAR: Heinz Rühmann (Prof. Dr. Traugott Hermann Nägler), Ruth Leuwerik (Marianne Nägler), Paul Dahlke (Pastor Riesling), Hanne Wieder (Carmen de la Rocco), Ilse Pagé (Atlanta), Michael Verhoeven (Herbert).

PRF: Hans Domnick Filmproduktion GmbH, Wiesbaden. DRZ: 15. 7. bis 8. 9. 1963. DRO: Bavaria-Atelier Geiselgasteig, AA: Eichstädt. LNG: 123 min. URA: 17. 10. 1963, Hannover (Theater am Kröpcke).

1964 *Vorsicht, Mister Dodd!*

REG: Günter Gräwert. BCH: Carl Nerz, Utz Utermann, Claus Hardt; nach dem Bühnenstück »Out of Bounds« von Arthur Watkyn. KAM: Erich Claunigk. BAU: Willy Schatz, Robert Stratil. MUS: Franz Grothe.

DAR: Heinz Rühmann (Mr. Dodd-Marmion), Maria Sebaldt (Miss Parker), Robert Graf (Toni, Kellner), Anton Driffing (Howard), Mario Adorf.

PRF: KG Divina Film GmbH & Co., München. PRO: Utz Utermann, Claus Hardt. LNG: 98 min. URA: 14. 2. 1964, Kinostart.

1965 *Dr. med. Hiob Prätorius*

REG: Kurt Hoffmann. BCH: Heinz Pauck, István Bekéffy; nach dem Bühnenstück von Curt Goetz. KAM: Richard Angst. BAU: Max Mellin, Werner Achmann. MUS: Franz Grothe.

DAR: Heinz Rühmann (Dr. med. Hiob Prätorius), Liselotte Pulver (Violetta Höllriegel), Fritz Rasp (Shunderson), Fritz Tillmann (Dr. Klotz).

PRF: Hans Domnick Filmproduktion GmbH, Wiesbaden / Independent Film GmbH, Berlin. PRO: Hans Domnick, Heinz Angermeyer. DRZ: 30. 9. bis 11. 11. 1964. DRO: Bavaria-Atelier Geiselgasteig, AA: Irschenberg, Prag. LNG: 92 min. URA: 14. 1. 1965, Hamburg (Ufa-Palast).

– Bambi 1965 für den geschäftlich erfolgreichsten deutschen Film.

– Goldene Leinwand 1965.

1965 US *Ship of fools (Das Narrenschiff)*

REG: Stanley Kramer. BCH: Abby Mann; nach dem Roman »Ship of Fools« (1962) von Katherine Anne Porter. KAM: Ernest Laszlo. MUS: Ernest Gold; LTX: Jack Lloyd. MTI: »Heute abend geh'n wir bummeln auf der Reeperbahn«, »Irgendwie, irgendwo, irgendwann«.

DAR: Vivien Leigh (Mary Treadwell), Simone Signoret (La Condesa), José Ferrer (Rieber), Lee Marvin (Tenny), Oskar Werner (Dr. Schumann), George Segal (David), José Greco (Pepe), Heinz Rühmann (Lowenthal). PRF: The Stanley Kramer Corporation, Universal City; für Columbia Pictures Corp., New York. LNG: 149 min.. URA: 4. 5. 1965, Cannes (IFF); US-EA: 28. 7. 1965, New York (Victoria, Sutton); DEA: 1. 10. 1965, München (Lichtspiele am Sendlinger Tor).

– Academy Awards: Oscar (Best Cinematography) an Ernest Laszlo, Oscar (Best Art Direction) an Robert Clatworthy, Joseph Kish. Oscar Nomination Best Picture, Oscar Nominations (Best Actor) an Oskar Werner, (Best Actress) an Simone Signoret, (Best Supporting Actor) an Michael Dunn, (Best Adapted Screenplay) an Abby Mann, (Best Costume Design) an Bill Thomas, Jean Louis.

1965 *Das Liebeskarussell*

REG: Alfred Weidenmann. BCH: Kurt Nachmann, Herbert Reinecker, Paul Hengge. KAM: Wolf Wirth. BAU: Hertha Hareiter. MUS: Erwin Halletz. DAR: Heinz Rühmann (Professor Hellberg), Johanna von Koczian (Dorothea Parker), Richard Münch (Walter Morten), Hans Leibelt.

PRF: Intercontinental-Film GmbH, Wien. LNG: 96 min. URA: 30. 9. 1965, München.

– Episodenfilm.

1966 *Hokuspokus oder: Wie lasse ich meinen Mann verschwinden ...?*

REG: Kurt Hoffmann. BCH: Eberhard Keindorff, Johanna Sibelius; nach dem Bühnenstück (1928) von Curt Goetz. KAM: Richard Angst. BAU: Otto Pischinger. MUS: Franz Grothe.

DAR: Heinz Rühmann (Peer Bille), Liselotte Pulver (Agda Kjerulf), Fritz Tillmann (Staatsanwalt), Richard Münch (Gerichtspräsident).

PRF: Hans Domnick Filmproduktion GmbH, Wiesbaden / Independent Film GmbH, Berlin. PRO: Hans Domnick, Heinz Angermeyer. DRZ: 11. 11.–17. 12. 1965 (26 Tage). DRO: CCC-Studios Berlin-Spandau. LNG: 100 min. URA: 3. 3. 1966, Hamburg (Barke).

– Deutscher Filmpreis 1966: Filmband in Gold (Bauten) an Otto Pischinger.

1966 FR/DE/IT *La bourse et la vie / Geld oder Leben*

REG: Jean-Pierre Mocky. BCH: Fernand Marzelle, Jean-Pierre Mocky; DIA: Marcel Aymé; nach einem Originalstoff von Fernand Marzelle, Jean-Pierre Mocky, [inspiriert vom Bühnenstück »Die Defraudanten« von Alfred Pogar; nach einer Satire von Valentin Katajew]. KAM: Jean Tournier. BAU: Rino Mondellini, Jacques Brizzio. MUS: Bernard Kesslair.

DAR: Heinz Rühmann (Schmidt), Fernandel (Migue), Jean Poiret (Pelepan), Marilù Tolo (Violette), Jean Carmet, André Gabriello.

PRF: Orsay Films, Paris / Balzac-Films, Paris / Société d'Expansion du Spectacle, Paris / Columbia-Bavaria Filmgesellschaft mbH, München / Vides Cinematografica S.p.A., Rom. PRO: Jean-Pierre Mocky, Claude Ganz. LNG: 87 min [FR] / DF: 91 min. URA: 27. 4. 1966, Paris; DEA: 2. 9. 1966, Kinostart.

– Der Film geht auf den gleichen Stoff zurück wie der Film »Der brave Sünder« (1931).
– In Italien nicht herausgekommen.

1966 *Grieche sucht Griechin*
REG: Rolf Thiele. BCH: Georg Laforet [= Franz Seitz]; nach der Komödie (1955) von Friedrich Dürrenmatt. KAM: Wolf Wirth. BAU: Wolf Englert, Robert Stratil. MUS: Rolf Wilhelm.
DAR: Heinz Rühmann (Archilochos), Irina Demick (Chloé), Hannes Messemer (Fahrcks), Hanne Wieder (Georgette), Charles Regnier.
PRF: Franz Seitz Filmproduktion, München. LNG: 93 min. URA: 16. 9. 1966, München (Sendlinger Tor).

1966 AT/IT/FR *Maigret und sein größter Fall*
REG: Alfred Weidenmann. BCH: Herbert Reinecker; nach dem Roman »La danseuse du Gai-Moulin« (Maigret und der Spion) (1931) von Georges Simenon. KAM: Heinz Hölscher. BAU: Herta Hareiter.
DAR: Heinz Rühmann (Kommissar Maigret), Françoise Prévost (Simone), Günther Stoll (Alain Robin), Günther Strack (Kommissar Delvigne).
PRF: Intercontinental Produktion, Wien / Terra Film, Rom / Carmina Films, Paris. PRO: Karl Spiehs. LNG: 89 min. URA: 24. 11. 1966, Frankfurt/Main; IT-EA: 28. 7. 1967, Italien; FR-EA: 26. 6. 1968, Paris.

1967 IT/FR/DE *Die Abenteuer des Kardinal Braun.*
REG: Lucio Fulci. BCH: Adriano Baracco, Ennio de Concini, Paul Hengge, Lucio Fulci, Roberto Gianviti. KAM: Enrico Menczer, Alfio Contini. BAU: Giovanni Giovannini. MUS: Ward Swingle, Armando Trovaioli.
DAR: Lando Buzzanca (Napoleone), Edward G. Robinson (Joe Ventura), Heinz Rühmann (Kardinal Braun), Jean-Claude Brialy (Cajella).
PRF: Ultra Film S.p.A., Rom / Marianne Production S.A., Paris / Roxy-Film GmbH & Co. KG, München. PRO: Turi Vasile, Ludwig Waldleitner. LNG: 96 min. URA: 29. 12. 1967, Italien, DEA: 13. 2. 1968, Berlin (Filmbühne Wien).

1968 *Der Tod des Handlungsreisenden*
REG: Gerhard Klingenberg. BCH: Gerhard Klingenberg (TV-Bearbeitung); nach dem Bühnenstück »Death of a Salesman« von Arthur Miller. KAM: Mirko Hesky. BAU: Walter Dörfler. MUS: Peter Fischer.
DAR: Heinz Rühmann (Willy Loman), Käthe Gold (Linda), Christoph Bantzer (Biff), Peter Thom (Happy), Rolf Henniger (Ben).
PRF: Zweites Deutsches Fernsehen (ZDF), Mainz. LNG: 110 min. ESG: 15. 5. 1968, ZDF.
– TV-Film.

1968 DE/IT *Die Ente klingelt um ½8*
REG: Rolf Thiele. BCH: Roy Evans, Paul Hengge, Riccardo Ghione; nach der Erzählung »Vi er allesammen tossede« von Aage Stenthoft. KAM: Wolf Wirth; KAS: Frank Brühne. BAU: Wolf Englert, Herbert Strabel. MUS: Martin Böttcher.
DAR: Heinz Rühmann (Dr. Alexander), Hertha Feiler (Frau Adela), Graziella Granata (Dozentin), Charles Regnier (Professor).

PRF: Roxy-Film GmbH & Co. KG, München / Sancro-International S.p.A., Rom. PRO: Ludwig Waldleitner. LNG: 89 min. URA: 13. 9. 1968, Kinostart.

1968 *Heute zwischen gestern und morgen. Poesie und Prosa von Kurt Tucholsky*

REG: Thomas Engel.

DAR: Hanne Wieder, Helen Vita, Günter Pfitzmann, Heinz Rühmann.

PRF: Film- und Fernsehproduktion Georg Richter (FRG), Grünwald; für ZDF, Mainz. PRO: Jürgen Richter. LNG: 40 min. ESG: 31. 12. 1968, ZDF.

– TV-Sendung.

1969 *Sag's dem Weihnachtsmann*

REG: Rainer Wolffhardt. BCH: Derek Bond; Bearbeitung: Rainer Wolffhardt. KAM: Klaus König. BAU: Rolf Zehetbauer.

DAR: Heinz Rühmann (Leslie Darwin), Doris Schade (June Darwin), Peter Paul (Bill), Anita Kupsch (Dally).

PRF: Film- und Fernsehproduktion Georg Richter (FRG), Grünwald; für ZDF, Mainz. PRO: Jürgen Richter. DRO: Bavaria-Atelier Geiselgasteig. LNG: 75 min. ESG: 21. 12. 1969, ZDF.

– TV-Film.

1970 *Endspurt*

REG: Harry Meyen. BCH: Peter Ustinov; nach seinem Bühnenstück »Photo Finish« (1963). KAM: Heinz Christ. BAU: Otto Stich.

DAR: Heinz Rühmann (Sam Kinsale, 80/60), Hans Söhnker (Sam Kinsale, 60), Harry Meyen (Sam Kinsale, 40), Willi Kowalj (Sam Kinsale, 20), Rosemarie Fendel (Stella Kinsale), Johanna Elbauer (Stella Kinsale, 20), Fritz Tillmann (Reginald Kinsale), Erika Pluhar (Ada/Clarice).

PRF: Film- und Fernsehproduktion Georg Richter (FGR), Grünwald; für ZDF, Mainz. PRO: Jürgen Richter. DRO: Bavaria-Atelier Geiselgasteig. LNG: 80 min. ESG: 15. 1. 1970, ZDF/ORF.

– TV-Film.

1970 *Mein Freund Harvey*

REG: Kurt Wilhelm. BCH: Kurt Wilhelm; nach dem Bühnenstück »Harvey« (1944) von Mary Chase. KAM: Alois Nitsche. BAU: Otto Stich. MUS: Rolf Wilhelm.

DAR: Heinz Rühmann (Elwood P. Dowd), Susi Nicoletti (Veta L. Simmons), Charles Regnier (Dr. William Chumley).

PRF: Film- und Fernsehproduktion Georg Richter (FRG), Grünwald; für ZDF, Mainz. PRO: Jürgen Richter. DRO: Bavaria-Atelier Geiselgasteig. LNG: 95 min. ESG: 22. 2. 1970, ZDF.

– TV-Film.

1971 *Der Kapitän*

REG: Kurt Hoffmann. BCH: Georg Laforet [= Franz Seitz]; nach dem Roman »The Captain's Table« (1954) von Richard Gordon. KAM: Ernst Wild. BAU: Werner Schlichting, Isabella Schlichting. MUS: James Last.

DAR: Heinz Rühmann (Kapitän Ebbs), Johanna Matz (Claudia Lund), Teri Tordai (Ilona Porter-Almassy), Horst Tappert (Konsul Carstens).

PRF: Franz Seitz Filmproduktion, München / Terra-Filmkunst GmbH, Berlin. PRO: Franz Seitz. DRZ: 2. 8.–9. 9. 1971. DRO: Bavaria-Atelier Geiselgasteig, AA: Kiel, Mittelmeer (auf der MS Meermoz). LNG: 93 min. URA: 28. 10. 1971, Frankfurt/Main.
– IFF Cartagena 1973: Silberner Leuchtturm.
– Goldene Leinwand 1971.

1971 *Der Pfandleiher*
REG: Ludwig Cremer. BCH: Ludwig Cremer; nach dem Bühnenstück »Angel in the Pawnshop« (1951) von Abraham B. Shiffrin. KAM: Manfred Ensinger. BAU: Otto Stich.
DAR: Heinz Rühmann (Hilary), Sabine Sinjen (Lizzie Shaw), Heinz Ehrenfreund (Timothy Spangle), Fred Haltinger (Danny O'Keefe).
PRF: Film- und Fernsehproduktion Georg Richter, Grünwald; für ZDF, Mainz. PRO: Jürgen Richter. LNG: 80 min. ESG: 14. 11. 1971, ZDF.
– TV-Film.

1972 *Heinz Rühmann. Porträt eines Schauspielers*
REG: Heribert Wenk. BCH: Friedrich Luft.
MIW: Heinz Rühmann, Helmut Käutner, Hans Schweikart, Friedrich Luft.
PRF: Film- und Fernsehproduktion Georg Richter (FRG), Grünwald; für ZDF, Mainz. PRO: Jürgen Richter. LNG: 85 min. ESG: 7. 3. 1972, ZDF.
– TV-Porträt zum 70. Geburtstag von Rühmann.

1973 *Der Hausmeister*
REG, BCH: August Everding; nach dem Bühnenstück »The Caretaker« (1963) von Harold Pinter. KAM: Alois Nitsche. BAU: Otto Stich.
DAR: Heinz Rühmann (Davies), Gerd Baltus (Aston), Michael Schwarzmaier (Mick).
PRF: Film- und Fernsehproduktion Georg Richter (FRG), Grünwald; für ZDF, Mainz / ORF, Wien. PRO: Jürgen Richter. LNG: 85 min. ESG: 14. 2. 1973, ZDF.
– TV-Film.

1973 *Oh Jonathan – oh Jonathan*
REG, BCH: Franz Peter Wirth; nach »It Started With Eve« von Hanns Kräly. KAM: Gernot Roll. BAU: Rolf Zehetbauer. MUS: Horst Jankowski.
DAR: Heinz Rühmann (Konsul Jonathan Reynold), Peter Fricke (Tobias Reynold), Kurt Buecheler (Robert), Franziska Oehme (Eva Schmidt).
PRF: Terra Filmkunst GmbH, Berlin. PRO: Manfred Barthel, Lutz Hengst. LNG: 100 min. URA: 10. 5. 1973, Kinostart.

1976 *Heinz Rühmann liest »Reineke Fuchs« von Johann Wolfgang von Goethe*
REG: Hermann Leitner.
MIW: Heinz Rühmann.
PRF: Polyphon Film- und Fernseh GmbH, Hamburg; für ZDF, Mainz. ESG: 6. 6. 1976, ZDF.
– TV-Film.

1976 *Kein Abend wie jeder andere*
REG: Hermann Leitner. BCH: Herbert Kirchhoff, Lida Winiewicz; nach einer Idee von Gertrud Pröhl. KAM: Hans Jura,. MUS: Gerhard Dickel.

DAR: Heinz Rühmann (Antiquitätenhändler Roeder), Peter Ustinov (Inhaber von »Billys Kunstshop«), Ilsemarie Schnering (Mathilde, Roeders Haushälterin), Eva Maria Bauer (Kundin.

PRF: Polyphon Film- und Fernseh GmbH, Hamburg; für ZDF, Main. PRO: Gyula Trebitsch. DRO: Studio Hamburg. LNG: 75 min. ESG: 24. 12. 1976, ZDF.

– TV-Film.

1977 *Das chinesische Wunder*

REG: Wolfgang Liebeneiner. BCH: Manfred Barthel. KAM: Götz Neumann, Rainer Teumer. BAU: Robert Stratil. MUS: Sam Spence.

DAR: Senta Berger (Detta Gaspardi), Peter Paetti (Professor Gaspardi), Heinz Rühmann (Poliakoff), Harald Leipnitz (Dr. Linkers).

PRF: Cinema 77 Beteiligungs-GmbH & Co. Zweite Produktions KG, Berlin. URA: 21. 1. 1977, Kinostart.

1977 *Gefundenes Fressen*

REG: Michael Verhoeven. BCH: Elke Heidenreich, Bernd Schroeder, Michael Verhoeven. KAM: Heinz Hölscher. BAU: Heinz Eickmeyer, Katharina Litzinger. MUS: Stefan Melbinger.

DAR: Heinz Rühmann (Alfred Eisenhardt), Mario Adorf (Erwin Kolozeczik), Elisabeth Volkmann (Maria Kolozeczik), Karin Baal (Gisela).

PRF: Sentana Filmproduktion GmbH, Grünwald/Bayerischer Rundfunk (BR), München. PRO: Michael Verhoeven. URA: 3. 3. 1977, Kinostart.

1977 *Summa Summarum*

REG: Hermann Leitner. BCH: P. C. Schmidt, Gertrud Pröhl. unter Verwendung von Vorlagen von u. a. O'Henry, Victor Auburtin, Konrad Wagner, Alphonse Daudet. KAM: Günter Clames. BAU: Gerd Krauss.

DAR: Heinz Rühmann, Peter Ustinov.

PRF: Polyphon Film- und Fernseh GmbH, Hamburg; für ZDF, Mainz. PRO: Gyula Trebitsch. LNG: 60 min. ESG: 7. 3. 1977, ZDF.

– TV-Film zum 75. Geburtstag von Rühmann.

1977 *Herr und Hund*

REG: Hermann Leitner.

MIW: Heinz Rühmann.

PRF: Polyphon Film- und Fernseh GmbH, Hamburg; für ZDF, Mainz. ESG: 17. 6. 1977, ZDF.

– TV-Film.

– Rühmann liest die Erzählung von Thomas Mann.

1978 *Diener und andere Herren. Geschichten aus Irland*

REG: Wolfgang Glück. BCH: Lida Winiewicz, Maria Matray; nach Erzählungen von P. G. Woodehouse, O'Henry. KAM: Wolfgang P. Hassenstein.

DAR: Heinz Rühmann (Kirchendiener, Butler, Edward, Ehemann), Bruni Löbel (Ehefrau), Werner Eichhorn (Penner), Christian Rainer (Lored).

PRF: Polyphon Film- und Fernseh GmbH, Hamburg; für ZDF, Mainz. PRO: Gyula Trebitsch. DRO: Dublin. LNG: 57 min. ESG: 5. 2. 1978, ZDF.

– TV-Episodenfilm.

1978 *Wilhelm Busch – Die Trickfilmparade: Max und Moritz und andere Streiche*
REG: Hermann Leitner; John Halas (Animation). AUT: Eckart Hachfeld, John Halas; nach den Bildgeschichten von Wilhelm Busch. KAM: Hans Jura. MUS: Peter Thomas.
SPR: Heinz Rühmann (»Max und Moritz«), Theo Lingen (»Hans Huckebein«).
PRF: Polyphon Film- und Fernseh GmbH, Hamburg; in Zusammenarbeit mit Polymedia GmbH, Hamburg / Metronome GmbH, Hamburg / Gyula Trebitsch KG, Hamburg / Halas & Bachelor, London. LNG: 85 min. URA: 15. 5. 1978, Hamburg (Esplanade), Köln (Ufa-Palast), Nürnberg (Admiral 3), Braunschweig (Royal).
– Animationsfilm.
– TV-Teilfassung »Heinz Rühmann erzählt Max und Moritz«; ESG: 8. 1. 1978, ZDF.

1979 *Balthasar im Stau. Vier bewegte Geschichten*
REG: Rudolf Jugert. BCH: Jon Watkins, Werner Jörg Lüddeke. KAM: Gero Erhardt.
DAR – EP 1: Heinz Rühmann (Taxifahrer Lefèvre), Louise Martini (Blumenhändlerin Denise). – EP 2: Heinz Rühmann (Taxifahrer und Stationsvorsteher Brown), Inge Wolffberg (Putzfrau). – EP 3: Heinz Rühmann (Taxifahrer Balthasar van Krogg), Cornelia Froboess (Saskia), Harald Dietl (Möbelpacker). – EP 4: Heinz Rühmann (Taxifahrer Lord Barclay u. a.), Alexander Hegarth, Ursula Dirichs (Ehepaar Cooper).
PRF: Polyphon Film-und Fernseh GmbH, Hamburg / KG Gyula Trebitsch Produktion, Hamburg; für ZDF, Mainz. LNG: 60 min. ESG: 4. 3. 1979, ZDF.
– TV-Episodenfilm.

1980 *Aller guten Dinge sind drei. Serenade für Spieldose, Cello und Orgel*
REG: Rolf von Sydow. BCH: Jon Watkins. KAM: Gero Erhardt. BAU: Hans Zillmann. MUS: Charly Niessen.
DAR – EP 1: Heinz Rühmann (Herr Friebe, Kolonialwarenhändler), Meike Seibt (älteres Mädchen). – EP 2: Heinz Rühmann (Herr Eberts), Ruth Hausmeister (Gertrud Eberts, seine Frau). – EP 3: Heinz Rühmann (Herr Weber, Organist), Günter Strack (Pastor Disselkamp).
PRF: Polyphon Film- und Fernseh GmbH, Hamburg / KG Gyula Trebitsch Produktion, Hamburg; für ZDF, Mainz. LNG: 60 min. ESG: 30. 3. 1980, ZDF.
– TV-Episodenfilm.

1980 *Stars in der Manege*
REG: Dieter Wendrich.
MIW: Hans Rosenthal (Moderation); Heinz Rühmann, Oleg Popov u. a. Produktion: Zweites Deutsches Fernsehen, Mainz / Österreichischer Rundfunk, Wien / Schweizerische Radio- und Fernsehgesellschaft, Bern. ESG: 31. 12. 1980, ZDF.
– TV-Show.

1981 *Ein Zug nach Manhattan*
REG: Rolf von Sydow. BCH: Eric Burger; nach der Erzählung »Holiday Song« von Paddy Chayefsky. KAM: Gero Erhardt. BAU: Götz Heymann. DAR: Heinz Rühmann (Kantor Leon Sternberger), Ulrike Bliefert (Esther), Hans Hessling (Synagogendiener Rosen), Bruni Löbel (Sylvia Hardy). PRF: Polyphon Film- und Fernseh GmbH, Hamburg / KG Gyula Trebitsch Produktion, Hamburg; für ZDF, Mainz. DRO: Studio Hamburg, AA: Hamburg, New York. LNG: 61 min. ESG: 8. 3. 1981, ZDF.
– TV-Film.
– Film- und Fernsehfestival New York 1981: Silbermedaille.

1982 *Heinz Rühmann: Schauspieler, Flieger, Mensch*
REG: Hermann Leitner.
Darsteller: Heinz Rühmann, Hermann Leitner,
Produktion: Polyphon Film- und Fernseh GmbH, Hamburg / KG Gyula Trebitsch Produktion, Hamburg; für ZDF, Mainz. LNG: 90 min. ESG: 7. 3. 1982, ZDF.
– TV-Porträt zum 80. Geburtstag von Rühmann.

1983 *Es gibt noch Haselnußsträucher*
REG: Vojtech Jasny. BCH: Herbert Asmodi; nach dem Roman »Il y a encore des noisetiers« (1969) von Georges Simenon. BAU: Gogol Behrendt. MUS: Uwe Borns.
DAR: Heinz Rühmann (Perret-Latour), Luitgard Im (Madame Daven), Katja [= Katharina] Böhm (Nathalie), Anneliese Uhlig (Jeanne).
PRF: Objektiv Film GmbH Katharina M. Trebitsch, Hamburg; für ZDF, Mainz. LNG: 60 min. ESG: 3. 4. 1983, ZDF.
– TV-Film.

1984 *Heinz Rühmann liest Geschichten zur Weihnacht in der St. Michaelis-Kirche Hamburg*
REG: Michael Mertineit.
MIW: Heinz Rühmann, St. Michaelis-Chor Hamburg, LTG: Günter Jena.
Produktion: KG Gyula Trebitsch Produktion, Hamburg; für ZDF, Mainz. ESG: 24. 12. 1984, ZDF.
– TV-Show.

1985 *Humor ist eine ernste Sache. Der Filmregisseur Kurt Hoffmann*
REG, BCH: Christian Bauer.
MIW: Kurt Hoffmann, Liselotte Pulver, Heinz Rühmann, Hans Abich, Volker Schlöndorff
Produktion: Kick Film GmbH, München; für BR, München. ESG: 12. 11. 1985, ARD.
– TV-Dokumentation zum 78. Geburtstag von Hoffmann.

1986 *Im Gespräch: Heinz Rühmann und Siegfried Fischer-Fabian*
REG: Horst Jaedicke.
MIW: Heinz Rühmann, Siegfried Fischer-Fabian.
Produktion: AV-Team GmbH Film und Fernseh-Produktion, Stuttgart; für SAT 1 Mainz. ESG: 12. 10. 1986, SAT.1.
– TV-Interview.

1986 *Heinz Rühmann erzählt: Weihnachtliche Geschichten von Felix Timmermans*
REG: Peter Behle. MIW: Heinz Rühmann.
PRF: Objectiv Film GmbH Katharina M. Trebitsch, Hamburg; für NDR, Hamburg. ESG: 30. 11., 7. 12., 14. 12., 21. 12. 1986, ARD.
– TV-Kurzfilmreihe, 4 Folgen.

1987 *Alles oder Nichts: Heinz Rühmann*
REG: Gerrit Neuhaus.
MIW: Max Schautzer (Moderation); Dirk Anslinger, Rudolf Kleibe, Manfred Barthel, Heinz Rühmann, Hertha Rühmann.
PRF: Norddeutscher Rundfunk, Hamburg / Bayerischer Rundfunk, München. ESG: 24. 3. 1987, ARD.
– TV-Quiz zum 85. Geburtstag von Rühmann.

1987 *Showgeschichten. Heute von: Heinz Rühmann*
REG: Michael Pfleghar.
Moderation: Gerhard Schmitt-Thiel. MIW: Heinz Rühmann.
Produktion: Bayerischer Rundfunk, München. ESG: 11. 12. 1987, BR 3.
– TV-Porträt.

1989 *Showfenster. Das aktuelle Unterhaltungsmagazin im ZDF*
REG: Monika Fuchs.
MIW: Sabine Sauer (Moderation); Heinz Rühmann, Stacy Keach, Marisa Berenson, Harold Faltermeyer.
Produktion: Zweites Deutsches Fernsehen, Mainz. ESG: 24. 2. 1989, ZDF.
– TV-Magazin.
– 20-minütige Interviewfassung unter dem Titel »Showfenster extra. Rühmann im Gespräch mit Sabine Sauer zu seinem 87. Geburtstag«; ESG: 4. 3. 1989, ZDF.

1990 *Begegnungen. Heinz Rühmann im Gespräch mit Engelbert Sauter*
REG: Peter Behle.
MIW: Heinz Rühmann, Engelbert Sauter.
Produktion: Zweites Deutsches Fernsehen / 3sat, Mainz. ESG: 26. 9. 1990, 3sat.
– TV-Interview.

1991 *Herzlichst, Heinz Rühmann*
REG: Peter Behle.
MIW: Heinz Rühmann.
Produktion: Objectiv Film GmbH Katharina M. Trebitsch, Hamburg; für ZDF / 3sat, Mainz. ESG: 30. 9.–6. 10. 1991, 3sat.
– TV-Kurzfilmreihe; 53 Folgen.
– Rühmann liest Lyrik und Prosa.

1992 *Heinz Rühmann liest …*
REG: Peter Behle.
MIW: Heinz Rühmann.
Produktion: Objectiv Film GmbH Katharina M. Trebitsch, Hamburg; für ZDF / 3sat, Mainz. ESG: 2. 2. 1992–6. 1. 1993, 3sat.
– TV-Kurzfilmreihe; 21 Folgen.

1992 *Heinz Rühmann – Ein Volkschauspieler*
REG: Michael Strauven.
MIW: Ellen Frank, Carola Höhn, Bruni Löbel, Oliver Grimm.
Produktion: Norddeutscher Rundfunk, Hamburg. ESG: 5. 3. 1992, ARD.
– TV-Dokumentation zum 90. Geburtstag von Rühmann.

1992 *Herzlichen Glückwunsch: Heinz Rühmann zum 90. Geburtstag*
REG: Peter Behle.
MIW: Hans-Joachim Kulenkampff (Moderation); Heinz Rühmann, Hertha Rühmann, Loriot [= Vicco von Bülow], Evelyn Hamann, Peter Alexander, August Everding, Liselotte Pulver, Senta Berger, Loni von Friedl, Cornelia Froboess, Edith Hancke, Paul Kuhn Quartett, Gertraud Jesserer, Bruni Löbel, Johanna Matz, Oleg Popov, Max Schmeling, Willy Millowitsch, Günter Strack, Sonja Ziemann.
Produktion: Objectiv Film GmbH Katharina M. Trebitsch, Hamburg / Gyula Trebitsch Fernseh-Produktion GmbH, Hamburg; für ZDF, Mainz / ORF, Wien / SRG Bern. ESG: 7. 3. 1992, ZDF/ORF1/DRS.
– TV-Show.

1992 *75 Jahre Ufa. Heinz Rühmann: Meine frühen Ufa-Jahre. Erinnerungen des 90jährigen Schauspielers*
REG: Peter Behle.
MIW: Heinz Rühmann.
Produktion: Objectiv Film GmbH Katharina M. Trebitsch, Hamburg; für Ufa Film- und Fernseh GmbH, Hamburg. ESG: 13. 12. 1992, RTL.
– TV-Interview.

1993 *In weiter Ferne, so nah!*
REG: Wim Wenders. BCH: Wim Wenders, Ulrich Zieger, Richard Reitinger; DIA: Ulrich Zieger; nach einer Story von Wim Wenders. KAM: Jürgen Jürges. BAU: Albrecht Konrad. MUS: Laurent Petitgand.
DAR: Otto Sander (Cassiel), Peter Falk (er selbst), Horst Buchholz (Tony Baker), Nastassja Kinski (Raphaela), Heinz Rühmann (Konrad), Bruno Ganz (Damiel), Solveig Dommartin (Marion), Rüdiger Vogler.
PRF: Road Movies Filmproduktion GmbH, Berlin/Tobis Filmkunst GmbH & Co. Verleih KG, Berlin. PRO: Ulrich Felsberg, Wim Wenders. LNG: 146 min. URA: 17. 5. 1993, Cannes (IFF).
– IFF Cannes 1993: Großer Preis der Jury.
– Bayerischer Filmpreis 1994.
– Deutscher Filmpreis 1994: Nominierung; Filmband in Gold an Jürgen Jürges (Kamera).

1993 *Kein schöner Land. Lieder, Landschaften, Musikanten. Dresden, Sächsische Schweiz.*
REG: Arno Jos Graf.
MIW: Günter Wewel (Moderation); Heinz Rühmann, Kreuzchor Dresden.
Produktion: Telefilm Saar GmbH, Saarbrücken; für SR, Saarbrücken / MDR, Leipzig. ESG: 21. 10. 1993, ARD.
– TV-Show.
– Interview mit Rühmann anläßlich eines Dresden-Besuchs.

1994 *Wetten, daß ...? Spiel & Spaß mit Thomas Gottschalk*
REG: Alexander Arnz.
MIW: Thomas Gottschalk (Moderation); Heinz Rühmann, Jeremy Irons, Reinhard Fendrich, Fritzi und Floriane Eichhorn.
Produktion: Zweites Deutsches Fernsehen, Mainz / Österreichischer Rundfunk, Wien / Schweizerische Radio- und Fernsehgesellschaft, Bern. ESG: 15. 1. 1994, ZDF/ORF1/DRS.
– TV-Show (letzter Fernsehauftritt Rühmanns)

1994 *Heinz Rühmann. Ein großer, kleiner Mann*
REG: Heinz Ambrosch.
MIW: Heinz Rühmann, Hans Schweikart, Helmut Käutner u. a.
Produktion: Österreichischer Rundfunk, Wien. ESG: 5. 10. 1994, ORF 1.
– TV-Dokumentation.

1994 *Heinz Rühmann. Kleiner Mann ganz groß*
REG: Bernhard Springer.
MIW: Heinz Rühmann, Liselotte Pulver, Peter Rühmann, Gyula Trebitsch, Artur Brauner, August Everding, Wim Wenders.
Produktion: PlazaMedia GmbH Film und TV-Produktion, Ismaning; für Taurus-Film, Unterföhring / PRO 7. ESG: 9. 10. 1994, PRO 7.
– TV-Porträt.

1994 *Ein Freund, ein guter Freund. Heinz Rühmann 1902–1994.*
REG: Anne-Marie Bornheimer.
MIW: Maria Adorf, Hans Clarin, Liselotte Pulver, Bruni Löbel, Maximilian Schell, Maria Schell, August Everding, Klaus Doldinger, Michael Endres, Lola Müthel, Romuald Pekny, Pipo, Hermann Prey, Karin Süss, St. Michaelis-Chor Hamburg, Günter Jena.
Produktion: Prinzregententheater, München / Bayerischer Rundfunk, München. ESG: 30. 10. 1994, BR3.
– TV-Show
– Hommage aus dem Prinzregententheater in München

Auszeichnungen

1938 IFF Venedig: Medaille für die schauspielerische Leistung in *Der Mustergatte*
1940 Ernennung zum Staatsschaupieler
1940 Ehrenmitgliedschaft des dänischen Fliegerclubs
1949 IFF Venedig: Sonderpreis als Produzent für *Berliner Ballade*
1950 Silberlorbeer des David O. Selznick-Preises für *Herrliche Zeiten*
1955 Ehrenmitgliedschaft der Internationalen Artistenloge für die Darstellung eines Clowns in *Wenn der Vater mit dem Sohne*
1957 IFF San Fransisco: Golden Gate Award für *Der Hauptmann von Köpenick*
1957 Kunstpreis der Stadt Berlin
1957 Deutscher Filmpreis: Filmband in Gold für *Der Hauptmann von Köpenick*
1959 Ernst Lubitsch-Preis des Clubs der Berliner Filmjournalisten
1961 Preis der deutschen Filmkritik
1961 Deutscher Filmpreis: Filmband in Gold für *Das schwarze Schaf*
1962 Mitgliedschaft der Deutschen Akademie der Darstellenden Künste
1962 Bambi
1963 Bambi
1964 Bambi
1965 Bambi
1965 Großes Verdienstkreuz des Verdienstordens der BRD
1966 Silberner Bildschirm der Zeitschrift TV-Hören und Sehen
1967 Bambi
1967 Goldener Bildschirm der Zeitschrift TV-Hören und Sehen
1968 Bambi
1968 Goldener Bildschirm der Zeitschrift TV-Hören und Sehen
1969 Bambi
1971 Bambi
1972 Bambi
1972 Großes Verdienstkreuz des Verdienstordens der BRD mit Stern
1972 Deutscher Filmpreis: Filmband in Gold für langjähriges und hervorragendes Wirken im deutschen Film
1972 Ehrenmedaille der Spitzenorganisation der deutschen Filmwirtschaft für das Lebenswerk
1972 Goldene Leinwand für besondere Verdienste
1973 Bambi
1973 Daidalos Medaille in Gold des Deutschen Aero-Club

1977 Großes Verdienstkreuz des Verdienstordens der BRD mit Stern und Schulterband
1977 Kultureller Ehrenpreis der Stadt München
1978 Bambi
1978 Vorsitzender des Vereins zur Förderung der Münchner Kammerspiele
1978 Goldene Kamera der Zeitschrift Hörzu für *Diener und andere Herren*
1980 Goldene Verdienstmedaille der Luftrettungsstaffel Bayern
1981 Bayerischer Maximiliansorden für Wissenschaft und Kunst
1982 Silberner Chaplin-Stock des Verbandes deutscher Filmkritiker
1982 Goldene Ehrenmünze der Landeshauptstadt München
1984 Bambi
1985 Jaroslav Hašek-Medaille des tschechischen Films
1986 Bayerischer Filmpreis: Ehrenpreis
1989 Ernennung zum Professor h. c. für Kunst und Wissenschaft des Landes Nordrhein-Westfalen
1990 Goldene Berolina
1992 Bezirksamt Köpenick: Ehrenmedaille
1992 IFF Magdeburg: Magdeburger Otto für das Gesamtwerk
1994 Goldene CD für die Single-CD des Liedes »La-Le-Lu«
1994 Goldene Kamera der Zeitschrift Hörzu für das Lebenswerk (posthum)

Personenregister

Ackermann, Konrad (1712–1771), Schauspieler, Theaterleiter 61
Adalbert, Max (1874–1933), Schauspieler 129 309 311
Adenauer, Konrad (1876–1967), 1949–1963 Bundeskanzler 292 313
Adina, Lil, eigtl. Adina Mandlová (1910–1991), tschech. Schauspielerin 232
Adorf, Mario (*1930), Schauspieler 357
Ahrens, Adolf (1879–1957), Kapitän der »Bremen« 200
Albers, Hans (1892–1960), Schauspieler 59 63 73 118 142ff. 157 172f. 182ff. 188 198 201 240 289 290 307f. 315
Albin, Hans, Schauspieler 166
Alexander, Peter (*1926), Schauspieler, Sänger 340f. 346 366
Alpar, Gitta (1900–1991), Schauspielerin, Sängerin 202
Alten, Ferdinand von (1885–1933), Schauspieler 93
Alter, Henry C., amerikan. Kulturoffizier 265f.
Ambesser, Axel von (1910–1988), Schauspieler, Regisseur 166 317
Andreas-Friedrich, Ruth (1901–1977), Journalistin 159
Angermund, Walter, Mitarbeiter im Reichsluftfahrtministerium 249
Arens, Hanns (1901–1983), Schriftsteller 345

Baarova, Lida (1914–2000), tschech. Schauspielerin 194f.
Ball, Gregor (*1945), Journalist 45
Balz, Bruno (1902–1988), Liedtexter 200
Bard, Maria (1901–1944), Schauspielerin 99
Barlog, Boleslaw (1906–1999), Regisseur, Theaterleiter 354
Barnay, Paul (1884–1960), österr. Schauspieler, Regisseur, Theaterleiter 59f.
Barthel, Manfred (*1924), Kritiker, Dramaturg 186 300 317 323
Basil, Friedrich, eigtl. Friedrich Meyer (1862–1938), Schauspieler, Regisseur 43–50 82
Bassermann, Albert (1867–1952), Schauspieler 54 66
Baumgart, Reinhard (*1929), Kritiker, Literaturwissenschaftler 211
Becker, Jurek (1937–1997), Schriftsteller 349f.
Beckett, Samuel (1906–1989), ir. Schriftsteller 304
Beinhorn, Elly (*1907), erste dt. Fliegerin 152f.
Belitz, Hermann, Mitarbeiter von H. R. bei der Terra 275f.
Benkhoff, Fita (1901–1967), Schauspielerin 186 221
Bennet, Charles, engl. Autor 122
Berger, Marianne, Schauspielerin 79
Berger, Senta (*1941), Schauspielerin 366

Bergman, Ingmar (*1918), schwed. Regisseur 337
Bergman, Ingrid (1915–1982), schwed. Schauspielerin 278
Berndorff, Hans-Rudolf (1895–1963), Journalist 345
Bernheim, Benedikt (1862–1924), Justizrat, Vater von Maria Bernheim 93 94
Bernheim, Maria (1897–1957), Schauspielerin, erste Ehefrau von H. R. 92 bis 95 119 128 130 148f. 159f. 165–169 171 187–194 206 215 234 243 275 334
Bernheim, Otto, Schwager und Manager von H. R. 124 130 139 148 153 157 160 166 170 190 211 268 274
Bersarin, Nikolai E. (1904–1945), Generaloberst, sowj. Stadtkommandant von Berlin 260ff. 264
Bessel, Ehmi, Schauspielerin 157
Beyer, Frank (*1932), Regisseur 349f.
Bildt, Paul (1885–1957), Schauspieler 191
Birron, Emil, Theaterleiter 54
Bischoff, Karl, Schauspieler 166
Bismarck, Otto von (1815–1898), 1871–1890 Reichskanzler 14
Bisson, Alexandre (1848–1912), frz. Dramatiker 116
Bochmann, Werner (1900–1993), Komponist 247 253f.
Böcklin, Arnold (1827–1901), schweiz. Maler 42
Boese, Carl (1887–1958), Regisseur, Produzent 163
Bois, Curt (1901–1991), Schauspieler 126 367 368
Bonhoeffer, Dietrich (1906–1945), ev. Theologe 365f.
Born, Anneliese, Schauspielerin 195f.
Borsche, Dieter (1909–1982), Schauspieler 290 302
Boveri, Margret (1900–1975), Publizistin 268
Brand, Hans-Erich (*1928), Studiendirektor, ehem. Panzergrenadier 257
Brandt, Willy (1913–1992), SPD-Politiker, 1969–1974 Bundeskanzler 12 294 370
Brauer, Peter Paul (1900–1959), Regisseur, 1939–1940 Produktionschef der Terra 213
Braun, Eva (1912–1945), Hitlers Geliebte 249
Braun, Hanns (1893–1966), Kritiker 88 90 100 120f.
Brauner, Artur (*1918), Produzent 316f. 319 324 327
Brausewetter, Hans (1899–1945), Schauspieler 102 200f.
Brecht, Bertolt (1898–1956), Dramatiker, Regisseur 45 96 99
Breker, Arno (1900–1991), Bildhauer 199
Bressart, Felix (1892–1949), Schauspieler 133
Brodský, Vlastimil (1920–2002), tschech. Schauspieler 349f.
Bruckner, Ferdinand, eigtl. Theodor Tagger (1891–1958), Dramatiker 106f. 177
Brüning, Heinrich (1885–1970), Politiker, 1930–1932 Reichskanzler 108
Buchholz, Horst (*1933), Schauspieler 349
Bürckel, Josef (1895–1944), Wiener Gauleiter 190
Burg, Hansi, Schauspielerin 172f.
Burg, Karl W., Theaterregisseur 64

Canaris, Wilhelm (1887–1945), Admiral und Chef der Abwehr 217ff. 274
Carl, Rudolf (1899–1987), Schauspieler 177
Carraciola, Rudolf (1901–1959), Rennfahrer 152
Caspar, Horst (1913–1952), Schauspieler 64
Chaplin, Charles (1889–1977), brit.-amerikan. Schauspieler, Regisseur 7f. 120 125 284 312 316 322 335
Charlotte von Sachsen-Meiningen, Erbprinzessin 24
Chayefsky, Paddy, amerikan. Fernsehautor 359f.
Churchill, Winston (1874–1965), Politiker, 1940–1945 und 1951–1955 brit. Premierminister 11f. 200
Coesfeld, Josef (1914–1989), Maskenbildner von Heinz Rühmann 300f. 317 333 352 355
Collande, Gisela von (1915–1960), Schauspielerin 302f.
Corell, Ernst Hugo (1882–1942), Produktionschef der Ufa 127 139 154ff. 158
Coward, Noël (1899–1973), brit. Dramatiker 98
Cziffra, Géza von (1900–1989), Filmregisseur 124

Dagover, Lil (1887–1980), Schauspielerin 199 287
Dahlke, Paul (1904–1984), Schauspieler 289 334
Daub, Ewald (1889–1946), Kameramann 237 257
Demandowsky, Ewald von (1906–1945), Reichsfilmdramaturg 216
Deneuve, Cathérine (*1943), frz. Schauspielerin 341
Deutsch, Ernst (1890–1969), Schauspieler 61f. 66
Dietrich, Marlene (1901–1992), Schauspielerin 104
Dimitroff, Georgi (1882–1949), bulgar. Politiker, 1935–1944 Generalsekretär der Komintern 261
Dirschnabel, Marion, Schwiegertochter von H. R. 346 357
Domin, Friedrich (1902–1961), Schauspieler 304
Doumont, Luise (1862–1932), Schauspielerin, Theaterleiterin 84
Dréville, Jean, (1906–1997), frz. Regisseur 302
Dreyer, Max (1862–1946), Dramatiker 88f.
Droemer, Willy (1911–2000), Verleger 351
Duday, Bruno, Produzent der Ufa 264
Duesterberg, Theodor (1875–1950), Politiker, 2. Bundesführer des »Stahlhelm« 147
Durieux, Tilla (1880–1971), Schauspielerin 54 105
Dürrenmatt, Friedrich (1921–1990), schweiz. Schriftsteller 316
Duse, Eleonora (1858–1924), ital. Schauspielerin 54 87
Dymschitz, Alexander (1910–1975), sowj. Kulturoffizier 261

Ebert, Friedrich (1871–1925), SPD-Politiker, 1918–1925 Reichskanzler 76
Ebert, Hans, Komponist 178 247
Eggebrecht, Axel (1899–1991), Schriftsteller 323f.
Egk, Werner (1901–1983), Komponist 282
Eick, Jürgen (1920–1990), Journalist, Publizist 329

Eisenstein, Sergej M. (1989–1948), russ. Filmregisseur 162
Ekberg, Anita (*1931), schwed. Schauspielerin 341
Eloesser, Arthur (1870–1938), Kritiker 101
Elwenspoek, Curt (1884–1959), Dramaturg, Schriftsteller 88
Emo, Emerich Josef Wojtek (1898–1975), Regisseur 177
Engel, Thomas (*1922), Regisseur 335 336
Erzberger, Matthias (1875–1921), Politiker, 1919–1920 Reichsfinanzminister 81
Everding, August (1928–1999), Regisseur, Intendant 304 306 351 366
Eysoldt, Gertrud (1870–1955), Schauspielerin 67

Falckenberg, Otto (1873–1947), Regisseur, Intendant 41 96f. 99 104 106f. 166
Falkenstein, Julius (1879–1933), Schauspieler 128 149 159
Fallada, Hans (1893–1947), Schriftsteller 112 328
Fanck, Arnold (1889–1974), Regisseur 151
Fechter, Paul (1880–1958), Kritiker, Publizist 101
Feiler, Hertha (1916–1970), Schaupielerin, zweite Ehefrau von H. R. 186 193ff. 196f. 208 214f. 221 231 234 253f. 257f. 269ff. 280 287 291 303 308 333 335 341 344ff. 351
Feiler, Max Christian (1904–1973), Schriftsteller 282
Fernandel, eigtl. Fernand-Joseph Désiré Contandin (1903–1971), frz. Schauspieler 341
Fest, Joachim (*1926), Publizist 44
Feuchtwanger, Lion (1884–1958), Schriftsteller 46f. 96 105
Feuerer, Karl, Journalist 292f.
Fiedler, Werner (1899–1985), Feuilletonredakteur 210f. 224
Finck, Werner (1902–1972), Schauspieler, Kabarettist 129
Firmans, Lothar (1896–1964), Schauspieler 227
Fischer, Joschka (*1948), Politiker, Außenminister 330
Fischer, O. W. (*1915), Schauspieler 333 349
Floeren, Dr., Mitarbeiterin in der Kammer der Kunstschaffenden 274ff.
Fönss, Olaf (1882–1949), dän. Schauspieler, Regisseur 209
Fontane, Theodor (1819–1898), Schriftsteller 101
Forst, Willi (1903–1980), Schauspieler, Regisseur 235 237
Forster-Larrinaga, Robert (1880–1932), Schauspieler, Regisseur 97 102
Franck, Sebastian (1499–1542), Schriftsteller 110
Franck, Walter (1896–1961), Schauspieler 52 57 148 274
François-Poncet, André (1887–1978), frz. Diplomat 156
Frank, Bruno (1887–1945), Schriftsteller 64
Frankfurter, Eugen, Theateragent 83
Freisler, Roland (1893–1945), Präsident des Volksgerichtshofes 254
Fritsch, Willy (1901–1973), Schauspieler 73 123 131 133f. 137 157 158 198
Fröbe, Gert (1913–1988), Schauspieler 286 341
Froelich, Carl (1875–1953), Regisseur 178f. 214 215f. 221f. 237

Fröhlich, Gustav (1902–1987), Schauspieler 198 280 290
Fuchsberger, Joachim (*1927), Schauspieler 346
Fuetterer, Werner (1906–1991), Schauspieler 269 273 296 298
Fulda, Ludwig (1862–1939), Schriftsteller 105

Gall, Wladimir (*1919), sowj. Kulturoffizier 270
Garbo, Greta (1905–1990), schwed. Schauspielerin 162
Gebühr, Otto (1877–1954), Schauspieler 137
Gellner, Julius (1898–1983), Theaterleiter, Regisseur 95
George, Heinrich (1893–1946), Schauspieler 149 201
George, Stefan (1868–1933), Schriftsteller 41 59
Gerron, Kurt (1897–1944), Schauspieler, Regisseur 150 231 326f.
Giehse, Therese (1898–1975), Schauspielerin 354
Gilbert, Robert (1899–1978), Librettist, Schriftsteller 132
Giller, Walter (*1927), Schauspieler 239
Gitt, Erwin (1910–1975), Produktionsleiter bei der Terra 274 290
Globke, Hans (1898–1973), CDU-Politiker 324
Godard, Jean-Luc (*1930), frz. Regisseur 337
Goebbels, Joseph (1897–1945), Reichsminister für Volksaufklärung und Propaganda 147 155 161f. 163f. 179 187 191 193 195f. 198 201f. 211 bis 215 219f. 222f. 232f. 242 250 253ff. 258 263 266 284 325
Goebbels, Magda (1901–1945), Ehefrau von Joseph Goebbels 194
Goering, Reinhard (1887–1936), Dramatiker 77
Goethe, Johann Wolfgang (1749–1832), Dichter 43 110f.
Goetz, Curt (1888–1960), Schauspieler, Autor, Regisseur 337
Gordon, Wolf von, Dramaturg 264 266
Göring, Hermann (1893–1946), Reichsmarschall, Oberbefehlshaber der Luftwaffe 150 189f. 191f. 198 202 203 217f. 222 229 249 321
Gorki, Maxim (1868–1936), russ. Dramatiker 72
Gorter, Richard, Regisseur, Theaterleiter 50ff. 54f. 58ff. 65
Gött, Emil (1864–1908), Lustspielautor 84
Graf, Oskar Maria (1894–1967), Schriftsteller 41
Graff, Sigmund (1898–1979), Bühnenautor 23f.
Grass, Günter (*1927), Schriftsteller 294
Graveure, Louis, Schauspieler und Sänger 162
Griffith, David Wark (1875–1948), amerikan. Regisseur 125
Grillparzer, Franz (1791–1872), Dramatiker 43f. 62
Grimm, Jacob (1785–1863), Sprach- und Literaturwissenschaftler 110
Grimm, Oliver (*1948), Schauspieler 362
Grimm, Wilhelm (1786–1859), Literaturwissenschaftler 110
Grock, eigtl. Adrian Wettach (1880–1959), Clown 156 363
Groll, Gunter (1914–1982), Filmkritiker 300
Großkopf, Friedrich, Stabsingenieur 218 276
Grote, Hermann, Autor 225
Grotewohl, Otto (1894–1964), 1949–1964 Ministerpräsident der DDR 292 294 338

Gründgens, Gustaf (1899–1963), Schauspieler, Regisseur 107 191 203 235 261 289
Gulbransson, Olaf (1873–1958), norweg. Zeichner und Karikaturist 40
Günther, Carl (1885–1951), Schauspieler 74 150 166 177
Gyptner, Richard (1901–1972), Mitglied der Gruppe Ulbricht 260

Haas, Dolly (1910–1994), Schauspielerin 137
Haas, Willy (1891–1973), Autor, Kritiker 103 124 130 319
Habel, Frank-Burkhard (*1958), Filmhistoriker 348f.
Haffner, Sebastian (1907–1999), Publizist 163
Halpern, Joseph, Schauspieler 57
Hampel, Alfred, Schulfreund von H. R. 36f.
Händel, Georg Friedrich (1685–1759), Komponist 61
Hansen, Max (1897–1961), Kabarettist, Schauspieler, Autor 129
Harbou, Thea von (1888–1954), Autorin 212
Harlan, Veit (1899–1964), Regisseur 216 237 264
Hartl, Karl (1899–1978), Regisseur 216 237
Harvey, Lilian (1906–1968), Schauspielerin 123 131–134 137 157 171
Hašek, Jaroslav (1882–1923), tschech. Schriftsteller 316–320
Hasenclever, Walter (1890–1940), Schriftsteller 61f. 77
Hasse, Otto Ernst (1903–1978), Schauspieler 203
Hauptmann, Gerhart (1862–1946), Schriftsteller 42 72 76f. 89 303 353
Hausenstein, Wilhelm (1882–1957), Schriftsteller 277
Hebbel, Friedrich, (1813–1863), Dichter 71
Heesters, Johannes (*1903), Schauspieler 198
Heiber, Helmut (*1924), Historiker 45
Heine, Thomas Theodor (1867–1948), Graphiker, Maler 40
Hembus, Joe (1934–1985), Publizist 340
Henckels, Paul (1885–1967), Schauspieler 137 172 191
Herlth, Robert (1893–1962), Filmarchitekt 230
Herrmann-Neiße, Max (1886–1941), Kritiker, Schriftsteller 53
Herzberg, Georg, Kritiker 237
Heß, Rudolf (1894–1987), Stellvertreter Hitlers 222
Hesterberg, Trude (1897–1967), Schauspielerin 129
Heymann, Werner Richard (1896–1961), Komponist 132 143 159
Hildebrand, Hilde (1897–1976), Schauspielerin 177
Hilpert, Heinz (1890–1967), Regisseur, Intendant 103 107 166 176f. 255 282
Himboldt, Karin (*1920), Schauspielerin 248
Himmler, Heinrich (1900–1945), Reichsführer SS 161 199
Hindenburg, Paul von Beneckendorff und von (1847–1934), 1925–1934 Reichspräsident 11 147f. 155 161 171
Hinkel, Hans (1901–1960), Geschäftsführer der Reichskulturkammer, seit 1944 Leiter der Abteilung Film im RMVP 264
Hippler, Fritz (1909–2002), Leiter der Abteilung Film im RMVP, später Reichsfilmintendant 213f. 216

Hirth, Wolf (1900–1959), Motor- und Segelflieger 118
Hitchcock, Arthur (1899–1980), engl.-amerikan. Regisseur 122
Hitler, Adolf (1889–1945), Reichskanzler 42 44–49 85 88 133 147f. 149 155f. 159ff. 171f. 182 190f. 194f. 198ff. 202f. 215f. 222f. 249f. 253 bis 256 258 284 315 320 325 370
Hoch, Rudolf, Schauspieler, Regisseur 97
Hoffmann, Ernst Theodor Amadeus (1776–1822), Schriftsteller 288
Hoffmann, Heinrich (1885–1957), Hitlers persönlicher Fotograf 47 216
Hoffmann, Kurt (1910–2001), Regisseur 212 231 334 336
Höhn, Carola (*1910), Schauspielerin 280
Hollaender, Felix (1867–1931), Schriftsteller 101
Hollaender, Friedrich (1896–1976), Komponist 138 141 158 162
Holle, Wilhelm (1866–1945), 1906–1918 Oberbürgermeister von Essen 27
Holzschuh, Lizzi (1908–1979), Schauspielerin 177
Honecker, Erich (1912–1994), 1976–1989 Vorsitzender des Staatsrates der DDR 350
Hoppe, Marianne (1911–2002), Schauspielerin 198
Hopwood, Avery (1882–1928), amerikan. Schriftsteller 79f. 98 100 166
Hörbiger, Paul (1894–1981), Schauspieler 162 178 201
Horwitz, Kurt (1897–1974), Schauspieler 99
Hugenberg, Alfred (1865–1951), Industrieller, Politiker, Ufa-Vorsitzender 108 136 277
Huth, Jochen, Autor 186

Ibsen, Henrik (1828–1906), norw. Dramatiker 42 66 303 307
Ichon, Eduard (1879–1943), Direktor des Bremer Schauspielhauses 73f.
Iffland, August Wilhelm (1759–1814), Schauspieler, Theaterleiter 61
Impekoven, Toni (1881–1947), Lustspielautor, Schauspieler 239

Jaap, Max, Aufnahmeleiter bei der Terra 230
Jacobs, Monty (1875–1945), Kritiker 101 103
Jacobsohn, Siegfried (1881–1926), Kritiker 102
Jacoby, Hans (1904–1963), Autor 300 315ff.
Jandorf, Adolf 188
Jandorf, Helene 188f.
Jannings, Emil (1884–1950), Schauspieler 59 123 202 216
Janssen, Hans, Steuerberater von H. R. 168
Jary, Michael (1906–1988), Komponist 200
Jens, Walter (*1923), Publizist 343f.
Jesserer, Gertraud (*1943), Schauspielerin 335
Jhering, Herbert (1888–1977), Kritiker 101f. 109 120 122 135f. 142 146 176
Joseph, Robert, amerikan. Kulturoffizier 265
Jugo, Jenny (1905–2001), Schauspielerin 198 231f.
Jürgens, Curd (1915–1982), Schauspiele 307f. 333 341
Kahr, Gustav Ritter von (1862–1934), 1920–1921 bayer. Ministerpräsident 86

Kainz, Josef (1858–1910), Schauspieler 44
Kaiser, Georg (1878–1945) Dramatiker 97 102
Kaiser, Joachim (*1928), Literaturkritiker, Journalist 354
Kampendonk, Gustav, Autor 300 316
Kampers, Fritz (1891–1950), Schauspieler 65 162
Kandinsky, Wassili (1866–1967), russ. Maler 41
Kapferer, Jean-Noël, Publizist 278
Kardorff, Ursula von (1911–1988), Journalistin 233 253
Karlstadt, Liesl (1892–1967), Schauspielerin 96
Karlweis, Oskar (1894–1956), Schauspieler 87 133ff. 326
Kästner, Erich (1899–1974), Schriftsteller 112 114 169 231f. 237
Kaufmann, Adolf, Direktor der Münchner Kammerspiele 103
Käutner, Helmut (1908–1980), Regisseur, Autor 239 289f. 308ff. 312ff. 316f. 322 324 333 336f. 354
Kayßler, Friedrich (1874–1945), Schauspieler und Regisseur 54
Keaton, Buster (1895–1966), amerikan. Schauspieler 125 283 309
Kemp, Paul (1896–1953), Schauspieler 183 198
Kennedy, John F. (1917–1963), 1961–1963 Präsident der USA 11
Keppler, Wolfgang, Schauspieler 127 150 193
Kerneck, Heinz (1912–1968), Journalist 313
Kerr, Alfred (1867–1948), Kritiker 54 101f. 120
Kershaw, Ian (*1943), brit. Historiker 45 172
Keßler, Harry Graf (1868–1937), Schriftsteller und Diplomat 136
Kiesinger, Kurt Georg (1904–1988), CDU–Politiker, 1966–1969 Bundeskanzler 324
King, Martin Luther (1929–1968), amerikan. Theologe und Bürgerrechtler 12
Kinski, Nastassja (*1961), Schauspielerin 368
Kirchner, Herti (1913–1939), Schauspielerin 169f.
Kirst, Hans Hellmut (1914–1999), Schriftsteller 45 149 189 193 345
Klagemann, Eberhard, Produzent 266
Klee, Paul (1879–1940), Maler 41
Klein, Robert, Theaterleiter 101
Klitzsch, Ludwig (1881–1954), Generaldirektor der Ufa 127 157
Kluge, Alexander (*1932), Schriftsteller und Filmregisseur 340
Knauf, Erich (1895–1944), Pressechef der Terra 254f.
Knauf, Erna, Ehefrau von Erich Knauf 254 274
Knef, Hildegard (1925–2002), Schauspielerin, Autorin 290
Knorr, Richard, Schauspieler 73
Knoth, Hilde, Schauspielerin 62
Knuth, Gustav (1901–1987), Schauspieler 37f. 63 287ff. 298 333
Kobus, Kathi (1885–1929), Besitzerin der Münchner Künstlerkneipe »Simplicissimus« 40
Koczian, Johanna von (*1933), Schauspielerin 334
Koebner, Thomas (*1941), Filmhistoriker 311
Köffer, Peter, Besitzer des Biophon-Theaters in Wanne 23

Kohl, Helmut (*1930), CDU-Politiker, 1982–1998 Bundeskanzler 366 371
Koppel, Walter (1906–1982), Produzent 296 298 308 312
Korn, Karl (1908–1991), Kritiker 319
Korn, Tilly, Freundin von Margarethe Rühmann 26 33
Körner, Hermine (1882–1960), Schauspielerin, Regisseurin, Intendantin 54 85–91 95
Körner, Ingeborg, Schauspielerin 297 303
Kortner, Fritz (1892–1970), Schauspieler und Regisseur 54 85–91 95
Kracauer, Siegfried (1889–1966), Schriftsteller, Filmhistoriker 130
Kramer, Stanley (1913–2001), Produzent, Regisseur 341
Krauß, Werner (1884–1959), Schauspieler 59 240 306 308f.
Kreimeier, Klaus (*1938), Publizist, Filmhistoriker 330
Krüger, Hardy (*1928), Schauspieler 333
Kubaschewski, Ilse (1907?–2001), Filmverleiherin 322
Kubrick, Stanley (1928–1999), amerikan. Regisseur 337
Kulenkampff, Hans-Joachim (1921–1998), Showmaster 366
Kupfer, Margarete (1881–1953), Schauspielerin 125
Küstenfeld, Vally von, Schauspielerin 58
Kustermann, Otto (1878–1971?), Schauspieler und Regisseur 84

La Porta, Eliza (1902–1997), Schauspielerin 171 269 271 334 346
La Porta, Romolo (*1923), Sohn von Eliza La Porta 171 269 271 274 334
Lamac, Carl (1897–1952), Regisseur, Schauspieler 168
Landauer, Gustav (1870–1919), Schriftsteller 41
Lang, Fritz (1890–1976), Regisseur, Autor 122 125 162 212
Langen, Albert (1869–1909), Verleger 40f.
Leander, Zarah (1907–1981), schwed. Schauspielerin 198
Legal, Ernst (1881–1955), Schauspieler 261
Lehmann, Helmut, Arzt, Ernährungswissenschaftler 145
Lehr, Robert (1883–1956), 1950–1953 Bundesinnenminister 298
Leibelt, Hans (1885–1974), Schauspieler 203f. 250
Leistenschneider, Robert, Produktionsleiter bei der Terra 254 274
Leithner, Melitta, Schauspielerin 116
Lenbach, Franz (1836–1904), Maler 41
Lengyel, Melchior (1880–1974), Dramatiker 64
Lenz, Ludwig (1813–1896), Lustspielautor 155
Leonhard, Wolfgang (*1921), Ost-Experte, Publizist 260
Leonhardt, Hertha, Schauspielerin 69
Lessing, Gotthold Ephraim (1729–1781), Dichter 68
Lester, Richard (*1932), amerikan. Regisseur 337
Leuwerik, Ruth (*1924), Schauspielerin 333
Ley, Robert (1890–1945), NS-Funktionär 175
Liebeneiner, Wolfgang (1905–1987), Schauspieler, Regisseur 64 184 216 222 235 247
Liebmann, Robert (1890–?), Autor 138 159
Liedtke, Harry (1882–1945), Schauspieler 236

Lieven, Albert (1906–1971), Schauspieler 173
Lindemann, Gustav (1872–1960), Schaupieler, Theaterleiter 73 84
Lingen, Theo (1903–1978), Schauspieler 59 62 65f. 177f. 183 198 299
Lloyd, Harold (1893–1971), amerikan. Schauspieler 141f.
Löbel, Bruni (*1920), Schauspielerin 272f.
Loewe, Theodor (1855–1936), Theaterleiter 53 54 59
Lollobrigida, Gina (*1927), ital. Schauspielerin 314
Loriot, eigtl. Vicco von Bülow (*1923), Cartoonist, Schriftsteller, Schauspieler 366
Löwenthal, Richard, Filmagent 196
Lowry, Stephen (*1952), Filmhistoriker 116f.
Ludwig I. (1786–1868), 1825–1848 König von Bayern 35
Ludwig III. (1845–1921), 1913–1918 König von Bayern 35
Lüthge, Bobby E., Drehbuchautor 231
Lutz, Ingrid (*1924), Schauspielerin 269

Macke, August (1887–1914), Maler 41
Mader, Julius (1928–2000), Publizist, Geheimdienst-Experte 217
Maertens, Willy (1893–1967), Schauspieler 65 67 69
Mann, Heinrich (1871–1950), Schriftsteller 41 106
Mann, Klaus (1906–1949), Schriftsteller 178
Mann, Thomas (1875–1955), Schriftsteller 40 41 106 178
Marc, Franz (1880–1916), Maler 41
Marenbach, Leny (1907–1984), Schauspielerin 179 180 184–188 194ff. 197 209 303
Marian, Ferdinand (1902–1946), Schauspieler 216
Maron, Karl (1903–1975), Mitglied der Gruppe Ulbricht 260
Martenstein, Harald (*1953), Journalist 369
Massary, Fritzi (1882–1969), Schauspielerin, Sängerin 202
Matkowsky, Adalbert (1857–1909), Schauspieler 54
Maximilian II. Joseph (1811–1864), 1848–1864 König von Bayern 35
May, Karl (1842–1912), Schriftsteller 340
McLure, Robert A. (1897–1957), amerikan. General, Chef der Information Control 267
Melchinger, Siegfried (1906–1988), Theaterkritiker 304f.
Mendelsohn, Erich (1887–1953), Architekt 129
Mertens, Wilhelmine, Haushälterin der Familie Rühmann 21
Meydam, Wilhelm, Verleihdirektor der Ufa 139 155f.
Meyer, Hans, Theaterleiter 54
Meyerinck, Hubert von (1896–1971), Schauspieler 274
Miller, Arthur (*1915), amerikan. Dramatiker 306 339f.
Millowitsch, Willy (1909–1999), Schauspieler 366
Minetti, Bernhard (1905–1998), Schauspieler 289
Molière, eigentlich Jean-Baptist Poquelin, (1622–1673), frz. Dramatiker 176 307
Morgan, Paul (1886–1938), Schauspieler 129

Moser, Gustav von (1825–1903), Schriftsteller 166
Moser, Hans eigtl. Jean Juliet (1880–1964), Schauspieler 59 173 177f. 183 190 198 299
Moszkowicz, Imo (*1925), Regisseur 336
Mühsam, Erich (1878–1934), Schriftsteller 41
Müller, Hermann (1876–1931), 1928–1930 Reichskanzler 198
Muschg, Walter (1898–1965), schweiz. Literaturhistoriker 130
Müthel, Lola (*1919), Schauspielerin 366

Nagy, Käthe von (1904–1973), Schauspielerin 144
Nauckhoff, Rolf von (1909–1968), Schauspieler 192 234
Neumann, Günter (1913–1972), Kabarettist 286
Neuss, Wolfgang (1923–1989), Schauspieler, Kabarettist 299
Niehoff, Karena (1921–1992), Journalistin 315
Nielsen, Asta (1881–1972), dän. Schauspielerin 130

Odemar, Fritz (1890–1955), Schauspieler 202
Ohser, Erich (1903–1944), Zeichner, Karikaturist 254
Olden, Rudolf (1885–1940), Journalist 46
Ondra, Anny (1902–1987), Schauspielerin 221
Opel, Fritz von (1899–1971), Industrieller, Motorsportler 153
Ophüls, Max (1902–1957), Regisseur 162
Osang, Alexander (*1962), Journalist 348
Oswald, Richard (1880–1963), Regisseur 311

Pallenberg, Max (1877–1934), Schauspieler 54 146 305 317f. 319
Palmer, Lilli (1914–1986), Schauspielerin 333 358
Papen, Franz von (1879–1969), Juni bis November 1932 Reichskanzler 136f. 155
Parseval, August von (1861–1942), Ingenieur und Luftschiffkonstrukteur 24
Paul, Bruno (1874–1968), Architekt und Grafiker 40
Pellon, Gabriel (1900–1975), Maler 282
Pewas, Peter (1904–1984), Regisseur 264
Pfafferodt, Gert (*1945), Regisseur 352
Picard, André, frz. Dramatiker 98
Pieck, Wilhelm (1876–1960), 1949–1960 Präsident der DDR 265
Pindter, Walter, Kameramann 196
Pinkus, Martin 271 326
Pinkus, Siegfried (1899–1961), Manager von H. R. 170f. 211 271 274 334
Pinter, Harold (*1930), brit. Dramatiker 351ff. 358
Pinthus, Kurt (1886–1975), Kritiker, Schriftsteller 101
Piscator, Erwin (1893–1966), Regisseur 149
Planer, Franz (1894–1963), Kameramann 132
Platen, Karl (1877–1952), Komiker 120 166
Platte, Rudolf (1904–1984), Schauspieler 62 65 69 77 177 311
Polgar, Alfred (1873–1955), Kritiker, Schriftsteller 101 130 350

Pommer, Erich (1889–1966), Produzent 126ff. 132 136ff. 140f. 158f. 279 287
Ponto, Erich (1884–1957), Schauspieler 32 59 249 296
Popov, Oleg, (*1930), russ. Clown 363f.
Porembsky, Alexa von, Schauspielerin 166 269 280
Possart, Ernst von (1841–1921), Schauspieler, Regisseur, Intendant 42
Prack, Rudolf (1905–1981), Schauspieler 290
Prien, Günther (1908–1941), U-Boot-Kommandant 200
Pröhl, Hanna (Gertrud), Dramaturgin 358
Pulver, Liselotte (*1929), Schauspielerin 333ff. 363 366

Quest, Hans-Jürgen (1924–1999), Hauptpastor der St.-Michaelis-Gemeinde, Hamburg 365
Quinn, Freddy (*1931), Schlagersänger 307 333 340

Rabenalt, Arthur Maria (1905–1993), Regisseur 161 219
Raddatz, Carl Werner (*1912), Schauspieler 201
Raeder, Gustav (1810–1868), Dramatiker 88
Raethel, Hans Gerhard, Oberfeldwebel 275
Rathenau, Walther (1867–1922), Politiker, Februar bis Juni 1922 Reichsaußenminister 81
Raupach, Ernst (1784–1852), Dramatiker 42
Reich, Wilhelm (1897–1957), Psychoanalytiker 329
Reichsmeister, Carl-Dieter von, 1939–1943 Reichsfilmdramaturg 247
Reimann, Hans (1889–1969), Schriftsteller 166 239–245
Reinhardt, Gottfried (1913–1994), Produzent, Regisseur 317 326f.
Reinhardt, Max (1873–1943), Schauspieler, Regisseur, Intendant 39 56 66 101 127ff. 137 166
Reventlow, Franziska zu (1871–1918), Schriftstellerin 41
Révy, Richard (1885–1965), Regisseur, Schauspieler 97 99
Richter, Georg, Produzent 342
Richter, Hans (1888–1976), Filmkritiker 108
Rickelt, Gustav (1862–1946), Dramatiker 97
Riefenstahl, Leni (*1902), Schauspielerin, Regisseurin 151 172 213
Riess, Curt (1902–1993), Publizist 161
Rilla, Paul (1896–1954), Kritiker, Literaturhistoriker 60
Ringelnatz, Joachim (1883–1934), Schriftsteller 40 152
Ritter, Karl (1888–1977), Regisseur 216
Rivel, Charlie (1896–1983), span. Clown 363
Roberts, Ralph Arthur (1884–1940), Schauspieler 137
Robin, Dany (1927–1995), frz. Schauspielerin 302
Robitschek, Kurt (1890–1950), Kabarettist 129
Roennecke, Dr., Intentdant 174
Rökk, Marika (*1913), Schauspielerin 198 201
Römer, Anneliese (*1922), Schauspielerin 283
Römer, Heinrich, Dramaturg 70

Rosenberg, Alfred (1893–1946), Reichsleiter der NSDAP, Reichsminister 165 242
Rosselini, Roberto (1906–1977), ital. Regisseur 278
Rudolph, Helmuth, Schauspieler 76
Rühmann, Hermann (1873–1915), Vater von H. R. 13–20 25–31 38
Rühmann, Hermann (1899–1980), Bruder von H. R. 13 20 29f. 32 50f. 104
Rühmann, Hertha (*1923), dritte Ehefrau von H. R. 186 351f. 354 360
Rühmann, Ilse (1904–1934), Schwester von H. R. 19 87 104
Rühmann, Margarethe (1877–1928), Mutter von H. R. 13 15f. 19–21 26 29f. 33 35 43 50 52 71 75 80 82 94 104 125
Rühmann, Peter (*1942), Sohn von H. R. 208f. 257f. 269 271 313f. 335 345f. 357
Rust, Bernhard (1883–1945), Reichsminister für Wissenschaft, Erziehung und Volksbildung 247 249

Sachs, Hans (1494–1576), Meistersinger, Dichter 110
Sagan, Leontine (1899–1974), Regisseurin 157
Salomon, Ernst von (1902–1972), Schriftsteller 203
Sander, Otto (*1941), Schauspieler 368
Sanders-Brahms, Helma (*1940), Regisseurin, Autorin 250f.
Sandrock, Adele (1864–1937), Schauspielerin 54 177 178
Sauckel, Fritz (1894–1946), Gauleiter von Thüringen 222
Sauerbruch, Ferdinand (1875–1951), Chirurg 265
Sawade, Harald (1913–1967), Schauspieler 269
Schaaf, Ursula, Journalistin 350
Schacht, Sven, Kritiker 175
Schade, Doris (*1924), Schauspielerin 305
Schaeffers, Willy (1884–1962), Kabarettist 129
Schaller, Hans (1911–1966), Fotograf 291f.
Schamoni, Ulrich (1939–1998), Regisseur 340
Scharoun, Hans (1893–1972), Architekt 265
Schell, Maria (*1926), schweiz. Schauspielerin 349
Schiller, Friedrich (1759–1805), Dichter 58 85
Schindler, Ewald, Theaterleiter 61 65f. 72
Schleich, Eduard Ritter von (1882–1934), Fluglehrer 119 228
Schleicher, Kurt von (1882–1934), 1932–1933 Reichskanzler 155
Schlöndorff, Volker (*1939), Regisseur 340
Schlüter, Gisela (1919–1995), Schauspielerin 223
Schmeling, Max (*1905), Boxer 152 221 296 366
Schmidt, Christian (*1956), Journalist 330
Schmidt, Helmut (*1918), SPD-Politiker, 1974–1982 Bundeskanzler 370
Schmidt, Peer (*1926), Schauspieler 347
Schmidt, Wolfgang, Mitarbeiter in der Kammer der Kunstschaffenden 274ff.
Schmieding, Walther (1928–1980), Journalist 314f.
Schmitz, Helmut, Journalist 357
Schmitz, Sybille (1909–1955), Schauspielerin 198

Schmölders, Claudia (*1944), Kulturwissenschaftlerin 45
Schneider, Romy (1938–1982), Schauspielerin 299 349
Schnitzler, Arthur (1862–1931), Dramatiker, Erzähler 66–70
Schoenhals, Albrecht (1888–1978), Schauspieler 195f.
Schönherr, Karl (1867–1943), Dramatiker 58f.
Schönthan, Franz von (1849–1913), österr. Bühnenautor 259
Schreiber, Walter, Garderobier bei der Berolina 300
Schroeder, Bernd (*1944), Autor 355
Schröder, Ernst (1914–1994), Schauspieler 236
Schroth, Hannelore (1922–1987), Schauspielerin 236
Schübel, Theodor, Autor 347
Schubert, Heinz (1925–1999), Schauspieler 330
Schulte, Michael (*1941), Schriftsteller 38f.
Schultz, Bruno, Hauptmann 254
Schulz, Franz (1897–1971), Drehbuchautor 159
Schulz, Kurt, Produzent 299
Schütz, Klaus (*1926), SPD-Politiker 348
Schwanneke, Victor (Jonny), Schauspieler und Intendant in München 95
Schwarz, Hanns (1888–1945), Regisseur 137 143
Schwarze, Michael (1945–1984), Publizist 109f.
Schweikart, Hans (1895–1975), Regisseur, Schauspieler 97 194 216 234 305
Seesslen, Georg (*1948), Publizist 297
Sely, Kay, brit. Kulturoffizier 267f. 274ff.
Sernau, Lola (1895–1989), Sekretärin von Lion Feuchtwanger 46
Seuren, Günter (*1932), Kritiker, Schriftsteller 321f.
Shakespeare, William (1564–1616), engl. Dramatiker 44 56 72 85 307
Shaw, George Bernard (1856–1950), ir. Dramatiker 103 229
Shirer, William S. (1904–1993), amerikan. Journalist 199
Sieber, Josef (1900–1962), Schauspieler 200 201
Sima, Oskar (1896–1969), Schauspieler 104 127 177
Simenon, Georges (1903–1989), frz.-belg. Schrifsteller 347
Simmel, Johannes Mario (*1924), österr. Schriftsteller 320f. 325
Simon, Marvin Neil (*1927), amerikan. Schriftsteller 353
Sinjen, Sabine (1942–1995), Schauspielerin 346f.
Siodmak, Curt (1902–2000), Schriftsteller 140f. 210
Siodmak, Robert (1900–1973), Regisseur 140f. 320
Sladek, Maximilian, Theaterleiter 67
Slezak, Leo (1873–1946), Schauspieler 172
Söhnker, Hans (1903–1981), Schauspieler 198 202 220 236 253 274 290 334
Sondinger, Franz, Schauspieler 52
Sonnemann, Emmy (1893–1973), Schauspielerin, zweite Ehefrau von Hermann Göring 191
Sörensen, Annemarie, Schauspielerin 177
Sorge, Reinhard (1892–1916), Dramatiker 77
Sorma, Agnes (1865–1927), Schauspielerin 53
Speelmans, Hermann (1906–1960), Schauspieler 289 292

Speer, Albert (1905–1981), Architekt und NS-Politiker 199 256 283
Spengler, Oswald (1880–1936), Schriftsteller 42
Spoerl, Alexander (1917–1978), Schriftsteller, Sohn von Heinrich Spoerl 334
Spoerl, Gertrud (1896–1947), Frau von Heinrich Spoerl 239f. 246f. 334
Spoerl, Heinrich (1887–1955), Schriftsteller 178f. 221–225 233 239–249 252 334
Spoerl, Inge (*1918), Fotografin, Schwiegertochter von Heinrich Spoerl 334
Spoliansky, Mischa (1898–1985), Revue-Komponist 126
Stahl, Ernst Leopold, Dramaturg 84
Stalin, Jossif W. (1879–1953), 1922–1953 Generalsekretär des ZK der KPdSU 11
Stave, Joachim, Publizist 112
Steidl, Robert, Komiker, Autor 72
Steinboeck, Regisseur 306f.
Steinrück, Albert (1872–1929), Schauspieler 66 93
Stemme, Heinrich (1847–1914), Hotelier, Großvater von H. R. 14ff. 26
Stemmle, Robert Adolf (1903–1974), Autor, Regisseur 183 225 243f. 316 320 324
Sternaux, Ludwig (1885–1938), Theaterkritiker 103
Sternheim, Carl (1878–1942), Dramatiker 89ff. 103 109
Stolten, Inge (1921–1993), Journalistin 323
Strack, Günter (1929–1999), Schauspieler 366
Strauß, Franz Josef (1915–1988), CSU-Politiker, 1978–1988 bayr. Ministerpräsident 370
Stresemann, Gustav (1878–1929), August bis November 1923 Reichskanzler, Außenminister 88 108
Strindberg, August (1849–1912), schwed. Dramatiker 42 66 86 303
Sudermann, Hermann (1857–1928), Dramatiker 56 58 64
Sulzer, Ite, Schauspielerin 58

Teichs, Alf (1904–1992), Produzent 182f. 200f. 214 230 232 254 256 264 274 279ff. 286f. 288ff. 362
Terhechte, Christoph (*1961), Publizist 368
Thälmann, Ernst (1886–1944), KPD-Vorsitzender 147
Thiele, Rolf (1919–1995), Regisseur 317 336
Thiele, Wilhelm (1890–1975), Regisseur 127
Thieringer, Thomas (*1939), Journalist 325
Thieß, Frank (1890–1977), Kritiker, Schriftsteller 65 69
Thimig, Hermann (1890–1982), Schauspieler 178
Thoma, Ludwig (1867–1921), Schriftsteller 40 55
Tiedtke, Jakob (1875–1960), Schauspieler 296
Tiller, Nadja (*1929), Schauspielerin 333
Toller, Ernst (1893–1939), Dramatiker 77 81
Trebitsch, Gyula (*1915), Produzent 296 298f. 308 358
Trenker, Luis (1892–1990), Schauspieler, Regisseur 162
Triesch, Irene, Schauspielerin 66

Tschechowa, Olga (1897–1980), Schauspielerin 132 133
Tucholsky, Kurt (1890–1935), Schriftsteller 101

Ucicky, Gustav (1899–1961), Regisseur 216
Udet, Ernst (1896–1941), Flieger, Generalluftzeugmeister 74 119 150–156 186 189 217ff. 228f. 249 288 370
Ulbricht, Walter (1893–1973), 1960–1973 Vorsitzender des Staatsrates der DDR 260–263 370
Ullrich, Luise (1911–1986), Schauspielerin 162 198
Ulrich, Kurt, Produzent 237 296 298–301 307f. 315 322ff. 332

Valente, Caterina (*1931), Schauspielerin 333
Valentin, Carl (1882–1948), Schauspieler, Autor 38 96 129 277f. 305
Veidt, Conrad (1893–1943), Schauspieler 123 158
Verhoeven, Michael (*1938), Regisseur 336 354–357
Verhoeven, Paul (1901–1975), Schauspieler, Regisseur 353ff.
Verne, Jules (1828–1905), frz. Schriftsteller 141
Verneuil, Louis (1893–1952), frz. Dramatiker 97
Viehöfer, Joseph (1925–1973), Programmdirektor ZDF 342
Viertel, Berthold (1885–1955), Regisseur 47
Vogel, Rudolf (1900–1967), Schauspieler 304

Waldoff, Claire (1884–1957), Schauspielerin, Diseuse 129
Walkhoff, Friedrich, Theaterleiter 61 65f. 72
Wallace, Edgar (1875–1932), engl. Schriftsteller 340
Wallburg, Otto (1889–1944), Schauspieler 104 149f. 157 159 230f. 239 326f.
Walser, Martin (*1927), Schriftsteller 305
Wäscher, Aribert (1895–1961), Schauspieler
Wedekind, Erika, Schauspielerin 54
Wedekind, Frank (1864–1918), Dramatiker 40 42 45 58 61 86
Wedekind, Tilly (1886–1970), Schauspielerin 85f.
Wegener, Paul (1874–1948), Schauspieler 54 56f. 89 261f. 263f. 266
Weiser, Grethe (1903–1970), Schauspielerin 196 299
Weiß Ferdl (1883–1949), bayr. Volkskomiker 201
Weiss, Helmut (1907–1969), Schauspieler, Autor, Regisseur 206 247f. 254 274
Weiß, Tina, Freundin der Familie Rühmann 274
Weizsäcker, Richard von (*1920), 1984–1994 Bundespräsident 370f.
Wenders, Wim (*1945), Regisseur 367ff.
Werner, Arthur (1877–1924), 1945–1946 Berliner Oberbürgermeister 262 264
Werner, Ilse (*1921), Schauspielerin 198 201 254
Werner, Oskar (1922–1984), Schauspieler
Wernicke, Otto (1893–1965), Schauspieler 172
Wessel, Horst (1907–1930), SA-Führer 263

Wessely, Paula (1908–2000), Schauspielerin 198
Wiegand, Johannes (1874–1940), Direktor des Bremer Schauspielhauses 73f.
Wilder, Billy (1906–2002), Regisseur, Autor 140 265f.
Wilhelm II. (1859–1941), 1888–1918 deutscher Kaiser 11 14 32 34 41
Wilhelm, Kurt (*1923), Regisseur 347
Willner, Oskar, Schauspieler 318
Winterstein, Eduard von (1871–1961), Schauspieler 172
Winterstein, Willy (1895–1965), Kameramann 237
Winzer, Otto (1902–1975), Mitglied der Gruppe Ulbricht, späterer Außenminister der DDR 260
Wisbar, Frank (1899–1967), Regisseur 211
Witte, Karsten (1944–1995), Filmhistoriker 137 251f.
Wittgenstein, Werner, 1945–1948 Bezirksbürgermeister von Zehlendorf 268
Wohlbrück, Adolf (1896–1967), Schauspieler 73 95
Wolf, Konrad (1925–1982), Regisseur 270
Woppmann, Alois, Maskenbildner bei der Terra 206

Zehetbauer, Rolf (*1929), Filmarchitekt 282
Zeiss, Karl (1871–1924), Generalintendant in München 93f.
Zeppelin, Ferdinand Graf von (1838–1917), Luftschiffkonstrukteur 24
Zerlett, Hans Heinz (1892–1962), Regisseur 216
Ziegel, Erich (1876–1950), Schauspieler, Regisseur 191
Ziemann, Sonja (*1926), Schauspielerin 366
Zober, Flieger 225
Zuckmayer, Carl (1896–1977), Schriftsteller 97 152 288 308f. 316

Bildnachweis

Dagmar Molck-Ude 1
Filmmuseum Berlin – Deutsche Kinemathek 3, 6, 9, 13, 27, 31, 34, 38, 39, 40 (Foto: L. H. Hajek), 44, 45, 46, 48 (© Heinrich Bauer Verlag), 50, 51, 52 (© Wim Wenders), 53 (© Wim Wenders)
Filmmuseum Berlin, Sammlung Hans Schaller 11, 12, 20, 21, 22, 23, 24, 26, 28, 30
Stadtarchiv Essen 4
Stadtarchiv München 5
Deutsches Theatermuseum München 7, 8, 35 (Foto: Heinz Köster), 36 (Foto: Hildegard Steinmetz)
Deutsches Filminstitut – DIF Frankfurt/Main 14, 18, 19, 37
Süddeutscher Verlag, Bilderdienst München 17
Romolo La Porta 25
Inge Spoerl, Rottach-Egern 29
Terra-Film, Lu Wortig, München 32
Stadtmuseum Berlin 33 (Foto: Eva Kemlein)
Keystone Hamburg 42
Ullstein Bilderdienst 43, 47
Schneider-Press München 49
Bundesarchiv Berlin 10
Michael und Vera Pindter, Bethesda USA 15, 16

Trotz intensiver Bemühungen konnten nicht alle Rechtsinhaber ermittelt werden. Berechtigte Ansprüche bitten wir an den Verlag zu richten.

Dank

Paul Adelsberger, Helmut Ashley, Luitgard Anthony, Rolf Aurich, Heidrun Bach, Christoph Bantzer, Othmar Barnert, Manfred Barthel, Hanne-Marie Becker, Volker Bergmeister, Frank Beyer, Ditte Bochmann, Hannelore Bollmann, Henry Böhm, Hans-Erich Brand, Artur Brauner, Sigrid Bubolz Friesenhahn, Barbara Cabella, Klaus Dettmer, Cornelia Eichhorn, Thomas Engel, Rainer Erler, Wolfgang Ewig, Hans-Heinrich Fahlenbrach, Monika Fandrich, Johann Festner, Angelotte Firmans, Curth Flatow, Alexander Freise, Stefan Friedrich, Roger Fritz, Ludwika Gajek, Gero Gandert, Jan George, Peter Gerlach, Gerhard Goth, Ulrike Grammel, Franziska Günther, Dieter Hanauske, Sven Hanuschek, Kristin Hartisch, Wolfgang Hassenstein, Andrea Hauer, Gabriele Hauer, Werner Heine, Thomas Hempel, Regine Hoffmann, Wolfgang Jacobsen, Peter Jammerthal, Eva-Gabriele Jäckl, Günter Jena, Ulrike Kahle, Hermann Kaiser, Rainer Karnofka, Ines Katenhusen, Helga Kedziora, Elke Kirschbaum-Reibe, Rüdiger Koschnitzki, Johannes und Christa Körner, Ingeborg Körner, Günter Krenn, Peter Latta, Margit Kunze, Romolo La Porta, Wolfgang Laufs, Ulrich Liebe, Nicola Linneborn, Anton Löffelmeier, Wolf R. Marchand, Hilde Marenbach, Beate Marwede, Peter Mänz, Herbert Michalzik, Dagmar Molck-Ude, Margret Morsh, Imo Moszkowicz, Josef Möller, Torsten Musial, Barbara Norminton, Gunther Nickel, Carsten Niemann, Birgit Pargner, Alfred Peter, Vera und Michael Pindter, John E. Pommer, Sabine Preuß, Hans Helmut Prinzler, Patricia Pusinelli, Helmut Regel, Martin Regenbrecht, Wilma Reimann, Manfred Reißer, Holger Rink, Henning Rischbieter, Bärbel Rudin, Hertha Rühmann, Jürgen Rühmann, Marion und Peter Rühmann, Jürgen Sawade, Doris Schade, Bona Schaller, Lothar Schirmer, Marion Schreiber, Monika M. Schulte, Horst-Peter Schulz, Volker Schulz, Andrea Schwarz, Horst Seferens, Kerstin Sieblist, Frank Sichau, Johannes Mario Simmel, Waclaw Sobocinski, Maria Sommer, Claus-Dieter Sonnenberg, Inge Spoerl, Jürgen Sprau, Anneliese Stemmle, Heidrun Stoewer, Michael Strauven, Werner Sudendorf, Ulrike Talay, Katharina Teichs-Mayberg, Wolfgang Theis, Rosemarie Thies, Gerrit Thies, Gyula Trebitsch, Gisela Trowe, Christiane Udet, Hans Umbreit, Michael Verhoeven, Frithjof Vierock, Gudrun Weiss, Rolf Wentz, Jürgen Wetzel, Angelika Winkler-Wulkau, Rosemarie van der Zee, Rolf Zehetbauer, Sabine Zolchow

Außerdem:

Akademie der Künste, Berlin
Bayerisches Hauptstaatsarchiv

Bayerisches Staatsarchiv
Bayerische Staatsbibliothek
Brandenburgisches Landeshauptarchiv
Bundesarchiv Berlin
Bundesarchiv-Militärarchiv Freiburg
Deutsches Institut für Filmkunde, Frankfurt am Main
Deutsches Literaturarchiv Marbach
Deutsches Rundfunkarchiv
Deutschlandradio Berlin
Filmmuseum Berlin – Deutsche Kinemathek
Frankfurter Filmmuseum
Friedrich-Wilhelm-Murnau-Stiftung
Gemeindearchiv Grünwald
Heimatmuseum Zehlendorf
Kirch-Media Archiv
Kommunalarchiv Minden
Landesarchiv Berlin
Landesverwaltungsamt Berlin, Entschädigungsbehörde
Landgericht Essen
Münchner Kammerspiele
Radio Bremen
Sender Freies Berlin
Stadtarchiv Essen
Stadtarchiv Herne
Stadtarchiv München
Stadtbücherei Essen
Standesamt Essen
Deutsches Theatermuseum München